国家社科基金一般项目"华夏文明传播的观念基础、理论体系与当代实践研究"（19BXW056）阶段性成果。

华夏传播学文丛之三

华夏传播范畴论

谢清果 等著

九 州 出 版 社
JIUZHOUPRESS｜全国百佳图书出版单位

图书在版编目（CIP）数据

华夏传播范畴论 / 谢清果等著. — 北京：九州出版社，2019.11

ISBN 978-7-5225-1207-5

Ⅰ．①华… Ⅱ．①谢… Ⅲ．①中华文化－文化传播－研究 Ⅳ．①G125

中国版本图书馆CIP数据核字(2022)第184626号

华夏传播范畴论

作　　者	谢清果　等著
责任编辑	郝军启
出版发行	九州出版社
地　　址	北京市西城区阜外大街甲 35 号（100037）
发行电话	(010)68992190/3/5/6
网　　址	www.jiuzhoupress.com
印　　刷	北京九州迅驰传媒文化有限公司
开　　本	720 毫米 ×1020 毫米　16 开
印　　张	29.5
字　　数	550 千字
版　　次	2022 年 10 月第 1 版
印　　次	2022 年 10 月第 1 次印刷
书　　号	ISBN 978-7-5225-1207-5
定　　价	78.00 元

代序　华夏历史上传播技术的创新与演变

郑学檬*

第一节　汉字的发明和信息传播

一、汉字的发明和演变及其传播功能。

唐张怀瓘的《书断》记载说：古文"黄帝史苍颉所造也"，仓颉"仰观奎星圜曲之势，俯察龟文鸟迹之象，博采众美，合而为字，是曰古文"。这种说法，包含着臆测成分，但文字之创造，源于生活，则是千真万确的事实。以后有"大篆"，变古文，或同或异，谓之为篆，"传其物理，施之无穷"。后又有"籀文"，与古文、大篆小异，后人以名称书，谓之籀文。之后是"小篆"（"秦篆"）、"八分"、"隶书"、"章草"、"飞白"、"草书"、"行书"、"楷书"。[1] 以上演变过程中，小篆（"秦篆"）的出现颇有意义，"是时秦烧灭经书，涤除旧典，大发隶卒，兴役戍，官狱职务繁，初有隶书，以趣约易，而古文由此绝矣"[2]。也就是说，由大篆变为小篆、隶书的技术性转变，是为了书写方便，以免烦劳。小篆出自李斯；隶书是秦狱吏程邈发明的，后者字形"蚕头燕尾"，容易看懂。

实际上古文字的出现，应分为结绳记事、甲骨刻字、钟鼎铸字、竹木书写等几个阶段，每一阶段都有技术进步。所谓"上古结绳记事，圣人始作文字，刻木合契为信"（《周易正解》卷19，明郝氏九经解本）的记载，讲的是文字起源，最早是"结绳记事"，就是把公众同意做的事，结绳为信，相当于后世立契约。这是原始的立信制度，在当时是一种创新。怎么个结法，后世人难知其详。

"刻木合契"，"契"就是凭证。这是文字的技术性起点。刻则有符号意义的划，

---

　　* 作者简介：郑学檬，厦门大学人文学院历史系教授，著名唐史专家。

[1]　（唐）张怀瓘著：《书断》上卷，杭州：浙江人民美术出版社，2012年。

[2]　董莲池：《说文解字考正》，北京：作家出版社，2005年，第594页。

横竖表达一定的意思，开始文字的形成。

甲骨文是"刻木合契"之后出现的，是早期文字形态，一般认为殷商时期才普遍出现。根据专家的研究，经过加工和刮磨的龟甲和兽骨，其边缘部位有卜官刻"记事刻辞"，卜官在占卜时，用燃着的紫荆木柱烧灼钻凿巢槽，使骨质的正面裂出"卜"形状的裂纹，这种裂纹叫作"卜兆"，是据以推断卜问事情吉凶的依据。"卜兆有五：曰雨兆，如雨下也；曰霁兆，如雨止也；曰雾兆，气蒙暗也；曰驿兆，气落驿不连属也；曰克兆，相交也。"① 在时代较早的甲骨卜兆下面，刻写出占卜进行顺序的数字，这种数字也叫"兆序"，传达某种吉凶信息。安阳出土的"殷墟甲骨"是最具代表性的甲骨文字，它具备"象形、会意、形声、指事、转注、假借"的造字方法，表现了汉字一开始就有的独特魅力。

钟鼎文，又称铭文、金文，指铸刻在青铜礼器上的文字。它的出现，应在甲骨文流行之后。从技术上说，商代晚期的铭文字数较多，信息量也较大。到了西周时期，由于周公"制礼作乐"，铸铭之风盛行，铭文的内容也多起来，铭文的性质、内容、形式、数量都较以前有很大的变化。这些铭文传播出大量社会政治、经济、军事、法制、礼仪情况的重要信息。错金工艺（错金工艺指在器物表面刻出沟槽，以同样宽度的金线、金丝、金片等按纹样镶嵌其中随后磨光表面的工艺）是铭文制作的技术，从著名的《毛公鼎铭》《虢季子白盘铭》《大盂鼎铭》和《散氏盘铭》等"四大国宝"看，书法已达很高程度。

汉字的构造与寓意对文化传播作用难以估量。如"教"字，以下图（甲1251）为例，左边是爻上子下，表示"上所施下所效"，右边是人手执鞭，敦促子学习知识。大盂鼎的"学"字，系"教"字寓意的演义，上面是双手捧爻（代表知识），下为不懂知识的（无点的"门"字）子，指蒙童。② 仅此一例即可说明汉字的创新与中国文化传播的密切关系。

甲1251　　粹1162　　散氏盘　　郎侯戟器　　大盂鼎

---

① 《尚书正义》，上海：上海古籍出版社，2007年，第468页。
② 万献初讲授、刘会龙撰理：《说文解字十二讲》，北京：中华书局，2019年，第88页。

甲骨文、钟鼎文奠定了汉字字形的基础。以后汉字经篆、隶、草、楷、行书等字形的变化，并扩充其寓意，代表着中国文明的发展丰富历程。

必须指出，汉字书写实随简牍文书行用开始的。在纸发明以前，竹、木片是书写材料。春秋战国，竹、木版书开始流行，战国楚、秦简，汉简、（三国）吴简的出土，让后人对简牍的隶书有进一步了解。研究者认为长沙等地出土的楚简字体书风和湖北包山、河南新蔡楚简字体书风非常接近，笔画"园润劲健，干净利索"。原因是刻画时，将"横竖相连的折笔，一律写成弯曲的弧线"。这种圆曲可以加快书写速度。楚地的圆曲字体书风从技术上说，既有"流丽"之美，又有书写速度之快的优点，[①]有利于信息的传达。

甘肃敦煌汉代烽燧、城障遗址发现的简牍，数量很大，包括诏书、律令，司法文书，官府公文、公私簿籍、买卖契约、来往书信，涵盖政治、经济、社情的各类信息，是传播史的重要史料。写在竹片上的称"简册"，写在木片上的称"简牍"。"简牍"的内容很多，以官府公文类来说，按性质分别为告示称"榜"，军事称"檄"，信函称"尺牍"，还有反映社会风俗的游戏"六博"等等。江西南昌海昏侯刘贺墓主椁室文书档案库出土 5200 余枚，内有"六博"简文。专家以为"六博"行棋口诀在当时"三辅儿童皆诵之"，是汉代盛行的游戏之一。书法多样，研究者认为其书法是"篆隶向行楷转化的书体"。[②]

魏晋有简牍书法，但丝绢和纸已逐步代替竹、木版书。用丝绢和纸书写，下笔容易自然，风格也可多样，隶草、行草各显风姿。魏晋书法代表作，当推东晋的王羲之。王羲之（303—361 年，一作 321—379 年）是东晋人，一代书法大家，他的《兰亭集序》，古人评论说："此帖草法极工"，是汉字发展史上的范本之一。[③]他一笔写出的"鹅"字，遗碑修补后今存浙江天台县名刹国清寺。

---

① 沃兴华：《湖湘简牍书法研究》，http://www.sohu.com/a/413594879_562249. 2018 年 2 月 28 日；2019 年 3 月 6 日下载。

② 杨志荣：《简牍书法：凝固在时空里的秦汉风骨》，2018 年 4 月 9 日；306 网站：http://www.sohu.com/a/413594879_562249. 2019 年 3 月 6 日下载。

③ 《东观余论》卷 2，《法帖刊误》卷下，北京：中华书局，1991 年。

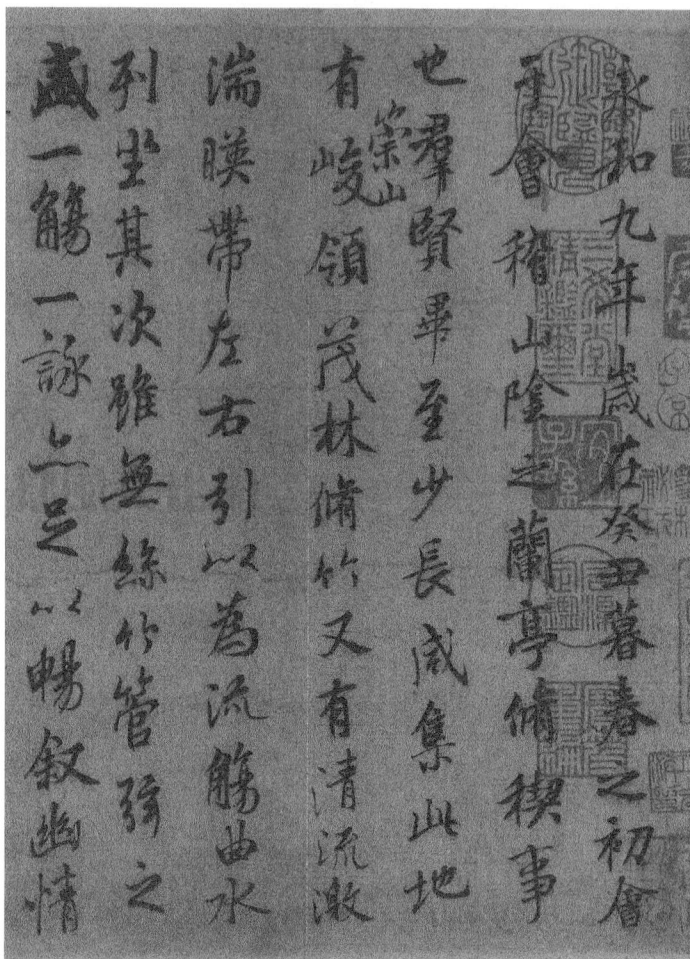

王羲之《兰集亭序》（部分）

张怀瓘的《书断》论及"草书"时指出：草书系东汉张伯英所造。梁武帝《草书状》云：东汉蔡邕说，秦时诸侯相争，"简檄相传，望烽走驲"，但因篆书、隶书难些，不能应急，于是有草书。怀瓘认为，章草至西晋已悉然可见，"迨乎东晋王逸少与从弟洽变章草为今草，韵媚宛转，大行于世，章草几将绝矣"①。王逸少即王羲之，足见王羲之等创制"今草"体之功。

学者认为："唐代书法成为晋代之后的又一高峰，总的倾向是讲求法度、推崇雄劲而不失韵致，与晋代独尚风神大不相同，重质朴而耻绮丽，重浑成而耻浮华。真、草书从宗法二王到开创新风，初唐已见端倪，盛中唐屡开生面，书家迭出，

____

① 《书断》卷上。

对后世的影响最为深远。"[①] 初唐有欧阳询、虞世南、褚遂良诸家，他们都有创新书体。盛唐张旭和怀素的草书极负盛名。张旭《李青莲序》可见狂草神态。

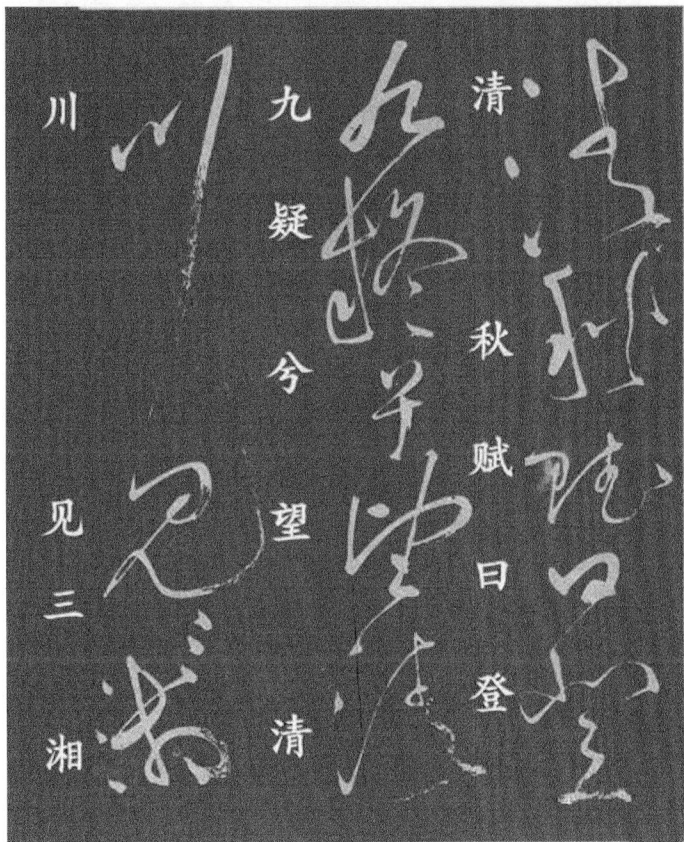

张旭狂草（附对应印刷字体）

怀素的草书，"虽驰骋于绳墨之外，而回旋进退，莫不中节"[②]。

---

① 李斌城主编：《唐代文化》第 1 册，第 594 页。
② 《广川书跋》卷 8，《北亭草笔》，北京：中华书局，1985 年，第 97 页。

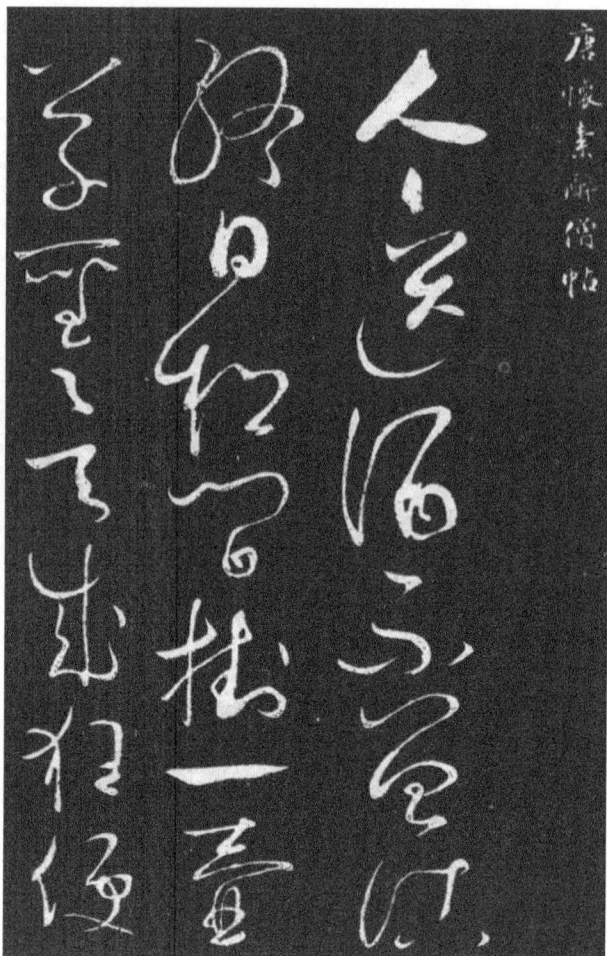

怀素醉僧贴

颜真卿和柳公权是盛唐真书变革的关键人物。颜真卿师承褚遂良、张旭，书法日臻完美，又善楷书，成为唐代的楷书典范。颜真卿的"颜体"楷书，"唐史称颜真卿笔力遒婉，又称柳公权结体劲媚，有见之言哉"（《颜鲁公文集》卷21，清三长物斋丛书本），故有"颜柳"之称。他的《祭侄文稿》最是著名，草书淋漓，豪情感人。清王嘉曾《闻音室诗集·览尘初稿》《颜鲁公祭侄文稿墨迹》有"惟公大放琼琚辞，泼墨属草光淋漓。笔底蛟龙气郁律，一波一磔风云驰。呜呼！二十四郡无义士，一家节烈照青史"①。近来轰动书法界的《祭侄文稿》，足见其真容：

① 《续修四库全书》，王嘉曾：《闻音室诗集·览尘初稿》，上海：上海古籍出版社，1996年。

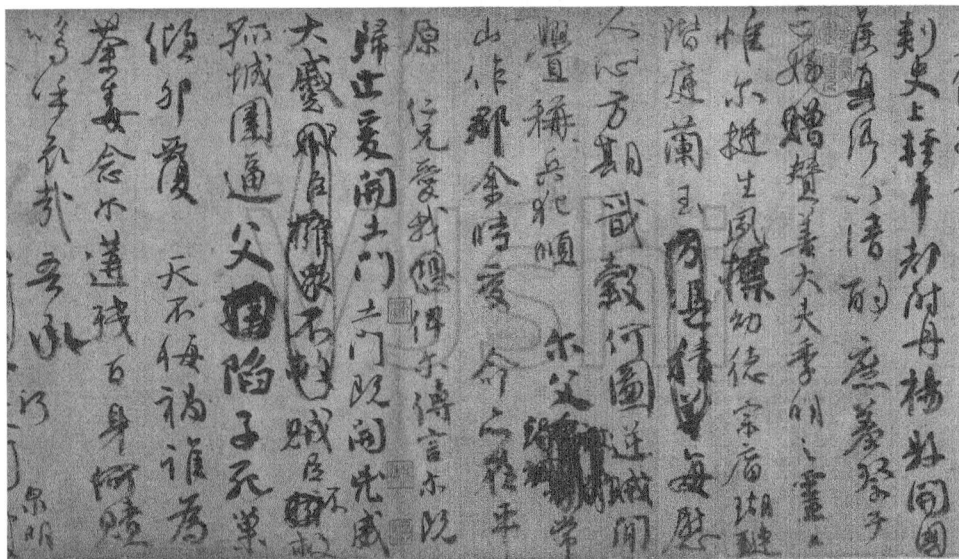

《祭侄文稿》部分

　　总结汉字的发明和演变简要过程，我们可以明白，汉字的功能不仅在它是中国文化载体，伴随着汉族和各族人民的生息延续，承载和传播着中国政治、经济、社会生活方方面面的信息，而且，它本身的演变，也反映出特有的信息储存功能，如中华的"华"，含义有光辉（月华）、华丽（华灯、华屋）、精华（物华天宝）、繁盛（繁华）等意思，"父"字含义包括手和杖，"妇"字包括女人和扫把等等。几乎每一个字都有多种含义，丰富了人们的表达空间。另外，汉字的互解符号也增添了人们的想象力，如"考"字，从"老"字引申出来，[①]为复杂的信息系统提供了传播的选择功能。就是说，文字可以在时代变迁过程中，突破原义的"阈限"，不断延伸其含义。这就为扩大传播范围提供了新的机会。

　　从美学的观点看，汉字还传达了中国人特有的审美观。比如草书，古人评论王羲之的草书"韵媚宛转"，张旭的草书杜甫看到后为之"满目一悽恻"。[②]这在一定程度上揭示了他们的书法的审美震撼力，传播了中国古代美学的意蕴。

　　二、印刷术的发明和汉字信息传播的新纪元

　　印刷术是中国古代四大发明之一。中国古代很早就利用工具在木、石、金属

──────────

　　① [英] 李约瑟：《中华科学文明史》第 1 册，江晓源译，上海：上海人民出版社，2010 年，第 9 页。
　　② 《李白杜甫诗全集》卷 6，《殿中杨监见示张旭草书图》，北京：燕山出版社，1995 年，第 331 页。

器皿上镌刻文字图案,如青铜器铭文、泰山石刻、汉画像石等等,为唐五代的雕版准备了镌刻的技术基础,也可以说印刷技术是从印章刻制技术发展而来。①

学术界一般认为雕版印刷技术,出现在唐、五代。"(太和)九年十二月丁丑,东川节度使冯宿奏:准敕,禁断印历日版。剑南两川及淮南道,皆以版印历日鬻于市。每岁司天台未奏颁下新历,其印历已满天下,有乖敬授之道,故命禁之。"②由此可见,在太和九年(835)以前,四川、淮南地区已流行雕版印刷的日历。以后,宣宗、懿宗、僖宗朝都有雕版印刷物记载的发现。③

唐代雕版印刷已成为"专业化了的家庭手工业"④,刻工技术因专业化而日益成熟。其次是造纸业的发展。隋唐王朝的政令传达、科举制度、佛道传播,以及诗歌创作的普及,都对纸的生产提出需求。隋唐的造纸业以南方为主,因为南方有丰富的竹、木、藤类造纸原料资源。《唐国史补》记载说:"纸则有越之剡藤、苔笺,蜀之麻面、屑末、滑石、金花、长麻、鱼子、十色笺,扬之六合笺,韶之竹笺,蒲之白薄、重抄,临川之滑薄。又宋亳间有织成界道绢素,谓之乌丝栏、朱丝栏,又有茧纸。"⑤总之因地制宜,物尽其用。

所以雕版印刷也以剑南西川的成都、浙西镇江、淮南扬州等地为中心。没有发达的造纸业,就没有雕版印刷业的兴盛。最后是买方市场的出现,如日历的行用普及,导致日历、阴阳占卜杂书、九宫五纬、小学等民间需求量大的印刷品激增。另一买方市场是佛经的需求量增加。当然,专业化的雕版印刷业对文化和技术的传播影响甚巨。如纥干泉任浙西节度使,作《刘弘传》雕印数千本。⑥数千本,不是一个小数,足见印书传播效果之大。至于日历、阴阳占卜杂书、九宫五纬、小学等民间通俗读物之多,传播效果之大,更加惊人。

宋元明清,大型类书、丛书、总集、小说、医药书的雕版印刷,极大地满足了以科举考试为导向的人才培养及各类著作普及的需要。举例说,宋太宗朝刻印《太平广记》150卷、《太平御览》1000卷、《文苑英华》1000卷、《神医普救方》1000卷;宋真宗朝校刊《道藏》《释藏》,进士的题试开始摹印,雕版印刷的范围前所未有。雕版印刷文字、图像的传播成为一大文化产业。

宋代中期开始,民间雕版印刷业日益繁荣,文集的雕印风行,版画也遍地可见。版画内容起初多为佛像画,自仁宗中期起,世俗内容大行。如四川僧楚安所

---

① [美] 坦普尔:《中国:发明与发现的国度》,南昌:21世纪出版社,1995年,第214页。
② 《全唐文》影印本卷624,北京:中华书局,1983年,第6301页。
③ 宿白:《唐宋时期的雕版印刷》,北京:文物出版社,1999年,第2页,
④ 宿白:《唐宋时期的雕版印刷》,北京:文物出版社,1999年,第4页。
⑤ 《唐国史补》卷下,北京:中华书局,1991年,第60页。
⑥ 《云溪友议》卷下《羡门远》,上海:古典文学出版社,1957年,第69页。

画的扇面画，"山水点缀甚细，每画一扇，上安姑苏台或滕王阁，千山万水尽在目前，今蜀中扇面印版是其遗范"①。有人还把唐代临摹的东晋大画家顾恺之的《仕女图》"刻版作扇"。宿白先生指出：此"扇"是屏风扇，②即屏风的扇面画。版画的出现说明雕版技术有了明显进步，为文化传播增加了新的渠道。

南宋的雕版印刷，发展更加全面了，不但地点散布各地，而且官私书坊遍布，刻工精进。两浙刻工刀法自成一格，福建建阳、建瓯的书坊也请浙江刻工传授技术。南宋雕版印刷的书籍数量惊人，版式、字体适应批量印刷需要而有变化，故建阳麻沙的刻书，转贩全国各地和海外。南宋的雕版印刷对文化传播的影响，《宋会要辑稿》的一段记载，似可说明："而鬻书之人急于锥刀之利，高立标准，镂版夸新，传之四方。"③

明刻故事甚多，如泉州刻帖。《履园丛话·明刻》记载说："有元八十余年中，无刻帖者，虽如赵松雪之工书，亦惟究心二王，于有唐一代除褚中令、李北海外，似无当于意，临模亦鲜。即虞伯生、鲜于伯机、邓善之、柯丹邱、张伯雨辈善于赏鉴，亦未闻刻帖成大部者。明洪武初，有泉州府知府常性始以《阁帖》祖本重刻之为《泉州帖》。周宪王为世子时，又以《阁帖》为主，而参之以《秘阁帖》，又增入宋、元人书，为《东书堂帖》。晋靖王为世子时，又以阁帖、大观、宝晋为主，而益以所藏，刻为《宝贤堂帖》。肃王又翻刻《淳化阁帖》旧本，谓之肃府本。成化间，长洲文徵仲父子刻《停云馆帖》，章简甫再模之，今谓之章板，校原刻略瘦。嘉靖中，锡山华东沙刻《真赏斋帖》。章简甫又刻《墨池堂帖》，歙县吴用卿刻《余清斋帖》。天、崇间，华亭董思翁刻《戏鸿堂帖》；金坛王太史肯堂刻《郁冈斋帖》；宜兴蒋一先刻《净云枝帖》；云间陈眉公聚集苏文忠书，刻《晚香堂帖》，又集米元章书，刻《来仪堂帖》；莆阳宋比玉集临蔡君谟书，为《古香斋帖》；汉阳太守孙克宏刻《东皋草堂帖》。崇祯庚辰，陆起龙又刻《片玉堂词翰》十二册，皆陆深书。莫方伯如忠及其子云卿刻《崇兰馆帖》。云间顾从义曾翻刻《淳化阁帖》十卷，上海潘氏亦曾翻刻《淳化阁帖》十卷。明末潘允端又刻《兰亭松雪十八跋》，后周东山又翻刻之。"④

两宋印刷术的发明，除了雕版印刷，最重要的是活字印刷。沈括《梦溪笔谈》记载说："（宋仁宗）庆历中有布衣毕昇，又为活版。其法用胶泥刻字，薄如钱唇，每字为一印，火烧令坚。先设一铁版，其上以松脂蜡和纸灰之类冒之，欲印

---

① 郭若虚：《图画见闻志》卷2，北京：人民美术出版社，1963年，第56页。
② 宿白：《唐宋时期的雕版印刷》，第77页。
③ 《宋会要辑稿·刑法二》，北京：中华书局，1957年。
④ （清）钱泳撰：《履园丛话》九《明刻》，北京：中华书局，1979年，第254页。

即以铁范置铁板上，乃密布字印。满铁范为一板，持久就火炀之，药稍镕即以一平板按其面，则字平如砥。若止印三二本，未为简易，若印数十百千本，则极为神速。"①

"胶泥"是什么材料？学者认为这是一般硅酸盐黏土类。模拟实验结果：用淮南市八公山黏土作原料，制成活字 6000 个，在 600 度的高温下烧制 24 小时，泥活字坚固异常，排版印刷，字体清楚。②除了泥活字外，还有木活字，沈括叙述毕昇泥活字时提到。元代已出现木活字，王祯《农书》杂录《造活字印书法》即云："今又有巧便之法，造板木作印盔，削竹片为行，雕板木为字，用小细锯镂开，各作一字，用小刀四面修之，比试大小高低一同。然后排字作行，削成竹片夹之。盔字既满，用木楔楔之，使坚牢，字皆不动，然后用墨刷印之。"③王祯《农书》杂录《作盔安字刷印法》也记载了活字印书一事："前任旌德县县尹时，方撰《农书》，因字数甚多，难于刊印，故用己意命匠创活字，二年而工毕。试印本县志书，约计六万余字，不一月而百部齐备，一如刊版，知其可用。"后来王祯调任江西，把活字带去，时《农书》方成，"欲以活字刊印"。④是否也用活字印制《农书》，不得而知。总之活字印刷是传播史上应当提及的技术创新的大事。

中国的印刷术传到了欧洲，门多萨《中华大帝国史》谈到欧洲问题令人感兴趣。他写道："一般的意见显然是，欧洲印刷术的发明是 1458 年，发明人是叫约翰·谷腾堡（John Cutembergo）。""但中国人称，最早是他们发明的，发明者是一个他们把他的名字尊为圣人（指毕昇），由此明显的是在他们使用后很多年，印刷术经罗斯（Ruscia）和莫斯科公国（Moscovia）传入德国。"古腾堡以此作为他最早的根据，"显而易见这项发明是他们传给我们的"。⑤

三、藏书和藏书家的传播技术

在雕版印刷术发明以前，已有藏书之举。《汉书·艺文志》记载说：秦"燔灭文章，以愚黔首"，而汉则"改秦之败，大收篇籍，广开献书之路"，"建藏书之策，置写书之官，下及诸子传说，皆充秘府"，大开藏书之风。据文后如淳注称："刘歆《七略》曰：外则有太常、太史、博士之藏，内则有延阁、广内、秘室之府。"⑥这是官府藏书。私家藏书，大概要从孔子、伏生开始。西汉鲁恭王坏孔子宅，发现

---

① 沈括：《梦溪笔谈》第二编（三）卷 18，郑州：大象出版社，2006 年，第 137 页。
② 曹之：《中国印刷术的起源》，武汉：武汉大学出版社，1994 年，第 462 页。
③ 王祯：《东鲁王氏农书译注》，上海：上海古籍出版社，1994 年，第 760 页。
④ 王祯：《东鲁王氏农书译注》，上海：上海古籍出版社，1994 年，第 762 页。
⑤ 门多萨著、何高济译：《中华大帝国史》，北京：中华书局，1998 年，第 120—121 页。
⑥ 《汉书》卷 30，《艺文志》，北京：中华书局，1962 年，第 1701—1702 页。

了古文经典逸礼有三十九篇，书十六篇，这批古文由孔子后人孔安国献出。秦代济南伏生所藏后亡失。孔子、伏生所藏或汉官府秘藏，都属竹木简之"书"。东汉曹曾，也曾收藏天下遗书，"积石为仓以藏书，故谓曹氏为书仓"[1]。春秋战国或秦汉制时，纸还没发明出来，东汉蔡伦才发明造纸术，所以魏晋以后，纸质书籍收藏始有可能。唐代寿州张刺史"人多求田问舍，公独以百家言为宝，藏书至八千卷而不止"[2]。唐代实行科举，社会舆论相信"富贵必从勤苦得，男儿须读五车书"[3]，所以藏书风靡一时。但是藏书长久保存极为不易。晁说之讲过一个故事：凡名公卿大夫儒林之士，往往人逝书散，很少能传诸再世。宋宣献家名德相继，四世以存，但在哲宗元符年间，一次火灾，藏书化为灰烬。[4]

宋明以来，藏书与教育往往紧密联系在一起。宋代有个叫应长卿的士人，虽科名不遂，竟"作花厓书院，藏书五千卷，延良师教子侄"[5]，故有"藏书万卷可教子，遗金满籝（箱笼）常作灾"[6]的诗句，足以说明藏书与教育的关系，也就是藏书的传播功能。

雕版印刷术是中国四大发明之一，也是对世界文明传播的一大贡献。达维·克劳勒《传播史——技术文化和社会》一书指出：木活字印刷术的发明和用纸拓印，肯定是中国最权威的发明。当其他国与中国争辩这一发现的荣誉时，而中国才是唯一的原创者，并在西方得到发展和为人所用。纸品被中国的藩属国当作成熟的艺术品，传播出去。[7]造纸技术西传，引起了欧洲印刷业的发展，促进了欧洲传播事业的突飞猛进。"破布纸，麻纸，各类植物纤维的纸，纤维素纤维纸，纸的耐力改善了纸的印刷质量，各类色彩的纸，书写纸，包装纸，甚至餐巾纸，手纸，在早于我们这个年代的世纪，中国已在使用。手工造纸秘密是 8 世纪阿拉伯军官（captors 俘获者）在撒马尔罕（Samarkand）中国俘虏那儿得到的，然后于 12 至13 世纪，由摩尔人的人转手传给他们的西班牙征服者，纸的所有基本细节，至今受用。在我们自己的时代中国继续在手工造纸方面有新的进展。又有所谓'印度

---

① （明）解缙编：《永乐大典》全新校勘珍藏版，第 7 卷；王嘉《拾遗记》卷 6，北京：大众文艺出版社，2009 年。

② 独孤及：《毗陵集》卷 20，《祭寿州张使君文》，四库唐人文集丛刊，上海：上海古籍出版社，1993 年，第 150 页。

③ 《杜诗详注》卷 21，《题柏学士茅屋》，北京：中华书局，1979，第 2836 页。

④ 《嵩山文集》卷 16，四部丛刊续编景旧钞本。

⑤ 《本堂集》卷 91，清文渊阁四库全书补配清文津阁四库全书本。

⑥ 四部丛刊初编集部，《豫章黄先生文集》第七《题胡逸老致虚庵》，第 61 页。

⑦ David Crowley Paul Heyer: *Communication in History—Technology*, *culture*, *society*, Publishing as Ally & Bacon Bston, P67.

纸'的制造技术，是 19 世纪造纸技术从中国传到西方时，被介绍到那儿的。"①

中国雕版印刷书籍曾被西方传教士带到欧洲，这类流传欧洲的"汉籍"陆续被译成西文。2019 年 3 月国家主席习近平访问法国，法国总统马克龙向习主席赠送 1688 年出版的首部法文本《论语导读》，这本书全称是《孔子与王家科学》，翻译了《论语约》2/3 的内容，是由医生和传教士弗朗索瓦·贝尼耶翻译的。巴黎高等师范学院的研究人员称，法国人最早接触中国哲学思想，就是通过这本书的。德国的莱布尼茨、法国的伏尔泰、孟德斯鸠等都读过这本书。② 由此可见，雕版印刷技术对中国文化的国外传播也有重大影响。

第二节　社会信息传播技术

一、官方信息传播技术创新

(1)《周易》和信息传播。《周易》的内容源自民间占卜经验。在科学不发达的时代，古人为了解释自然界对人类社会生存的影响，采用卜筮的方式。占卜的方法有多种，成为人们观察宇宙人生、锻炼思维能力、建构哲学体系的理论基础，对于形成中国文化的特色，提升中国文化的内涵起着不可替代的重要作用。

《周易》的八卦符号，是从哪里来的？李约瑟博士认为："始于公元前 1000 年的周朝，另一种占卜方式开始风行，即'筮仪'。它用一种西伯利亚的名为'蓍草'的干茎，'蓍'与'占'一词的语义相通，它具有'巫'的部分特征，意指巫术。诚如前面所讲，这种蓍草茎可能就是《易经》里长短线组合的符号的来源。"③

八卦：乾、坤、震、艮、离、坎、兑、巽（见下图）。八卦经诸儒"经解"，传达了天文地理人事信息。如乾卦，重卦是六长横画。三长横画为天，六长横画表示"上下皆乾，则阳之纯而健之至也"。"元亨利贞，文王所系之辞，以断一卦之吉凶"。"元、亨、利、贞"是大、通、宜、正而固的意思，简单说是"大通而至正"。乾卦周公系辞"天行健，君子以自强不息"句，已成为传诵不息的座右铭。坤卦，重卦是六行两短横画。三行各两短横画为地，"坤厚载物"，周公系辞"君子以厚德载物"，也是后世传诵的座右铭与家训、校训。因此《周易》八卦是传统文化的一大发明，在传播学上有重要作用和意义。

①　David Crowley Paul Heyer：*Communication in History—Technology*，*culture*，*society*，P67.
②　《环球时报》第 4739 期，2019 年 3 月 27 日，第 3 版。
③　《中华科学文明史》第 1 册，第 199 页。

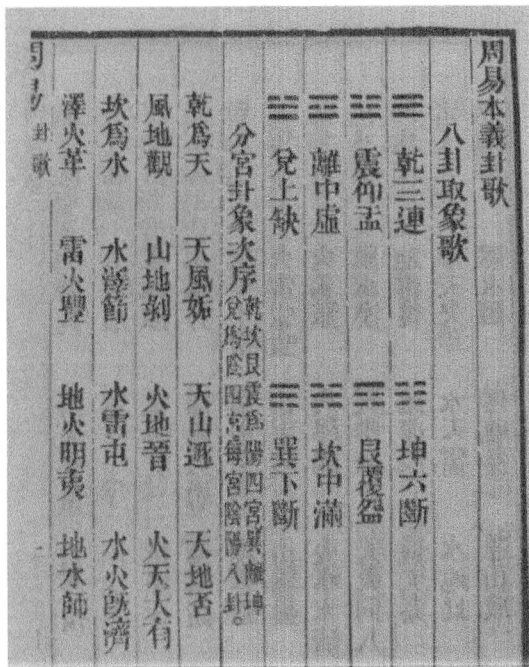

《周易本义》卦歌

（2）邮驿和远程传播。古代通信系统是很有创意的。邮和驿并称，"邮驿"指传递信息的机构驿站、驿马和邮政。早在《周礼·夏官》就有舆司马之职，管舆辇乘的。《孟子·公孙丑章句上》有一段文字说："孔子曰：德之流行速于置邮而传命。"所谓"德"，指民之舆论，他们的疾苦冤言，渴望王政的声音流传，比传达王命的"邮驿"还要快。[①]春秋时代邮传制度已是官方传达政令的渠道。"邮亭"是接纳传达王命人员公文的逗留场所。历代都重视邮驿建设，据湖南郴州苏仙桥遗址出土的晋简里，就有一个县的邮、驿册书。如"都邮南到谷驿廿五里，吏王明士主……"；"都邮北到故佳邮十里，废，无居人"[②]。又据《大唐六典·尚书兵部》记载，每30里置一驿；驿分水驿、陆驿，盛时全国有1639个驿站，水驿260所。陆驿配马，江南、岭南多山，路途险峻，配蜀马。乘驿马须有门下省发的邮券，即通行证。水驿配备船只。邮驿制度创新时，另有技术创新。以褒斜道开通为例："褒水通沔（水），斜水通渭（水），皆可以行船漕，漕从南阳上沔入褒，褒绝水至斜间百余里，以车转，从斜下渭。"[③]为了开通"褒绝水至斜间百余里"山谷通道，开建栈道，栈道在陡峭的花岗岩壁上凿出方孔，打入木梁，架起栈道。汉代工人

① 《四书五经》上册《孟子》卷3。
② 中国社会科学院《历史研究所学刊》第八辑，北京：商务印书馆，2013年，第159页。
③ 《汉书》卷29，《沟洫志》，北京：中华书局，1962年，第1681页。

的这项凿壁穴技术至今还没有破解，足见其神功！至于东西南北之驿道修建技术，更不用说了。

（3）官报。邸报出现在汉朝。汉承秦制，西汉也实行郡县制，全国各地分设郡，郡下面是县。各郡在京城长安都设有"邸"，派有专人负责皇帝谕旨、诏书，臣僚奏议等文书的传递。但有史可据的邸报出现于唐朝，它是各道驻京的进奏院的文书，称"表"或"状"。唐武宗会昌年间，李义山（李商隐）《为汝南公贺彗星不见复御正殿表》称："臣某言得本州进奏院状报，今月某日夜彗星不见"云云，① 即说明邸报也称状报，是一种奏状文书。从宋朝开始，邸报的记载多见，传播范围更大，有类于一种原始新闻传播媒介，也是目前中国有据可考、年代最早的传播媒介，但它仍不是报纸性质的传播媒介。南宋陈杰的诗《读邸报》："战骨如山血未干，补疮遮眼肉都剜。向来手诏真哀痛，间者人言已治安。夜访宰臣忧卧榻，昼延学士论危竿。祖宗全盛犹如此，半壁江风面面寒。"② 陈杰读到的是报导关于战事失败消息的邸报。

（4）烽燧制度和军事信息传播。古代有烽燧制度，《墨子·号令》篇讲守城事项，关于"候"与"烽燧"写道："士候无过十里，居高便所树表，表三人守之，北至城者三表，与城上烽燧相望，昼则举烽，夜则举火。闻寇所从来，审知寇形必攻。"③ 这里先说候，候是古代瞭望哨所，每十里设一所。烽燧是军事设施之一，但它的作用在传达军事信息。烽火台根据敌人多少举火放烟，据说信息传递速度一昼夜可传达两千里。今甘肃、新疆就有许多古烽燧遗址。唐代立法规定："凡烽候所置，大率相去三十里。""其放烽有一炬、二炬、三炬、四炬者，随贼多少而为差焉。"每烽置帅一人、副一人。④ 烽燧有围墙、房屋、马厩等建筑，作为值勤军人的生活设施。

（5）蜡丸帛书、檄、露布。郭子仪率兵讨伐周智光，德宗许以便宜从事。此时同、华道路阻绝，德宗召郭子仪的女婿工部侍郎赵纵，"受口诏"，赵纵裂帛写诏书，"置蜡丸中"，从间道送达。⑤

檄、露布。《后汉书·鲍永子昱传》注说："檄，军书也，若今之露布也。"古代檄、露布都是传达军事信息的文书。⑥《通典》记载说："后魏每攻战剋捷，欲天

① 《李义山文集》卷1，四部丛刊本。

② （宋）陈杰：《自堂存稿》卷3，民国豫章丛书本。

③ 陈直：《文史考古论丛》引《墨子·号令》篇，天津：天津古籍出版社，1988年，第247页。

④ 《唐六典》卷5，北京：中华书局1992年，第162页。

⑤ 《旧唐书》卷114，《周智光传》北京：中华书局，1975年，第3370页。

⑥ 《后汉书》卷29，《鲍永、子昱传》注，北京：中华书局，1965年，第1022页。

下闻知，乃书帛建于漆竿上，名为露布。"①后魏即北魏，说明露布作为发布战争捷报的载体，类似现代的新闻快报。唐军每平荡寇贼，即"宣露布"，露布由兵部侍郎奉以奏闻，非常隆重。历代均依例实行。

（6）隐语传播。《史记·淳于髡传》记载，秦威王"喜隐"，注引《索隐》曰："喜隐谓好隐语。"所以淳于髡就以隐语规劝他。②明李诩《戒菴老人漫笔》记载："马怀德言：曾为人求文字于祝枝山，问曰：是见精神否？俗以取人钱为精神。曰：然。"③"精神"是隐语，取钱的意思。这类隐语在佛道门派中很流行。《大毗卢遮那成佛经疏》云："密教不可直宣，故多有如是隐语，学者当触类思之。"④隐语传播普遍，也许是古代加密传播的手段，极有创新意义，应当专题分析。

（7）经济信息传播。

巡院急递五价信息。唐代宗朝，刘晏理财，为河南节度使，所据多不奉法令，征敛随意州县税收益减。"晏以羡余相补，人不加赋，所入仍旧，议者称其能。"他还善于收集经济信息，其办法是"自诸道巡院距京师，重价募疾足，置递相望，四方物价之上下，虽极远不四五日知，故食货之重轻尽权在掌握，朝廷获美利，而天下无甚贵甚贱之忧，得其术矣。"⑤巡院是唐代设置在地方的专管盐铁税收的机构。疾足，类似后世的快递人员，专送情报，他们一个递一个地接力传送物价情报。刘晏以其周密的组织，完成物价等信息传递，具有创新意义。

招牌和广告。"招牌"一词出现比较早。宋人有言："招，犹今人言招牌也。立仁义之名，以扰乱天下，使天下之人皆趋于仁义，奔命为其所使。"⑥招牌就是传达信息的载体。《梦林玄解·梦占》记载："挂店招牌大吉"，占曰："梦牌上无字者贵显，大富；梦牌上字多字少当以其字占之。"⑦元高则诚《蔡伯喈琵琶记》有"《毛诗》里面说得好道，析薪如之何？匪斧弗克。娶妻如之何？匪媒不得。以此把斧头为招牌。"⑧此句引自《诗经·南山》表示斧头是一种媒介，传递某种信息。元明杂剧《金凤钗·赚煞》："我但卖得二文钱，籴得一升米谷，养活孩儿，共你凭着我端砚、文章、纸墨笔，吃的是淡饭、黄虀，我挂招牌指万物为题，写着道吟诗，寰中占了第一。"⑨这里的"招牌"也传递某种信息。《今古奇观》一书讲一个故事：

---

① 《通典》卷76，《宣露布》。

② 《史记》卷126，《淳于髡传》，北京：中华书局，1975年，第3197—3198页。

③ （明）李诩：《戒菴老人漫笔》卷1，《文士润笔》，北京：中华书局，1982年，第16页。

④ 《大毗卢遮那成佛经疏》卷1，日本庆安二年刻本。

⑤ 《旧唐书》卷123，《刘晏传》，第3515页。

⑥ 宋林希逸《庄子口义》卷1，明正统道藏本。

⑦ 宋邵雍《梦林玄解·梦占》，明崇祯刻本。

⑧ （元）高则诚《蔡伯喈琵琶记》卷上，清康熙十三年陆贻典钞本。

⑨ 《金凤钗》，民国孤本元明杂剧本。

说有个叫刘元普的人，在回家时，遇见一个全真先生，手里拿着招牌，上面些着"风鉴通神"四个字，元普知道他是个看相的，便延他到家中来坐。这个招牌传达的是"风鉴通神"信息。①

酒旗也有招牌的作用。唐代许浑诗《送客归吴兴》有"春桥悬酒幔，夜栅集茶槚"句。②宋林景熙《舟次吴兴二首》有"钓舟远隔菰蒲雨，酒幔轻飘菡萏风"句。③菡萏即荷花。酒幔的招牌作用于此可见。所不同的是，酒旗是酒店的招牌，广告是特定商品的标志，但都是传达商业信息的一项创新。

广告，即广而告之的意思，形式多样。张仁江、张春平《清明上河图中的几则特别广告》一文对中国古代广告的兴起做了很好的说明。文章认为：我国现存世界上最早的印刷广告就是北宋时期济南刘家针铺的广告，该印刷广告的铜板四寸见方，上面雕刻有"济南刘家功夫针铺"的字样，图案是白兔抱铁杵捣药，文字为："认门前白兔儿为记。"在铜板的下半部刻有说明商品质地和销售办法的文字："收买上等钢条，造功夫细针，不误宅院使用；客转为贩，别有加饶。请记白。"该铜板现存上海博物馆。在《清明上河图》中有多种形式的广告出现：实物广告、招牌广告、旗帜广告、灯箱广告、商品命名广告、店堂装饰以及工艺展示等。《清明上河图》中有几个特别的广告形式是我国最早的几种广告图像，包括车上盖着有字的苫布——运输商行的车体广告；大箩筐担子——经营箩筐店铺的实物广告；"斤六十足"——肉铺的明码标价招牌等。④

二、民间信息传播技术创新

（1）文学传播。

诗歌创作的赋、比、兴。《诗经》是一部包括西周初年至春秋中叶（前11世纪至前6世纪）五百年间的诗歌总集。相传为孔子编辑，至汉武帝时《六经》或《五经》之一。它在传播儒家治国理念和社会历史进程信息方面，影响巨大，及于数千年后的今天。如《国风·周南·关雎》，古人认为这首诗以赋、比、兴创作手法的"兴"以寄情："比者比方于物""托事于物"；"取譬引类，起发己心，《诗》举诸草木鸟兽以见意者，皆兴辞也"，且"比显而兴隐"。⑤这种手法的优点在于寄意深远，能产生文已尽而意有余的效果。所以，《诗经》的创作手法即是创新，

---

① 《今古奇观》卷18，长沙：岳麓书社，2009年，第264页。

② 《全唐诗》卷531，北京：中华书局，1960年，第6069页。

③ 四川大学古籍所编《宋集珍本丛刊第90册》卷3《霁山先生白石樵唱》，北京：线装书局，2004年，第597页。

④ 《广告研究》2017年第3期。

⑤ 《清人诗说四种》焦循《毛诗补疏》，武汉：华中师范大学出版社，1986年，第243页。

是一种传播技术的发明。人们诵诗寄情，这一创作传统，为唐诗、宋词、元曲所继承。

传奇小说。学术界对中国历代传奇小说评价甚高。古代有诸子十家，第十为小说家。"小说家者流，盖出于稗官，街谈巷说，道听途说者之所造也。"什么是"稗官"？此句注引如淳曰："细米为稗，街谈巷说，其细碎之言也。"①就是说，古人也认为小说家所传播的是社会舆论，只是些"街谈巷说，其细碎之言"而已，因此小说的发明，是古人传播技术的发明，有创新意义。

鲁迅《中国小说史略》言及该书的传播功能。在讲述唐宋传奇时，指出："小说如诗，至唐代而一变"，"大率篇幅曼长，记叙委曲"，如《补江总白猿传》"假小说以施诬蔑之风"。张鷟《朝野佥载》等书，大行于时，新罗、日本使至，必购其文。沈既济《枕中记》"文笔简炼，又多规诲之意，故事虽不经，尚为当时所重"。又《任氏传》也是"讽世之作"。②鲁迅在书中讲述宋人话本时，引用《东坡志林》的记载，生动地反映了说《三国志》者的传播效果是何等精彩："王彭尝云，途巷中小儿薄劣，其家所厌苦，辄与钱，今聚坐听说古话，至说三国事，闻刘玄德败，频眉蹙，有出涕者，闻曹操败，即喜唱快，以是知君子小人之泽，百世不斩。"③

（2）民间"小报"。南宋淳熙十五年（1188），有所谓"不逞之徒，撰早无根之语，名曰小报，传播中外，骇惑听闻"，应予决配，凡"所受小报官吏"，诏令临安府察查。④

第三节　近代传播技术的创新

一、电报技术的引进与创新

电报是近代重要发明之一。1832年，俄国外交官巴伦·希林设计出磁针式电报机。俄国还曾铺设了一条从冬宫到内阁的电报线路。1837年，希林到英国公干，应邀就他的发明做了一次演讲，出身声学专业的惠尔斯通和另一位名叫库克的人，着手电报机的发明工作。但是惠尔斯通发明的电报机存在缺陷。1835年，在美国，莫尔斯也几经试验，发明了一台电报机。1844年，莫尔斯电报机传输成功。⑤1852

① 《汉书》卷30，《艺文志》，第1745页。
② 鲁迅：《中国小说史略》，上海：上海古籍出版社，2014年，第58—62页。
③ 苏轼：《东坡志林·途巷小儿听说三国语》，青岛：青岛出版社，2002年，第16页。
④ 《宋会要辑稿》第166册，《刑法二》，北京：中华书局，第6557页。
⑤ 马伯庸、阎乃川：《触电的帝国》，杭州：浙江大学出版社，2012年，第6—14页。

年《科学美国》宣称：没有哪一种发明如电报那样如此迅速地扩大其影响，"电报的发展大概是和它的高贵发明一样，是件好事情"①。

就在莫尔斯电报机传输成功之后，电报传输即刻风靡欧美国家。十数年后，即 1859 年，法国公使居然将一部电话机作为礼品送给清政府，却被恭亲王奕䜣以为无用而退还。②1863 年俄英法等国使节提出引进电报，同样被三口通商大臣崇厚拒绝。③但是五口通商后，洋商不能忍受通讯难之困境，1865 年上海的富利洋行自行铺设浦东到黄浦江口的 21 公里电线。此举触怒当局，被新任苏松太道台丁日昌设计拆毁。但丁日昌从此知道了电报通讯的作用。1875 年，他调为福建巡抚，竟同意在马尾的福建船政学堂设电报学堂，后来盛宣怀有在天津设立北洋电报学堂，中国自己的电报业也随之建立起来。④

李鸿章筹办洋务中，听从盛宣怀的意见，以办铁路、电报为先。于是第一条中国人自己的电报线路在大沽和天津之间铺设完成，开始运营。接着盛又得到清政府批准着手建立电报总局，1881 年建成津沪陆线电报，李鸿章派盛为天津电报总局总办，郑观应为上海分局总办。⑤电报成为官方办理洋务和商界的先进的传播工具。

中文电报与密码。电线、电报机是进口的，但用中文发包，必须有中文电报编码。因此，中文电报编码便是传播技术发明之一。据研究，电报传入时，外国人使用莫尔斯电码，即不等长码，英语的 26 个字母，各有特定的号码。中文发报，要有中文码，最早用的是"四码法"，即每个汉字用 4 个阿拉伯数字组成，如李2621、鸿7703、章4545。晚清的洪钧改造了中文电报码。他用十二地支（子、丑、寅、卯、辰、巳、午、未、申、酉、戌、亥）代表十二月，再以平水韵的韵部代表日期。前面 15 天用上平声的东字等（1 日）、冬字等（2 日）、江字等（3 日）、支字等（4 日）、微字等（5 日）、鱼字等（6 日）、虞字等（7 日）、齐字等（8 日）、佳字等（9 日）、灰字等（10 日）、真字等（11 日）、文字等（12 日）、元字等（13日）、寒字等（14 日）、删字等（15 日）；次则韵目上声的十个，铣字等（16 日）、筱字等（17 日）、巧字等（18 日）、皓字等（19 日）、智字等（20 日）、马字等（21 日）、养字等（22 日）、梗字等（23 日）、迥字等（24 日）、有字等（25 日）；再次则韵目去声的五个，寝字等（26 日）、感字等（27 日）、俭字等（28 日）、艳

---

① David Crowley Paul Heyer：*Communication in history Technology*，*culture*，*society*，Sixth Edition publishing as Allyn &Bacon，2011，P105.

② 《触电的帝国》第 17 页。

③ 《触电的帝国》第 17 页。

④ 《触电的帝国》第 27 页。

⑤ 《触电的帝国》第 45 页。

字等（29 日）、陷（30 日）、卅字等（30 日）。合计 31 天。这个密码，今人见之，则莫名其妙，而善韵律，长于律诗写作的清代人来说，解读它则游刃有余。如马日事变，电文落款"辰马"，辰是五月，马是 21 日，即 5 月 21 日。汪精卫叛变给蒋介石的电报是 1938 年 12 月 29 日，29 日即"艳"字，史称"艳电"。[①]中国式密码确实是一项传播技术发明，而且有创意。

二、电话技术的引进与创新。1876 年贝尔发明电话，次年，上海公共租界的电气工程师英国人毕晓普（J.D.Bishop）即从事电话引进的试验。在浦江饭店和虹口消防站之间铺设了一条电话线，测试结果，效果非常理想。[②]后来他又进行两次试验。试验的成功，促使电话进入实际应用，1878 年轮船招商局单线双向磁石式"对讲"电话开通，成为远东第一条运营的商业电话线。[③]

1879 年丹麦大北电报局电工建议工部局铺设地下电缆的电话通讯网，建立交换台，于是技术上从"对讲"向交换台为中心技术转变，有效地解决了电话的方便实用问题。

中国自主创办电话事业始于 1900 年。是年清政府在南京成立江南官电局，继之是 1901 上海华界士绅集资创办南市电话局，中方国内官商电话业务渐次展开。

从技术上说，共电式电话优于磁石式电话，"共电式之维持费较省，而电力既集中，则管理自易"。但设备方面除电池外更须充电，成本高。[④]共电式电话之后是电气旋转制电话，这是当时电话技术变革和发展的主流之一。美商商海电话公司接盘上海租界内电话业务后，立即集中力量将共电式人工交换电话改装为旋转制自动电话，改装工程时，"招收大批中国籍工程人员进行装配机器和架设电缆工作"[⑤]。所以，电话的发明、应用技术，虽然是西方的，但中国电话安装工程中，有中国工程人员的贡献。电话的出现和普及，无疑使信息传播步入现代轨道。

---

① 《触电的帝国》第 118—121 页。
② 于峰、关增建：《近代上海租界电话制式演进路径初探》，《自然科学史研究》2018 年第 2 期。
③ 于峰、关增建：《近代上海租界电话制式演进路径初探》，《自然科学史研究》2018 年第 2 期。
④ 于峰、关增建：《近代上海租界电话制式演进路径初探》，《自然科学史研究》2018 年第 2 期。
⑤ 于峰、关增建：《近代上海租界电话制式演进路径初探》，《自然科学史研究》2018 年第 2 期。

目　录

第一篇　华夏传播的学科范畴

第一章　书广新闻：华夏传播"新闻"范畴的出现与内涵的演变

孔正毅 [*]

学科范畴是学科发展的基本概念，也是学科的元概念。学科范畴史研究是每一个学科相当关注的基本主题。新闻传播学科的基本范畴，包括新闻、传播、编辑、记者等，都值得深入探究。本章就"新闻"一词的出现及其内涵的变化，做一系统考察，以期发现"新闻"作为古代中国的一项信息传播活动，是如何迈向今天的大众传播事业的。

第一节　魏晋南北朝时期，"新闻"一词的出现

关于"新闻"一词的语源问题，20世纪80年代就有人关注。一般认为，"新闻"一词首见于唐代。其中以姚福申先生的考证最为深入。他通过版本研究，较为详细地考证了"新闻"一词最早见于唐代[①]。主要依据是《旧唐书·孙处玄传》的记载：

> 孙处玄，长安中征为左拾遗。颇善属文，尝恨天下无书以广新闻。神龙初，功臣桓彦范等用事，处玄遗彦范书，论时事得失，彦范竟不用其言，乃去官还乡里。以病卒。——史部，正史类，旧唐书，卷一百九十二。[②]

---

[*] 作者简介：孔正毅，男，安徽大学新闻传播学院教授，中国人民大学清史所历史文献学博士。主要从事中国新闻出版史研究。在《新闻与传播研究》《国际新闻界》《新闻大学》等刊物发表论文近50篇，出版著作（含合著）6部，主持两项国家社科基金项目。

① 姚福申：《唐代孙处玄使用"新闻"一语的考辨》，《新闻大学》1989年第1期。

② 永瑢：《四库全书》（电子版），上海：上海人民出版社、迪志文化出版有限公司，1999年。说明：文中"经史子集"未注明出处者，均见该《四库全书》（电子版）。

一般认为"这是中国现存文献中'新闻'二字的最早记录"[①]。"长安""神龙"分别是武则天和唐中宗李显的年号,在公元 701—707 年之间,由此判定"新闻"一词肇始于初唐。此外,姚先生又从唐代文献中考证出有关"新闻"一语的三条史料:

其一,唐代诗人李成用的诗《春日喜逢乡人刘松》:"旧业久抛耕钓侣,新闻多说战争功。"以及《冬夕喜友生至》:"多少新闻见,应须语到明。"其二,尉迟枢的《南楚新闻》。其三,段成式的《锦里新闻》。

至此,有关"新闻"一词的语源研究似乎已成定论。但是,最近笔者通过考察发现,就词语发生而言,"新闻"一语似可继续上溯至魏晋南北朝时期。梁代释僧佑有一部著名的佛学著作《弘明集》,其卷七载有南朝宋代人朱昭之的《难顾道士夷夏论》:

圣道弥纶,天运远被,玄化东流,以慈系世,仁众生民,黩所先习,欣所新闻,革面从和,精义复兴。故微言之室,在在并建,玄咏之宾,处处而有。——四库全书·子部·释家类·弘明集。

这是一篇关于"夷夏之辨"的专论,文中"新闻"一词是"新近听到或发现"之义。这是目前见到的最早"新闻"一词的语源。虽然其含义与今天的新闻概念区别明显,但从语源发生学角度来看就具有特别的意义。朱昭之是南朝时宋代人,具体生卒年不详,大约生活在宋齐之间,即公元 420—502 年之间。由此判断,"新闻"一词的起源要比"唐代说"早了近 300 年之久。

第二节 唐代,"新闻"普遍有"新近听到、发现"之义

"新闻"一词出现以后,经过几百年的沉寂,至唐代开始勃兴,出现的数量较前代明显增加。在唐代,除了上文姚福申先生列举的四条史料外,尚有如下几条:权德舆的诗《奉送孔十兄宾客承恩致政归东都旧居》:"乞身已见抗疏频,优礼新闻诏书许。"[②]韩愈的诗《木芙蓉》:"新闻寒露丛,远比水间红。"(四库全书·集部·别集类·汉至五代·东雅堂昌黎集注·卷九)姚合的诗《裴大夫见过》:"解下

---

① 方汉奇,李矗:《中国新闻学之最》,北京:新华出版社,2005 年,第 7 页。
② 彭定求等编:《全唐诗》(第 10 册),北京:中华书局,1960 年,第 3629 页。

佩刀无所惜，新闻天子付三刀。"[1]李商隐的诗《木兰》："愁绝更倾国，惊新闻远书。"[2]陈陶的诗《题僧院紫竹》："新闻赤帝种，子落毛人谷。"[3]朱庆馀的诗《和刘补阙秋园寓兴之什》："几许新闻菊，闲从落叶和。"（集部·总集类·石仓历代诗选·卷六十九）

权德舆、韩愈、姚合为中唐时人，陈陶、朱庆馀、李商隐属中晚唐人。他们在诗歌创作中都有意无意使用了"新闻"一词，虽然其意义不尽相同，但基本上可以理解为"新近听到或发现"之义，与今天的新闻学概念相去较远。

可以说，除了李咸用的"新闻多说战争功"中"新闻"一词稍有"信息"含义外，其他各处"新闻"所使用的意义都没有这种内涵。这也从一个侧面透视出唐代以前，我国古人的"新闻"意识还比较淡漠，处于不自觉状态。

第三节　宋代，"新闻"出现"信息、消息"等内涵

宋代，使用"新闻"一词的频度大大增加，宋人使用"新闻"一语的数量远比唐代以前要多。笔者通检文渊阁电子版《四库全书》，出现"新闻"一词总计369频次，去除复见部分，得新出词151个。其中，宋代文献中首创"新闻"新词达39处，比例超过四分之一。宋代文献中，使用"新闻"一词，不仅数量较多，而且范围亦广，遍及经史子集四部，其中，集部出现最为频繁。

就使用"新闻"一词的内涵来看，主要有两大类：其一，沿用唐代以来的普遍内涵——新近听到、发现之义。其二，"新闻"一词出现了"信息、消息"等含义。

当然，作为第一种内涵使用"新闻"的概念仍然占据多数。但是，宋代出现了向今天新闻学意义转变的标志性话语，即"朝报"。据宋人赵升《朝野类要》所载：

朝报，日出事宜也。每日门下后省编定，请给事判报，方行下都进奏院，报行天下。其有所谓内探、省探、衙探之类，皆衷私小报，率有漏泄之禁，故隐而号之曰新闻。[4]

---

① 彭定求等编：《全唐诗》（第15册），北京：中华书局，1960年，第5780页。
② 彭定求等编：《全唐诗》（第16册），北京：中华书局，1960年，第6250页。
③ 彭定求等编：《全唐诗》（第21册），北京：中华书局，1960年，第8469页。
④ 赵升：《朝野类要》，王瑞来校注，北京：中华书局，2007年，第88页。

此处所使用的"新闻"一词最接近于今天的新闻学内涵。而这类含义的出现在"新闻"内涵的演变方面具有突破性意义，标志着我国古人新闻意识的真正觉醒。关于第一类含义自不待言，这里集中阐述"新闻"的第二种内涵。

一、宋人认识到新闻事实的新颖性。从宋代文献中可以看出宋人已经充分认识到"新闻"的新鲜性和新颖性。如陈文蔚的诗《右梅窗》："黄卷与晤对，日日有新闻。青山不世情，时时有佳宾。"（集部·别集类·南宋建炎至德佑·克斋集·卷十四。）赵汝腾的诗《别伯舆新鄱阳广文》："特为予来冬复春，重寻旧话续新闻。"（集部·别集类·南宋建炎至德佑·庸斋集·卷二。）董嗣杲的诗《富池镇上感怀》诗云："僻处绝无佳客过，酒边安得有新闻。"（集部·别集类·南宋建炎至德佑·庐山集·卷四）王同祖的诗《送刘方石归盱江》："昨日新闻未忍听，忧时赢得鬓毛星。"（集部·总集类·江湖小集·卷二十七）还有陈著的文《与史猷父节推（徽孙）》："莫见遇用之日耳，尔来有何新闻？皆望密报。"（集部·别集类·南宋建炎至德佑·本堂集·卷七十七）以上诸诗，都是在新闻事实的新颖性上来使用"新闻"一词的。

二、宋人也意识到新闻的时空属性。如，吕祖谦的《左氏博议》说："是近者之旧闻即远者之新闻。"（经部·春秋类·左氏博议·卷十九）认识到新闻与距离的关系。王安中的诗《第二子赴河间·诗人皆作诗送行·读赵堵辟疆诗·为次韵》曰："京华新闻勿用说，一时名士诗可夸。"（集部·别集类·南宋建炎至德佑·初寮集·卷二）道出新闻的空间属性，新闻属性与时间和空间有密切关联。同时，也能看出新闻活动首先是在城市商业文明中兴起的。新闻活动产生于市民文化之中。

三、关于"新闻欲"宋人也有所提及。如，李光《黎人二首》："异境尽凭诗写去，郡僚争喜得新闻。"（集部·别集类·南宋建炎至德佑·庄简集·卷七）可见时人的新闻欲也十分强烈。张元干的诗《冬夜书怀呈富枢密》："耳聋无用问新闻，矫首何妨目作昏。"（集部·别集类·南宋建炎至德佑·芦川归来集·卷三）描述的是诗人求新闻不得的一种失望和焦虑心情。

四、对新闻信息的传播属性有一定认识。如，梅应发《喜雪用禁物体》诗云："休将入蔡功名诧，思播新闻却众狙"（史部·地理类·都会郡县之属·宝庆四明志·四明续志·卷九），对于新闻传播受阻现状表示遗憾。

由上可见，宋人在使用"新闻"一词时已经含义明确，多作"信息、消息"解。无论是"京华新闻""密报新闻"，还是"未忍听"的"日日新闻"，都体现了宋代新闻内容的多样性以及人们广泛的新闻关注度。这充分表明"新闻"一词的内涵开始向近代意义的演变。

当然，宋代新闻内涵的转变与宋代官报——邸报的出现有密切的关系。由于邸报的定期发行和民间新闻意识的双向互动，赵升有可能将“新闻”与“小报”“邸报”结合起来，从而揭橥中国古代新闻事业的真正历史。

第四节　元代，“新闻”意识进一步觉醒

一般认为，元代是我国古代新闻事业的荒漠期。由于元朝享国日短，加之少数民族入主中原，文化基础薄弱，同时，元代对文化事业重视程度也相对欠缺，因此，元代文化比较落后。新闻事业也不例外，就现有史料来看，留给我们的新闻材料非常缺乏，甚至，宋代的官报——邸报，也至此中断不续。

但是，就元代人的新闻意识来看，却并没有因此停止不前，而是仍在缓缓进步之中。这一点可以从元人使用“新闻”一词的含义中透出消息。

一、元代人意识到新闻的地域性特征。如胡布的诗《次韵辅州尹长民得消息天使罹祸》：“塞上新闻轻使节，江南故老望征车。”（集部·总集类·元音遗响·卷六）谢应芳的诗《和许君善郊居》：“朝野新闻总阙如，经锄甘分老迂疎。”（集部·别集类·金至元·龟巢稿·卷四）说明新闻的内容可以根据新闻的来源，分成不同的类型，中国古代新闻类型中较多的就是军事新闻和朝野时政新闻。

二、对于新闻传播性的认识。如方回的诗《别后寄赵宾旸并杨华父二首》：“为报包山旧乔木，欲来系马说新闻。”（集部·别集类·金至元·桐江续集·卷十）他的另一首诗《寄伯宣尚书士常吏侍二首》：“林下休官已七年，新闻偶到白云边。（集部·别集类·金至元·桐江续集·卷十二）都极言新闻事实的传播属性，新闻信息传播不仅要快而且还要传播广远。

三、对于新闻的新颖性认识也与宋代一脉相承。如方回的诗《次韵谢吕君见寄二首》：“向曾屡共阿戎语，今乃新闻侯喜声。”（集部·别集类·金至元·桐江续集·卷四）。黄玠的诗《弁山小隐吟录》：“子今行矣快先睹，涉阅定有新闻知。”（集部·别集类·金至元·弁山小隐吟录·卷二）李继本的诗《寄思温尹》：“惠爱新闻行旅说，才名不愧史臣书。”（集部·别集类·金至元·一山文集·卷二）。还有戴表元的《剡溪文集》：“庶几诸君愈益见厚，时时得新闻，以洗旧蔽。”（集部·别集类·金至元·剡源文集·卷八）。都是对于新闻新鲜性、新颖性的充分认识。

以上可见，元代文献中也是在“信息或消息”的意义上来使用“新闻”一词的。这表明元代并没有因为邸报的断代阙如而停止新闻意识觉醒的脚步。无论是“塞上新闻”“朝野新闻”，还是“时时”得到的“说新闻”，都能体现元代新闻意识蓬勃发展的延续性特征。

第五节　明清时期，"新闻"即"消息"

经过元代的短暂过渡与铺垫，明清时期，中国古代的新闻意识充分觉醒，"新闻"一词的近代内涵更加清晰，并且对"新闻"内涵的认识又有新的突破。

一、认识到新闻的社会功能。如，程敏政的《答林谕德亨大书》："屡获新闻，知圣政日新。"（集部·别集类·明洪武至崇祯·篁墩文集·卷五十四）。这里是说新闻对于朝野政治的影响与关照。宋荦的诗《腊月十六夜虎丘看月四绝句》："一段新闻任传说，爱闲无过使君公。"（集部·别集类·清代·西陂类稿·卷十四）表达新闻对于人事变动的记述，发挥新闻的舆论监督作用。

二、新闻的商业化和记者的职业化进程开启。应该说，新闻的商业属性在南宋时期就已经产生。据宋西湖老人《繁胜录》记载，南宋都城临安有"行市"几百家，其中就有"卖朝报""消息子"两个行当。[①]同时，记者的职业化也开始出现，宋代"小报"记者有所谓"内探、省探、衙探"之分，所谓"内探"就是专门打探皇宫大内新闻信息的记者，"省探"就是专门打探中书、门下省信息的记者，而"衙探"则是指专门打探一般政府衙门的记者。都属于为小报提供消息的职业人群。《武林旧事》就载有现知最早的有名姓的两名职业新闻工作者："陆眼子、高道"。[②]

明清时期，新闻的商业性更加明显。明清两代"京报"的出现就是新闻商业化的集中体现。这一时期的"新闻"资料文献也有记载。如，郑文康的诗《林东斋居》："堪笑几人双健足，每于城市报新闻。"（集部·别集类·明洪武至崇祯·平桥稿·卷五）。诗句描写的是送报人在城市中送报纸的情景，是新闻的职业化、商业化的逼真画像。

三、新闻的信息量明显增多。明清时期，由于社会民众对新闻信息的大量需求，作为内容提供的新闻生产，明显丰富起来。如，程敏政的诗《雨晴》："归从都下者，相遇说新闻。"（集部·总集类·新安文献志·卷五十三）李流芳的诗《寿金子鱼》："经怀旧事惟供笑，入耳新闻不受惊。"（集部·别集类·明洪武至崇祯·檀园集·卷四）两首诗所描述的正是新闻传播的繁忙和新闻信息传播的普遍景象。

无论是从"都下"回来，相遇传播新闻的路人，还是健步如飞、在城市中传

---

① 孟元老等：《东京梦华录（外四种）》，北京：文化艺术出版社，1998年，第111页。尹韵公先生对此有过专论：《南宋都城临安的"卖朝报"与"消息子"》，《新闻与传播研究》1998年第3期。

② 周密：《武林旧事（卷六）》；《东京梦华录（外四种）》，北京：文化艺术出版社，1998年，第421页。

"报新闻"的报人，都被描绘得生动形象。这从一个侧面反映出明清时期，随着新闻事业的飞速发展，人们的新闻欲在不断增强。新闻的内容，上到朝廷"圣政"下至"入耳"琐事，任凭"传说"，无所不包。

明清时期新闻量的增加还表现在"新闻作品集"的出现，这在前代是很难见到的。明代著名学者胡应麟有两部作品：《隆万新闻》四卷、《隆万杂闻》六卷。[①]由于两书早已亡佚，内容不得而知，但仅从书名上看，至少可以推想，在胡应麟看来，"新闻"与"杂闻"是有本质区别的，不能混为一谈，否则他就没有必要用"新闻"和"杂闻"这两个概念来区分。明代的沈周有一本著名的新闻作品集——《客坐新闻》，传播很广。清人魏裔介也有《资尘新闻》、白孕谦有《辇下新闻》等作品，都近似于今天的"新闻作品集"。当然，我们必须清楚，明清时期的"新闻集"不可能完全等同于今天的新闻作品，就内容属性而言，多半是新闻、杂闻、故事混为一谈。

四、明清时期，新闻意识的高度自觉还表现在"新闻"与"消息"概念的互用方面。如清人赵执信《闻王南村于去年九月病亡》诗云："一自掩山扉，山深断消息。……但有旧音书，那觅新闻问。"[②]"新闻"与"消息"在概念上可以互用。明清时期，小说作品中也有类似的表达。如冯梦龙《醒世恒言·郝大卿遗恨鸳鸯丝》就载："必定是我庵中有人走漏消息，这奴狗方才去报新闻。"[③]

可见，明清时期，人们对于新闻概念的认识已经高度自觉，"新闻"的内涵基本接近于今天的新闻学意义。

概言之，通过上文对于"新闻"一语内涵的历时考察，我们基本可以得出如下结论：在中国，"新闻"一词诞生于魏晋南北朝时期；经过唐代的酝酿，萌生出第一层内涵——新近听到或新近发现之义；宋代以后，随着古人新闻意识的产生，创生出具有近代意义的第二层内涵——消息、信息，从而开启了中国古代新闻事业的自觉时代；明清以降，"新闻"一词基本上抛弃了原初的内涵而逐步迈向具有真正新闻学意义的历史新阶段。

（本文原刊于《国际新闻界》，2009 年 9 期）

---

① 曹之：《中国古籍编撰史》，武汉：武汉大学出版社，1999 年，第 288 页。
② 永瑢：《四库全书（电子版）》，集部，别集类，清代，因园集，卷十三。上海：上海人民出版社，1999 年。
③ 冯梦龙：《醒世恒言》，顾学颉校注。北京：人民文学出版社，1956 年，第 293 页。

第二章　华夏新闻：士人与市民群体的
自我赋权新探

赵　尚[*]

"新闻"与"消息"，是既有联系又有区别的两个概念。今天的"新闻"一般指大众传播媒介上的"新闻"，而"消息"虽然也指与通讯相对的文体，以及大众传播媒介上的"新闻"（如"新华社消息""本台刚刚收到的消息"等），但更多地指人际传播、群体传播中的信息，如"给你透露一个消息""考试结果还没消息"以及"单位人事任免消息"等。在中国古代，"消息"一词同样表示人际传播、群体传播的事实信息，基本没有大众传播的含义，如："有客从外来，闻之常欢喜。迎问其消息，辄复非乡里。"（《后汉书·卷八十四》）"城中遣士刘整出围传消息，为贼所得。"（《三国志·卷四》）"为他报知其父，其父亲闻知消息，即来开封府投告于包太尹。"（《包公案·卷六》）从权力的观点审视，我们可以把大众传播媒介上的新闻，非严格地分为两类：一类是大众感兴趣的（新闻性较强），另一类是权力建构出来的（宣传性较强，当然这二者有所重合）。在中国古代，邸报是属于或接近大众传播的媒介，但是显然，邸报上更多的是权力建构出来的新闻，而非大众感兴趣的新闻。那么，与古代的"消息"一词相比，古代的"新闻"一词，是否指属于或接近大众传播的事实信息呢？与邸报相比，古代的"新闻"一词，是否指大众比较感兴趣的事实信息呢？本文通过对史料的梳理与解读，力求对中国古代的"新闻"概念做出比较全面、全新的阐释。

第一节　古代非消息意义上的"新闻"

据学者邵天松考证，"新闻"一词最早出现在西晋时期的《佛说当来变经》一

＊　作者简介：赵尚，男，汉族，河南遂平人，洛阳师范学院新闻与传播学院讲师，华中科技大学新闻学博士。

书："新闻法人、浅解之士，意用妙快。深达之人，不用为佳……"根据邵天松的解释，结合上下文，这句意思是：新近听闻佛法的人、对佛法追求浅近了解的人，喜欢诵读"浅末小经"，以求妙快人心。[1]

　　笔者认为，这里的"新闻"解释为"新鲜地听闻"更为准确，因为这与"浅解""妙快人心"相吻合，毕竟只有内容新鲜而非熟悉，才有可能让人在诵读时产生"妙快"的感觉。此后，"新闻"一词在南北朝之后的文献中渐趋增多，而这一般都可以用"新鲜地听闻"（动词意义上）或"听闻到的有新鲜感的信息"（名词意义上）来解释。首先，是关于对佛教内容进行通俗化讲解的"新闻"，如"仁众生民，黩所先习，欣所新闻……"（《弘明集·卷第七》）、"处众演散，咸庆新闻……"（《续高僧传·卷六》）、"新闻旧学，各谈胜解……"（《续高僧传·卷十》）、"一闻如旧慧，不新闻……"（《续高僧传·卷二十》），与"旧学""旧慧"并称，说明属于"新闻"的佛教内容具有新鲜感（不仅与之前早已存在的儒家、道家等学说不同，而且经过世俗化改造后，融入了许多新鲜的故事等）；而"欣"与"咸庆"说明新鲜、通俗生动的佛教俗讲让众人（"仁众生民""处众"）喜欢，如"仍闻开讲日，湖上少渔船"（《重修毗陵志·卷二十二》）、"远近持斋来谛听，酒坊鱼市尽无人"（《全唐诗·卷五百二》），足见这种佛教俗讲的受众之多与受欢迎程度。尽管单次的俗讲只能算是群体传播，但许多次的佛教俗讲累加起来，已经接近于大众传播了。

　　除了佛教俗讲，唐代及以后的一些志怪、野史等书籍，因为其对于当时的多数人来说，属于闻所未闻的新鲜内容，且多数靠听闻采集而来，所以也被称为"新闻"："根据《四库全书》中著录的目录，这类书大致有如下十四种：《南楚新闻》《锦里新闻》《道山新闻》《客座新闻》《曲洧新闻》《湖海新闻》《南海新闻》《花月新闻》《隆万新闻》《郢曲新闻》《释氏新闻》《资尘新闻》《辇下新闻》和《五代新闻》等。"[2]另外，所谓"温故而知新"，加之"闻"还有"知道、理解、明白"的意思——比如"朝闻道，夕死可以"（《论语·里仁》）、"臣闻命矣"（《左传杜林合注·卷六》）等，所以当一个人在学习过程中，产生的新鲜的、前所未有的感悟与收获，也被称为"新闻"，如"楼中图史澹炉墨，中有成都较艺文。手泽存焉生旧感，心传妙处长新闻"（《宋诗钞·卷一百二》）、"怪得诗情减一分，知君为学有新闻"（《江湖小集·卷十一》）。除了以上三类非消息意义上的"新闻"，下面就是我

---

　　① 邵天松：《也说"新闻"一词首先出现的时间及词源》，《国际新闻界》2013 年第 4 期，第 32—37 页。
　　② 王樊逸：《"新"旧之分　耳学之"闻"——中国古代"新闻"观的语义学再考》，《国际新闻界》2010 年第 2 期，第 97—102 页。

们要重点探讨的消息意义上的"新闻"了。

第二节　古代消息意义上的"新闻"

前面我们说过，除了新鲜的感悟、收获意义上的"新闻"，其他的"新闻"大致都可以解释为"新鲜地听闻"或"听闻到的有新鲜感的信息"，因此消息意义上的"新闻"，就大致可以解释为："主要靠口耳相传的、有新鲜感的事实信息""是近者之旧闻，即远者之新闻"（《左传博议·卷十九》），说明在交通与媒介技术不发达的古代社会，新闻之"新"，主要不在于其及时性，而在于其"新鲜感"。那么，这种"有新鲜感的事实信息"，具体来说，又是指什么样的事实信息呢？笔者经过对史料的梳理与分析，认为主要有以下几类。

第一类是变动幅度比较大的事实。现实社会处于不断变动之中，但多数情况下以渐变为主，这种正常的渐变，符合人的思维惯性与认知习惯，因而即使关于它的信息传播是及时的，在很多情况下也难以给人以新鲜感，因为其在人们惯常的认知习惯与思维惯性范围以内。但是，当事实发生了阶段性量变或者突变时，就会给人以比较强烈的新鲜感，相应地也往往被称为"新闻"。如"乞身已见抗疏频，优礼新闻诏书许"（《全唐诗·卷三百二十三》），说的是刚看到很多大臣上奏疏反对自己辞职，但很快又得知皇帝下诏同意了，前后的变动幅度比较大。"屡获新闻，知圣政日新"（《篁墩集·卷五十四》），是说皇帝的为政举措力度大，可以称之为"日新"。"必定是我庵中走漏了消息，这狗奴才方才去报新闻……"（《醒世恒言·卷十五》），说的是尼姑庵中杀人且就地掩埋藏尸这样的突变性事件。前一句用"消息"，因为指的是在尼姑庵里的人际传播；后一句用"新闻"，因为指的是得知消息的人向很多的街坊邻居进行公开传播，这样一传十、十传百，就成了大众传播。

第二类是敏感类事实。这类事实尽管变化的幅度不一定大，但一举一动都能引起人们的关注，同样能给人以比较强烈的新鲜感。这主要包括以下几类：其一是关于战争以及与战争有关的外交的，这类信息关系到国家民族的危亡、利益与尊严等，因而属于非常敏感的新鲜事实信息。如"旧业久抛耕钓侣，新闻多说战争功"（《全唐诗·卷六百四十六》），说的是唐末的战争动乱；"耳聋无用问新闻，矫首何妨目作昏"（《宋诗钞·卷四十八》），这首南宋主战派文人张元干所作诗中的"新闻"，指的是宋金对峙的新形势和国家收复中原的新进展。[①] 其二是朝廷进

---

① 焦中栋：《"新闻"一词首次出现时间新考——兼论"新闻"词义的历史演进》，《国际新闻界》2009 年第 7 期，第 108—111 页。

行的官员任免，对于官场人士来说同样非常敏感。如"解下佩刀无所惜，新闻天子付三刀"（《全唐诗·卷五百二》），说的是新鲜地听闻朝廷新任命友人为益州刺史（"三刀"喻指益州）；"恐日迫西山，莫见遇用之日耳，尔来有何新闻，皆望密报"（《本堂集·卷七十七》），说的是作者时刻在关注着官场人士变动的消息，期待着自己被朝廷起用。其三是城市里家长里短的市井新闻。明清时期的城市市民，尤其是市井妇女，对这类新闻也比较敏感和感兴趣，这也符合西方人所说的"后篱笆原理"。如"堪笑几个双健足，每于城市报新闻"（《列朝诗集·乙集卷六》）、"东家走，西家走，两脚奔波气常吼。牵三带四有商量，走进人家不怕狗。前街某，后街某，家家户户皆朋友。相逢先把笑颜开，惯报新闻不待叩"（《古今小说·卷二十八》），说的就是这种家长里短的市井新闻。

第三类是具有一定反常性的事实，因不符合常规常理，所以也能带给人们比较强烈的新鲜感。如："你想衙门人的口嘴，好不利害，知得本官是强盗出身，定然当做新闻，互相传说。"（《醒世恒言·卷三十》）"士隐……同了疯道人飘飘而去。当下哄动街坊，众人当作一件新闻传说。"（《红楼梦·第一回》）

综上我们可以看出，在中国古代，与人际传播、群体传播意义上的"消息"比起来，"新闻"一般指被更多人感兴趣且口耳相传的事实信息，这种信息至少部分地接近或属于大众传播。"新闻"表示变动幅度大、人们比较敏感以及反常性的事实信息，能给人们以强烈的新鲜感，相应地也能让人们的注意力，从日常生活一下子转移到对这些事实的关注上来，在这个意义上，"新闻"还具有类似于英国学者麦奎尔所说的"心绪转换"的功能。19世纪60年代，英国学者麦奎尔对电视节目收视的调查表明，电视节目对观众具有"心绪转换"效应，即电视节目可以帮助人们"逃避"日常生活的压力和负担，带来情绪上的解放感[①]。古代的"新闻"虽然不是电视，但也能带给人"心绪转换"：如果"新闻"与接收者之间没有直接关系，那么其主要功能就是给接收者带来娱乐性的"心绪转换"，如"异境尽凭人去写，郡僚争喜得新闻"（《庄简集·卷七》）、"喜谈旧事，爱听新闻，老人之常态……"（《老老恒言·卷二》）。如果"新闻"与接收者之间有直接或间接关系，那也首先会给他们带来"心绪转换"，只不过这种心绪转换不是逃避现实性质的，而是指心绪从日常比较松弛的状态，突然过渡到对某一件事情进行密切关注的紧张状态这种转换。那么，"新闻"带给人的，具体又是什么样的心绪呢？对于不同的情况，当然不能一概而论，比如会有喜、悲、奇、敬、恶等心绪。对一些人来说可喜、可悲、可歌、可泣、可恶等的事情，想要让其他更多的人产生同感，可

---

① 郭庆光：《传播学教程》，北京：中国人民大学出版社，2011年，第166页。

能比较困难。但是，无论相关与否，面对变动幅度大、敏感以及反常的事实信息，接收者一般都会首先产生惊讶或好奇的心绪：相关的人会对坏的事情震惊，会对好的事情惊喜，会对中性的事情惊奇；即使是不相关的人，面对变动幅度大、敏感以及反常的事情，同样会首先产生或惊讶或好奇的心态，然后才会产生同情、看热闹或幸灾乐祸等心态。在中国古代，恰好有这么一个词，表示事实信息所具有的、能让人惊讶或好奇的性质，这就是"可惊可愕"。在中国基本古籍库里检索可以发现，"可惊可愕"一词最早出现在宋代，它虽然常常与可喜、可痛、可悲等词连用，但绝大多数情况下都位居其他与之连用词的最前面，如："天地之间，万物之变，可惊可愕可以娱心可以使人忧使人悲者，子长尽取而为文章。"（《古文集成前集·卷二》）"凡十数年间可惊可愕可悲可愤可痛可闷之事，友人备尝，无所不至……"（《文山集·十四别集》）"历历事物之变，可惊可愕可以托兴可以娱心与夫可忧可乐者，莫不见于其诗。"（《西隐集·卷六序》）可见，"可惊可愕"的事实信息，最能够引起更多人的情感或情绪的共鸣，相应地也容易成为人们口耳相传的、接近于大众传播的事实信息，如："相与议论时务，凡可惊可愕可忧可虑者不少……"（《玉山名胜集·卷七》）"三十年来所见所闻可惊可愕之事……"（《弢园文录外编·卷十一》）所以，"可惊可愕"的事实信息，与古代的"新闻"，应该有很大程度的重合之处。

第三节　"新闻"融入报纸的典型：宋代小报与近代《申报》

宋代的小报里，已经融入了不少"新闻"："人性喜新而好奇，皆以小报为先，以邸报为常……"（《宋会要辑稿·刑法二》），说的是小报不仅时效性强，而且里面刊登了许多邸报所不会刊登的、变动幅度大或敏感类的"新鲜"事实信息："有所谓内探、省探、衙探之类，皆衷私小报，率有漏泄之禁，故隐而号之曰'新闻'……"（《朝野类要·卷四》）宋代官员对小报的一些评价，如"肆毁时政，摇动众情"（《宋会要辑稿·刑法二》）以及"骇惑听闻"（《宋会要辑稿·刑法二》）等，说明小报喜欢刊登或真实或虚假的"可惊可愕"的信息，以扩大销路，如曾刊登过与当朝宰相蔡京有关的伪造诏书，在当时引起了朝野震惊："前宰相蔡京，目不明而强视，耳不聪而强听，公行狡诈，行迹诡谲，内外不仁，上下无检……"（《宋会要辑稿·刑法二》）。宋代以后的元、明、清时期，小报总体趋于式微，但清朝中叶以后，中国的一些城市曾经出现过一些随时出版的单页小报，这些小报

"内容往往是地震、水旱等自然灾害和政治、军事方面的重大突发性新闻"①。这显然也属于"可惊可愕"的"新闻"类信息。

近代以后，传教类报刊传入中国，但传教类报刊的目的是"传教"，倡导的是"益闻"，其核心特征在于"载道"②。经过《香港船头货价纸》和《上海新报》等"行情纸"的过渡，第一个以"可惊可愕"的"新闻"类内容作为办报宗旨之一的报纸——《申报》，于 1872 年 4 月 30 日出现，并很快融入中国社会，受到了官员、乡坤及市民阶层的广泛欢迎。《申报》在第一期头版头条《本馆告白》中这样写道："今天下可传之事多矣，而湮没不彰者，比比皆是也。其何故欤？盖无好事者为之记载，遂使奇闻逸事阒然无称，殊可叹息也……设申报于上洋，凡国家之政治风俗变迁，中外交涉之要务，商贾贸易之利弊，与夫一切可惊可愕可喜之事，足以新人听闻者，靡不毕载……"③紧接着《本馆告白》的《本馆条例》中写道："新闻纸之设，原欲辟新奇，广闻觇……以传其新异。"④文中的"奇闻逸事""可惊可愕可喜之事""新人听闻""辟新奇"以及"传其新异"，均说明《申报》是以变动幅度大、敏感性及反常性事实报道作为自身办报宗旨之一的。《申报》报道的这些事实，既有属于软新闻的，如《完人夫妇得善报》⑤《人狗讯谳》⑥《金节妇传》⑦等，也有硬新闻，如中法战争报道、日本侵略台湾报道、杨乃武与小白菜冤案报道等，一般都带有"可惊可愕"的特点。尤其是关于杨乃武与小白菜冤案的独家、连续报道，矛头直指江浙官场的官官相护，一时间震动朝野，引起了清政府最高统治者慈禧的关注与亲自过问，《申报》也因此名声大噪，发行量骤增，最终成为中国近现代商业报刊的翘楚。

综上所述，中国古代的"新闻"表示"新鲜地听闻"或"主要靠口耳相传的、有新鲜感的信息"。就消息意义上的事实信息传播来说，中国古代只有邸报（包括明清时期几乎是邸报翻版的京报）、小报以及主要依靠口耳相传的"新闻"，属于或接近于大众传播。其中邸报传播的更多的是权力建构出来的事实信息，宣传价值较大；"新闻"传播的更多的是大众感兴趣的事实信息，新闻价值较大；而宋代

---

① 方汉奇等：《中国新闻事业通史（第一卷）》，北京：中国人民大学出版社，1992 年，第 227 页。
② 操瑞青：《"益闻"与"风闻"：19 世纪中文报刊的两种新闻观》，《国际新闻界》2018 年第 11 期，第 22—43 页。
③ 《本馆告白》，《申报》，1872 年 4 月 30 日，第 1 版。
④ 《本馆条例》，《申报》，1872 年 4 月 30 日，第 1 版。
⑤ 《完人夫妇得善报》，《申报》，1872 年 4 月 30 日，第 3 版。
⑥ 《人狗讯谳》，《申报》，1872 年 5 月 4 日，第 3 版。
⑦ 《金节妇传》，《申报》，1872 年 5 月 6 日，第 2 版。

小报兼具邸报与"新闻"的双重内容与特点。古代消息意义上"新闻"所传播的，主要是变动幅度大、敏感性以及反常性的事实信息，这类信息能带给人们"可惊可愕"等感受，具有让受众"心绪转换"等功能。

学者尹连根认为，新闻是"现实权力关系的建构性呈现"①，特别强调了权力在新闻"建构性呈现"中的作用。就中国古代来说，这种建构新闻的权力并不是仅仅朝廷才有。邸报固然是朝廷运用自身权力建构的宣传性较强的新闻媒介，但古代的"新闻"，则在很大程度上是士人及市民群体自我赋权，来建构他们自己真正需要的新闻的产物。这种"新闻"，不仅具有娱乐功能，还有监测环境乃至监督权力等功能，如宋代小报上关于蔡京的伪造诏书以及《申报》上关于杨乃武与小白菜冤案的报道，就是士人与市民群体自我赋权、监督权力机关的体现。近代以后，这种"新闻"逐渐融入报刊，形成了兼具监测环境功能、士人批判精神以及市民消闲趣味的商业化报刊，相应地，"新闻"一词逐渐地成了报刊等专业性大众传播媒介上事实报道的称呼，其自身原有的"主要靠口耳相传的、有新鲜感的事实信息"的含义，渐趋于式微，如秋扇之见捐了。

（本文以《士人与市民群体的自我赋权——中国古代"新闻"概念再考释》为题，原刊于《新闻论坛》2020 年第 5 期）

---

① 尹连根：《现实权力关系的建构性呈现——新闻定义的再辨析》，《国际新闻界》2011 年第 4 期，第 55—61 页。

第三章　传播天下：华夏"传播"范畴的历史演变

黄金贵[*]

现代表示传播概念的词，非常广泛。或表示传播的内容，如"新闻""消息""信息"等。或指称传播的媒介，如"报纸""传真""电台""广播"等。而直接作传播活动的通称，则有"传播""传通""宣传"[①]诸词。这些大都表示现代概念，与古代的传播概念有关的显然只能是最后一类词。

"传播"，较早见于唐李延寿《北史·突厥传》："宣传播天下，咸使知闻。"《宋史·贺铸传》："所为词章，往往传播在人口。"两者皆指言辞的广泛散布。"传通"，见于《后汉书·杨震传》："圣子女伯荣，出入宫掖，传通奸赂"，指行为上的传信联络。"宣传"，《三国志》已多见。《蜀志·马忠传》："见大司马蒋琬，宣传诏旨，加释镇南大将军。"《彭羕传》："先主亦以为奇，数令羕宣传军事，指授诸将。"唐李百药《北齐书·孙搴传》："（孙搴）不能通鲜卑语，兼宣传号令，当烦剧之任，大见赏重。"或作"传宣"。《后汉书·公孙瓒传》："令妇人习为大言声，使闻数百步，以传宣教令。""宣传"也可作疏解义。晋葛洪《抱朴子·勤求》："徒以一经之业，宣传章句，而见尊重。"由上不难看出，"传播"，古偏于言辞，今则指称一切事物的流传、散布，范围大小有异。"宣传""传通"，含义与今词更殊。同时，它们在古代文献中使用甚少，很难说是复词，只宜作为联合式的自由词组。可见，它们并不是古代的传播词；现代的这些传播词，并不是古代相应复词的引申，而

　＊　作者简介：黄金贵，浙江大学中文系教授、博士生导师，长期从事古代汉语教学与研究。

　①　"宣传"一词，《现代汉语词典》释为："对群众说明讲解，使群众相信并跟着行动。"（1985年版）或据此以为现代汉语的"宣传"指"命令的、教育的或夸张的传"，"上对下的大范围的传"，未确。在中国，至少在大陆，"宣传"一词并不包含夸张、欺骗的贬义，它一贯作为一项职能在上下各级政府、团体的组织机构中固定设置，也不专用上对下，如老舍《骆驼祥子》："刘老头的确没替祥子宣传，可是骆驼的事很快的由海甸传进城里来。"此明显是平行的扩散，与"传播"意同。当用于工作职能时，才表现为上对下大范围的传，但它不需要命令、夸张。故当释："宣传，对他人传播使知信，常用于上对下的昭告、引导。"若此，"宣传"并非"传播"的下位概念，而是其同位概念。

是受英语、日语影响的结果。①

古汉语以单音词为主。古代文化中的传播概念是通过一些表示传播活动的单音节词而体现的。这些有代表性的传播词是：传、播、布、宣、扬、流、通、递。其中前 6 个是传播义的同义词。②

"播"本是播种。《说文·手部》："播，种也。"《诗·周颂·载芟》："播厥百谷。"郑玄笺："播犹种也。"早期农业的播种多是散播，即撒种，施于大田，播种面广，故引申为传播，示广泛地传播。《左传·昭公四年》："庆封唯逆命，是以在此，其肯从戮乎？播于诸侯，焉用之？"汉贾谊《修正语上》："故播之于天下而不忘者，其惟道矣。"明王世贞《鸣凤记·林遇夏舟》："明时展经济，看此去仁风播，俾黎庶咸沾惠。"其传播之广泛自然包括内容、方式和范围诸方面。

《说文·手部》："扬，飞举也。"这是其本义，引申为张大、炽盛、彰明等义，再引申为传播义。《方言》第十二："㧙、搷、扬也。"郭璞注："谓播扬也。""扬"的声符含炽盛的语源义，故示宏大地传播③。《易·夬》："扬于王庭。"孔颖达疏："显然发扬决断之事于王者之庭，示公正而无私隐也。"《战国策·秦策四》："楚王扬言与秦遇，魏王闻之，恐。"《孝经·开宗明义》："立身行道，扬名于后世，以显父母，孝之终也。""扬"之传播多具主观、人为的因素，即有意地纵向、横向传播，所"扬"之言论、事物一般是褒义。

《说文·水部》："流，水行也。"此处不限于水，本指水或各种液体的移动。其移动有自然趋平的本性，所谓"水之自行"（王筠《说文句读》），故引申为传

---

① 日本学者服部宇诘、小柳司气太谓现代汉语的"宣传"来自英语的 propaganda。此英语词是近代拉丁语 congregatodepropaganda 的缩写，义为"传布宗教信仰的委员会"。高名凯、刘正琰谓"传播"来自日语的"传播"，而日语此词来自英语 propaganda，今一般以为它是对译英语 communlication，示与他人建立共同的意识。参赵心树《从语源、语义说"宣传"、"传播"和"新闻"的异同》，刊《新闻与传播研究》1995 年 1 期。

② 这些词构成同义词，有传注训诂证。《书·皋打球陶谟》："日宣三德。"孔传："宣，布。"《国语·晋语三》："夫人美于中，必播于外。"韦昭注："播，布也。"《左传·昭公十二年》："宠光之不宣。"杜预注："宣，杨也。"有大量相互同义连用证。《墨子·非命》："声闻不废，流传至今。""我非作文后世也，自昔三代有若言以传流矣。"《吴子·料敌》："上爱其下，惠施流布。"汉徐干《中论·亡国》："惠泽流播。"《汉书·匡衡传》："宣扬德音。"《后汉书·黄琼传》："毁谤布流。"《吕布传》："将军威名宣播，远近所畏，何求不得。"《晋书·虞溥传》："而令名宣流，雅誉日新。"《颜氏家训·后娶》："播扬先人之辞迹，暴露祖考之长短。"《唐律疏议》卷一："奉制出使，宣布四方。"韩愈《上李尚书书》："布宣天子威德。"《新唐书·高适传》："每一篇记，好事者辄传布。"《旧唐书·百官志二》："掌宫内仪式，通传劳问，纠劾非违。"苏轼《应诏论四事状》："欢声播传，和气充塞。"《朱子语类》卷四二："固见乡中有人，其传扬说好者甚众。"前举"直传""传宣""传扬"诸例亦同义连用。"递""通"与上述诸词不共传播义，但也表示重要的传播概念（详后）。

③ "扬"的初文是"昜"。《说文·勿部》："昜，开也，一日飞扬……"段玉裁注："此阴阳字也。"段说是。"昜"即甲骨卜辞之 𣆚，后加日为"旸"，表日出义，加手为"扬"，表飞举义。

播，示自然地传播，即非主观有意的传播，与"扬"正相对。《史记·樊郦滕灌列传》："方其鼓刀屠狗卖缯之时，岂自知附骥之尾，垂名汉廷，德流子孙哉？"《谷梁传·僖公十五年》："故德厚者流光，德薄者流卑。"《文心雕龙·论说》："独步当时，流声后代。""流"常称于德、泽、声誉之类，反映出古人厉己惠人、追求"内美"的美学理想。

　　《说文·手部》将"布也"作"播"的又义，传注训诂常以"布"训"播"或"布、播"同义连用。《书·康诰》："乃别播敷。"孔传："当分别播布德数。"但二者有别。《说文·巾部》："布，织也。"这里的布是麻，但布不限于麻，它是麻、葛、丝、毛等织品的通称。凡布，都是经纬相织的纺织品，故引申为传播，示有组织地传播。所谓"有组织"，就不是一般民众所能为，自然多用于中央或地方行政机构布达政令、文告诸下行文书，是自上而下以规范的语言篇章与一定的组织形式传播。《周礼·夏官·训方氏》："正岁则布而训四方。"郑立注："布告以教天下，使知世所善恶。"《史记·吕后本纪》："皆大臣之议，事已布告诸侯。"《睡虎地秦墓竹简·语书》："今法律令已布。……今吏明布，令吏民皆明知之，毋距于罪。"魏晋时，产生一种"军中奏捷之辞"的"露布"：凡征战取胜，书告捷之辞于帛，挂建于鬃漆的竹竿之上，所谓"布诸视听"（《文心雕龙·檄移》）。据说汉代贾洪为马超伐曹操作露布，桓温北征时曾令袁宏倚马作露布。[1] 其文不传，后世所传者全用四六俪辞，与表无异。宋时，节度使的布告专称"布改片"。浑言而用，泛称传播。《楚辞·九辩》："愿沈滞而不见兮，尚欲布名乎天下。"《妙法莲华经玄义》卷十："但论如来布教之原始，中间取与，渐顿适时。"

　　《说文·宀部》："宣，天子宣室也。"宣室古已有之，殷纣兵败即死于宣室（《淮南子·本经训》）。汉代宣室在未央宫前。天子用室必大，故引申出广大、周遍等义。天子用物何其庄重，故引申出传播义，示庄重地传播。《诗·大雅·崧高》："四国于蕃，四方于宣。"《新唐书·阎立本传》："故时人有左相宣威沙漠、右相驰誉丹青之嘲。"唯其庄重，逐与天子、王命有不解之缘：常用于传达、传播帝王之命。《汉书·宣帝纪》："奉诏宣化。"曹操《与王修书》："上使侍中宣帝意曰：'君守平原日浅……'"《水经注·江水》："或王命急宣，有时早发白帝，暮到江陵。"以至"宣"成为帝王、帝旨的代称，帝王召见臣下谓"宣召"，诏拜将相谓"宣麻"，按帝命办理丧葬谓"宣葬"，受帝命安抚军民谓"宣抚"，帝王向臣下发问谓

---

　　[1]　前者见《文章缘起》，后者见《世说新语》。关于露布之体，可参吴纳《文章辨体序说》、徐师曾《文体明辨序说》。

"宣问"。帝王的诏书迳谓之"宣"①。还可作职官之称。隋置宣德郎,为散官,后沿制,宋改称宣教郎。唐德宗后朝廷设宣抚使,承帝命出使地方处理军政大事,如两汉的大将军。唐宪宗时设宣慰使,元置宣慰使司,集中管理地方军政事务。宋置宣谕使,专掌宣谕帝王、朝廷旨意,事毕即回而去职。诸"宣"均示宣王命之意。

"通",通达,引申为传达义,示言语的沟通,成为一个传播词。《周礼·地官·鼓人》:"以金铎通鼓。"孙诒让《周礼正义》:"以鼓者非一人,故振铎,令其一人先鼓,众人遍应之。通者,传达周遍之谓。"《谷梁传·僖公二十八年》:"曹伯襄复归于曹,……其曰复,通王命也。""通"是通报传达。《汉书·佞幸·淳于长传》:"长主往来通语东宫。""通语"指传达话语。

"递",交替,引申为传送义,示物件的沟通,成为一个传播词。《水浒传》第三七回:"次日,宋江……又请差拨押头递杯,管营处常常送礼物与他。""递"从中古以来用为我国古代主要传播制度——邮驿系统的递铺之称。并且由于递、驿的并存交合,从宋代起,"递"也可指驿,如驿船又称"递舟",驿马又称"递马",驿运又称"递运",等等。

以上所简释以传播义同义词为主的一组传播词,可以反映出古代文化中的传播概念。古人以为传播与社会共生共存,故时时处处都有表现。社会的传播活动范围非常广泛:横向则广袤无边,纵向则世代不绝;可以近在咫尺,口语相传,也可以通过文字、绘画等,思接千载、视通万里。所传的信息极其丰富,或传事,或传言;或为显性的具体客观事物,或为隐性的意象、精神。传播性质是社会群体中人的主客观交流、联络活动,是维系社会的纽带。唯其广泛,故传播有自然态,即人与事物的自发性自由传播;也有人为态,即人们有意识、按主观意愿的传播。传播的形式也多,有人际传播,即言语的沟通、物件的传送,更有组织传播②,即是"宣""布""递"所反映的官方传播活动及其制度。无论奴隶主王朝,还是封建制王朝,任何朝代都十分重视组织传播,把它视为维系政体、官民的生命线。

"传"是古代传播的总称。从这个词可以进一步见知古代传播活动的广泛、丰富,更了解古代传播概念的文化内涵。

---

① 于《说文》此字,段玉裁注:"盖谓大室,如璧大谓之瑄也。……苏林曰:'宣室,未央前正室也。天子宣室,盖礼家相传古语。'"从古文字而观,字上部宀指房屋、屋舍,下部亘表示天地(上下二横画之间"云气卷舒",此致"通光透气",故"宣"指"通光透气之室")。此可作为宣室得名之由。

② 古代没有今日常见的传播媒介,但不能否认古代也有适应当时政治制度的组织传播。因为从组织传播来说,一般有指挥、应变、激励、说服、整合这五项功能(参宋林飞《社会传播学》第四章,上海人民出版社,1994年12月版)。中国古代朝臣的上行文书、朝廷的下行文书,直接与间接的王命圣旨的宣布,递驿的传递,大体都有这些功能。

“传”今有两读，上古无此区别，今作一词论[①]。其字从人专声。《说文》：“专，六寸簿也。一曰：专，纺专。”甲骨卜辞一期多见，像手持纺砖转动之形，“专”的本义即指纺砖[②]，引申为转，又作“转”的本字。“传”之“专”声兼表其语源义转动。《释名·释宫室》：“传，传也，人所止息而去，后人复来，辗转相传无常主也。”《释书契》：“传，转也，转移所在执以为信也。”《释名》二解皆取此语源。但按上解，指传舍，按下解，指传符，而最能体现转动意的是传车，早期用例多指传车[③]，故当以传车为其本义。大量的用义皆由此引申[④]。其诸多用义所显示的古代传播活动，大率有以下五类：

第一节　递传

《孟子·公孙丑上》：“德之流行，速于置邮而传命。”《左传·成公五年》：“晋侯以传召伯宗。”杜预注：“传，驿。”《墨子·号令》：“传火以次应之，至主国止。”苏轼《登州召还议水军状》：“自元朝以来常屯重兵，教习水战，旦暮传烽以通警急。”《宋史·选举志二》：“入试日，一切不许传递。”诸句“传”皆传递意。传递性质的递传，是接力式传播，上引诸句已及烽、驿，递则是驿的发展（详下）。烽，

---

① “传”一为 chuán，来自《广韵·平仙》之直挛切；一为 zhuán，来自《广韵·去线》之直恋切。此与其他四声别义的词一样，都是为区别诸多引申义而产生的音变，实是一词，上古音均为定母、元部。

② 甲全文“专”的基本形是，左形上部三股线表示多股纤维，中部是纺砖（即纺轮），中插捻杆，手转动纺砖而纺。方述鑫等《甲骨金文字典》以为“手持纺砖转动会意”（巴蜀书社，1993），实是通过多股纺线与手而示可转动的纺砖。从后世民俗学资料推知，有二式：一为吊式，Z 捻，人站立而悬宕纺砖，一为横式，S 捻，人坐而横置纺砖于腿膝。无论何式，均是通过手的活动使纺砖旋转而将纤维拈合为一线。参陈维稷主编《中国纺织技术史（古代部分）》，北京：科学出版社，1984 年 4 月版。

③ 罗振玉《罗雪堂先生全集七编》（六）《殷虚书契后编》卷下第 2094 页，台湾大通书局印行，1972 年。

④ 为便于了解“传”的引申系统，现将其主要引申义列表如下：

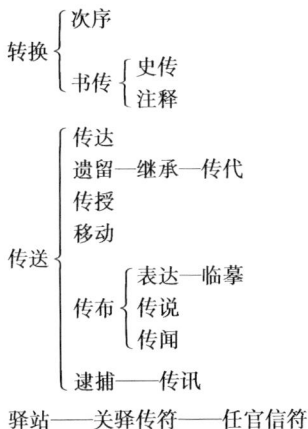

- 转换
  - 次序
  - 书传
    - 史传
    - 注释
- 传送
  - 传达
  - 遗留—继承—传代
  - 传授
  - 移动
  - 传布
    - 表达—临摹
    - 传说
    - 传闻
  - 逮捕——传讯
- 驿站——关驿传符——任官信符

即烽火，是古代一项接力式的军事警备与通讯联络制度，早在西周幽王时已出现①。烽的主要设施是设置烽火台，古称"燧""亭""坞"，唐代起多称"烽"，它们是属于联网系统的基层哨所。其主体是可供候望、举烽的高台，旁设坞房·供戍卒居息、屯物、防卫。烽火台连线设置，汉代是"五里一烽火"（《史记·封禅书集解》），设于河西四郡（武威、张掖、酒泉、敦煌）至新疆盐泽（罗布泊）；唐代大率30里一置，分布面更广，不限于长城沿线，在东北、北疆、京畿乃至大江河沿岸、各藩镇均有设置。后世一遵唐制。报警联络用烽火。烽是指火以外的可举标志物，除了草烽，还有布、表、烟，施于白昼。夜晚用苣火或薪火。不同的种类、数量、举放时间等，可传递许多复杂的报警信息。《墨子·杂守》："望见寇，举一烽；入境，举二烽，……"汉代行三烽三炬制，传报1000以上敌人进犯，昼举三烽，夜举三炬火，燔三积薪。隋唐行四烽四炬制，且又放平安火：平时早夜各举一火报平安，其传递是从始发烽向后传，每烽先接应再后传，直到将警烽传到最高的军政机构。驿，即驿传。古代驿站有"传、驲、遽、置、亭、驿"诸名。殷商甲骨卜辞已有"遻遻"，即"驲"②，并有"传氏孟伯"之句，表明其时已有车递驿传。秦汉起，驿传系统已初具规模，主要是车递。每30里设一传，即驿站，接待持有传信、符节的来往官员，供其食宿和交通工具。汉武帝后，传递以单骑马递为主。驿兼行邮，皇帝诏令、檄文通过驿传层层下达；地方官府所上奏章、各种文件也由此上达。当时传递速度已很惊人。汉代的传车，一般可日行70里，快者二三百里。马递尤快。赵充国与西羌作战，金城至长安1450里，一封文书只需三日半（《汉书·赵充国传》），平均日行近414里。此外，驿还有驴递、驼递、舟递。驿至唐代各项制度更完善。至明清二代，进一步强化通信传递的职能，规模进一步扩大，清代更发展许多边疆地区的邮驿。递，即递铺、急递铺。它最早出现于唐末，属步递性质，在州内所辖范围传送官方文书。至宋代形成独立于邮驿之外的通信组织。其时，传驿一般60里一置，而递铺一般20里一置，或处驿路，或在无驿的僻区，一铺有5至12名不等的铺兵。递铺有步递、马递、急脚递三种。步递是步行接力传递，主要送普通公文，程限日行200里。马递是马行接力传递，送紧急文书，日行300至500里。急脚递是昼夜步行接力传递，送加急公文、诏令，日行400里。入铺的文书范围很广，政治、经济、军事、文化诸方面均有。除上下公文，朝臣的私信也可以递辅递送，这是邮驿史上一大变革，递铺扩大了

---

① 周幽王将举烽火召诸侯兵作为博褒姬一笑的游戏，最后导致大戎真至，举烽火而诸侯救兵不至，西周遂亡。事见《史记·周本纪》。

② 省吾：《甲骨文字释林·释道》，北京：中华书局，1979。

通信面，提高了通信效率，历史上第一次形成了全国性的通信网路。元代又发展为"急递铺"，形成以大都为中心的更广的通信网路。至清代急递铺专传递普通公文，步递为主；而驿站传送紧急公文，并承办通信事务，形成急递铺与驿站并存的邮递系统，更广泛的步递网路和水陆驿网路。自然，无论驿或铺，一般民众与它们无缘。因此，包括烽的三种递传，乃是君臣之间、中央与地方各级政府之间具政治军事作用的接力式组织传播。

第二节　教传

《论语·子张》："君子之道，孰先传焉？"三国时何晏《〈论语集解〉叙》："前世传受师说。"邢昺疏："上教下曰传，下承上曰受。""传"皆教授意。董仲舒《春秋繁露·身之养重于义》："此大治之道也，先圣传授而复也。""传授"同义连用。《论语·学而》"吾日三省吾身，……传不习乎？"指传授的知识。教传是通过正式与非正式的师生关系，对思想品德、知识、技能的传授、学习活动。古人很重视师教，作为治国之本，这是古代中国最广泛有效的文化传播。[①] 主要有以下三种：

1. 学校教育。这是士以上知识分子的教育。西周奴隶社会已确立官学。至孔子首创私学，秦汉起，学校分为中央（太学）与地方（乡学）两大类型。隋唐起实行科举制，教育体制更趋完备。综观古代的封建教育，有三个特点：一是以儒家思想为指导思想，儒家经典为教学内容，与国家政治、经济政策相一致；二是官学与私学并行互补，唐五代起私学中的书院，是教学与研究结合的高等教育模式，培养了高级儒生；三是学与仕结合，学校教育供科举考试选用人才。

2. 学徒制教育。这是劳动民众子弟的教育，由师傅传授、徒弟传承生产技能和知识，主要是农业、医学、手工业、商业诸行业。上古以来即成传统[②]。其特点是实践中学，自学为主，边干边教边学。当然，这一类受教者也不限于劳动民众。士大夫阶层中，杰出的数学家祖冲之、祖暅父子，唐代著名天文学家李淳风一家四代精于天文历算，南北朝时名医徐子才一家六代出11位名医，李时珍祖孙三代行医，都是传播士林的佳话。

---

① 古人将君师并称。《荀子·礼论》："君师者，治之本也。……无君师恶治？"《礼记·学记》："建国君民，教学为先。"人皆要受教，包括圣人。三国魏徐干《中论》曰："圣人亦相因为学也。孔子因于文武，文武因于成汤，成汤因于夏后，夏后因于尧舜。"

② 《管子·小匡》："今夫工群萃而州处，……旦夕从事于此，以教其子弟：少而习焉，其心安焉，不见异物而迁焉。是故其父兄之教，不肃而成；其子弟之学，不劳而能。夫是，故工之子常为工"，"农之子常为农"，"商之子常为商"。后世除了父子家传，常是正式按行会规定制度拜师学艺。参毛礼锐等《中国古代教育史》，北京：人民教育出版社，1979年。

3. 官吏教化。历代不少"为民父母"的地方官往往既行君道，又尽师道。战国时魏邺令西门豹教民破除迷信、率民凿漳水十二渠即是早期范例。汉代的循吏，更按照儒家礼治德化，对下民"富之"又"教之"，使民安定而"无讼"。西汉文翁为蜀郡太守，修水利灌地 1700 顷，然后"诱进之"，修学官，使民革蛮夷风而"好文雅"（《汉书·循吏·文翁传》）。这类循吏在县令长、亭长中也很多。许多循吏"努力将中国生活方式传播到边疆地区和少数民族的社会，因而扩大了中国文化的影响范围"[①]。后世有作为的地方官继承循吏传统，如唐代柳宗元被贬为柳州刺史，教化三年，"民各自矜奋"，州里大治（韩愈《柳州罗池庙碑》）。白居易、苏轼、王祯等人的地方官政绩皆为其例。

第三节　书传

《孟子·梁惠王下》："齐宣王问曰：文王之囿方七十里，有诸？'孟子对曰：于传有之。'"韩愈《南海神庙碑》："考于传记，而南海神次最贵。"此处的"传"皆指文献。清赵翼《廿二史札记·各史例目异同》："古书凡记事、立论及解经者皆谓之传。"还指文献注解。《汉书·古今人表》："传曰：'譬如尧、舜、禹、稷、与之为善则行。'"颜师古注："传谓解说经义者也。"书籍著作称"典、册、书"，也称"传"，乃古人将书面文献与传播相联系。古人以为先师（圣贤）所言是经，所师所言是传，《春秋》有《左传》《公羊传》《谷梁传》，《尚书》有《大传》《书传》（后者见《史记·孔子世家》，已佚）。《诗经》有《韩诗外传》《齐诗外传》等。《周易》有象辞、彖辞、系辞、文言、序卦、说卦，合称"十翼"，是为"易传"。诸《传》都是对《书》《诗》《易》《春秋》的传播。我国书籍文献源远流长、数量丰、种类多、价值高[②]。引申之，解释古今言语者亦得称"传"。《公羊传·定公元年》："主人习其读而问其传。"何休注："读谓经，传谓训诂。"于是"传"成为最早的经义字句注解之称，遂开训诂之先河，如《诗》有《毛诗故训传》，《仪礼·丧服》

---

①　见余英时《士与中国文化》之第四篇《汉代循吏与文化传播》，上海：上海人民出版社，1987 年。

②　中国古代传播的一个重要特征是书面化，对书面形式的利用超过任何一个国家。"传"所指传播类别，大都是书面形式：驿、递所传递的是书面文件，烽火所传有书面记录，如汉代居延、敦煌的《塞上蓬火品约》，传说也见于书传所载，言传之大部分是书面形式，或先口头后转化为书面形式，如《白虎通》。即便教传中学徒制的传授，不少也用书面形式流传下来，如《木经》《髹饰录》等文献即是木工漆工的经验总结。我国传世文献的数量，或谓 8 万种，或谓 10 万种，据卢正言统计，书籍在 15 万种以上，外加档案 1100 万件以上，金石拓片 10 万种，流失海外的方志、家谱、甲骨金石等均不在内。参上海古籍出版社编《中国文化史三百题》中《我国现存的古籍究竟有多少？》一文，上海：上海古籍出版社，1991 年。

中也有子夏之"传"。继之，注解之称有"笺""说""解""诂""疏""集解"等，经、史、子、集四部之注解各有特色，都是"传"的发展。我国文字出现早，流传广，在文字语言传播中，时有古今，地有南北，音有转移，字有更革，义有变化，加之传播中鱼鲁豕亥之讹，读者接受能力的参差，会造成受传者对文字语言信息理解的各种困难，从而削弱甚至丧失传播的效果，大量、丰富的注解正是传播道上的清道夫，是古人对我国文字语言传播中的独特创造，世界上没有一个国家的文献注解如我国一样发达，许多名著靠名注而世代传承，如毛传于《诗》，三家注于《史记》，颜师古注于《汉书》。至于郦道元之《水经注》，裴松之之《三国志注》，更有"喧宾夺主"的异彩。总之，著述、注解都是传，常相依为命，并世流传。

第四节　传说、纪传

《礼记·乐记》："有司失其传也。"孔颖达疏："谓典乐者失其传说也。"《史记》有七十列传。传说是一种口头传播。特定的"传说"是早期文献中的远古史事传说，如三皇五帝、神农伏羲之类，见于《尚书》等上古文献。传统史学都作为信史接受并经加工整理再传播，后来疑古派一概视其为子虚乌有。从传播学来看，人类总是从体态、口语单纯诉诸听觉、视觉的传播发展到文字传播，因而任何民族的形成、发展早期，必有口耳相传的传说时代，待有了文字，就予以追记。虽然由于长期辗转口头传播，会有讹传矛盾，或神话的掺入，故不可看作纯粹的信史，但它既非谣传，也非神话，"大都有其历史的核心，也都有其史实渊源"①，可以通过科学鉴别而构建民族的早期文明史。我国的远古传说异常丰富，传说反映了早期活跃的传播活动，表明中华民族从来是精勤于信息传播、富于创造的伟大民族。

纪传者，即人物传记，指有历史和传播价值的人物事迹的记载，是传说在历史时代的继承与发展。早在先秦的《左传》《战国策》等文献中已见晋公子重耳、食客冯谖、说客苏秦等生动的人物形象，先秦诸子中也有描写人物的精彩片段，但并非独立的传记文。传记文体权属于《史记》。司马迁开创了史书的纪传体，用本纪、世家、列传记载历史人物，多是帝王将相、名臣豪杰。其后，历代正史均循其例，形成史传文。至唐代，韩愈、柳宗元将有传播价值的一般劳动民众引入传记，用娴熟的文学手法（与史笔不同）为之立传，在方法与对象上开拓了新局

---

① 见徐旭生《中国古史的传说时代》（修订本），北京：文物出版社，1985 年，第 13 页。徐氏以盘庚迁殷以前至炎黄时期为我国的传说时代。

面①。从此，以"传"名或称他名的各种人物传记，在古典文学园圃中蔚为大观，品种繁多，长盛不衰。传记的兴盛，将各种有价值的人物行事大量、广泛地"著之竹帛"传播，对时人和后人并整个社会产生了不可估量的显性与隐性的教化力量。

第五节　言传

《墨子·非命中》："然则胡不尝本之诸侯之传言流语乎？"《荀子·非相》："其所见焉，犹可欺也，而况于千世之传也！"杨惊注："传，传闻也。""流传"与"传闻"，即言论的传布，可以是异时的"史态"，也可以是共时的"现态"和"趋态"，后者实质上就是口头传播的新闻信息，是信息王国的一部分，其内容就是对官方和民间一些感兴趣的人和事的评述。成语"众口铄金""积毁销骨""耸人听闻"都显出了言传的威力。此即舆论的力量。舆论，可以作用于个人或群众，而最重要的是作用于政权的各级决策者。古代中国君主、皇帝是最高的决策者。了解"言传"，最重要的是探识其中官方的新闻传播、新闻舆论。

在奴隶社会和封建社会早期，舆论传播是原始民主制。其一，国人会议。国人是奴隶主贵族，凡迁都、战事、选举头领等大事，"朝国人"而问政②。其二，舆论监督。传说中的尧舜等贤君均设"欲谏之鼓""诽谤之木"之类，以接受、鼓励民众的舆论监督。乡校也是贵族参政议政的固定场所。公元前841年，周厉王"弭谤"，压制民众舆论，结果引起国人暴动，将王"流于彘"（《国语·周语上》），显示了民众舆论监督的威力。其三，采诗观风。诗歌谣谚之类的民间口头传播，能及时、集中反映民众的情绪、愿望，是对君主治政最好的信息反馈。君王十分重视采诗观风，每年定时派遣行人（使者）去民间采集。汉代犹存古制，汉武帝建立专采歌谣的乐府，直至汉和帝还时时派使者"观采风谣"③。其四，谏议补阙。春

---

① 前者如《圬者王承福传》，后者如《种树郭橐驼传》《童区寄传》等，皆为名篇。

② 殷商时，盘庚迁都"命众悉至于庭"（《书·盘庚上》），君臣共议。西周，天子常"致万民于王门"而询谋军政大事（《周礼》的大司徒》《小司寇》）。春秋时，君"朝国人"问政之例甚多，如《左传·定公八年》："（卫侯欲叛晋），……公朝国人，使贸（王孙贾）问焉。"《哀公元年》："吴之入楚也，使召陈怀公。怀公朝国人问焉。"

③ 对《公羊传·宣公十五年》注中，何林《解诂》称观风是"乡移于邑，邑移于国，国以闻于天子。故王者不出牖户，尽知天下之所苦，不下堂而知四方"。此类记载还见于《左传·襄公十四年》《礼记·王制》《风俗通义》《汉书·食货志》等。《汉书·艺文志》曰："自孝武立乐府而采歌谣，于是有代赵之讴，秦、楚之风，皆感于哀乐，缘事而发，亦可以观风俗，知薄厚云。"《后汉书·方术·李郃传》述和帝频频派使者"微服单行，各至州县，观采风谣"。

秋时管仲辅齐桓公，设大谏之官，首创谏议之制①。谏官了解民情，监督秉公，往往代表民众的正确舆论，及时上达君主。齐桓公率先称霸，与此当不无关系。晋国的中大夫，楚国的左徒，亦谏官性质。晋文公不杀寺人披，董狐直笔，邹忌讽齐王纳谏，都是上古著名谏例。其五，礼贤士客。春秋以下，一些明主往往赏识正直的布衣贤士。魏文侯礼遇"隐处穷巷"的段干木，鲁穆公师事子思，齐宣王使"喜议政事"的稷下先生千余人"不任职而论国事"②，皆为美谈。战国时，苏秦、张仪、唐雎等游士说客多能以舆论左右君主，孟尝君等战国四公子大招布衣门客以辅国政。可以说，战国是历史上民众舆论最活跃的时期。

经过西汉近百年发展，到汉武帝时的封建制度已趋完善，下至清代，都是大一统的封建帝国，在舆论传播方面也封建集权化，皇帝通过以下诸方面听取、利用舆论：

其一，公文制度。

将口头传播变为文字书面传播，这是下情上达的主要方式。从中央到地方，以至中央各部、宫内都有收发公文的机构。通过公文，下级官员将民众与臣吏的舆论逐级上达。对政治的建议称"议"，持不同意见为"驳议"，弹劾大臣为"参""封事"，等等，后多通称"奏本""奏疏"。皇帝听取、研究后以诏令形式从中央到地方逐级下达。据说明太祖朱元璋在洪武十七年八天中收到内外诸司奏文1666 件，述事 39991 件。③

其二，谏诤和监察制度。

这是上古谏诤制度的发展。一般由给事中、谏议大夫充任。从汉至唐较盛行。唐代贞观之治一个重要特征就是谏诤活跃。谏诤者往往是舆论核心，或转达民众的正确舆论，一般二者兼之。但宋起逐渐名存实亡。民众舆论正确及时地处理与上达，主要靠监察制度。它包括对中央百官的御史监察和对地方官府官员的依法监察。这是对官员的法律监督，且与考举铨选、行政考绩三者结合，使选有制、考有规、察依法，以保证与提高每一官员依法治政和秉公守法的责质。监察制是我国古代封建政制中一个成功的创造。当然，最终还是对皇帝负责，其效果取决于皇帝的贤愚。

其三，朝议制度。

朝议是遇军政大事皇帝召集有关大臣先在朝廷集议。分中朝（内朝）和外朝

---

①　《管子·小匡》："犯君颜色，进谏必忠，不辟（避）死亡，不挠富贵，臣不如东郭牙，请立以为大谏之官。"

②　分别见《吕氏春秋·下贤》《孟子·万章下》《史记·田敬仲完世家》。

③　吴晗：《明史简述》，北京：中华书局，1980 年，第 22 页。

两种，内朝更重要，司马迁为李陵辩说得祸就在外朝。封建皇帝虽然专制，但朝议一直坚持。即使秦始皇首定"皇帝"名号并决定"焚书坑儒"，也都通过朝议（《史记·秦始皇本纪》）。这是皇帝所闻最高层次的"言传"，也能从中间接听到民众舆论。

其四，其他渠道。

如皇帝派遣官员执行某种使命到地方[①]，皇帝或大官员微服至地方、民间探访等。

综此，可以看到古代民众舆论传播的运转机制。此为由控制中心调节与控制的传导反馈系统，信息双向流动的闭合回路："令出于主口，官职受而行之……还周复归，至于主所。"（《吕氏春秋·圜道》）君主作为传者，输出信息：诏令、政令，此是对前次受传信息（民众舆论）的反馈，从系统中下达于受传者（民）：民加工处理后变为传者，发出新的信息（民众舆论），从系统中反馈上达，遂完成一次循环。如此不断反复。表其模式如下：

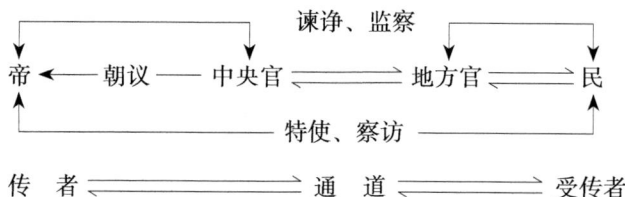

综上所述，"传"所指的传播活动有五大类：递传，教传，书传，传说、纪传，言传。这几乎涉及了古代中国主要的传播活动。而"播"等代表性的传播词，也反映了传播活动的广泛、丰富的思想。这些构成了我国古代文化中基本的传播概念。

（本文以《古代传播词辨释》原刊于《河北大学学报》1996 年第 2 期）

---

① 受委派者多以"使"称，汉代的直指使者（绣衣使者）、刺史、州牧，魏晋南北朝的都督，唐代的黜陟使、巡察使，明代的巡抚，清代的钦差大臣等，都是此种官员。

第四章　西学东渐：当代"传播"范畴的阐释维度

刘海龙 *

　　"传播"一词在中国古籍中曾经出现过，然而目前汉语中的"传播"一词却是从英语中"communication"一词转译而来。它大致诞生于 20 世纪 70 年代末，是一个相当晚近的外来词。在古汉语中，"传播"一词只是偶然出现，并不是一个常用词。20 世纪初编撰、20 世纪 80 年代修订完成的大型辞书《辞海》甚至未收录该词。在希腊文中，communication 源于两个词根——cum 和 munus，前者指与别人建立一种关系，后者意味着产品、作品、功能、服务、利益等。古罗马时期的马库斯·图留斯·西塞罗（Marcus Tullius Cicero）把 communication 定义为把握一件事情或者与别人建立一种关系。[①] 按照英国学者雷蒙·威廉斯（Raymond Williams）的解释，communication 的词源是拉丁文 communis，意指"普遍"。因此 communicate 是指"普及于大众""传授"的动作。[②] 但在实际使用中，不同的学者往往对传播的核心含义有完全不同的理解。[③]

第一节　communication 与传播

　　虽然"传播"一词在今天已经深入人心，但是它与 communication 相对应的历史并不长，大致从 20 世纪 70 年代末开始。在 20 世纪初，美国尚处于萌芽时期的传播研究便已经进入中国。在当时，communication 被译作"交通"。与今天不同，此"交通"并非单纯词（联合构成整体，单个字并没有意义），而是一个由"交"与"通"构成的合成词。此翻译属古词新用，比如陶渊明在《桃花源记》中便有

　　* 作者简介：刘海龙，中国人民大学新闻学院教授，《国际新闻界》主编。
　　① 陈卫星：《传播的观念》，北京：人民出版社，2004 年，第 1 页。
　　② ［英］雷蒙·威廉斯：《关键词：文化与社会的词汇》，刘建基译，北京：生活·读书·新知三联书店，2005 年，第 73 页。
　　③ 刘海龙：《大众传播理论：范式与流派》，北京：中国人民大学出版社，2008 年。

"阡陌交通，鸡犬相闻"的用法。与目前使用的"传播"一词相比，20 世纪初所使用的"交通"一词具有交流沟通的意思，突出了双向性，更接近 communication 的原意。而当时汉语中"传播"的意义则与今天有明显不同，指的是"扩散""传布"等由中心向四周信息单向传递的意思。[①]

据彼得斯（John D. Peters）的考察，西方传播概念的产生也是近代以来的事。之前的传播观念（idea）都以爱欲、撒播之类的概念存在，并没有现代意义上的传播概念。而启发人们关注这一现象并用名词命名它，缘于 19 世纪电报发明以来的远程交流。技术的去蔽作用使得人们开始将人与人之间的交流活动用机器比拟，进而产生了抽象的传播观念。[②]

除了技术的原因外，西方传播概念中所隐含的双向的、两个独立个体的传播与近代以来建立在自由主义基础上的个人主义观念有一定关系。汉语之所以缺乏一个精确的概念来转译这个概念，恰恰是因为中国的文化观念里缺乏这种交往方式。以儒家礼教文化主导的传统中国的交往必须嵌入在家族、文化等级中才能理解。如果从中国观念中寻找与西方"传播"观念相似的观念，可能要追溯到张光直所讨论过的青铜时代的巫觋与天沟通的观念。[③]在天神"绝地天通"（《国语·楚语》）之后，宗教及政治首领代表民众与天沟通，同时具有了统治正当性。这种传播观念以人—天沟通代替了人—人沟通，或许是导致中国缺乏西方传播观念的一个原因。

"文化大革命"结束之后，中国新闻学界恢复了与国际学术界的交流，西方传播研究的成果再次进入中国。"传播""媒体""受众""信息"等新概念陆续进入，而当时的学术界还未形成统一的翻译。communication 曾被翻译成"（思想）交通"（郑北渭译）、"通讯"（张隆栋译）。[④]这一现象不仅出现在内地（大陆），更早引进传播研究的香港、台湾学术界对这些概念的翻译也不统一。比如施拉姆的学生、香港中文大学的教授余也鲁是华人地区传播学的引进者之一，他便将 communication 译为"传"或"传通"。[⑤]但是早期的传播学概念的中文名称，基本还是来自港台地区。

1978 年后，复旦大学的郑北渭、陈韵昭与中国人民大学的张隆栋在介绍西方

---

① 刘海龙：《中国传播研究的史前史》，《新闻与传播研究》2014 年第 1 期。
② ［美］约翰·彼得斯：《对空言说：传播观念史》，邓建国译，上海：上海译文出版社，2017 年。
③ 张光直：《艺术、神话与祭祀》，北京：北京出版社，2016 年，第 34—36 页。
④ 王怡红、胡翼青主编：《中国传播学 30 年》，北京：中国大百科全书出版社，2010 年，第 4 页。
⑤ ［美］W. 宣伟伯：《传媒、信息与人：传学概论》，余也鲁译，香港：海天书楼，1983 年。

传播研究时，开始改变过去的译法，将 communication 译为"传播"。①1982 年 11 月，在中国社会科学院新闻研究所召开了第一次西方传播学研究座谈会，会后提出将"系统了解"西方传播学作为中国传播学发展的一项任务。②在此次会上还总结了一份油印的传播学中英文概念对照表，初步统一了传播学关键概念的中文译名，communication 正式被译为"传播"。③其后新华社李启等人翻译了威尔伯·L. 施拉姆（Wilbur L. Schramm）和威廉姆·L. 波特（William E. Porter）所著的《传播学概论》，在此书正文之前附了一个《传播学名词介绍》，将 communication 正式译为"传播"和"传播学"。④

关于"communication"译为"传播"是否恰当，大陆学术界一直存在争议。因为从字义上来看，"传"与"播"皆含有单向的意义。例如，《说文解字》将"传"与"遽"互训，二者均指"驿车"；《说文解字》中，"播"的本义为"种"（播种），引申为"布"（传布）或《广韵》所说的"扬"（分散）。因此，"传"与"播"二者连用并不能准确地传达英语中双向互动的意思。一些研究者认为，"交流""沟通""交际"能够更贴切地表达出双向的意思，尤其是在人际沟通（曾译作人际传播）、跨文化传播等强调传受方双向互动的领域，不少研究者放弃了"传播"一词。⑤在传播学科以外，如哲学领域，communication 一词经常被译为"交往"而不是"传播"。比如德语的 kommunikation 在哲学领域内便约定俗成译作"交往"，如哈贝马斯提出的"交往行为理论"。⑥马克思更是在一般意义上使用这个词，它既包括特质方面的流动，也包括精神方面的流动，因此陈力丹便将其中与现代意义上的传播相关的部分称之为"精神交往"。⑦

在传播与传播学已经深入人心的今天，是否要放弃"传播"这一概念，还有待学术界进一步讨论。不过从建构主义和实用主义的角度来看，语言只是一个

---

① 20 世纪 50 年代郑北渭曾将 communication 译为"思想交通"，但 20 世纪 70 年代末已经改成"传播"，[美] 华伦·K. 艾吉等：《公众传播工具概论》《美国资产阶级新闻学：公众传播》，《外国新闻事业资料》1978 年第 1 期。张隆栋于 20 世纪 50 年代末将 communication 译为"通讯"，20 世纪 80 年代初时改为"传播"，见张隆栋：《美国大众传播学简述》（上、中、下），《国际新闻界》1982 年第 2、3、4 期。陈韵昭对 communication 的理解与余也鲁相似，强调传播结果与传者目的吻合，见陈韵昭：《"传"务求"通"》，《新闻大学》1982 年第 3 期。

② 王怡红：《从历史到现实："16 字方针"的意义阐释》，《新闻与传播研究》2007 年第 4 期。

③ 据陈力丹教授收藏的资料原件。

④ [美] 威尔伯·施拉姆、威廉·波特：《传播学概论》，陈亮、周立方、李启译，北京：新华出版社，1984 年。

⑤ 关世杰：《跨文化交流学：提高涉外交流能力的学问》，北京：北京大学出版社，1995 年；《新闻学与传播学二级分类框架》，新闻学与传播学名词审定委员会内部文件，2013 年 9 月。

⑥ [德] 尤尔根·哈贝马斯：《交往和行为理论》（第一卷），曹卫东译，上海：上海人民出版社，2004 年。

⑦ 陈力丹：《精神交往论：马克思恩格斯的传播观》，北京：开明出版社，2002 年。

表意工具，从"交通"到"传播"，符号能指虽有变化，但其指代的对象却都与communication 这个英语词高度重合。尽管从字面上看，"传播"具有单向意义，考虑到此翻译已经深入人心，未尝不可在使用中逐渐对其进行改造，重新赋予这个传统的词汇以新双向互动意义。在外来词的引进过程中，这样的例子比比皆是，比如"革命""民主"这样的外来词，虽然古已有之，但今天的意义已经与传统文献完全不同，被赋予新的外来的含义。① 只要明确"传播"指代的是"communication"，而不是其字面意思，并不至于在使用中引起混乱。

第二节 理解"传播"的三个维度

与翻译的措辞相比，更重要的问题还是对传播概念的诠释。不仅是中国面临这个问题，西方学术界也被这一问题所困扰。詹姆斯·凯瑞（James Carey）曾援引杜威的著作，对"传播"做了一个著名的诠释。他使用了"传递"与"仪式"来比喻两种不同的传播观念。前者"将传播视为一种出于控制的目的传递远处讯息的过程，于是，传播的典型情形是劝服、态度变化、行为变化，通过信息传递、影响或调节达到社会化或个体对什么或看什么的选择"。而传播的仪式观则"把传播看成是创造、修改和转变一个共享文化的过程"。它并非指讯息在空间的扩散，而是指时间上对一个社会的维系；不是指分享信息的行为，而是共享信息的表征。②

凯瑞的划分提供了想象传播概念的新空间，然而这一划分还是过于笼统。他所说的传递观是指建立在信息论和控制论基础上的实证主义传播观。该观念将传播从具体的社会关系和文化中抽离出来，将其简化为传播者意义的传通或意图的实现。正如维纳在控制论中所阐明的那样，传播的核心功能是对社会运转状况的监控。通过反馈这一信息交换过程，为控制者提供行为的参考。③ 凯瑞对传播的传递观颇有微词，认为它将传播从文化中孤立出来，将其视为一个简单的信息和影响传递过程。他所主张的仪式观中的"仪式"并不是人类学意义上的集体行为，而仅仅是一个隐喻，为了说明传播就像仪式（而不是真正的仪式过程）一样会造

① 陈建华：《"革命"的现代性：中国革命话语考论》，上海：上海古籍出版社，2000年。刘禾：《跨语际实践：文学，民族文化与被译介的现代性（中国，1900—1937）》，北京：生活·读书·新知三联书店，2002年。

② ［美］詹姆斯·凯瑞：《作为文化的传播》，丁未译，北京：华夏出版社，2005年，第4—7、27—28页。

③ ［美］N.维纳：《人有人的用处：控制论和社会》，陈步译，北京：商务印书馆，1978年。

成共享的文化。[①] 值得注意的是，凯瑞有意将权力排除在传播之外，和反对传递观的理由一样，他要强调的是传播超越功利的、非目的性的一面。换句话来说，他突出了传播对于社群共享世界的建构，这是一种基于人文传统的观点。

凯瑞的出发点值得肯定，但是传播的文化观却失之过泛。首先它强调长时段的传播后果，将短期与中期的考察全部留给了"传递观"[②]，这种过于超脱的做法对于传播的现实社会结构却缺乏关注。它的背后潜藏着达尔文演化论的影子。我们不禁要问：这究竟是谁的文化？如何保证其像自然界一样在无人干预的情况下自然演化？其次，这一观念主要关注宏观的群体和社会，忽略了传播对微观层面个体的意义。对于以个人为中心的新媒体时代而言，仅仅从宏观角度考虑传播的影响就显得不够，个人参与传播的动机、条件、影响也值得关注。

除凯瑞外，对传播概念本身的讨论还有不少。比如，约翰·D.彼得斯（John D. Peters）的名著《对空言说》对西方的传播观念做了梳理，并从中提炼出了"爱欲"与"撒播"两个传统，并提出了身体缺席是否可以传播的问题。2006 年，Sage 出版社出了一本名为《传播是什么：理论的多重视角》一书，该书的导论从 27 个观念出发讨论传播的意义。如果要发散开来，传播的意义必然无法穷尽。但是鉴于目前中国传播学的现状与时代精神，本文重点提出三个重新思考传播概念的维度：关系、知识与权力。

第一个思考传播的维度是关系。新媒体对于传播观念对中国传播研究最大的冲击是打破了以大众传播代替传播的思维方式。1978 年后，中国传播研究主要由新闻学界引进，很自然地把传播与新闻等大众传播现象结合在一起。因此，在我国的语境下，严格来说"传播"一词对应的并不是"communication"，而是"mass communication"。[③] 比如引进的传播学教材多数是大众传播的教材，而且在译名上有意无意地省略了"大众"（mass），给人的印象仿佛是传播学研究的主要是大众传播问题。沃纳·J.赛佛林（Werner J.Severin）和小詹姆士·W.坦卡德博士（James W. TankardJr.）所著的《传播理论：起源、方法及在大众传播中的应用》（Communication Theories：Origins，Methods and Uses in the Mass Media）一书

---

① 郭建斌：《如何理解"媒介事件"和"传播的仪式观"——兼评〈媒介事件〉和〈作为文化的传播〉》，《国际新闻界》2014 年第 4 期。

② 传播仪式观并不否定传递观，而是强调不能局限于传递观，在它之外还有更值得关注的问题。见 [美] 詹姆斯·凯瑞：《作为文化的传播》，丁未译，北京：华夏出版社，2005 年，第 10 页。

③ 黄旦：《传播的想象：兼评中国内地传播学本土化之路径》，冯应谦、黄懿慧编：《华人传播想象》，香港：香港中文大学出版社，2012 年。

1985年首次在翻译成中文时书名便被简化成了《传播学的起源、研究与应用》。[①]这导致在中国的传播研究中，大部分成果集中于新闻与其他大众传播现象，人际沟通、群体传播、组织传播、跨文化传播、修辞学等领域则长期门前冷落。

人际沟通的兴起有助于我们在关系的维度重新审视传播的观念。人际沟通的核心是关系，任何传播活动均在一定的关系下发生，传播过程潜在地巩固或改变着人与人之间或人与世界之间的关系。按照结构主义语言学的理论，符号本身就标志着某种关系，"大"因"小"的存在而有意义。指示现实的符号也在表达着思想与现实之间的关系。20世纪50年代，哥伦比亚学派在调查人际影响时，有很大一部分工作是在使隐形的人际关系与影响具有可见性。[②]而今天在社交媒体上，人际关系与人际影响的流动可以形象地展现在关注、转载、评论等功能之中。新媒体不仅使得人们之间的关系的可识别性提高，而且本身还在促进新型关系的形成。人类的传播既是关系的产物，也会反作用于关系。如果不能在关系层面重新思考传播，就很难理解今天的传播现象。

在对传播的理解上，另一个值得关注的新维度是"知识"。在传播研究与社会学还不分彼此的传播社会学时期（20世纪50年代以前），传播研究与知识社会学被认为属于一个学术传统。芝加哥学派的罗伯特·帕克（Robert E. Park）便将新闻视为一种介于正式知识和非正式知识之间的知识[③]，默顿在《社会理论和社会结构》一书中则将传播研究与知识社会学放在同一标题之下，并专门对比了二者的异同[④]。开创多伦多学派的英尼斯则关注媒介技术对于知识分配的影响。[⑤]在早期的研究者看来，这两个领域均研究知识的扩散规律，只不过后来传播研究日渐专业化，走向实证主义，遂与知识社会学渐行渐远。但是这里所讨论的知识，并不是研究知识扩散规律的实证取向的知识社会学传统所关注的知识，而是涂尔干、马克思、尼采、舍勒、舒尔茨、曼海姆、哈布瓦赫、伯格等人所定义的知识，从建构主义和批判的视角，思考社会如何生产和分配知识，个人如何获取知识，这些知识如何建构了个人关于现实的想象以及群体的集体记忆，这些个人想象与集体记忆又是如何形成文化并反作用于世界的等问题。

---

① 刘海龙：《被经验的中介和被中介的经验——从传播理论教材的译介看传播学在中国》，《国际新闻界》2006年第5期。

② Katz, Elihu, and Lazarsfeld, Paul, Personal Influence: The Part Played by People in the Flow of Mass Communication, Glencoe, IL: *Free Press*, 1955.

③ Ark, Robert E, "News as a Form of Knowledge: A Chapter in the Sociology of Knowledge", *American Journal of Sociology*, 45, 5(1940), pp.669-686.

④ ［美］罗伯特·K.默顿：《社会理论和社会结构》，唐少杰、齐心等译，南京：译林出版社，2006年，第661—681页。

⑤ ［加］伊尼斯：《传播的偏向》，何道宽译，北京：中国人民大学出版社，2003年。

　　这里所说的"知识"不是自然科学中的那些关于世界的客观描述，而是由社会建构起来的关于世界的叙事，它处于事实与信仰之间。知识是连接个体与生活世界的中介，是个人对生活世界进行想象、行动的起点。知识是通过传播获得，它既包括来自学校课本的知识，更重要的是从大众传媒、新媒体、群体传播、组织传播、人际沟通等获得的日常知识，是了解的而不是学习的知识。这些知识既可能是通过传播渠道获得，也可能是通过实践习得的社会规则，甚至是吉登斯所说的无法用语言表达的惯例或布尔迪厄所说的那种沉淀于身体中的惯习。通过"知识"的观念，传播研究者有望摆脱将传播概念与自然科学观念下"信息"简单捆绑在一起的传统（该传统长期以来束缚了传播研究的学术想象力），恢复传播研究曾经与社会理论、人文学科之间的联系，从更开阔的社会视角深刻地理解传播行为对于个人和社会的意义。

　　理解"传播"概念时第三个值得关注的维度是权力。凯瑞在作为仪式的传播观中，有意将权力排除在外，追求超越世俗权力与控制之外的解释。但遗憾的是，离开了权力，把传播抽象为一种康德、席勒意义上的游戏，或者是西美尔所讨论的形式化的"社交性"，作为社会科学的传播研究便走向哲学研究，对于现实传播现象的解释力便大为降低。

　　权力关系是社会关系的一种，但是权力却不仅源自社会关系，还有结构性的一面。这里说的权力并不仅指韦伯所定义的人与人之间的强制关系，而且还包括批判学派所关注的经济与文化结构的不平等而导致的不公以及福柯所说的弥散性的、具有话语生产能力的知识／权力。传播权力的不平等是权力分配结构的产物，与此同时，传播也是权力的载体乃至塑造者。法兰克福学派、政治经济学派、文化研究学派、女性主义者等研究者已经在这一维度上进行过许多经典研究。

　　中国社会正处于转型时期，社会矛盾与冲突加剧，传播研究者有责任做出自己的贡献。当然，这里所讨论的贡献不仅是从社会管理者的角度如何对冲突进行控制，更有必要的是站在传播权受损的一方，对不平等的传播体制进行批判、暴露，促进解决。中国传播研究的批判学派曾经一度缺席，从知识社会学的角度看，这背后有复杂的原因。① 最近几年本土的批判研究初露端倪，但是在结合中国语境方面还任重道远。

　　总结起来，中文的"传播"系外来词，对应英语中的 communication 一词。本文作者主张仍然沿用"传播"一词，但在今后的使用中应超越单向的意义，赋予

---

　　① 刘海龙：《"传播学"引进中的"失踪者"：从 1978 年至 1989 年批判学派的引介看中国早期的传播学观念》，《新闻与传播研究》2007 年第 4 期。胡翼青：《双重学术标准的形成：对批判学派"夭折"的反思》，《国际新闻界》2008 年第 7 期。

其双向沟通的内涵。在对传播的理解上，应关注关系、知识、权力三个维度。对于传播，本文暂时给出的概念说明为："传播是一定社会结构与社会关系中的信息传递与知识共享行为。"

近年来，随着 VR、AI 等未来媒体的兴起，后人类主义所论述的人机合一与机器的主体性问题越来越具有现实意义。在虚拟世界里无身体的主体之间是否可以超越面对面传播建立新的传播方式与形态，人与机器结合的赛博格（cyborg）将如何改变传播方式，人与没有肉身的机器或程序之间是否可以实现传播、如何相互理解，传统的传播关系和传播伦理是否仍然适用，身体究竟在传播中扮演什么角色……？[①] 技术的改变可能会导致原有的局限在人与人之间、以面对面肉身传播为理想的传播的定义被颠覆，拓宽传播研究的视界。因此，传播的定义始终是开放的，这也导致传播研究永远面向未来。

（原文曾以《中国语境下"传播"概念的演变及意义》为题，刊于《新闻与传播研究》2014 年第 8 期）

---

① 刘海龙：《传播中的身体问题和传播研究的未来》，《国际新闻界》2018 年第 2 期。

第五章 广而告之：华夏"广告"的
社会形态和历史流变

王凤翔[*]

本章第一次全面、系统与科学地论述与阐释了汉语"广告"一词意义在中国历史长河里的发展流变。汉语"广告"一词意义的历时性流变，充分彰显生产力和交往形式之间的矛盾，同时和汉语自身发展规律紧密相关。首先，从中国文字起源与文化传播视角，对农耕社会"广""告"两字本义进行了系统分析。重点探讨了语言文字学界一直争论至今的《说文解字》"告"字学术公案，对"告"字的文化生成进行了系统探讨与正本清源，圆满地解决了这个千年学术公案。其次，中国千年未有之大历史，即广告在佛家社会与近现代社会的意义流变与社会变局。佛教中土传播、晚清七十年大变局、民国创立、新中国的成立、改革开放、互联网时代来临等史无前例的重大历史事件，推动了中国社会转型与文化嬗变，深刻影响了汉语"广告"一词词义的变化与发展。

"人事有代谢，往来成古今。"（孟浩然《与诸子登岘山》）本文第一次比较全面、系统与科学地论述与阐释了汉语"广告"一词意义在中国历史长河里的发展流变。汉语"广告"一词意义的历史生成与发展流变，深刻地反映了卡尔·马克思所强调的"生产力和交往形式之间的矛盾"[①]。同时，语言发展具有自身规律与民族文化特性。在中国独特的农耕社会、礼法文化与祭祀制度里，以及佛教中土传播、晚清七十年大变局、民国创立、新中国的成立、改革开放、互联网时代来临等重大事件，都是中国千年未有之大历史，推动了中国社会转型与文化嬗变，深刻影响了汉语"广告"一词词义的变化与发展，从而"广告"一词具有与时偕行、无穷生新的文化特色。这正如傅兰雅（John Fryer）所概括的："中国语言文字与他国

* 作者简介：王凤翔，博士，中国社会科学院大学岗位教授、中国社会科学院新闻与传播研究所副研究员、中国社会科学院新媒体研究中心副秘书长。

① 《马克思恩格斯全集》第3卷，北京：人民出版社，1960年，第83页。

略同，俱为随时逐渐生新，非一旦而忽然俱有。故前时能生新者。则后日亦可生新者，以至无穷。"①

第一节　农耕社会：广、告两字的本义发展、语义关联与文化精神

屈原《天问》："遂古之初，谁传道之？上下未形，何由考之？"谢灵运《三月三日侍宴西池诗》："详观记牒，洪荒莫传。"中国历史悠久，文字词语研究由此形成了重在溯本追源的文化精神，形成了重视考据训诂的学术传统。每个汉字都是立体而非扁平化的，其结构及其演变中的一笔一画都蕴涵丰富的文化色彩，独特的汉字文化系统促进了中华文明的古今传承。史学泰斗陈寅恪强调："依照今日训诂学之标准，凡解释一字即是作一部文化史。"②汉语广告一词由广与告两字组成，探讨广告一词意义，须从广、告两字本源研究开始。考证训诂广、告两字，有利于明晰广、告两字，以及广、告两字与广告一词之关系的发展起源、意义逻辑、社会变迁与文化价值。

一、"廣（guǎng）"和"广（yǎn）"折射农业社会村邑的空间格局、传播格局与伦理格局

在古代汉语发展史上，"廣"和"广（yǎn）"是两个字，意义各不相同。作为现代汉语的"廣"字简化为"广"，③读音均为"guǎng"，"广"成为现代通用字。东汉许慎《说文》（《说文解字》的简称）释"廣"为"殿之大屋也"，是形声字，形旁为"广（yǎn）"，声旁为"黄"，意为四周无壁、空间宽阔的大房子。"广（yǎn）"是象形字，"因广为屋也。从厂，象对剌高屋之形"，清代段玉裁《说文解字注》（下文简称：段注）释"厂"为"山石之厓岩，因之为屋，是曰广"。"广（yǎn）"意为依山崖脉势建造的房屋。由此可见，"廣"和"广（yǎn）"两字呈现出中国农业社会村邑的生活态势与空间格局。

住在"广"和"廣"中的老百姓，一般都是"丘民"。地高为丘，小山为丘，《说文》："丘，土之高也。非人所为也。从北，从一。一，地也。人居在丘南，故从北。"《尚书·禹贡》："桑土即蚕，是降丘宅土。"我们的先人依山河地势、丘陵

---

① 傅兰雅：《江南制造总局翻译西书事略》（1880年），参见张静庐辑注：《中国近代出版史料初编》，北京：中华书局，1957年。

② 沈兼士：《沈兼士学术论文集》，北京：中华书局，1986年，第202页。

③ 王力、岑麒祥、林焘、蒋绍愚、唐作藩、张万起等：《古汉语常用词典》，北京：商务印书馆，2011年，第113页。

平原建筑宜居之室，由此形成了具有中国文化特色的民居村落、都邑生活与农耕文化，折射出中国农业社会村、邑的空间格局与传播格局。随着生产力发展，在交通比较方便与发达的地方出现城镇，有的发展为都邑。在城镇都邑，出现了大量以"广（yǎn）"为形旁的廣、庑、庫、店、庞、廱、庙、府、庭等建筑，作为人们的生活空间、商用住地与公共场所，"丘"意逐渐转化为生活居住区域空间的城镇。

国都与城邑的建制规模非常严格。周武王灭商后，形成"封建亲戚，以蕃屏周"的礼法制度（《左传·僖公二十四年》），构建了天子、诸侯、士大夫、丘民之间的统治秩序。在当时，僭越都邑建制是质疑合法性、人神共愤的事情，必遭天谴严惩。《郑伯克段于鄢》载，郑庄公即位，其母武姜为庄公弟弟共叔段"请制"。而该"请制"僭越都邑规定的礼法制度，遭到大夫祭仲的极力反对。祭仲的理由是："都城过百雉，国之害也。先王之制：大都不过参国之一，中五之一，小九之一。"（《春秋·隐公元年》）选择国都之地时，亦必尊礼制。"以土圭之法测土深，正日景（影），以求地中。……日至之景（影）尺有五寸，谓之地中：天地之所合也，四时之所交也，风雨之所会也，阴阳之所和也。然则百物阜安，乃建王国焉，制其畿方千里而封树之。"（《周礼·大宗伯》）"地中"即为中土。在中土建国家，所建之都、所立之国就是"中国"，也是后世以"中土"指代中国的由来。《周礼·天官》："惟王建国，辨方正位，体国经野，设官分职，以为民极。"郑玄注："体犹分也，经谓为之里数。郑司农云：'营国方九里，国中九经九纬，左祖右社，面朝后市，野则九夫为井，四井为邑之属是也。'"《周礼·地官》："四井为邑，四邑为丘。"位居"地中"的国都是统治中心，形成国家祭祀文化与传播习俗，统治与管理城邑与乡村。国都中规模宏大高耸的宫殿，为天子诸侯的居住、办公场地，"天子曰明堂、辟雍，诸侯曰泮宫"（《史记·封禅书》），属于祭祀专用，都是地位无比崇高、权势巨大的象征。这些宫殿一般人不能居住与出入。而城邑是市井"丘民"的栖息地，并形成丰富多彩的都邑生活。

"民惟邦本，本固邦宁"（《尚书·五子之歌》）。住"广（yǎn）"的农耕民、住"店"的市井民、住"廣"的士民等，都是"丘民"。"宗庙丘墟，市朝霜露"（《隋书·杨素传》），是改朝换代、市场凋敝、民生悲惨的历史悲剧，是任何在位的统治者阶级不愿意看到的。因此，古代有识仁士指出："民为贵，社稷次之，君为轻。是故得乎丘民而为天子"（《孟子·尽心下》），"民吾同胞，物吾与也"（张载《西铭》）。

二、"告"字本义是构建中国特色的礼法制度与民族文化

"告"字本义是祭祀仪式，是国家祭祀制度与社会意识形态，构建了中国特色的礼法制度与民族文化。

"告"为会意字，上下结构，本义为献"牛"祭祀，"口"说祝辞，是国家祭祀仪式。《说文》："告，牛触人，角著横木。所以告人也。从口从牛。《易》曰：'僮牛之告'。"许慎以《易》为例，强调"僮牛"（童牛）是"告"（名词），旨在说明"告"义本意是祈求吉祥的祭祀仪式（祰）。"不告于讻，在泮献功"（《诗·鲁颂》）。甲骨文"告"字意为祭祀仪式，叶玉森《殷墟书契前编集释》："卜辞之告为祭名。"《尚书孔传》释"告"为祭祀中"口"说的"祝辞"（《尚书·金縢》）。

祭祀作为一种礼，根源于本。荀子认为，礼有三本："天地者，生之本也；先祖者，类之本也；君师者，治之本也。无天地恶生？无先祖恶出？无君师恶治？三者偏亡，则无安人。故礼，上事天，下事地，尊先祖而隆君师，是礼之三本也。"（《荀子·礼论》）庙堂隆重的国家祭祀制度与"处江湖之远"的"天地君亲师"神龛牌位及其礼祭仪式，成为中国社会普适性与传承性的意识形态，构建了传播影响深远的中国宗法社会、礼法制度和民族文化。

只有在国都，才有尊宗庙的祭祀仪式，即"告"。"都"是国都，是中国古代帝王与诸侯的政治中心与军事要塞。《左传·庄公二十八年》："凡邑有宗庙先君之主曰都，无曰邑。"孔颖达疏："小邑有宗庙，则虽小曰都，无乃为邑，为尊宗庙，故小邑与大都同名。"《说文》："都，有先君之旧宗庙曰都。"《尚书·金縢》："为坛于南方北面，周公立焉，植璧秉珪，乃告大王、王季、文王。""告"作为国家祭祀仪式，事关社稷安危与"丘民"福祉。在国都祭告天地、祖宗等礼仪大事，是国家与社会极为隆重的政治仪式、宗教行为、社交活动与传播议程。

"告"作为国家祭祀制度与社会意识形态，构建中国特色的礼法传播制度与社会宗法关系。古代君主、诸侯庙号是中国祭祀文化中的"尊宗庙"，彰显国家正统、宗法制度与礼法尊严。"（舜）归，至于祖祢庙，用特牛礼。"（《史记·五帝本纪》）司马迁批评秦襄公违背礼制，导致礼崩乐坏、周室式微："秦襄公始封为诸侯，作西畤用事上帝，僭端见矣。""位在藩臣而胪于郊祀，君子惧焉。"（《史记·六国年表》）女皇武则天圣历元年（698年）在立侄子还是立儿子为太子的问题上很犹豫，狄仁杰谏道："且姑侄之与母子孰亲？陛下立子，则千秋万岁后，配食太庙，承继无穷；立侄，则未闻侄为天子而祔姑于庙者也。"（《资治通鉴》卷二百六）国家祭祀因此在国家政治生活、社会生活中享有崇高地位。"凡治人之道，莫急于礼；礼有五经，莫重于祭。"（《礼记·祭统》）"国之大事，在祀与戎。"（《左传·成公十三年》）"桀有乱德，鼎迁于殷，载祀六百。"（《史记·楚世家》）"班教化，禁淫

祀"（《汉书》卷十二）。凡国家征伐、班师、拜祖、迁庙、巡狩、请罪等，必有祭祀大礼以告天地、祖宗与神灵，旨在通过祭祀与传播公之于众，彰显国家神器的正当性与合法性。"愿陛下托臣以讨贼兴复之效，不效，则治臣之罪，以告先帝之灵。"（诸葛亮《出师表》）"入于太庙，还矢先王，而告以成功。"（欧阳修《新五代史·伶官传序》）

特色祭祀礼制构建国家基本政治制度。据钱穆考证，宰相最初意义是为天子诸侯贵族祭祀时主宰杀牲牛的重要大臣。"为什么又叫宰相呢？在封建时代，贵族家庭最重要事在宰杀牲牛。当时替天子诸侯乃至一切贵族公卿管家的都叫宰。""在内管家称宰，在外做副官称相。"① 鼎，"三足两耳，和五味之宝器也"（《说文》），又是置于宗庙作铭记功勋的礼器，象征国家政权，被称为立国重器。"九鼎"被夏商周三代奉为传国之宝，其代表的九州成为中国的代名词。"禹收九牧之金，铸九鼎。皆尝亨鬺上帝鬼神。遭圣则兴，鼎迁于夏商。周德衰，宋之社亡，鼎乃沦没，伏而不见"，裴骃《史记集解》解释"亨鬺"引徐广曰："尝以烹牲牢而祭祀"（《史记·封禅书》），"方且言其主鼎新文物，教被华夷"（陆游《入蜀记》）。因此，后世对宰相有"鼎臣""鼎台""鼎辅"等称呼。"古者不传子而传贤，其视天子之位，去留犹夫宰相也。其后天子传子，宰相不传子。天子之子不皆贤，尚赖宰相传贤足相补救，则天子亦不失传贤之意。"（黄宗羲《明夷待访录·置相》）在电视剧《康熙王朝》第45集中，吊念清廷宰辅陈廷敬逝世时，就有"辅弼鼎臣"牌额镜头。"行伊、霍之事"中的伊尹最初职业是继承父业为庖厨。殷人尊神，伊尹为殷天子祭祀时宰杀牲牛，后成为殷商时期著名执政大臣、顾命大臣。伊尹是中国史载的第一个"原汁原味"的原生态宰相，奠基了宰相"治大国如烹小鲜"的文化精神。"三宰"是军队、三军的代名词。"听臣之术，足使三宰之众为一死贼，莫当其前，莫随其后，而能独出独入焉。独出独入者，王霸之兵也。"（尉缭子《制谈》）秦始皇统一六国，创皇帝制度，推行三公九卿制，宰相成为国家的政府首脑，"上佐天子，理阴阳，顺四时，下遂万物之宜，外镇抚四夷诸侯，内亲附百姓，使卿大夫各得任其职"（《史记·陈丞相世家》）。同时，"化家为国"，推行郡县制，地方行政首长被称为"守宰"。"秦有天下，裂都会而为之郡邑，废侯卫而为之守宰，据天下之雄图，都六合之上游，摄制四海，运于掌握之内，此其所以为得也。""唐兴，制州邑，立守宰，此其所以为宜也。""今国家尽制郡邑，连置守宰，其不可变者也固矣。善制兵，谨择守，则理平矣。"（柳宗元《封建论》）"县令"为"未改京朝官宰县也"（赵升《朝野类要》）。由此可见，宰相、军队、守宰

---

① 钱穆：《中国历代政治得失》，北京：生活·读书·新知三联书店，2001年，第5—6页。

等词蕴藏了中华祭祀文化的集体无意识。然而，"政由葛氏，祭则寡人"（《蜀书》卷三十三），一方面国家祭祀礼法彰显君权神授的合法性正义性，另一方面显示皇权与相权存在严重冲突。宰相制度虽被明太祖朱元璋废除，但对中国历史及其政治制度影响深远。

仪式化的国家祭祀制度，有利于构建与传播国家正义、美德典型、社会良俗与报国情怀，有利于形成积极进取的士人精神与符合礼仪的社会生活。对于祭祀，"君子以为文，而百姓以为神"（《荀子·天论》），"鬼神非其族类，不歆其祀"（《左传·僖公三十二年》），由此构建了一种特有的礼仪传播范式与民族文化传统。"特牛之祠，其于皇后，所以扶助德美"（《资治通鉴》卷三十），向汉元帝上书"明犯强汉者，虽远必诛"的陈汤，"席卷、喋血万里之外，荐功祖庙，告类上帝，介胄之士靡不慕义"（《资治通鉴》卷三十），成为后世典范。中国独特的礼制渊源与历史发展，生成了"居庙堂之高则忧其民，处江湖之远则忧其君"（范仲淹《岳阳楼记》）、"心生而言立，言立而文明"（刘勰《文心雕龙·原道》）的士人品德与人文精神，构建了"天命纵不可再来，犹贤死庙而恸哭"（颜之推《观我生赋》）、"立万象于胸怀，传千祀于毫翰"（姚最《续画品》）的国家理念与民族文化。

三、考证许慎《说文解字》"告"字本义的千年"学术公案"

东汉许慎《说文解字》释"告"之说形成论争，成为学术"公案"。许慎《说文解字·告部》："告，牛触人，角着横木。所以告人也。从口从牛。《易》曰：'僮牛之告'。"后世诸多学者不认同《说文》"告"字本义说。其中，清代段玉裁《说文解字注》（简称段注）："於牛之角寓人之口为会意。牛口为文，未见告义；且字形中为木，则告义未显。……愚谓此许因'童牛之告'，而曲为之说，非字意"①，影响较为深远。对许慎释"告"说，除段玉裁之说外，学界主要形成五种观点：一是系在牛角防牛顶人的横木。徐锴《说文系传》、桂馥《说文义证》、王筠《说文句读》持此说。二是意指"语事之理"或"分别之事理"。俞樾《儿笘录》、陈启彤《说文疑义》持此说。三是指牛鸣声。杨树达《积微居小学述林》："愚谓告当训牛鸣声。"四是义为祭祀。陈诗庭《读说文证疑》、张文虎《舒艺室随笔》持此说。五是指关牛的圈栏或捕牛的陷阱。②

诸贤"告"字本义论丰富了"告"字的文化外延，而大多忽视了许慎释"告"说的话语逻辑、传播议程与文化属性。本文试从传播学视角，置释"告"之说于农耕社会、意识形态与传播议程下考证，抽丝剥茧"告"字的意义传播、发展逻

---

① （清）段玉裁：《说文解字注》，北京：中国书店，2011 年，第 187 页。

② 邓明：《"告"字发微》，《古汉语研究》1998 年第 2 期。

辑与文化价值。主要从两方面考察，旨在展示概念的一般化和社会发展密切相关的传播议题与文化发展：一方面，祭牛价值何在，其"角著横木"是为了什么，许慎为什么要论及"牛触人"？另一方面，许慎以引用"僮牛之告"为例，是为了强调什么？"所以告人也"应该如何理解？

"告"字本意为祭祀仪式。"告"字上下结构，是会意字，本义是献"牛"祭祀，"口"说祝词，是非常隆重的国家祭祀仪式。甲骨文"告"字本义为祭祀仪式。叶玉森《殷墟书契前编集释》："卜辞之告为祭名。"[1]《尚书·金縢》："为坛于南方北面，周公立焉，植璧秉珪，乃告大王、王季、文王。"《孔传》释"告谓祝辞"，[2]认为告义是献祭牛、口说祝辞的国家祭祀。"国之大事，在祀与戎。"（《左传·成公十三年》）"凡祭，……天子以牺牛。"（《礼记·曲礼下》）"丧事共其奠牛。"（《周礼·地官》）凡征伐、拜祖、迁庙、巡狩、请罪等国家大事，必有祭祀大礼以告天地、祖宗与神灵，因此会以不同数量的祭牛进行祭祀。据有关学者统计，卜辞所反映的商代祭祀用牛至少有十八种不同的数目：（1）一牛／牢；（2）二牛／牢；（3）三牛／牢；（4）四牛／牢；（5）五牛／牢；（6）六牛／牢；（7）七牛／牢；（8）八牛／牢；（9）九牛／牢；（10）十牛／牢；（11）十五牛／牢；（12）二十牛／牢；（13）三十牛／牢；（14）四十牛／牢；（15）五十牛／牢；（16）百牛／牢；（17）三百牛／牢；（18）千牛／牢。[3]

庙祭攸关"天命"即合法性。光武帝刘秀为有承继大统的名分，下诏让大臣讨论庙祭，其结果是：尊汉宣帝、元帝为祖、父。"名为中兴，宜奉先帝，恭承祭祀者也。……又立亲庙四世，推南顿君（作者注：刘秀生父）以上尽于春陵节侯（作者注：刘秀高祖）。礼，为人后者则为之子，既事大宗，则降其私亲。"（《后汉书·张纯传》）刘秀"六月己未即皇帝位，燔燎告天。"（《后汉书·光武记》）"告"祭之祀"尊宗庙"，彰显国家正统、宗法制度与礼法尊严，是极为隆重的国家仪式、政治礼制与传播议程。

牛作为主祭动物，只有天子诸侯级别的角色才能享用。这是由生产力决定的，深刻折射了"生产力和交往形式之间的矛盾"。牛，作为农耕社会大型哺乳动物与生产工具，具有上天赋予的人格力量。《说文》："牛，大牲也。"《易·大畜》："刚健笃实辉光，日新其德，刚上而尚贤。能止健，大正也。不家食吉，养贤也。利

---

①　叶玉森：《殷墟书契前编集释》，（上海）大东书局，1934（民国二十三年）。参见：台湾大学文学院古文字学研究室：《中国文字》，台湾大学文学院古文字学研究室，1961 年，第 3723 页。

②　（汉）孔安国注：《四库家藏·尚书正义（第 30 卷）》，济南：山东画报出版社，2004 年，第 419 页。

③　宋镇豪：《甲骨文献集成（第 30 册）》，成都：四川大学出版社，2001 年，第 352 页。

涉大川，应乎天也。"柳宗元《牛赋》："牟然而鸣，黄钟满筋，……善识门户，终身不惕。"牛被构建为主流意识形态的传播象征符号，成为等级最高祭品是礼制规定。《大戴礼·曾子天圆》："诸侯之祭牲：牛，曰太牢；大夫之祭牲：羊，曰少牢。"清吴善述《说文广义校订》："《易》曰：'用大牲，吉。'谓用牛也。"但是，耕牛作为主要生产工具，不能用于祭祀。张舜徽《说文解字约注》："数犹事也，民以食为重，牛资农耕，事之大者，故引牛而耕，乃天地间万事万物根本。"《牛赋》认为耕牛"利满天下""物无逾者"。《论语·雍也》："犁牛之子骍且角。虽欲勿用，山川其舍诸？"孔子本意是强调血统与出身并非唯一，但是客观上呈现了国家礼祭制度何等的严格，即：耕牛生出的小牛犊，即使毛色鲜红无杂、牛角整齐端正，仍不可用为祭牛。

祭牛选定是政治制度与礼教传播中极为重要的传播议程。礼制规定祭牛必须"牛完全"（牲）、"牛纯色"（牷）。《春秋·宣公三年》："春王正月，郊牛之口伤；改卜牛，牛死，乃不郊。"祭牛的口有伤口，不能用于祭祀，是宣公三年极为重要的一大事件。杨伯峻注："郊祭必先择牛而卜之，吉则养之，然后卜郊祭之日。"[1] 天子诸侯选择祭牛极为虔诚谨慎，程序极为严肃复杂。在祭祀前三个月，天子诸侯亲自巡视，挑选一定数量的身体完整无缺和毛色纯正的祭牲。"古者天子诸侯，……斋戒沐浴而躬朝之。牺牲祭牲，必于是取之，敬之至也。君召牛，纳而视之；择其毛而卜之；吉，然后养之。"（《礼记·祭仪》）择祭牲时，天子诸侯虔诚沐浴斋戒，然后仔细观察候选之牛。再将所选之牛的牛毛卜筮吉凶，卜为吉祥如意的牛，才将可用于祭祀候选。这有两方面传播目的：一方面，祭牛从"畜"到"牲"，实现价值转换与身份转化。"庖人掌共六畜。"郑玄引《周礼·庖人》注："六畜，六牲也；始养之曰畜，将用之曰牲。"段注把"牷"释为"体完具"，把"牲"释为"牛完全"。"'鼷鼠食郊牛角'，则非完全。"（《周礼·天官》）另一方面，"告宜于用牲。……告事用牲，礼也"（《论衡·顺鼓》）。"凡祭，……天子以牺牛"。从仪式上，"牲"升华至"牺"，实现祭牛政治价值与传播使命。

祭牛角的大小与祭仪礼制、传播价值最为有关。"天子社稷皆大牢，……祭天地之牛，角茧栗；宗庙之牛，角握；宾客之牛，角尺。"（《礼记·王制》）"郊禘不过茧栗，烝赏不过握把。"（《国语·楚语下》）牛角大小（茧栗、握、尺）代表祭礼的三个等级。牛角如"茧栗"之小的"童牛"，是初生牛犊，祭祀价值最大。《史记·孝武本纪》："天地牲角茧栗。今陛下亲祀后土，后土宜于泽中圜丘为五坛，坛

---

① [明] 胡广、杨荣、金幼孜纂修，《四书大全校注（下）》，周群、王玉琴校注，武汉：武汉大学出版社，2015 年，第 1150 页。

一黄犊太牢具。"《汉书·礼乐志》："牲茧栗，粢盛香。"颜师古释《汉书》"茧栗"为"言角之小，如茧及栗之形也"。刚刚长小角的小牛是"童牛"，即"僮牛之告"的"僮牛"。《易》"大畜"卦"六四：童牛之告"中"童"引作"僮"。《释名·释长幼》："牛羊之无角者曰童。"[1]"童牛"是刚长出如"茧栗"小角的祭牛。

　　童牛"角著横木"成保护动物，以示祭祀神圣、礼制尊严，也是政府发布的重大新闻。该"横木"是保护祭祀牛犊的特殊专用标志，旨在防止童"牛触人"，以保护牛角完好无缺。初生牛犊，是纯洁之物。而小牛嫩角，一碰触人与物，牛角会损坏。牛角损坏，就不是"牛完全"，与耕牛一样不能作为"牲"，不能用于祭祀。否则，"逆天地者罪及五世""谋鬼神者罪及二世""而杀人为下"（《孔子家语·五刑解》）。祭牛在祭祀卜辞中称为"牢"，意为祭牛须经单独的特殊圈养。牛在"牢"中专门化圈养三个月，目的是"防禽兽触啮"（段注）。《诗经·小雅》郑笺："系养者曰牢。"《礼记·王制》："天子社稷皆大牢，诸侯社稷皆少牢。"国家设有专职养牛的"牛人"与喂牛专用的"牛田"。《周礼·地官》："牛人掌养国之公牛，以代国之政令。"《周礼·载师》："牛田牧田。""郑司农云：'牛田者，以养公家之牛'。""代国之政令"的牛人与祭牛承载国家使命与社稷担当，责任十分重大！隋、宋设有"牛羊署""牛羊司"，专管国家祭祀事务。台湾学者屈万里强调，许慎《说文》释"告"为"'牛触人，角著横木。所以告人也。'按：童牛角微，不能伤人，犹驻横木，慎之至也。"[2]"牛人"为保护牛犊之角触碰遭到破坏，极为谨小慎微，慎之又慎，是"慎之至也"。这充分说明确保祭牛之角完美无缺，是极为严肃重要的国家使命与传播大事！

　　"所以告人也"之"告"字，意为"诰"。诰、告为古今字。"仲虺作诰，奉若天命。……以布命于下。"（《尚书·仲虺之诰》）"告上曰告，发下曰诰。"（《广韵》）从宋朝开始，"诰"只限于皇帝任命高级官吏或封爵时使用[3]，"告"字由此获得自身形体结构、自在独特意义与自我传播价值。"诰，谨也。即祭告一转之义也。"（《尔雅·释言》）"以言告人，古用此字，今则用告字。"（段注）这说明，一方面，祭祀是国家大事，必须"诰"人，具有"诞告万方"的宣传功能与传播价值。另一方面，谨慎对待祭牛，要避免其角触人而遭损坏，亦须"诰"人，"告于文人"（《诗经·大雅》），不要接触祭祀的童牛。若以"告诉"解释"所以告人也"中"告"字意义，会有歧义，莫衷一是。《说文》以《易》为例，强调"僮牛"（童

---

　　① 屈万里：《读易三种》，台北：联经出版事业公司，1983年，第174页。
　　② 屈万里：《读易三种》，台北：联经出版事业公司，1983年，第174页。
　　③ 王力、岑麒祥、林焘、蒋绍愚、唐作藩、张万起 等：《古汉语常用词典》，北京：商务印书馆，2011年，第120页。

牛）是"告"（名词），意在说明"告"本义是祈求国泰民安、天人合一的祭祀仪式。"告人"，意为"诰"知天下，将国家祭祀大事"诞告万方"（《尚书·汤诰》），是古代农耕社会特有的大众传播方式。"使民如承大祭"，目的是让老百姓"在邦无怨，在家无怨"（《论语·颜渊》），"本固邦宁"（《尚书·五子之歌》）。"告"字的形体构建与传播内涵高大上，符合主流意识形态传播，事关存亡之道与民生福祉，是向全社会公开、广而告之与传之于世的国家大事。因此，"告"，作为当时国家政治与社会生活最重大的国家行为与传播事件，相当于我们现代社会的特大新闻与超级广告。

在社会背景、意识形态与语法传播的语境下，许慎解释"告"字本义内涵是正确的、科学的和民族的，符合农耕社会的传播议程、政治人格与文化视野。由此可见，《说文解字》释"告"之说的千年学术公案可以尘埃落定。①

四、广与告在城乡空间结构上熔铸的意义统合、家国情怀与礼制文化

"广（yǎn）"一般在"野"。段注认为距国都百里谓之郊；"邑外谓之郊，郊外谓之野，野外谓之林"。"广（yǎn）"处江湖之远，是自然的、淳朴的、未开发的，其生活情态与"庙堂"政治是相对的。但是，"广（yǎn）"中"丘民"及其家族具有崇高的家国情结，是宗法制度的执行者与拥护者。在"广（yǎn）"中家祭父祖先人、建庐守制、沐浴斋戒（古字"齐"同"斋"）等，成为传统习俗。"齐，必有明衣，布。齐必变食，居必迁坐。""虽疏食菜羹，瓜祭，必齐如也。"（《论语·乡党》）"是故生则得其情，死则尽其常。效焉而天神假，庙焉而人鬼飨。"（韩愈《原道》）"王师北定中原日，家祭无忘告乃翁"（陆游《示儿》）的诗句脍炙人口，就是"家事国事天下事"不可分割的典型。家祭等风俗蕴含了"广（yǎn）"与"告"在礼治文化与家国情怀上的统合性。这种意识形态融入日常生活之中，成为老百姓代代相传的生活方式、社会心理与文化习俗。

"廣"本义为四周无壁的大殿，其规模称得上"庙堂"之制。朱骏声《说文通训定声》："堂无四壁者。秦谓之殿，所谓堂皇也，覆以大屋曰廣。"在祭祀的特定环境里，"廣"的空间结构具有文化隐喻的传播特征。"廣"为"殿之大屋"，徐灏注笺："因厂为屋，犹言傍岩架屋。此上古初有宫室之为也。"《易·系辞》："廣大配天地"，疏曰："大以配天，廣以配地。"《汉书·郊祀志》："天地合祭，先祖配天，先妣配地。"段注释"廣"引《汉书·胡建传》注："其所通者宏远矣"，即"廣"的宏大空间便于传播，与神灵、上天相传通。《左传·宣公十二年》："武有七德，

---

① 王凤翔：《从传播学视角对〈说文解字〉"告"字本义流变的考察》，《湖南广播电视大学学报》2019 年第 2 期。

我有一焉，何以示子孙？其为先君宫，告成事而已。"段注"廉"字："天子之堂九尺，诸侯七尺，大夫五尺，士三尺。"大都小邑隆重的祭祀仪式（"告"）在礼制严格的"廣"中举行，以示气氛严肃，仪式庄重。"政由葛氏，祭则寡人"（《蜀书》卷三十三），礼法祭祀彰显君权神授的政治合法性。"民亦劳止，汔可小康，惠此中国，以绥四方"（《诗经·大雅》），"已生民而立教，乃司牧以分疆，内诸夏而外夷、狄"（颜之推《观我生赋》），是国家祭祀的终极诉求。"廣"中之"告"的仪式之礼，旨在教化"使民如承大祭""在邦无怨，在家无怨"（《论语·颜渊》），实现"本固邦宁"。"居庙堂之高"的政治行为与主流意识形态，通过"廣"与"告"在礼法制度里实现文化上的高度契合与语义上的关联构建。

第二节　佛教社会：广告的佛学内涵、社会构建与文化冲突

"中原无书雁不乳，狐裘蒙茸奈何许。"（刘基《题李陵见苏武图》）"佛标坐夏之义"（《旧唐书》卷五十一）。佛教传入中原、流行中土，是在魏晋南北朝三百六十多年的动乱之际。佛教首先"借魂"道家加强本土化传播，佛教从皇家走向底层民众。"五胡乱华"时期，儒家思想被北朝政权边缘化，佛教趁机为北方皇权与改朝换代提供合法性，为南北朝谁家是中华正统提供意识形态支持。在此过程中，佛教获得皇权支持而得到广泛传播，在隋唐时期达到高峰。[1] 由此可见，佛教以前所未有与自在独特的传播渗入中国信众的精神世界，深入我国社会与信众生活的方方面面，成为一种兼具社会形态即佛教社会的交往方式、思维方式与生活方式。

一、汉语"广告"一词的最先出典及其意义与影响

王国维《论新学语之输入》认为："新思想之输入，即新言语输入之意味也。"[2] 佛教作为一种外来文化，自西汉末年传入中国[3]，至东晋十六国时始趋繁荣，至南北朝时期产生诸多佛教宗派，至隋唐时达到鼎盛。佛教经典译著与高僧大量涌现，带来了语言与文化的深刻巨变。

对汉语"广告"一词的最先使用，据笔者所查阅文献显示，是唐朝和尚道宣（596—667）《续高僧传》（又名《唐高僧传》）卷二九的"论"之中。

　　又有厌隔人世，生送森林，广告四部，望存九请，既失情投，虽俛从事，道速

---

① 王凤翔：《为皇权提供合法性的佛教传播》，《城市学刊》2020年第6期。
② 王国维：《王国维文集》第3卷，北京：中国文史出版社，1997年，第41页。
③ 参见《三国志》卷三十《魏书·东夷传》裴松之注引《魏略·西戎记》。

赞善，傧从相催。……虽符极教，而心含不净，多存世染。①

一个词最先在哪本典籍成词固然重要，但是最重要的是，该词所有的独具内涵、传播价值与文化影响。南朝时南方佛教传播兴盛，梁代慧皎著有《高僧传》。隋唐之际，高僧道宣《续高僧传》应运而生。无论"广告"一词是否最先出现于《续高僧传》一书，由于该书"广告"在佛教传播进程中所独具的意义内涵与传播价值，其话语内涵、文化影响与历史作用不容否定。

道宣把"广"与"告"组合为动词"广告"，通过"度"赋予了佛教内涵，成为具有独特传播价值的佛教用语。"广"是指"广度"，即佛家的"普度"，是广施法力，普度众生的意思。

> 遍行乞求，广度人民。所谓摩怒呵利比丘尼是。②
> 身不可坏，如金刚山；能断爱枝，犹如利刀；广度生死，犹如船师；以智济人，犹如舟船；光明清凉，如月盛满；开众生华，如日初出；能与众生。③
> 上大菩提心。是人当得证菩提时。广度众生无有穷尽。绍三宝种使不断绝。④

"告度"一词意为"剃度出家"。佛教佛法典规要求，信徒"服其道者，则剃落须发，释累辞家，结师资，遵律度，相与和居，治心修净，行乞以自给"（《魏书·释老志》）。政府主管部门"命僧道录司造周知册，颁行天下寺观。凡遇僧道到处，即与对册，其父母籍，告度月日，如册不同即为伪僧。"⑤剃度讲究仪式化，在梵声磬鼓、烟雾缭绕的庄严神圣环境下，构建潜移默化语境，达到劝化宣教、润物无声的传播效果。"告"义在传播中引申为佛家"劝度"，意为劝化，为宣教感化的意思。

> 于时菩萨，劝度众生自除须发，念白净王当起恨意："谁剃子首？"从使者闻，自剃之耳。王乃默然，是为菩萨善权方便。⑥
> 我欲诣彼劝度人民。佛复听往，为说教戒，复不从用而被唾辱。摩诃迦叶及尊

---

① （唐）道宣：《续高僧传》第29卷，上海：上海古籍出版社，1991年，第360页。
② 《大正新修大藏经第》（02册），No.0125《增壹阿含经》。
③ 《大正新修大藏经第》（03册），No.0157《悲华经》。
④ 《大正新修大藏经第》（03册），No.0159《大乘本生心地观经》。
⑤ 《大正新修大藏经第》（49册），No.2038《释鉴稽古略续集》。
⑥ 《大正新修大藏经第》（12册），No.0345《慧上菩萨问大善权经》。

弟子，合五百人以次遍往。不能度之成见轻毁。[1]

次劝度脱众生普告大众。若僧若俗，从今身至佛身。誓欲度脱一切众生，普令入佛知见。黑暗岸下为作明灯，生死海中为船筏。力虽未及，常运此心；念念相续，不令间断。能持此心否？若持此心，则永不退失阿耨多罗三藐三菩提。[2]

佛教信徒以香火虔诚拜谒佛祖而追求自身因果轮回，不以"牲牢"祭祀宗庙为神圣之事，无父子君臣之礼，不事嫁娶婚配，这是中国千年以来未有之事。北魏太武帝拓跋焘灭佛的一个主要理由是，佛教来自域外，"夸诞大言，不本人情""政教不行，礼义大坏"，因此"荡除胡神，灭其踪迹"（《魏书·释老志》）。北周武帝宇文邕以佛教为"夷狄之法"而灭佛，以儒为宗，"禁诸淫祀，礼典所不载者，尽除之"，希冀洗白"五胡"血统，彰显政治合法性。韩愈认为儒家礼教文化是正宗的国家主流意识形态，而佛本夷狄之教，有违儒家道统。他在《原道》篇中认为："周道衰，孔子没，火于秦，黄老于汉，佛于晋、魏、梁、隋之间，其言道德仁义者不入于杨，则入于墨，不入于老，则归于佛。"《上佛骨表》强调："佛不足事"。"夫佛骨者，夷狄之一法耳，自后汉时传入中国，上古未尝有也。""夫佛本夷狄之人，与中国言语不通，衣服殊制；口不言先王之法言，身不服先王之法服；不知君臣之义，父子之情。"因此韩愈主张将佛骨弃之水火，让其灰飞烟灭，"断天下之疑，绝后代之惑"。

然而，统治阶级大多情况下对礼佛是趋之若鹜、顶礼膜拜，或顺其自然发展。佛家寺院由此巍然如皇家宫殿，"诸相整然，朝钟暮鼓，缁流庆赞，灯灯相续于无穷"（萨都剌《龙门记》）。南朝梁武帝萧衍原本"服道儒门"（《梁书·梁武帝本纪》卷一），后又崇道教。天监三年（504 年），他却"舍道归佛"，并令王公、贵族与百官"舍邪入真"，皈依佛教（《广弘明集》卷四）。"南朝梁氏父子，志尚浮华，惟好释氏，老子之教，致使国破家亡，足为鉴戒。"（《旧唐书·太宗纪》）萧衍在位四十八年，"前后三度舍身施佛，宗庙之祭不用牲牢"（韩愈《上佛骨表》）。中国强调自身礼制祭祀文化的正统性，与外族文化泾渭分明。"史佚之志有之，曰：非我族类，其心必异。"（《左传·成公四年》）华夏文明先进发达，少数民族纷纷"宾王化"（《晋书·苻坚载记下》），民族融合华夏化，形成四夷宾服的历史文化。齐鲁"任、宿、须句、颛臾，风姓也，实司太皞与有济之祀，以服事诸夏"（《左传·僖公二十一年》）。而梁武帝不崇祭祀、不认祖宗的离经叛道之行，与中国传

---

[1] 《大正新修大藏经第》（04 册），No.0206《旧杂譬喻经》。
[2] 《卍新纂续藏经第》（58 册），No.1010《劝发菩提心文》。

统伦理道德发生严重抵牾。"弗躬弗亲,庶民弗信"(《诗经·小雅》)。梁武帝的所作所为,在当时是旷古未闻之事,对社会思想冲击甚大,对后世影响极为深远。

"广(yǎn)""廣"在佛教文化传播中合一,被佛教精神所物化,成为物化的自然。我国佛院建筑布局分为依山式与平川式,一般采用中轴线的世俗建筑院落格局。佛像"假于顽然之石,饰金施彩,以惊世骇俗为哉"(萨都刺《龙门记》)。"路穷台殿辟,佛事焕且俨。剖竹走泉源,开廊架崖广。"(韩愈:《陪杜侍御游湘西两寺独宿有题一首,因献杨常侍》)"开廊架崖广"中的"广"是指佛家崖"广(yǎn)"。依地势建于山崖之处的佛庙建筑与佛像石窟,远避世俗社会,自成一体。如果没有"广(yǎn)"的庇护,石佛经长期的日晒雨淋,"金碧装饰悉剥落,鲜有完者","所刻皆佛语,字剥落不可读,未暇详其所始"(萨都刺《龙门记》)。狄仁杰在久视元年(700年)劝谏皇帝武则天不要造大佛像,认为"尊容既广,不可露居,覆以百层,尚忧未遍,自余廊宇,不得全无",是"劳人,以存虚饰"(《资治通鉴》卷二百七)。北魏、北周的灭佛运动,客观上造就了中国政教分离的历史大势,对佛教传播产生深刻影响。从此,佛教进一步自觉归于"广(yǎn)"中修炼与传播,造就了大批高僧。佛教寺院为"廣",亦具"廣大配天地"的隐喻传播价值。大雄宝殿、大佛殿等之"大",庄严雄伟,精美壮丽,与周围山水融为一体,营造传播的审美情景与特有的信仰环境。"南朝四百八十寺,多少楼台烟雨中"(杜牧《江南春》)。在统治阶级的支持下,中国形成两千多年的建寺之风。"天下名山僧占多"的俗语,"唐寺宋塔"的民间流传,可见佛教传播非同一般。自佛教传入中土,依山势而建的佛教传播场所,成为中国名山大川一道不朽的风景。

二、广告表现了自度度人的佛教传播理念与佛教中土传播的本土化意识

"广告"一词中的"广"与"告"两字,都与传播佛教精神的术语"度"紧密相连,表现了自度度人的佛教传播理念,是一种独特的精神交往形式与传播形式。"度"的梵文原典为"v mac",意为"使自由、解脱"①。丁福保《佛学大辞典》把佛教中的"度"界定为:"渡也,生死譬海,自渡生死海又渡人,谓之度。"《坛经》里六祖惠能认为:"众生无边誓愿度,不是惠能度,善知识,心中众生,各于自身自性自度……各各自度……如是度者,是名真度。"佛家有《度人经》《度人上经大法》《度人上品妙经》等经典传之于世。在"度"的佛家语境下,"广告"与"度"的佛教意旨与传播血脉相连相通。对于"广度",《维摩诘经》强调"目净修广""心净如度",认为:"目净修广如青莲,心净如度诸禅定。……三转法轮于大

---

① 朱庆之:《汉译佛典语文中的原典影响初探》,《中国语文》1993年第5期。

千，其轮本来常清静。天人得道此为证，三宝于是现世间。"佛、法、僧"三宝"等"现世间"是"广度""世界"的结果。"世界"一词来源于佛教，与"世间"是同义词。"世"与"界""间"是指时间与空间。名僧法云的佛教辞书《翻译名义集》（卷三）第二十七《世界》："间之与界名异义同。"《楞严经》（卷四）："何为众生世界？世为迁流，界为方位。"过去、未来、现在为世，东、西、南、北、上、下等为界。唐大觉《四分律钞批》卷二："世即聚落之间"，人生于俗世，必然"依世而养身"。如何免除"世间"烦恼，如何实现在"世界"的轮回，就是"三途灭罪根，轮转登上清""炼胎息以推运，任历劫以转轮"（梁朝沈约《〈内典〉序》）。要达到以上目的，必须"目净修广""心净如度"，必须"宜加忏谢，广立善功"（玄奘《大唐西域记·缚喝国》）。"忏"为梵语 ks!ama（忏摩）的略译，"忏谢"与"忏悔"同为音译加意译的合璧词。① 也就是说，在一个"观色相为聚尘"② 的"世界"里，只有通过"广度"，才能避免"三途"（火途、血途、刀途）等历劫轮回，普度众生获得解脱与自由。因此，佛家只有通过"广告四部"，才能达到刘禹锡《毗卢遮那佛华藏世界图赞》所说的"清净不染花中莲，捧持世界百亿千"的境界。

　　"佛教倚重的是为下层阶级生产符箓和佛像"③，道场（梵文原典为 Bodhi-manda，音译为菩提曼挐罗）口头传统利于佛教传播与佛法弘扬。之所以"劝度"，原因在众生不解"世界"真相、不信因果，或迷惑五欲（梵文原典为 panca kamah）、贪着六尘（梵文原典为 sad visayah），必须通过行菩萨道（梵文原典为 bodhisattvacarya）进行劝度感化，广行济度众生。"广告四部，望存九请"是佛法道场传播的仪式过程。"四部"是指佛家的"四部众"，是指法会上听佛说法的四种大众，即发起众、当机众、应响众、结缘众④，现实生活中听佛法的"四部"主要是指僧、尼、善男与信女等。在中国，梁武帝始设"四部无遮大会"，又为"四部众"说经。"无遮"意为佛教徒上下贵贱平等。梁武帝大通元年九月"癸巳，舆驾幸同泰寺，设四部无遮大会，因舍身，公卿以下，以钱一亿万奉赎。冬十月己酉，舆驾还宫，大赦，改元"。大通三年"冬十月己酉，行幸同泰寺，高祖升法座，为四部众说《大般若涅槃经》义，迄于乙卯"。"十一月乙未，行幸同泰寺，高祖升法座，为四部众说《摩诃般若波罗蜜经》义，迄于十二月辛丑。"（《梁书》第三卷）梁武帝为四部说经，就是佛家道场所说的"度"。《续高僧传》："慈亲口授《观音经》，累月而度。"（卷十三）"初一夜时，须臾便度，自谓闻之如经月顷。"（卷

---

　　① 周作明、夏先忠：《从六朝上清经看佛教对道教用语的影响》，《宗教学研究》2008 年第 3 期。
　　② （唐）道宣：《续高僧传》第 29 卷，上海：上海古籍出版社，1991 年，第 360 页。
　　③ [加拿大] 哈罗德·伊尼斯：《帝国与传播》，北京：中国人民大学出版社，2003 年，第 144 页。
　　④ 任继愈主编：《宗教大词典》，上海：上海辞书出版社，1998 年，第 765 页。

十一）"度"的意思是读完，在一定时间内通过口头传播完成精神上的空间再构建。读完一部经书，需要较长时间，是一个自我净化与传道宣教的过程，也是一个"广告"的过程。因此，读完经书后，就达到了佛家所说的一种解脱。[①]"中国的官僚行政体制与空间的要求相联系。复杂的汉字用毛笔书写。这种文字支撑的官僚行政体制，有其局限性，不大可能把口头传统和书面系统联系，反而利于佛教的传播。"[②]

　　道宣《续高僧传》强调"箴规庸度，开导精灵"（卷二十九）。为便于在中土传播佛教，把佛教传播本土化，传播者自觉或不自觉地利用中国传统文化概念解释佛教，弘扬佛法，便于信众接受与崇拜。"佛者曰：'孔子，我师之弟子也'"（韩愈《原道》），学着道家打着孔子的幌子，寻求佛家传播话语本土转化的正当性与合法性。"箴"作为一种文体，是规诫性的韵文，便于口语诵读与口头传播，意为劝解，是劝度。"庸"为中庸之道。实现"庸度"，要通过借用众所周知的儒家学说解说与开导，通过"度"切入普度众生的佛家思想，达到"昭扬经典"（卷二十九）的目的，即通过当时普适性的儒家话语功利性地、有效地传播佛家经典、佛家学说与佛教精神。"广告四部"的目的就是实现佛家宣扬的"度"而"望存九请"。"九请"是指"九清"（天庭）。前蜀杜光庭《白可球明真斋赞老君词》："伏冀倾光三境，廻驾九清。""望存"与"廻驾"意义大体一致，亦与佛教传播语"廻施"意义类同。"廻施"是僧人把信徒所施与自己的福物转施于别人[③]，而"望存"与"廻驾"就是让天庭感知"广告"者的自度度人的传播价值，让传播者进入极乐世界。同时，"广告"一词在佛教影响下而产生，同时在佛教本土化过程中融合儒道文化。"天人得道此之证，三宝于是现世间"中的"天人"观与儒、道的天人观有契合之处。白居易《送毛仙翁》诗："所憩九清外，所游五岳巅。""九清"犹九天，亦是道教传播话语。哈罗德·伊尼斯（Harold Innis）强调："中华帝国倚重的是精神统一，而不是建立在政治军事的统一。"他甚至认为，佛教"有一个开化和人性化的因素，促进了中华帝国的成长"[④]。

　　"广告"一词中蕴含"自度度人"的佛家理念，旨在通过信仰传播引导与构建向善的社会。"广告"一词具有释僧崖追求的"誓入地狱""代若众生"（《续高僧传》卷二九）的佛家精神，亦如《法华经》所说的"大慈大悲，常无懈怠，恒求善事，利益一切"。正如太虚大师《即人成佛的真现实论》所说："佛教之主潮，

①　李明龙：《〈续高僧传〉词汇研究》，北京：中国社会科学出版社，2014 年，第 103—104 页。

②　[加拿大] 哈罗德·伊尼斯：《帝国与传播》，北京：中国人民大学出版社，2003 年，第 144 页。

③　李明龙：《〈续高僧传〉词汇研究》，北京：中国社会科学出版社，2014 年，第 124 页。

④　[加拿大] 哈罗德·伊尼斯：《帝国与传播》，北京：中国人民大学出版，2003 年，第 144 页。

必在密切人间生活，而导善男信女向上增上，即人成佛之人生佛教。"① 由此可见，"就现代人而言，能否进入天堂或极乐世界并不是信仰的核心，通过信仰这种或那种宗教从事一种高尚的生活，使社会充满和谐与友爱、善良与正义，这才是信仰的根本"②。"宗教通过提供世界观，塑造人们的基本信仰和情感，使一些社会成员的价值观得到整合。"③ "广告"一词充分体现了佛家"惟道居尊，惟德生物"（《续高僧传》卷二九）的道德理想、不朽精神与传播信仰。

三、探析"厶"字与"仏"（佛）字、日语"広告"之"広"（广）字的意义关联，以及"告"字与汉译"释迦牟尼"之"牟"字的文化构建

现代汉语"广告"一词来自日语"広告"一词。李文权 1913 年《论广告与买药之关系》认为："广告者，日本名词。今吾国人舍告白二字，沿用广告之新名词，几成定名，著者亦由而效之。"④ 事实上，日语"広告"一词与中国佛教传播在文化上具有密切相关性，日语"広""仏"中"厶"在汉语字形结构发展上形成意义关联与文化同构。因此日语"広告"一词成为汉语广告及其新意使用，是文化的一种回流现象。

《康熙字典》释"仏"字是："古文佛字。宋张子贤言，京口甘露寺铁镬有文，梁天监造仏殿前。"镬是一种用于烹饪的铁质大锅，古代常用之作祭祀之器。《周礼·大宗伯》："凡祀大神、享大鬼、祭大示，帅执事而卜日，宿眠涤濯，莅玉鬯，省牲镬，奉玉盏，诏大号，治其大礼，诏相王之大礼。"梁武帝天监（502—519）年间，京口（今江苏镇江）甘露寺在佛殿之前铸造铁镬。这说明古文"仏"字是佛教传播的产物，最迟出现在梁武帝天监年间，在南朝应该颇有传播市场。同时，在梁朝就可能开始使用中国祭祀礼法操办佛事，佛祖享受了类似中国祭祀的帝王大礼，也说明佛教在中土开始本土化传播。灭佛运动与反对佛教虽然不能抑制佛教在中国迅速流传，而佛教在最高统治者眼里只是统治的一种工具理性，或者是统治者与平民百姓回避现实的"象牙塔"，同时"不能最终压倒这里的政治官僚体制，于是才传到日本"⑤。日本遣唐使促进了佛教文化渡海东传，"仏"字可能也是这个时期传到日本的。由此可见，日文"仏"字与中国古文"仏"字同源同宗，同形同构。从文字结构及其发展历史来看，"仏""弘"两字声旁（厶）相同。"仏"

① 太虚：《太虚大师全书》第 25 卷，北京：宗教文化出版社，2005 年，第 379 页。
② 高长江：《宗教的阐释》，北京：中国社会科学出版社，2002 年，第 101 页。
③ 戴康生、彭耀：《宗教社会学》，北京：中国社会科学出版社，2007 年，第 135 页。
④ 李文权：《论广告与买药之关系》，《中国实业杂志》第四年第二期（1913 年）论说栏。
⑤ [加拿大] 哈罗德·伊尼斯：《帝国与传播》，北京：中国人民大学出版社，2003 年，第 144 页。

字的字形结构彰显了"人能弘道"（《论语·卫灵公》）的文化精神。《说文》释"弘"字："厶，古文厷字"。厷字是古文"肱"。段注"弘"字："经传多叚此篆为宏大字。宏者，屋深，故《尔雅》曰：'宏，大也。'""弘"是"宏"的假借字，"宏"字段注："大而宏者，其声在外大而中宏也。……宏者深广其中，撽其外。"又，《中华字海》释"広"："同'廣'。"日语"仏""広"等同于汉字"佛""廣"，而"厶"字与"弘""宏"存在声旁联系与语义关联。"仏""弘""宏"三字都与大房子有关，都是大的意思，与广字传播本意相同。因此，"仏""広"在宗教文化上存有意义勾连与传播构建。

"告""牟"两字展示了中国古代千年以来佛教传入中土而引起的文化巨变。Shakya Muni 汉译为"释迦牟尼"，是汉语意译达到传播最高境界的一个文化典型。《说文》："释，解也。从采，取其分别物也。"本意为消除、解脱，后引申为佛家语。"释"为佛门，亦指佛教中出家修行的男子。出家人"皆剃落须发，释累辞家，相与和居，治心修净，行乞以自资，而防心摄行"（《隋书·经籍志四》）。"尼"为梵语"比丘尼"（Bhikkhuni）简称，指佛教中出家修行的女子。"迦"为古印度地域之名。"牟"为圣人。

> 道为圣悟……所谓佛者，本号释迦文者，译言能仁，谓道充德备，堪济万物也。（《魏书·释老志》）
>
> 释迦乃西方圣人，……苦身修行，以证佛果。其言曰"无人我相"，曰"色即是空"，曰"薄寂灭为乐"……知佛称仁王，以慈悲为心，利益众生。（萨都剌《龙门记》）

孟子曰："民为贵，社稷次之，君为轻。是故得乎丘民而为天子，得乎天子为诸侯，得乎诸侯为大夫。"（《孟子·尽心下》）孟子"民贵君轻"论认为，丘民社会中民为邦本的思想，对维护国家政权稳定具有重大影响。佛教传入中土，我国古代出现了一种新"丘民"。出家男性是"比丘"（梵文 bhiksu），俗称"和尚"，女性叫比丘尼，俗称"尼姑"。"桑门为息心，比丘为行乞。"（《魏书·释老传》）比丘、比丘尼是梵语音译名，是指年满二十岁、受过佛家戒礼的男性与女性出家人。这种文人化雅化的佛系话语翻译，说明佛教传播为精英阶层认可与支持，本土化传播"开花结果"，形成了佛教受众主体和传播的主体间性。

古代受自然环境影响，希望有"圣人"能够为其解纾生活困境。"古圣人之在天地间也，为众生之先，观阴阳之开阖以名命物；知存亡之门户，筹策万类之终始，达人心之理，见变化之朕焉，而守司其门户。故圣人之在天下也，自古及今，其道一也。"（《鬼谷子·捭阖》）路温舒认为"祸乱之作，将以开圣人也。……深察祸变之故，乃皇天之所以开至圣也。"（《汉书·路温舒传》）韩愈认为："古之时，人之害多矣。有圣人者立，然后教之以相生相养之道。为之君，为之师。驱其虫蛇禽兽，而处之中土。……如古之无圣人，人之类灭久矣。"（《原道》）韩愈强调儒家正统，反对佛道，但是客观上阐释了所谓"圣人"的历史作用与传播价值。"释迦牟尼"汉译名称使佛祖之名展示了佛教文化传播的博大精深。"牟"字在汉语里并无圣人之义。《说文》："牟，牛鸣也。""牟"字之"厶"表示牛叫时所发出的声气形状。也许，当时译者会意到，牛发出的声音和佛家寺院钟声有类似性，牛的特性与寺院佛家精神类似。关于这点，柳宗元《牛赋》有总结："牛之为物，魁形巨首，垂耳抱角，毛革疏厚，牟然而鸣，黄钟满筋，……当道长鸣，闻者惊辟，善识门户，终身不惕。"为什么"牛鸣"之"牟"具有"能仁""道充德备，堪济万物"的圣人之义呢？笔者认为，"释迦牟尼"之汉译及其佛教传播与中国农业社会生产力发展密切相关，与"告"字字形结构及其所蕴涵的中国礼仪祭祀密切相关。"告""牟"字形均有"牛"形。与"口"相形近通用的义符有"厶"部等[①]。"牟"与"告"在上下结构上进行了交换，以彰显佛教作为外来文化与本土文化的区别，从此"牟"在中国祭祀文化中获得了新的含义。"牟"作为佛教圣人，必居于大雄宝殿等大房子之中，与"广"在传播上形成紧密的文化联系。日语"仏""広"在日语中与"厶"是否有必然联系，有待考证与探讨，但是与汉语中的"牟"及其"厶"确实形成文化意义与话语传播的新构建。

四、佛教崇拜与郊庙血祭的矛盾彰显儒家思想和衣冠文化的主体地位

魏晋南北朝有三十多个大小王朝交替兴灭，北方少数民族政权打击汉人、排斥儒家文化，汉家儒教在血雨腥风中被边缘化，衣冠文化遭到践踏。"自是戎夷赫连氏、沮渠氏、李氏、石氏、慕容氏、佛氏、秃发氏、拓跋氏、宇文氏、高氏、

---

① 韩耀隆：《中国文字义符通用释例》，台北文史哲出版社，1987年，第41—48页。

书法作品"厶""口"通用数见不鲜，如《出师表》"恢弘志士之气"句中"弘"字"厶"写成"口"等情形。

《喻世明言》第十一卷"赵伯升茶肆遇仁宗"载有阅卷官与应试士子通用"厶""口"通用惯例的故事：当时仁宗皇帝早期升殿，考试官阅卷已毕，齐到朝中。仁宗皇帝问："卿所取榜首，年例三名，今不知何处人氏？"试官便将三名文卷，呈上御前。仁宗亲自观览。看了第一卷，龙颜微笑，对试官道："此卷作得极好！可惜中间有一字差错。"试官俯伏在地，拜问圣上："未审何字写？"仁宗笑曰："乃是个'唯'字。原来'口'傍，如何却写'厶'傍？"试官再拜叩首，奏曰："此字皆可通用。"……仁宗见此人出语如同注水，暗喜称奇，只可惜一字差写。上曰："卿卷内有一字差错。"赵旭惊惶俯伏，叩首拜问："未审何字差写？"仁宗云："乃是个'唯'字。本是个'口'傍，卿如何却写作'厶'傍？"赵旭叩头回奏道："此字皆可通用。"

苻氏、吕氏、姚氏、翟氏，被发左衽，递据中壤，衣冠殄尽。周、齐每以骑战，驱夏人为肉篱。"（《通典》卷二百）北齐太皇太后娄昭君有句名言："岂可使我母子受汉老妪斟酌！"（《资治通鉴》卷一百六十八）她不断打压汉人、鄙视儒家文化，强调鲜卑自身的民族属性。北齐当权者把汉人当作狗，并在朝堂之上赤裸裸地侮辱："汉狗大不可耐，唯须杀之！"（《资治通鉴》卷一百七十一）"恨不得剉汉狗饲马！""刀止可刈贼汉头，不可刈草。"（《北史》卷九十二）①

但是，每个王朝需要合法性的舆论支持。少数民族政权缺少文化自信，佛教与时偕行，以佛家教义为皇权更替提供天命神授的合法性，佛教传播由此赢得发展机遇。北魏法果和尚打破了"沙门不敬王者"的规则，强调弘道礼佛。他迎合皇权，给予北魏道武帝拓跋珪以"当今如来"的最高礼遇，以佛家跪拜"当今如来"之礼侍奉皇帝，把北魏政权神圣化、正统化。从此，佛教确立了为皇权服务、以弘佛道的思想理念与实践路径。

> 皇始中，赵郡有沙门法果，诚行精至，开演法籍。太祖闻其名，诏以礼征赴京师；后以为道人统，绾摄僧徒。……法果每言：太祖明叡好道，即是当今如来。沙门宜应尽礼。遂常致拜。谓人曰："能鸿道者人主也。我非拜天子，乃是礼佛耳。"（《魏书·释老志》）

北魏道武帝投桃报李，"别构讲堂、禅堂及沙门座"（《魏书·释老志》），对维修佛寺、建造佛塔与弘扬佛法提供大力支持。明元帝拓跋嗣"崇佛法，京邑四方，建立图像，仍令沙门敷导民俗"（《魏书·释老志》）。逢此良机，高僧与皇权促使佛教仪轨整肃，佛教信徒出家受戒、"设像行道"（《出三藏记集·康僧会传》）与佛教传播程序化、规范化与制度化。至北齐之时，"所度僧尼八千余人。十年之中，佛法大盛"；终北周一代，共建造佛寺"九百三十一所，译经四千一十六部"（法琳《辩正论》卷三）。佛教以"其命维新"承担社会责任，但是佛教骨子里希望实现国家的政教合一，也是由于佛教发展迅速而危及皇权，遭遇世俗政权的反击，由此产生北魏太武帝拓跋焘、北周武帝宇文邕的灭佛。但是，以"当今如来"侍奉皇权等佛家行动，为皇权提供了合法性，皇权由此支持弘扬佛法，有效形成国家正朔，有利于维护社会稳定。因此，北朝诸帝大修佛寺，倡导佛教信仰，在洛阳、大同营建佛窟，使佛教传播在北方蔚为大观。

梁武帝萧衍以"皇帝菩萨"自命。萧衍为帝四十八年，"前后三度舍身施佛，

---

① 本节内容主要来自王凤翔：《为皇权提供合法性的佛教传播》，《城市学刊》2020 年第 6 期。

宗庙之祭，不用牲牢"（《旧唐书》卷一百一十），时称"皇帝菩萨"。郝经《上宋主陈请归国万言书》一针见血指出："梁武帝以妖梦之故，思中原牧伯之朝，卒自贻侯景之祸。"（《陵川集》卷三十九）虽然皇帝天威难测、圣心难知，但是从梁武帝号称"皇帝菩萨"的历史事实来看，萧衍希冀成为政教合一的领袖之心昭然若揭。

初，衍崇信佛道，于建业起同泰寺，又于故宅立光宅寺，于钟山立大爱敬寺，兼营长干二寺，皆穷工极巧，殚竭财力，百姓苦之。曾设斋会，自以身施同泰寺为奴，其朝臣三表不许，于是内外百官共敛珍宝而赎之。衍每礼佛，舍其法服，著乾陀袈裟。令其王侯子弟皆受佛诫，有事佛精苦者，辄加以菩萨之号。其臣下奏表上书亦称衍为皇帝菩萨。（《魏书》卷八十六）

梁武帝希冀成为政教合一的国家领袖，为此三次在同泰寺出家。当然，这些皇亲国戚与官员一点也不糊涂，即使在第二、三次耗国库巨资，也要把误入歧途的皇帝从同泰寺赎回朝廷，硬是把梁武帝想把皇帝与佛祖集于一身的历史机会掐灭。这充分说明，儒家思想作为主流意识形态的"四梁八柱"地位难以撼动，政教合一制度在中国必然走向失败。但是，梁武帝以皇帝之尊，"舍身为奴"尊崇佛教，这种不认祖宗、不崇祭祀的异端行为，与传统伦理道德、礼制文化发生严重抵牾。正如苏辙评论梁武帝时指出："江南佛事，前世所未尝见，至舍身为奴隶，郊庙之祭，不荐毛血。"（《栾城集》卷五十）这是中国千年旷古未闻之事，严重冲击社会思想，对后世影响深远。

癸卯，群臣以钱一亿万奉赎皇帝菩萨大舍，僧众默许。……夏四月庚午，群臣以钱一亿万奉赎皇帝菩萨，僧众默许。（《南史》卷七）

甲子，升讲堂法座，为四部大众开《涅槃经》题。癸卯，群臣以钱一亿万祈白三宝，奉赎皇帝菩萨，僧众默许。（《资治通鉴》卷一百五十三）

三月，庚子，上幸同泰寺，舍身如大通故事。丙子，群臣奉赎。丁亥，上还宫，大赦，改元，如大通故事。（《资治通鉴》卷一百六十）

由于"三武一宗"（北魏太武帝、北周武帝、唐武宗、后周世宗）灭佛，以及佛教自身局限性与传播异化，佛教逐步回归到"广（yǎn）"中，在山寺风景与晨钟暮鼓中享受本土化的"人间香火"，把庙堂与祭祀完全让位"廣（guǎng）"中的严肃政治生活与巍巍礼仪。

第三节　近现代社会：广告的意义发展、现代构建与文化精神

中国近代史资料丛刊《辛亥革命·滇军政府讨满洲檄》："西人称吾国曰黄金世界。"但是，自鸦片战争以来，晚清七十年所遭遇的现实，如李鸿章1874年《筹议海防折》所言：中国遇到"数千年来未有之强敌"，时局"实为数千年来未有之大变局"，亦如梁启超《论学术之势力左右世界》强调："前人以为黄金世界在于昔时，而末世日以堕落。"《中英天津条约》第51条规定："嗣后各式公文，无论京外，内叙大英国官民，自不得提书'夷'字。"从此，"洋"取代"夷"，进入中国社会的方方面面。华尊夷卑、德华兽戎的天朝心理由此沉沦与反思，转向西方学习"船坚炮利"与富国强兵。社会转型肇蒙于斯，洋务运动发展于时，亦是近代广告兴盛之际。

一、宋至明的广告一词具有广而告之的意义，是人际关系之间的口头传播

自宋代开始，至于明、清，"广告"一词之义脱离佛家传播理念，在世俗社会的现实生活与人际交往中，意为广泛地告知、广而告之，是人际关系之间的一种口头传播。一是附会与祭祀神异传说的人际传播。南宋石公孺撰写《临海县灵康庙碑》记叙了东汉赵炳死后显灵为民消灾的"广告"故事："先是，郡大饥，有诣闽广告其贾客曰：'吾赵氏，台之富人也。台贵籴，倘运而往'。"① 二是对医药方子的人际传播。人命关天，有传播价值。对叶梦得《避暑录话》：宋徽宗"政和间，……召医未至，连进几剂遂能直，医至则愈矣，更不复用大豆、柴胡汤。不可不广告人，二方皆在《千金》第三卷"② 三是对个人隐私的人际传播。明代沈德符《万历野获编》"对食"（笔者注：宫女同性恋或太监宫女私下成为配偶）条："余因微叩其故，彼亦娓娓道之，但屡嘱余勿广告人而已。"③ 四是对仪式化成人礼的人际传播，具有传播价值。清代吴廷华《仪礼章句》释"主人戒宾"："戒，告也，告之使预致其敬；宾，戚友僚友之属。将冠子，故合众宾来观礼者广告之。注所谓有吉事则乐与贤者欢成之也，此与宿时详略盖互见也。注止言僚友此特广

---

① 徐三见、马曙明：《临海宗教志》，北京：宗教文化出版社，2001年，第233页。全汉升《南宋稻米的生产与运销》以为"闽广"为地名。考察石公孺《临海县灵康庙碑》全文，其意为灵康庙所祭祀之赵炳，遍告闽地客商贩卖米至台州米有大利。此处的"广"字未必为地名。《后汉书·方术列传七十二下·徐登传》附赵炳传："又尝临水求度，船人不和之，炳乃张盖坐其中，长啸呼风，乱流而济，于是百姓神服，从者如归。章安令恶其惑众，收杀之。人为立祠室于永康，至今蚊蚋不能入也。"

② 叶梦得：《避暑录话》（《四库全书》子部，杂家类，杂说之属，《避暑录话》卷上），又见南宋张杲《医说》（《四库全书》子部，医家类，医说，《医说》卷九）、元末明初陶宗仪《说郛》（《四库全书》子部，杂家类，杂纂之属，《说郛》卷二十上）。

③ ［明］沈德符：《万历野获编》卷六，北京：北京燕山出版社，1998年，第30页。

之。"① 其意为：主人家宴请宾客是广泛告知他家孩子已行成年冠礼，明确其社会责任，希望宾客口口相传，广而告之。蒯世勋 1928 年《广告 ABC》："照我们中文解释。广字是广大普通的意思，告是告诉，广告就是告诉大众，让大众知道的意思。"由此可见，中国古代"广告"一词作为一种人际传播，虽没有近现代广告的内涵，而字面上已具有了"广而告之"的传播内涵。这也是后世能够接受广告一词之所以成为现代"广告"并走向现代社会的一种文化共识基础。

二、具有话语特色的"告白"是近代广告（advertising）的中国化表达

近代广告（advertising）的概念是什么？近代广告与以往广告有何不同？对此，马克思以广告在世界霸主英国的发展态势为例进行了经典论述。他认为，在工业社会的语境下，广告（Anzeigen）是给报刊媒体"付了钱的"（bezahlt）、"充满活力的、洋溢着产业精神的、常常是妙趣横生的"传播交往形式。② 以资本利益为导向、以产业发展为基础的"产业精神"，是近代历史上资本主义广告发展与成熟的标志性要素。广告的"产业精神"是指广告内在的经济驱动力，是追求利益与发展的企业、资本与媒体所具有的"发财的坚强意志"与"经济上的进取精神"。③ 以英国为首的西方资产阶级工业革命推动了世界历史的近代化与文明化，马克思所说的德语词广告 Anzeigen 具有付费性、充满活力、产业精神与妙趣横生等四方面的传播内涵，是对当时全球最发达的英国广告业发展的总结与概括，也是英文词广告（advertising）的概念。

那么，晚晴七十年有没有近代化广告（advertising）呢？答案是肯定的。那就是具有中国话语特色与思想底蕴的"告白"，具有近代化传播价值。"告白"，即马克思所说的 advertising，成为中国近代化广告的代名词，是近代广告的中国化话语表达。由此可见，advertising 出现在民国时代的学界说法，是站不住脚的。④

"告白"是晚清新闻报刊市场竞争的产物。在近代中国新闻报业发展初期，报刊广告以"告贴""招贴""布告""报贴""船头货价纸"等不同的话语形式出现。《察世俗每月统记传》以"告贴"、《遐迩贯珍》以"招贴"或"报贴"刊登广告信息，《东西洋考每月统记传》以"市价篇"发布商业广告和物价行情等市场信息，

---

① 《四库全书》经部，礼类，仪礼之属，《礼仪章句》卷一。

② Karl Marx, *Der Leitende Artikel in Nr.179 "Kölnischen Zeitung"*, Karx Engels Verke, Dietz Verlag Berlin，1978，pp86.

③ 王凤翔：《略论马克思、恩格斯的广告批评思想》，《新闻与传播研究》2015 年第 6 期。

④ 参见祝帅《"Advertising"为何是"广告"——现代"广告"概念在中国的诞生》（《新闻与传播研究》2009 年第 5 期）等文章。该文认为，中国晚晴七十年的广告本义是 advertisement，民国时期广告本义才为 advertising，是广告的现代概念。

香港、上海等地区的"船头货价纸"是广告专版。① "船头货价纸""报贴"指出了报刊的媒体属性及其商业传播性质，"告贴""招贴""布告"是户外广告的传播，有布之以传四方的传统文化内涵。上海是远东与中国的经济中心，是中国对外开放与学习西方的前沿。19 世纪 60 年代至 20 世纪初，近代报刊在《上海新报》《申报》等报刊的广告主要由"告白"一词代替。《上海新报》（The Chinese Shipping List and Advertiser），直译为"中国船头纸与广告主"，其定位是关于船情与市场信息的报纸，"贵乎信息流通"②。正如戈公振所说："日报之发生，与商业极有关系。其唯一之需要，即船期与市情之报告是也，外货之推销，以广告为唯一办法，不胫而走，实报纸传播之力也。"③《申报》是上海最有影响力与商业化的新闻媒体。为加强市场竞争，"告白"成为两大报刊媒体的主要内容之一，取代其他代称广告的词语，成为中国近代广告的代名词，两报成为具有现代报刊意义上的新闻纸。

报刊与企业通过"告白"实现双赢，获得影响市场的传播力、影响力与公信力，"告白"因此具有"产业精神"与资本价值，advertisement 向 advertising 转变。鸦片战争后，近代中国大量涌现的企业公司与洋行是西学东渐的内容之一，是企业参与中国市场竞争的组织形式。洋务运动（Self-Strengthening Movement）及其商业环境是中国近代广告的产业支撑，展现了企业、媒体、资本与市场所具有的"发财的坚强意志"与"经济上的进取精神"，推动了中国实体工业的发展，中国进入"同光中兴"的历史阶段，近代广告在企业"产业精神"的刺激下获得极大发展。"公司者，以雄厚资本，办伟大事业，所谓实地经营之机关也。欧美各国，对于商业之竞争，一如国际之战争，是故由多数之绝大公司，其商业必占优胜；反是则必劣败。"④ 中国沿海地区"渐开公司、股票之风"，19 世纪 70 年代国人开始创办公司制企业的实践，"告白"与"招商"、"集股"上市等词一时成为工商界的时髦术语。1883 年 4 月，在上海上市交易的股票达 129 种，招商集股成为一种时尚。⑤ 如《申报》所述："现在沪上股份风气大开，每一新公司出，千百人争购之，以得股为幸，不暇计其事之兴衰隆替也。"⑥《字林沪报》报道其股票热的盛况是："（公司）一经察准招商集股，无不争先恐后，数十万巨款，一旦可齐。"⑦ 梁

① 刘家林：《中国近代早期报刊广告源流考》，《新闻大学》1999 年夏季刊。
② 《上海新报》第 1 册，1862 年 6 月 24 日，第 1 页。
③ 戈公振：《中国报学史》，上海：上海古籍出版社，2003 年，第 138 页。
④ 周学熙：《呈大总统徐筹备整理棉业拟具计划四条文》。参见周叔媜：《周止庵（学熙）先生别传》，（台湾）文海出版社，1996 年。
⑤ 潘建华：《洋务运动（1860—1894）企业融资思想研究》，复旦大学博士学位论文，2005 年。
⑥ 张国辉：《洋务运动与中国近代企业》，中国社会科学出版社，1979 年，第 171 页。
⑦ 《张文襄公全集》卷 44，《卢汉铁路商办难成另筹办法折》。

启超曾总结报刊"一馆之设，非万金不可，销报非三千不能支持"，"且自来日报无不亏本者，专恃告白为之弥缝"。[①]《申报》等报刊纷纷开辟专栏，或为各股份公司做广告，或刊载股份企业招股章程与股票行市，获取广告利益。善于招商集股的经元善（1840—1903）将招股章程在报刊广而告之。"凡所招股本户名银钱，及收款存放何庄，每月清单登报广告。"[②]《申报》商务广告、社会广告、文化教育广告与交通广告等四大类广告欣欣向荣。在甲午战争前，《申报》每日的版面早已突破了 8 版，内容最多时达到 14 版，广告也相应增多，约占到 7—8 版"[③]。李文权 1912 年《告白学》[④] 一文认为："今日之世界，一告白之世界。""世事无事不竞争，告白亦然。""告白竞争，宜其实业之进步速也。"具有市场导向意识的媒体与广告是西方新经济学输入的产业意识及其传播载体，"告白"是对西方工业革命的复制与发展。

　　李文权《告白学》一文把"告白"定义为："告白者，以心中所欲白之事项，而告之于众，使远近之人皆知其心中欲白者为何事，以达此布告之目的。"李文权虽没有把"产业精神"定义到"告白"的概念里，但是他认为"况一千七百七十六年阿达姆式之著《富国论》，其中所言颇符合告白学之原理原则，是即告白学之滥觞。"[⑤] 而亚当·斯密《国富论》认为"把资本用来支持产业的人，既以谋取利润为唯一目的，他自然总会努力使他用其资本所支持的产业的生产物能具有最大价值"，[⑥] 并把其作为常识加以发挥与传播。由此可见《告白学》把广告的"产业精神"这个核心内容嵌入"告白"的内涵之中。戈公振认为："日报之发生，……因新经济学说之输入，足以促华商之觉悟，使具国际间之知识，而渐启其从事企业之思

　　① 方汉奇：《中国新闻事业简史》，北京：中国人民大学出版社，1995 年，第 100 页。
　　② 潘建华：《洋务运动（1860—1894）企业融资思想研究》，复旦大学博士学位论文，2005，第 126 页。
　　据笔者查阅经元善《居易初集》卷 1（中国社会科学院社会科学杂志社图书馆藏），其《中国创兴纺织原始记》（1899 年 11 月）原文表述为"凡所招股本户名银钱，及收款存放何庄，每月清单布告大众"。由此可见，该博士论文引述的"登报广告"实为原文"布告大众"。经元善曾为上海织布局总办，郑观应高度赞赏经元善："每年总办将账目及生意情形引成清册，登诸日报，俾众咸知。"（夏东元：《郑观应集 (下)》，上海：上海人民出版社，1982 年，第 641 页）。
　　③ 陈昱霖：《〈申报〉广告视野中的晚清上海社会》，苏州大学硕士学位论文，2005 年，第 9 页。
　　④ 《中国实业杂志》第三年第 1 期（1912 年）附录。《中国实业杂志》于 1910 年在日本创刊，前身是《南洋群岛商业研究会杂志》，于 1912 年改为此名，改季刊为月刊。李文权为社长、主编，由东京中国实业杂志社编辑，北京、上海商务印书馆发行，1917 年移至天津出版，具体停刊时间不详。《中国实业杂志》以"实业救国"为基本宗旨，分图画、论说、译著、专件、传记、调查、名人伟论、附录等栏。
　　⑤ 《中国实业杂志》第三年第 1 期（1912 年）附录。
　　⑥ [英] 亚当·斯密：《国民财富的性质和原因的研究》下卷，郭大力、王亚南译，北京：商务印书馆，1974 年，第 27 页。

想。"①《告白学》明确指出"告白"一词，"英语谓之为 Advertising，日本谓之广告"，源自拉丁文"Advertere"，原意是通过叫卖引起人们注意与关注。这一说法得到中国学界与业界的广泛认可与采纳，至今仍被流传。这是中国广告学研究者最早对"告白"与英文广告词（advertising）概念一致的论述。

三、中国近代"告白"（advertising）的民族特性、文化特点与社会心理特征

中国"告白"（advertising）与西方广告（advertising）有何不同呢？西方广告"以其产业精神与传播文明，和媒体、资本、技术、市场等社会资源与发展要素"，具有"共同构建国内统一市场与全球市场的政治价值"。②晚清七十年，中国逐步沦为半殖民地半封建的国家，作为殖民产物的"告白"复制与学习西方广告，同样具有付费性、充满活力、产业精神与妙趣横生的共同传播特征。"告白"与西方广告相比较而言，四个要素除向报刊媒体付费相同外，活力、产业精神与妙趣横生具有其西方文化独特内涵与殖民主义意识形态。马克思认为广告"活力"是广告内容对企业与消费受众所产生的吸引力与认同感，是对企业与消费受众的个体身份认同与社会认可的构建，具有西方个人主义哲学色彩，③妙趣横生也与个人主义哲学与西方传统文化一致。但是，中国洋务运动及其媒体与广告的"产业精神"与"活力"不同于西方广告，两者均具有浓厚的集体主义精神与"家国"传统文化的意识形态。洋务运动通过公司制度学习西方的企业发展模式，旨在"师夷长技以制夷""富国强兵""以促华商之觉悟，使具国际之知识，而渐启其从事企业之思想"，实质上使中国从"以农立国"走向"振兴商务""以工立国"，客观上是西方工业文明对中国千年传统的农业文明与生产方式的颠覆。

从古至今，具有广告一词意义的词语在汉语里很多，有的超过了"告白"的使用时间、传播历史、使用频率与认可度，甚至比"告白"更为贴切，更具传播的普适性与文化性。从《申报》等报纸使用的广告代名词来看，有"告白""布告""告布""告示""公告""启""声明""谕""白"等十种之多，均具有"布告"之义，广而告之的意思。高伯时《广告浅说》认为："不论何种布告，凡是要深切地感化人的，统叫做广告。"④古代"帖"在宋代人际交往、节日文化与官场礼仪中是一种时尚与主流的交往传播方式，宋元明清社会上帖文化蔚然成风，宋元话本、拟话本与明清小说展示其已成为一种社会生活交往方式。其中，"招帖"（招子）

---

① 戈公振：《中国报学史》，上海：上海古籍出版社，2003 年，第 138 页。
② 王凤翔：《略论马克思、恩格斯的广告批评思想》，《新闻与传播研究》2015 年第 6 期。
③ 王凤翔：《略论马克思、恩格斯的广告批评思想》，《新闻与传播研究》2015 年第 6 期。
④ 高伯时：《广告浅说》，上海：中华书局，1930 年，第 2 页。

是中国最常用、最普及的墙外广告与户外广告，而"告白"普及率远不如"招帖"。李开先《词谑》载有成化年间大学士尹直被"帖"忽悠的故事。"尹太学士直舆中望见书铺标帖有《崔氏春秋》，笑曰：'吾止知《吕氏春秋》，乃崔氏亦有《春秋》乎？'亟买一册，至家读之，始知为崔氏莺莺事。"阮大铖《燕子笺·误认》："寻姐姐不见时，作速写下招子，沿途粘贴。"广泛传播的布告比"告白"更有普及性，贯彻中国历史，其使用非常普遍与频繁。《汉书》《后汉书》中有数十道皇帝的诏令，就以"布告天下，使咸知朕意"的形式出现。[1]明末清初的李渔发明了一种时髦的制笺售书法，其笺跋强调："是集中所载新式，时人效而行之，惟笺帖之体裁，则令奚奴自制自售，以代笔耕，不许他人翻梓，已经传札布告，诚之于初矣。"[2]《退迹贯珍》有中国最早的广告专栏《布告编》。经元善在《申报》常登"布告"，"凡所招股本户名银钱，及收款存放何庄，每月清单布告大众"。幌子、招牌使用率也比"告白"多。据统计，明代仇英《南都繁会图卷》画面上的"幌子、招牌约有 190 种之多"，"这幅图画，就广告而言，堪称明代大都会广告的一次大展览"[3]。从报业视角来看，"报贴"比"告白"更为通俗贴切，更具媒体属性。清代吴敬梓《儒林外史》第十三回："那日打从街上走过，见一个新书店里贴着一张整红纸的报贴，上写道：本坊敦请处州马纯上先生精选三科乡会墨程。"从中国传统文化发展情况来看，从易于传播常识与接受心理来思虑，"招帖""布告""报贴"等词作为报纸广告的代名词，比"告白"更有普适性、更加大众化的传播价值。但是，在1865—1900 年间，而《申报》等报刊媒体主要以"告白"作为商业信息发布的常用语与近代广告的代名词，隐喻了时代沉重感与历史沧桑感。

　　"告白"一词原为动词，"告"与"白"两字意义相同，意为告知、报告、汇报。南朝萧梁时期大士傅弘《致武帝书》："今闻皇帝崇法，欲伸论义，未遂襟怀，故遣弟子傅眰驰书告白。""告白"在传播过程中由表示行为动作到表示行为动作的对象，在沿海江浙经济发达地区成为文人化的广告话语，具有广而告之的意思。明崇祯刻本曹士珩《道元一气》一书在南京官僚的支持下出版，前有作者撰写的"告白"。该"告白"是一则关于该书亮点推销与版权维护的广告。"是书也，独畅祖真秘旨，合阐性命微言"，强调"倘有无知利徒，影射翻刻，誓必闻之当道，借彼公案，了我因缘云"[4]。"告白"还具有布告、通告、户外广告之意。明末浙江绍兴人祁彪佳《甲乙日历》（下）中有例证："二十九日，招章静如、竟可师议傅家墺

① 黄春平：《从出土简牍看汉帝国中央的信息发布》，《新闻与传播研究》2006 年第 4 期。
② 缪咏禾：《明代出版史稿》，南京：江苏人民出版社，2000 年，第 410 页。
③ 王春瑜：《明清史散论》，上海：东方出版中心，1996 年，第 136 页。
④ 田弇：《中国古代广告概述》，福州：海潮摄影艺术出版社，1991 年，第 81 页。

平祟之事；乃托蒋安然书平祟及发赡村之告白与小票。"[①]"白"作为一种话语交往方式，在方言里被建构为夸耀、吹嘘、欺骗之义，如南方方言"策白"、东北方言"儿白"、两广"白话"（粤语俗称）等。李文权《告白学》在"告白之性质"中强调"告白"是"代货物以自白之法"，认为广告是代替货物进行话语表白或自我夸耀的途径[②]。《申报》历任总主笔的蒋芷湘、钱昕伯、何桂笙、黄协埙等均为江浙文人。他们根据自己地域的文人话语，把近代广告意译为"告白"并加以推广使用。由于江浙地区是中国经济最发达地区之一，《申报》报业在市场的影响力与在社会的传播力，沿海交通发达亦便于传播与扩散，"告白"一词逐渐被广泛接受、认可与流行，成为广告的代名词。

笔者认为，从深层文化考究，江浙文人对"告白"颇具用心的使用与传播，抑或是清末的一种时代苦闷与精神抑郁的集体无意识。《说文》："白，西方色也。阴用事，物色白。"白是表示西方方位的一个词，而近代广告来自西方世界。按照中国"五行学说"，白属金，和实业发展与广告"产业精神"一脉相承，"告白"传播亦可能隐含了朝代交替的文化理念。借用"告白"一词作为广告代名词，能够比较含蓄而又准确地表达广告是一个来自西方世界的词语产物，是工业社会的特有名词。同时，《说文》"白"字，意为吊丧葬事，相关物品均贴白纸或带白色，以祈灵魂安详归去。"'御'常用'血'，所'血'或为羊，或为猪，其色为白，其数常为三或其倍数九，这当为殷礼的规定。"[③]因此，"白"与"告"本意形成逻辑关联与意义联通。满族、蒙古族均崇尚白色，"告白"亦契合满洲统治阶级的文化心理。西人基于办报赚钱理念，需要广告传播本土化，因此不会也无法对"告白"言外之意或文人解构之隐做过多考究。"广告不仅为工商界推销出品之一种手段，实负有宣传文化与教育群众之使命也。"[④]"白"字所蕴含的文化内涵、集体无意识及其民俗学意义，也许意味着"告白"带有一种较浓的政治贬抑色彩与隐晦的文人心境。由此可见，作为传播话语的"告白"，反映了当时文人潜意识上对西方侵略的无奈心绪与文化上的心理对抗，抑或带有"王师北定中原日，家祭无忘告乃翁"的社会意识与民族情绪。

五、具有现代意义的广告是晚清七十年巨变的产物

在晚晴七十年，中国逐步沦为半封建半殖民社会。中华民国创立，我国两千

① 钟明立：《"广告"小考》，《语文月刊》2011 年第 6 期。
② 武齐：《中国广告学术史（1815—1949）》，北京：知识产权出版社，2014 年，第 106 页。
③ 王宇信：《西周甲骨探论》，北京：中国社会科学出版社，1985 年，第 47 页。
④ 戈公振：《中国报学史》，北京：中国新闻出版社，1985 年，第 108 页。

多年的封建专制社会寿终正寝，报刊及媒体广告欣欣向荣，这都是中国两千多年未有之大事。"中国古代无所谓新闻中之广告"[1]，近代报刊涌现，广告一词逐为人接受。薛雨孙《新闻纸与广告之关系》："一纸风行，不胫而走。故报纸所到之区，即广告势力所及之地。且茶坊酒肆，每借报纸为谈料。消息所播，谁不洞知。永印脑筋，未易磨灭。非若他项广告之流行不远，传单之随手散佚也。是故新闻愈发达，广告之作用亦愈宏。"[2]1901—1905年是广告、告白两词并用期，1906—1915年是广告一词使用的主导期。[3]尤其是民国建立后，"告白"一词的使用，已经基本消失。李文权《告白学》指出："英语谓之为 Advertising，日本谓之广告。"1930年苏上达《广告学纲要》强调："'广告'二字乃由英语之 advertising 译出；此英语源于拉丁语之 advertere，乃通知或披露之意。"[4]来自日语"广告"转译的广告一词，是中国沦为半殖民地的文化产物，也是中国知识分子与实业界救亡图存、发展实业的一种理想化传播方式。

在中国首次使用广告一词作为商业信息发布的标题的报刊媒体，是日据台湾时期的报刊媒体。1896年6月创立的《台湾新报》、1898年5月创办的《台湾日日新报》，均辟有"广告栏"。两份报纸的汉语广告一词是借用日语广告一词，也是日本占据台湾进行文化殖民化的手段。梁启超在日本创办的《清议报》第十三期（1899年4月）登有日语《记事扩张卜广告募集》标题与"广告料"（广告费）等话语，这是中国人在自办报刊上"告白"栏第一次使用"广告"一词。日本早期报纸广告多用"告白"一词，1867年2月日本《万国新闻纸》（英国人创办）第2期首次使用日文"广告"一词，10多年后在日本各大报刊成为通用名词；而中国大陆地区报刊第一次使用汉语广告一词作为标题的是1901年8月《申报》10166号第四版的"鄂垣厚生福土庄广告"，[5]比日本晚三十四年，比台湾地区晚了五年。1900年3月5日、20日，《台湾日日新报》刊《定本岛人广告费格外折减》《劝广告说》等文章，对台湾地区的广告普及化有重要作用。台湾虽为日据，而海峡两岸文化往来依旧，台湾对广告一词的使用与传播，对大陆地区产生传播与影响。我们从近代名人章太炎避难台湾就可窥知一般。中国甲午海战大败，章太炎深受刺激，参加强学会，编撰《时务报》《实学报》《译书公会报》等，积极支持维新变法。"百日维新"失败后，章太炎逃到台湾避难。1899年夏天，由台湾抵

---

① 《太平洋广告部广告》，《中国实业杂志》第三年第3期（1912年）。
② 朱英：《近代中国商人与社会》，武汉：湖北教育出版社，2002年，第153页。
③ 文春英：《近代中国、日本、朝鲜"广告"源流考》，《现代传播》2011年第12期。
④ 苏上达：《广告学纲要》，上海：商务印书馆，1930年，第1页。
⑤ 文春英：《近代中国、日本、朝鲜"广告"源流考》，《现代传播》2011年第12期。

达日本。① 他在日本和梁启超保持密切来往，而梁氏从该年 12 月与 1903 年，两次游历西泰，才逐步对广告传播有清醒认识，我们可从其《二十世纪之巨灵托辣斯》一文中可窥知其广告思想的端倪。章太炎在台湾避难时重操报刊编撰旧业，在《台湾日日新报》汉文版任职，作为一个报人自然会对台湾广告领悟深刻。从章氏职业生涯、报人精神与人格魅力来看，他对在日本办报的中国人、上海江浙报刊发展及其广告经营产生一定影响。汉语广告一词作为日本文化殖民的产物与日本、台湾报纸经营理念，跑到日本寻求救亡图存的知识分子必然耳濡目染，对地处经济发达、信息流通快的沿海地区自然产生思想波及，推动《申报》等报纸对广告一词的积极使用与广泛传播，使其成为媒体与大众使用与接受的一个时髦新词。

六、在官方与民间认同下，广告在报刊经营中获得自在意义与传播价值

1906 年《商务官报》第二期《美国商用输出入通法》"多设广告之法，使店与货物之各得闻于外国也"，认为对外销售多使用"广告"。这是最早出现"广告"一词的官方报纸。1907 年清廷发行《政治官报》，其《政治官报章程》"广告第九"——"如官办银行、钱局、工艺陈列各所、铁路矿务各公司及经农工商部注册各实业，均准送报代登广告，酌照东西各国官报广告办理"，说明官方及其官方报纸认同广告一词及其传播的价值，支持媒体广告发展与商业繁荣。文学作品对广告一词的使用有利于广告一词的大众传播与普及化。1907 年碧荷馆主人《黄金世界》第十回："机会为何？则亚洲公司所登《东方时报》之广告是也。"1911 年云间天赘生《商界现形记》第十六回："于是天公先生集资十万元，创办一所小说社，这小说社的名字就叫……这个协理只怕在新闻广告上见过了。"1900 年 3 月《台湾日日新报》发表《劝广告说》一文，将广告定义为："广告即告白也。"这是近代中国最早对汉语广告一词所下的定义，实现了近代现代广告发展史的一种时代跨越与话语转型。

在大陆地区，当时对广告的定义主要有四种。第一种把广告看作新闻或报刊文体。郑观应《盛世危言》（1894 年）认为广告是一种报刊文体，谭嗣同 1897 年认为"告白"是报章的"编幅行余"，② 对告白文体价值评价不高。第二种是把广告当作商业新闻。1913 年译著《实用新闻学》："告白即商业新闻耳，其目的在报告社会以某事。"③ 第三种定义是商品信息的广泛告知，这是现代传播意义的广告。

① 汤志钧：《章太炎年谱长编》卷二，北京：中华书局，2013 年，第 23 页。

② 谭嗣同：《报刊总宇宙之文说》，参见蔡尚思、方行：《谭嗣同全集》（下），北京：中华书局，1981 年。

③ ［美］休曼：《实用新闻学》，史青译，上海学广会，民国二年（1913 年），第 133 页。

1912 年，凡民（李叔同笔名）《广告丛谈》[①]强调广告是"经济之机纽"，认为广告概念有"广义与狭义两种"，即商业广告与社会广告。"狭义之广告凡商品卖出，及银行社会之决算、报告等，有广告于公众之目的者，皆属于此类。即吾人普通所谓之广告是也。至广义之广告，其界限殆难确定。凡社会上之现象，殆皆备广告之要素。如妙龄女子，雅善修饰，游行于市衢，直可确认为广告。"1912 年史量才接办《申报》，第二年聘请张竹平当经理，加强广告经营管理，开辟中缝广告，广告版面位置越发明显，广告版面量约占十之六七，对报刊广告经营发展影响深远。1914 年出台的《筹办巴拿马赛会出品协会事务所广告法》规范行业内广告经营，是近代中国的最早广告法规，从法律上肯定广告现象及其传播价值。第四种是从艺术设计视角下定义，认为广告具有商业性与审美性的特点，具有艺术设计的专业要求。甘永龙 1918 年《广告须知》一书把广告定义为："广告者，以一种可发卖货物之名目、性质及用途，布告大众使咸得稔知之美术也。"

　　1915 年出版的字典《词源》对广告一词的定义是："以其事布告于众也。如招贴及报纸所等告白之类。"该定义使用"布告"一词表达广告具有广而告之的内涵，比李文权定义"告白"精炼与通俗易懂，是中国传统文化语境下的一种话语表达。"单从广告（advertising）这一字'making known by public notice'（以公告方法使众周知），可知广告的作用，是意思表示的扩大与普遍化。"[②]《词源》以国人熟悉的招贴与告白为例解释，使广告一词便于接受与广泛流传。在现代，广告学界与业界认可《词源》对广告一词的权威定义，积极推动了广告的普及化与商业传播。

七、新中国初期、改革开放时期与网络社会时期广告一词概念的变化

　　新中国成立后，既继承广告的商业传播与美术形式的要求，同时强调广告的社会主义意识形态，坚持社会主义广告全心全意为人民服务的宗旨。1959 年 9 月 7 日，《人民日报》（第三版）短评《提高广告的思想性和艺术性》认为，商业广告在不同的社会制度下具有不同的内涵与性质。资本主义商业广告是为资本家发财服务的，社会主义商业广告是社会主义文化领域内的一种美术形式，我们必须利用资本主义广告之长发展社会主义广告。在新的历史时期，社会主义广告是与资本主义广告相对应的广告学范畴，从意识形态视角强调了广告内涵与功能所具有的阶级特性。"在'文革'这个特殊的年代里，由于商品制度从根本上被否定了，

---

①　该文发表于 1912 年 4 月 1 日至 5 月 4 日的《太平洋报》第二版。《太平洋报》1912 年 4 月 1 日在上海创刊，同年 10 月 18 日停刊。宋教仁、姚雨平主办。

②　徐咏平：《报业经营概论》，台北：复兴书局，1981 年，第 353 页。

广告作为商品生产和商品交换的宣传工具,也被彻底否定。"①中国改革开放之初的历史时期,对"姓资""姓社"的争论一直是当时的意识形态思潮与合法性问题。丁允朋等人关于"社会主义广告"的观点,重复与强化了《提高广告的思想性和艺术性》一文的旗帜立场,再次评价与重新认识商业广告的地位和作用。②方振兴1983年撰文认为,中国广告发展必须走向商业广告,以符合市场发展的需要。他提出了与传统广告相对立的"现代广告"理念,以现代广告"开创社会主义广告的新局面",认为现代广告是总体市场销售战略的一部分。③20世纪80年代中后期,在社会主义商品经济时期,业界与学界就"新闻广告"与"广告新闻"进行了实践与讨论,逐步严格区分了新闻与广告的概念与关系。在新的历史语境下,学界与业界重新共同勾勒与构建了新时期现代广告合法性传播的奠基石——社会主义广告,④破解了三十多年来广告受意识形态影响的话语发展瓶颈,为现代广告内涵的转变与发展奠定了话语转型基础。

邓小平1992年南方谈话后,社会主义市场经济地位确立。"明示的广告主""使用付费形式"及"非人际传播的提示"(Non-personal Presentation)等三个要素⑤成为广告定义的主流内容,契合社会主义市场经济与全球化社会的发展趋势。1995年《广告法》对广告的定义是:"本法所称广告,是指商品经营者或者服务提供者承担费用,通过一定媒介和形式直接或者间接地介绍自己所推销商品或者所提供的服务的商业广告。"该概念强调了广告的三个要素,其内涵与其他市场传播路径完全不同。第一是强调了"商品经营者或者服务提供者"这个核心话语要素,即广告主,是必须明示的。"明示广告主"强调社会责任,不再以意识形态话语展示出来,而是商品与服务大众。第二是强调广告商品或服务的付费性。不购买版面或时段的传播是宣传,不具有商品特性与商业价值。第三是强调"非人际的提示",是通过"一定媒介和形式"进行传播信息。随着互联网的迅猛发展,网络广告涌现,广告定义随之改变。2014年国务院法制办《广告法修订草案公开征求意见稿》:"商业广告,是指商品经营者或者服务提供者通过一定媒介或者形式推销商品或者服务的信息。"2015年新《广告法》第二条第一款:"商品经营者或者服

---

① 陈培爱:《中外广告史》,北京:中国物价出版社,2002年,第83页。
② 王凤翔:《论中国社会转型初期(1978—1991)的"社会主义广告"》,《现代传播》2015年第6期。
③ 方振兴:《传统广告面临着挑战》,《中国广告》1983年第2期。
④ 王凤翔:《论中国社会转型初期(1978—1991)的"社会主义广告"》,《现代传播》2015年第6期。
⑤ [日]清水公一:《广告理论与战略》,胡晓云、朱磊、张姮译,北京:北京大学出版社,2005年,第3—6页。

务提供者通过一定媒介和形式直接或者间接地介绍自己所推销的商品或者服务。"与 1995 年《广告法》相比，新《广告法》有两点主要变化：一是不再强调商业广告的"付费"特征；二是将"广告"界定为推销商品或者服务的"信息"。

第六章 现代广告：广告内涵、广告传播及其学科建构

陈培爱 *

在广告学研究中，历来国内以市场经济理论为主导。1986年本人从香港中文大学学习回来，接受传播学理论的熏陶，便尝试以传播学原理来审视广告，于1987年8月出版了国内第一部从传播学角度研究广告的著作《广告原理与方法》，搭建了传播学研究广告的框架及研究理论。2004年主编教育部教材《广告学概论》，基本上沿用了这个体系，其中重要的观点是广告定义、广告的传播学内涵、广告中的社会广告起源说，以及广告与传播学相关学科的关系。这个理论30年来影响甚广，国内目前大量的这方面的论述都有本人30年前或16年前上述两本书的影子。2018年在"马工程"教材《广告学概论》编写中，专家们最后也达成共识，从传播学框架入手制定广告理论研究体系。

中国的广告理论是从一张白纸开始的。广告理论经过30多年的发展，有了一定的实践基础与业界检验，达到了更多的共识，本节将从传播原理出发阐述广告内涵与学科建构的关系。

第一节 广告的内涵

广告是人类信息交流的产物，其本质特征是信息传播，并随着商品经济的发展而逐步发展为以经济信息传播为主。广告作为一种特定的信息传播活动，其发布者、接收者及传播过程都有自身鲜明的特征，并以这些特征与公关、新闻等传播方式相区别。

随着信息传播技术的进步，广告具有了更加丰富多样的表现形式，分清不同的广告类别是认识广告活动的本质与内在联系、开展行之有效的广告策划活动的

---

* 作者简介：陈培爱，厦门大学新闻传播学院教授，中国广告学学科的奠基人。

基础。广告学是一门综合性交叉学科，在形成与发展过程中吸收了大量相关学科的知识，如传播学、营销学、社会学、心理学、艺术学等。在现代社会中，广告作为人类信息交流的产物，其本质依然未变。它已突破经济的界限，渗透到政治、社会、文化等各个领域，成为人们物质生活和精神生活的重要组成部分。

衡量和界定一个学科的学科性质，首先要明确它的概念与定义。它犹如一座大厦的总体设计理念，一定要谨慎并科学地把握。

一、广告的概念

广告是为了某种特定的需要，通过一定形式的媒体，公开而有目的地向公众传递信息的传播手段。

广告的概念有广义和狭义之分。广义的广告包括非经济广告和经济广告。非经济广告又称非商业广告，指不以营利为目的的广告，如政府行政部门、社会事业单位乃至个人公开传播的各种信息等，主要目的是告知。狭义的广告仅指经济广告，又称商业广告，是指以营利为目的的广告，通常是商品生产者、经营者和消费者之间沟通信息的重要手段，或是企业为了占领市场、推销产品、提供劳务而采取的重要传播形式，主要目的是扩大经济效益。

广告的本质是一种以经济信息为主，以相关信息为辅的信息传播活动。其核心含义有两个：一个属于传播学范畴，指的是让广告主的信息到达受众群体的传播手段和技巧；另一个指广告营销的作用，即让商品赢利。

广告不同于一般新闻传播和宣传活动，主要表现在：

第一，广告是一种传播工具，商品的生产或经营机构（广告主）通过广告将商品的信息传送给目标消费者；

第二，做广告需要付出某种代价；

第三，广告进行的传播活动注重效果及反馈；

第四，广告是有目的、有计划的，是经过科学策划的；

广告不仅对广告主有利，而且对目标对象也有好处，它可使用户和消费者从中获得利益。

二、广告的定义

对广告的合理定义是科学论述广告各种问题的前提。

《辞海》的定义是："通过媒体向公众介绍商品、劳务、企业信息等的一种宣传方式。一般指商业广告。"

《中国大百科全书》的定义是："传播商品和劳务信息的一种方式。通过报纸、杂志、广播、电视等多种媒体传播，内容与形式须遵守国家规定的广告管理法规。"

《现代汉语词典》的定义是："向公众介绍商品、服务内容或文娱体育节目的一种宣传方式，一般通过报刊、电视、广播、网络、招贴等形式进行。"

以上定义，在中国语境中有一个共同的地方，就是与公众在现实社会生活中对广告的认知和理解是吻合的，缺点只是没有涵盖公益广告。

列宁曾经指出，给一个概念下定义，就是揭示这个概念所反映的事物的特有属性。广告的定义在不同的历史时期有不同的视角。不同的定义既有其合理性，也有其不足的一面。我们希望广告定义尽量完整而科学地反映现代广告的本质属性。

对广告进行定义之前，必须明晰两个关键问题：

首先，所有的广告都是通过一定的媒介渠道，向受众传播一种特定的信息，这种信息是经过某种艺术处理的信息。因此，"传播信息"应是所有广告共有的一个本质特征。

其次，广告不仅是传播商品信息、促进企业实现赢利的营销手段，而且是不知不觉、潜移默化地影响着社会生活的一个重要的信息源。它具有告知、引导、教育、协调、娱乐等功能，渗透到社会生活的各个方面，从而获得经济效益和社会效果。与其他类型的传播活动相比，广告是一种集说服性、引领性、预见性与艺术性等特征于一体的公开、有偿的信息传播活动。

因此，通过对广告性质特征的分析，并借鉴传播学和营销学等学科对广告定义的研究成果，我们这样定义现代广告：广告是指一种由特定主体付出某种代价的，通过媒介将经过科学提炼和艺术加工的特定信息传达给目标受众，以达到改变或强化人们认知和行为为目的的、公开的、非面对面的信息传播活动。

这个定义以传播学理论为基础，从广义广告的角度，立足于现代广告的视角进行概括。它反映出现代广告的四大主要特征：

第一，强调了广告的本质是一种以公开的、非面对面的方式传达特定信息到目标受众的信息传播活动，而且这种特定信息是付出了某种代价的特定信息。也就是说，广告必须有明确的广告主或称广告客户，他是广告行为的主体，是广告行为的法律负责人。这是广告与新闻等其他信息传播活动的不同之处。

地二，明确了广告是一种通过科学策划和艺术创造将信息符号高度形象化，兼具科学性与艺术性特征的信息传播活动。

第三，指出了媒介的重要作用。现代广告是非个人的传播行为，一定要借助于某种媒介才能向非特定的目标受众广泛传达信息。这决定了它是一种公开而非秘密的信息传播活动，也决定了传播者必须置身于公众和社会的公开监督之下。

第四，说明了广告是为了实现特定主体的目标而带有较强自我展现特征的说服性信息传播活动，通过改变或强化人们的认知和行为，来实现特定的传播效果。认知指的是消费观念方面的信息，行为则包括了商品、服务、生活等消费形态方面的特征。

三、广告的构成要素

广告的构成要素有三种不同的角度。

第一，以广告活动的参与者为视角

广告构成要素主要有：广告主、广告经营者（广告代理商）、广告发布者（广告媒介）、广告目标受众等。其中广告主、广告经营者、广告发布者是广告活动的最关键要素。

第二，以一则具体的广告为视角

广告的构成要素有：广告主、信息、广告媒介、广告费用。

所谓广告主，即进行广告者，是指提出发布广告的企业、团体或个人。

所谓信息，是指广告的主要内容，包括商品信息、劳务信息、观念信息等。

所谓广告媒介，是指传播信息的中介物，它的具体形式有报纸、杂志、广播、电视、互联网、手机以及户外媒介等。广告活动是一种有计划的大众传播活动，其信息要运用一定的媒介技术手段才能得以广泛传播。

所谓广告费用，是指从事广告活动所付出的代价。

第三，以大众传播理论为视角

广告信息传播过程中的广告构成要素主要包括：广告信源、广告信息、广告媒介、广告信宿等要素。

信息传播过程有八个基本要素，即信源（传者）、信宿（受众）、编码、译码、信息、传播渠道（媒介）、反馈、噪音。信源，又称编码者、信息发送者或信息传播者，是信息传播活动的起点，处于信息传播过程的第一环。

第二节　广告传播的特征

从传播学的原理来看，广告实际上做的是三件事：一是传播一种信息，二是提供一种服务，三是宣传一种信念。而传播学的具体研究对象则是包括广告在内的所有大众传播手段，传播学的许多理论适用于广告学的研究。可见，广告与传播关系密切，作为一种特殊的传播形态和传播方式，广告的传播特征更加明显，主要包含如下几个方面：

一、说服性

"大多数广告的目的就是说服——说服消费者使用某一种产品、服务或相信某一观念。"[①] 即广告是一种说服性活动。首先，说服是应对广告环境变化的挑战。"在当代物品相对丰富、供大于求、竞争加剧的情况下，说服是广告的一种特有沟通方式。"[②] 如今买方市场正式形成并不断巩固，商品同质化现象愈发严重，运用广告参与市场竞争的广告主日益增多，这些都使得广告环境更加复杂，也更需要借助广告对目标受众进行说服性沟通。其次，说服围绕广告目标受众展开。广告的目标受众是广告活动的说服对象，广告往往通过真实可信、针对性强的广告信息，引人注目、引发共鸣的广告诉求手法，来说服广告目标受众自愿接受广告信息，进而转变态度行为，最终接受广告主的产品、服务或观念。最后，说服贯穿整个广告活动的始终，无论是广告主题确立，抑或是广告创意方向，还是广告艺术表现，乃至广告效果的评判，都离不开说服目的的指导。

二、预见性

广告的传播策略是针对整体广告运动的谋略和计划，并通过广告策划这一概念得到集中体现。"所谓广告策划，就是指对广告运动从整体战略到具体策略所做的整体预先谋划。它涉及广告目标的确立，为实现这一目标的总体战略及实施步骤的制定。"[③] 具体而言，广告策划包括市场调查的开展、广告计划的制订、广告作品的创意和表现、广告媒介的选择和组合、广告效果的测定等系统的整体广告活动。在市场调查方面，无论是调查方法的选取，还是数据资料的分析，都要遵循客观科学的步骤；在广告计划方面，无论是广告产品的研究，还是目标市场的定位，或者广告预算的制订等，都要基于周密细致的分析；在广告作品方面，无论是创意的发想，还是形式的表现，都要围绕科学的广告主题展开；在广告媒介方面，无论是媒介计划的制订，还是媒介购买的实施，都要经过全面深入的研究；在广告效果方面，无论是事前预测，还是事后测定，都要制定合理准确的标准。可以说，广告活动的每一环节都贯彻着科学预见的原则和精神，以此来保证广告活动取得理想效果。因此，广告策划体现了较强的预见性。

① ［美］威廉·阿伦斯、戴维·谢弗、迈克尔·魏戈尔德：《广告学》，丁俊杰、钟静、康瑾译，北京：中国人民大学出版社，2014 年版，第 5 页。

② 倪宁：《广告学教程》（第四版），北京：中国人民大学出版社，2014 年版，第 5 页。

③ 张金海：《20 世纪广告传播理论研究》，武汉：武汉大学出版社，2002 年版，第 73 页。

三、艺术性

具有科学的广告策略为广告活动的奏效奠定了基础。在科学广告策略的指导下，还需要出色的广告表现来实现广告信息的有效传播，进而保证广告活动的成效。广告表现简而言之即"怎么说"，"怎么说"与广告内容即"说什么"相对应。广告内容强调科学的分析，而广告表现更讲究艺术的创造，即在遵循科学规定性的同时发挥艺术创造力。一方面，实现传播目的离不开广告表现的艺术性。艺术派广告哲学的代表人物威廉·伯恩巴克曾旗帜鲜明地表示："广告基本上是说服……而说服的发生并不是科学而是艺术。"[①] 另一方面，吸引受众注意离不开广告表现的艺术性，芝加哥广告学派的李奥·贝纳认为："怎样找出关于商品能够使人们发生兴趣的魔力，以引起他们的兴趣，并能极为迅速地导引他们得出应该买那种东西的结论，实在是另外一种艺术。"[②] 总之，无论是语言的提炼、画面的构思，还是声音的运用、影像的拍摄，无不凝聚着艺术的智慧。无论是令人过目不忘的广告作品，还是令人拍案称奇的广告创意，都闪烁着艺术的火花。

四、多样性

媒介是广告传播的重要渠道，广告需要借助媒介这一中介来完成信息传播。作为广告信息传播的重要中介物，广告媒介呈现出既多样又多变的特征。从广告媒介的传播形态看，既有以报纸杂志为代表的印刷媒介，通过图文并茂的方式传播广告信息，也有以广播和电视为代表的电波媒介，通过视听方式丰富广告表现，还有以互联网为代表的数字媒介，通过高速便捷的传播方式加快信息传播。多样的广告媒介大大缩短了广告传播的时空距离，扩大了广告传播的影响范围。

五、公开性

既然广告信息经由各种媒介进行传播，可见广告属于公开的传播活动。即广告不依靠个体和人员的面对面传播，而是借助于某种传播媒介向特定的目标受众传达信息。这种"公开性"使广告与直接的人员推销活动或消费者之间的相互转告等方式相区别。广告是把商品信息传递到消费者那里，人员推销则是把商品本身带到消费者面前。通过公开传播，广告活动更加高效，不仅能使广告信息迅速传递到目标受众当中，有利于迅速获得关注并造成轰动效应而且能使广告信息不

---

① ［美］汤姆·狄龙等：《怎样创作广告》，刘毅志译，北京：中国友谊出版公司，1991年版，第64页。

② ［美］丹·海金司：《广告写作艺术》，刘毅志译，北京：中国友谊出版公司，1991年版，第27页。

会失真并可重复传播，有利于累积品牌印象并提升广告主知名度，这种高效性是个体传播难以企及的。通过公开传播，广告活动更加透明，不仅能使广告主置身于目标受众乃至社会大众的公开监督之下，而且能使广告信息的真实性在很大程度上得到保证，这种公开性也是个体传播无法比拟的。

六、有偿性

广告信息传播的每一环节都需要付出一定的代价，即广告是有偿的传播活动。其中，广告主是广告的直接付费者，广告主出资发起广告活动，通过为其提供专业服务的广告代理商对广告信息进行加工提炼，并在广告信息的内容取舍、表现方式、发布时机等方面掌握决定权，从而与广告代理商形成一定经济利益上的合作伙伴关系；同时广告主也需要付出代价向提供发布平台的广告媒介购买媒介的版面或时间，以实现广告信息的传播。此外，消费者则是广告的间接付出代价者。由于广告主希望广告投入能通过商品销售进行补偿，因此往往将广告费用计入产品成本并转嫁到商品价格上，于是消费者在进行实际消费时，也承担了计入产品成本的广告支出。

也可以说，广告是广告主和消费者共同出资的传播活动。广告主因其地位作用而承担更多的责任，既要对自身负责，通过成功的广告活动促进商品销售，以此补偿广告支出，也要对消费者负责，通过合理的广告投入控制商品成本，以此减轻消费者的负担。

第三节　广告传播形态的演变

广告活动是伴随人类社会的发展而不断走向多样化的历时性过程，广告的分类随着广告形态的发展而演变。从古代广告到现代广告，其外延在不断地扩大。从广告概念的历史演变来看，承载广告信息的媒介不断发展、丰富，这正是推动广告分类多样化的主要因素。媒介技术的发展与广告分类的演变存在密切联系。事实上，传播学作为广告学的基础学科，历来都把媒介当作传播行为的分类原则之一。所谓人际传播、群体传播、组织传播和大众传播，都可以从媒介角度来切分。在这些传播行为的外延边界之内，可以找到实物的、印刷的、电子的、数字的传播形态和方式，相应地也就形成了广告形态演变的依据。

一、人类社会早期的广告形态

人类社会最初的广告是社会广告传播，其次才是经济广告传播。在人类社会形成的初期，广告活动是人类展示自己、联络对方的手段，带有极强的记忆、标记、宣传、组织和协调的痕迹，大多是一种自发的、无意识的传播行为，如图腾、仪式、铭文、碑文等都是带有广告意味的社会性传播活动。社会广告在原始社会主要以文化广告的形式出现，在奴隶社会以后表现为政治广告、军事广告和文化广告三种主要形态。与人类经济发展和商品演化相伴随，商业广告传播同样经历了从无到有、从萌芽到产生再到发展的过程，其最初形态也经历了由低级到高级、由具象到抽象的过程——从最初的实物陈列、口头叫喊，到口头叫卖、标记、悬物，再到实物演示、原始音响、悬帜和招牌等。

社会广告实现的是社会管理的政治功能，商业广告则实现经济信息的传播功能。社会管理和政治信息的传播，演变到今天就是我们常见的公益广告和政治广告；商品经济广告则随着社会经济的发展和传播媒介的进步，演变为今天的各种类型的商业广告。限于技术条件，早期的广告具有现场告知的特征，广告通常出现在人口较为密集的城市广场和商业街区，多以纪念碑的碑文符号、招牌、实物等形式出现，广告媒介的固定性和传播范围的狭小性是这个时期广告活动的主要特征。为了突破固定空间和狭小的传播范围的局限，叫卖成为当时唯一的流动广告。由此看来，广告活动形态即便在人类社会早期，也已经出现了分化的趋势。

二、印刷时代的广告形态

我国的印刷术传入西方后，德国人谷登堡于1450年发明铅活字印刷，为印刷广告的发展提供了条件，使人类广告活动出现了新的形态和类别，由原来的口头、招牌、文字广告传播进入印刷广告的时代。最早的印刷广告是张贴在伦敦街头的推销宗教书籍的广告。到了文艺复兴后期，工商业发达的意大利亚得里亚海沿岸城市出现了最早的印刷报纸，上面刊登的内容主要是船期和货物信息。这种信息实际上就是一种商业广告。16世纪以后，西方经济发达国家陆续出现了定期印刷报纸，并在报纸上刊登广告；与此同时，杂志也开始出现，并且开辟广告专栏。这一时期的广告正如约翰·E.肯尼迪所言："广告是印在纸上的推销术。"值得注意的是，限于当时经济发展水平和人们的识字率低等多重因素的影响，印刷品的受众群体并不庞大，印刷广告在当时并未成为广告的主流类别。因此，除了新产生的印刷广告以外，原有的广告类别继续发挥着广告的功能。

18世纪后期，在工业革命风暴的影响下，随着经济的发展和人们对信息的需求，报纸、杂志加速向大众化发展，报纸作为承载广告的大众传播媒介使得广告真正有了大众传播的特征，并成为主要的广告媒介。报纸广告延续了早先出现的印刷广告的功能，同时又宣告了大众传播广告的出现。就分类而言，报纸与之后出现的广播电视一样，都具有大众传播的特征，我们可以把报纸广告归为一个大类，以区别于早期的实物、招牌、口耳相传的广告。

三、电子传播时代的广告形态

从广告类别发展的线索并结合广告的定义来看，不断出现的新的媒介形态造成了广告外延的不断扩大。这正是广告分类多样化的主要因素，并且一直贯穿广告发展的历史过程。自从 19 世纪中叶电报出现之后，电话、留声机、摄影机，以及随之而来的广播、电视将人类社会推进到了电子传播时代，不仅使信息的传播彻底突破了时间和空间的限制，也促使新的广告类别出现。

我们来看看技术进步带来的媒介变迁从而引起新的广告形态类别出现的种种事实：随着摄影术的发明，出现了摄影广告，以区别于过去的文字、绘画广告；电发光管发明后，出现了霓虹灯广告，以区别于过去的户外招牌广告；无线电广播技术的出现，使人们可以利用电波向大众传播信息，广播广告也应运而生，以区别于以往的各类印刷广告；电视的发明和普及，使得电视广告区别于过去诉诸单一感官的各类印刷广告与广播广告，它兼有视听效果并运用语言、声音、文字、形象、动作、表演等综合手段进行广告信息的传播，对社会大众产生了巨大的影响。

四、数字传播时代的广告形态

数字传播是指以比特（bit）为电子符号载体作为信息最小单位，以数据通信、互联网、多媒体等传播技术为核心，以电脑、电视、手机等为终端的多种功能的交互式信息传播活动。这些新的传媒技术为信息传播领域带来了一场革命，使人们变被动传播为互动传播的愿望成为现实。同时，也为新型的广告传播提供了传播平台和工具，拓宽了广告传播理念，推动了数字媒介广告的出现和发展。数字媒介广告与传统印刷媒介广告、电子媒介广告最大的区别在于：受众具有主动性、参与性、交互性和操作性。目前，在数字媒介广告这一类别中，主要包括网络广告、数字电视广告、手机广告、数字广播广告等。

第四节　广告学的基础理论与相关学科

广告学是一门综合性交叉学科，在形成与发展过程中吸收了大量相关学科的知识。传播学、营销学、社会学、心理学、艺术学、统计学、新闻学、公共关系学等学科的持续创新，为广告学注入了新鲜的血液，促使现代广告学在独立的学科轨道上不断丰富与完善。因此，在学习广告学的核心理论之前，我们有必要了解一下这些学科与广告学的关系及其相关理论在广告学中的运用，以便更好地理解广告学的构成体系。这里选择与广告学联系最为紧密的传播学、营销学、社会学、心理学、艺术学进行简要介绍。

一、广告与传播学

传播学形成于20世纪三四十年代的美国，是研究人类社会信息交流活动及其规律的科学，"控制分析、内容分析、媒介分析、受众分析、效果分析"是其研究体系中的核心内容。广告学与传播学的关系是：一方面广告活动在本质上就是一种信息传播活动，因而传播学的很多理论完全适用于广告学的研究。例如，广告为了达到更好的传播效果，应该如何把握受众、如何选择与使用媒介，都可以依据传播学的理论来进行探讨，这种理论融合逐渐形成了广告传播学。另一方面，对广告活动规律的探索也不断强化着传播学的理论认识，例如广告活动中对消费者潜意识心理的运用使得传播学对说服技巧有了更深入的理解。国内的学科设置已认同将广告学归属于传播学，这也反映了二者的密切关联。

二、广告与营销学

营销学是探讨企业营销活动的过程及其规律的科学，即在特定的市场环境中，企业为满足消费者和用户的需要实施以产品、定价、地点、促销为主要内容的市场营销活动，营销学就是对这种实践经验的科学总结，它形成于19世纪末20世纪初资本主义经济迅速发展的时期，从诞生之日起就注定要对广告及广告学产生重要的影响。广告作为传统的促销手段，是市场营销活动必不可少的组成环节。从本质上来说，广告活动就是一种信息传播营销行为。因此，以广告活动为研究对象的广告学和以营销活动为研究对象的营销学必然存在着密切的关联。

一方面，营销学理论的创新与发展不断深化着广告学对自身本质特色的认识，从策略到手段、从消费者分析到媒介渠道，广告学与营销学在进行着同步更新。另一方面，广告学的创新与发展也不断优化着营销学对于如何实现营销过程协调一致的相关认知，尤其是在整合营销理论提出之后，广告学对于媒介规律及消费者媒介接触行为的研究为整合营销理论的完善提供了理论支持。

三、广告与社会学

社会学是从整体动态社会系统出发，通过人们的社会关系和社会行为研究社会结构、功能及其变化规律的一门综合性学科，其研究领域涉及各种群体单位，如家庭、团体、民族等；涉及各种社会制度，如政治、法律、宗教等；涉及各种社会变化及过程，如冲突、舆论、价值观的变动等；涉及各种现实问题，如婚姻、就业、人口等。

广告作为一种综合性的信息传播活动，不仅传递商品信息，还传递政治、经济、社会、文化等各种信息。因此，从广义来看，广告就是一种社会信息传播活动。作为研究广告活动规律的广告学，必然与社会学有着不解之缘。即使是狭义的商业广告活动，也必须以广大的社会为背景，以特定的社会制度、社会文化为依据，才能制作出符合社会现实的广告作品，因而社会学的基本原理与规律对广告理论研究与实践活动必然起到指导作用。

社会学是把社会作为一个整体来分析，认为任何脱离整体的个体都是不存在的。人是社会的基本构成因素，通过与他人的相互关系从事社会活动，人的个性心理特征的形成与发展，是由他所处的社会环境及人们之间的相互关系决定的。社会学研究的整体性原理，对广告活动具有指导意义。在消费者研究中，不能仅把消费者作为一个与社会环境毫无联系的个体来看待，否则许多消费心理与行为就不可理解，只有从消费者所处的社会群体、社会阶层、社会文化等多重角度出发来研究消费者才能把握广告活动的规律。

社会学推崇实证研究方法，强调社会调查的运用，这对广告调查具有十分重要的借鉴意义。

四、广告与心理学

心理学是研究人的一般心理现象和心理规律的科学，广告学的形成离不开心理学的奠基。

人的心理活动可以概括为心理过程和个性心理两大方面。心理过程又分为认识活动过程与意向活动过程。各种心理活动在每个人身上的表现各有不同，因此又形成不同的兴趣爱好、气质能力和性格，这就是个性心理特征。广告活动是一种视听活动，就是通过视觉和听觉刺激引起人们的心理感应，而消费者的心理活动与广告活动的成功与否密切相关。要提高广告效果，实现广告目标，就要使广告符合人的心理活动规律。从这个角度看，广告学可以说是研究消费者心理活动及其变化规律的科学。

20世纪50年代，在广告业发展的过程中，心理学家几乎被看成决定商品生存的主宰者，因为广告主认为，心理学可以帮助揭开消费者购买动机的秘密。于是各种心理学的理论都被用来分析消费者的需求与动机、注意与记忆、态度与决策，观察法、实验法、心理测评法等心理学的研究方法也大量运用到广告研究中。

广告学与心理学的交叉渗透形成了一门新的学科——广告心理学，它是运用心理学的一般知识来解决广告活动中的心理问题的科学。广告心理学是广告学的组成部分，同时也是心理学在应用领域的一个分支，也可以说，广告心理学是应用心理学的一个分支。广告学与心理学尽管互相渗透、互相影响，但它们作为不同领域与层次的学科，其区别也是十分明显的。就对心理活动的关注而言，心理学和广告学有不同的关注角度：心理学研究的是人普遍性的心理特点，而广告学只研究广告活动中的心理问题，因此广告心理有不同于一般心理的独特性。

五、广告与艺术学

艺术学是一个庞大的学科体系，既包含一般艺术的本质、特征、审美、鉴赏等基本原理，也包含各个艺术门类的具体创作方法和基本技能。

广告与艺术的联系在于：广告是一种特殊的艺术作品，其创作涉及不同的艺术门类，但总体上归入"实用艺术"（包括建筑、园林、工艺美术与现代设计）中"现代设计"的范畴。在广告活动中，广告人如果不懂得艺术学的基本原理，就无法养成对广告作品的审美能力和鉴赏素质，也就无法对广告传播做出准确的评价。而对于专门从事广告艺术创作的人员来说，除了要具备基本的艺术学素养外，还要熟练掌握艺术创作的技法和手段，保持艺术创作的热情和想象力，只有这样，才能确保优质高效地完成广告创作工作。

因此，学习广告学也要学习艺术学的基本原理。

第五节　广告内涵对学科建构的影响

一、对"社会广告"起源问题的影响

广告起源问题影响到广告理论的发展和对广告规律的认识。人类广告的起源应是从社会广告开始的，原始的信息传播（社会广告）在社会发展中发挥了重要的作用。经济广告是在社会广告之后，随着人类文明的发展而发展的。从传播学角度研究广告，就必须承认"社会广告"是广告的起源。如果说社会广告是与人类生存、生活紧密相关的信息的传递，那么经济广告或商品广告一定是在社会广告之后产生的。

研究社会广告的历史起源，必然要追溯人类信息传播的起源。凡按照现代广告模式操作和发布的信息传播活动，不论是以商业为目的的，或是以非商业为目的的，都应属于广告学研究的范畴。

二、辩证看待公益广告与商业广告的关系

广义广告包含着商业广告和公益广告，狭义广告讲的就是商业广告。公益广告是不以营利为目的广告活动，其主题具有社会性、现实性与号召性。在传播学的框架下，公益广告也是广告的一个类别。公益广告本身其实是商业广告延伸出来的，他的宗旨和目的跟商业广告有所不同，但是运行机理是一样的，公益广告也要钱，也要传播，只不过目的是为了宣传公共利益，公益价值。

三、科学理解广告定义的宽泛性问题

定义概念是研究的逻辑起点。对广告的理解，直接决定广告史研究的学术立场及价值偏向。广告的概念本身亦是广告理论的核心之一。何谓广告？比较公认的观点是：广告的英文"advertising"，源于拉丁文"advertere"，意为唤起大众对某种事物的注意，并诱导于一定的方向所使用的一种手段。不过，在广告学的研究中，一直有两种观点在左右广告学研究：一种观点认为，广告是商品生产和商品交换的产物；另一种观点认为，广告是人类有目的的信息交流的必然产物。前者主要研究商品广告，即狭义广告；后者认为，除了研究商品广告，还应研究社会广告，即广义广告。目前来看，很多研究者都接受了广义广告的概念，即认为广告包括社会广告和经济广告，广义广告的概念也逐渐成为学界比较主流的观点。

四、确定传播学作为广告学的基础理论

广告学与传播学、营销学、社会学、心理学、艺术学都有关系，但真正作为最核心的基础理论应该是传播学原理。市场营销学在广告中也很重要，但市场只是广告运用的一个场所，并不代表广告学的整体含义。传播学研究信息社会中所有信息的传播过程和效果，广告是直接创造和提供信息的部门，在某种意义上它是"出售"信息。因此，广告学只有建立在传播学的理论基础上，才有广阔的发展前景，而这也是广告学研究的正确途径。

第七章　宣传辅言：华夏"宣"传播观念的和通意向

潘祥辉*

从传播史的角度看，"宣"是中国古代非常重要的传播行为和传播语汇，具有丰富的传播学内涵。自上古开始，"宣"就是一种以王室和王命为中心的政治传播活动。这种传播是自上而下、自内而外的，为王权所垄断和独占，并被注入了一种"神圣合法性"。从"宣"字的构造、其本义及引申义的演变可以揭示"宣"作为一种政治传播行为的特征。与西方现代的"宣传"不同，古代中国的"宣"不偏重于讯息，而偏重于抽象的恩威与德泽。"宣"的主要目的不是为了说服，而是为了达致"德化"。体现在古代汉语语汇中，"宣德""宣和""宣化"等出现频率极高。在笔者看来，古代"宣"之起源与发展及其所形成的历史传统也影响到中国近代以来"宣传"一词的感情与价值色彩。在当代中国"宣传"的概念语汇中，我们可以窥见华夏之"宣"的历史维度。

第一节　作为一种传播活动的"宣"

在传播学研究中，"宣传"向来受到重视。许多学者对"宣传"概念进行过词源上的考证。[①]刘海龙的研究指出，现代意义上的"宣传"一词系近代到中国的传教士对译 propaganda 一词产生的。这个翻译后来传到了日本，影响了日本对 propaganda 的翻译。到了 20 世纪，该词又通过留日学生等"内销"回中国。[②]不过即便如此，我们也很难断定"宣传"就是一个"外来词"。因为在中国，"宣传"

---

* 作者简介：潘祥辉，南京大学新闻传播学院教授，博士生导师，主要研究兴趣为政治传播学、比较媒介制度分析、华夏传播学、传播考古学等。

[①]　参见刘海龙：《宣传：观念、话语及其正当化》，北京：中国人民大学出版社，2012 年，第 30 页；刘海龙：《西方宣传概念的变迁：起源与早期的争论》，《国际新闻界》2007 年第 4 期；叶俊，《宣传的概念：多维语境下的历史考察》，《新闻与传播研究》2015 年第 8 期；郑保卫、叶俊：《从宣传研究到传播研究：对拉斯韦尔宣传定义的知识社会学考察》，《国际新闻界》2016 年第 2 期。

[②]　刘海龙：《宣传：观念、话语及其正当化》，北京：中国人民大学出版社，2012 年，第 30 页。

连用至少在公元 3 世纪时就已经出现了。《三国志·魏书·三少帝纪》："（王）起宣传辅言，告令将士，所宜赏异。"《北齐书·列传第十六》："（孙搴）又能通鲜卑语，兼宣传号令。"在《北史》《宋史》《金史》中，"宣传"一词也多次出现。据笔者的统计，仅在中国正史的二十五史中，"宣传"就出现了 66 次。尽管在研究现代"宣传"尤其是"宣传"的历史时，学者们都会追溯其古代渊源，但古代典籍中出现的"宣传"与我们现在所用的"宣传"到底有没有关系？又有什么关系？绝大多数研究对此或存而不论，或语焉不详，因此这一问题至今悬而未决。

在笔者看来，要解答古代"宣传"与现代"宣传"之间有无关系，是何种关系，我们不能仅从"宣传"一词入手，而应该从对"宣"的考察入手。原因很简单，"宣传"在今天是一个词，在古代却是由"宣"和"传"两个词组成。与现代汉语的双音节词占主导地位相反，在古代汉语中，绝大多数语汇都以单音节为主。黄金贵先生指出："古汉语以单音节为主。古代文化中的传播概念是通过一些表示传播活动的单音节词而体现的。这些代表性的传播词是：传、播、布、宣、扬、流、通、递。"① 实际上，古代汉语中的"宣"即是一个单音节词，它可以单独使用，也可以与其他词合并使用。如与"传"组合成"宣传"或"传宣"。《后汉书》卷七十三《公孙瓒列传》："令妇人习为大言声，使闻数百步，以传宣教令。"宋代诗人王以宁的《鹧鸪天·寿刘方明》有"明年寿酒君王劝，知有传宣敕使来"，用的都是"传宣"。可见古代"宣"与"传"的组合是十分灵活的，这与现代汉语中的"宣传"作为一个不可拆分的双音节合成词有着很大的不同。

事实上，古代"宣"字的用法十分灵活。除了"宣传"或"传宣"，作为一个单纯词或"词根"语素，"宣"字还可以和其他词或语素组合成"宣告、宣战、宣称、宣召、宣言、宣语、宣化、宣示、宣明、宣和、宣谕、宣圣、宣恩、宣政、宣诏、宣令、宣布、宣扬、宣威、宣仁、宣读、宣讲、宣判、宣誓、宣付"等一系列词语。这些词语在古代汉语中十分常见，有些词在现代汉语中依然广泛使用。笔者检索发现，在 1997 年商务印书馆出版的合订本《辞源》中收录了以"宣"字打头的词语 81 个。在 2014 年商务印书馆出版的《现代汉语词典》（第 6 版）中也收入了"宣"字头的词语 26 个。如果我们仔细分析就能发现，词典中这些与"宣"字组合的词语，除去"宣泄"意义上的"宣"（通"渲"），绝大多数都与我们今天所讲的"传播"义近。

可以说，古代汉语中的"宣"本身就是一种重要的传播行为或传播活动。"传播"二字都可以与"宣"搭配使用。除"宣传"或"传宣"外，"宣播"的用法

---

① 孙旭培：《华夏传播论》，北京：人民出版社，1997 年，第 22 页。

在古籍中也时有出现。《后汉书·吕布列传》："其督将高顺谏止（吕布）曰：'将军威名宣播，远近所畏，何求不得，而自行求掠。万一不克，岂不损邪？'"《宋书·列传第五十五》："仆以不德，荷国荣宠，受任边州，经理民物，宣播政化，鹰扬万里，虽尽节奉命，未能令上化下，而下情上达也。"显然，这两例中的"宣播"与我们今天所讲的"传播"意思一致。因此我们完全可把"宣"看作现代"宣传""宣告""宣读""宣讲"等词语的上位词或者说"词根"。那么，为什么"传""告""读""讲"这些词前面要加一个"宣"字呢？"告"和"宣告"，"讲"和"宣讲"又有何不同？作为一种传播活动，中国古代的"宣"到底有何特点？古代的"宣"与我们现在的"宣传"又有何关联？这些问题迄今还没有人做过专门研究。

为了真真切切地搞清楚这些问题，挖掘"宣"字中所包含的传播思想，在研究方法上，本文尝试采取一种"实证取向"的研究，将对"宣"字思想史的研究建立在较为扎实的实证材料基础之上。著名思想家福柯在《知识考古学》中曾指出："思想史的任务是要贯通那些现存的学科，研究和重新阐述它们。那么与其说它构成了一个边缘的领域，不如说它构成了一种分析的方式，一种透视法。"① 可见思想史的研究依赖于一种贯通的、跨学科的分析方法。借鉴福柯"知识考古学"的概念，本人曾将那种综合多学科知识对古代传播媒介与传播现象进行的正本清源式的研究称为"传播考古学"研究。② 本文对"宣"字的考证与诠释即采取这样一种传播考古学的路径。

汉字的历史悠久，可以说每一个字都包含着中国的传统思想和古人的精神观念，极具思想史的分析价值。诚如陈寅恪先生所言："凡解释一字，即是作一部文化史。"实际上，在对汉字的思想史研究中，前人已经取得了诸多成果，如杨联陞对"报"的研究、③ 黄兴涛对"她"字的研究等④，堪称经典。借鉴前人的研究成果和研究方法，本文对"宣"的考察首先从文字训诂入手，借鉴中国传统"小学"之考据方法考察其思想本源；其次采用语料库分析的方法，通过检索正史史料中"宣"字的用法与搭配来诠释其意义。在语料的使用上，本文采用了电子文献检索的方式，所使用的语料库主要来自台湾"中央研究院"的汉语古籍电子检索系统

---

① ［法］福柯：《知识考古学》，谢强，马月译，北京：生活·读书·新知三联书店，2003 年，第150 页。

② 潘祥辉：《传播之王：中国圣人的一项传播考古学研究》，《国际新闻界》2016 年第 9 期，第20—45 页。

③ 杨联陞：《中国文化中"报""保""包"之含义》，北京：中华书局，2014 年。

④ 黄兴涛：《"她"字的文化史——女性新代词的发明与认同研究》，北京：北京师范大学出版社，2014 年。

"汉籍全文数据库"(http://hanji.sinica.edu.tw/index.html),此语料库文献共计 50,758,837字,包含二十五史、十三经等古籍;再次,本文也采用比较分析的方法,在考证与分析古代中国"宣"之思想内涵的基础上与西方的"宣传"观进行对比。比较分析是传播考古学的重要研究方法。正如福柯指出的:"(知识)考古学是一项比较分析,它不是用来缩减话语的多样性和勾画那个将话语总体化的一致性,它的目的是将它们的多样性分配在不同的形态中。"① 结合文字训诂、考据、史料分析与东西方的对比分析,本文力图全方位地揭示出汉语语境中"宣"字的传播思想史。

第二节 王权独占:"宣"与中国古代的政治传播

汉字造字之初,往往包含着古人的认知心理。因此文字的训诂对于传播思想史的考古异常重要。从汉语史看,"宣"字的起源十分古老,在商代的甲骨文中就出现了该字,这为我们解读"宣"这种传播活动提供了线索。

一、"宣"之本义:充盈祥瑞之气的天子居所

在甲骨文中,"宣"写作"𤔖"(有时也写作"𠃊"或"𠃌",即"亘"字),金文中写作"𤔖"篆文写作"宣"。其字形演变如下 ②:

𤔖 1	𤔖 2	𤔖 3	宣 4	宣 5	宣 6	宣
商	西周	春秋	战国	《说文》小篆	汉	楷书

图 7-1 "宣"的字形演变

东汉许慎的《说文解字》收"宣"字在"宀部",解释为"天子宣室也。从宀亘声"。显然,许慎将其作为一个形声字来解读,认为"亘"是一个声符。不过,不少学者认为"宣"可能是一个会意字。这种歧见主要在于对"亘"字的理解不同。

在甲骨文中,"亘"常常被用作"宣"的本字,写作𠃊或𠃌。对这个符号的理解,历代研究者见仁见智。著名古文字家、日本学者白川静认为"亘"是形符,

---

① [法]福柯:《知识考古学》,谢强,马月译,北京:生活·读书·新知三联书店,2003年,第177页。

② 李学勤:《字源》,天津:天津古籍出版社,2012年,第655页。

指"半圆形物体"，半圆形的室即曰"宣室"。① 台湾学者许进雄则将"亘"解释为"屋子里有回旋图案的装饰状"②。也有学者认为"亘"即旋转之意，宣室即"旋室"，是一种可以旋转的供夏桀商纣享乐的宫室。③ 还有学者将"亘"的象形解释为像在收卷状的卷子，"宣"的意思为"将文卷展开"以进行宣读。④ 应该说，这些解读各有各的道理，但也难免望文生义。在笔者看来，上述解释都没有道破"亘"之本义。

从宣字从"宀"来看，许慎将"宣"解释为"天子之宣室"，应当是其本义。清代学者段玉裁的《说文解字注》也沿袭此说。日本学者白川静同样认为"宣"字的本义应当是"宣室之室名"。在他看来，"宀"为祭祀祖先神灵的庙宇房顶之形，半圆形的"亘"室即"宣室"。⑤《史记·龟策传》载"武王破纣牧野，杀之于宣室"（另见《淮南子·本经训》）。汉高诱注曰："宣室，殷宫名。"⑥ 从殷纣王就被杀于"宣室"的记载来看，宣室当为天子所居之室无疑。事实上汉以后仍称天子所居为宣室。汉代焦赣《易林·师之恒》："乘龙从蜺，征诣北阙，乃见宣室，拜守东城。"《陈书·宗元饶传》："元饶劾奏曰：'爰降曲恩，祖行宣室，亲承规诲，事等言提。'"唐代骆宾王《代李敬业以武后临朝移诸郡县檄》："公等或居汉地，或叶周亲，或膺重寄于话言，或受顾命于宣室。言犹在耳，忠岂忘心。"这些用法中的"宣室"均指"天子所居之处"。

既然"宣"为天子所之室，那么在上古的语境中，它必然是不同凡响的。从字形上来看，笔者倾向于认为"宣"字中回旋状的"亘"符表示的是一种回旋状的祥瑞之气。商代王室崇尚占卜星象，天子所居，必有瑞气，这符合殷商时代的宗教与文化语境。⑦ 北宋初年校定《说文解字》的著名学者徐铉将"亘"符解释为"风回"的象形，他认为"宣"字"从回，风回转，所以宣阴阳也"。徐铉用"宣阴阳"来解释"宣"的意思，笔者认为有相当的合理性。但"亘"不应当是风的

① [日]白川静：《常用字解》，苏冰译，北京：九州出版社，2010年，第264页。
② 许进雄：《中国古代社会：文字与人类学的透视》，北京：中国人民大学出版社，2008年，第347页。
③ 华强：《殷商甲骨文本训》，合肥：黄山书社，2005年，第123页。
④ 这种说法认为金文对甲骨文字形中的"亘"底部加一横指事符号，写成。篆文将金文的写成，表示"文卷两端的卷轴"。后来文卷形状的又被写成"曰"（说），意在强调"诵读"。参见樊中岳：《篆法漫谈（十）——说"宣"字》，《书法报·老年书画》2013年8月20日，第32期。
⑤ [日]白川静：《常用字解》，苏冰译，北京：九州出版社，2010年，第264页。
⑥ 在《淮南子·本经训》的注中，高诱提供了三种"宣室"的解释，一曰"殷宫名"，一曰"狱也"，一曰以"璇室瑶台象廊玉床"装潢的宫室。
⑦ 张荣明：《权力的谎言：中国传统的政治宗教》，杭州：浙江人民出版社，2000年，第10—11页。

象形，而可能是回旋状的"云"或"气"的象形。笔者的这个观点与高鸿缙先生的看法不谋而合，他认为"宣"字"从云气在天下舒卷自如之象。其上着一者天也，上下各着一者，天与地也……宣字从宀……乃通光透气之室也"①。在笔者看来，"宣"为天子所居，这个"云气"应当不是一般的气体，而应当是一种不同寻常的"祥瑞之气"。这种祥瑞之气表征在"宣"字的字形结构中，显然是为了增加王及"宣室"的神圣化色彩。王室的这种神秘性色彩可能是上古"宣"之权威性和神圣性的重要合法性来源。

在笔者看来，只有将"宣"理解为一种"祥瑞之气笼罩的天子居所"，我们才能理解"宣"的本义和引申义之间的关系。"宣"的本义是"天子居所"，其引申义却有"散布、遍布"之义。《尔雅·释言》："宣、徇，遍也。"段玉裁《说文解字注》："天子宣室，盖礼家相传古语，引申为布也，明也，遍也，通也，缓也，散也。"②但宣的本义和引申义之间的关联是如何产生的呢？其中又存在什么样的关联逻辑呢？历史上没有人对此做过合理解释。为了弥合"宣"的本义和引申义之间的断裂，段玉裁将"宣室"理解为"大室"。不过这种解释非常牵强，即便"天子用室必大"，"大"也难以引申出"周遍"之意。因此笔者认为，"宣室"不是因为"大"，而是因为其中带有一种"瑞气"（"亘"符），而气体是可以扩散的，所以"宣"字才会引申出"化""通""散"及"周遍"等意思。"宣"的引申义与"传播"义近，其实也与气体的扩散原理暗合。因此将"宣"理解为"祥瑞之气环绕的天子居所"，笔者就很好地解释了"宣"之本义及引申义之间的逻辑关联，为解决了历史上的一桩公案。

二、"宣"与王室的政治传播

从功能上看，"宣室"不仅是天子居室，也是天子进行祭祀或举行典礼的重要场所。据周代金文《虢季子白盘》记述，周王曾在"宣室"举行过"献馘"之礼，献上的是敌族猃狁的将领之首。由此可见"宣室"也是举行审判或仪式的重要场所。因此它也是"礼"与"刑"之所出。"礼"与"刑"是古代政治的重要内容，上古所谓的"宣政"应当包括了这两方面的内容。

"宣室"还是商周帝王进行政治决策的地方，到汉代还有沿用。《汉书·刑法志》云："时上（宣帝）常幸宣室，斋居而决事。"如淳注云："宣室，布政教之室也。"可见"宣室"也是王室政治传播的中心。在笔者看来，正是因为"宣室"是上古天子的神圣居所及政治决策中心，所以君主在这一神圣场所进行的政治传播

---

① 高鸿缙：《中国字例》，台北：三民书局，1960年，第393页。
② （清）段玉裁：《说文解字注》，上海：上海古籍出版社，1981年，第609页。

活动也称为"宣"。从这一场所发布出去的政令称为"宣令""宣政"或"宣诏"，从这一场所传播出去的"礼"称为"宣礼"，"言"称为"宣言"，"告"称为"宣告"。王室的这种传播活动用"宣"来命名，显然是基于"宣室"这一处所及其特性的一种引申。

由此可见，中国古代的"宣"一开始就是和"王权主义"①联系在一起的，它代表了王室的立场，并且由王室所垄断。这一特征最典型地体现在"宣诏"与"宣令"的使用上。在中国古代，"诏"与"令"均指君主的旨意，也只有君主有权发布诏与令。"诏"与"令"的传播常与"宣"字搭配，在古籍中的出现频率非常高。《周礼注疏》卷三十六云："布刑则以旌节，出，宣令之于司寇。"汉代的孔安国认为周代的"遒人"即"宣令之官"（古文《尚书·胤征》孔注）。"宣令"当然是宣王室之令。《汉书·黄霸传》："时上垂意于治，数下恩泽诏书，吏不奉宣。霸为太守选择良吏，分部宣布诏令，令民咸知上意。"此例中的"奉宣""宣布"指的都是诏令。《三国志·蜀志·马忠传》："延熙五年还朝，因至汉中，见大司马蒋琬，宣传诏旨，加拜镇南大将军。"此例"宣传"一词也是与"诏旨"相搭配。实际上，在古代文献中，"宣旨"特指宣布皇帝的诏书，如《宋书·柳元景传》："上遣丹阳尹颜竣宣旨慰劳。""宣谕"特指"宣示皇帝的旨意"。如《隋书·长孙平传》："上使平持节宣谕，令其和解。""宣召"则特指皇帝召见臣下，在唐代成为一种"礼"。宋沈括《梦溪笔谈·故事一》："唐制，自宰相而下，初命皆无宣召之礼，惟学士宣召。盖学士院在禁中，非内臣宣召，无因得入，故院门别设复门，亦以其通禁庭也。"与"诏""令"类似，"宣命"即"传达皇帝的诏命"，"宣制"是"宣布帝王的诏命"。帝王召见臣下谓"宣召"，诏拜将相曰"宣麻"，按帝王之意办理丧葬谓"宣葬"，向臣下发问谓"宣问"，甚至帝王的诏书径直谓"宣"。"宣"一定程度上成为"帝王"或"帝旨"的代称。②

从古代文献中的"宣"字使用来看，其主语（主体）的确多是王、天子或其"代理喉舌"。《史通·内篇·叙事第二十二》："盖《书》之所主，本于号令，所以宣王道之正义，发话言于臣下，故其所载，皆典、谟、训、诰、誓、命之文。"可见，《尚书》中的篇章，多为王之所"宣"号令，如"康诰"就是康王所宣。《史记·周本纪》也载："康王即位，遍告诸侯，宣告以文、武之业以申之，作康诰。"秦始皇在泰山石刻中也宣称自己"专隆教诲。训经宣达，远近毕理"（《史记·秦始皇本纪》）。这里的"宣告"和"宣达"的主体均是"王"。实际上，因为"宣"

①　刘泽华：《中国的王权主义》，上海：上海人民出版社，2000年。

②　孙旭培：《华夏传播论：中国传统文化中的传播》，北京：人民出版社，1997年，第24页。

之起源与王室的关系密切，上古"宣"一定程度上成为王室的一种"独占性传播"。

因此我们也可将上古的"宣"字理解为一种王室政治传播的重要语言标记。从传播学的角度看，这种"宣"传是一种典型的自上而下的单向传播。除了君主或其代理人，其他传播主体在发表或传播信息时鲜有使用"宣"字的。《国语·周语·刘康公论鲁大夫俭与侈》："臣闻之：为臣必臣，为君必君。宽肃宣惠，君也；敬恪恭俭，臣也。""宣惠"指向的是"君"而不是"臣"。"宣"的等级性也可以从它与"上""下"的搭配上看得出来。荀子说："上宣明，则下治辨矣。"（《荀子·正论第十八》）东汉班固认为赋的功能"或以抒下情而通讽喻，或以宣上德而尽忠孝"（《两都赋》序）。《诗·大雅·烝民》："出纳王命，王之喉舌。"孔传："纳言，喉舌之官，听下言纳于上，受上言宣于下，必以信。"可见"宣"总是与"上言"及"上德"紧密联系在一起的。从古代文献用例来看，君对臣、上对下可以用"宣"，而下对上则只能用"纳""告""说""奏"等，这体现了"宣"传的等级性和垄断性。1906年（清光绪三十二年），一份名为《学部奏请宣示教育宗旨折》的奏折在中国历史上第一次提出了政府宣布的教育宗旨，奏折中的"奏请"和"宣示"用词等级分明，分别对应着"臣"与"君"的身份。实际上，直到清代，"圣谕"还只能用"宣讲"，"讲圣谕"的说法显然是"政治不正确"。

三、"宣官""宣职"与"天子喉舌"

尽管"宣"之主体毫无疑问是王室，但天子之"宣"却不一定要其亲口传达，而是多借"宣室"中服侍天子的寺臣来代为传达，他们"谨闺闼之禁，通内外之言"，实际上就是"天子喉舌"。正如梁启超在《论报馆有益于国事》中所言："（古者）撢人掌诵王志，道国之政事，以巡天下邦国而语之。凡所以宣上德、通下情者，非徒纪述，兼有职掌。"[1]在上古，这些职掌多为"太监"充任。在上古他们也被称为"阉人、寺人、内竖、奄人"等。笔者认为，上古这些人应该也陪居在帝王的"宣室"之中，除了在王宫中担任守门、侍奉起居外，也负责宣达王的命令。《册府元龟·内臣部·总序》载：在帝座之侧的宦者，"所以给事左右，出入宫掖，典司纠禁，宣传命令"（《册府元龟》卷六百六十五）。可见"宣"的主体虽然是王，但这些同居"宣室"中的"寺臣"却扮演了王的代理人的角色，他们毫无疑问是中国历史上最早的"喉舌"。"宣传"与"喉舌"的关联可见由来已久。实际上，一直到清代，代皇帝"宣旨"的仍然多为"太监"，这可以说是沿袭自商周以来的传统。这种"专司宣召的内监"后来也发展出正式的名称，即"宣使"。明代刘基

---

[1]　梁启超：《论报馆有益于国是》，见张品兴主编：《梁启超全集》（第一卷），北京：北京出版社，1999年，第67页。

的诗句"紫薇门下逢宣使，新向湖州召画工"（《有感》），这个"宣使"即指传令宣召的太监。

天子身边的"宣使"在后世也逐渐转变成政府的职官，这即古代形形色色的"宣官"或"宣职"。这些官员和机构都由王室来设置和任命。实际上，"宣"的政治垄断性也表现在这些与"宣"有关的职官设置上。考中国古代文献，我们就可以发现有许多以"宣"为名的官职。如"宣政使""宣抚使""宣慰使"等等。兹列举一二如下：

1. "宣抚使"。唐玄宗时始置。唐后期派大臣巡视战后地区及水旱灾区，称宣先安慰使或宣抚使。唐代韩愈《送陆歙州诗序》："当今赋出于天下，江南居十九，宣使之所察，歙为富州。"元稹《赠太子少保崔公墓志铭》："是岁，前逋负尽入焉，宣使骇异之。"两例中的"宣使"即为"宣抚使"。此职官宋时沿用。《宋史·职官志七》解释"宣抚使"的职能是："掌宣布威灵、抚绥边境及统护将帅、督视军旅之事，以二府大臣充。"元代时"宣抚使"于西南少数民族地区置，管理军民。明清继续沿用。直到辛亥革命后"宣抚使"仍在使用，可谓历史悠久。

2. "宣谕使"。宋代官名。据《宋史·职官志七》："宣谕使"主要掌考察地方政治，按察官吏，招抚起事者，宣谕朝廷关心。南宋绍兴后常于民众起事被镇压后派高级官员为"宣谕使"前往抚慰，代表皇帝的宅心仁厚。

3. "昭宣使"：宋代官名，淳化四年（993 年）置。《宋史·列传第六十八·王延德》："淳化中，当进秩，延德与王继恩、杜彦钧使额已极，特置昭宣使，以延德等为之。"宋时为正六品职官。

4. "宣政使"。宋代宦官名，为高级官称。宋淳化五年（994 年），宦官昭宣使王继恩镇压王小波、李顺起义后，特置此官，以示奖励。

5. "宣庆使"：宋代宦官官名，为高级官称。宋大中祥符元年（1008 年）置。

除此之外，古代典籍中还有"宣德郎"[①]"宣义郎"[②]"宣义节度使"等职官。

从中国历史上，"宣官"与含"宣"机构历朝历代都有，名称略有变化。顾名思义，他们最初的职责都与"传播圣意"有关，这从"宣义""宣政""宣谕"等名称的设置上也能看出来。尽管后世的"宣官"并非专事信息传递，但一直具有重要的信息传播功能。如研究者指出的，宣抚使、宣谕使就在南宋朝廷与川陕沟

---

① 隋置官名，为散官。唐沿用，宋沿置，为第十九阶，正七品。《宋史·贾伟节传》："登进士第，今为宣德郎，皆正之善教之致也。"宋政和四年曾改称宣教郎。明、清仍为散官。明宣德郎为从六品吏员出身升授之阶。清吏员出身者从六品授宣德郎。

② 如《唐书》曰："贞观十八年，命将征辽东。安州人彭通请出布五千段以资征人，上喜之，比汉之卜式，拜宣义郎。"

通的信息渠道中扮演了关键性角色。① 而从对象上看，这种"宣官"既包括"外宣"（面向边疆或化外之民），也包括"内宣"（面向基层或边远之地），但宣官所代表和秉持的都是中央朝廷的旨意。自商周时代起，"宣官"就多为宦官代理，后世的"宣"官也多为宦官充任，显然沿袭了这一传统。如宋代的"昭宣使""宣庆使"都是宦官官名。在"宣"传上，宦官一直受到历代皇帝的倚重，显然是因为宦官是天子的近臣，加之宦官是去势之人，依附于君主，天子选择宦官做"喉舌"显然更加放心。古代中国"宣"与"帝"的紧密关联的传统，可谓经久不绝。

四、比较政治学视野下的中国之"宣"

通过对"宣"之本义及用法的考察，我们可以看出，中国古代的"宣"是一种由王室垄断的自上而下的政治传播行为或政治传播活动。从东西方比较视野来看，中国古代的"宣"一开始就发端于王权政治，这和西方的"propaganda"一词最早源于宗教领域很不一样② 尽管汉以后佛教东来，"宣"也用于"宣译佛经"等说法，③ 但中国之"宣"的传播与扩散路径显然是"先政治后宗教"。这与西方的"propaganda"一词先从宗教领域再进入政治及商业领域的路径刚好相反。

从宣传实践来看，尽管在基督教之前，西方就已经存在政治宣传的事实了，但如果我们比较一下先秦和古代希腊、罗马，就会发现两者的政治宣传有着很大的不同。作为一种政治传播形态，中国之"宣"一开始就是垄断性的、为王权所独占。它主要表现为一种自上而下的、自内而外的单向传播方式，受到王权的严格控制。王权（皇权）垄断了"宣"传。"皇帝的权力范围，是涉及全领域的，它不容许有跟自己相同权力之存在。天下无二君，此乃皇权之特性。作为皇权的性格的公权，其实现的场所是：王化所及，天下属之。"④ 而古希腊罗马的政治宣传则

---

① 曹家齐：《南宋朝廷与四川地区的文书传递》，《中国社会科学》2014 年第 5 期。

② 英语 propaganda 一词由拉丁语词根 propaso 演变而来，其本意是植物的嫁接、播种、移植。17 世纪，罗马教会发起了反宗教改革运动，格列高利教皇十五世为此成立了"信仰宣传委员会"，该协会拉丁文全称"congregatio de propaganda fide"，简称"propaganda"，指通过传教士使用各种文字、语言传播教义，发展信徒的活动。这在西方语境中首次提出了现代意义的"宣传"概念。

③ 佛教东来后，我们确实发现有"宣"的用法，如《三国志·魏书·释老志》中曾提道："后有天竺沙门昙柯迦罗入洛，宣译戒律，中国戒律之始也。"《高僧传》："安清，字世高，安息国太子也。讽持禅经，备尽其妙，游方弘化，遍历诸国。以汉桓之初，始到中夏。才悟机敏，一闻能达。至止未久，即通习华言。于是宣译要经，改梵为汉，先后所出经论，凡三十九部。"西晋竺法护译《等目菩萨所问三昧经》："现建立如来之土，以佛音声。而普雨诸法，使其音声。普闻诸土，广宣传佛之正受，亦复普宣诸佛世尊，贤圣之众。"在笔者看来，佛教中的"宣"可能借用了王权领域的"宣"的合法性和权威性，此外，佛教的传播本身一度受到王权的支持，其用"宣"字显然也经过了王权的授权或默许。

④ ［日］西嶋定生：《中国古代帝国的形成与结构：二十等爵制研究》，武尚清译，北京：中华书局，2004 年，第 43 页。

是开放性和竞争性的，没有任何政治势力或政治团体可以垄断宣传，它可以是纵向的传播，也可以是横向的传播。

显然，追根溯源，这与东西方的宣传起源不同有关。中国的政治宣传（"宣"）起源于王权政治，而西方的政治宣传则起源于一种竞争性的政治。英国著名历史社会学家芬纳（S.E.Finer）区分了古代帝国的不同政体及其特征，他指出：古代中华帝国自古以来是一种典型的"宫殿式政权"，即君主专制体制，而希腊罗马的政治则是一种典型的"论坛式政体"。芬纳论述了这两种政体的不同："宫殿式政体是极权主义的，统治权力由上向下授予，而论坛式政体虽然不一定是民主的，但却是民众的（popular），权力由下向上授予统治者的。宫殿政体是君主政体，而论坛体制是多头政治。前者的权力来源不是人民，因而也无须对人民负责，而后者的权力来源于人民，须要对人民负责……和宫殿式政体不同，论坛式政体主要的政治过程不在于命令，而要点在于说服。"① 显然，这种政体上的不同不仅影响着中西方对宣传的理解，也影响到东西方宣传的性质和方式。

第三节　显"德"行"化"：中国古代"宣"之理念

在芬纳看来，希腊罗马的"论坛式政体"奠基于一种"多头政治"，这种政治的核心过程就是"说服"，它高度依赖于口头传播。"论坛式政体不依赖于文字，而是依赖于演讲。因此论坛式政体的特征之一就是对修辞之学的发展。在这个体制中，人们不是简单地接受来自上方的命令，被要求怎么做，而是必须被争取过来。于是论坛式政体产生了修辞之艺术和科学。"② 实际上，"说服"也是发端于西方语境之"宣传"最为明显和核心的特征。

但与此迥异，古代中国的"宣"基本不重视演讲、辩论、修辞或"口头传播"。孔子就非常反感辩论和口头修辞。他认为："巧言、令色，鲜矣仁。"（《论语·学而》）当有人说孔子的弟子雍"仁而不佞（口才之美）"时，孔子反驳说："焉用佞！御人以口给，屡憎于人。不知其仁，焉用佞！"（《论语·公冶长》）足见"口头说服"绝不是中国古代"宣"的题中应有之义。在甲骨文及金文的"宣"字结构中，我们也没有发现任何包含"口说"的信息。这与现代及西方的宣传概念显得十分不同。

---

① ［英］芬纳：《统治史（卷一）：古代的王权与帝国——从苏美尔到罗马》，马百亮、王震译，上海：华东师范大学出版社，2010年，第35—38页。

② ［英］芬纳：《统治史（卷一）：古代的王权与帝国——从苏美尔到罗马》，马百亮、王震译，上海：华东师范大学出版社，2010年，第37页。

一、"宣"之内涵:"宣文教以章其化"

在笔者看来,与"说服"相比,中国古代"宣"的突出特征是更加注重"化",即"感化""教化"或"文化"。"宣教"与"宣化"是古代政治的重要内容。汉末思想家荀悦指出:"兴农桑以养其生,审好恶以正其俗,宣文教以章其化,立武备以秉其威,明赏罚以统其法。是谓五政。"(《申鉴·政体》)"宣文教以章其化"是"五政"之一,也构成了中国古代政治传播的重要内容。

从上古"宣"的对象上来看,"诏令""旨令"固然重要,但一些儒家文化中抽象的"德""义""礼""和""仁""威""慈""惠"等更是占有突出的地位。笔者通过对台湾"中央研究院"的汉语古籍电子检索系统"汉籍全文数据库"中收录的25史的电子版进行检索,统计出了25史中"宣"与不同词语的搭配及出现的频率。

表 7-1:二十五史中"宣"字的搭配统计

宣德	宣和	宣化	宣布	宣旨	宣威	宣诏
934	588	204	190	160	148	146
宣仁	宣言	宣文	宣扬	宣传	宣令	宣告
145	144	79	67	66	59	57

我们可以现,宣与"德、和、化、旨、威、仁、文、令、告"的搭配都比较常见,而"宣德""宣和"与"宣化"是出现频率最高的三种搭配,超过了"宣旨""宣诏"与"宣令"。这说明,与单纯的传播讯息(诏令)相比,中国古代的"宣"更多强调中央王朝的"德泽"。实际上,"君德"是古代"宣"的重要内容。如《尚书·皋陶谟》"日宣三德"。《汉书·张汤传》:"车骑将军光禄勋富平侯安世,宿卫忠正,宣德明恩。"《汉书·列传第四十二·王贡两龚鲍传》:"臣闻圣王宣德流化,必自近始。"《白虎通·辟雍》:"天子立辟雍何?所以行礼乐宣德化也。"从这些存世文献来看,古代天子所宣,确实以"德"首。

而"宣德"的目的是为了教化。汉刘向在《说苑·指武》中写道:"圣人之治天下也,先文德而后武力。凡武之兴为不服也。文化不改,然后加诛。"将"文化"(以文教化)放在"武力"之前,显然体现了古代儒教中国的社会特征。唐代诗人李华《吊古战场文》说:"文教失宣,武臣用奇。""文"教是"宣"的重要方式,也是"宣"的最终目的。实际上,古代地方官员的一项重要职责就是"奉召宣化"(《汉书·宣帝纪》)。正如董仲舒所说:"今之郡守、县令,民之师帅,所使承流而宣化也,故师帅不贤,则主德不宣,恩泽不流。"(《汉书·董仲舒传》)

可以说，注重文德教化是中国自先秦以来就存在的传统。这在以孔子为代表的儒家思想中体现得十分明显。孔子认为"君子修己成德、以德化人"是十分重要的，他也非常注重这种道德教化在政治中的重要性。"为政以德，譬如北辰，居其所而众星共之。"（《论语·为政》）"道之以德，齐之以礼，有耻且格。"（《论语·为政》）在《论语》中有很多关于"道德教化"的论述，"文""行""忠""信"构成了道德教化的基本内容。[①] 在历史上，孔子还曾一度被封为"宣公"。如汉元始元年（公元1年），王莽追谥孔子为"褒成宣尼公"。到唐代，唐太宗李世民于贞观二年（公元628年）尊孔子为"先圣"，贞观十一年改称"宣父"，并于兖州修筑宣尼庙（也称宣父庙）。但为什么孔子被封为"宣公""宣父"呢？迄今还没有人清楚地解释过这个问题。在笔者看来，以"宣公""宣父"谥孔子，盖因"宣"一定程度上是"教化"的同义词，而儒家之功即在"教化"。班固在《汉书·艺文志》中说："儒家者流，盖出于司徒之官，助人君顺阴阳、明教化者也。"因此用"宣"号来加封儒家的先师孔子，算得上名副其实。加之古代的"宣"字本身具有一定的神圣色彩，赐孔子"宣父"之名增加了其"教化之父"的神圣合法性。

可以说，"施文德行教化"的思想是中国古代"宣"的核心灵魂。正如《国语·周语》中所说："宣所以教施也，惠所以和民也。本有保则必固，时动而济则无败功，教施而宣则遍，惠以和民则阜。"除了圣王君主的言语和德行，能达到"宣化"目的的还有"礼乐"。实际上，"礼""仪""乐"也都是古代"宣"的重要内容。中国自古就十分注重礼乐的教化。在朝廷设置的一些"宣官""宣职"中，很多就和礼乐教化有关。最典型的如中唐以后设置的"宣徽院"。这一官署主要"总领内诸司及三班内侍之籍，郊祀、朝会、宴享供帐之仪"，其职能相当于后世负责礼仪宣传的部门。[②] 宋以后，宣徽院职责更加广泛。据《宋史》载，其职责"掌总领内诸司及三班内侍之籍，郊祀、朝会、宴飨供帐之仪，应内外进奉，悉检视其名物"。足见宣徽院掌管皇帝的礼乐仪式，毫无疑问是古代重要的"宣化"机构。

二、古代中国的"外宣"与"内化"

因为强调"普世"的德泽与教化，中国古代的"宣"因此是无远弗届的。对于边陲或化外之民，这种"宣化"理念同样得到贯彻。儒家自古就非常注重对"远人"的"文德教化"。"设神理以景俗，敷文化以柔远"（南齐王融《三月三日曲水诗序》）既是古代儒家的理想，也是古代帝王重要的安边策略。通过"宣"来教化

---

① 杨朝明：《刍议儒家的教化文化》，《孔子研究》2008年第6期。

② [加]王立：《欢娱的巅峰：唐代教坊考》，北京：新星出版社，2015年，第228页。

边民为历代朝廷所重视。表现在机构设置上，就是出现了许多以"宣"为名的"外宣机构"，这显然沿袭自上古"宣"的传统。其最初设立的宗旨当为传播中央朝廷的德教恩泽，以达到"化外安边"的目的。如最早见于金朝，在元朝时普遍设立的"宣慰司"就具有重要的沟通与传播功能。据《元史》记载："宣慰司，掌军民之务，分道以总郡县，行省有政令则布于下，郡县有请则为达于省。"宣慰司的长官称"宣慰使"。此外元代还设有"宣政院"，是掌管全国佛教事宜和藏族地区军政事务的中央机关，其前身本来叫"总制院"。据《元史·百官志三》载："至元二十五年（公元1288年），因唐制吐蕃来朝见于宣政殿之故，更名宣政院。"可见"宣政院"带有浓厚的"外宣"色彩，它是接待"外宾"的地方。之所以名"宣"，因为它承担着"显扬国威"的"宣化"功能。

明代的"宣官""宣职"则有所谓的"三宣六慰"，它同样以管理和教化"边民"为主职。明代"凡百夷聚居区，都设土司"。洪武年间，在云南承宣布政使司下先后设立了南甸、干崖、麓川平缅三个宣抚司，及木邦、孟养、缅甸、八百大甸、车里、老挝六个宣慰司。永乐年间又设底兀剌、大古剌、底马撒三个宣慰司。"宣慰使""宣抚使"是其行政长官，管辖司内军民之政。这些官职冠以"宣"字，显然说明它也承担着重要的教化功能。实际上，这些名字本身也具有传播"王权德化"的象征功能。在中国一些省份的地名中，至今还保留着不少"宣"字头的名字，如云南的"宣威（市）"、河北的"宣化（区）"、安徽的"宣城（市）"，这些地名都由当时设置的"宣化"机构转变而来。值得注意的是，这些"宣"字机构的设立表面上在于"宣播朝廷恩威"，实际上它不只是文宣机构，更兼有军事职能。如明代的"三宣六慰"就既管民政，也管军政，其目的在于控制边远少数民族地区。然而，用一个沿袭自上古的"宣"字作为职官名称，既突出了朝廷注重文教、化育边民的良好用心，又软化和遮蔽了其强力控制的本质与目的，可谓一举两得。

作为一种政治治理（传播）手段，我们千万不能小觑这种"宣化"的力量。李约瑟和黄仁宇在论及古代中国的政治与印度的不同时曾指出，与古代印度内部的紧张、多样、难以"统一"不同，"中国人能将周边部族吸纳到自己的文化中来，而不会削弱自己的文化，甚至还可以同化征服者，直到他们所有的可辨识特征子然无存。不仅如此，中国还向整个东亚输出她的文化，以至于朝鲜、日本和越南在某种程度上都是她的子文化"①。在笔者看来，这种"同化力"不仅与中国政治文

---

① ［美］李约瑟、黄仁宇：《中国社会的特质——一个技术层面的诠释》，见黄仁宇：《现代中国的历程》，北京：中华书局，2011年，第8—9页。

化本身的"特质"有关，也与中国特色的政治传播方式即"宣化"方式紧密关联。

三、古今中西"宣传"理念的差异

从"宣"与"德"及"化"的使用以及"宣"字职官的设置来看，我们能看出，中国古代的"宣"传理念十分平和，丝毫不强调"对抗"与"论辩"，可以说是一种"和平"教化思想的体现。它与西方现代意义上的"宣传"理论起源于战争，强调"灌输"与"对抗"完全不同。[①]

在哈罗德·拉斯韦尔看来，宣传是现代战争必不可少的部分，"宣传即思想对思想的战争"。[②] 不过，同样是面对"外敌"，中国孔子的态度则是"远人不服，则修文德以来之。既来之，则安之"（《论语·季氏》）。实际上，中国古代即便是面向域外民族的"外宣"（今天称之为"对外传播"），也有着鲜明的"往内同化"的色彩。在笔者看来，这种"宣"之理念与中国古代儒家的"天下观"及"德治观"是分不开的。在古人眼中，"中国"是礼仪之邦。"中国者，聪明睿智之所居也，万物财用之所聚也。贤圣之所教也，仁义之所施也，诗书礼乐之所用也，异敏技艺之所试也，远方之所观赴也，蛮夷之所义行也。"（《战国策·赵策》）宣扬"中国"的这种礼仪并同化对方，这就是政治统治。许倬云先生指出：儒家界定的普世价值，是一种具有推己及人的"圈层性质"的人间伦理。"这一社会关系圈，投射于中国与四邻的关系。遂是理想中'近者悦，远者来'的'向化'，没有绝对的'他者'，只有相对的'我人'。几千年来，所谓'天下'，并不是中国自以为'世界只有如此大'，而是以为，光天化日之下，只有同一人文的伦理秩序。中国自以为是这一文明的首善之都，文明之所寄托，于是'天下'是一个无远弗届的同心圆，一层一层地开化，推向未开化。"[③]

---

① 战争对西方 propaganda 概念的影响至深。1718 年，英文 propaganda 首次出现。在 18 世纪美国独立战争、19 世纪的美国南北战争中，宣传发挥了重要作用。英文 propaganda 的宗教意义退化，政治含义日增。到"一战"期间，propaganda 一词随战时宣传而流行。1918 年，英国成立隶属于政府新闻部的战时机构"对敌宣传司"（Department of Enemy Propaganda），propaganda 一词首次出现在政府机构名称中。一战后，苏联的宣传部和纳粹德国大众教育和宣传部，使得在意识形态上与他们对立的英美等国放弃了具有积极意义的宣传概念，把它变成了一个完全负面的词汇，专门用于指称敌方的传播和说服活动。1947 年后，世界进入"冷战"时期，意识形态的宣传与反宣传取代了战争宣传。在意识形态斗争中，英文 propaganda 因含有贬义而被彻底弃用了。propaganda 概念经历了由宗教向政治、商业的演变，由通用到弃用的转变。参见叶俊，《宣传的概念：多维语境下的历史考察》，《新闻与传播研究》2015 年第 8 期。

② [美]哈罗德·拉斯韦尔：《世界大战中的宣传技术》译者序，张洁、田青译，北京：中国人民大学出版社，第 22 页。

③ 许倬云：《我者与他者：中国历史上的内外分际》，北京：生活·读书·新知三联书，2010 年，第 20 页。

可见，古代和现代，中国和西方，两种"宣传"理念可谓相去甚远。总体而言，中国古代"宣"的重要特征就是不以"说服"为目标，也不以传递信息或灌输某种思想观点为目标，而主要是为了显示王权的礼德、威仪或恩泽，以之实现对子民或边民的"教化"，达到"以德服人"的效果。西方现代意义上的"宣传"则被定义成"深思熟虑的、系统性的企图，意图影响看法、操纵认知、引导行为，以便促成宣传者所欲达到的目的"①。与这种强调"明确的宣传意图"，强调"操纵象征符号"和"影响态度、行为"的西方"宣传"观念相比，中国古代的"宣"更具有"仪式性"而非功利性。比起现代意义上的"宣传"，中国古代的"宣"传理念也更加平和，不具煽动性。刘海龙曾指出："中国传统的政治文化中缺乏现代的宣传观念"。② 如果我们将传统的"宣"和现代的"宣传"进行对比，两者确实存在相当的差异。

值得一提的是，作为儒教文化语境下的"宣"之内涵显然影响了日本。日本天皇也非常注重对"宣"的垄断和使用，直到近代亦是如此。日本侵华时期还曾设立"宣抚机构"。1937 年 12 月 8 日，南满铁道株式会社的 30 名日本职员抵达上海，他们的任务就是从事日本人所称的"宣抚工作"。这些专事"宣抚"的职员不穿军服，胸前的口袋上绣有日＼中文"宣"字。"宣"被翻译成英文的 pacification。③ 尽管这种"宣抚"是日本人"靖绥主义"策略的一部分，但日本人所理解和使用的"宣"倒是符合中国古代"宣"之意含，这显然是一种文化上的跨域继承。

第四节　"正当化"："宣"之传统对现代"宣传"的影响

如果我们将中国古代的"宣"和现代的"宣传"以及西方的"propaganda"进行比较的话，我们就会发现，不仅中国古代的"宣"与西方的"宣传"大异其趣，中国现代意义上的宣传（源自对 propaganda 一词的翻译），也与西方存在一定的差异。这个最大的差异就感情色彩上的不同。

一、中国"宣传"概念的正面色彩

在西方语境中，propaganda 源自拉丁文"to sow"，最初是一个中性的词，意

① Jowett，G.andO'Donnell，V.(1986). *Propaganda and Persuasion*. BeverlyHills，CA：Sage.

② 刘海龙：《宣传：观念、话语及其正当化》，北京：中国人民大学出版社，2013 年，第 33 页。

③ [加] 卜正民：《秩序的沦陷：抗战初期的江南五城》，潘敏译，北京：商务印书馆，2015 年，第 47—49 页。

思是"散布或宣传一个思想"。但第一次世界大战以后，"宣传"经战争的洗礼，逐渐变成一个带有"否定性含义"的词汇，与"不诚实、操纵性和洗脑"联系在一起。① 这种负面色彩持续至今，以致该词遭到某种程度的弃用。西方各国开始逐渐用"传播""沟通""公共关系"等概念取而代之。②

但在中国，我们会发现，从"宣传"一词诞生至今，几乎一直保持着正面色彩。不论是 19 世纪的传教士用"宣传"一词来传播教义，还是近代以来的启蒙思想家、知识分子、报人及国共两党，用"宣传"来表达和传播思想观点，它都是一个十分正面的词汇。近代著名宣传家梁启超在《论报馆有益于国事》一中就将报馆的"去塞求通"功能与"宣德达情之效"等量齐观，其对"宣传"的理解也是正面的。实际上，即使在西方 propaganda 一词已经负面化时，在同一时期的中国，"宣传"一词仍然十分正面。即便如民国时期的自由主义知识分子，如张佛泉等人，也认为"宣传"是个"光明正大的事业"。③20 世纪国共两党对"宣传"一词的认知和使用也是正面的，两党在建党时便成立了"中央宣传部"，设立了"宣传部长"。1949 年以后，在西方早已经被污名化的"宣传"一词，在中国仍然享有尊荣。从政府机构的设置，到对新闻从业者工作的描述，到学术著作的出版，④"宣传"都是一个正面词，没有负面色彩。尽管为了避免西方 propaganda 一词的负面化影响，1997 年以后中央规定各级"宣传部"不再使用 propaganda 作为对外传播中的英译词，改用 Publicity Department，但在国内的汉语语境中，"宣传"一词继续为官方所用，其含义仍然是"褒义的"。

那么，如何解释作为"例外"的中国"宣传"话语的正面色彩呢？显然，马克思主义的宣传观和苏联的影响是十分重要的因素。中国现代的"宣传"，尤其是国共两党政治语汇中的"宣传"概念，很大程度上受到苏联话语的影响。在马列主义的政治话语体系中，"宣传"是一个正面词汇。《苏联大百科全书》认为："马克思列宁主义的宣传（俄语 пропаганда）以社会发展规律的知识武装共产党员

---

① 展江、田青：《美国传播学的开山之作》，见哈罗德·拉斯韦尔著：《世界大战中的宣传技术》译者序，张洁、田青译，北京：中国人民大学出版社，2003 年，第 9 页。

② 叶俊：《宣传的概念：多维语境下的历史考察》，《新闻与传播研究》2015 年第 8 期。

③ 张佛泉曾在《宣传与教育》一文中为将教育等同于宣传，并为政府的宣传辩护，他说："一个政府不能不担负宣传责任；教育机关也不能不帮助政府担负宣传的责任。"见张佛泉：《宣传与教育》，《中央周刊》1939 年第 1 卷，第 13 期。

④ 据笔者统计，1949 年至 2012 年，仅冠以"宣传艺术"的图书就达 41 种，冠以"宣传技巧"的 9 种。如《宣传艺术与技巧》（任健雄等主编，西南交通大学出版社，1990 年）、《宣传艺术论》（祁崇岳，江苏教育出版社，1991 年）、《宣传技巧》（顾作义，广东人民出版社，1991 年）、《新时期军事新闻宣传的策略和艺术》（肖平，长征出版社，2007 年）等。

和全体劳动人民,提高他们的政治警惕性。"①陈力丹曾详细考证过马克思和恩格斯使用"宣传"概念的情况,都是比较正面的用法。在马恩的著作里,"宣传"这个概念出现的频率约有 400 次,其使用与"鼓动"一词(die Agiation)的意义十分接近。②马克思的"宣传观"为列宁所继承。列宁说"报纸不仅是集体的宣传员和集体的鼓动员,而且是集体的组织者",同样是在正面意义上使用"宣传"一词。1920 年代,中国的两大政党——国共两党的宣传体制都受苏联的影响。从孙中山、陈独秀到毛泽东,对"宣传"都做正面理解。两党都设有"宣传部"。从 1921 年到 1949 年,中共前后有 16 位宣传部部长,国民党的宣传部部长则有 32 位。而 1949 年前国共两党的宣传部部长中大约有一半是留学苏联的。③苏联对中国"宣传"的影响显而易见,而中国共产党的"宣传"理念与实践更是受到苏联的强烈影响。④

　　不过,马克思主义和苏联"宣传"观念对中国的影响最多只能解释"新文化运动"以后的事情,却不能解释之前中国"宣传"概念的使用。在此之前,"马克思主义的宣传观"都还没有进入中国知识分子的视野。实际上,当马列主义传入中国时,中国的知识精英为什么会用"宣传"一词去对译俄语的 пропаганда一词恰恰是需要我们给出解释的。在笔者看来,中国人之所以用"宣传"来对译俄语中的 пропаганда,恰恰是因为"宣传"在汉语的历史和传统语境中,一直都是一个正面词汇。以一个"正面词"对译另一个"正面词",这实在是非常自然的事情。

　　因此,在笔者看来,影响近现代中国"宣传"正面色彩的还有另外一个重要因素,这就是古代中国"宣"传所形成的传统,这一传统为近现代的"宣传"所吸收和内化。这正如现代汉语"宣传"一词的构成演变一样,它将古代的"宣"和"传"从两个能单独使用的词变成了只能组合使用的两个语素,但作为古代词汇的"宣"和"传"的意思却都部分地保留在新造的"宣传"这一合成词中。这也使得现代汉语"宣传"一词无法割裂它与古代汉语的关联。然而在中国的"宣传"研究中,这种历史关联因素却常常为研究者所忽视。如有研究者指出,"不管是中文'宣传'还是英文 propaganda,其初始感情色彩都是中性的,只是表达一种社会活动现象。"⑤显然,这一论断失之偏颇。事实上,中国的"宣"传从一开始

---

① 叶俊:《宣传的概念:多维语境下的历史考察》,《新闻与传播研究》2015 年第 8 期。
② 陈力丹:《精神交往论》,北京:开明出版社,2005 年,第 204—205 页。
③ 余敏玲:《两岸"分治":学术建制、图像宣传与族群政治(1945—2000)》(序),台北:"中研院"近代史研究所,2012 年版,第 3 页。
④ 林之达:《中国共产党宣传学概论》,石家庄:河北人民出版社,1988 年。
⑤ 叶俊:《宣传的概念:多维语境下的历史考察》,《新闻与传播研究》2015 年第 8 期。

就是"正面"而不是中性的。如果我们追溯"宣"的传统，就会发现，作为一种王权体制下的自上而下的政治传播行为，"宣"在中国古代一直保持着它的权威性和神圣性。在历代王权的垄断、维护和强化之下，"宣"的正面色彩从上古一直延续到清代，几乎没有什么发生过变化。

二、历代王朝对"宣"之神圣合法性的强化

中国之"宣"的正面色彩是不言而喻的。实际上，从"宣"字诞生之始，它就代表一种"神圣合法性"。从商代以后，历代帝王不断延续并强化"宣"的这种神圣合法性。在历史上，使用"宣"字来做帝号、谥号、年号或庙号的皇帝非常之多。以谥号为例，从周代的"周宣王"，到春秋时期的"宣公""齐宣王""宣惠王"等等，许多帝王以"宣"为谥。东汉王充指出："谥者、行之迹也。谥之美者、成、宣也，恶者、灵、厉也。成汤遭旱，周宣亦然，然而成汤加'成'，宣王言'宣'。无妄之灾，不能亏政，臣子累谥，不失实也。"（《论衡·须颂》）可见，"宣"在历史上一直都是一种美谥。笔者对中国历代皇帝的谥号进行了统计，发现历代皇帝中谥号用"宣"的共有 12 位，兹列表如下：

表 7-2：中国历代皇帝中带"宣"字的谥号

年代	谥号
公元前 827 年至公元前 782 年	宣王（周）
公元前 74 年至公元前 49 年	孝宣皇帝（汉）
公元 179 年至公元 251 年	宣帝（晋）
公元 530 年至公元 582 年	孝宣帝（陈）
公元 499 年至公元 515 年	宣武帝（北魏）
公元 550 年至公元 559 年	文宣皇帝（北齐）
公元 578 年至公元 580 年	宣皇帝（北周）
公元 711 年至公元 762 年	宣皇帝（唐）
公元 846 年至公元 859 年	宣宗（唐）
公元 1213 年至公元 1223 年	宣宗（金）
公元 1425 年至公元 1435 年	宣宗（明）
公元 1820 年至公元 1850 年	宣宗（清）

可以发现，在这些谥号中，直接冠以"宣帝（王）"的有 4 位，"孝宣"的 2 位，"文宣"的 1 位，"宣武"的 1 位，而用得最多的是"宣宗"，从唐到清，共有 4 位。作为美谥的"宣"主要用于强调谥者的"宣传教化"之功。《谥法》："圣善周闻曰宣；施而不成曰宣；善问周达曰宣；施而不秘曰宣；诚意见外曰宣；重光

丽日曰宣；义问周达曰宣；能布令德曰宣；浚达有德曰宣；力施四方曰宣；哲惠昭布曰宣；善闻式布曰宣。"可见，只有具有美德且善施美德的皇帝才配得到"宣"字谥号的褒奖。

除了谥号，古代皇帝的庙号中也经常用"宣"。考历代皇帝的庙号，用"宣"字的至少有4位，分别是唐肃宗李亨的庙号"文明武德大圣大宣孝皇帝"、金圣宗耶律隆绪庙号"文武大孝宣皇帝"、元武宗孛儿只斤·海山的庙号"仁惠宣孝皇帝"、明世宗朱厚熜的庙号"钦天履道英毅圣神宣文广武洪仁大孝肃皇帝"。而历代皇帝的年号中用"宣"字的也不乏其人。考历代年号，至少有6个年号称"宣"，包括"宣平"（成汉）、"宣光"（北元昭宗）、"宣和"（北宋徽宗）、"宣政"（北周武帝）、"宣德"（明宣宗）、"宣统"（清溥仪）等。除了谥号、年号和庙号，以及前文所述的"宣"字职官，历代皇帝也喜欢用"宣"来命名一些皇宫建筑，以宣示其政治美德和合法性，如汉代长安的未央宫有"宣平门"，北魏孝文帝时有"宣文堂"，唐代长安城大明宫有"宣政殿"，北宋东京宫城有"宣德楼"和"宣德门"，明永乐十七年修建有"宣武门"（取"武烈宣扬"之意）等。

可见，由于"宣"所具有的传统合法性，历代皇帝都偏爱用"宣"。不论谥号还是建筑，所"宣"名物无外乎朝廷倡导的儒家道德伦理或君主的恩威德泽。实际上，对"宣"字的偏爱和广泛使用本身也是古代帝王一种"自我宣传"的方式，这种包装和宣传又反过来强化了"宣"的权威与神圣化色彩。

三、现代"宣传"对"宣"之合法性的继承和延续

考古代文献中的"宣"之用法，我们能清楚地看到，从上古一直到清代，皇权垄断下的"宣"之正面色彩一直没有改变。清代大兴"宣讲圣谕"，在笔者看来，这种名曰"宣讲"的方式上承古代王室"宣"之传统，下启清末及民国"世俗化""平民化"的"宣讲"传统。

清末时期，政府设置了许多"宣讲所"，一方面宣讲《圣谕广训》进行道德教化，另一方面也借助"宣讲"进行社会启蒙和政策宣传。在这个过程中，"宣"开始去神圣化。清末的"宣讲所"到民国时期仍有沿用。[①] 在民国时期的思想启蒙运动中，许多演说、读报等宣传场所也被冠名为"宣讲所"，这种演讲和读报美其名曰"宣讲"，显然是在沿袭和借用传统"宣"之合法性。不过此时皇权体制已然崩解，"宣讲所"所"宣讲"的已经不"圣谕"，而是新时代的思想，"宣讲"的目的也开始转向"开民智"了。由于使用主体的多元化和平民化，"宣"也逐渐褪去王

---

① 刘姗姗：《以宣讲所为中心见清末社会教育的发展》，《教育与教学研究》2015年第2期。

权垄断下的"神圣化"色彩而变得日益世俗化。

　　在笔者看来，"宣"的延续与变异也体现在近代报业的转型上。从古代的邸报之"宣"到现代的新报"宣传"，这当中就存在某种延续性。梁启超就曾用"宣上德、通下情"来概括现代报纸的功能。近代著名报人、政论家汪康年也是如此。1898年5月5日，在《时务日报》创办之际，汪康年宣称："日报之制，仿于中国之邸抄，而后盛于泰西，又大变其制"，其功能在于"能通消息，联气类，宣上德，达下情，内之情形暴之外，外之情形告之内。在事者，得诉艰苦于人；僻处于士，不出户庭而知全球之事"①。汪康年认为，现代日报是"中国之邸抄"的改制与变形，而"中国之邸抄"中的"宣上德"的传统也为现代报纸所继承。汪康年用"宣上德通下情"来概括现代日报的功能本身说明了这种认知上的延续性。

　　尽管随着皇权时代的结束，后世包括"宣传"在内的一系列"宣"字词汇都失去了其"神圣合法性"而变得世俗化，使用主体也不再区分官民。但在这种"断裂"中我们也要看到继承的一面。在笔者看来，尽管辛亥革命从政治上结束了两千年多年的帝国政治，"宣"的王权独断的传统被彻底颠覆，但作为一种历千年之久的政治传播传统，"宣"所建构起来的合法性与意义仍然在晚清、民国及共和国的"宣传"概念中得到延续，并没有因为皇权的崩溃而中断，也没有因为西方"宣传"的污名化而负面化。美国汉学家孔飞力（Philip Alden Kuhn）曾指出20世纪中国政治与传统的继承关系，他说："20世纪中国的历届政府在从事国家建设时，能够倚靠并受益于旧政权源远流长的行政经验。"②显然，在政治宣传上也是如此。可以说，中国古代之"宣"的正当化，为近现代以来中国"宣传"概念的正当化提供了"正当化"和"合法化"基础，这当中体现的，显然有历史传统的惯性和力量。

　　（本文原题为《宣之于众：汉语"宣"字的传播思想史研究》，发表于《新闻与传播研究》2018年第4期。）

---

①　汪康年：《论设立〈时务日报〉宗旨》，见汪林茂编著：《汪康年文集》，杭州：浙江古籍出版社，2011年，第48—50页。

②　[美]孔飞力：《中国现代国家的起源》，陈兼、陈之宏译，北京：生活·读书·新知三联书店，2013年，第120页。

第八章　评介宣传：汉语中"宣传"概念的起源与意义变迁

刘海龙*

　　汉语中"宣传"概念的起源是一个几乎很少被严肃研究过的问题。本章通过语言学和传播观念史两个维度对汉语中"宣传"概念的产生、翻译和意义变迁进行了考察。本文发现，现代汉语中的"宣传"是外来词，与古代的"宣传"概念无直接关系。propaganda 一词最早被西方传教士翻译成"宣传"，后流传到日本，再被中国留日学生又重新传回中国。但在这个过程中，宣传的意义已经发生了变化。宣传在中国近现代一直具有正面意义，近年来中国官方注意到宣传所对应的 propaganda 的负面含义，试图将二者剥离开，用其他的英语概念来翻译汉语中的"宣传"一词。

第一节　"propaganda"的发明

　　宣传是中国政治和传播话语中最常用的概念之一，但是有趣的是对这个概念在中国产生与使用的专门研究却很少。仅有的少数研究要么穿凿附会，缺乏说服力；要么仅从语言学的角度探究词语的转变，缺乏意义和语境的分析。本文打算就"宣传"概念在汉语中的产生、发展及其语境略作分析，以起到抛砖引玉的作用。

　　英语中"propaganda"一词起源于拉丁文，有播种、繁殖之义，是一个与农业生产相关的词语。第一次出现是在 1622 年，罗马教皇格里高利十五世（Gregory XV）成立了圣道传信部（Sacra Congregatio de Propaganda Fide, the Sacred Congregation for the Propagation of the Faith），针对宗教改革运动，传播天主教教义。[①]627 年，教皇乌尔班八世（Urban VIII）建立了一个专门研究和训练宣传员

＊　作者简介：刘海龙，中国人民大学新闻学院教授，博士生导师，《国际新闻界》主编。

①　罗马天主教"圣部"之一，负责世界各地的传教事业，1949 年前中国天主教会也归其管辖。

（传教士）的学院——Collegium Urbanum。

西方的宣传概念来自宗教，直到近代才逐渐进入政治领域。1718年，宣传在英语中首次使用。在19世纪的美国政治含义被最早引入宣传概念。1843年，字典开始将非宗教意义写入这个词条。[①]第一次世界大战前，宣传这个词很少被使用。1911年的《不列颠百科全书》并未收入"propaganda"这个词条，仅有一条关于"propagate"的小词条。

第一次世界大战中，协约国首次采用了大规模的宣传活动，加之战后参与宣传人员的夸大，宣传引起人们的广泛关注。[②]自由知识分子对宣传的批判和与之相关的争论随之而起，这个词也就顺理成章地进入日常词汇。二十世纪初崛起的广告、公关等活动也借用了宣传概念，并把它推向了一个新的阶段，以致政治宣传反过来向商业宣传学习，所谓"政治营销"（political marketing）就是一个典型的例子。从宗教到政治再到商业，宣传概念的含义变迁从一个侧面反映了社会权力的转移。

宣传概念的闪亮登场的背后并非完全没有阴影。对于天主教来说，宣传这个词带有正面感情色彩，但是对于新教徒来说，宣传则代表着歪曲事实和传播错误的思想。因此，从信仰不同派别的人看来，宣传这个概念就具有了不同的感情色彩。尤其是当发现对立的一方也在使用与己方相同的技巧在征服人心的时候，宣传概念就开始让人感觉不那么舒服。纳粹德国成立的大众教育和宣传部，使得在意识形态上与他们对立的英美等国放弃了具有积极意义的宣传概念，把它变成了一个彻底的负面词汇，专门用于指称敌方的传播和说服活动。宣传概念中的积极部分，则由公共关系、新闻管理、危机管理、策略性传播、拥护性广告（advocacy advertising）、形象管理、政治营销、公共外交、心理战、大众说服（mass persuasion）、宣传运动（campaign）、社会动员、心理操作（psychological operation）、国际传播等概念来表达。

苏珊·朗格曾说："词语提供思维的形式，你所看到的基本上由你能命名的东西所决定。"[③]朗格的形式论与语言学家沃尔夫的看法比较接近，认为词语本身决定着思维的对象，甚至思维的模式。美国哲学家罗蒂的看法略有不同，他更强调词汇的实用性，认为人对原有词汇的发明与思想的范式革命密切相连。他说："在

---

①　Erwin W. Fellows. "Propaganda"：history of a word, *American Speech*, vol 34, No 3（1959）.

②　George Creel, *How We Advertised America：The First Telling of the Amazing Story of the Committee on Public Information That Carried the Gospel of Americanism to Every Corner of the Globe*. New York：Harper & Brothers, 1920

③　Barry Alan Marks, *The idea of propaganda in America*, unpublished doctoral dissertation, Univ. of Minnesota., 1957. p.vi.

艺术、科学、道德和政治思想中，凡革命性的成就往往是因为有人了解到我们所用的两个或更多个语汇正彼此干扰，于是发明一套新的语汇来取代两者。"①

换句话说，正是由于"宣传"概念的发明或再发现，人类的宣传活动发生了质的变化。在此之前一直存在的现象因为被命名而从幕后走上前台。因为有了宣传这个词，过去因为分散而被忽略的类似现象被放在一起加以谈论。"宣传"这个词将一类过去我们无法命名和谈论的经验从黑暗中召唤出来。人们像是突然发现了一块新大陆，开始公开地谈论一种利用象征符号操纵社会大众的技术。正是"宣传"一词的出现，为权力精英们打开了一扇通向社会控制和社会秩序的新天地，大量新旧知识开始在它的身边聚集，其中既有来自欧洲大陆的群体心理学、弗洛伊德心理学和大众社会理论，也有新出现的民意调查技术、舆论学和传播学。

第二节 "宣传"与"propaganda"的结合与旅行

宣传概念一旦产生，便迅速地扩散。在一战前后，不同的国家都开始使用这个概念替代之前的其他概念。比如在 20 世纪之前中国人的概念里，基本没有人在现代意义上使用"宣传"概念。包括在 20 世纪初中国最著名的宣传家梁启超也很少使用"宣传"这个概念，更倾向于用"教化""浸润""向导"这些中国传统的概念。

从汉语起源上看，"宣"最早指帝王的大室②，后引申为广大、普遍之意，常与政府高层的命令向下传达有关，"传"则有转授予、转达、递送之意。汉语中"宣传"二字合用最早见于《魏略·李孚传》："孚言：今城中强弱相陵，心皆不定，以为宜令新降为内所识信者宣传明教。"③《三国志·蜀书·彭羕传》（"先主亦以为奇，数令羕宣传军事，指授诸将，奉使称意，识遇日加。"）和《三国志·蜀书·马忠传》（"见大司马蒋琬，宣传诏旨，加拜镇南大将军。"）中亦可见二字并列的用法。可见最迟至东汉末年，"宣传"二字已经在汉语中成为一个固定搭配。

但是当时所说的"宣传"指政令发布，与现代汉语中的"宣传"概念并没有直接联系（尽管中国古代并不缺乏现代意义上的宣传行为）。然而目前新闻传播研究领域的不少学者简单地将古汉语中的这个用法当作现代"宣传"概念的源头，

---

① ［美］理查德·罗蒂：《偶然、反讽与团结》，北京：商务印书馆，2003 年，第 22 页。
② 《说文解字》："宣，天子宣室也。"段玉裁注"盖谓大室"。
③ 方汉奇、李矗主编：《中国新闻学之最》，北京：新华出版社，2005 年，第 3—4 页。

对其产生的具体语境和意义变迁却没有做仔细的分析，产生了张冠李戴的错误。[①]
甚至有的研究仅仅把"宣"字和"传"字的研究当成现代"宣传"概念考证。[②]这
些研究存在的共通问题是忽略了中国现代汉语曾受到过外来词的复杂影响。近年
来这个问题引起学术界的关注。一些学者甚至认为晚清以来西方词汇的引入不是
一个技术性的翻译问题，而是客语言与中国已有的主语言之间复杂的互动，这些
概念的转译与使用本身就是一个"跨语际实践"，它们在逐渐获得正当性和认可的
同时，也重构着现代中国人对于现实世界的想象。[③]

最早注意到"宣传"古今概念断裂的是语言学者。早期研究汉语外来词的学
者刘正埮、高明凯、麦永乾、史有为在其编撰的《汉语外来词词典》里提出："宣
传"一词来自日语。

宣传：对群众说明讲解，使群众相信并跟着行动。【源】【日】宣伝 senden〖古代
汉语《北齐书·元文遥传》："文襄征为大将军府功曹，齐受禅，于登坛所受中书舍
人，宣传文武号令。"意译英语 propaganda〗[④]

19 世纪末 20 世纪初，由于甲午之战后中国学习日本的热潮，通过留日学生的
翻译，大量的日本词汇进入汉语。[⑤]而这些词汇中，有相当一部分是日本人用汉字
翻译的欧洲词语。根据早期汉语外来词研究者高名凯和刘正埮的研究，这些借词
可以分成三类：(1)只见于古代日语，而没有出现在古汉语中的由汉字组成的复合
词，如人力车、场合。(2)古汉语原有的词汇被日语借来"意译"西方词语，但
意义与古代汉语中原来的意思已经完全改变了，如革命、文化。(3)古汉语没有
对等词的词，但日语用汉字的组合去意译欧美语言的词，再由汉语加以改造而成
为现代汉语的外来词，如种族、美术。按照这种分类，"宣传"一词应该属于第二
种情况，借用汉语原有的词汇来意译西方词语。表面上看是古代词，实际上只借
用古汉字的形，而意义则纯粹是西方的。精通日语的周作人也持此观点。在《药

---

① 比如刘建明主编：《宣传舆论学大辞典》，北京：经济日报出版社，1993 年，第 63—64 页。
冯健主编：《中国新闻实用大辞典》，北京：新华出版社，1996 年，第 1 页。方汉奇、李矗主编：《中国
新闻学之最》，北京：新华出版社，2005 年，第 3—4 页。

② 邵培仁主编：《20 世纪新闻学与传播学·宣传学和舆论学卷》，上海：复旦大学出版社，2002
年，第 30—34 页。

③ 刘禾：《跨语际实践：文学、民族文化与被译介的现代性》，宋伟杰等译，北京：生活·读
书·新知三联书店，2008 年。

④ 刘正埮、高明凯等编：《汉语外来词词典》，上海：上海辞书出版社，1984 年，370 页。

⑤ [美]任达：《新政革命与日本：中国，1898—1912》，李仲贤译，南京：江苏人民出版社，
2006 年。

堂杂文》集的《宣传》一文中谈到"普罗巴甘"（propaganda）的翻译时说："中国从前恐怕译作传教传道之类吧，宣传的新译盖来自日本，从汉文上说似是混合宣讲传道而成，也可以讲得过去，在近时的新名词中不得不说是较好的一部类了。"①

但是近年来的一些研究发现，上述观点不完全正确。有相当一部分过去被认为是来自日语的外来词，其实来自明末清初来中国的西方传教士，只不过这些新词没有在中国普及。但是这些词汇后来被翻译西书的日本人注意到，并收入日语辞典。②19世纪末20世纪初的中国留学生重新引入中国时，忽略了这些词汇"出口转内销"的原产地身份，把它们当成日本人发明的词汇。

史有为对照了19世纪中期中国和日本出版的字典，发现在propaganda（动词为propagate）一词的翻译就符合上述特征。中国出版于1847—1848年的《英汉字典》将"propaganda"译成"传教"，出版于1866—1869年的罗存德《英华字典》将"propaganda"译成"传教会名、传教"，"propagate"译成"传、播扬、布扬、宣传、传教、传真道、布扬真道"等。而同一时期的日本出版的《英和对译袖珍辞书》（1862，屈达之助编）将"propagation"翻译为"弘メル、植ヘ、殖ヌ"。《附音插图英和字汇》（1973，柴田昌吉·子安峻编）将"propaganda"译为"傳教會"，将"propagate"译为"殖ヌ、弘ル、博ル"。可见最早用"宣传"来翻译"propaganda"并非始于日本，而是始于中国。他根据一些类似的例子（如审判、使徒、天主、基督、受难、天主教、默想、真理）推测，日本对这些欧洲词汇的翻译受到了中国的影响。③

史有为的看法大致正确，但是如果结合我们前面提到的英语中propaganda意义在20世纪初曾出现过巨变的事实，情况又要比他说得更复杂。早期来中国的基督教主要受我们前面提到的圣道传信部（Sacra Congregatio de Propaganda Fide）的管理，该机构的名称正是宣传一词的来源，所以该词很早就应该被翻译成汉语。同时，这个词又属于宗教常用词，和史有为考察的那些宗教词汇一样，它很早就有了汉语译名。西方传教士到中国的时间早于日本，汉语中的"宣传"一词应该最早出自中国，而非日本。但当时的词义应该仅限于宗教传道的意思。比如当时在广学会编的《万国公报》1875年《汉口伦敦会近事》里曾写道："汉口伦敦耶稣圣会设堂宣传福音已有十五年矣，然奉教受洗礼者不过五百余人而已。"④可见一直

---

① 周作人：《宣传》（1940），《周作人散文全集》（8），钟叔河编，桂林：广西师范大学出版社，2009年，第434页。

② ［意］马西尼：《现代汉语语汇的形成：十九世纪汉语外来词研究》，黄河清译，上海：汉语大词典出版社，1997年。

③ 史有为：《汉语外来词》，北京：商务印书馆，2000年，第168—169页。

④ 见《万国公报》，1875年，第356期，28页。

到 19 世纪末，汉语中的"宣传"一词的意义主要还是限于宗教领域。然而在 20 世纪初期一战前后，英语中的 propaganda 一词的意义发生了变化，从狭窄的宗教意义，转向了政治和商业。比如哈罗德·拉斯维尔写了第一本研究战争宣传的《世界大战中的宣传技巧》（1927），公共关系之父爱德华·伯内斯为了推广公共关系，写了《宣传》（1928），心理学家都伯写了《宣传：心理和技巧》（1935），这些例子中的"宣传"都已经是现代含义了。[①]

也就是说，当汉语的"宣传"一词从中国的西方传教士编撰的字典旅行到日本时，还是"传道"的意思。但是它在客居日本期间，对应的英语 propaganda 的意义发生了变化。因此当它在 20 世纪初被当作日语词"衣锦还乡"的时候，已经改头换面，变成了具有了政治、商业新意义的新概念。

第三节　从正到负："宣传"与"propaganda"的分离

宣传概念的"出口转内销"，从一个侧面说明中国固有的政治文化中缺乏现代的宣传观念。中国的传统中不乏制度化的宣传活动，既有全国统一的官方信息传递系统确保政令上传下达，也有民间的文教礼乐活动维护统一的意识形态，甚至在改朝换代的大规模战争中还会出现局部的政治动员。但是由于没有现代传播媒介，缺乏制度化的宣传体制，不具备现代民族国家的观念，以今天的眼光来看，大部分民众尚处于宣传所及的范围之外，即梁启超所谓的"只知有个人而不知有国家"的状态。民众接受的意识形态，是通过长期缓慢而自然的渗透而形成，很难将其归功于某个具体的措施或体制。

中国现代宣传话语的产生，与中国政治文化精英追求国家独立与富强的目标，不断唤醒民众的过程息息相关。在这个过程中，中国摆脱传统社会，走上现代化道路。宣传既是现代化的结果，也是现代化的推动力量。在这一语境中，宣传概念在中国的登场，一直伴随着鲜花与掌声[②]，与宣传在西方被质疑和批评形成鲜明对比。比如孙中山在 1924 年所做的重新阐释三民主义 16 次系列演讲的第一讲，开篇便说："这次革命党改组，所用救国方法，是注重宣传，要对国人做普遍的宣传。"[③] 在 1923 年 12 月 30 日一次对党内成员的演讲中，孙中山再次强调本次国民

---

① Harold Lasswell, Propaganda Technique in the World War, P. Smith, 1927. Edward L. Bernays: Propaganda, New York: N.Y. Horace Liveright. 1928. Leonard William Doob. Propaganda: its psychology and technique. H. Holt and company, 1935.

② ［澳］费约翰：《唤醒中国：国民革命中的政治文化与阶级》，李霞译，北京：生活·读书·新知三联书店，2004 年。

③ 孙中山：《国父全集》（一），秦孝仪主编，台北：近代中国出版社，1989 年，第 3 页。

党改组军事为辅，宣传为主，并且把辛亥革命的成功完全归于宣传。[①]

毛泽东对于宣传的正面论述则更多，他关于宣传的最有名的论断，莫过于下面这一段：

> 什么是宣传家？不但教员是宣传家，新闻记者是宣传家，文艺作者是宣传家，我们的一切工作干部也都是宣传家。比如军事指挥员，他们并不对外发宣言，但是他们要和士兵讲话，要和人民接洽，这不是宣传是什么？一个人只要他对别人讲话，他就是在做宣传工作。[②]

在毛泽东看来，宣传与传播是同义词。为了达到改造客观世界与主观世界的目的，有必要采取一切可能手段进行说服，这种改造甚至必须通过强迫阶段，最后才能走向自觉阶段。[③]

但是近年来，随着全球化和中国对外交流的增加，"宣传"概念在中国也悄悄发生着转变。其中一个比较重要的变化是将汉语中的"宣传"与英语的"propaganda"切割开。因为汉语中的"宣传"具有正面含义，所以它的实际使用范围其实远大于英文的 propaganda。比如汉语中将商业营销也称之为"宣传"，是一个中性词，显然不能直接翻译成 propaganda。在政治领域，官方文件中"宣传"的翻译也逐渐被英文中的 publicity，public diplomacy，communication，information 等类似概念所替代。

2011 年在全国政协十一届四次会议的记者会上，全国政协委员赵启正在回答《中华合作时报》记者提出的"是否可以将新华社的 CNC，《环球时报》的英文版称为外宣媒体"时说："第一，现在我们不大用外宣这个词，你找一本英文字典来解释的话，它是强词夺理的意思，在中文里没有问题，但是编字典的人，历史上就编错了，你现在没有办法改回来，所以我们是对外传播。在写成外文的时候不要写成对外宣传。"[④]

如果把"宣传"概念的转译看成一次旅行的话，宣传在汉语中的符号和意义变化，只是语言学层面的概念旅行，按照后殖民主义文学批评家爱德华·萨义德所提出的理论旅行的方式，还需要考察理论旅行过程中主方和客方的社会语境，以及理论旅行的效应。

---

① 孙中山：《宣传造成群力》，《孙中山选集》，北京：人民出版社，1957 年。
② 毛泽东：《反对党八股》，《毛泽东选集》第 3 卷，北京：人民出版社，1991 年，第 838 页。
③ 毛泽东：《实践论》，《毛泽东选集》第 1 卷，北京：人民出版社，1991 年，第 296 页。
④ 人民网文字直播：http://live.people.com.cn/note.php?id=858110304081532_ctdzb_003

第一，需要有一个源点或者类似源点的东西，即观念赖以在其中生发并进入话语的一系列发轫的境况。第二，当观念从以前某一点移向它将在其中重新凸显的另一时空时，需要有一段横向距离，一条穿过形形色色语境压力的途径。第三，需要具备一系列条件——姑且可以把它们称为接受条件，或者作为接受的必然部分，把它们称为各种抵抗条件——然后，这一系列条件再去面对这种行色匆匆移植过来的理论或观念，使之可能引进或者得到容忍，而无论它看起来可能多么不相容。第四，现在全部（或者部分）得到容纳（或者融合）的概念，在一个新的时空里因为它的新用途、新位置而发生某种改变。①

萨义德所讨论的是理论，但作为一种特殊知识的宣传话语也有着相似的旅行过程。要清晰地说明这一过程，需要进一步说明宣传观念产生的语境、旅行的渠道、接受的语境和协商改造。这是一个更为复杂而细致的工作，有待于更多专业之士做深入研究。

---

① ［美］爱德华·W. 萨义德：《世界·文本·批评家》，李自修译，北京：生活·读书·新知三联书店，2009 年，第 401 页。译文略有改动。

第九章 舆人之论：华夏"舆论"概念的
历史语源学考察

法国启蒙思想家让·雅各·卢梭在 1762 年出版的《社会契约论》中首次将拉丁文字体系中的"公众"和"意见"两个词汇联系而构成"舆论"（Opinion Publique）一词，用以表达人民对社会性的或者公共事务方面的意见。这被认为是西方世界"舆论"一词的起源。迄今为止，西方语源和语境中的"舆论"，其主体本身有一个重要政治前提：所谓"公众"都具有社会成员的主体性，即参与社会事务的自主意识和相应的意见表达能力[①]。离开这一点，舆论就不可能是真正意义的公众意见。中国当代的"舆论"定义众说纷纭，但总体上说与西方的"舆论"定义并无二致。

然而，由于 19 世纪晚叶和 20 世纪初叶中国学人引入"舆论"概念时径直借用了本土古籍中的"舆论"一词，却没有就两者的异同做出严格的界定和语源探索，从而导致此后相当长的一段时期里"舆论"概念的使用也比较随意。尤其是一旦进入中国古代舆论史研究领域，"舆论"一词所指称的意见主体是否也具有某种程度的自主意识显得颇为含混，从而对中国古代舆论的发达程度产生了过低的评判。所以，意欲进行中国古代舆论史研究就必须首先从语源学角度对"舆论"加以稽考和界说，这对于认识和估价古代社会的"舆论"作为君主制和君主专制下一种社会批判力量而存在的基本意义是有益的。本章所考察的先秦"舆"和"舆人"，恰为中国"舆论"概念的语源之一。

---

[*] 作者简介：夏保国，男，河南三门峡人，贵州大学历史与民族文化学院教授，历史学博士，从事中国古代舆论传播史、先秦史、历史人类学研究。

[①] 陈力丹：《舆论学——舆论导向研究》，北京：中国广播电视出版社，1999 年，第 11 页。

第一节 三国时期的"舆论"使用

中国古代史籍中开始固定使用"舆论"概念是在三国时期。魏晋时人陈寿《三国志·魏书·王朗传》记载，王朗给魏文帝曹丕上疏讨论孙权遣子为质之事时说：

往者闻权有遣子之言而未至，今六军戒严，臣恐舆人未畅圣旨，当谓国家愠于登之逋留，是以为之兴师。设师行而登乃至，则为所动者至大，所致者至细，犹未足以为庆。设其傲狠，殊无入志，惧彼舆论之未畅者，并怀伊邑。臣愚以为，宜敕别征诸将，各明奉禁令，以慎守所部。

王朗是魏国的重臣，文帝时担任御史大夫和司空等要职。他的上疏是劝诫文帝发布圣旨要避免因舆论不畅而造成严重后果，担心得不到"舆论"的支持。这里，"舆人未畅圣旨"和"舆论之未畅"是同义而异词的两种表述。毫无疑问，"舆""论"二字直接组合实际是将"舆论"的主体规定为"舆人"。

《梁书·武帝纪》似也使用了"舆论"一词，萧衍在南朝齐做丞相时上表于和帝，言曰：

前代选官，皆立选簿，应在贯鱼，自有铨次。胄籍升降，行能臧否，或素定怀抱，或得之余论，故得简通宾客，无事扫门。……愚谓自今选曹宜精隐括，依旧立簿，使冠屦无爽，名实不违，庶人识崖涘，造请自息。

这里的"余论"恐系"舆论"的误写，结合下文"庶人识崖涘"云云，其意义也是指平民庶众的议论、意见，"余（舆）论"的主体是"庶人"。《晋书·王沉传》载，王沉出任豫州刺史时曾贴出告示征求政治改革意见说：

自古贤圣，乐闻诽谤之言，听舆人之论，刍荛有可录之事，负薪有廊庙之语故也。自至镇日，未闻逆耳之言，岂未明虚心，故令言者有疑。其宣下属城及士庶，若能举遗逸于林薮，黜奸佞于州国，陈长吏之可否，说百姓之所患，兴利除害，损益昭然者，给谷五百斛。若达一至之言，说刺史得失，朝政宽猛，令刚柔得适者，给谷千斛。谓余不信，明如皎日。

在王沉看来，古代贤圣所听"舆人之论""诽谤之言"就是下层民意的反映，刍荛、负薪之徒指代的就是下层平民。可见，这里的"舆人之论"和同时代"舆论"一词相当。

上述材料表明，魏晋时期"舆论"一词在最初的使用上是和"舆人""庶人"等主体相关联的，"舆论"当为"舆人之论"的简化，而"舆人"和"庶人"可以相互替代，大体上指代下层的平民百姓。

如果进一步追溯到先秦文献，《左传》《国语》中数见的"舆人（之）诵"则可与"舆论"一词相对应。《左传·襄公三十年》载，郑国子产执政后受到"舆人"两次不同的诵诗评议：

> 从政一年，舆人诵之曰："取我衣冠而褚之，取我田畴而伍之。孰杀子产，吾其与之！"及三年，又诵之曰："我有子弟，子产诲之。我有田畴，子产殖之。子产而死，谁其嗣之！"

这与《昭公四年》所载"子产作丘赋，国人谤之"正相发明，证明春秋时期"国人"和"舆人"的含义有相近性。又《国语·楚语上》载，楚国大夫子张劝谏灵王曰：

> 齐桓、晋文，皆非嗣也，还轸诸侯，不敢淫逸，心类德音，以德有国。近臣谏，远臣谤，舆人诵，以自诰也。……周诗有之曰："弗躬弗亲，庶民弗信。"臣惧民之不信君也，故不敢不言。不然，何急其以言取罪也？

子张把齐桓公和晋文公重视"近臣谏""远臣谤""舆人诵"的行为称为具有君主自觉的"德政"。显然，谏、谤、诵都是发表意见、评论和批评的行为，主要是言论行为，从而和君主的意志形成一种张力，而且"以言取罪"的人并没有社会阶层和身份的区别。但是，子张特意引用《诗经·小雅·节南山》的诗句，大体是将"庶民"和"舆人"对等起来了，可见"舆人诵"也就是下层平民庶众的讽谏。

总之，魏晋"舆论"概念确当源自先秦"舆人（之）诵"，两者特指下层平民庶众的意见和呼声，但"舆人之诵"只是诸种讽诵、谏诤之"言"的一种，还没有抽象为具有普遍意义的"舆论"。这和西方的"舆论"（Opinion Publique）概念的主体区别明显。

第二节　魏晋"舆论"辨析

魏晋"舆论"源自先秦"舆人之诵"，本无疑义，但是学界在先秦时期"舆人"

的阶层、等级归属上还存在着争议。换言之，"舆人（之）诵"究竟是先秦贵族政治的一环，还是原始氏族民主的孑遗，成为讨论"舆论"语源内涵的关键，有进一步予以考论的必要。

　　"舆"字起源甚早，据《古文字类编》和《甲骨文编》所录，甲骨卜辞中即已两见。按照董作宾先生的分期，两个"舆"的字形都属于殷墟一期，即商王武丁时期。[①]《说文解字》说："车，轮舆之总名也。舆，车舆也。从车，舁声。"又："舁，共举也。"罗振玉认为"舆"字"像众手造车之形"[②]，显系从车、舁两字合体造型的角度来考释"舆"的造字本义。考古发现可证殷墟时期马车制造技术已经成熟，传世文献所载武王伐商之时马车已经应用于战争。可见，甲骨文"舆"的造字是和"车舆"制造技术的成熟直接相关的。

　　在先秦文献中，用及"舆"字（包括"舆人"）的，除《左传》《国语》外，《诗经》有二例，《周礼》有五例，《易经》有五例，《论语》有二例，《老子》有三例，《墨子》有一例，《庄子》有四例，《孟子》有十例，《荀子》有十五例，《韩非子》有九例，《晏子春秋》有二例，《商君书》有二例，《战国策》有七例，《逸周书》有四例[③]。"舆"字用例，其词义一是确指在车的整体结构中供人乘坐的箱体部分，或者说是车床部分，如《论语·卫灵公》："在舆则见其倚于衡也。"二是以局部代表整体，指车乘，如《诗经·小雅·出车》："我出我车，于彼牧矣。"《荀子·大略》即作："我出我舆，于彼牧矣。"又如《论语·微子》"执舆者"，《荀子·劝学》："假舆马者，非利足也，而致千里"，都是这样以"舆"代"车"。

　　东周时期的《周礼·考工记》有云："攻木之工：轮、舆、弓、庐、匠、车、梓"，"舆"是指木工中制作车厢的那个工种，这也是由其本义演变而来的。《孟子·尽心下》云："梓匠轮舆，能与人规矩，不能使人巧"，"舆"和"梓""匠""轮"一样，指那些持有专门技艺的工匠。这种由指称工种的概念向指称工匠的概念演化是很自然的。《考工记》又云："舆人为车"，依《周礼》职官称"人"的体例可知，"舆人"为主持车舆制造、管理制舆工匠的低级职官名称，已经与"攻木之工"中的"舆"不同。这说明先秦时代和"舆"有关的概念都应当是与其造字本义有着直接或间接的关联的，换言之，"舆人"概念的形成是和"造车"这一职事密切相关的。

　　但是，汉晋以来学者多将《左传》《国语》中的"舆"或"舆人"训释为"众"或"众人"。例如《国语》"舆人诵"韦昭注："舆，众也。"《左传·僖公二十八年》

---

　　①　高明：《古文字类编》，北京：中华书局，1980 年第 341 页。

　　②　罗振玉：《王国维手书石印本（中册）·殷虚书契考释》，第 47 页。

　　③　杨皚：《春秋战国时代的"舆人"》，《华南师范大学学报》（社会科学版）1995 年第 4 期。

"舆人之谋"，杜预注："舆，众也。"商甲骨文的"众""众人"多指庶众、族众，其身份是平民，韦、杜的训释是不是从这个角度解释"舆"的字义，显得颇为含糊。《左传·僖公二十五年》："秦人过析，隈入而系舆人，"当代学者杨伯峻注曰："舆人，众人也。或为士兵，或为役卒。"这似是从人数众多的角度来训释，并没有就"舆人"的社会等级和身份给出明确的意见。

第三节　春秋战国时期"舆人"之论

《左传》《国语》所载至晚不超出春秋时期，其中将"舆"和人的社会身份、社会地位联系起来的概念计有"舆帅""七舆大夫""舆司马""舆尉""舆臣""舆人"和"舆"数种。前四个称谓指代的人都是和主持管理军队车辆的较高军职，殆无疑义。而"舆""舆人"和"舆臣"所指是否相同，隶属于哪个社会阶层，则很值得讨论。

从西周至春秋是一个等级社会，天子、诸侯、卿大夫、士为贵族统治阶层，庶人、工、商等等则为平民被统治阶层。《左传·桓公二年》云：

天子建国，诸侯立家，卿置侧室，大夫有贰宗，士有隶子弟，庶人、工、商各有分亲，皆有等衰。是以民服事其上，而下无觊觎。

《左传·襄公十四年》亦云：

天子有公，诸侯有卿，卿置侧室，大夫有贰宗，士有朋友；庶人、工、商，皂、隶、牧、圉，皆有亲昵，以相辅佐也。

两则文献虽然没有明确显示出奴隶阶层，而按照其他文献记载，奴隶被称作"罪隶""四夷之隶""奚隶""胥靡"等等，是没有人身自由的。皂、隶、牧、圉究竟是属于庶人、工、商还是奴隶，是问题的关键。

《左传·昭公七年》记载楚国大夫无宇在捉拿逃入王宫的"阍"时曾有一段说辞："天有十日，人有十等，下所以事上，上所以共神也。故王臣公，公臣大夫，大夫臣士，士臣皂，皂臣舆，舆臣隶，隶臣僚，僚臣仆，仆臣台。马有圉，牛有牧，以待百事。"据此，他理直气壮地认为手下的"逃臣"必须交由其主上，并且暗示如果楚王不允，就和商纣一样成了"天下逋逃主"。结合上下文来看，无宇言论的主旨十分明确，他所谓"十等人"，士以上的是贵族，士以下的是贵族封邑、家族内庶众、奴仆。只不过，他是从家族内的主仆关系推衍到国家的君臣关系的，甚至以圉马、牧牛来比喻的核心是强调主从、主仆关系，看不出他要说明这些庶众和奴仆的社会身份。

《左传·昭公三年》提到"栾、郤、胥、原、狐、续、庆、伯，降在皂隶"。杜注："皂隶，贱官。"既然是贱官，就绝非奴隶，而只能是接近"庶人"的社会阶层。晚清学人俞正燮《癸巳类稿》也曾辨正说："皂者，《赵策》所云'不黑衣之队'，卫士无爵而有员额者，非今皂役也。士则卫士之长，舆则众也，谓卫士无爵又无员额者。"[①]可见，"舆"是大夫、士家之内的庶众。无独有偶，《左传·昭公十二年》又载："周原伯绞虐，其舆臣、使曹逃。冬十月壬申朔，原舆人逐绞而立公子跪寻。"舆臣和使曹显然和上述皂、隶一样，泛指大夫的家族庶众、臣仆。如果联系驱逐绞的行为来看，这里的"舆臣"和"舆人"并无二致。所以，黄中业先生考证认为包括"舆"在内的皂、隶、牧、圉都属于平民阶层是正确的[②]。然而，晁福林先生在以这两则材料解释舆人并非奴隶的同时，又用相同的材料来提示"舆人"和单称"舆"者的区别："春秋时期……'舆'已经明显地归于奴仆之列，所以有'舆臣'之称"[③]，颇有自相矛盾之嫌。

实际上，西周到春秋时期贵族阶层的家臣、奴仆是以本家族的庶众来充当的，甚至还有高级家臣本身也为贵族，如《左传·昭公八年》载，楚公子弃疾师灭陈，"舆嬖袁克，杀马毁玉以葬"。顾炎武《日知录》曰："舆嬖，嬖大夫也。言舆者，掌君之乘，如晋七舆大夫之类。"从大夫的角度来说，掌管家族事务是贰宗，从士的角度来说，承担家族职事的是隶子弟。《左传·襄公十四年》所谓"分亲""亲昵"都是讨论家族亲缘关系中的主从关系，并据此划定社会关系的大格局。而被称作"罪隶""四夷之隶""奚隶""胥靡"的奴隶根本不在家族关系之内来讨论。所以，从上述"舆""舆臣""使曹"以及皂、隶、牧、圉担任一定官府职事和贵族家臣、奴仆职责来看，就是承担杂役的人。如果放入社会阶层的等级系列中就只能归属于"庶人"阶层，即"庶人在官者"。即便一国君主身边，也一样存在这样的高级家奴。另如《左传·昭公十八年》载："里析死矣，未葬，子产使舆三十人迁其柩。"子产是郑国执政，里析是郑国大夫，迁柩完全是公事，"舆"的职事与驾车运送的官差杂役有关。《孟子·万章下》："庶人，召之役，则往役……往役，义也。"说的就是这种承担杂役的人。由此可知，无宇所说的"十等人"并不是对当时社会阶层和等级地位的科学系统的划分。

①　杨伯峻：《春秋左传注》，北京：中华书局，1990年，第1284页。
②　黄中业：《春秋时期的"皂隶牧圉"属于平民阶层说》，《齐鲁学刊》1984年第2期。
③　晁福林：《先秦社会形态研究》，北京：北京师范大学出版社，2003年。

"舆人"在《左传》《国语》中习见，我们认为春秋时期"舆人"和单称"舆"者相当。从上面所引《左传·襄公三十年》的"舆人之诵"的内容上看，舆人有自己的田畴、财产和家族组织；若再结合"子产不毁乡校"的事迹，"舆人"议论执政大夫即当与乡校里的"国人"之谤相类。

总之，从职事来看，"舆人"有与军职有关的，如《左传·僖公二十五年》："秦晋伐鄀……秦人过析，隈入而系舆人。"又《僖公二十八年》记载："晋侯围曹，门焉多死，曹人尸诸城上。晋侯患之，听舆人之谋曰：'称舍于墓，师迁焉。'曹人凶惧，为其所得者，棺而出之。"由此显见，"舆人"不仅参与战争，承担的职事似能有机会贴近晋侯，以致发表"舆人之谋"。有与力役相关的，如《左传·襄公三十年》："晋悼夫人食舆人之城杞者，绛县人或年长矣，无子，而往与于食"，自言"臣小人也"，可见也是役卒之类。有与运输相关的，如《左传·昭公四年》讲到"藏冰"事："山人取之，县人传之，舆人纳之，隶人藏之"，杜预注曰："舆、隶皆贱官。"如此则可断言，"舆人""舆""舆臣"社会身份和地位基本一致，看不出三者有什么明显差别。童书业先生认为春秋时期"舆人"是"国人"中从征从役者，可有田地，且可有"衣冠"，并能有教育之"子弟"[1]，应当没有大问题。

第四节　舆人与国人、庶人概念辨析

上文已经提到在"子产不毁乡校"的史载之中，"舆人之诵"与"国人"之谤相类，实则先秦文献中常见"国人"之称，是一个有着特定政治含义的概念。西周以迄春秋，在贵族政治或大或小的活动中几乎都有国人的参与，贵族政治的决策、施政也就摆脱不了国人的影响。一般地说，国人在贵族的政治中既是维持"国脉"的"卫士"，又是主持"正义"的化身，政治气候的"阴晴"可从国人的舆论褒贬中反映出来。西周"天子建国""诸侯立家"，建立了大大小小的都邑，其中能够称为"国"的只有天子王城和诸侯"国都"，它们构成了两级政治中心。为了区分族属，西周实行国野制度，"国人"即为"国"的城内和城外近郊范围内（统称"国中"）的人，是与王室、诸侯同姓的族人及其受封的异姓贵族和附属族人，具有承担"执干戈以卫社稷"的兵役的权利[2]；而被征服的异姓蛮荒土著，居住在远郊之外的"野"中，称为"野人"。由于西周和春秋的政治是以上述两级政治中心为舞台，卿大夫采邑和贵族重戚的所谓"大都"，当然不能称"国"而只能称"都""邑"，如春秋时期晋国桓叔以迄武公把持的曲沃、郑国公叔段把持的京、

---

① 童书业：《春秋左传研究：（校订本）》，北京：中华书局，2006年，第132页。
② 陈恩林：《先秦军事制度研究》，长春：吉林文史出版社，1991年。

鲁国季氏的采邑费和战国时期齐国孟尝君的采邑薛等等，居住在这些都邑的贵族家臣和"庶人"，自然也就无见称"国人"者。这表明，所谓"国人"是包括很多社会阶层和职业，不包括奴隶、刑徒的国都之人，有如今天的"首都人"的概念，主体是隶属于各个贵族家族的"士"和平民"庶人"。

根据文献记载，在西周到春秋的政治生活中，"国人"除了当兵的权利义务之外，还能够纳君、出君、逐君、弑君，能够决定执政的命运，具有议政、"咎公"的自由，每遇大事国君需询之以定可否，贵族在内部斗争中也要与"国人"订盟以求得其支持。赵世超先生根据"国人"集团特殊政治地位而认为"舆人"是"国人"中的下层群众，大概为"小人"之属①。就国都而言，这个结论是对的；但就巨室、贰宗的都、邑而言，则未必。因为在这些都邑之中，士和庶人虽然不得称"国人"，却无碍于"舆人"之称的存在。尤其是春秋时期各诸侯国卿权不断加强，礼乐征伐自大夫出，甚至陪臣执国命的现象比比皆是，正如孔子弟子"问政"所涉内容，大夫和家宰们据以壮大自身实力的都邑更当形成了独立的政治系统和武装力量，"舆人"职事的存在是极其自然的。

所以，就"舆人"与"国人""庶人"的关系，我们的看法是："国人"概念只与王城和诸侯国都相关，是一个兼有士、农、兵、工、商等职业阶层的集团②，因此和"庶人"有交叉，"庶人"居于"国"中者为"国人"，而"舆人"则为"国人"和"庶人"中从事上面所论相应职事的人。三者不能画等号。而且，这三个概念本身也随着历史的变化而有着动态变化。不论如何，"舆人"是具有一定参政权利的自由平民，具有自由表达政见的权利，从整体社会结构中属于"庶人"阶层，在王城和诸侯国都的特定政治格局中又属于"国人"集团。所以，《国语·周语》记载西周厉王时有"国人谤王"。

另外，赵锡元先生认为，商周时期车作为最先进的代步交通工具和最先进的战争工具，并非下层民众乘坐的，乘车之人必为士阶层以上的贵族。武士中的贵族有权利乘坐在车上，所以被称作"舆人"，从而成为最初的"舆人"概念的来源③。这种推测有一定的道理，但是缺乏文献证据。晁福林先生在强调"舆人"和单称的"舆"者有较大的区别时指出，"舆人"是有自己私有车辆的"国人"，而非广义的"国人"。用今天的话来说，是认为"舆人"是"国人"中的"有车一族"，即至少是"士"。这也是可以商榷的。

---

① 赵世超：《周代国野制度研究》，西安：陕西人民出版社，1991年，第56页。
② 蔡锋：《国人的属性及其活动对春秋时期贵族政治的影响》，《北京大学学报》（哲学社会科学版）1997年第3期。
③ 赵锡元：《"舆论"溯源》，《史学集刊》1999年第4期。

文献和考古材料均已证明，车战出现于商代，到西周、春秋时期车、步结合作战成为战争的主要形式，因此表示国力强盛与否可以拥有战车的多少为标志。但是，殷商和西周时期战车数量是有限的，《孟子·尽心下》所云"武王之伐殷也，革车三百两，虎贲三千人"的说法大体可信。《司马法》云："革车一乘，士十人，徒二十人"，即一乘战车，配有甲士十人，徒兵十五人，另有厮养五人，这种车兵的编制是可信的。显然，不论是甲士，还是徒兵，或者厮养，不可能人人拥有战车。又，按照殷墟宗庙遗址北组以"车"为中心的葬坑中，发现在中组最前的一车的左右并列三个较大的坑，每坑埋人五名，这十五人即当为徒兵。而从商周时期以"族"参战的角度来推测，这乘战车的拥有者只能是这些战士所组成的一个或三个家族。因此，如果在源头上追溯"舆人"与车乘拥有者的直接联系，就只能说"舆人"是出战车的"族"编制中的战士。《左传·僖公二十八年》晋侯听"舆人之谋"，《国语·楚语上》有载："在舆有旅贲之规"，韦昭注曰："旅贲，勇力之士，掌执戈盾夹车而趋，车止则持轮。"两者所指相符，说明在战争中能够给"在舆"的君主、将官们以规谏的"舆人""旅贲"，都只能是出车而从战的甲士、徒兵。

到了春秋中晚期，经过无数次的战争掠夺和征服之后，诸侯国已可拥有战车千乘，叫"千乘之国"，如鲁、莒，而齐、晋之国或可拥有数千之乘；势力极大、拥有较大都邑的大夫才可拥有战车百乘，叫"百乘之家"。"千乘之国"包含着一批"百乘之家"，而"百乘之家"则包含着众多的各级"士"家族和贵族的家臣之族。由此可知，春秋社会各级贵族拥有数量不等的车辆，并无问题。但是，反过来说，并不是所有的"士"都一定拥有私人车辆，甚至拥有私人车辆的"士"亦不为多数。《论语·先进》记载：

> 颜渊死，颜路请子之车以为之椁。子曰："才不才，亦各言其子也。鲤也死，有棺而无椁。吾不徒行以为之椁。以吾从大夫之后，不可徒行也。"

这一方面说明春秋晚期贵族拥有的私人车辆已经转让、买卖，另一方面说明孔子以"从大夫之后"的社会地位拥有一乘车已属不易。若此，大量在礼崩乐坏之下身份不断下跌的"士"又怎么可能拥有私人车辆呢？如果按照晁先生的看法，难道"舆人"的身份在不断上升为贵族吗？从春秋战国时代"舆人"概念和"庶民"概念越来越接近的趋势上看，这也是显见的矛盾。因此，所谓"舆人"乃拥有私人车辆的"国人"的推论，值得怀疑。

第五节　舆人身份之变迁

及至战国时代，国野制度几乎完全破坏，"庶人"和"野人"的界限取消。《孟子·万章下》云："在国曰市井之臣，在野曰草莽之臣，皆谓庶人。"可见，士、农、工、商的"四民"阶层逐渐形成，与"君子"相对立的"庶人"和"小人""贱人"等概念逐渐混杂而无别。战国时期的文献中，"舆"和"舆人"概念也只体现出"造车之工"的本义。这样的证据有如下几则：

> 攻木之工：轮、舆、弓、庐、匠、车、梓。（《周礼·考工记》）
>
> 梓匠轮舆，能与人规矩，不能使人巧。（《孟子·尽心下》）
>
> 舆人成舆则欲人之富贵，匠人成棺则欲人之夭死也，非舆人仁而匠人贼也，人不贵则舆不售，人不死则棺不买，情非憎人也，利在人之死也。（《韩非子·备内》）

其中的"舆"和"舆人"等等都是具体指向那些持有专门技艺的工种和工匠的。另外，《庄子·天道》载："桓公读书于堂上，轮扁斫轮于堂下，释椎凿而上，问桓公曰：'敢问公之所读者，何言邪？'……桓公曰：'寡人读书，轮人安得议乎！有说则可，无说则死！'"故事虽属寓言，"轮人之议"和"舆人之诵"却几无二致。此外，《墨子·天志上》："我有天志，譬若轮人之有规，匠人之有矩，轮匠执其规矩，以度天下之方圆。"《孟子·梁惠王下》："为巨室，则必使工师求大木。工师得大木。则王喜，以为能胜其任也。匠人斫而小之，则王怒，以为不胜其任矣。"所谓轮人、匠人等等，都只能属于"四民"中的"工"。

当然，春秋之末以迄战国，由于重农思想的影响，"舆人"的社会身份有下降为缺少人身自由的奴仆阶层者。《左传·哀公二年》："克敌者，上大夫受县，下大夫受郡，士田十万，庶人、工、商遂，人臣、隶、圉免。"这里虽然没有明言"舆人"，但"人臣、隶、圉"当是"皂隶牧圉"的另一种说法。又如《管子·治国》还将"舆厮之事"列为耗费粮食的四种行为之一；《吕氏春秋·为欲》亦有言："夫无欲者，其视为天子也与为舆隶同……舆隶至贱也……诚无欲则是三者不足以禁。"又《商君书·垦令》："以商之口数使商，令之厮、舆、徒、重者必当名，则农逸而商劳。"当代学者蒋礼鸿说："重当作童。……《说文》：'男有罪曰奴，奴曰童。'童为僮奴本字，厮舆徒童四字同类并列。"

由此看来，战国之后称作"舆"的人至少有一部分已经沦落为社会的最底层，是"庶众"阶层中最低下者。但是，迄于汉晋，"舆人"仍然不失其与"车舆"本义的联系。如《汉书·严助传》："厮舆之卒。"唐代颜师古曰："厮，析薪者。舆，主驾车者。此皆言贱役之人。"这是汉代社会阶层已然不同于春秋时代的情形了。

通过上面的讨论，我们可以清晰地看到，先秦时代的"舆人"与"舆"的造字本义始终存在着语义上的联系，即"舆人"概念的核心没有游离于修造车舆、车舆运输这类职事之外。所以，"舆人"的社会阶层只能从承担这类职事的人的具体身份和地位来确定，大体上是属于"庶人"平民阶层的。黄中业先生说"舆人"是以修造战车为主要职事的平民，是比较正确的[①]。因此，"舆人之诵"是西周以迄春秋时期"庶人"的舆论，它尽管不同于士大夫的谏议，但也具有一定的舆论张力。而且，再引申一步考量，先秦"舆人"的社会阶层虽属于"庶人"平民，却由于车乘乃为贵族阶层代步工具和重要战争工具，"舆人"客观上具有联系贵族阶层和平民阶层的特殊地位。正如《荀子·劝学》所谓"假舆马者，非利足也而致千里"的传播特性，"舆人"自然具有借由这一交通工具的轮转往来而起到沟通消息的特殊作用，从而也就具有了舆论传播的特殊功能。

还需要注意的是，先秦时代是以贵族政治为主导的社会，与秦汉以后以官僚政治为主导的社会大不相同，两者之间发生了由"血而优则仕"向"学而优则仕"的重大转变[②]，所以，秦汉以后的"舆人之论"是可以通过士、庶的科举进身而转变成为"臣谏"的，"舆论"在这时就具有了有限的普遍意义。这也成为中国现代学术界引进西方概念时径直借用古代"舆论"概念时习焉不察的重要前提。

（本文曾以《先秦"舆人"考论———中国"舆论"概念的历史语源学考察》，
刊于《学习与探索》2011 年第 6 期。）

---

① 黄中业：《春秋时期的"皂隶牧圉"属于平民阶层说》，《齐鲁学刊》1984 年第 2 期。
② 何怀宏：《世袭社会及其解体——中国历史上的春秋时代》，北京：生活·读书·新知三联书店，1996 年。

第十章　重思当代舆论、舆情、民意的含义与变迁

杨斌艳*

当前，"舆情""舆论""民意"这三个词的使用频率非常高，学界大部分关于这三个词的研究和辨析都会溯源到同一个英文词"public opinion"，而国内学界常见的对于"public opinion"的翻译和使用还不仅仅限于这三个词，"公众意见、公共意见、公众舆论"等也比较常见。三个词能否以新闻传播学科基本名词进行概念建构和明确定义，能否通过学科名词的定义为三词的规范使用建立标准，本章认为还需要讨论语词背后更多的词源历史和惯用实践。

第一节　词义渊源与惯用实践

近几年，舆情、舆论研究再度升温，相关讨论成果显著。多数研究者认为港台使用的"民意"一词更为流行和普遍，不少港台学者坚持把"public opinion"译作"民意"而非其他语词。① 在大陆学者看来，"民意""舆论"或"舆情"一词的使用较为混淆。从整体而言，更多人喜欢使用"舆论""公众舆论"这样的表达，而把"民意"多对应于民意调查、民意测验。新闻传播研究领域，更喜欢用"舆论""公众舆论"。"舆情"一词虽然古已有之，但是随着近几年网络舆情监测开始流行，"舆情"一词再次被广泛使用，然而一般的词典中还未有将其作为词条进行规范的定义和详细解释。

以《中国大百科全书》为例来看"舆情""舆论""民意"三词的词条收入和定义，会发现其中只有"舆论"一词，没有"舆情""民意"这两个词条，但是收有"民意测验"。该书第一版和第二版中都有"舆论"，在《中国大百科全书》第一版

　＊　作者简介：杨斌艳，女，北京，中国社会科学院新闻与传播研究所，副研究员，研究方向：互联网与社会、舆情与治理。

① 邵书错：《"公共舆论"还是"公众意见"？——兼对 Public Opinion 术语不同翻译的商榷》，《国际新闻界》2009 年第 10 期，第 22—26 页。

中，"舆论"作为词条出现两次，分别在心理学卷和新闻出版卷。新闻学卷"舆论"
词条的作者是甘惜分，他给出的该词的定义是"公众的意见或言论"，紧随定义之
后的是2500多字的关于"舆论"的解释和阐述。甘先生从"舆"字开始，说文解
字："舆"字的本义为车厢或轿，又可以解释为众、众人或众人的……"舆论"作
为一个词组，最早见于《三国志·魏·王朗传》……其中"舆论"即公众的言论，
或公众的意见。① 作者通过中国古代和欧洲古代的历史说明舆论的观念在中西古已
有之。2009年出版的《中国大百科全书》第二版直接按照字母排序，并没有对词
条进行学科归属的划分，其中明确将舆论与媒体相关联："舆论通常指在一定范围
内的多数人的意见；有时也特指大众传播媒体发表的意见，人们常把媒体视为舆
论的承载者。"②

　　笔者查阅了10多部辞典，发现将"民意"作为独立词条的比较少见③。较为典
型的是：1986年出版的《政治学辞典》。该词典对"民意"的解释如下："指社会
大多数人对于某一事件或某项政策表现出的带有共同倾向性的态度和愿望。它是
一种自发的、不系统的、不定型的社会意识。"④1993年刘建明主编的《宣传舆论
学大辞典》："民意又称公意、公言、民心。人民整体意志的象征，全体人民的追
求所凝成的力量。一种笼罩整个社会的表层意识。是人民意识、精神、愿望和意
志的总括，是社会舆论这一意识现象的主导部分。"⑤ 另有，1988年的《社会心理
学词典》、1992年孔祥军的《公共关系大辞典》和刘建明主编的《应用写作大百科》
中也出现了"民意"词条。一些学者把民意、舆论与公共关系联系在一起，比如：
中国社会科学院新闻研究所于1989年出版的《揭示公共关系的奥秘——舆论学》
（孟小平著）；1992年孔祥军主编的《公共关系大辞典》中也收有"民意"词条。
学者们以公共关系视角对于民意的定义是："社会成员对其关心的政治、经济、社
会问题所持有的态度和意见。是国家实行的大政方针和政策在一定社会成员中的
悉知、理解、影响的反映，既是国家调整政策的基础，也是国家作出新的决策的

　　① 　中国大百科全书总编辑委员会：《中国大百科全书·新闻出版卷》，北京：中国大百科全书出
版社，1990年，第45页；中国大百科全书总编辑委员会：《中国大百科全书·心理学卷》，北京：中国
大百科全书出版社，1991年，第524页。
　　② 　中国大百科全书总编辑委员会：《中国大百科全书（第27卷）》，北京：中国大百科全书出版
社，2009年，第210页；中国大百科全书部编辑委员会：《中国大百科全书（第16卷）》，北京：中国
大百科全书出版社，2009年，第110页。
　　③ 　查阅《中国大百科全书》一版、二版，《新闻学大辞典》《新闻传播百科全书》以及几个版本
的社会学辞典、几个版本的公共关系辞典都没有"民意"这一词条。
　　④ 　丘晓 等：《政治学辞典》，成都：四川人民出版社，1986年，第168页。
　　⑤ 　刘建明主编：《宣传舆论学大辞典》，北京：经济日报出版社，1993年，第336—337页。

前提和根据。"①

从以上的各类大辞典词条回顾来看，"舆情"作为词条，在辞典中几乎看不到，"民意"更多的是港台学者对"public opinion"使用的一种习惯，在国内的传统和习惯下，较少作为一个独立的词条出现，而多以"民意调查""民意测验"的复合词形式出现。而"舆论"一词则较为普遍地出现在多种辞典词条中，而且已经形成了较为明确的所指和内涵，舆论学也成为新闻传播领域的重要话题之一，被广泛研究和讨论。作者认为，"民意"和"舆论"不仅是一个港台和大陆使用习惯的问题，港台学者将"public opinion"翻译成民意所使用词义内涵，其实也不同于大陆使用"舆论"的词义内涵，所以这也不仅仅是一个不同翻译习惯的问题。"民意"的词义内涵强调来自民间或大众的意见，而"舆论"一词的词义内涵更多与大众媒体发表的意见相联系。

第二节　"舆情"作为流行词的再现

2008年中国开始流行网络舆情监测，很快网络舆情监测和研究成为一个专门的行业在国内迅速普及，"网络舆情""舆情"也演变成一个流行词汇和专门词汇。天津社会科学院舆情研究所王来华等人，则在更早的几年就开始关注舆情方面的理论研究，他们对于"舆情""民意""舆论"三个词做了一些从词源开始的回溯和辨析。他们研究指出："'舆''情'两字的连用，最初应是指百姓的情感、情绪。在现在的《新华字典》中，也采用了这个解释。在《辞源》中，则把'舆情'解释为'民众的意愿'。"②他们研究了关于"舆情"一词起源的古文献，指出，据现有文字记载，"舆情"一词的最早使用在中国唐朝，出自《全唐诗》中唐诗人李中所作《献乔侍郎》一诗："格论思名士，舆情渴直臣。"③研究指出，古人关于"舆情"一词的使用，基本含义指民众的意愿。

而当前"舆情"一词不仅是社会流行语，而且在研究领域也被广泛使用。以国家社科基金立项项目为例，2005年至2013年立项有关舆情项目80项，其中48项为网络舆情项目。"舆情""社会舆情""网络舆情""微博舆情"等等都直接出现在研究项目的题目中。同时，"舆论""网络舆论""微博舆论"这些词汇也广泛出现在国家社科基金的项目题目名称中，有关舆论的研究题目从1992年持续

---

① 孔祥军主编：《公共关系大辞典》，太原：希望出版社，1992年，第74页。

② 王来华，林竹，毕宏音：《对舆情、民意和舆论三概念异同的初步辨析》，《新视野》2004年第5期，第64—66页。

③ 王来华，林竹，毕宏音：《对舆情、民意和舆论三概念异同的初步辨析》，《新视野》2004年第5期，第64—66页。

到 2014 年。①2005 年开始，尤其是 2008 年以后，随着"舆情""网络舆情"等以舆情为组词的相关词汇在中国的普及和广泛使用，引发了学界关于"舆情""舆论""民意"词义的重新辨析和思考。②

当我们通过考证和研究，认同古人关于舆情是指民众的意愿的基本内涵时，我们更不能忽视当前网络舆情行业的实践。现在绝大部分的网络舆情和舆情研究机构主要依托搜索引擎技术在互联网上抓取目标信息，然后对其分析。这样就出现了一个新的问题：舆情监测软件抓取的信息一般被视为舆情，但是在互联网传播深度渗透，各种传播媒介高度融合的今天，互动、社交、自我表达已经成为深度潜入在传播过程和互联网运用的各个层面和各个信息扩散过程中的习惯行为，在人人都可以参与和表达的媒介环境下，我们其实很难区分媒体意见和普通公众意见。作为原有定义的"舆论"（主要指媒体意见）和"舆情"（主要指民众的意愿）其实已经交融在一起，并互相渗透。所以现在通常所称的"网络舆情"是代表媒体舆论还是代表大众民意，其实已经成为一个非常复杂的问题。

第三节 词定义的重新审视

简而言之，"民意"一词在各类词典中出现频率极低，定义较为笼统。"舆情"一词只用于学术讨论，没有被视为词条。"舆论"一词在新闻传播学中已有较广泛的定义和使用，但是其定义也有不同侧重和表述。

"舆论"一词虽然在各类辞典中都比较普遍，但是也没有统一的定义，从两版《中国大百科全书》的定义来看，第一版甘惜分的定义，比较偏重于公众意见这样的广义，更靠近社会学、政治学的定义，将新闻传播、大众媒介只是视为反映舆论，形成舆论和引导舆论的工具，"舆论是新闻报道的重要内容，新闻报道是舆论传播的主要方式"③。在详细的阐释中，甘先生集中了比较常见的关于"舆论"的 5 种定义，最后总结道："有多种关于舆论的定义。……虽然众说纷纭，但有以下共同点：①舆论是一种公众的意见；②这些意见涉及多数人普遍关心的重要问题；③

① 通过国家社科基金数据库检索，以题目中含"舆情""网络舆情""舆论"等进行检索的结果 .http：//gp. people，com. cn/yangshuo/skygb/sk/index.php/Index/search.

② 王来华，林竹，毕宏音：《对舆情、民意和舆论三概念异同的初步辨析》，《新视野》2004 年第 5 期，第 64—66 页；李昌昊：《民意之概念检讨及其价值探寻》，《中共南京市委党校学报》2009 年第 1 期，第 60—67 页；张元龙：《关于"舆情"及相关概念的界定与辨析》，《浙江学刊》2009 年第 3 期，第 182—184 页；王来华，冯希莹：《舆情概念认识中的两个基本问题》，《天津社会科学》2012 年第 6 期，第 73—76 页。

③ 中国大百科全书总编辑委员会：《中国大百科全书·新闻出版卷》，北京：中国大百科全书出版社，1990 年，第 457 页。

表达这些意见的人们具有共同的利益"。^① 而在第二版的《中国大百科全书》中则将"舆论"分为了广义的公众意见和狭义的媒体意见，并对何种公众意见才能称为"舆论"给了"七要素"^② 判定方式，在于说明，"舆论"只是符合"七要素"的公众意见，而不是所有的公众意见都能称"舆论"。当前，新闻传播学界对"舆论"一词给予较为细致全面定义的是陈力丹，他的定义为："舆论是公众关于现实社会以及社会中的各种现象、问题所表达的信念、态度、意见和情绪表现的总和，具有相对的一致性（有一定数量规模）、强烈程度和持续性，对社会发展及有关事态的进程产生影响，其中混杂着理智和非理智的成分。"这一定义融入了"舆论七要素"，对于公众意见进行了限定性的定义。

　　"舆情"的概念还不明确，用法更为多样。王来华等在研究了"舆情""舆论""民意"三者的概念差异后，认为"舆情"的政治指向性更为明确，更关注意见背后的社会学、政治学变化的过程，而"舆论"则更关注传播过程和传播学变化的构造和后果；"舆情"更多是民众的社会政治态度，"舆论"不仅包括公众的"声音"，而且包含了国家或政府的"声音"以及媒体自身的"声音"。他对于"舆情"的概念曾做过如下定义：舆情是指在一定的社会空间内，围绕中介性社会事项的发生、发展和变化，作为主体的民众对作为客体的国家管理者产生和持有的社会政治态度。^③ 这一定义提出了客体的较为明确的限定，即"国家管理者"，而其他的定义少有对客体的这样规定性的界定，一般泛指现实社会，以及各种社会现象、问题等，即"公众议论的对象"^④。两种定义其实有明显不同的意见客体指向，王来华的定义明确舆情是民众对人群/组织（国家管理者）的态度，而其他定义多是指民众对社会事件、社会现象的态度。

　　就当前中国舆情实践来看，"现实社会，以及各种社会现象、问题"这样的客体界定更为适用些，也就是通常所说的，舆情是以公众对公共事件的态度为主，而这种态度并不一定直接指向政府（国家管理者）。王来华认为，"舆论"更关注

　　① 中国大百科全书总编辑委员会：《中国大百科全书·新闻出版卷》，北京：中国大百科全书出版社，1990年，第457页。
　　② 舆论形成七要素：①舆论主体；②舆论客体；③舆论自身；④舆论需要有一定量的边界（主导意见达到三分之二）；⑤舆论总要有一定的强烈程度；⑥舆论一经形成，总要持续一段时间，少到数小时，多至数年；⑦任何被称为舆论的意见，总要对舆论客体产生各种形式或大或小的影响。参见中国大百科全书总编辑委员会：《中国大百科全书（27卷）》，北京：中国大百科全书出版社，2009年，第210页。
　　③ 王来华：《"舆情"问题研究论略》，《天津社会科学》2004年第2期，第78—81页。
　　④ 中国大百科全书总编辑委员会：《中国大百科全书（第27卷）》，北京：中国大百科全书出版社，2009年，第210页。

传播学变化方面，"舆情"更关注社会学、政治学变化方面。[①] 国家社科基金 112 个"舆论"相关项目中，72 项属于新闻传播学，占到 64.3%；而以"舆情"命名的项目中新闻传播学的比例为 1/3，其他涉及图书情报学、政治学、社会学、管理学、党政管理等等多个学科。

第四节　中国学者对"public opinion"的思考与讨论

以"public opinion"进入中国后的发展路径作为一种观察视角，可以看到，在"public opinion"的概念最初进入中国时，新闻传播学领域对"public opinion"进行的相关跟进和研究比较多，当时传统媒体在中国处于意见领袖的强势地位，所以在一定时期形成了传播学、新闻学和舆论学密切相关的发展现实。而互联网传播发展起来后，中国民众发表言论和参与公共事件讨论的机会越来越多，这种民众关于中国社会公共问题的网上讨论和表达参与，慢慢生成了所谓的"网络舆情"，通常简称为"舆情"。所以，现在对于"舆情"一词的使用其实是新时代对于旧词的重新挖掘和赋意。虽然学者引经据典能够将"舆论""舆情"二词的发源联系到一起，但是当前的现实生活中人们对于"舆情"和"舆论"两个词还是存在较为明显的内涵理解上的差异：舆情更贴近于民意，是从普通民众中挖掘的意见和声音，在中国当前，人们更容易把基于互联网的各种民众自生产内容（跟帖、论坛、博客、微博、微信等平台的内容）视为舆情，认为是民意的方便和直接反映；而将舆论更多地视为媒体机构、媒体组织的意见和声音。需要强调的是，现在服务于社会的舆情监测、舆情公司等产品和报告，所监测和抓取的既有传统媒体网站的内容，也有论坛、博客、微博、微信的内容，而这些内容既包括媒体意见又包括普通网民意见。

当下对"舆情""舆论""民意"的使用较为混乱，存在众多的误解和误用。尤其是对于舆情，经常是不做定义。或者直接将舆情与舆论对等，进而将网络舆情等同于舆情；或者将舆情等同于民意，进而将民意等同舆论；或者将舆情等同于媒体舆论，进而将这个媒体默认为互联网；甚至有一些将舆情直接对等于媒体（尤其是互联网）上的负面信息、对政府或公共组织的批评意见或突发社会重大事件等等。很多舆情公司的监测是以网上传播的量来发现和定义舆情事件的，所以舆情很多时候成为短时期网上集中讨论或传播的话题或事件（这里隐藏了两种危险逻辑：一是传播量大的是否一定是公共事件；二是重大公共事件是否传播量一

---

① 王来华：《"舆情"问题研究论略》，《天津社会科学》2004 年第 2 期，第 78—81 页。

定够足大，能被监测发现）。对于舆论和民意虽然已有很多年的传统和西方舆论学理论的影响，但是使用也非常模糊，最常见的是将舆论等同于媒体，将舆论等同于民意。就以上常见混淆使用，在以下三个方面进行简单辨析：

首先，网络舆情不等于民意。虽然中国网民规模已经达 7 亿，但是并不是所有网民都热衷于在网上交流和发表意见，而且在网上交流和讨论的内容不一定都是公共事务，因此，将网络舆情等同于民意，存在较大偏差。其次，舆论不等于媒体意见。在我国舆论学研究的传统中，虽然有将舆论狭义地等同于媒体意见的定义，但是，更多的是将舆论视为一种满足一些特殊条件后的公众意见或大多数人的意见，"舆论七要素"判别法，就是通常所用的判断何种公众意见可以成为舆论的基本条件。但是在这"七要素"中是否大众传播媒体意见并不包括在七要素中，将媒体视为舆论的载体更合适。关于媒体意见与舆论的关系，在英文"public opinion"的解释和定义中，也有较为明确的表述。自 1984 年起开始出版的《媒介与传播研究词典》（Dictionary of Media and Communication Studies）已经出版到第八版，在第五版中对于"public opinion"有一个 500 多字的解释，直接就追溯到了古希腊，其词条的作者指出对于媒体而言，主要是如何更好地表达和传播公众意见，如何更好地塑造公众，只是从 19 世纪中期开始报纸成了公众意见的主导。[①] 可见，媒体更多的是舆论的载体，在报纸发展鼎盛时期，报纸是公众意见的主导，随着媒体形态的发展，广播、电视等也可能在某时期成为公众意见的主导，现在互联网一定程度上可以主导公众意见，但是任何一种媒体都不是舆论。最后，舆论不等于民意。在"舆论七要素"中对于何种公众意见能够成为舆论有详细的限定，所以舆论和公众意见不能简单画等号。一些学者对民意与舆论的关系进行了表述，"当民意由小到大，发展到比较自觉、比较系统、比较定型时，就会成为公众舆论"[②]，民意是社会舆论这一意识现象的主导部分 [③]。可见，网络舆情不等于民意，网络舆情也不等于舆论。

此时，让我们再次回到"public opinion"的定义。大英百科对于"public opinion"的解释可以翻译为：（public opinion）是通过特定社区或群体对个体就某一特定话题的看法、态度和理念的整体表达。[④] 其在进一步的阐释中给出的也是社

---

①　James Watson and Anne Hill. Dictionary of Media and Communication Studies（Fifth Edition），London：Arnold，A member of the Hodder Headline Group，2000，pp.254-255.

②　时蓉华主编：《社会心理学词典》，成都：四川人民出版社，1988 年，第 189 页。

③　刘建明等主编：《宣传舆论学大辞典》，北京：经济日报出版社，1993 年，第 336 —337 页；刘建明、张明根主编：《应用写作大百科》，北京：中央民族大学出版社，1994 年，第 233 页。

④　大英百科在线词库，Encyclopaedia Britannica，reviewd from：http：//global，britannica.com/EBchecked/topic/482436/public-opinion.

会学家和政治学家的定义和解释。从英文本义上，"public opinion"译成"民意"简单易懂，译成"舆论"雅致、有内涵。而"舆情"一词虽然古已有之，但是近些年这一词语再次流行，却是因为互联网传播在中国的影响力与日俱增。当前时代我们再次广泛使用舆情一词时，我们是在互联网传播的新环境下，我们不得不仔细地思考时代和生活实践赋予词汇的新意。

舆情行业近两年飞速发展。舆情一词现在应用很广，已经远远超越了学者按照古义"舆情"给出的狭义的民众对管理者或公共事务的意见的定义，大数据挖掘等技术也引入舆情研究和实践领域，在很多时候，舆情服务机构、舆情研究行业其实把舆情等同于基于互联网搜索技术的数据挖掘和分析，舆情监测软件抓取和研究的对象，远远超出了社会科学研究领域所谓的社会现象、社会问题、政府管理机构和管理者等，而包括了行业数据、消费者数据、用户数据等等。

鉴于以上回顾和讨论，笔者建议在定义时，应考虑以下几方面的关系：（1）词汇在古文中原有意思和使用习惯与社会发展变化后对于同样的词赋予的新意和新用法；（2）英文词汇在中国的多种翻译与不同使用偏好；（3）学术理论圈的表述与普通大众理解的差异；（4）对应的英文词汇本身词义的变化和拓展。

基于以上，对于"民意""舆论""舆情"三词的定义建议如下：

1."舆论"。已经形成了广泛接受和较为普遍的定义和翻译，认可度和统一度较高。建议基于原来的定义进行微调。

2."舆情"。中国古代关于舆情的使用和表义已经与当前时代舆情实践和现实发展差异太大。如果用古义的概念来框定舆情，既不符合当前舆情发展的实际，也容易把舆情限制在了一个狭小的发展圈，更不能反映互联网时代的搜索、大数据挖掘技术等对于舆情研究和中国社会民意研究的变革。而且，狭义的舆情与民意概念区分度太差，所以笔者建议应该重新讨论舆情的定义。

3."民意"。从以往研究来看，将民意作为独立词条的极少。字典和已有的词条定义比较偏重用"大多数人的意见""全体人民的意志"这样的概念。但是有学者认为民意应该按照"民"所代表的群体不同而分不同层次，未必是大多数人的意见，可以是少数民意、个别民意。所以，"民意"可以按照惯例，以前后加限定的方式来进行更为明确的定义和表达。

（原文曾以《"舆情、舆论、民意"词的定义与变迁》为题发表于《新闻与传播研究》2014年第12期。）

第二篇　华夏传播的本体论范畴

第十一章　道通人象：华夏"道""人""象"传播观念天人合一特质

杨柏岭 *

　　由天人关系可深度解读中国古代的传播思想，天人关系理论构成了中国文化及其传播学理论的本体论基础。中国文化系统建构了"道的感知、交流和分享"的信息传播体系，"道"作为信息具有去物质性、属人性质，"道之动"体现了"信息"运动的规律。中国文化尤重天人相通、相合的整体性、有机性，在传、受者的认识上，既重视"究天人之际"的"传—受"互动身份，"通古今之变"的"道—人"一体角色，也强调"成一家之言"的"知—行"合一意识。"媒介"观因嵌入了阴阳思维，具有了关系哲学的本体内涵，"象"的介入尤其是"言象互动"的媒介语言，奠定了中国文化最主要的信息传递方式的基础，构建了"观物取象"的媒介生成原则、"观象制器"的媒介技术路线、"立象尽意"的媒介价值取向以及"得意忘象"媒介功能定位等较为系统的媒介学观念，"示—悟"模式亦成为体认与把握信息之本体（道）的根本方法。

　　一般而言，传播学研究或侧重人如何借助媒介传播信息，或强调媒介如何改变人的生存方式乃至思想情感特征，贯穿其中的多是人与媒介之间的技术维度。的确如此，媒介的变革本质上是一种技术及其观念的革新。然而技术除了硬件还有软件，以及影响人、媒介以及二者关系的文化传统。从哲学角度解读人类的传播行为，方能真正深入传播学话语背后的深层意义以及意识形态的文化脉络。可以说，天人关系理论构成了中国文化及其传播学理论的本体论基础，它说明中国文化的本性和人之传播活动的所当为。天人之际、天人感应、天人合一等在某种程度上既可被理解为传播行为的过程，也是中国文化基于相互理解对传播过程的一种期待性主张。

---

　　* 作者简介：杨柏岭，安徽定远人，二级教授，博士生导师，主要从事文艺、文化传播研究。

第一节 "天人本无二"之"道"论："信息"的本体意涵

在中国古代思想史上，虽有上古时期"绝地天通"、荀子"天人之分"、王安石"天人不相干"等天人相分的主张，但占据主流的还是"天人合一"的观念。由此，通过对天人关系哲学含义的解读，既可探寻到中国古代传播论的本体依据，也能为中西文化比较提供一个本质论的视角。

一、"天人合一"观念的"道"论

"天人合一"思想萌芽于诸如"天梯""擎天柱"等天地相通的原始思维，延伸至商周神人关系中的天命观：自"人"的角度说，有"殷人尊神，率民以事神"[①]，以及周公以来主张的"以德配天"的观念；自"神"（天）的角度，"皇天无亲，惟德是辅"[②]，赋予"神"之敬德、保民的品性。因此，华夏民族较早地从道德要求上构建了"天人合一"的宇宙观、人生观。不过，与西方文化一直延续宗教传统的发展路径不同，"中国哲学是在清算原始宗教观念天命信仰的影响中，为自己开辟理性发展道路的"。在冲破天命信仰等传统观念上，以孔子为代表的儒家"从抬高人的价值入手"，以老子为代表的道家则"从直接否定天的权威入手"[③]，分别以伦理哲学、思辨哲学的路径，开启了中国古代"天人合一"观及其"道"论的两种基本路径。

孔子在天人关系上提升了"人道"的价值，然并未否定"天道"，且始终存有因"获罪于天，无所祷矣"而倍感"巍巍乎唯天为大"，以及因难以说清鬼神崇拜的本质故而存在"子不语怪力乱神"[④]的敬畏心理。只不过孔子弱化了神灵之天，推崇命运之天（如"五十而知天命"等），尤重"周人尊礼尚施"[⑤]的义理之天，且兼有"四时行焉，百物生焉，天何言哉"[⑥]的自然之天的意识。孔子之"天"在由人格神崇拜向自然数认知的转变中，强化了天命崇拜以及鬼神祭祀中的伦理情怀与人文意识。这也为儒家后继者阐释天人关系留下了思考的空间，像孟子在尊重人之耳目感官及其思虑"此天之所与我者"的基础上，进一步强化"人"的主体

---

① 郑玄注．孔颖达正义：《礼记正义》，阮元校刻：《十三经注疏》，北京：中华书局，1980年，第1641页。

② 孔安国传．孔颖达等正义：《尚书正义》，阮元校刻：《十三经注疏》，北京：中华书局，1980年，第115页。

③ 张立文等主编：《玄境：道学与中国文化》，北京：人民出版社，2005年，第32页。

④ 杨伯峻：《论语译注》，北京：中华书局，1980年，第27、83、72页。

⑤ 郑玄注，孔颖达正义：《礼记正义》，阮元校刻：《十三经注疏》，北京：中华书局，1980年，第1641页。

⑥ 杨伯峻：《论语译注》，北京：中华书局，1980年，第118页。

觉悟，主张"心、性与天相通"①。汉代董仲舒则重寻"天"之权威，通过"人副天数"说宣扬天人感应的迷信思想，其所谓"天人之际，合而为一""以类合之，天人一也"等思想，遵循着天道主宰人道的基本主张，本属人道的"王道之三纲，可求于天"②之论，将此思路表达得更为清晰。

老庄在天人关系上，不仅否定神灵之天的权威地位，同时也不承认"尊礼尚施"的义理之天、人，而是在尊重自然之天、人的基础上，重塑一种新型的天人关系。因此，或以为老子以"有物混成，先天地生"③的道为最高实体，不以天为最高实体，便认为"老子哲学中没有涉及天人合一的问题"；庄子因为将"天"与"人"对立，因而他所谓"与天为一"的主张"不是天人相合，而是完全违背人"④的判断，都是未能尊重老庄哲学体系之论。其实，老庄尤其是庄子，他们所谓的"天""人"更为本质的意涵是指"一种人生态度"，抑或"观察或参与文明进程的方式"，而不是某种"实体"。正因为如此，我们不能说"儒家所讲的'天'一直保存了西周时期'天'的道德含义，'天'具有道德属性；道家所讲的'天'则是指自然，不具有道德含义"⑤。因为这里的"自然"在老庄哲学思想体系中，是指与"人为"相对的顺其自然，形容"自己如此"的一种状态⑥或态度。老庄的"道法自然"通过反对宗法制下那种人为的伦理观，试图构建出一种无为的以人性自由为目的性的新道德。老庄的"道德"是希望让人们真正品味出"道德并不是来拘束人的，道德是来开放人、来成全人的"⑦的道理。荀子曾批评庄子"蔽于天而不知人"⑧，殊不知庄子的"天人合一"观要义在"以天合天"的理路上，实现《山木》篇所说的"有人，天也；有天，亦天也"，充满诗意的"人与天一"⑨的精神世界。

二、"道"之信息的哲学依据

由天人关系可深度解读中国古代的传播思想。《周易·系辞下》云"《易》之为书也，广大悉备，有天道焉，有人道焉，有地道焉"，"道"关乎天、地、人"三才"，乃是宇宙间信息广大悉备之所在。这些"信息"又是人类如"古者包牺

①　杨伯峻：《孟子译注》，北京：中华书局，1962年，第270、301页。

②　苏舆：《春秋繁露义证》，钟哲点校，北京：中华书局，1992年288、341、351页。

③　陈鼓应：《老子注释及评介》，北京：中华书局，1984年，第163页。

④　张岱年：《中国哲学中"天人合一"思想的剖析》，《北京大学学报》（哲学社会科学版）1985年第1期。

⑤　张世英：《中国古代的"天人合一"思想》，《求是》2007年第7期。

⑥　陈鼓应：《老庄新论》，上海：上海古籍出版社，1992年，第25页。

⑦　牟宗三：《中国哲学十九讲》，上海：上海古籍出版社，2005年，第75页。

⑧　王先谦：《荀子集解》，沈啸寰、王星贤点校，北京：中华书局，2018年，第293页。

⑨　陈鼓应：《庄子今注今译》，北京：中华书局，1983年，第518页。

氏""仰则观象于天，俯则观法于地"的认知结果，并通过"近取诸身，远取诸物"创造的八卦媒介符号，实现"以通神明之德，以类万物之情"①的交流与共享目的。从某种意义上说，传播的本质在于"信息的交流和分享"。这是以对信息的刺激反应为前提，在特定的社会关系中，通过拥有共同的符号体系及意义空间的主客体的互动沟通，实现信息流动的系统化过程。②"说到底，信息就是人的'感知''反映''知识'等广义的心智现象"，"是主体对对象的感知、辨识和建构"③。在中国古代传统文化中，"道"是关于世界一切事物本性和规律的最高认识论范畴，堪为揭示"信息"本体意义的哲学术语。《说文》云"道，所行道也，从行从首"，"从首"标明接触信息、辨明方向的耳目器官之所在，"所行道"引申出道路、规律、方法、道理等意思；同时，"道"与"言语"传播密不可分，无论是《周书·旅獒》"志以道宁，言以道接"④，《孟子·尽心上》"君子之志于道也，不成章不达"⑤，还是《老子》"道可道，非常道"⑥，或重"言"，或轻"言"，最终都要求用"道"来"说话"。可以说，以天人合一为本体依据，中国文化系统建构了"道的感知、交流和分享"的信息传播体系。

其一，"道"作为信息，具有去物质性。维纳曾言"信息就是信息，不是物质也不是能量"⑦，从某种意义上说，信息"是'看不见''摸不着'的一种无形的'虚在'。所谓'看到'或'听到'什么信息，其实那并不是'信息'，而是信息的载体"⑧。《老子》云："有物混成，先天地生……吾不知其名，强字之曰道，强为之名曰大。""孔德之容，惟道是从。道之为物，惟恍惟惚……"⑨使用"物"，既说明老子不是从"神"的角度来理解宇宙的创生，也不是说"道"是一个个具体的能繁衍后代的母体，而是一种比喻说法，因为"道"是"视之不见""听之不闻""搏之不得"的"虚无"存在。孔子尽管说"非礼勿视，非礼勿听，非礼勿言，非礼勿动"，然"人而不仁，如礼何"，"礼"只是载体，"礼云礼云，玉帛云乎哉；乐云乐云，钟鼓云乎哉"，那个"吾道一以贯之"⑩的"道"才是他要传播的真正"信息"！

① 黄寿祺，张善文：《周易译注》，上海：上海古籍出版社，2010年，第560、533页。
② 胡百精：《危机传播管理》，北京：中国传媒大学出版社，2005年，第51—52页。
③ 肖峰：《重勘信息的哲学含义》，《中国社会科学》2010年第4期。
④ 孔安国传，孔颖达等正义：《尚书正义》，《十三经注疏》，北京：中华书局，1980年，第195页。
⑤ 杨伯峻：《孟子译注》，北京：中华书局，1962年，第302页。
⑥ 陈鼓应：《老子注释及评介》，北京：中华书局，1984年，第53页。
⑦ 维纳：《控制论》，郝季仁译，北京：科学出版社，1963年，第133页。
⑧ 肖峰：《重勘信息的哲学含义》，《中国社会科学》2010年第4期。
⑨ 陈鼓应：《老子注释及评介》，北京：中华书局，1984年，第163、148页。
⑩ 杨伯峻：《论语译注》，北京：中华书局，1980年，第123、24、185、39页。

　　其二，"道"作为"信息"，具有属人的性质。"道"既有经验世界的实在性，也有观念世界的超越性，乃人之身心创造、体认的结果。哲学意义上的人与信息关系是"一种扩大了的反映和认识关系"，隶属于认识论范畴。①孔子不仅要求"士志于道"，而且坦言自己"朝闻道，夕死可矣"②。对"道"如此虔诚，既反映出他对"永恒真理"及其功能的一种信仰，也反映出他对参"道"过程中人的心智能力的肯定。面对"道法自然"的理念，老子主张人类"常无，欲以观其妙；常有，欲以观其徼"③。在他看来，"无""有"双重的"道"性，取决于人之心境、态度；而那"自本自根"的"道"，本质上是"无为而无不为"之人性的显现。同时，作为"有物浑成，先天地生"的"道"，"无内外可指，无动静可分；上下四方，往古来今，浑成一片，所谓无在而无不在"④，从信息交流与共享的过程来说，天人合一观念下的"道"论极其注重"本为一体的传播过程中不同要素之间的复杂关系"⑤，具有今人所说的生态学视角。

　　其三，"道之动"体现了"信息"运动的规律。在信息传播中，人们一直追求减少冗余信息，杜绝"噪音"，防止信息损耗的保真度。老子讲"信言不美，美言不信"⑥，孔子云"民无信不立"⑦，以及中国古代占据主流的"诚"传播观念，所期待的正是这样一种信息传递的平衡结构理论。事实上，作为人的一种认识对象，变化才是信息运动的根本特征，进一步说，在动态变化中实现其稳定秩序的耗散结构，才是信息运动的一种活结构。这其中，老子的"反者，道之动"⑧在反映"道"的运行状态的同时，亦辩证揭示了信息运动规律的启示意义。信息运动既有人们熟悉的顺向路径，也有难以掌控的逆向路径。因此，对信息安全"对抗信息"的控制，则可灵活运用"反其道而行之相反相成"与"共其道而行之相成相反"两条原理，形成各种具体措施。⑨至于"道"的运行方式或状态，儒道佛三家均重视"化"字。可以说，"化"是信息传递的一种体征，其本义是"变化"。从构字法上说，既有消失、消解之意，也有合成、生成之意。这种正、反"相反相成、

　　① 肖峰：《重勘信息的哲学含义》，《中国社会科学》2010年第4期。
　　② 杨伯峻：《论语译注》，北京：中华书局，1980年，第37页。
　　③ 陈鼓应：《老子注释及评介》，北京：中华书局，1984年，第53页。
　　④ 罗洪先：《与蒋道林》，黄宗羲：《明儒学案》，沈芝盈点校，北京：中华书局，1985年，第402页。
　　⑤ 丁汉青：《重构大众传播中传播者与受传者之间的关系——"传"、"受"关系的生态学观点》，《新闻与传播》，2003年第5期。
　　⑥ 陈鼓应：《老子注释及评介》，北京：中华书局，1984年，第361页。
　　⑦ 杨伯峻：《论语译注》，北京：中华书局，1980年，第126页。
　　⑧ 陈鼓应：《老子注释及评介》，北京：中华书局，1984年，第223页。
　　⑨ 王越：《罗森林：信息系统与安全对抗理论》，北京：北京理工大学出版社，2015年，第128页。

共存一体"①的字义结构，鲜明地呈现出信息运动的规律及其存在的状态。

三、信息之"道"的文化特色

中国古代的"道"论固然有"三才"的类型之别，然实则以统摄物质世界与精神世界的一元论为本，作为人与对象之间信息关系的"道"在很大程度上反映出中国古代信息观的一元本质论。孔子所言"道"，既关乎"礼乐征伐自天子出"的社会制度，"道之将行也与，命也；道之将废也与，命也"的天命观，仁爱、忠恕等德性论，也有"天下有道，则庶人不议"之类关涉政治传播功能的判断。孔子曰"人能弘道，非道弘人"②，作为信息的"道"是"人外无道，道外无人"③的认识论现象，体现的是"天人合一"视域下的一元世界。进而，仅仅有"道"还不够，"道以人弘，教以文明"④，人须主动自觉，且借助有之媒介去传播、推行，使之发扬光大。此后，儒家学者多秉承了这种"人能弘道"的传播理念。像孟子的"尽心、知性"说，就是要求君子们通过善养"塞于天地之间"的"配义与道"的"浩然之气"，在"万物皆备于我"的内在自觉中传播"上下与天地同流"的仁义之"道"⑤。

与儒家强调人借助有形媒介（"有待"）主动"弘道"的传播观不同，"以天合天"的道家则希望信息传、受者"虚无恬淡，乃合天德"，忘却各类媒介（"无待"），顺其自然地"闻道""体道"；一旦"以天合天"，即体会到"天地与我并生，万物与我为一"的真实感、"通天下一气耳"⑥的浑成感。此"道"的传授者务必认识到"道可道，非常道；名可名，非常名"⑦以及"夫道，有情有信，无为无形；可传而不可受，可得而不可见"⑧的独特性。也就是说，要通过悬置媒介这个中介可能存在的弊端，不违"道"性的生活，彻底消除经验世界中天道与人道、自然与当然之间的紧张关系，方堪为"天下之君子所系"的"体道者"⑨。如此这般，并不能说老庄放弃了对信息的知情权、传播权，相反，信息交流与共享仍是他们的初心。同时，体道者因为有了"吾丧我"⑩的过程，忘却成心，反而有了对信息

①　傅永和等主编：《汉字演变文化源流》（上册），广州：广东教育出版社，2012年，第104页。

②　杨伯峻：《论语译注》，北京：中华书局，1980年，第714、157、174、168页。

③　朱熹：《论语集注》，《四书章句集注》，北京：中华书局，1983年，第167页。

④　僧祐：《弘明集（序）》，上海：上海古籍出版社，1991年，第1页。

⑤　杨伯峻：《孟子译注》，北京：中华书局，1962年，第62、302、305页。

⑥　陈鼓应：《庄子今注今译》，北京：中华书局，1983年，第396、71、559页。

⑦　陈鼓应：《老子注释及评介》，北京：中华书局，1984年，第53页。

⑧　陈鼓应：《庄子今注今译》，北京：中华书局，1983年，第181页。

⑨　陈鼓应：《庄子今注今译》，北京：中华书局，1983年，第578页。

⑩　陈鼓应：《庄子今注今译》，北京：中华书局，1983年，第33页。

"广大悉备"的可能性、开放性。于是，他们"不出户，知天下；不窥牖，见天道。其出弥远，其知弥少。是以圣人不行而知，不见而名，不为而成"，因为"天之道"自本自根，"不言而善应，不召而自来"①。

"天人合一"思想到宋代张载、程颐、程颢、朱熹等理学家那里臻至成熟，而宋明理学正是以儒家学说为本，汲取道、佛学说，求同存异的结果。张载发挥了孟子及《中庸》思想云"儒者因明致诚，因诚致明，故天人合一"②，程颢吸收道家思想曰"天人本无二，不必言合"③，朱熹继而说"天人本只一理""天即人，人即天"④。这种物质世界与精神世界本质一致性，既是一种"超越的观念论"，也是一种"经验的实在论"，因为中国古人认为"达到物我两忘，主客并遣，是经过修行实践而达到的圣境，不管这个实践的圣境是儒家式、道家式或佛家式的。如无达到这个境界就不能成圣成佛。故成圣成佛非得经由经验知识界，现象界往上翻而一定达到超越层"⑤。

至此，儒、道、释三家的天人关系论及其此背景下的"道"论，其内涵虽各自有别，然"天人合一"理念及其所赋予的"道"之哲学理路，则共同体现了中国古代文化强调万物依存关系、信仰宇宙整体性以及以和谐为人生目的的特性。⑥这些特性关系着中国古人认识和改造世界的思维方式以及对传播对象的认知，是研习中国古代信息论不可或缺的文化特征。

第二节 "俯仰天地间"之"人"论："传受"的道德自觉

关注生命，尤以人生为核心，是中国哲学的一大传统。自《周易》始，中国人便确立天地人"三才"的宇宙观，"俯仰天地间，浩然独无愧"⑦成为人们坚挺文化自信的哲学依据。当然，中国哲学"常常是从天的角度看人，并从天道的角度规范人生，将人生看作天道的载体或表现"⑧。因此，"天"的含义变化影响着"天人合一"的类型，或是超验之"神"下的神、人关系，或是经验之"圣"（道德权威的最终根据）下圣、人关系，或是认识论之"物"下的自然与人的关系等。上

---

① 陈鼓应：《老子注释及评介》，北京：中华书局，1984年，第248、334页。
② 张载：《张载集》，章锡琛点校，北京：中华书局，1978年，第65页。
③ 程颢，程颐：《二程集》，王孝鱼点校，北京：中华书局，2004年，第81页。
④ 黎靖德编：《朱子语类》，杨绳其，周娴君校点，长沙：岳麓书社，1997年，第346页。
⑤ 牟宗三：《中西哲学之会通十四讲》，上海：上海古籍出版社，1997年，第64页。
⑥ 陈国明：《跨文化传播学的现状与未来发展》，洪浚浩主编：《传播学新趋势》下册，北京：清华大学出版社，2014年，第589页。
⑦ 邵雍：《邵雍全集》第5册，郭彧、于天宝点校，上海：上海古籍出版社，2015年，第425页。
⑧ 丁为祥：《命与天命：儒家天人关系的双重视角》，《中国哲学史》，2007年第4期。

述类型至汉代各自均得以彰显，在此氛围中，司马迁云"天人之际，承敝通变，作八《书》"①，直至其《报任安书》说的"亦欲究天人之际，通古今之变，成一家之言"②为纂修《史记》之宗旨，延续儒家"三立"观，进一步自"人道"的角度审视天人关系下的生命价值。

从某种意义上说，司马迁"究天人之际"之论，通过自己的文化传播实践，揭示了中国古代文字传播价值论的理论模式。在他看来，文字传播关涉人类文明的承传，其对象不仅是天道、人道，而且是二者的关系。传播者应置于"天人之际"这个辽阔的生命空间下，以"成一家之言"为目标，利用文字传播储存、再现信息的功能优势，实现"三立"价值理念的代代传承，追求生命时间的无限延续。与西方重分析的思维方式不同，中国古代文化"究天人之际"尤重天人相通、相合的整体性、有机性，有着所谓"我见青山多妩媚，料青山见我应如是"的心物共感、互通有无的交流、共享体验。由此解读中国古代传播学理念，尤其是分析传、受者之间双向影响关系以及有关传、受者的媒介素养时，我们理当回避那种基于西方近现代传播学要素论所采取的"各自为政"的研究路径，回到中国古代"传—受""道—人""知—行"一体化的观念之中。

一、"究天人之际"的"传—受"互动身份

"传者中心论"，一直是学界把握中国古代传播观念特色的主流意见。其实，这并不符合中国古代传播观念的实际。中国哲学审视天人关系下的生命存在，除了有"天道""人道"的双重视角，还存在处理"天、人"力量均衡关系的多种类型，同样影响着中国哲学解读信息交流与共享方式的思维方式。一是孔子开启的"差等之爱"，追求一种以"正名"为前提的社会伦理秩序的稳定性；二是老庄倡导的"平等之爱"，追求一种以"齐物"为前提的心灵和谐状态；三是萌芽于孟子，经宋明儒家吸取道家、佛教思想之后形成的"平等博爱"，追求一种以"万物一体"为前提的伦理精神及社会秩序。从中国社会演变历程来看，第一种影响最为深远，第二种发挥过积极作用，第三种代表着中国古代"天人合一"思想发展的顶峰③。

无论哪种模式，"天人合一"的理念都希图改变"受者"只"听"不"说"、"被影响"而不"影响"的局限，而是在"传—受"互动中，加强"受—传"过程的信息交流及传播的责任。这其中主张"平等之爱"的老庄学说最为鲜明，其要消解的正是"传者中心"现象。庄子《齐物论》提出"吾丧我"的命题，借助"天

---

① 司马迁：《史记》，北京：中华书局，1982年，第3319页。
② 班固：《汉书》，北京：中华书局，1962年，第2735页。
③ 张世英：《中国古代的"天人合一"思想》，《求是》，2007年第7期。

地人"模式，以音乐为喻，倡导摒弃传者之我见。这不是要丧失身体或意志，而是要忘记"成心"——一种观念世界里自认为体认和传播真理的执着："今者吾丧我，汝知之乎？女闻人籁而未闻地籁，女闻地籁而未闻天籁夫！"作为信息传播者的人类首先是"闻道"的"受者"，而作为信息发出者的"天籁"则是无传播之心的"使其自己""咸其自取"[①]。有了"倾听"的过程，人类方有可能不失真地体认和共享"道"之信息。其提出的"心斋"方法进一步凸显了"若一志，无听之以耳而听之以心，无听之以心而听之以气"的倾听原则，当处于"气也者，虚而待物者也"之类身心一片虚灵的状态，就是"唯道集虚""虚者，心斋也"[②]这样"受—传"一体的境界。

　　不少学者基于中国古代宗法制度、"三纲五常"人伦秩序等，习惯性地认为儒家坚守的是"传者本位"的传播立场，其实这只看到了问题的一方面，因为儒家同样极为重视"受—传"的过程，重视以受者为中心的原则。一则，如孔子有着"郁郁乎文哉！吾从周"[③]的文化传播自觉意识。在他看来，周代礼乐制度承载着他孜孜以求的"真理"，故而提出"述而不作，信而好古"[④]这一文化承传模式。"不作"意在强调"述"这个传播行为不失真的要求，且"听""学"的受者角色正是扮演好"述"者身份的前提。孔子明言"我非生而知之者，好古敏以求之者"，并勉励自己"不怨天，不尤人，下学而上达"[⑤]，历经尊德性而道问学的工夫，由人事上达天命直至天人合一的境界。由此，虚心而迎善，慎独而存养，推己而及人，以受者身份敬重传播对象而"弘道"，成为中国古代"传者"内省的基本要求。二则，与宗法制度相关，中国历史上普遍存在着一种"传者位卑而受者位高"的传播现象，典型的如自春秋时代便兴起的"游说""讽谏"等活动，以及很长时间内艺术、文化传播领域里的"艺人卑微""雕虫小技"等观念。这些从另一侧面说明了中国古代传播观念为何重视"受—传"过程的特殊原因。面对那种极不平等的传播关系，尊重、了解那些位高的"受者"，自然是传者不得不考虑的前提。《鬼谷子》云"与贵者言，依于势"[⑥]，韩非子《说难》论及向君王进言云"凡说之难，在知所说之心，可以吾说当之"[⑦]，而《孟子·尽心下》则反其道而行之，指出"说

①　陈鼓应：《庄子今注今译》，北京：中华书局，1983年，第33—34页。
②　陈鼓应：《庄子今注今译》，北京：中华书局，1983年，第117页。
③　杨伯峻：《论语译注》，北京：中华书局，1980年，第28页。
④　杨伯峻：《论语译注》，北京：中华书局，1980年，第66页。
⑤　杨伯峻：《论语译注》，北京：中华书局，1980年，第72、156页。
⑥　陈道年：《鬼谷子笺注》，合肥：黄山书社，2014年，第87页。
⑦　韩非子：《韩非子》，张觉点校，长沙：岳麓书社，2015年，29页。

大人，则藐之，勿视其巍巍然"①，其目的仍是要劝服那些位高的受者，使其接收信息并通过他推广，实现传播效果的最大化。

作为"天人合一"整体性思维的一种表征，"传—受"或"受—传"的一体化，除了强调信息交流与共享过程中不失真，以及传者与受者"我中有你，你中有我"角色互换，也十分看重传播环境对信息传递的意义。如《论语·乡党》曾记载孔子在不同场合中的角色变化，或言孔子善变，缺乏传者或受者身份的一贯性，然孔子此举实为重视人际传播的礼仪环境，追求传播效果之表现，深度体现了其崇礼的态度。当然，这么说，并非说中国古代传播观念主张消解"传者""受者"的身份界限。其实，人类在早期口语传播时代，存在一种"低效率传播条件下的相对平等、交互程度高的传受关系"②，老庄学说便延续了口语传播文化的思想痕迹，故而强调了"天人合一"思维下的平等关系。不过，文字出现后，对于未能掌握这一媒介的弱势群体而言，出现了类似马克思说的"他们无法表述自己；他们必须被别人表述"③的传播境遇。从某种程度上说，儒家承继了书面语传播的文化遗产，其中，对"信息"交流的权威性的拥有，强调"传—受"者的身份及相互秩序的合理性，是孔子重视"正名"思想的初衷。儒家文化对"传—受"或"受—传"过程的重视，既不是消解传、受身份，也不能等同于当今"人人都是自媒体"那种传、受角色瞬间可以转换的"全员媒体"状态，而是一种等级制下的整体性思维或以差等为前提的传受一体观念的反映。

二、"通古今之变"的"道—人"一体角色

前文所言"天人合一"观的两种基本路径，实则滋养了儒家"人能弘道"、道家"无心体道"两大传播论传统。然就其同者言，儒、道两家均强调个体能在"天人之际"的文化空间中，用历史的尺度来观察宇宙万物的运动。"子在川上曰：逝者如斯夫，不舍昼夜。"④在感叹时间的流逝中，强调历史发展的不可重复性。《庄子·天下篇》在"悲夫，百家往而不返""道术将为天下裂"的叹息中，自觉地上承"天地之纯""古人之大体"⑤的道术。至司马迁"通古今之变"观，则以儒家"人能弘道"观为本位，在吸收"上古以来的史文化的同时，又将《易》理与道家哲学融会一体，在"述往事，思来者"的传播实践中，思考了时势、兴亡、成败、

①　杨伯峻：《孟子译注》，北京：中华书局，1962 年，第 339 页。
②　唐乐：《从"传者—受者"到"对话者"——Web2.0 时代组织外部传播的传受关系分析》，《新闻大学》2011 年第 2 期。
③　中共中央编译局：《马克思恩格斯选集》第 1 卷，北京：人民出版社，1976 年，第 629 页。
④　杨伯峻：《论语译注》，北京：中华书局，1980 年，第 92 页。
⑤　陈鼓应：《庄子今注今译》，北京：中华书局，1983 年，第 855—856 页。

穷达之变，涉及社会与个人、整体与个体、一般与特殊等多个方面，"具有超越于表象世界而直透历史本质的内在深刻性"①。这种"究天人之际，通古今之变"的文化传承责任，在北宋理学家张载那里，就是著名的"横渠四句"："为天地立心，为生民立道，为往圣继绝学，为万世开太平。"②要求知识分子在"天人合一"思想框架下，秉承"内圣外王"的人格理想，以"立心""立道"为逻辑起点，通过继往开来的学术承传，践诺文化传播使命的终极志向。

从某种意义上说，司马迁、张载等人关于文化传播自觉性的论述，充分体现出知识分子的社会角色意识与担当。当人们从传者、受者的社会及个人动机来分析媒介由谁掌握、传播由谁操纵、讯息由谁控制等话语权的问题，就可以深入理解中国文化关于知识分子的社会角色的内涵认识。近代思想家龚自珍在《乙丙之际箸议第六》中，正是从"信息资本"拥有方式角度解析了中国的史官文化制度，并区分了知识分子的诸阶层。如"职以其法载之文字而宣之士民者"，即那些担负文明记载及传播职责的知识分子，方可"谓之太史，谓之卿大夫"。除此，"民之识立法之意者，谓之士。士能推阐本朝之法意以相诫语者，谓之师儒"，"士"是自下而上的信息传递者，"师儒"则是自上而下的信息宣教者。同时，"天下不可以口耳喻也，载之文字，谓之法，即谓之书，谓之礼，其事谓之史"，直至"天下听从其言语，称为本朝"③，中国的史官文化直接关系着信息资本的分配及其秩序化的建构，而后者又表征着社会制度形态、思想价值体系及其文化传统。德国社会学家曼海姆称知识分子为"漂流阶层"，就是因为他们从来就扮演着信息的拥有者、阐释者、总结者和传播者的角色，人们也凭此评价知识分子的社会价值及历史意义。如在司马迁看来，"孔子布衣，传十余世，学者宗之。自天子王侯，中国言'六艺'者，折中于夫子，可谓至圣矣！"作为"高山仰止，景行行止""虽不能至，然心向往之"的对象，司马迁正是通过"读孔氏书，想见其为人"④，视之为文明承传者而誉其"至圣"的结果。

"居今之世，志古之道，所以自镜也，未必尽同"⑤，古今之势有异，以史为鉴自然不能一味地以古非今，然作为基于"究天人之际"而"通古今之变"的传播者，其角色职责要求他们要超越个体的偶然行为，自觉地肩负着知识分子群体追本溯源，承其脉络，传其系统的"道统"责任。典型的如唐代韩愈《原道》堪为

① 张大可、凌朝栋、曹强：《史记学概要》，北京：商务印书馆，2015年，第46页。
② 张载：《张载集》，章锡琛点校，北京：中华书局，1978年，第320页。
③ 龚自珍：《龚自珍全集》，上海：上海人民出版社，1975年，第4页。
④ 司马迁：《史记》，北京：中华书局，1982年，1947页。
⑤ 司马迁：《史记》，北京：中华书局，1982年，878页。

复古崇儒、排斥佛道的宣言，提出了"尧传舜，舜传禹，至汤、文、武、周公、孔子、孟子"①儒家正宗的道的传授系统。为了承传此"道"，韩愈本着"道—人"合体原则，撰写《师说》，重释"师者"这个传者角色。一言以蔽之，即"道之所存，师之所存也"②。后来如清代方舟《广师说》亦遵循"相师者以道"这个准则，批评那种"势所在则相师，利所在则相师"③的违情悖理现象。同时，"道—人"合体是个动态的结构，须在"传—受"一体中得以完善。所谓"弟子不必不如师，师不必贤于弟子，闻道有先后，术业有专攻，如是而已"④，"传""受"者身份的确认，不能仅靠社会标签，而是要以"闻道"与否为条件。因此，传者"通'道'之古今之变"，在"道—传"模式下务必要重视"道—受"的过程，后者既是传播效果论的范畴，也是传播主体论的内容，因为它直接决定传者身份的构建要素具备与否的问题。故韩愈《师说》开篇提出"古之学者必有师。师者，所以传道授业解惑也"之后，接着便分析"师者"存在的必要性："人非生而知之者，孰能无惑？惑而不从师，其为惑也，终不解矣。"⑤这正是在"受—传"模式中，从"学者"即受者、听者角度阐释"师者"（传者）的职业内涵。明代黄宗羲鉴于自己"老而失学，欲求为弟子"以及"师道之不传也，岂特弟子之过哉？亦为师者有以致之耳"的体认，"反昌黎之意，作《续师说》"。他所强调的正是人们往往忽视的韩愈对"受—传"过程的意见，告诫那些"道之未闻"而自诩为师者，应当从弟子（受者）角度正确理解"师者"的社会属性⑥，彰显中国古代"道—人"合体方为"师"的传播观念。

三、"成一家之言"的"知—行"合一意识

历来解读司马迁"成一家之言"说的动机和目的，尤重其遭李陵之祸后发愤著书的主体意识。除此，据《太史公自序》，司马迁所以能提出"成一家之言"之论，还因为他拥有"司马氏世典周史"以及"百年之间，天下遗文古事，靡不毕集太史公"的家族职业便利，故而"余所谓述故事，整齐其世传，非所谓作也"，"以拾遗补艺，成一家之言"⑦。可见，他一方面将自己定位在"立言"的著述者，

---

① 韩愈：《韩愈集》，严昌校点，长沙：岳麓书社，2000年，第147页。
② 韩愈：《韩愈集》，严昌校点，长沙：岳麓书社，2000年，第157页。
③ 吴翌凤编：《清朝文征》下册，长春：吉林人民出版社，1998年，第854页。
④ 韩愈：《韩愈集》，严昌校点，长沙：岳麓书社，2000年，第157页。
⑤ 韩愈：《韩愈集》，严昌校点，长沙：岳麓书社，2000年，第157页。
⑥ 黄宗羲：《南雷诗文集》上册，《黄宗羲全集》第10册，平惠善校点，杭州：浙江古籍出版社，2012年，第657—658页。
⑦ 司马迁：《史记》，北京：中华书局，1982年，第3329—3330、3319页。

借著史形式发表推陈出新的不朽之见，另一方面就是延续孔子"述而不作"的传统，视自己为社会文化史的传播者。这种以人类文明整理与传播为己任的职责要求，除了知识、能力，还有某种情感的和道德的态度。在人性论上，司马迁尤其看重黄老及荀子等人的主张，借此批判了董仲舒人性论的"天道"观，坦言"天下熙熙，皆为利来；天下攘攘，皆为利往""利诚乱之始也，自天子至于庶人，好利之弊何以异哉"，主张社会治理应顺应人类的趋利避害本性，让人性自由发展而后才能"各任其能，竭其力，以得所欲"①，直至国富民强。其"成一家之言"之论以此为基础，进而指向一种追求不朽之名的极致人生境界。继孔子感慨"君子疾没世而名不称焉"②、屈原《离骚》喟叹"老冉冉其将至兮，恐修名之不立"等之后，司马迁在《报任安书》中说"人固有一死，死有重于泰山，或轻于鸿毛""立名者，行之极也"③。可见，"成一家之言"并非凿空而论，而是以"究天人之际，通古今之变"为逻辑起点及核心内容，彰显出"博物洽闻，通达古今"④的司马迁知行合一的传播伦理信条。他在评价孙、吴兵法时曾说"能行之者未必能言，能言之者未必能行"⑤，便深度思考过言行之间的对立统一关系。《史记·儒林列传》载，汉武帝问治乱之事于申公，申公对曰："为治者不在多言，顾力行何如耳。"对此，司马迁实录："是时上方好文词，见申公对，默然。"⑥足见他对笃行的态度。

孔子有云："有德者必有言，有言者不必有德。"⑦这貌似悖论的命题，实则指出有德者之言，才是真正的传播行为。儒、道两家人格形象的内涵不同，然构建人格的思路则大体相同。这就是《庄子·天下篇》说的"圣有所生，王有所成，皆原于一"⑧，即在"究天人之际"的哲思中，本着身心一体、知行合一原则，塑造着各自"内圣外王"的理想人格，并以此作为"传受者"的德性准则。为此，儒家提出"仁、义、礼、智、信"，道家主张"素、朴、慈、谦、真"。比较而言，"诚"既为两家共同主张，且系中国古代传播观念最重要的范畴之一。"诚"萌芽于原始的宗教祭祀活动，反映人神沟通中的虔诚心理。随着人的主体性意识增强，"诚"渐次强化了天人关系中的道德或审美情怀，直至如朱熹所言的"天地之道，可一言而尽，不过曰'诚'而已"⑨，成为"道"之交流与共享过程中不可或缺的中介。

---

① 司马迁：《史记》，北京：中华书局，1982年，第3256、2343、3254页。
② 杨伯峻：《论语译注》，北京：中华书局，1980年，第166页。
③ 班固：《汉书》，北京：中华书局，1962年，第2733、2735页。
④ 班固：《汉书》，北京：中华书局，1962年，第1972页。
⑤ 班固：《汉书》，北京：中华书局，1962年，第2168页。
⑥ 司马迁：《史记》，北京：中华书局，1982年，第3121—3122页。
⑦ 杨伯峻：《论语译注》，北京：中华书局，1980年，第146页。
⑧ 陈鼓应：《庄子今注今译》，北京：中华书局，1983年，第855页。
⑨ 朱熹：《中庸章句》，《四书章句集注》，北京：中华书局，1983年，第34页。

　　道德意义的"诚"由儒家发扬，《中庸》首倡曰"诚者，天之道也；诚之者，人之道也"，"唯天下至诚，为能尽其性"，继而尽人之性、尽物之性，如此"则可以赞天地之化育""则可以与天地参矣"①，由内而外，以诚配天，直达天人合一的境界。孟子在此基础上，深化了"诚传播"的理论探讨，首先强化了主体自觉地反求诸己，求其放心的内省工夫及其愉悦体验，指出"万物皆备于我矣。反身而诚，乐莫大焉"；继而构建了以心性论为基础，围绕传播与社会治理关系的"明善—诚身—悦亲—信于友—获于上—治民"的逻辑过程；最终确立了"诚传播"的理论自信，认为"是故诚者，天之道也；思诚者，人之道也"②。审美意义的"诚"由道家光大，老子有言"古之所谓'曲则全'者，岂虚言哉！诚全而归之"。此"诚"字素来解释不一，不过，老子屡言"诚"之延伸的"信"，所谓"道之为物……精甚真，其中有信""信言不美，美言不信"等③，视"信"为"道"之属性。《庄子·徐无鬼》在阐释"不道之道""不言之辩"命题时，构建了"生无爵，死无谥，实不聚，名不立，此之谓大人"的人格理想，然"大莫若天地"，因此"知大备者，无求，无失，无弃，不以物易己也"，直至"反己而不穷，循古而不摩，大人之诚"④。可见，"诚"乃天地赋予人之真性。在他看来，"天地有大美而不言"，"圣人者，原天地之美而达万物之理"，而"美"的本质即在于沟通天人中的"真者，精诚之至也"⑤。

　　至此，司马迁对传、受者素养的期待，建立在先秦以来中国文化丰富的人性论思想资源之上，也给后世留下了广阔的解释空间。正如他在《报任安书》中自言《史记》之传播期待时云："仆诚以著此书，藏之名山，传之其人。"⑥有"诚"之信仰，"儒者则因明致诚，因诚致明，故天人合一"⑦，道家则认为"不精不诚，不能动人"⑧……人性与天道合一，均存乎诚。"诚"即"理"，既是天道之本然，也是人道之当然；"诚"即"法"，既是天人沟通之真心，也是古今通变之实意；如此，方化为"成一家之言"的知行合一的主体德性准则。

---

①　朱熹：《中庸章句》，《四书章句集注》，北京：中华书局，1983 年，第 32 页。
②　杨伯峻：《孟子译注》，北京：中华书局，1962 年，第 302、173 页。
③　陈鼓应：《老子注释及评介》，北京：中华书局，1984 年，第 154、148、361 页。
④　陈鼓应：《庄子今注今译》，北京：中华书局，1983 年，第 468 页。
⑤　陈鼓应：《庄子今注今译》，北京：中华书局，1983 年，第 563、823 页。
⑥　班固：《汉书》，北京：中华书局，1962 年，第 2733 页。
⑦　张载：《张载集》，章锡琛点校，北京：中华书局，1978 年，第 65 页。
⑧　陈鼓应：《庄子今注今译》，北京：中华书局，1983 年，第 823 页。

第三节　"易以道阴阳"①之"象"论："媒介"的民族特征

媒介作为"插入传播过程中，用以扩大并延伸信息传递的工具"②，是人类传播史、文明史必须正视的话题。随着新媒介的兴盛，人们渐次强化了媒介"对于文化的精神重心和物质重心的形成有着决定性的影响"③的认识，十分关注媒介的技术性、工具性及其对社会的建构性，反而忽视了媒介自身在文化生长中的民族特性及其意义。媒介从物质、技术到符号的工具化过程中，必然得到地理环境、生活习俗、政治体制及文化传统的浸染而呈现出一定的民族特性。可以说，天人关系就是中国古代媒介观赖以形成的基本思路和思维模式。《易传·系辞上》云："易有太极，是生两仪，两仪生四象，四象生八卦。"④天人合一的太极之理，即阴阳（天地）两仪对立统一之理，阴阳相互作用产生四时或四方之象，进而依"象"创造了八卦之媒介符号。以《易》卦的创设为基础，中国古人逐渐形成了"观物取象""观象制器""立象尽意""得意忘象"等较为系统的媒介观。这种意象化的媒介因拥有了联系天地、沟通阴阳、追本溯源之功能，创设了信息交流和共享的特殊方式而呈现出华夏文化的独特魅力。

一、"为阳语阴，媒介事"：媒介的关系哲学

从语义学角度考察，不少学者指出"媒介"合成词，最早见于五代后晋时期的《旧唐书·张行成传》所载唐太宗的话："观古今用人，必因媒介。"⑤此说不妥，据目前文献，此词西晋已出现。《左传·桓公三年》云："会于嬴，成昏于齐也。"西晋杜预注："公不由媒介，自与齐侯而成昏，非礼也。"⑥东晋常璩《华阳国志·广汉士女赞》亦云："敬亦早亡，（王）和养孤守义。蜀郡何玉，因媒介求之。"⑦当然，中国古代"媒""介"二词，各自适用范围有别，此两则中"媒介"一词仍重在"媒"字义，指男女婚姻的介绍人。《离骚》云："吾令鸩为媒兮，鸩告余以不好。"汉代王逸注曰："女当须媒，士必待介。"⑧类似的还有约成书于秦汉时期的《孔丛子·杂训》曾记载孟子幼年冒昧拜见子思的故事，其中子思之子孔白便质疑云："士

①　陈鼓应：《庄子今注今译》，北京：中华书局，1983年，第859页。

②　威尔伯·施拉姆，威廉·波特：《传播学概论》，陈亮等 译，北京：新华出版社，1984年，第144页。

③　尼尔·波兹曼：《娱乐至死》，章艳 译．桂林：广西师范大学出版社，2009年，第10页。

④　黄寿祺，张善文：《周易译注》，上海：上海古籍出版社，2010年，第519页。

⑤　刘昫 等：《旧唐书》第2册，陈焕良，文华点校，长沙：岳麓书社，1997年，第1669页。

⑥　左丘明撰、杜预集解：《左传》，上海：上海古籍出版社，2015年，第50页。

⑦　常璩著，汪启明、赵静译注：《华阳国志译注》，成都：四川大学出版社，2007年，第497页。

⑧　王逸注，洪兴祖补注：《楚辞章句补注》，长春：吉林人民出版社，1999年，第33页。

无介不见，女无媒不嫁。"①可见，"媒"指媒人，乃女子与男子成婚的中介；"介"指介绍人，侧重指男子人际交往的中介。同时，"媒""介"之存在，既是中国人"素主以礼节之"的人际传播伦理要求，也是中国文化"人格之独立自尊"②的反映。而这一特点正可透过中国先哲对男女之爱的理解中得以彰显。唐玄宗开元年间成书的《文选五臣注》李周翰注《离骚》，在前引王逸注的基础上说："言鸩鸠皆不可信，故犹豫狐疑，而不能决定，欲自往，以无媒介不可也。"③此"媒介"便统摄了"媒""介"各自意义，可引申为"使双方发生关系的人或事物"或必经的某种程序和仪式等义项。

中国古人认为"天人关系"即是一种"阴阳关系"，故多以"阴阳"言"天人"。《周易·说卦》有言："昔者圣人之作《易》也，将以顺性命之理，是以立天之道曰阴曰阳，立地之道曰柔曰刚，立人之道曰仁与义。"④道，理也，形而上者也；阴阳，气也，形而下者也。然"形而上者不可见，必有形而下者为之体焉，故气亦道也"⑤，进而"器亦道，道亦器也……理只在器上，理与器未尝相离"⑥，故《周易·系辞上》云"一阴一阳之谓道，继之者善也，成之者性也"⑦。诚如王夫之所言，"天人之蕴，一气而已""气外更无虚托孤立之理"⑧，阴阳二气对立统一的学说堪为中国古人以天人之际为轴心的关系哲学的深化，涵盖了客体的明暗、大小关系，主体的身心、内外关系，主客体间的圣王、真假关系等等。《晋书·索紞传》记载"孝廉令狐策梦立冰上，与冰下人语"，于是索紞即从阴阳关系释其梦曰："君在冰上与冰下人语，为阳语阴，媒介事也。"⑨此处，"媒介"仍取其本义，然因嵌入了阴阳思维，故而可引申为各类对象之间相互联系和相互作用的中介性事物，从而具有了学理意味，自然就是中国哲学重点关注的对象。

从媒介发展史来看，媒介在发挥其符号工具作用的同时，亦成为影响人之精神的某种内部力量。大体上说，某种媒介的初创，人未能熟练掌握，往往神化之。《淮南子·精神篇》云："仓颉作书，而天雨粟，鬼夜哭。"高诱注："鬼恐为书文所

①　白冶钢：《孔丛子译注》，上海：上海三联书店，2014年，第88页。

②　唐君毅：《中西哲学思想之比较论文集》，《唐君毅全集》第2卷，北京：九州出版社，2016年，第189页。

③　萧统编，李善等注：《六臣注文选》第32卷，北京：中华书局，1987年，第612页。

④　黄寿祺，张善文：《周易译注》，上海：上海古籍出版社，2010年，第571页。

⑤　王柏：《题碧霞山人王公文集后》，《鲁斋集补遗附录》第1—3册，北京：中华书局，1985年，第80页。

⑥　黎靖德编：《朱子语类》，杨绳其、周娴君校点，长沙：岳麓书社，1997年，第1768页。

⑦　黄寿祺，张善文：《周易译注》，上海：上海古籍出版社，2010年，第503页。

⑧　王夫之：《船山全书》第6册，长沙：岳麓书社，1992年，第1052页。

⑨　房玄龄等：《晋书》，北京：中华书局，1999年，第1664页。

劲，故夜哭也。"① 所以如此，就是因为此时人们认为"书文"是沟通天人之际的神灵符箓，将"书文"载体与它内含的信息融为一体，赋予了媒介某种宗教情怀。此番心理渐次化为中国人敬惜字纸的意识，养成了如英国人格罗特所说的中国人"有一种把名字与其拥有者等同起来的倾向"，或不愿意"把图象和标记与它们使人想到的那些实体区别开来"② 的媒介心理特征。

随着人们对某种媒介的掌握渐次熟练后，自然就人化之，乃至有视之为"器"的观念，然基于"道器合一"的理念，人们对媒介的尊重心理更为理性。其中，媒介"作为传播和塑造意识形态的这样一种社会工具"，理当"通过塑造标准化的展示方式来规范事物的内涵"③，发挥其对所传播的对象规范标准的意义。譬如，针对"五方之民，言语不通"④ 的现象，孔子提出了"雅言"的话题。又如秦朝李斯建言通过"车同轨，书同文"等规范媒介手段，实现"别黑白而定一尊"⑤ 的国家治理方略。究其深意，这就是《易·系辞下》所说的"上古结绳而治，后世圣人易之以书契，百官以治，万民以察"⑥。撇开李斯等人专制主义的思想倾向，中国古人关于媒介标准化与社会治理关系的认识，具有深化媒介关系哲学内涵的意义。

与媒介标准化同步的，就是经典化。"经典化"一般指著述被崇高化过程，像《三坟》《五典》《九丘》《八索》等古书的取名，本身都有超出一般之意，发挥着媒介的影响力。"坟""丘"，有隆起之意；"索"，象形字，大绳也；"典"是会意字，甲骨文像双手郑重捧册之状。《说文·丌部》曰："典，五帝之书也。从册在丌上，尊阁之也。"同时，结合诸如先秦诸子学说在后代被经典化的历程，可以说与此同步的就是承载这些学说之媒介的经典化。孔子"雅言"理论除了规范了通行语的传播价值，还提出"不学《诗》，无以言"等强调媒介功能的主张，并通过"巧言令色，鲜矣仁""巧言乱德""道听而途说，德之弃也"⑦ 等规诫，守住了"慎言"的传播伦理，践行了"辞，达而已矣"⑧ 与"言之无文，行而不远"⑨ 辩证统一的"文质彬彬，然后君子"⑩ 的传播效果论，在语言媒介的经典化上迈出了关键一步。之

① 陈广忠：《淮南子斠诠》上册，合肥：黄山书社，2008年，第355页。

② 列维·布留尔：《原始思维》，丁由译，北京：商务印书馆，2009年，第49—50页。

③ 詹姆斯·罗尔：《媒介、传播、文化：一个全球性的途径》，董洪川译，北京：商务印书馆，2015年，第32页。

④ 郑玄注，孔颖达正义：《礼记正义》，阮元，校刻：《十三经注疏》，北京：中华书局，1980年，第1338页。

⑤ 司马迁：《史记》，北京：中华书局，1982年，第255页。

⑥ 黄寿祺，张善文：《周易译注》，上海：上海古籍出版社，2010年，第533页。

⑦ 杨伯峻：《论语译注》，北京：中华书局，1980年，第178、3、167、186页。

⑧ 杨伯峻：《论语译注》，北京：中华书局，1980年，第170页。

⑨ 左丘明撰、杜预集解：《左传》，上海：上海古籍出版社，2015年，第616页。

⑩ 杨伯峻：《论语译注》，北京：中华书局，1980年，第61页。

后，如朱熹言"吾道之所寄，不越乎言语文字之间"[1]，戴震说"经之至者，道也。所以明道者，其词也"[2]，包括文字在内，媒介俨然已成为一项专门的学问，堪为读者研读古籍、沟通圣贤心志的基础性工程。唯有标准化、经典化的媒介才是搭建人与自然、人与社会、人与人以及人与自我等各种关系的权威媒介，足见中国古人对媒介的重视程度。

二、"阴阳天道，象之成"：媒介的象数思维

司马谈《论六家要旨》曾言"尝窃观阴阳之术，大祥而众忌讳，使人拘而多所畏"[3]，班固《汉书·艺文志》亦延续此说，认为阴阳学说因太重视祸福灾祥而令人颇多忌讳，以至于有"牵于禁忌，泥于小数，舍人事而任鬼神"[4]的倾向，但他们无不承认阴阳学说在"序四时之大顺"[5]"敬授民时"[6]等方面有其所长。阴阳学说是中国古人用于认识宇宙万物的世界观和方法论，堪为中国传统哲学思想的核心理论。"六经之首""三玄之冠"的《易》学基本符号是阳、阴爻，由此建构了六十四卦的卦爻符号系统。可以说，象数思维是易学的基础和先导，也是中国文化的基元。因此，理学家张载有言："一物而两体，其太极之谓欤！阴阳天道，象之成也。刚柔地道，法之效也。仁义人道，性之立也。三才两之，莫不有乾坤之道。"[7]在中国古人看来，阴阳本为一体，其对立统一的运转使天道得以确立，天象得以形成，而这又是地道、人道效法的依据。

《周易》经文由符号系统的象、数与文字系统的卦爻辞构成。其中，除"辞（言）"以外，易学一致存在"象""数"孰重孰轻之争。其实，象、数虽有定性、定量之别，然数不离象，由象而生数，"数"是"象"变化的量度，既是"立象尽意之数，非构形明理之数学也"，也是"成为生命变化妙理之'象'"[8]；同样，象不离数，"极其数，遂定天下之象"[9]。南怀瑾曾举桌上茶杯为例，"左右摇摆，这就是一个象；而左右摇摆了多少度，多少秒钟摇摆一次，就有它的数"[10]，"象""数"互补互换，密不可分。同时，在《易》"言（辞）、象、数"具有融合形态的媒介形

---

① 朱熹：《中庸章句》，《四书章句集注》，北京：中华书局，1983年，第15页。
② 戴震：《戴震文集》，赵玉新点校，北京：中华书局，1980年，第146页。
③ 司马迁：《史记》，北京：中华书局，1982年，第3289页。
④ 班固：《汉书》，北京：中华书局，1962年，第1734—1735页。
⑤ 司马迁：《史记》，北京：中华书局，1982年，第3289页。
⑥ 班固：《汉书》，北京：中华书局，1962年，第1734—1735页。
⑦ 张载：《张载集》，章锡琛点校，北京：中华书局，1978年，第235页。
⑧ 林同华主编：《宗白华全集》第1卷，合肥：安徽教育出版社，2008年，第621、597页。
⑨ 黄寿祺，张善文：《周易译注》，上海：上海古籍出版社，2010年，第517页。
⑩ 南怀瑾：《易经杂说》，上海：复旦大学出版社，2016年，第7页。

式，特别是象数思维中"偏于用形象来表达事物的状态"①的"尚象"思维更为根本，甚至可以说，中国文化构建了一个以"象的流动与转化"②为主要特征的媒介统摄的世界。故而，《易》之媒介形式可以简化为较为稳定的"言象互动"③符号系统。这种思维方式下的传播媒介奠定了中国文化最主要的信息传递方式的基础，"言象互动"既是中国传统媒介对社会的控制，也是社会控制的一种中国化的媒介，通过"感官的偏向""时空的偏向"及"技术或思维垄断"，控制着中国古代传播活动中的信息的生产及其传递方式。

　　关于中国文化的象思维或意象化特征，学界言之甚丰，这里从传播学角度略做补充。概括而言，中国古代文化构建了"观物取象"的媒介生成原则、"观象制器"的媒介技术路线、"立象尽意"的媒介价值取向以及"得意忘象"媒介功能定位等较为系统的媒介学观念。因此，我们所熟悉的由眼中之竹、胸中之竹到手中之竹的艺术创作过程，其实正是象思维模式下的媒介生成与转化过程。在这个过程中，中国古人对媒介价值有着深度的思考。一则，由"观物取象"至"观象制器"的媒介符号化、工具化。人类的信息传播是一种思维内容的生成与转换过程，而"人思考的时候，用的是符号而不是物体"④，"观物取象"就是因为"圣人有以见天下之颐，而拟诸其形容，象其物宜，是故谓之象"⑤，用"象"思考天下幽深难见的至理。故《易·系辞下》云"爻也者，效此者也；象也者，像此者也"，所谓"效此""像此"即"符号"化的过程；"《易》者，象也；象者，像也"⑥，"象"即符号。"观物取象"不仅是易象生成法则，也是"依类象形"的汉字创造的基本方式。汉字的六种构造条例，即"六书"说首见《周礼》，然语焉不详。一般皆取东汉许慎《说文解字》，郑众注《周礼》的象形、会意、转注、处事、假借、谐声之说，然在此之前，西汉刘歆《七略》则认为六书指象形、象事、象意、象声、转注、假借，后来班固赞同刘歆之说，并确定此六书乃"造字之本"⑦。如此便可以通过"汉字四象"呼应"易有四象，所以示也"⑧的易象特征，进一步强化汉字构造中采用象思维的本质特征。除了语言思维媒介，还有中国古代使用的"进善之旌""诽谤之木""取谏之鼓""玄诸象魏"以及"振木铎巡于路"等媒介运用现象，

---

① 王以雍：《易经解析与致用》，北京：九州出版社，2015 年，第 135 页。
② 王树人：《论"象"与"象思维"》，《中国社会科学》1998 年第 4 期。
③ 汪裕雄：《意象探源》，合肥：安徽教育出版社，1996 年，第 154 页。
④ 哈罗德·伊尼斯：《帝国与传播》，何道宽译，北京：中国传媒大学出版社，2015 年，第 41 页。
⑤ 黄寿祺，张善文：《周易译注》，上海：上海古籍出版社，2010 年，第 508 页。
⑥ 黄寿祺，张善文：《周易译注》，上海：上海古籍出版社，2010 年，第 530、539 页。
⑦ 班固：《汉书》，北京：中华书局，1962 年，第 1702 页。
⑧ 黄寿祺，张善文：《周易译注》，上海：上海古籍出版社，2010 年，第 520 页。

同样遵循着"观象制器"的媒介技术路线。

二则，由"言象互动"至"立象尽意"的语言媒介超越。维特根斯坦曾说，哲学家的工作为了要"澄清"思想，就"跟语言作斗争""加入一场语言的斗争"[①]。从人类媒介史来看，"文字是完美的媒介"，"两次从现实中抽象出来"，堪为"符号系统中的符号系统"[②]，极大地提高了人类抽象思维的能力。然而人类精神和思想信息往往具有不可言说性，这必然促使人们探秘新的言说方式。《老子》第一章即讨论了语言与意义的紧张关系，"道可道，非常道；名可名，非常名"。"道"是经验性与先验性的结合体，故"惚兮恍兮，其中有象；恍兮惚兮，其中有物"，然而作为一种精神现象却又不完全是精神现象的"道"，本质上"是谓无状之状，无物之象"[③]，就不能单纯地依赖"言"或"象"思维呈现，而只能选择"言象互动"符号系统。[④]东晋葛洪云"发口为言，著纸为书"[⑤]，《易·系辞上》即转述孔子之言"书不尽言，言不尽意"，思考了口语与书面语的各自局限性，"然则圣人之意其不可见乎？"于是，子曰："圣人立象以尽意，设卦以尽情伪，系辞焉以尽其言"[⑥]，同样选择的是"言象互动"符号系统。思想个性鲜明的庄子，更是深感言语表述之困境，这不仅因为《天下篇》说的"以天下为沉浊，不可与庄语"，还在于《知北游》指出的"道不可言，言而非也"的道论观、《齐物论》揭示的"言隐于荣华"以及《秋水》篇"可以言论者，物之粗也；可以意致者，物之精也"[⑦]的语言媒介伦理观。故而，他只能选择《天下篇》所说的"以卮言为曼衍，以重言为真，以寓言为广"[⑧]这些能统筹语言思维和形象思维的言说方式。至此，汉字本是象形文字，直接奠定了汉语文化"象思维语言"的媒介基础，由物—字—词的过程，汉语亦成为一种抽象媒介，于是在实际的运用中，如何将抽象文字与具象媒介结合，抑或再度挖掘文字的形象意味，便成为汉语文化传播的价值取向。

三则，由"得意忘言（象）"至"象外之象"的媒介功能最大化。魏晋玄学家王弼诠释《周易》时，系统思考了"言象意"三者的关系。在他看来，"夫象者，

---

① 路德维希·维特根斯坦著，冯·赖特、海基·尼曼编：《维特根斯坦笔记》，许志强译，上海：复旦大学出版社，2008年，第20页。

② 尼尔·波兹曼、卡米尔·帕格里亚：《两种文化——电视对阵印刷术》，戴维·克劳利、保罗·海尔编：《传播的历史：技术、文化和社会》，董璐、何道宽、王树国译，北京：北京大学出版社，2011年，第370页。

③ 陈鼓应：《老子注释及评介》，北京：中华书局，1984年，第53、148、114页。

④ 汪裕雄：《意象探源》，合肥：安徽教育出版社，1996年，第156页。

⑤ 葛洪：《抱朴子》，济南：山东画报出版社，2004年，第290页。

⑥ 黄寿祺、张善文：《周易译注》，上海：上海古籍出版社，2010年，第526页。

⑦ 陈鼓应：《庄子今注今译》，北京：中华书局，1983年，第884、580、50、418页。

⑧ 陈鼓应：《庄子今注今译》，北京：中华书局，1983年，第884页。

出意者也；言者，明象者也"，反过来说，就是"象生于意，而存象焉，则所存者，乃非其象也；言生于象，而存言焉，则所存者，乃非其言也"①。"言象意"三者一方面是互相呈现、相互包容的层级关系，另一方面由"言—象""言—意""象—意""言—象—意"数重关系的复合，不断创构着合乎人类思维及其心灵需求的符号系统。物体的符号化，符号的媒介化，就是为了因事寄意，发挥媒介信息传递的工具性作用。清代学者刘熙载谈及文章叙事时即说，"叙事有寓理，有寓情，有寓气，有寓识。无寓，则如偶人"②，有所寓才能有所蕴，可谓中国古代"象思维"媒介功能的一大特征。20世纪美国媒介哲学家、传播学家尼尔·波兹曼所提出的"媒介即隐喻"观点，有助于对这一特征的理解。他说，"我们创造的每一种工具都蕴涵着超越其自身的意义"，"它们更像是一种隐喻，用一种隐蔽但有力的暗示来定义现实世界"，譬如"我们的语言即媒介，我们的媒介即隐喻，我们的隐喻创造了我们文化的内容"③。可见，中国文化所构筑的"言象互动"的媒介形态，具有符号自我增殖的功能。在象思维媒介的介入下，日常信息交流既有近距离的观物取象及其呈现真实意义的时空作为参照，又要求"立象尽意"，追求"象外之象"的意蕴功能。这除了"隐喻"功能能唤起传、受者的想象，还因"象"媒介的不确定性，宜于传、受者获得整体性认识和对本原的形而上的玄想。进而，对传播行为来说，作为具有"隐喻"功能的媒介，其本质仍在于"媒介即信息"，就中国文化传播而言，"道"才是"究天人之际"的存在。因此，王弼进而说："故言者，所以明象，得象而忘言；象者，所以存意，得意而忘象。"④唯有忘"言"忘"象"，方能超越直接的特定时空的限制，进入"象外之象"的想象的虚拟时空，通过塑造信息再生的语境化能力实现"媒介"的自我增值。

三、"易有四象，所以示"：媒介的直觉体悟

传播行为有广义、狭义之分，若只是凭借以事实为准绳的新闻传播或以概念思维为标准的语言传播来诠释人类的整体传播行为，势必就会得出中国古代诸多传播思想存在着"反传播"现象的判断。其实，中国古人关于信息传受的认识是有层次的，他们不是没有认识到言传或以事实之信息为主的传播价值，而是在象数思维媒介观的引导下，思考了诸如语言媒介与媒介语言的异同关系，进而更重视那种不可言传或能体认到的信息。在这个问题上，道家的探索最为有力。老子

---

① 王弼著，楼宇烈校释：《王弼集校释·周易略例》，北京：中华书局，1980年，第609页。
② 刘熙载：《艺概》，上海：上海古籍出版社，1978年，第42页。
③ 尼尔·波兹曼：《娱乐至死》，章艳译，桂林：广西师范大学出版社，2009年，第17、12、18页。
④ 王弼著，楼宇烈校释：《王弼集校释·周易略例》北京：中华书局，1980年，第609页。

的"常道"不可言说、命名的主张，奠定了道家媒介观的基石。其中，列子也思考了"无言与不言"的话题，认为"得意者无言，进知者亦无言"，指出人们要跳出"言传"媒介的思维局限，因为"用无言为言亦言"①，此"言"就是一种超越语言媒介的媒介语言。稷下道家管子同样基于"大道可安而不可说"的理念，要求人们"必知不言无为之事，然后知道之纪"，认为"不言之言，应也"，犹如"闻于雷鼓"②，具有潜移默化、出人意料的传播效果。至于《庄子·秋水》说的"可以言论者，物之粗也"③、《文子·精诚》说的"著于竹帛，镂于金石，可传于人者，皆其粗也""无穷之智，寝说而不言"④等，均是这一思想的延续与发展。

相比之下，儒家极重"言传"的传播形式。孔子说"言之无文，行而不远"⑤，孟子坦言自己"好辩"乃出于"不得已"⑥，荀子甚至说"君子必辩""不好言，不乐言，则必非诚士也""君子之于言无厌"⑦。不过，儒家也有媒介分类观念。子贡即说过："夫子之文章，可得而闻也；夫子之言性与天道，不可得而闻也。"⑧前者可以通过"言"闻得，后者之"言"媒介便有了局限。进而，儒家"言教"真正要关注的是"知言"之后的"慎言"，且相对于"言传"，更重视"身传""事传"。为此，孔子在媒介功能的认识上，就曾经历过由"听其言而信其行"到"听其言而观其行"⑨的自我革命。其"天何言哉"⑩所隐含的"天不言"命题，不是说"天不能言"（相反，天是"能言"的），而是说不以"言语"或"语言"传布信息。这正如孟子说的"天不言，以行与事示之"⑪，在"言"之外，提出了"行""事"这个儒家推崇的媒介类型。可见，司马迁《太史公自序》分析孔子作《春秋》之意时说的"孔子知言之不用，道之不行也"，以及转引孔子"我欲载之空言，不如见之于行事之深切著明也"⑫等，是深得儒家"媒介语言"观之要义的。

从某种意义上说，中国古代媒介分类思想也是一种分层观。基于天人合一的文化观，中国古代的优质媒介主要说的就是那种"言象互动"富有启发性的言说

① 张湛注：《列子》，陈明校点，上海：上海古籍出版社，2014年，第107页。
② 房玄龄注、刘绩补注：《管子》，刘晓艺校点，上海：上海古籍出版社，2015年，第263、268、273页。
③ 陈鼓应：《庄子今注今译》，北京：中华书局，1983年，第418页。
④ 文子著、李定生、徐慧君校释：《文子校释》，上海：上海古籍出版社，2004年，第82页。
⑤ 左丘明撰、杜预集解：《左传》，上海：上海古籍出版社，2015年，第616页。
⑥ 杨伯峻：《孟子译注》，北京：中华书局，1962年，第154页。
⑦ 王先谦：《荀子集解》，沈啸寰、王星贤点校，北京：中华书局，2018年，第83页。
⑧ 杨伯峻：《论语译注》，北京：中华书局，1980年，第46页。
⑨ 杨伯峻：《论语译注》，北京：中华书局，1980年，第45页。
⑩ 杨伯峻：《论语译注》，北京：中华书局，1980年，第188页。
⑪ 杨伯峻：《孟子译注》，北京：中华书局，1962年，第219页。
⑫ 司马迁：《史记》，北京：中华书局，1982年，第3297页。

方式。清代叶燮曾指出："可言之理，人人能言之，又安在诗人之言之；可证之事，人人能述之，又安在诗人之述之！必有不可言之理，不可述之事，遇之于默会意象之表，而理与事无不灿然于前者也。"①这种能使传递信息达到"灿然于前"效果的媒介，在儒家即是他们所推崇的"以行与事示之"，借助客观现象呈现信息；在道家即他们倡导的"不言之言"，借助无心之象显现信息……而《周易·系辞上》所说的"易有太极，是生两仪，两仪生四象"以及"易有四象，所以示也；系辞焉，所以告也"②，将"言象互动"的示意功能揭示得更为清晰。在中国古人看，"一阴一阳之谓道"③，"阴阳者，天地之大理也；四时者，阴阳之大经也"④，阴阳交替运行乃"道"之本。作为天人之间的感应媒介，"静而与阴同德，动而与阳同波"⑤，阴阳集载体、内容、形式于一体，各自为介，又互易为媒，汇聚并承载天地万物之信息。同时，阴阳应象，进而"观变于阴阳而立卦"⑥，形成中国古代象数思维媒介的基本特征。所谓阴阳二气"相资运转""阴阳互用之奥妙""阴阳不测之谓神"等，就是要求人们借助"言象互动"的媒介形式参悟阴阳运行方式、路径及数量、比例的变化，揭示了中国古代文化关于信息流动、传受方法"不可言传"性的认识。

"示"是象形字，祭台之状。《说文》曰："示，天垂象，见吉凶，所以示人也。"具体地说，"从二（上）；三垂，日、月、星也"，是以"象"为中介沟通天人之状，演绎"观乎天文，以察时变"的用意。"示"与"视"是同源字，"'视'是看，'示'是使看"⑦，前者所带宾语是受事者，后者所带宾语是施事者，故而"示"由"神事"显灵的本义引申出一般的显示之意，以及告知、告诉等揭示传播行为的意思。如南朝顾野王撰《玉篇·示部》曰"示，示者，语也，以事告人曰示"，信息传递方式亦由"垂象"变为"言象互动"；而明代梅膺祚编《正字通·示部》所说的"示，教也"，显然又浸染了儒家的文教思想。至于"告"，乃会意字，指用牛祭祀，口念祭文，以"言"为媒介，引申出诉说、上报、宣布等意。不过，《蒙》卦"初筮告"，陆德明《释文》转引汉代郑玄注云"告，示也，语也"，清代焦循注"告，示也。与观同"⑧；《荀子·礼论》"舆藏而马反，告不用也"⑨，唐代杨倞注

①　叶燮：《原诗》，北京：人民文学出版社，1979年，第32页。
②　黄寿祺，张善文：《周易译注》，上海：上海古籍出版社，2010年，第519—520页。
③　黄寿祺，张善文：《周易译注》，上海：上海古籍出版社，2010年，第502页。
④　房玄龄注、刘绩补注：《管子》，刘晓艺校点，上海：上海古籍出版社，2015年，第290页。
⑤　陈鼓应：《庄子今注今译》，北京：中华书局，1983年，第240页。
⑥　黄寿祺，张善文：《周易译注》，上海：上海古籍出版社，2010年，第569页。
⑦　王力：《同源字典》，北京：商务印书馆，1982年，第424页。
⑧　焦循：《易经三书》上册，李一忻点校，北京：九州出版社，2003年，第11页。
⑨　王先谦：《荀子集解》，沈啸寰、王星贤点校，北京：中华书局，2018年，第386页。

曰"告，示也，言也"①……均是遵循"言、象"并举的思路，解释了"告"之媒介的特征。其中，焦循所言"告"与"观"同，而《尚书·益稷》曰"予欲观古人之象"②，强调"观"之目的正是"取象"，故"观，示也"。由此，从文字学角度，进一步佐证了"言象互动"之于中国古代媒介观的重要意义。

"象"的介入，尤其是"言象互动"的媒介语言，直接影响了中国人对"道"之信息交流与共享的方式。这就是它"并不完全舍弃感性经验，也不要求认知态度与价值态度两厢绝缘，而是诉之于认识与体验相结合的'悟'"③。且不说道家倡导的"无心体道"的传播思想，即便是主张"人能弘道"的儒家，像孔子所说的"不怨天，不尤人，下学而上达"④所涉及的信息传播方式，如"性"与"天道"这类特殊信息"上达"是要体悟的，是要"默识"的，不是用语言可以直接说明的⑤。禅宗更是将传播对象的特殊性及其信息交流的特殊方法，演绎为一种较为稳定的"示—悟"模式，并视为体认与把握信息之本体（道）的根本方法。像世尊在灵山会上拈花示众，唯迦叶尊者破颜微笑，悟得"不立文字，教外别传"的正法眼藏，即是典型案例。

至此，提出"媒介即隐喻"的波兹曼还专门讨论了媒介"共鸣"的话题，认为"任何一种媒介都有共鸣，因为共鸣就是扩大的隐喻。不管一种媒介原来的语境是怎样的，它都有能力越过这个语境并延伸到新的未知的语境中"⑥。而以"道"为旨归，诉诸"言象互动"媒介，体悟天人合一境界的中国文化，亦同样重视信息共鸣的"知音"效果。鼓琴的俞伯牙与听琴的钟子期以音乐（琴）为媒介，达到了信息共享的心灵契合，以至于"钟子期死，伯牙摔琴绝弦，终身不复鼓琴，以为世无足复为鼓琴者"。正如论者所言，伯牙摔琴绝弦，"非独琴若此也，贤者亦然"⑦，追求的是媒介所隐喻的信息。中西方从不同层面解读了媒介的功能，然"得意忘言（象）"的中国文化或许更能体认到媒介存在的意义。

---

① 杨倞注：《荀子》，上海：上海古籍出版社，2010年，第232页。
② 孔安国传，孔颖达等正义：《尚书正义》，阮元校刻：《十三经注疏》，北京：中华书局，1980年，第141页。
③ 汪裕雄：《意象探源》，合肥：安徽教育出版社，1996年，第416页。
④ 杨伯峻：《论语译注》，北京：中华书局，1980年，第156页。
⑤ 蒙培元：《孔子天人之学的生态意义》，《中国哲学史》2002年第2期。
⑥ 尼尔·波兹曼：《娱乐至死》，章艳译，桂林：广西师范大学出版社，2009年，第18页。
⑦ 吕不韦：《吕氏春秋》，哈尔滨：北方文艺出版社，2014年，第163页。

第十二章　教化天下：华夏本体、认识与价值面向的"化"传播观念

杨柏岭[*]

　　"化"作为中国古代的一个哲学概念，贯穿中国古代传播活动的全过程。儒道释文化均由"化"建立了各自富有本体论意义的传播观念，儒家政治教化更是发挥了服务于封建王权的典范作用。"化"之存在及状态，贯通天人之道；"化"之媒介及渠道，借格物而致知；"化"之方法及结果，自化自得存神。以此为基础，"化"传播观念尤其偏向"传—受"一体化的传播效果论，由"量变"到"质变"，最终落实在传、受者的心灵认同，内化提升的"育新民"上，彰显了中国文化的民族特性。

　　随着传播学在我国扎根并迅猛发展，从传播学角度研究中国文化，进而发掘中国文化传统中的传播观念、行为及价值，自然走进了学人的视界。《礼记·大学》云"大学之道，在明明德，在亲民，在止于至善"[①]，由明己德，化育民众，达到至善之境，堪为中国古代文化传播观念的基本纲领。中国古代各家学派对"善"之内涵理解或许不一，由主体存养慎独，进而推己及人的传播路径则基本一致。为此，道家追求"上善若水"[②]般的自化之道，佛家亦以能度化众生为"止至善"。在众多"止于至善"的阐释中，儒家如明代王守仁所言"格物是'止至善'之功。既知'至善'，即知'格物'矣"[③]，既彰显出心物一体、天人合一的中国文化本体特性，也突出了存养的工夫路径。在他看来，经过这种知行合一、本体即工夫的格致，便可实现"始之于存养慎独之微，而终之以化育参赞之大"[④]的传播价值。从某种意义上说，"格物止至善"就是包括人在内的宇宙万物化育的过程。"化"作为中国古代的一个哲学概念，充分体现了中国文化对宇宙万物基本规律的认

---

　　* 作者简介：杨柏岭，安徽定远人，二级教授，博士生导师，主要从事文艺、文化传播研究。
　　① 朱熹：《大学章句》，《四书章句集注》，北京：中华书局，1983年，第3页。
　　② 陈鼓应：《老子注释及评介》，北京：中华书局，1984年，第89页。
　　③ 杨光主编：《王阳明全集》第3卷，北京：北京燕山出版社，2009年，第679页。
　　④ 杨光主编：《王阳明全集》第6卷，北京：北京燕山出版社，2009年，第1486页。

识，涉及"为天地所化"之人的存在根源、万物"动则变，变则化"的运行过程、"穷神知化"关乎信息传受的方式方法以及"化民成俗"等传播结果。① 可以说，"化"观念贯穿中国古代传播活动的全过程，尤其偏向"传—受"一体化观念下的传播价值论，凸显了中国文化的民族特色，对建构中国传播理论有着积极的启示意义。

第一节　贯通天人之道："化"观念传播的本体存在及状态

钱穆在《知识与生命》一文中曾言："中国人言教，每曰教化。言治，每曰治化。言天地，则曰造化。"② 不仅如此，中国文化对天地间"大化流行，生生未尝止息"③ 基本规律的认识，儒家强调"教化""感化""风化"等，道家主张"物化""自化""独化"等，佛家讲"点化""引化""度化"等。围绕信息流动这个宇宙间普遍存在的现象，"化"观念对其规律予以多层级的构建，可谓中国具有本体论意义的传播概念。

甲骨文"化"有 两字，像人一正一倒之形，后经金文、秦篆逐渐符号化，至汉隶稳定为《说文》所言"化，从匕从人，匕亦声"④ 的会意字。关于甲骨文"化"字的原意，或云"即今俗所谓翻跟斗"⑤，或云雪人消融"由站立状态变成了倒卧的样子"⑥ 等。不过，之前训诂学者多依据《说文》"匕，变也。从到（倒）人"⑦ 来解释"化"的形意。清代朱骏声释"匕"云："从倒人，指事。倒子为㐬，生也；倒人为匕，死也。经传皆以'化'为之。"⑧ 清代徐灏《说文注笺》引《尧典》"乳化曰孳"、《正义》"胎孕为化"、《吕览·过理篇》"（商纣王）剖孕妇而观其化"，认为"此'化'之本义"，即"到（倒）人者，人之初生，倒垂而下也"⑨，指出"化"有生、死两义，乃描述生命演化过程之意。

无论"化"字取象如何，诚如《玉篇》所言"化，易也……以变化成"⑩，其本

---

① 奚彦辉：《传统"化"之观念的哲学意蕴探究》，《人文杂志》2012 年第 1 期。
② 钱穆：《晚学盲言》下册，桂林：广西师范大学出版社，2004 年，第 526 页。
③ 陈淳：《北溪字义》，北京：中华书局，1983 年，第 72 页。
④ 段玉裁：《说文解字注》，北京：中华书局，2013 年，第 388 页。
⑤ 朱芳圃：《殷周文字释丛》，北京：中华书局，1962 年，第 166 页。
⑥ 汪智平、汪睿君：《据形说汉字》，郑州：河南人民出版社，2013 年，第 166 页。
⑦ 段玉裁：《说文解字注》，北京：中华书局，2013 年，第 388 页。
⑧ 朱骏声：《说文通训定声》，武汉：武汉古籍书店，1983 年，第 496 页。
⑨ 段玉裁注，（清）徐灏笺：《说文解字注笺》第卷 8 之上，舒怀主编：《说文解字注研究文献集成》（下），武汉：湖北教育出版社，2018 年，第 1766 页。
⑩ 顾野王：《大广益会玉篇》，北京：中华书局，1987 年，第 130 页。

义指由一种状态到另一种状态的过程及结果。故《荀子》云"状变而实无别而为异者，谓之化"[①]，"化"是一种以时间为条件的形有差异而实无差别的转化过程。可以说，这种量变的转化观一直是中国文化关于"化"的基本认知，也是中国古代有关信息传播的基本哲学观念。至于《说文》云"化，教行也"[②]，则是"化"的引申义，指通过教与行（言行合一）的垂范，使人改变之意。此引申义本就在"关乎人文，以化成天下"[③]的基础上，汲取了儒家教化思想而成的一种文化传播观。随着儒家思想作为封建王权政治核心价值观的发展进程，"化"的传播学意义及其民族色彩就更加显豁。南宋毛晃增、毛居正《增韵》释"化"有三义，即"教化，变化，造化"，且云"凡以道业诲人谓之'教'，躬行于上风动于下谓之'化'"[④]，基本概括了儒家由"化"观念建构文化传播观的本体要义。信息是传播的基本材料，信息传播是传播学研究的基本问题，各类信息的传播规律各不相同，但从本体论上说，所有信息在传播过程中都是一个消长并存的动态的耗散结构。臧克和曾特别指出"'化'字结构自具'正'、'反'"，"可兼指'生成'与'死亡'两边"，这种"相反相成、共存一体"的字义结构[⑤]，反映出中国古人对客观世界的对立统一、事物运动变化辩证规律的认识，"化"作为一种传播观念，可谓深度揭示出传播行为中信息活动的本质特征。

同时，传播作为治国理政的有机构成，是其哲学本体论之所以可能的现实根据的追问。孔子云"文武之政，布在方策"[⑥]，所谓"夫政者，治化也；布在方策者，文也"[⑦]，"布在方策"的教化传播实践是实施"文武之政"的治化必不可少的手段与载体。不过，今日所言"政治"概念，近似于"夫子至于是邦也，必闻其政"[⑧]中的"政"，即便"政""治"两词结合，重心亦落在"治"上。[⑨]至于治理的内容，正如孔子回答冉有时说的"富之""教之"[⑩]，"富之"即"养民"之意，乃"教之"的前提和手段，因此，中国古代"政"的本质"首先不在治理，而在教化"[⑪]。作为

① 王先谦：《荀子集解》，沈啸寰、王星贤点校，北京：中华书局，1988年，第420页。
② 段玉裁：《说文解字注》，北京：中华书局，2013年，第388页。
③ 黄寿祺、张善文：《周易译注·贲卦·彖传》，上海：上海古籍出版社，2010年，第174页。
④ 毛晃增注，毛居正重增：《增修互注礼部韵略》，《四库全书》第237册，上海：上海古籍出版社，1987年，第529页。
⑤ 傅永和等主编：《汉字演变文化源流》上册，广州：广东教育出版社，2012年，第104页。
⑥ 朱熹：《中庸章句》，《四书章句集注》，北京：中华书局，1983年，第28页。
⑦ 林传甲：《中国文学史》，北京：知识产权出版社，2013年，第42页。
⑧ 杨伯峻：《论语译注·学而》，北京：中华书局，1980年，第4页。
⑨ 张汝伦：《从教化到启蒙——近代中国政治文化的起源》，《复旦学报》（社会科学版）2009年第2期。
⑩ 杨伯峻：《论语译注·子路》，北京：中华书局，1980年，第137页。
⑪ 张汝伦：《作为政治的教化》，《哲学研究》2012年第6期。

中国古代传播理论基石的"教化"多指政治教化，几乎成为儒家政治传播的代名词。所谓"儒家者流，盖出于司徒之官，助人君顺阴阳、明教化者也"①，"圣人之教，非家至而户说，故有儒者宣而明之"②，足证儒者通过教化担负治国理政的社会身份及职责要求。故而，无论儒家各派持有怎样的人性论，无不重视教化的传播价值，丰富了"化"观念在中国传播理论上的构建意义。性善论者，从内在之善的普遍性出发，强调"尽其在我""圣人，与我同类者"③，靠教化存养与扩充善性，人人均有化育成圣的潜质；性恶论者，基于内在之恶的普遍性，选择"化性而起伪"④的教化路径，主张"不教，无以理民性"⑤，通过人为（伪）的礼义法度教化民众惩忿窒欲，迁善改过；董仲舒基于性三品说，认为教化意在扬善惩恶，"教化不立而万民不正"⑥；宋儒则多基于人的"天地之性""气质之性"的双重结构的认识，由教化"善反之"⑦，将"气质之性"回复到"天地之性"的澄明境界。

在中国古代政治传播中，"自天子以至于庶人壹是以修身为本"⑧，"教化"是对差序格局中各层次人的要求，是另一种形式的"有教无类"。不仅持之以恒地自化而后方可教人，而且"接受教化并能施教化，是为政者的前提"⑨。可见，"教化"作为中国古代政治伦理传播的使命存在，也是中国古代宗法社会行之有效的治民方略。尤其是儒学取得了政治制度上的合法性之后，采用多种方式着力于态度、知识、情感及信仰等政治社会化过程，培养一批批"圣君""圣人""忠臣""顺民""孝子"等政治化的道德人格，服务于封建王权"移风易俗"的治化目标。作为治民方略，"教化"是一个多元一体的政治传播观念。孔子曰："道之以政，齐之以刑，民免而无耻；道之以德，齐之以礼，有耻且格。"⑩朱熹解释云："政者，为治之具；刑者，辅治之法。德、礼则所以出治之本，而德又礼之本也……故治民者，不可徒恃其末，又当深探其本也。"⑪可见，"教化"首先是一个政治社会化或政治传播学的概念，以政治教化为轴心，涉及道治、德治、礼治、法治等重要辅助手段。

① 班固：《汉书·艺文志》，北京：中华书局，1962年，第1728页。
② 魏征等：《隋书》第四册，北京：中华书局，1973年，第999页。
③ 杨伯峻：《孟子译注·告子上》，北京：中华书局，1962年，第261页。
④ 王先谦：《荀子集解·性恶》，沈啸寰、王星贤点校，北京：中华书局，1988年，第438页。
⑤ 王先谦：《荀子集解·大略》，沈啸寰、王星贤点校，北京：中华书局，1988年，第498页。
⑥ 班固：《汉书》，北京：中华书局，1962年，第2503页。
⑦ 张载：《张载集》，章锡琛点校，北京：中华书局，1978年，第22页。
⑧ 朱熹：《大学章句》，《四书章句集注》，北京：中华书局，1983年，第4页。
⑨ 张汝伦：《作为政治的教化》，《哲学研究》2012年第6期。
⑩ 杨伯峻：《论语译注·为政》，北京：中华书局，1980年，第12页。
⑪ 朱熹：《论语章句》，《四书章句集注》，北京：中华书局，1983年，第54页。

在中国古代政治传播理论建设上，对于"政治"的合法性而言，"道治""德治"既是原则性前提，也是现实性依据，直接影响了采用"教化"实施"政治"的方式，所谓"以德服人者，中心悦而诚服也"①。礼治与法治的区别，正如《大戴礼记·礼察》说的"礼者，禁将然之前，而法者，禁于已然之后"②，前者可防患于未然，后者规诚惩处"既形"的恶行，劝善则仍以教化为优。尽管"圣人之治化，必刑政相参焉"，但"太上以德教民，而以礼齐之，其次以政焉"，只是在"化之弗变，导之弗从，伤义以败俗"的情况下"于是乎用刑矣"。可见，教化传播乃治化之本，笃行教化，统治者便可"不出户牖而化天下"③，有着无与伦比的感召力。春秋以前，治化之文，莫盛于六艺，故孔子平生致力于"六艺"的删订，成为春秋之前治化之文的集大成者，泽被千秋。在孟子心中，"信息"的质量及传播媒介直接影响着接受效果。所谓"仁言不如仁声之入人深也"，即是说同样包括"仁"之信息，政教法度之言虽明晰，但不如感染力极强的"乐声《雅》《颂》"能深入人心。故而"善政不如善教之得民也"，"民爱之""得民心"等政治教化的有效传播，远在"民畏之""得民财"④的"法治"等社会治理之上。有了这些认识，中国古代统治者普遍重视以教育感化、政治风化（不是迎合，而是引导）为主流形式的政治传播，并视为治国理政的基本方略。

中国哲学极重人生，各家学说均期待在精英文化的大传统、通俗文化的小传统之间交流互动的开放体系中尽显"移风易俗"的教化、治化作用。⑤即便道家基于"道术将为天下裂"⑥的文化史观，认为自古之人"莫之为而常自然"的状态不断地"德下衰"，"唐、虞始为天下，兴治化之流"，致使"去性而从于心"⑦，但道家反对的只是人为的"治化"，而不是"化"本身。事实上，道家的顺天自化思想在中国古代社会治理上的作用不可小觑。小到个体心理的独善其身，大到国家治理的无为而治，都有过诸多成功的案例。于是，无论是史家笔下的循吏、良吏、慈吏，还是民间戏曲中的清官、青天大老爷等，其"政绩"往往就包括"施教导民，上下和合"的礼义教化，或"不教而民从其化"（司马迁评循吏孙叔敖语）⑧的

---

① 杨伯峻：《孟子译注·公孙丑上》，北京：中华书局，1962年，第74页。

② 卢辩注，孔广森补：《大戴礼记补注》第1册，北京：中华书局，1985年，第13页。

③ 杨思贤译注：《孔子家语》，郑州：中州古籍出版社，2016年，第272页。

④ 杨伯峻：《孟子译注·尽心上》，北京：中华书局，1962年，第306页。"乐声"，或释"声"为"声望"。

⑤ 可参阅余英时《汉代循吏与文化传播》，《余英时文集》第三卷《儒家伦理与商人精神》，桂林：广西师范大学出版社，2014年，第50—145页。

⑥ 陈鼓应：《庄子今注今译·天下》，北京：中华书局，1983年，第855页。

⑦ 陈鼓应：《庄子今注今译·缮性》，北京：中华书局，1983年，第404页。

⑧ 司马迁：《史记》，北京：中华书局，1982年，第3100页。

与民休息等文化传播实践的内容。可以说，道家等倡导的非人为的政治传播，补充并丰富了中国古代政治传播理论体系。

至此，"大宇大宙，兼包时空，其存在，其化育"①，作为中国哲学"天人合一"观鲜活表征的"化"，与时空一体，也是中国传播观念的本体存在。"造化"即天地、自然或造物者，此乃信息之源。庄子即云"今一以天地为大炉，以造化为大冶，恶乎往而不可哉"②，表白其师法自然、传递顺其自然之精神信息的胸襟。同时，"造化"也指天地会通之创造演化的功能，天地之性，本有此化，指出化育乃信息运行的固有方式，所谓"天地感而万物化生"③"天地氤氲，万物化醇；男女构精，万物化生"④等等。进而，"说到底，信息就是人的'感知'、'反映'、'知识'等广义的心智现象"，"是主体对对象的感知、辨识和建构"⑤。在中国古代传统文化中，"道"是关于世界一切事物本性和规律的最高认识论范畴，堪为揭示"信息"本体意义的哲学术语。而"造化"即"道"的异名，《淮南子·原道训》有云"乘云陵霄，与造化者俱"⑥，"道"最初的意思指"宇宙依以运行的轨则"，"凡宇宙间一切的现象都是道的示现。现象的道是从创造以至化灭的历程，用现在通用的术语便是时间与空间，但在古道家的名辞里便叫做'造化'"⑦。天道与人道既分且合，儒家于合中侧重人道，道家于合中偏向天道，然言及道之作用，则均不外"化""育"两字，可见"道"与传播行为具有天然的血缘关系。所谓"无生言化，有生言育。化育二字，实亦相通"，天人合一之道体，"总体有化有育，有可能与将然，故此总体不仅占有空间，更重要者在其涵有时间。"⑧可以说，在中国文化中，"化"之观念包括宇宙人生、俯仰时间空间、贯通天道人道，"凡吾中国古人，所以主张会通宇宙自然万物乃及生命人生，而一贯之，而指名之曰道，此即天人合一之道，亦即万物一体之道，则胥当于此一'化'字观念中认取"⑨。

① 钱穆：《整体与部分》，《晚学盲言》上册，桂林：广西师范大学出版社，2004年，第9页。
② 陈鼓应：《庄子今注今译·大宗师》，北京：中华书局，1983年，第190页。
③ 黄寿祺、张善文：《周易译注·咸卦·象传》，上海：上海古籍出版社，2010年，第239页。
④ 黄寿祺、张善文：《周易译注·系辞下》，上海：上海古籍出版社，2010年，第542页。
⑤ 肖峰：《重勘信息的哲学含义》，《中国社会科学》2010年第4期。
⑥ 刘安著，许慎注，陈广忠校点：《淮南子》，上海：上海古籍出版社，2016年，第5页。
⑦ 许地山：《道教史》，上海：华东师范大学出版社，1996年，第11页。
⑧ 钱穆：《整体与部分》，《晚学盲言》上册，桂林：广西师范大学出版社，2004年，第9页。
⑨ 钱穆：《变与化》，《晚学盲言》上册，桂林：广西师范大学出版社，2004年，第48页。

第二节　藉格物而致知："化"观念传播的媒介及认知论

既然"察乎天地"的"天道"与"化成天下"①的"人道"之间的关联性，可从"化"字观念中认取，那么"化"就具有了媒介学及其认识论的意义。只是这种媒介乃是形而上的观念性"关系"存在，尚须"形而下"的器物媒介使之有所寓，方能"化而裁之""推而行之"②，进入宇宙大化的轨道之中。对此，《大学》"致知在格物"说指出"物格而后知至，知至而后意诚"③，《中庸》"至诚尽性"说认为"能尽人之性，则能尽物之性；能尽物之性，则可以赞天地之化育"④。可以说，中国文化以"化"为轴心，构建了从观物取象、观象制器，经格物致知、制器象德，至人文化成、参天化育等较为完整的媒介哲学观念。简言之，就是"格物知化"，"知化"堪为"致知"的核心目的。

学界多从认识论角度解释"格物致知"，或自心物二分思维角度，认为这是一个主客体对立的关系，即主体由对物的感知获得感性经验（格物）上升至理性认识（致知）的过程；或立足于心物不分的思维模式，主张"民吾同胞，物吾与也"⑤，强调"心外无物"以及无事、无理、无义、无善⑥，认为格物致知乃心物一体、心与理一的过程。总体而言，后者更合乎中国文化的主流精神取向，唯有心物一如，本无内外之分，方能真正体征贯通天人之道那浑然全体的化境。需要说明的是，作为认识论的"格物致知"实则也是传播论的有机构成。"物"既是心物一体的认知对象，也是心物一体认知结果的媒介。"格物"之义，一般遵从程颐"格，犹穷也；物，犹理也；犹曰穷其理而已矣"⑦之解，然如朱熹"取程子之意以补之曰：所谓致知在格物者，言欲致吾之知，在其物而穷其理也……众物之表、里、精、粗无不到，而吾心之全体大用无不明矣"⑧，"如读书，便就文字上格；听人说话，便就说话上格；接物，便就接物上格"⑨，彰显了"文字""说话""物"之媒介角色。进而，王守仁云："格者，正也，正其不正以归于正也。正其不正者，

① 黄寿祺、张善文：《周易译注·贲卦·彖传》，上海：上海古籍出版社，2010年，第174页。
② 黄寿祺、张善文：《周易译注·系辞上》，上海：上海古籍出版社，2010年，第526页。
③ 朱熹：《大学章句》，《四书章句集注》，北京：中华书局，1983年，第4页。
④ 朱熹：《中庸章句》，《四书章句集注》，北京：中华书局，1983年，第32页。
⑤ 张载：《张载集》，章锡琛点校，北京：中华书局，1978年，第62页。
⑥ 杨光主编：《王阳明全集》第6卷，北京：北京燕山出版社，2009年，第1540页。
⑦ 程颢、程颐：《二程集》，王孝鱼点校，北京：中华书局，2004年，第316页。
⑧ 朱熹：《四书章句集注》，北京：中华书局，1983年，第6—7页。
⑨ 黎靖德编：《朱子语类》第1卷，杨绳其、周娴君校点，长沙：岳麓书社，1997年，第256页。

去恶之谓也；归于正者，为善之谓也。"① 晚明高僧蕅益继而解释说："格，感，通也，竖穷三际、横遍十方之谓格。""格"便由剖析、穷通时空一切信息，递变为"正其不正，以归于本正"②的匡正、把关之意，强化了格物者作为传播把关人的独特作用。

对于作为媒介的"物"，中国文化有两种基本的态度，一是如《荀子·劝学》提出的"君子生非异也，善假于物也"的思想，如"假舆马者，非利足也，而致千里；假舟楫者，非能水也，而绝江河"③。于是，君子役物，"不为贫穷怠乎道"④，通过技术的工具化、媒介化实现了人之延伸。二是如庄子主张的"不饰于物""不以身假物"⑤，反而"万物皆往资焉而不匮，此其道与"⑥。唯有立身行己不必借物以成名，心斋、坐忘之人自为媒介，方能"独与天地精神往来而不傲倪于万物"⑦，以天合天，进入化境。隋唐以后随着"三教合一"进程加剧，格物而不累于物，逐渐成为主流观念。像李翱《复性书》阐释"格物致知"时，首先从消解认知主体成心的角度指出："物者万物也，格者来也，至也。"以"来"释"格"，源自郑玄，此解生动地揭示出信息流动的状态。有了这个前提，"物至之时，其心昭昭然明辨焉，而不应于物者，是致知也，是知之至也"。进而，"知至故意诚，意诚故心正，心正故身修，身修而家齐，家齐而国理，国理而天下平。此所以能参天地者也"⑧，终归"治化"的目标。

中国古人对"物"的态度，实则佐证了器物说在中国文化及其传播史上的特殊地位。"器物"一词可分可合，中国古人既言"盈天地间者唯万物"⑨，也云"盈天地间皆器矣"⑩，可见"器""物"可同义互用。不过，正如《庄子·达生》所言"凡有貌象声色者，皆物也"⑪，且老子之前已说"朴散则为器，圣人用之，则为官长"⑫，说明物包含器，器由人法"道"观"物"创生并使用。较"器"之人文色

① 杨光主编：《王阳明全集》第 1 卷，北京：北京燕山出版社，2009 年，第 21 页。
② 蕅益：《四书蕅益解》，武汉：崇文书局，2015 年，第 203 页。
③ 王先谦：《荀子集解》，沈啸寰、王星贤点校，北京：中华书局，1988 年，第 4 页。
④ 王先谦：《荀子集解·修身》，沈啸寰、王星贤点校，北京：中华书局，1988 年，第 28 页。
⑤ 陈鼓应：《庄子今注今译·天下》，北京：中华书局，1983 年，第 870—871 页。
⑥ 陈鼓应：《庄子今注今译·知北游》，北京：中华书局，1983 年，第 569 页。
⑦ 陈鼓应：《庄子今注今译·天下》，北京：中华书局，1983 年，第 884 页。
⑧ 李翱：《复性书》，董浩等编：《全唐文》第 637 卷，北京：中华书局，1983 年，第 6435 页。
⑨ 黄寿祺、张善文：《周易译注·序卦传》，上海：上海古籍出版社，2010 年，第 598 页。
⑩ 王夫之：《周易外传》，船山全书编辑委员会编校：《船山全书》第 16 册，长沙：岳麓书社，1996 年，第 1159 页。
⑪ 陈鼓应：《庄子今注今译》，北京：中华书局，1983 年，第 468 页。
⑫ 陈鼓应：《老子注释及评介》，北京：中华书局，1984 年，第 178 页。

彩更浓的，则是"文化"之"文"。故《易·系辞下》云"物相杂，故曰文"①，《说文》进而说"文，错画也，象交文"②，"文"由自然符号引申为人文符号，直至精神观念。虽说"物""器""文"等媒介的人文色彩日渐突出，然"无物不格"③"一物不格，则阙了一物道理"④，万物皆媒，尽物性参天化育一直是中国文化及其传播史上的基本观念。所谓"兴于《诗》，立于《礼》，成于《乐》"⑤，即是孔子认可的有关人文化育的三种最重要的媒介及传播渠道。自此，诗者，"美教化，移风俗"（《诗·周南·关雎序》）⑥；礼者，"夫治定之化，以礼为首"⑦；"乐者，通伦理者也"⑧"深入教化于民"⑨。除此，基于万物皆媒的基本态度，讨论中国古代万物化育观念，不能仅仅局限于人文化成，尚须重视自然山水育化，且人文除了礼、乐、诗、文、艺、政等，还有器物、建筑、民俗等诸多格致、化育的媒介及传播渠道。

山水者，如《论语·子罕》载："子在川上曰：'逝者如斯夫！不舍昼夜。'"朱熹引程子语曰："天运而不已……水流而不息，物生而不穷，皆与道为体，运乎昼夜，未尝已也。是以君子法之，自强不息。"进而祖此说云："欲学者于川流上察识道体之自然不息而法之。"对此，王夫之既言程子"君子法之"四字"与'与道为体'之说，参差不合"，又言朱熹所续论"愈成泥滞"，究其原因，乃是他们均忽视了"道体之在人（孔子）心，亦自有其逝者，不待以道为成型而法之"，正如"《易》象下六十四个'以'字"，如于兑卦曰"君子以朋友讲习"等，"以者，即以此而用之，非法之之谓也"⑩。王夫之如此说，乃是其"借格物以推致其理"⑪，视凭借"格物"为"致知"手段（媒介）一贯思想的反映。建筑者，如专门研究过中国古代书院者即认为书院传播活动具有"从私密性到公共性的转变"的传播

---

① 黄寿祺、张善文：《周易译注·系辞下》，上海：上海古籍出版社，2010 年，第 560 页。

② 段玉裁：《说文解字注》，北京：中华书局，2013 年，第 429 页。

③ 脱脱等：《宋史》卷四三，《陈淳传》，北京：中华书局，1997 年，第 12214 页。

④ 黎靖德编：《朱子语类》第 1 卷，杨绳其、周娴君校点，长沙：岳麓书社，1997 年，第 264 页。

⑤ 杨伯峻：《论语译注·泰伯》，北京：中华书局，1980 年，第 81 页。

⑥ 毛亨传，郑玄笺，孔颖达疏：《毛诗正义》，阮元校刻：《十三经注疏》，北京：中华书局，1980 年，第 270 页。

⑦ 曹操：《以高柔为理曹掾令》，陈寿撰，裴松之注：《三国志》上《魏志·高柔传》，上海：上海古籍出版社，2011 年，第 626 页。

⑧ 郑玄注，孔颖达疏：《礼记正义》，阮元校刻：《十三经注疏》，北京：中华书局，1980 年，第 1528 页。

⑨ 班固：《汉书》卷五六《董仲舒传》，北京：中华书局，1962 年，第 2499 页。

⑩ 王夫之著：《船山全书》编辑委员会编校：《船山全书》第 6 册，长沙：岳麓书社，1991 年，第 735—736 页。

⑪ 王夫之著：《船山全书》编辑委员会编校：《船山全书》第 6 册，长沙：岳麓书社，1991 年，第 403 页。

空间、"从知识生产到学术谱系的提升"的传播层次以及"从个体教化到社会教化的延伸"的传播理念等特征。^①若考察历代书院楹联，如白鹿洞书院明伦堂联之一"鹿豕与游，物我相忘之地；泉峰交映，智仁独得之天"、岳麓书院文庙联"道若江河，随地可成洙泗；圣如日月，普天皆有春秋"等，便不难发现书院那种集自然、园林、人文及道德化育于一体的媒介功能。狭义之器物，亦是"性命道德之懿，未尝不见诸日用常行之间。故自格物致知，穷理尽性，参天地、赞化育者，迹其粗以造于精，资于外以养其内"^②。如《大学》所载汤之盘铭、《大戴记》及《金匮》等书所载武王器械诸铭，"古之君子，于凡御服之物，日用所接者，皆著铭焉"，其目的就是借格物而致知，"名其器而因之以自警，则进德修业之功，无乎弗在矣"^③，无不彰显出万物皆媒的化育功能。

同样，多数人基于绵延数千年的中国古代宗法制度、维护封建等级专制制度的"三纲五常"道德规范以及"道法自然"等认知规律，讨论中国古代"化"观念传播渠道时，便常常偏重于自上而下的传播方式以及帜、露布、布告、诏书等媒介形式。即便观卦之"观"内涵着传、受的双向传播行为，然观下以"风行地上"之卦象指示"先王以省方观民设教"之意，观上又是"观天之神道"的仰德政之举，被"化"的对象仍以处在下层的民众为主。事实亦如此，"圣人以神道设教，而天下服矣"的"下观而化"^④的教化传播，的确占据中国古代"化"观念传播的统治地位。除了前引观卦中两处"教"字，《周易》还有《临·象传》"君子以教思无穷，容保民无疆"、《坎·象传》"君子以常德行，习教事"，以及《系辞下》说神农氏能制作耒耜"以教天下，盖取诸益"^⑤等句，均是自上而下的指导、传授。其中，让神农氏深受启发的益卦，象曰"损上益下，民说（悦）无疆。自上下下，其道大光"^⑥，通过陈述人类社会管理和发展方式，清晰地揭示出下行传播模式的路径及效果。

不过，话又说回来，人类传播除了下行传播，还有横向传播、上行传播等多种路径。值得注意的是《尚书·胤征》记载胤侯训诫众人之辞："嗟！予有众。圣有谟训，明征定保。先王克谨天戒，臣人克有常宪，百官修辅，厥后惟明明。每

① 蒋建国：《公共交往、学术传承与社会教化——传播史视域下的书院性质研究》，《天津社会科学》2010 年第 5 期。
② 刘仁本：《山居四要序》，汪汝懋：《山居四要》，李崇超校注，北京：中国中医药出版社，2015 年，第 1—2 页。
③ 王祎：《器物铭并序》，《王忠文公集》，北京：中华书局，1985 年，第 254 页。
④ 黄寿祺、张善文：《周易译注·观·象传》，上海：上海古籍出版社，2010 年，第 160—161 页。
⑤ 黄寿祺、张善文：《周易译注》，上海：上海古籍出版社，2010 年，第 154、225、533 页。
⑥ 黄寿祺、张善文：《周易译注》，上海：上海古籍出版社，2010 年，第 320 页。

岁孟春，遒人以木铎徇于路，官师相规，工执艺事以谏，其或不恭，邦有常刑。"①
此段不啻一篇当时社会传播渠道网络及制度的文书，除了遒人代国家宣传政策或
征求民意，还有官师相规的横向传播及百工劝谏的上行传播等渠道。同时，在圣—
先王—臣人—百官等自上而下的传播格局中，又构建了遒人、官师、百工等人群
自下而上的信息反馈渠道，且从制度上予以约束。《左传·襄公十四年》曾引"遒
人"三句，同样在宗法等级制度下强化了信息反馈的规诫教化机制，所谓"天子
有公，诸侯有卿，卿置侧室，大夫有贰宗，士有朋友，庶人、工、商、皂、隶、
牧、圉皆有亲昵，以相辅佐也"，其运行模式为"善则赏之，过则匡之，患则救之，
失则革之"，于是"自王以下，各有父兄子弟，以补察其政。史为书，瞽为诗，工
诵箴谏，大夫规诲，士传言，庶人谤，商旅于市，百工献艺"②。如此，多渠道的信
息反馈体系便得以构建。

　　在人类的传播实践中，每一种媒介及渠道均有"通"与"塞"之遇。孔子
与众弟子对话，既有过"吾与点也"③知音般的愉悦，也有过以"朽木""粪土
之墙"④"不仁"批评对话者的不得已之痛，更有过"天何言哉"⑤近似于诺依曼
（Elisabeth Noelle-Neumann）"沉默的螺旋"舆论学理论所阐发的言说孤独窘境。
孟子曾言"君子有三乐"，其第三便是"得天下英才而教育之"⑥，视教育传播为自
己的社会责任，然而他又屡屡申说"我岂好辩哉，予不得已也"，其中"邪说诬民，
充塞仁义"⑦的政治传播困境就是重要的原因。信息沟通中的"通"或"塞"的原
因十分复杂，然正如王夫之所说的"藉格物"而"致知""知化"的传播效果，则
是他们体验传播"通""塞"的共通准则。一则，要尽物之性，充分发挥媒介及渠
道化育天地的功能。中国文化传播观念一直存在言教与不言之教的争论，但务必
说明的是，他们纠结的多是媒介或渠道的类型，而不是媒介或渠道本身。"言教"
者如孔子主张"言之无文，行而不远"⑧，"不言之教"或选禅宗"拈花微笑"般的
非语言符号，或用庄子"不可与庄语"⑨式的个性化符号，同样重视媒介的优化工
作。二则，要尽人之性，媒介属人性，主要使用者决定着它的权力属性。从《周

　　① 孔安国传，孔颖达等正义：《尚书正义》，阮元校刻：《十三经注疏》，北京：中华书局，1980
年，第157页。

　　② 左丘明著，杜预集解：《左传》上册，上海：上海古籍出版社，2015年，第549页。

　　③ 杨伯峻：《论语译注·先进》，北京：中华书局，1980年，第119页。

　　④ 杨伯峻：《论语译注·公冶长》，北京：中华书局，1980年，第45页。

　　⑤ 杨伯峻：《论语译注·阳货》，北京：中华书局，1980年，第188页。

　　⑥ 杨伯峻：《孟子译注·尽心上》，北京：中华书局，1962年，第309页。

　　⑦ 杨伯峻：《孟子译注·滕文公下》，北京：中华书局，1962年，第154—155页。

　　⑧ 左丘明著，杜预集解：《左传》下册，上海：上海古籍出版社，2015年，第616页。

　　⑨ 陈鼓应：《庄子今注今译·天下》，北京：中华书局，1983年，第884页。

易·系辞下》载"上古结绳而治,后世圣人易之以书契。百官以治,万民以察"①；
孔子推广"雅言",目的即在"弘道"②；孟子"好辩",其意在"正人心,息邪说,
距诐行,放淫辞,以承三圣者"③；直至貌似平等互动,实则等级严格的"谏议"传
播,亦有着"君为元首,臣为股肱,同体相须,共成美恶者"④的理据。故《中庸》
云"能尽人之性,则能尽物之性；能尽物之性,则可以赞天地之化育"⑤,由此可深
度认识"化"传播的媒介及渠道观。

第三节 自化自得存神:"化"观念传播的方法及价值论

关于传播的效果或功能,现代论者极多,然大体上不外传者中心论、受者中
心论两种。前者往往本着信息传递的正向线性思维,视受者为顾客,强调信息流
动的真伪善恶以及传播行为"守望环境""协调社会各部分以回应环境""使社会
遗产代代相传"⑥等方面的社会责任。后者往往本着信息传递的逆向思维,视受者
为消费者,强调受众对信息"需要"的动机、"利用"的目的及"满足"的过程
等。综合评析近些年传播学研究由传者本位向受者本位过渡的走向,我们可以清
楚辨析的至少有三点:一是"传—受"一体关涉信息流动的双向思维未能得到足
够重视,由此有关传播方法的研究便失去了信息交流、共享的理据支撑；二是研
究传播就必须研究人,尤其在思考"必须了解人与人是如何建立联系"⑦的话题中,
不能局限于人对信息的被动传、受,而是要强化传、受者的能动性,尤其是那种
主动地自化自得行为；三是研究传播效果不仅要关注传者或受者(尤其是受者)
的需要与满足,更要关注他们在传播过程中的自我教育(知识、信念、理解等),
这正如教育传播倡导"以生为本"的口号不如"以学生的发展为本"理念更为深
刻一样。以上三点,均可以通过研究中国古代传播尤其是"化"观念传播中得到
启示。

---

① 黄寿祺、张善文:《周易译注》,上海:上海古籍出版社,2010年,第533页。
② 杨伯峻:《论语译注·卫灵公》,北京:中华书局,1980年版,第168页。
③ 杨伯峻:《孟子译注·滕文公下》,北京:中华书局,1962年,第155页。
④ 陈蕃:《理李膺等疏》,严可均辑:《全后汉文》下册,北京:商务印书馆,1999年,第645页。
⑤ 朱熹:《中庸章句》,《四书章句集注》,北京:中华书局,1983年,第32页。
⑥ [美]哈罗德·拉斯韦尔:《社会传播的结构与功能》,何道宽译,北京:中国传媒大学出版社,
2015年,第37页。
⑦ [美]威尔伯·施拉姆、威廉·波特:《传播学概论》第二版,何道宽译,北京:中国人民大
学出版社,2010年,第4页。

一、渐变自新，潜移默化的"自化"传播

"变化"一词，分言之，如《易·系辞下》云"化"："天地絪缊，万物化醇，男女构精，万物化生。"[1]以物种的生命延续为喻，指出"化"是一个"和实生物"的"无有"过程，意味着一种创新或发生。故《黄帝内经·素问》既曰"物生谓之化"，又说"物极谓之变"。同是"变化"，然"化"与"变"内涵不同，从"气"论的角度说，"气始而生化，气散而有形，气布而蕃育，气终而象变"[2]，"化"为"气始"的"物生"，"变"是"气终"的"物极"。所谓"物极"，即指"盛极必衰，衰极必盛，故物极者必变"[3]的激变，而"物生"则是指生长发育的渐变过程。同样，《易·系辞上》云："化而裁之谓之变，推而行之谓之通。变通者，趋时者也。"[4]如气候节令乃一气之化，阴阳消长的渐变过程。不过，为了便于人们认知与运用，故可以变通"趋时"，人为"裁之"，从主观认识上区分出春夏秋冬等不同的质变阶段。这就是《易·贲·彖传》中所说的"关乎天文，以察时变"[5]之意。"化"与"变"反映出中国古人关于运动的量变与质变之间关系的一种思考（当然，"变"与"化"的内涵也有完全相反的理解，见后文分析），只是从文化哲学层面来说，"变字终嫌其拘于一曲，流于物质观，其义浅。化字始跻于大方，达于精神界，其义深"。自"化"言"变"，宇宙大化流行，一脉相续，"有变而实未变"，"若论本体，则只有化，并无变"。[6]

"化"之渐变含义带给传播学的启示，就是在一种技近于道、工夫即本体的传播观下，通过强调自我体验的方式，实现潜移默化的有效传播。《管子·七法》云："渐也，顺也，靡也，久也，服也，习也，谓之化……不明于化，而欲变俗易教，犹朝揉轮而夕欲乘车……变俗易教，不知化不可。"[7]此处涉及循序渐进、因势利导、琢磨讨论、熏陶感染（或持之以恒）、服从顺应、养成习惯等文化传播六个原则。有效传播尤其是人际传播的效果，绝非一蹴而就之举，而是一种长期的"塑魂""铸魂"工程。《孟子·尽心上》讲"君子之所以教者五"，首个就是"有如时雨化之者"[8]，不仅及时，而且是润物细无声般地自然化成，一种沉浸式体验的传播行为。可以说，"化"之传播效果，就是一种效果呈现于方法之中的过程。与美国

---

① 黄寿祺、张善文：《周易译注·系辞下》，上海：上海古籍出版社，2010年，第542页。

② 佚名编著：《黄帝内经·素问》，北京：中国医药科技出版社，2016年，第154、186页。

③ 张景岳：《类经》，太原：山西科学技术出版社，2013年，第787页。

④ 黄寿祺、张善文：《周易译注·系辞上》，上海：上海古籍出版社，2010年，第526页。

⑤ 黄寿祺、张善文：《周易译注》，上海：上海古籍出版社，2010年，第174页。

⑥ 钱穆：《变与化》，《晚学盲言》上册，桂林：广西师范大学出版社，2004年，第49页。

⑦ 房玄龄注，刘绩补注，刘晓艺校点：《管子》，上海：上海古籍出版社，2015年，第29页。

⑧ 杨伯峻：《孟子译注·尽心上》，北京：中华书局，1962年，第320页。

传播学者格伯纳（George Gerbner）"涵化理论"说的电视媒介对观众产生潜移默化的效果不同，中国古代"化"观念传播除了肯定"隐藏课堂"等环境的影响力，更强调传者、受者对信息的自觉体验，其潜移默化的影响力本质上属于一种"自化"传播行为。这一点实乃儒道释文化的共同主张。老子言"道常无为而无不为。侯王若能守之，万物将自化""我无为而民自化"[①]，庄子云"明王之治，功盖天下而似不自己，化贷万物而民弗恃"[②]，孔子亦说"巍巍乎，唯天为大，唯尧则之。荡荡乎，民无能名焉"[③]……诸如此类，中国文化所强调的"修身就是自化"，一种"反求之己""尽其在我""在外无所恃"的自习自新。[④]

二、传道解惑，从善无迹的"教化"传播

"为治之要，教化为先"[⑤]，言及中国古代社会的"教化"，一般指儒家倡导的教育感化或政教风化，其教化方式主要是"游文于六经之中，留意于仁义之际。祖述尧舜，宪章文武，宗师仲尼，以重其言，于道最为高"。[⑥] 凭此，甚至有"儒学即教化之学"的认识。其实，"教化"作为一种文化传播方法，各家学派均有"以善道教化天下"[⑦]之举，而不仅仅归属于儒家矣。老子即言"圣人处无为之事，行不言之教"，且自信地指出"不言之教，无为之益，天下希及之"[⑧]，"教育""教化"仍是其宗旨，只不过他更强调身教、自化、言象互动等传播方式。至于后来的道教，则强化了科仪对众人"戒欲"的教化传播功能，由"道"的教化演变为宗教的道教。佛教作为宗教与一般神教不同，除了信仰还注重修学，"佛教的'佛'是遍知遍觉之义，'教'是教育教化之义"[⑨]，教化开悟众生，乃其立教之本，"以佐教化"[⑩]而有益国治又是其求得生存之道。至于禅宗发扬的"不立文字，教外别传"，亦非反对"教化"传播，而是在传统的"言教"之外，拓展为"直指人心，见性

① 陈鼓应：《老子注释及评介》，北京：中华书局，1984年，第209、248页。

② 陈鼓应：《庄子今注今译·应帝王》，北京：中华书局，1983年，第217页。

③ 杨伯峻：《论语译注·泰伯》，北京：中华书局，1980年，第83页。

④ 钱穆：《知识与生命》，《晚学盲言》下册，桂林：广西师范大学出版社，2004年，第526页。

⑤ 黄佐《南雍志》载朱元璋言，谷应泰：《明史纪事本末》，北京：中华书局，1977年，第204页。

⑥ 班固：《汉书》，北京：中华书局，1962年，第1728页。

⑦ 陈寿撰，裴松之注：《三国志·吴书一》卷四十六，北京：中华书局，1964年，第1094页。

⑧ 陈鼓应：《老子注释及评介》，北京：中华书局，1984年，第64、237页。

⑨ 多识·洛桑图丹琼排：《藏传佛教培养人才的模式》，《戒幢佛学》第1卷，长沙：岳麓书社，2002年，第371页。

⑩ 柳宗元：《柳州复大云寺记》，《唐宋八大家全集》第2卷《柳宗元》，逸凡点校，广州：新世纪出版社，1997年，第251页。

成佛"[1]之类更强调自习自化的教化传播的方法及效果。作为传播方法及效果的"教化"，经过儒道释三家文化数千年的传播实践，积累了丰富的经验，同样也不是人们习惯性理解的因"教"而"化"补充关系所能涵盖的。这里结合"教化"构词方法及相关文献归纳出四种传播类型：

其一，"教""化"均为动词的补充关系。"教"使之"化"，"化"系"教"之结果，堪为中国文化传播的主流方法。如，荀子论及行公道护公利的人臣，须"上则能尊君，下则能爱民，政令教化，刑（形）下如影"[2]，反过来说，就是"夫下之和上，譬之犹响之应声，影之象形"[3]。政令教化如此，那么礼仪教化如何？倡导"天下不可无教也，百姓不可不化也"的宋代高僧契嵩有言："礼义者，教之所存也；习尚者，化之所效也。非所存则其教不至也，非所效则其化不正也。"于是他略变孔子《论语·颜渊》"君子之德风，小人之德草"之喻云："教化风也，民飞物也，风其高下则物从之浮沉也。"[4]此处如形影、声响、风物之喻，形象地揭示了"教""化"之间的补充关系。从某种意义上说，"教"使之"化"重在理性的仪式传播，中国古代通过宗庙、书院、佛堂等日常训诫及仪式传播，官僚士大夫传布等多种渠道，通过传、受者之间的"频繁接触"实现信息的共享，探寻受众由信息的接受者到生产、传递者角色转变的路径，兑现教化最终在"自化"传播的深度意图。

其二，"教""化"均为动词的并列关系。"教和化"乃是"教使之化"的变异类型，进一步体现了宗法社会制度对传播方法及效果的制约性。董仲舒在《贤良对策》中向汉武帝建言"凡以教化不立，而万民不正也"，其所提出的"立太学以教于国，设庠序以化于邑"[5]的办法，即"把教化二字分别言之。民之优秀，则使之入于太学，而可以从事于受教。其未能入于太学，因其智慧未开明，不能对于人类历史文化之大传统心知其意，则仅可以受化，而未遽能达于明教之更高境界"[6]。当然，此处"教化"二字分别言之，有互文性质，因为董仲舒也说过"太学者，贤士之所关也，教化之本原也"[7]，太学并不局限于"教"。虽如此，所谓"夫教者生于官政也，化者成于民俗也"[8]等，"教"和"化"主张针对民之身份、知识、

---

①　裴休：《黄檗山断际禅师传心法要》，元惠编著：《八家语录》，北京：宗教文化出版社，2012年，第22页。

②　王先谦：《荀子集解·臣道》，沈啸寰、王星贤点校，北京：中华书局，1988年，第248页。

③　王先谦：《荀子集解·强国》，沈啸寰、王星贤点校，北京：中华书局，1988年，第305页。

④　契嵩：《镡津文集·教化》，钟东、江绘点校，上海：上海古籍出版社，2016年，第85页。

⑤　班固：《汉书》，北京：中华书局，1962年，第2503页。

⑥　钱穆：《变与化》，《晚学盲言》上册，桂林：广西师范大学出版社，2004年，第48页。

⑦　班固：《汉书》，北京：中华书局，1962年，第2512页。

⑧　契嵩：《镡津文集·教化》，钟东、江绘点校，上海：上海古籍出版社，2016年，第86页。

德性等进行分层之下的分类教育，实乃中国文化传播的一种基本观念。

其三，"教""化"均为动词的偏正关系。汉语偏正结构中"偏在前正在后"是强势选择，但也有少量的"正在前偏在后"的结构，以"化"之方式"教"即如此。此种传播方法，如《礼记·学记》云"化民成俗""化民易俗"，孔子讲《诗三百》之"兴观群怨"作用，佛家倡导"化仪四教"等均是典型的案例。又如，西魏苏绰为执政者宇文泰建言："使百姓亹亹，日迁于善，邪伪之心，嗜欲之性，潜以消化，而不知其所以然，此之谓化也，然后教之以孝悌，使人慈爱，教之以仁顺，使人和睦，教之以礼义，使人敬让。"[①] 感化在前，教化在后，或是有意识地以信息和娱乐兼备、雅俗并存、贴近日常生活等多元丰富的知识激发受众的内在兴趣，或是非正式的、无固定课堂、不易被人重视的无意图施教，在受众的非刻意学习中完成潜移默化的作用。诉诸接受者的情感，使之感动，而后得以受教，抑或自我教化。中国文化尤重自律、自省，一般指"教"而"化"的层面，但更高的境界则是"化"而"教"层面的那种从善无迹的自我觉悟。《礼记·学记》即云："就贤体远，足以动众，未足以化民。"[②]"动众"不及"化民"，这充分说明受众并非传播过程中一个软弱被动的靶子，在传播关系中应该是"活跃而主动的人"[③]。

其四，"教化"之"化"虚化的派生关系。有学者指出"'化'是一个在汉语中公认的动词后缀"，"×化"所构成的词"呈现出一个动词性逐渐减弱而名词性逐渐增强的连续性"，当"化"成为"地道的名词，没有了谓词性的痕迹，这说明'化'已经蜕变为比较纯粹的附缀了"[④]。如，先秦道家"教化"尤重"化而教"，然此后道教之教化便强调了"教"。《说文》云"教，上所施下所效也""化，教行也"[⑤]，实亦突出了"化"中"教"的分量，直至无"教"不成"化"，以至于不少人认为"教行"就是"教化"或"教"，"化"只是"教"的自然结果。所以在中国文化传播史上，各家均曾批评过"古之治也，有化而无教，化则民心淳。吾欲如三皇之世，用化而不用教"的观点，明确指出"当此无教，可乎？"[⑥] 当然，这其中不乏辩证的思考，如清代徐元美《艾言》有云："教以言相感，化以气相感。

① 李延寿：《北史·苏绰传》，北京：中华书局，1974 年，第 2231—2232 页。

② 郑玄注，孔颖达正义：《礼记正义》，阮元校刻：《十三经注疏》，北京：中华书局，1980 年，第 1521 页。

③ [美]威尔伯·施拉姆、威廉·波特：《传播学概论》第二版，何道宽译，北京：中国人民大学出版社，2010 年，第 198 页。

④ 吴为善：《汉语"重轻型"韵律模式的辨义功能及其系统价值》，上海：学林出版社，2015 年，第 80 页。

⑤ 段玉裁：《说文解字注》，北京：中华书局，2013 年，第 128、388 页。

⑥ 契嵩：《镡津文集》，上海：上海古籍出版社，2016 年，第 299 页。

有教而无化，无以格顽；有化而无教，无以格愚。二者不可偏废。如王者诗书是教，礼乐是化，二者具而不格，则刑戮之民矣。"[①]但在传播实践中，那种近似于"强制性接触"效果理论，只"教"不"化"的现象还是十分普遍的。

三、各尽其性，至善存神的"过化"传播

中国"化"观念传播尤重在推己及人、传受一体的过程中"传—受"者共同的发展和提升。这种效果论可有益地补充当今流行的以受者为中心的"使用与满足"理论。首先，从传播的本质特性上说，"化"观念传播在万物皆媒的基本态度上强调万物各尽其性，孕育出新的生命。《庄子·刻意》篇云："精神四达并流，无所不极，上际于天，下蟠于地，化育万物，不可为象。"[②]庄子此处"精神"生于道[③]，指主观"心灵活动的性格"[④]，具有属人性、认识论的"信息"特征。因此，庄子此番关于"精神"活动的特征及效果论，也是关于信息传播过程及价值的一种说法。所谓"化育万物"不仅具有宇宙论的意义，也具有人生论的价值。或许受到道家顺其自然、道法自然的启发，《中庸》进一步认为教育传播就是通过传、受者的"至诚尽性"，实现"赞天地之化育""与天地参"的天人合一之道[⑤]。或有学者释曰"化指物，育指生命，在万物之化中，自可养育出生命"[⑥]，有助于理解传、受者在信息传递、共享中的"再生""成长"意义，然不利于对"化"观念融宇宙人生于一体意涵的把握。各尽其性的"化育"式传播，堪为儒家教化的基本主张，他们均强调以自己对人性的理解为逻辑起点，开展教化的路径。从"化"传播观念对传、受者之性的尊重以及对化育生命的期待度来看，中国古代的"礼教"并非只是"吃人"性，其意仍在"塑人"，这对生活在自媒体时代的人们强化尽伦尽职的传播责任有着积极的指导意义。

其次，从传播方法上说，"化"观念传播中潜移默化的渐变，演变为传播效果上的质变。这一点学界往往注意不够，多偏向从"化→变"而不是"变→化"的角度解读"变与化"的关系。自后者而言，《中庸》有言："动则变，变则化。唯天

---

① 王晫、张潮编纂：《檀几丛书》，上海：上海古籍出版社，1992年，第272页。按：不少学者将这段话误判为近代思想家魏源的名言。魏源云："教以言相感，化以神相感。有教而无化，无以格顽；有化而无教，无以格愚。"（魏源：《魏源全集》第13册，长沙：岳麓书社，2011年，第61页。）只是将徐元美"化以气相感"变为"化以神相感"，余则全部抄录，特此说明。

② 陈鼓应：《庄子今注今译》，北京：中华书局，1983年，第399页。

③ 陈鼓应：《庄子今注今译·知北游》，北京：中华书局，1983年，第569页。

④ 徐复观：《中国人性论史》，北京：九州出版社，2014年，第354页。

⑤ 朱熹：《中庸章句》，《四书章句集注》，北京：中华书局，1983年，第32页。

⑥ 钱穆：《变与化》，《晚学盲言》上册，桂林：广西师范大学出版社，2004年，第48页。

下之至诚为能化。"①显然，此处的"化"是动、变之结果。历来对此句的解释大体有二：一是本着儒家教化思想指出"化"传播在"塑人"上的质变意义。如郑玄注："动，动人心也。变，改恶为善也，变之久则化而性善也。"孔颖达疏："既感动人心，渐变恶为善，变而既久，遂至于化。言恶人全化为善，人无复为恶也。"②此处明确以"渐变"释"变"，而"化"为由恶至善的本质转型。朱熹则在尊重"形、著、动、变之功自不能已"的基础上，进而曰"积而至于能化，则其至诚之妙，亦不异于圣人矣"③，"圣人"即是"化"之最终结果。二是偏向于形而上学的哲理解析。如孔颖达疏："初渐谓之'变'，变时新旧两体俱有，变尽旧体而有新体谓之为'化'。""如《月令》鸠化为鹰，是为鹰之时非复鸠也。"④

补充一点，孔颖达关于"化"的认识，亦见其《周易·乾·象》"乾道变化"疏："'变'，谓后来改前；以渐移改，谓之变也。'化'，谓一有一无；忽然而改，谓之为化。"⑤至朱熹注《中庸》云"动者，诚能动物。变者，物从而变。化，则有不知其所以然者"⑥，则在质变、激变的基础上，突出了变化从善无迹的神妙效果。这就是孟子所说的"夫君子所过者化，所存者神，上下与天地同流"⑦，以及东汉王符指出的"人君之治，莫大于道，莫盛于德，莫美于教，莫神于化"⑧的"神化"或"化神"的境界。"过化"，或释为经过而化（无不化），或释为"必随而去"。同样，"存神"或认为此"神，治也"，强调"化"只是手段或过程，其结果则是民众得以治理；或指出"心所存主处，便神妙不测"⑨，强调育化无痕的效果……然不管哪种解释，无不是在强调"化"后必留存某种精髓或本质性的存在，这就是"神"。

第三，从传播效果上说，"化"观念传播的"质变"观念最终落实在"育新民"上。"新民"乃中国古代"化"传播观念对传、受者的基本主张。《尚书·康诰》"王应保殷民，亦惟助王宅天命，作新民"⑩，要求旧朝的殷民转变身份为新朝

---

① 朱熹：《中庸章句》，《四书章句集注》，北京：中华书局，1983年，第33页。
② 郑玄注，孔颖达疏：《礼记正义》，阮元校刻：《十三经注疏》，北京：中华书局，1980年，第1632页。
③ 朱熹：《四书章句集注》，北京：中华书局，1983年，第33页。
④ 郑玄注，孔颖达疏：《礼记正义》，阮元校刻：《十三经注疏》，北京：中华书局，1980年，第1632页。
⑤ 王弼、韩康伯注，陆德明音义，孔颖达疏：《周易注疏》，阮元校刻：《十三经注疏》，北京：中华书局，1980年，第2页。
⑥ 朱熹：《四书章句集注》，北京：中华书局，1983年，第33页。
⑦ 杨伯峻：《孟子译注·尽心上》，北京：中华书局，1962年，第305页。
⑧ 王符撰，龚祖培校点：《潜夫论》，沈阳：辽宁教育出版社，2001年，第63页。
⑨ 朱熹：《孟子章句·尽心上》，《四书章句集注》，北京：中华书局，1983年，第353页。
⑩ 孔安国传，孔颖达等正义：《尚书正义》，阮元校刻：《十三经注疏》，北京：中华书局，1980年，第203页。

的周民。《大学》三纲领之一"亲民"，程颐提出"亲"当作"新"，朱熹赞同此说，且认为"新者，革其旧之谓也。言既自明其明德，又当推以及人，使之亦有以去其旧染之污也"①，即教化民众改过革变为新人。王阳明虽不同意朱熹的改动，但对《尚书》"作新民"有进一步的解释，"'作新民'之'新'，是自新之民"②，强调了民之自我革新取向。王夫之赞同朱熹的改动，认为"民之新必底于化之成"③，明确了"化"与"新民"关系。"新民"说在近现代中国俨然已是最重要的社会思潮，直至"育新人"成为当前我国宣传工作的使命之一。由上足以看出，"新民"的内涵丰富，类型多样，具有时代的鲜明特征及传播的功利性。然而，正如汤之《盘铭》所说的"苟日新，日日新，又日新"④，当是中华民族创新精神的最好写照；孔子说的"君子成人之美，不成人之恶，小人反是"⑤，则是儒家道德教化传播的原则性主张；白居易《与元九书》申述的"言者无罪，闻者足戒。言者闻者，莫不两尽其心焉"⑥，堪为中国古代传播观念在传受一体观念下对传、受者共同责任的简明揭示。至此，通过"化"观念传播的考察，可见使传、受者接受信息或许不难，难的是使传、受者在心灵上认同信息的真善美价值，内化为自己的本质，由此转变并被充实提升。诸如此类，无不具有对当代传播学理论建设和实践的启示价值。

结　语

传播学研究在较长的时间内生活在西方学术的话语体系中，部分学人也习惯性地运用西方传播学来解释中国古代传播活动，构建中国当代传播学理论框架。与此同时，伴随着当代中国"站起来""富起来""强起来"的发展现实，当代中国重新唤起了文化自信以及所倡导的文明交流互鉴观念，传播学本土化、本土传播学以及中国特色传播学的建设呼声亦日益高涨，"推动形成哲学社会科学中国学派，创造光耀时代、光耀世界的中华文化"⑦的目标，正在内化为当代中国学人的

---

① 朱熹：《四书章句集注》，北京：中华书局，1983 年版，第 3 页。
② 王阳明：《传习录》卷上，杨光主编：《王阳明全集》第 3 卷，北京：北京燕山出版社，2009 年，第 669 页。
③ 王夫之著，《船山全书》编辑委员会编校：《船山全书》第 7 册《四书训义》上卷，长沙：岳麓书社，1991 年，第 44 页。
④ 孔安国传，孔颖达等正义：《尚书正义》，阮元校刻：《十三经注疏》，北京：中华书局，1980 年，第 1673 页。
⑤ 杨伯峻：《论语译注·颜渊》，北京：中华书局，1980 年，第 129 页。
⑥ 严杰编选：《白居易集》，南京：凤凰出版社，2014 年，第 273 页。
⑦ 教育部：《新文科建设宣言》，2020 年 11 月 3 日。http://www.moe.gov.cn/jyb_xwfb/gzdt_gzdt/s5987/202011/t20201103_498067.html，2021 年 5 月 20 日。

学术使命。当然，为了实现这个目标，一则"中国要确立能够解释自己的国际行为的话语，就首先必须脱离西方的话语体系。用西方的话语来解释自己只是对西方的一种'迁就'，而非和西方的平等对话"；二则"国际话语并不是自说自话、闭门造车能够产生的，而是必须通过和西方、发展中国家的平等对话才能产生"；三则"要让西方了解中国，首要的任务是中国人自己要了解自己。如何了解？这就要建立中国自己的知识体系"①。

在爬梳文献的过程中，越来越认识到中国本土传播学研究的重要性。像"化"观念就贯穿了传播活动的全过程，彰显了中国文化对传播活动的独特理解。这除了贯通天人之道的融通的传播本质观（本体论）、藉格物而致知的万物皆媒的媒介观（认识论），还有就是以育新人为核心的传播价值论。以有效传播为目的的价值是各民族文化传播共同关注的重心之一，中国文化对此更是从分层分类上有着较为清晰的把握。所谓"恒患意不称物，文不逮意"②的信息传达、"音实难知，知实难逢，逢其知音，千载其一"③的信息接受，是对传播价值有限性的认识；所谓不偏不倚、无过无不及的中庸思维、"主文而谲谏"的传播伦理等，是对传播价值适度性的运用；而"顺风而呼，声非加疾也，而闻者彰"④"仁者见仁，知者见知"⑤的接受规律等，则是对传播价值无限性的追求。无论何种传播价值，均指涉受众的身心、知行等方面的变化结果。自形而上角度说，传播价值论实乃"化化不间，由（犹）环之无穷"⑥的宇宙万物变化运动论的有机构成。

① 郑永年：《郑永年论中国：中国的知识重建》，北京：东方出版社，2018年，第98、180—81页。

② 陆机著，张怀瑾译注：《文赋》，北京：北京出版社，1984年，第18页。

③ 刘勰：《文心雕龙·知音》，上海：上海古籍出版社，2015年，第276页。

④ 王先谦：《荀子集解·劝学》，沈啸寰、王星贤点校，北京：中华书局，1988年，第4页。

⑤ 周济：《介存斋论词杂著》，唐圭璋编：《词话丛编》，北京：中华书局，1986年，第1630页。

⑥ 谭峭：《化书》，丁祯彦、李似珍点校，北京：中华书局，1996年，第13页。

第十三章　气贯长虹：华夏"气"范畴的流通与沟通意义

张爱凤 *

"气"在中国的文化中，是一个既玄又实、既熟悉又陌生的概念。在日常生活中，我们经常使用与"气"相关联的词语：氧气、生气、神气、争气、正气、阳气、阴气、元气、习气、中气、寒气等。在古代诗词中，含有"气"的诗句俯拾即是：项羽的"力拔山兮气盖世"，孟浩然的"气蒸云梦泽，波撼岳阳城"，文天祥的"天地有正气"，范仲淹的"朝晖夕阴，气象万千"，李清照的"水通南国三千里，气压江城十四州"，辛弃疾的"想当年，金戈铁马，气吞万里如虎"等等都是传诵千年的佳句。在中国的哲学及美学思想中，"浩然之气""气韵生动"等更是重要的范畴。

中国文化中的"气"，涉及文字学、文学、艺术、哲学、美学、中医学等多个领域。"中国'气'概念不属于一家一派，不是时兴于某一个特定的历史时期，也不局限于某一、二个学术领域，而是赋予整个中国文华以生命的一个要素。[①] 本章追溯"气"在中国思想文化中的萌生、发展和演变的过程，探寻"气"的概念和哲学美学内涵不断丰富发展的轨迹。

第一节　"气"概念的萌发与原始生命观的形成

追本溯源，关于"气"的概念，我们可以从中国文化的古文献资料，如甲骨文、青铜铭文中去探寻。

---

* 作者简介：张爱凤，广州大学新闻与传播学院教授，从事媒介文华研究。

① 刘长林：《"气"概念的形成及哲学价值》，《哲学研究》1991 年第 10 期。

一、"气"的字源考释

（一）甲骨文、金文中的"气"字

甲骨文中有"三"这样的符号，上、下两横长，中横较短。对这个符号，学术界的说法不一。于省吾首将其解作"气"。

> 甲骨文之三即今气字，俗作乞。
>
> （甲骨文）气字用法有三：一为乞求之气，二为迄至之迄，三为终止之讫。气训乞求，典籍常见。气字孳乳为迄或讫，二字典籍每互用无别。
>
> 总之，甲骨文气字作三，自东周以来，为了易于辨别，故一变作〓，再变作气。但其横画皆平，中画皆短，其嬗演之迹，固相衔也。气训乞求、迄至、讫终，验之于文义词例，无不吻合。①

于省吾之后，饶宗颐提出了气作为"刉（jī）""汔"的说法（《殷代贞卜人物通考》），陈梦家提出了作为"乞取"的意义。学者们普遍认为，甲骨文中的"气"，不是作为名词，而是作为动词来使用的，是作为以"乞"为意符的一类文字的假借字被使用的。

在金文中，与甲骨文相比，"气"字的形状发生了一些变化，其意义与甲骨文也略有不同。在金文中，"气"字除了有乞求、终止之意外，还与"饩"相通，即祭祀时所用各种物品，引申为人吃的粮食。②

"气"是从"三"字发展而来的，古人在使用、传播的过程中，将"三"字上下两横予以变形，形成我们今天所见的"气"字。（见"气"字演变图）。

表 13-1   "气"字演变流程图

甲骨文	金文	篆文	隶书	楷书
三	〓	气	气	气

综上所述，在甲骨文和金文中，"气"字虽然有了最初的字形，但是还没有生发出今天"气"概念的原型。

---

① 于省吾：《甲骨文字释林·释气》，北京：中华书局，2009 年，第 102—105 页。

② 张运华：《先秦气论的产生与发展》，《唐都学刊》1995 年第 3 期。

（二）"氣"概念的原型

战国初期的青铜器上，出现了"氣"字，这与最初的"气"字不同。在汉字研究的根本文献、后汉许慎所著的《说文解字》中，出现了对"氣"的解说：

> 氣（篆文字体），馈客刍米也。从米，气声。（《七篇上》）

"氣"为馈客刍米，是天子待诸侯之礼。作为"氣"构成要素的"气"字，《说文解字》的解说是：

> 气（篆文字体），云气也。象形。（《一篇上》）

许慎认为"气"就是云以及形成云的气体。《说文部首订》解释说：

> 气之形与云同。但析言之，则山川初出者为气，升于天者为云。合观之，则气乃云之散蔓，云乃气之浓敛，《说解》故以云气释之。其形叠三为文者，气之上出，层累而升，篆因从积画以象之。

从此字篆文的形态来看，"气"确实就像是由下向上升腾而起的气体。《说文解字》把"气"解作云气，而"云"则解作"山川气也"（《十一篇下》），由此将气和云关联起来。

"氣"后来又被人们假借为云气之"气"字。王绮《文字蒙求》曰：

> 气，此云气之正字，经典作乞，而训为求，本是假借，借用既久，遂以氣代气。

在原始社会，雨、雪、云和风都是大自然中的同类之物。原始人类的生存极度依赖大自然，对于殷人来说，云、雨、风不仅仅是自然现象，也是神，成为祭祀的对象。根据甲骨卜辞的记载，世间存在着风神。风从四面八方而来，在天地之间流动。风对自然界的各种现象，尤其是谷物的生长都有着重要的影响作用。如果要在殷代探求充实于天地之间，变化着、与生命现象有关的气概念的原型，可以认为，那就是风。日本平冈祯吉也认为"风是气的异名"[1]。

---

① 平冈祯吉：《淮南子中出现的气之研究》，转引自小野则精一、福永光司、山井涌编，李庆译，《气的思想——中国自然观与人的观念的发展》，上海：上海人民出版社，1980年，第19页。

日本学者赤冢忠氏以甲骨文辞作为主要资料，详细地论述了风的信仰及其特性，认为气是"在与给予生物，尤其是农作物的生成以变化的风类比中诱导出的概念"，得出了"风和季节变化的关系，产生出了气的概念"[①]这样的结论。

"气"除了与"风"，也与"地"密切相关。许慎的《说文解字》中，"地"解作：

元气初分，轻清易（阳）为天，重浊会（阴）为地（《十三篇下》）

元气按其性质，可分为轻清和重浊二类，对应为阳（天）、阴（地）二种。在此之后，在《庄子》《楚辞》《山海经》《淮南子》等著作中，有风和"气""地"通用的事实。

综上，中国文化中"气"概念的来源是多元的，甲骨文中的"风""地"是"气"概念的原型。"气"概念是融合了"风""地"以及其他各种要素的产物，在《庄子》《楚辞》《山海经》《淮南子》等著作中，有风和"气"、地和"气"通用的记载。天地之间的气，通过呼吸进入人体，成为人体活动的本质和动力，体现出"天人合一"的宇宙生命观。

二、儒家思想中"气"内涵的发展与传播

（一）《论语》中构成人体的重要之物——"气"

在甲骨文、金文等古文献资料中，并没有发现更多关于"气"的资料。到了春秋时代末期的《论语》，"气"作为组成人体的重要之物出现了。在《论语》中，谈到"气"的地方有三处：

（1）孔子曰："君子有三戒：少之时，血气未定，戒之在色；及其壮也，血气方刚，戒之在斗；及其老也，血气既衰，戒之在得。"（《季氏篇》第七）

（2）曾子有疾，孟敬子问之。曾子言曰："鸟之将死，其鸣也哀；人之将死，其言也善。君子所贵乎道者三：动容貌，斯远暴慢矣；正颜色，斯近信矣；出辞气，斯远鄙倍矣。笾豆之事，则有司存。"（《泰伯篇》）

（3）入公门，鞠躬如也，如不容。立不中门，行不履阈。过位，色勃如也，足躩如也，其言似不足者。摄齐升堂，鞠躬如也，屏气似不息者。出，降一等，逞颜

---

① 　赤冢忠：《中国哲学中发生的事实——以五行观的成立为中心》，1960年油印本，第11页。

色，怡怡如也；没阶，趋进，翼如也；复其位，踧踖如也。(《乡党篇》)

上述的"血气""辞气""屏气"都是以"人体"为中心的，这与上文所述与"风""地"相关联的大自然中"气"的内涵相比，又有了新的发展。

在《论语》中，尽管出现了"气"，但与"仁""礼"等核心范畴相比，并不是一个重要的范畴和问题。但是，"气"是构成人体之物、与人体密切相关的思想，在之后的《孟子》及《管子》中都得到了传承。如《管子·枢言》："有气则生，无气则死，生者以其气。"

（二）孔子提出的"气"与"志"

上海博物馆藏战国楚竹书（简称上博藏简）中的《民之父母》篇内容里，孔子明确提出了"气、志"的说法。

上博藏简中的《民之父母》篇记载：

> 孔子曰："五至乎，志之所至者，诗亦至焉；诗之所至者，礼亦至焉；礼之所至者，乐亦至焉；乐之所至者，哀亦至焉……此之谓五至。"
>
> 孔子曰："三无乎，无声之乐，无体之礼，无服之丧。君子以此横于天下，系耳而听之，不可得而闻也；明目而见之，不可得而见也；而得气塞于四海矣。"
>
> 孔子曰："无声之乐，气志不违……无体之礼，塞于四海……无声之乐，气志既得……无声之乐，气志即从。"

在《民之父母》里，孔子通过把"气"和"志"连用，作为"礼""乐"的内在支撑，以做到"五至"："志至""诗至""礼至""乐至""哀至"，以及"三无"："无声之乐，无体之礼，无服之丧"。孔子将"气、志"连用，从心性论层面论述了儒家礼乐文化并非只追求表面的文饰，而是更注重人内心的真实体验。①

此后，在"气"概念的演变传播过程中，又具有了其他的含义。既然凡类于云气者都称作气，那么人们的呼吸出入之息也就被称作气了。人们的呼吸出入之息除了正常、平静的呼吸外，还有强烈的、深长的呼吸，古人叫作太息，今人叫作叹气、感叹。因此，《释名·释天》说："气，愾也。"愾，《说文》云："太息也，从心从气。"气字在传播演变过程中，逐渐具有了与精神或心理相关联的内涵。

---

① 李刚：《从孔子到孟子：儒家"气志论"思想传承新探》，《广西社会科学》2016 年第 8 期。

夫战，勇气也。一鼓作气，再而衰，三而竭。（《左传·庄公十年·曹刿论战》）

"勇气""一鼓作气"中的"气"都指向士兵所具有的勇敢品质和战斗精神，俗称士气，士气与人的"志"密切关联。

（三）孟子的"浩然之气"

"浩然之气"是孟子哲学思想中的一个特有概念，养浩然之气是孟子的一个重要道德完善的方法。所谓"浩然之气"的说法，据《孟子·公孙丑》章记载，孟子是在和弟子公孙丑讨论对于拥有卿相权位是否"动心"的时候，分别评析了北宫黝、孟施舍、曾子和告子等人达到不动心的境界，由此将养"浩然之气"作为自己达到"不动心"的途径之一提出来。

（孟子）曰："吾知言，吾善养吾浩然之气。""敢问何谓浩然之气？"曰："难言也。其为气也，至大至刚；以直养而无害，则塞于天地之间。其为气也，配义与道；无是，馁也。是集义所生者，非义袭而取之也。行有不慊于心，则馁矣。"

《孟子》的"浩然之气"是充盈于身体的一种可意会却不可言传的东西，和血气有着关联。"浩然之气"的状态，被说成是"至大至刚"，且"直养而无害"。而养浩然之气的根本目的在于内心获得一种顶天立地的精神力量。赵岐注《孟子》一谓"正直之气"，一谓"养之以义"。孟子认为，养浩然之气是一个长期坚持、不懈不辍的道德修炼及实践过程，需要以仁义道德为指导，心无旁骛、循序渐进、持之以恒地进行实践。长此以往，内心就会产生出一种理直气壮的正义感，从而表现出"仰不愧于天，俯不怍于人"无所畏惧、一往无前的大无畏气概，这是儒家崇尚的君子品格中重要的组成内容。

在孟子看来，和"气"相比，"心"更为重要。孟子所说的"心"也指"志"，"志"是"心"最为能动性的体现，具有一定的引导性和指向性。在"志"与"气"的关系上，他认为"志"比"气"更为重要。"志"发动并引导"气"，"气"是从属于"志"的。因此，"浩然之气"是志之气，而非生物之气。

夫志，气之帅也；气，体之充也。夫志至焉，气次焉。故曰："持其志，无暴其气。"《孟子·公孙丑上》

至此，"气"成为一个连接自然与人体、融合物质与精神的概念。

孟子强调浩然之气由自己的内心生成，洞开了通过内心反思，修练直至人格完善的大门。

（四）荀子的"治气养心术"

今本《荀子》三十二篇中"气"出现的次数并不多，算上由"气"所组成的复合词总共仅有二十七处。但"气"作为一个蕴含着丰富意义的概念，在荀子思想结构体系中占据着重要地位。

在《荀子》一书中出现的"气"，从其含义上大致可分为两个层面。"如概观一下在《荀子》中可见的气，大致可分为称之为'血气'的人身之气和称之为'阴阳'的自然界之气二类……"[①]

水火有气而无生，草木有生而无知，禽兽有知而无义；人有气、有生、有知亦且有义，故最为天下贵也。（《荀子·王制》）

在这里，荀子明确提出了"气"是水火、草木、禽兽和人所共同拥有的基本物质，集中说明了气与万物的关系，这一看法成为当时思想界的共识。

凡生于天地之间者，有血气之属必有知，有知之属莫不爱其类……故有血气之属莫知于人。（《礼论篇》）

故君子……血气平和，志意广大……（《君道》）

故乐行而志清，礼修而形成，耳目聪明，血气和平。（《乐论》）

血气精力则有衰，若夫智虑取舍则无衰。（《正论》）

行为动静待之而后适者耶？血气之精也，志意之荣也。百姓待之而后宁也……夫是之谓君子之知，知。（《赋》）

天地合而万物生，阴阳接而变化起，性伪合而天下治。（《荀子·礼论》）

四时代御，阴阳大化，风雨博施，万物各得其和以生，各得其养以成。《荀子·天论》

这里的"阴阳"就是指阴阳之气，也就是自然界之气。在荀子看来，自然界之气一旦坐落于人身之上，就转变为血气。在荀子传承的儒家修身思想中，对于血气的重视是非常突出的。荀子强调修身，修身的根本就是要治气养心。

---

① 小野泽精一等编著：《气的思想》，上海：上海人民出版社，2014年，第74—75页。

　　治气养心之术：血气刚强，则柔之以调和；知虑渐深，则一之以易良；勇胆猛
戾，则辅之以道顺；齐给便利，则节之以动止；狭隘褊小，则廓之以广大；卑湿重
迟贪利，则抗之以高志；庸众驽散，则劫之以师友；怠慢僄弃，则炤之以祸灾；愚
款端悫，则合之以礼乐，通之以思索。凡治气养心之术，莫径由礼，莫要得师，莫
神一好。夫是之谓治气、养心之术也。（《荀子·修身》）

　　扁善之度，以治气养生，则身后彭祖；以修身自强，则名配尧、禹。宜于时通，
利以处穷，礼信是也。凡用血气、志意、知虑，由礼则治通，不由礼则勃乱提僈……"
（《荀子·修身》）

　　所谓"治气养心之术"，就是转化人的气质、调节人的心性的方法。人的气
质心性大致可分为"血气刚强""知虑渐深""勇胆猛戾""齐给便利""狭隘褊
小""卑湿、重迟、贪利""庸众驽散""怠慢僄弃""愚款端悫"等类型，每一种
类型都有对应的转化调节方法。"治气养心"并且要遵循"莫径由礼，莫要得师，
莫神一好"这一总原则。"莫径由礼"是强调学习礼义的重要性，"莫要得师"则
是强调师友教化的重要性，而"莫神一好"则是突出凝心聚神、专心致志的重要
性。

　　荀子专注于讨论"血气"，强调存在于人身内部的"血气—形神—人性"的序
列，并且将之扩及人性论、修身思想上，就这点而言，荀子气论思想的落脚点和
重心毫无疑问地归根于儒家，他依然继承着儒家思想的根脉和宗旨。

三、道家思想中"气"的传播与嬗变

　　先秦时代道家的"气"论，大致可分为用"气"来说明世界之始，天地开辟
和万物生成的宇宙生成论与在天地宇宙间禀生的人怎样保全自己之生，用"气"
来说明怎样得到"一受其成刑，不忘以待尽"之睿智的养生论两部分。宇宙生成
论的"气"论和养生论的"气"论尽管大致被区分，但在其根基上还是有着相互
的关联，在终极上仍可视为一体之物——这被认为是道家"气"论的特点。

　　在《老子》一书中，"气"和"象"是两个同"道"密切关联的范畴。

　　孔德之容，惟道是从。道之为物，惟恍惟惚。惚兮恍兮，其中有象；恍兮惚兮，
其中有物；窈兮冥兮，其中有精。其精甚真，其中有信。（《老子》第二十一章）

"其中有精"的"精"，便是气①。

道生一，一生二，二生三，三生万物。万物负阴而抱阳，冲气以为和。（《老子》四十二章）

"道"产生混沌的"气"（"一"），"气"分化为"阴、阳"二气（"二"），"阴阳"二气交融形成一种新的平衡和谐体（"三"），万物就是从这种平衡和谐体中产生出来的。因此，万物的本体和生命就是"气"，也就是"道"。

老子认为宇宙万物是"有"与"无"、"虚"与"实"的统一。

天地之间，其犹橐籥乎？虚而不屈，动而愈出。（《老子》第五章）

老子认为天地之间充满了虚空，充满了"气"。因为有了虚空，才有了气的流动和不竭的生命。老子的这种思想，对中国古典美学产生了重要的影响，魏晋南北朝美学家提出了"气韵生动"的命题。艺术作品如诗歌、绘画、书法中，如果没有虚空，缺少留白，就缺乏灵气和生命。

《庄子》中用"气"的集散离合对包括人类的万物生灭变化做原理性说明的文字，可举出《知北游篇》中所云：

生也死之徒，死也生之始，熟知其纪。人之生，气之聚也。聚则为生，散则为死。若死生为徒，吾又何患，故万物一也。

庄子认为人类的生命是受天地阴阳之气而成立，即形成人类生命的原质的"气"与天地阴阳这种大自然的气本来就是同质的。在《庄子 秋水篇》中可以见到这样的说法：

比形于天地，而受气于阴阳。

庄子认为人类只不过是广大自然世界中的一物，同受阴阳之气，与大自然世界的万物在根本上是同质同根，具有紧密联系性的万物一体哲学，

所谓"百病生于气"，所谓"怒则气上，喜则气缓，悲则气消，恐则气下……

---

① 《管子·内业》："精也者，气之精者也。"

劳则气耗，思则气结"，这虽是《黄帝内经》中的话，而《庄子》也已指出，所有疾病的原因，在于"气"的不正常状态，在于阴阳之气的不平衡。"气"必须经常流通，保持适度的调和、平衡，处于纯粹无序的状态，才能保持身体的健康，由此，道家的"气"论可以说还是中国古代医学理论的根本基础。

第二节　《管子》中的"气论"及汉代元气自然论

"气"从一个字蜕变为一个哲学概念，其中经历了一个十分漫长的过程。《管子》"黄老四篇"对"精气"的阐述，表明"气"已经升华为一个哲学范畴。

《管子》以"精"训气，对气概念进行了有意识、有目的的哲学界定：

精也者，气之精者也。[①]
一气能变日精。[②]

《管子》界定的"精气"是一种纯粹、无形、能变能化、有精神意识的宇宙基元。

凡物之精，气则为生。下生五谷，上为列星。流于天地之间，谓之鬼神；藏于胸中，谓之圣人。是故此气，杲乎如登于天，杳乎如入于渊，淖乎如在于海，卒乎如在于己。[③]

《管子》"黄老四篇"提出的主要观点可以概括为：人类生命源于精气。

气者，身之充也。[④]

精神意识源出于精气。

凡人之生也，天出其精，地出其形，合此以为人。和乃生，不和不生。[⑤]

---

① 《管子·内业》
② 《管子·心术下》
③ 《管子·内业》
④ 《管子·心术下》
⑤ 《管子·内业》

伦理道德观念也源于精气。

全心在中，不可蔽匿，知于形容，见于肤色。善气迎人，亲于弟兄；恶气迎人，害于戎兵。不言之声，疾于雷鼓。心气之形，明于日月，察于父母。①

《淮南子》和王充都继承了老子和《管子》四篇中的"气"的学说，并加以阐述，构成了自己的元气自然论哲学。

《淮南子》是汉高祖刘邦之孙淮南王刘安献给武帝的，是为了把"道"和"事"的关系体系性地加以阐明而撰述的著作。《淮南子》二十一篇的内容，是以《老子》由"道"生成"万物"的哲学为基础，但也广泛地包摄儒家、法家和其他诸学派思想。

《淮南子》的气论包括气化生万物说、气类相感说和养气说三个方面。

《淮南子·天文训》认为天地是由气生成的，并通过阴阳、四时化生万物。王充省略了阴阳、四时，直接把万物的生成看作天地合气或天单方面施气于地。

天地合气，万物自生。犹夫妇合气，子自生矣。（《自然篇》）
夫天覆于上，地偃于下，下气蒸上，上气降下，万物自生其中间矣。（《自然篇》）
天主施气，地主产物。（《奇怪篇》）
天地，夫妇也。天施气于地以生物。人转相生，精微为圣，皆因父气，不更禀取。（《感虚篇》）

"血气"，在古代医学中也是中心之物，混杂着五脏、血气、肝心气等方面的状况，会在人们的外貌、面相上表现出来，同时，也可从外貌来捕捉心理。在把心理和外貌视为一体这一点上，可以说是相同的。

血气者，人之华也；而五脏者，人之精也。血气能专于五脏而不外越，则胸腹充而嗜欲省矣。胸腹充而嗜欲省，则耳目清听视达矣。耳目清听视达谓之明，五脏能属于心而无乖，则教志胜而行不矣。……气不散……忧患不能入也，而邪气不能袭。（《淮南子·精神训》）

东汉王充的《论衡》深受《淮南子》影响，但对《淮南子》的气论，王充持

---

① 《管子·内业》

批判接受的态度，既有辨疑、舍弃，也有继承和发展。王充认为人和万物一样，都是禀受元气而生，不过人禀受的是元气中最精微的部分，即"精气"，因为人能成为宇宙精华。

> 人生于天地也，犹鱼之于渊，虮虱之于人也，因气而生，种类相产。(《物势篇》)
> 人之所以生者精气也。(《论死篇》)

王充还认为，因为禀受的元气有多少厚薄之分，因为人的秉性也有善恶贤愚的不同。

> 禀气有厚薄，故性有善恶也。(《率性篇》)
> 是故酒之泊厚，同一曲蘖；人之善恶，共一元气。气有少多，故性有贤愚。(《率性篇》)
> 夫人所以生者，阴、阳气也。阴气主为骨肉，阳气主为精神。人之生也，阴、阳气具，故骨肉坚，精气盛。(《订鬼篇》)

王充认为，人的性命是禀气而生，禀气的多少决定了命运的吉凶，也决定了人性的善恶。用禀气的多少来解释命的吉凶和性的善恶，是王充唯气论的思想特点，带有宿命论的特点。如果一个人一生的吉凶祸福寿夭在受胎之时就已经是上天注定的，那就否定了人的主观能动性。

> 人禀气而生，含气而长，得贵则贵，得贱则贱。(《命义论》)
> 凡人受命，在父母施气之时，已得吉凶矣。夫性与命异，或性善而命凶，或性恶而命吉。操行善恶者，性也；祸福吉凶者，命也。(《命义论》)
> 命在初生，骨表著见……则富贵贫贱皆在初禀之时，不在长大之后随操行而至也。(《命义篇》)
> 俱禀元气，或独为人，或为禽兽。并为人，或贵或贱，或贫或富。富或累金，贫或乞食；贵至封侯，贱至奴仆。非天禀施有左右也，人物受性有厚薄也。(《幸偶篇》)
> 强寿弱夭，谓禀气渥薄也。……夫禀气渥则其体强，体强则其命长；气薄则其体弱，体弱则命短。……禀寿夭之命，以气多少为主性也。(《气寿篇》)

王充破除了人们对天神、鬼、仙、圣的迷信。身体与精神不可分离，精神不能脱离肉体而存在，世间不存在灵魂、鬼魂。

> 精神本以血气为主，血气常附形体。(《论衡论死篇》)
> 天下无独燃之火，世间安得有无体独知之精。《论衡论死篇》)

到了魏晋南北朝，阮籍、嵇康、杨泉等都继承了王充的元气自然论，并且影响了中国古代美学中重要的"气韵生动"的美学思想，一直影响至今。

第三节　《黄帝内经》中的气学理论与传播

作为人类生命基础的呼吸的"气"，在民间的养生之道中尤其受到重视。"气"是中医学的最高范畴[①]，贯穿于《黄帝内经》始终。

《黄帝内经》是战国至秦汉时期逐步形成的中医经典，把气看作宇宙的本原、构成万物的基础。

> 太虚寥廓，肇基化元，万物资始，五运终天，布气真灵，总统坤元。(《素问·天元纪大论》)

《黄帝内经》用"气"来解释天、地、人的构成和运动变化。即气的聚合变化而产生有形有名的天地万物。

> 气合而有形，因变以正名。(《素问·六节藏象论》)
> 天地气交，万物华实。(《素问·四气调神大论》)
> 在天为气，在地成形，形气相感而化生万物矣。(《素问·天元纪大论》)
> 天地合气，别为九野，分为四时，月有大小，日有短长，万物并至，不可胜量。(《素问·宝命全形论》)

《黄帝内经》还提出"气"是人体的结构和生命的活动规律，疾病产生的原因、病机都与"气"的运动变化相关。

> 天覆地载，万物悉备，莫贵于人，人以天地之气生，四时之法成。(《素问·宝命

---

① 黄吉棠：《论气——中医学的最高范畴》，《新中医》1989 年第 1 期。

全形论》)

　　人生于地，悬命于天，天地合气，命之曰人。(《素问·宝命全形论》)

　　天之在我者德也，地之在我者气也，德流气薄而生者也。(《灵枢·本神》)

　　气的概念在《黄帝内经》中使用很广，概言之，气的含义主要有天地自然之气、人的生理之气、致病邪气以及药物之气等[①]。形成了以气为核心内容的气论思想，可以说是《黄帝内经》哲学和医学理论的基石。

　　一、天地自然之气

　　天地自然之气包括天地之气、五行之气以及四时之气等。

　　天地之气是指构成天地万物的精微物质，又分"天气"和"地气"。"天气"即指自然界的清阳之气，"地气"即指自然界的浊阴之气。

　　故清阳为天，浊阴为地。地气上为云，天气下为雨，雨出地气，云出天气。(《素问·阴阳应象大论》)。

　　天地合气，六节分而万物化生矣。(《素问·至真要大论》)

　　气之升降，天地之更用也……天气下降，气流于地；地气上升，气腾于天。故高下相召，升降相因，而变作矣。(《素问·六微旨大论》)

　　这里的天地之气，实际上也就是自然界阴阳之气，是一种至精至微的物质，是构成自然万物的原始材料。自然界的万事万物皆因气的运动变化所致。

　　五行之气是指气表现为木、火、土、金、水五种不同的属性。《黄帝内经》的五行之气，不仅表现于自然界，而且表现于人体，并以此解释人体的生理和病理。人体各脏腑、组织、器官与自然界的五行之气相联系，其功能与五行之气的特性亦相类似。自然界五行之气相生相克，万物也处在"生克制化"的整体联系中，与此相应，人体五脏的生理活动也呈现着"生克制化"规律，构成相互联系的统一整体。

　　四时之气是天地阴阳消长盛衰的表现。自然界天地阴阳之气存在着消长盛衰之变化，故一年有春、夏、秋、冬四时之表现。人体的生理变化、病理反应以及疾病的防治和养生等都要与四时之气的变化规律相适应。如在生理上，人体的五脏与四时之气相通应。春气通于肝，夏气通于心，秋气通于肺，冬气通于肾等。

---

　　①　刘承才：《先秦哲学气范畴和〈黄帝内经〉的气学理论》，《中国医药学报》1993 年第 1 期。

　　春肝气始生，夏阳气流溢，秋阳气在合，阴气始生，冬阳气衰少，阴气坚盛。（《素问·水热穴论》）

　　天温日明，则人血淖液而卫气浮，故血易泻，气易行。天寒日阴，则人血凝泣而卫气沉。（《素问·八正神明论》）

　　顺从四时之气，"春夏养阳、秋冬养阴"是一个重要的养生原则。春夏季节，要顺从万物生长的特点，使体内阳气不断地生长；而秋冬季节，就要顺从季节的收藏特点，注意回避秋季肃杀和冬季严寒的气候，不要使体内的阳气发散。

　　二、生理之气

　　生理之气即是人体生命活动之气。人是自然界的产物，察受天地之气而生。人体内即包含有天地阴阳之气和五行之气，构成了人体的生理之气。《内经》列举了数十种生理之气，主要有人气、精气、阴阳之气、清浊之气、脏腑之气、经络之气等。

　　人气是指人的全身之气而言。天地人并称为三才，天有天气，地有地气，故人有人气。人气是构成人体的基本物质及其生理功能。人气随天地四时之气的变化而变化，并在人体的各个部位和脏腑表现出来。

　　正月二月……人气在肝。三月四月……人气在脾。五月六月……人气在头。七月八月……人气在肺。九月十月……人气在心，十一月十二月……人气在骨。（《素问·诊要经终论》）

　　《黄帝内经》还用道家的精气理论来说明人的生命本质——人的生命由人之"三宝"精、气、神构成。精为根本，是构成人体的基础。

　　夫精者，身之本也。（《素问·金匮真言论》）

　　人始生，先成精，精成而脑髓生。（《灵枢·经脉》）

　　生之来谓之精，两精相搏谓之神，随神往来者谓之魂，并精而出入者谓之魄。（《灵枢·本神》）

　　精气在全身运动，化为血液。由于血液是精气存在的一种形态，故又称之为"血气"。

> 血气者，人之神，不可不谨养。(《素问·八正神明论》)
> 营卫者，精气也；血者，神气也。(《灵枢·营卫生会篇》)

在精气的基础上产生神——人的生命力与精神。精、气、神与有形的躯体结合在一起形成生机勃勃的人体。"百病生于气"的观点，又从理论上高度概括了人体疾病发生、发展变化的基本规律。人体健康与疾病的根本区别就在于正气的虚实。

> 怒则气上，喜则气缓，悲则气消，恐则气下，寒则气收，灵则气泄，惊则气乱，劳则气耗，思则气结。(《素问·举疼论》)

所谓气上、气缓、气消、气下、气收、气泄、气乱、气耗、气结，皆是气机失调的各种表现。因此，"调气"是大法。

> 谨守其气，无使倾斜。(《素问·五常政大论》)、
> 用针之类，在于调气。(《灵枢·刺节真邪》)
> 凡刺之道，气调而止。(《灵枢·终始》)
> 疏其血气，令其条达，而致和平。(《素问·至真要大论》)

要使生命得以延长，就必须激发"气"这一生命本原，正如《黄帝内经》中最著名的一句养生忠告所言：

> 恬淡虚无，真气从之。精神内守，病安从来？是以志闲而少欲，心安而不惧，形劳而不倦。(《素问·四气调神论》)

三、致病邪气

《黄帝内经》中将能使人生病的各种因素称为"邪"，或曰"邪气"。体外的致病邪气，存在于自然界，其侵犯人体，自外而内，是为"外感邪气"，《内经》称之为"阳"邪。体内的人气、精气、阴阳之气、神气、血气等，如得不到平衡协调，发生逆乱，亦可成为致病邪气，《内经》称之为"阴"邪。

> 夫邪之生也，或生于阴，或生于阳。其生于阳者，得之风、雨、寒、暑；其生于

阴者，得之饮食居处，阴阳喜怒。（《素问·调经论》）

如现代中医学认为，咳嗽与四时六气、气候变化的联系非常紧密，故在咳嗽的临床治疗时，须应天法时，结合时令，合于四时阴阳、升降等法灵活应用，辨证论治，可以更好地驱邪外出，以利疾病的康复[1]。

《黄帝内经》还特别重视人的精神因素对生理之气运动变化的影响。它认为，人的喜怒忧思悲恐惊七情的太过或突然剧烈的变化，均可损伤生理之气，而导致疾病的发生。保持内心的清静有利于身体健康。

故风者，百病之始也，清静则肉腠闭拒，虽有大风苛毒，弗之能害，此因时之序也。（《素问·生气通天论篇第三》）

今世治病，毒药治其内，针石治其外，或愈或不愈，何也？……往古人居禽兽之间，动作以避寒，阴居以避暑，内无眷慕之累，外无伸宦之形，此恬淡之世，邪不能深入也。（《素问·移精变气论篇第十三》）

四、药物之气

药物之气是指药物的性质和功用。药物之气包括气和味两个方面。气有寒、热、温、凉四气，味有酸、苦、甘、辛、咸五味。《黄帝内经》将药物的性质和功用概括为气和味，即药物之气，这是中医学药学理论的重要特点，是指导临床辨证用药的重要理论。

阳为气，阴为味……阴味出下窍，阳气出上窍。味厚者为阴，薄为阴之阳；气厚者为阳，薄为阳之阴；味厚则泄，薄则通；气薄则发泄，厚则发热。（《素问·阴阳应象大论》）

根据药物的性能、作用和分类，《黄帝内经》还提出了"毒药"和"甘药"的概念。药有偏性，或取其气，或取其味，或以祛邪，或以安正，而总以除病为主。药物凭借性味除病愈疾，所以称之为"毒药"。"毒药"的偏性有大有小，因此有"大毒""常毒""小毒""无毒"的分别，"毒药"对人体也会产生副作用，因此在应用"毒药"时，必须根据人体正气的盛衰情况，小心谨慎地使用，勿使过剂过

① 汪玉冠、夏永良、宋康：《〈黄帝内经〉四时六气与咳嗽的因时施治》，《中华中医药杂志》2009年第2期。

量而伤身[①]。

> 帝曰：有毒无毒服有约乎？岐伯曰：病有久新，方有大小，有毒无毒，固宜常制矣。大毒治病，十去其六；常毒治病，十去其七；小毒治病，十去其八；无毒治病，十去其九；谷肉果菜，食养尽之；无使过之，伤其正也。不尽，行复如法。必先岁气，无伐天和；无盛盛，无虚虚，而遗人夭殃；无致邪，无失正，绝人长命。（《素问·五常正大论》）

《黄帝内经》中所说的"甘药"，是指甘味平和、药性无偏的一类药物，对人体的伤害比较小。

> 诸小者，阴阳形气俱不足，勿取以针，而调以甘药也。（《灵枢·邪气脏腑病形》）

"甘药"的作用不在攻邪除病，而在于调补人体的虚弱不足。"有偏、作用峻猛、能够祛邪除病、对人体有刺激或毒副作用的药物称作'毒药'，而性味甘美、作用平和、功在补虚、对人体没有刺激及毒副作用的药物则称作'甘药'。'毒药'主要用于攻邪除病，即以毒攻毒，所以是治病的药物；'甘药'则主要用于补虚扶弱，扶助正气，因此便可以作为不死之药以求神仙长生。这种对药物性能功用的认知方式无疑与秦汉时期盛行的借服食丹药以求长生不老的道家神仙之术有关。"[②]

第四节 作为哲学中心范畴的"气"的形成与传播

宋代是中国思想史、哲学史的一个分期，"气"开始进入新儒家哲学的理论体系之中，与"理"并列，并在宋代的哲学理论体系中，占据了中心的地位。

在宋明理学中，"理、气、心"是最基本的概念。但在作为"理的哲学"的朱子学中，"气"虽然也是支柱之一，但与"理"相比，尚属次要。

一、张载的气本论思想

张载是北宋时代的大儒，其名言"为天地立心，为生民立命，为往圣继绝学，为万世开太平"一直激励着后学。明确将"气"作为宇宙本体，并从宇宙生成论

---

① 李磊、尤传香：《"毒药"与"甘药"——试析〈黄帝内经〉中药物分类的文化内涵》，《中医药通报》2011年第2期。

② 同上。

和本体论相结合的高度，对"气"进行论证的哲学家就是张载。

"气"是张载哲学体系的最核心范畴。在中国哲学史中，多数学者主张张载哲学是一种气本论。"张载气论标志着古典气论已发展到巅峰阶段。'太虚即气''气兼有无''气则有异''气一分殊'和'一物两体'等哲学命题的出现，表明古典气论已趋近内涵的思辨性、逻辑的严密性。"①

什么是"气"？张载认为"凡象皆气"：

所谓气者，非待其郁蒸凝聚，接于目而后知之；苟健顺、动止、浩然、湛然之得言，皆可名之象尔。然则象若非气，指何为象？时若非象，指何为时？世人取释氏销碍入空，学者舍恶趋善以为化，直可为遗累者薄乎云尔，岂天道神化所可同语也哉！（《正蒙·神化》）

上文中，既有"郁蒸凝聚，接于目而后知之"的水蒸气、云气，也有"健顺、动止、浩然、湛然之象"的精神之气。宇宙万物之间的气没有固定的形态，处于不断的变化之中。

张载明确地意识到"气"是宇宙万物的根本，并以气的聚散来说明万物的生灭，建立起"太虚即气"的本体论。

太虚不能无气，气不能不聚而为万物，万物不能不散而为太虚。循是出入皆不得已而然也。（《正蒙·太和》）

在这里，太虚、气、万物分别代表"气"的不同状态，太虚是无形状态，万物是有形状态，气聚则生有形之物，物亡则气散，散的状态被称作虚。无论虚或太虚，这只是气散，并不是气无。张载明确将太虚作为气的本体。

太虚即气。（《正蒙·太和》）
太虚无形，气之本体。（《正蒙·太和》）

冯友兰、张岱年、朱伯崑三位先生都认为太虚是气，是气原始未分的本来状态。"气本之虚则湛然无形，感而生则聚而有象。"太虚之气指向气原始未分的状态，此状态的气是无形的、不可见的。张载提出了"一物两体"说：

---

① 曾振宇：《中国气论哲学研究》，济南：山东大学出版社，2001年，第178页。

> 一物两体者，气也。一故神，两故化，此天之所以参也。(《正蒙·参两》)

"一物"是指太虚之气，"两体"指阴阳、虚实、动静等对立面，如此则太虚是未分之"一"，其本身是不分阴阳的，却中含阴阳之性，因而具有"两一"的内在结构。

美国学者葛艾儒在其著作《张载的思想》中，用"氣"指代原始、初始的气；用"気"指代有形的气；用"气"指代双重含义或难以区别的气。

> 虚无形，气之本体，其聚其散，变化之客形尔；至静无感，性之渊源，有识有知，物交之客感尔。客感客形与无感无形，惟尽性者一之。(《正蒙·太和》)
>
> 太虚者，气之体。气有阴阳，屈伸相感之无穷，故神之应也无穷；其散无数，故神之应也无数。虽无穷，其实湛然；虽无数，其实一而已。(《正蒙·乾称》)

在张载气论中，"太虚"是出现频率较高的一个范畴，与"气"同属一个概念，指气的原初本然状态。从"太虚无形，气之本体"的立场出发，张载批判了把"气"从属于太虚、将"气"作为太虚之派生物的观点。张载坚持"太虚即气"、以气（太虚）为本的观点，肯定"气"的哲学第一性和本原性，反对在"气"之上再设置一个所谓的"太虚"作为宇宙之本原。

在张载生活的时代，理与气孰为哲学第一概念的矛盾十分激烈。程颢、程颐、朱熹坚持"以理为本"的观点，认为理或道是宇宙本原，而气只是理或道的派生物。他们还认为太虚与理、道是同一层次的范畴，是形而上的；气是此一层次的范畴，是形而下的。"阴阳，气也，形而下也；道，太虚也，形而上也。"[1] 张载的气本论哲学体系中，气是哲学最高范畴，而道和理只是体现着气运动变化的规律和过程。程朱与张载的思想交锋，可以清晰地看出理本论哲学与气本论哲学之间的矛盾对立。

在"太虚即气"哲学命题基础之上，张载进一步提出了"气兼有无"的命题。气兼有、无两种属性，二者相辅相成，互为前提，缺一不可。当气聚未散时，它是有，"凡可状，皆有也。凡有，皆象也。凡象，皆气也。"[2] 当气散未聚时，它是无，"气本之虚则湛一无形"[3]。由气而象，由象而有；由气而虚，虚则无形。

张载的"气兼有无"的思想把有和无看成气本原自身固有的属性，以气统率

---

① 《河南程氏粹言》卷一
② 《正蒙·乾称》
③ 《正蒙·太和》

有无。继而，张载又把《易传》"太极阴阳说"改造为"气有阴阳"论，强调气具有阴阳对立的内在属性，"一物两体，气也"①。在阴阳二气的相互作用下，宇宙万物发生不断的运动变化。"两不立，则一不可见；一不可见，则两之用息。两体者，虚实也，动静也，聚散也，清浊也，其究一而已。"②"两"和"一"既对立又统一。宇宙万物运动变化的根源，在于事物内部存在着的这种内在矛盾性。张载的这一思想充满了唯物辩证法。张载气元论哲学的最大成就是思辨性得到了加强。

二、理本论哲学与气本论哲学之辩

理气关系是中国哲学史上的基本问题之一。理与气孰为先后，反映了哲学本原问题上不同的哲学立场。

在中国哲学史上，把理、气放在一起加以论述的是自程颢、程颐兄弟开始的。程颐结合《易·系辞》中的"一阴一阳之谓道"与"形而上者谓之道，形而下者谓之器"，认为"阴阳"或者"器"作为形而下者，指的是"气"，而"道"是形而上者的"理"，是"阴阳"，也就是"气"的存在理由③。

在二程的哲学体系中，理、天和天理是同一概念。

天者，理也。④
所谓天，"为万物之祖"⑤。

天是宇宙万物的终极根源和主宰，以天为理，"理"因此具有宇宙本源的意义。二程常常将天与理并称，认为天理是独立于人的宇宙精神。

天理云者，这一个道理，更有甚穷已？不为尧存，不为桀亡。人得之者，故大行不加，穷居不损。这上头来，更怎生说得存亡加减？是佗元无少欠，百理具备。⑥
万物皆只是一个天理。⑦

二程认为"理"是哲学的最高范畴，"气"是构成天地万物的原始质料。把天

---

① 《正蒙·参两》
② 《正蒙·太和》
③ 高在旭：《戴震气一元论之宇宙论》，《徽学》2018年第2期。
④ 《河南程氏遗书》卷一一《二程集》。
⑤ 《周易程氏传》卷一《二程集》。
⑥ 《河南程氏遗书》卷二上《二程集》。
⑦ 同上。

理提升到宇宙本原，以理统气、以理论气，是二程的发明与创造。

在朱熹的哲学逻辑结构中，"理"是最高范畴。他以理为核心，建构起了中国哲学史上系统而周密的理本论哲学。

> 宇宙之间，一理而已。天得之而为天，地得之而为地，而凡生于天地之间者，各得之以为性。①
>
> 天之所以为天者，理而已，天非有此道理，不能为天。②
>
> 理者，天之体；命者，理之用。性是人之所受，情是性之用。③

朱熹认为，"理"是宇宙根本，是哲学的第一概念，是天、地、万物存在的哲学依据。朱熹将气化论纳入理本论的哲学体系中，从而提出了"理本气末"的思想。朱熹理气关系论的建立，标志着宋代理学的完善与建立。

朱熹进一步明确理与气的关系，以生成论、存在论为基础，在此之上，完成了心性论、修养论的理气哲学体系（以理和气为基轴，贯穿于全体的理论体系）。

> 天地之间，有理有气。理也者，形而上之道也，生物之本也；气也者，形而下之器也，生物之具也。是以人、物之声，必禀此理，然后有性；必禀此气，然后有形。④
>
> 所谓理与气，决是二物，但在物上看，则二物浑沦，不可分开各在一处，然不害二物之各为一物也。⑤

朱熹在张载气本论和二程理本气化论的基础上，提出以理为哲学第一概念、以气为构成宇宙万物之材料的"理本气末"的哲学理论。朱熹以理气关系为其哲学逻辑结构的主体框架，并在此基础上建构了以"理"为最高哲学概念的哲学体系。

中国哲学史上的理气之辩，经历了五百多年的历史与逻辑的衍变，从二程的"理本气化""理一分殊"，到朱熹的"理本气末""理先气后"，再到罗钦顺的"理气为一""理气一物"，贯穿其中的，是理本论哲学与气本论哲学绵延数百年的争

---

① 《朱子语类》卷七九
② 《朱子语类》卷二五
③ 《朱子语类》卷五
④ 朱熹：《朱子大全》卷58《答黄道夫书》。
⑤ 朱熹：《朱子大全》卷46《答刘叔文》。

辩、融合与汇流。

三、王守仁与明代哲学中的气

王守仁（1472—1528），字伯安，号阳明，名守仁。王阳明是继二程、朱熹、陆九渊之后，哲学史上心学的集大成者。"气"在阳明哲学中也具有重要的作用，但在王阳明思想研究上中，却是一个被长期边缘化的概念。

1."万物由气构成"

王阳明认为万物是由先天存在的气构成的。

学生朱本思问："人有虚灵，方有良知，若草、木、瓦、石之类，亦有良知否？"先生曰："人的良知，就是草、木、瓦、石的良知；若草、木、瓦、石无人的良知，不可以为草、木、瓦、石矣。岂惟草、木、瓦、石为然，天、地无人的良知，亦不可为天、地矣。盖天、地、万物与人原是一体，其发窍之最精处，是人心一点灵明，风、雨、露、雷、日、月、星、辰，禽、兽、草、木，山、川、土、石，与人原只一体。故五谷、禽兽之类皆可以养人，药石之类皆可以疗疾，只为同此一气，故能相通耳。"[1]

上文中，王阳明则用气构成万物、万物一体的思想解释了万物都享有人的良知，同时也是对气构成万物这一思想的阐释。王阳明还认为，人的诞生和成长过程中，气发挥了重要的作用。

婴儿在母腹时，只是纯气，有何知识；出胎后，方始能啼，既而后能笑，又既而后能认识其父母兄弟，又既而后能立、能行、能持、能负，卒乃天下之事无不可能；皆是精气日足，则筋力日强，聪明日开，不是出胎日便讲求推寻得来。"[2]

2.精神之气

在王阳明哲学中，精神的气主要包括了四端之气、才力之气、刚柔之气。[3]

在人性论问题上，程朱理学主张性气二元论，而王阳明反对性气二元论，提出"气即是性"的性气一元论思想，认为四端的情感本身就是性。

---

① 邓艾民：《传习录注疏》，上海：上海古籍出版社，2012年，第230页。

② 同上，32页。

③ 陈清春、巩理珏：《先天与后天——王阳明哲学中"气"的含义》，《山西高等学校社会科学学报》2016年第2期。

恻隐、羞恶、是非、辞让即是气。

"才力之气"见于王阳明与蔡希渊的问答中：

蔡希渊问："圣人可学而至。然伯夷、伊尹于孔子，才力终不同。其同谓之圣者安在？"先生曰："圣人之所以为圣，只是其心纯乎天理，而无人欲之杂；犹精金之所以为精，但以其成色足而无铜铅之杂也。人到纯乎天理方是圣，金到足色方是精。然圣人之才力，亦有大小不同；犹金之分两有轻重。尧、舜犹万镒，文王、孔子犹九千镒，禹、汤、武王犹七八千镒，伯夷、伊尹犹四五千镒。才力不同，而纯乎天理则同，皆可谓之圣人；犹分两虽不同，而足色则同，皆可谓之精金。以五千镒者而入于万镒之中，其足色同也，以夷、尹而厕之尧、孔之间，其纯乎天理同也。盖所以为精金者，在足色，而不在分两，所以为圣者，在纯乎天理，而不在才力也。故虽凡人而肯为学，使此心纯乎天理，则亦可为圣人，犹一两之金比之万镒，分两虽悬绝，而其到足色处，可以无愧。故曰'人皆可以为尧舜'者以此。学者学圣人，不过是去人欲而存天理耳。犹炼金而求其足色，金之成色所争不多，则锻炼之工省而功易成，成色愈下，则锻炼愈难。人之气质，清浊粹驳，有中人以上、中人以下，其于道，有生知安行、学知利行，其下者必须人一己百，人十己千，及其成功则一。"①

王阳明哲学思想里提到的刚柔之气是在与弟子探讨性善时提出的，原文如下：

夫子说"性相近"，即孟子说"性善"，不可专在气质上说。若说气质，如刚与柔对，如何相近得？惟性善则同耳。人生初时善，原是同的，但刚的习于善则为刚善，习于恶则为刚恶，柔的习于善则为柔善，习于恶则为柔恶，便日相远了。②

王阳明认为刚与柔是先天之气决定的，不需要改变，不同的气质只是起到丰富人性格的作用，但刚恶、柔恶是后天习得不善导致的，诸如狭隘、凶猛、强硬等刚的恶和懦弱、武断、邪佞等柔的恶都需要下功夫去除。人只有保持人性本有的刚善、柔善，才有可能成为圣人。

四、戴震思想中的气——气的哲学的完成

戴震（1723—1777），是清代中期著名的经学家、考证学的大家，也是杰出的

---

① 邓艾民：《传习录注疏》，上海：上海古籍出版社，2012年，第63页。

② 同上，276页。

思想家和哲学家。

戴震的哲学思想，一般来说，经历了三个阶段的发展，在他哲学思想的第三个阶段，他的众多理论被集中在了对"程朱学"的攻击上①。戴震反对程朱"主理"的"理气二元论"，主张"气一元论"的本体论，反对程朱将"理"看成"形而上者"，将"气"看成"形而下者"，他认为"气"为"形而上者"。

气化之于品物，则形而上下之分也。形乃品物之谓，非气化之谓。……一阴一阳，流行不已，夫是之为道而已。……形谓已成形质，形而上犹曰形以前，形而下犹曰形以后。阴阳之未成形质，是谓形而上者也，非形而下明矣。器言乎一成而不变，道言乎体物而不可遗。不徒阴阳非形而下，如五行水火木金土，有质可见，固形而下也，器也。其五行之气，人物咸禀受于此，则形而上者也。②

"气"是戴震哲学的核心，是最为重要的概念，但戴震并没有解释何为"气"。戴震把自然界的形态说成是"气化流行，生生不息"，意思是气不停地翻卷运动，不断产生物，而产生的东西则把生命持续下去。在戴震那里，"气"作为"阴阳"以及"五行"，遍布宇宙，翻卷运动；所有之物都是由气（也就是阴阳五行）构成形质。

戴震用气来解释人的问题，尤其是人的性、情、欲等。戴震认为人之"性"有理性（本然之性）和与气有关的性（气质之性）二种，而且建立了以前者为主的性论。

性者，分于阴阳五行以为血气、心知，品物，区以别焉。举凡既生以后所有之事，所具之能，所全之德，咸以是为其本。 （《孟子字义疏证》第二十条）

在戴震看来，人的性的实体是血气、心知，血气的运动是情、欲，心知的运动则是知。这情、欲、知三者归根到底都是气的运动。戴震对朱熹把理和欲作为对立之物、"存天理去人欲"的主张进行了批判，表现出明显的情欲肯定论。

由张载—戴震提出的"气本体伦""气化流行论"，标志着中国宋元明清气学思想传播改进的流程。

---

① 高在旭：《戴震气一元论之宇宙论》，《徽学》2018年第2期。
② 戴震：《孟子字义疏证》，《戴东原先生全集》，台北：大化书局，1978年，第300页。

本章小结

哲学家冯友兰先生在 20 世纪 60 年代出版的《中国哲学史新编》中指出:"气字本来有两种意义,一种是指客观存在的物质,这是稷下唯物派所谓气。一种是一种精神或心理状态,这是孟子所谓气。"① 追溯"气"在历史文化传播中的概念及内涵变迁,我们可以清晰地发现"物质之气"与"精神之气"交融发展的轨迹。

到了当代,"自然之气""物质之气"更多地作为环境问题被大家关注,如空气质量、气候变化等,同时"气"作为重要的范畴也被中医学领域传承并予以创新,而"精神之气"更广泛地应用到政治、文化传播中。"正气",是正直、积极、向上的一种能量和气质。习近平总书记在纪念马克思诞辰 200 周年大会上指出:"共产党人要把读马克思主义经典、悟马克思主义原理当作一种生活习惯、当作一种精神追求,用经典涵养正气、淬炼思想、升华境界、指导实践。""政治生态好,人心就顺、正气就足;政治生态不好,就会人心涣散、弊病丛生。"在弘扬优秀传统文化、建设文化强国的过程中,传统的修身方法"治气养心之术",也得到了传承和发展。通过阅读文化经典涵养国民性情,消除"心浮气躁",做到"沉心静气",已成为一种社会共识。

"气"是中国文化中一个重要的概念和范畴,在不同的历史阶段,其内涵在不断丰富发展中。我们只有深入文化经典,并且做到知行合一,才能真正体悟"气"的真谛。

---

① 张奇伟:《孟子"浩然之气"辨正》,《中国哲学史》2001 年第 2 期。

第三篇　华夏传播的方法论范畴

第十四章 道无不中：华夏"中庸"范畴的传播考古学考察

杜恺健[*]

本章试图从传播考古学的角度入手来考察"中庸"以及《中庸》与圣贤之间的关系，我们认为"中庸"作为一种显圣物，实际上已经确立了一种神圣的边界。"中庸"二字的含义本身就是一个事物向自身之外的别的事物开放，并通过与他者的对话返回自身的过程，因此"中庸"二字本身就具有媒介的意涵。这种作为媒介的特性使得《中庸》及其所蕴含的观念能够使不同的主体与其他主体或者与环境在沟通与交流的过程之中产生关系。正是这种作为显圣物的区分，使得人们得以理解圣贤，正是因为如此，当我们提及圣贤时，"中和"以及"中庸"才能够成为一种可以描述圣贤特质的词汇。

要想理解《中庸》作为媒介的进程，我们就有必要对《中庸》在历史进程中的起源、发展、衍化有一个初步的了解。许慎在其《说文解字》言："中，内也，从口、丨，上下通。"[①] 在这里，"中"本身就具有了沟通上下、连接内外之意义，"庸"字同样也具有类似证明的过程。如此一来"中庸"二字本身就具有了某种媒介的意涵。对于《中庸》以及"中庸"的研究，近年来已经在哲学、历史学、社会学、政治学等学科多有涉及，但鲜有人从传播学的观点进行考察。但如果仅仅只依据这样的观点，仅仅只是其他学科已经开始有所涉及，我们就要进行研究，这样的话随时都有可能会有反例来对此观点进行驳斥。我们就将其确立为一种媒介肯定是远远不够的，我们还是要从本体论上确立《中庸》之为媒介的存在。潘祥辉将这种综合人类学、民俗学、历史学、考古学以及文字学等多学科知识对古

---

* 作者简介：杜恺健，中国传媒大学新闻学院讲师，研究方向：中国传播思想史。
① 许慎：《说文解字》，北京：中华书局，1963年，第14页。

代传播媒介或传播现象进行的正本清源式的研究称为传播考古学研究[①]，因此在这里的我们的考察也希望是从传播考古学的角度出发来对"中庸"以及《中庸》的考察，这样我们才可以对"中庸"以及《中庸》作为媒介或是交流形式进行正本清源式的考察，我们才可以从遥远的过去获得"中庸"以及《中庸》作为媒介存在的合法性依据。

我们对于《中庸》的理解大致可以划分为三个部分：首先，是对《中庸》之中"中"与"庸"的理解，它涉及词义上的解释以及当他们各自分开时的哲学含义，这些词本身就承载着一定的内容，要想理解《中庸》作为媒介，我们就有必要弄清楚它们的这些含义，正是这些内容构造了《中庸》神圣的内涵。其次，对于《中庸》的理解我们也可以看作是对"中庸"的理解，纵观《中庸》文本自身起起伏伏的发展，其实质就是对于"中庸"理解的发展，这样的发展关乎到学者如何理解《中庸》的书名，这也意味着"中庸"在发展进程中的历史地位。[②]自儒家诞生以来，中庸被视为"道统"中的关键所在，同时《中庸》与"道统"这二者都是政治权力与文化权威的主要象征概念。要想正确理解《中庸》文本在"道统"中的地位，其关键即在于"中庸"一词在儒学中的地位。当然，任何对于思想的解释都脱离不了具体的情境与它所处的媒介环境，正如德布雷所说"真理的绝对必要性只涉及技术性的关系，一个主体和他的物质客体或理想的客体之间的关系，我们应当关注那些能使观念蔓延和变成物质力量的实体和工具。"[③]任何思想的传递都逃离不开它所处的时代环境与它的传播形式。正因为如此，我们在最后所要考察的就是加上了书名号的《中庸》，我们需要考察《中庸》流变的历史，这一段历史是《中庸》自身发生变化的过程，同时也是《中庸》神圣化的过程，这一神圣化的过程实际上正是《中庸》的媒介逻辑向外延伸、施加影响的过程。在这一变化之中，我们需要考察它所经历过的版本变化，也就是学术意义上所讲的文献学的考察。

但这还不够，现有的文献学其本身关注点在于文本自身，即文本是否有纰漏、文本的真伪等。我们所要考察的则更在这之上，即《中庸》自身的媒介形式的变化以及外部环境的变化，我们试图描述的是《中庸》在文献学意义上的变化与外部环境之间的关系，这些内容我们也会在接下来的章节陆续展开。而这也正是德

[①]　潘祥辉：《传播之王：中国圣人的一项船舶考古学研究》，《国际新闻界》2016年第9期，第20—45页。

[②]　苏费翔、田浩：《文化权力与政治文化》，北京：中华书局，2018年，第23页。

[③]　雷吉斯·德布雷、赵汀阳：《两面之词——关于革命问题的通信》，北京：中信出版社，2014年，第122页。

布雷所关注的媒介形式与技术、社会之间的互动，诸如纸质、流通渠道、流通方式以及在其后的社会动力因素。本章关注的是比起造纸、印刷更远古的媒介技术：文字。正如叶舒宪在考察古代天人沟通的媒介时指出的那样，人作为为观念动物，其生活的现实早已不是纯粹自然客观的现实，而是"社会建构的现实"。从物质到精神，从精神到物质，神话无所不在①。而在《中庸》的背后，文字同样也隐藏着这种"神话"也就是社会构建的现实因素。正是这背后所隐藏的关键性维度，往往才是导致其文本或是意义发生根本性变化的关键所在。

第一节　显圣物的承载——"中"与"庸"的解释

一、"中"的解释

戴东原说："经之至者，道也；所以明道者，其词也；所以成词者，字也。由字通其词，由词以通其道，必有渐。"②体察中国文字的根源，往往就是为了"明道"。溯本追源，我们有必要来探究下"中"与"庸"这二字的含义，了解它们各自产生的历史，从本源上了解其作为媒介的存在。

观察"中"字的历史，它的含义颇为复杂，而这也成了后世对"中庸"一词诸多理解的根源。

中之一字，虽看似简单，但它的来源却颇为复杂。许慎在他的《说文解字》中对它的解释为"中，内也，从口、丨，上下通。"③但《说文解字》不同版本对其的解释也各不相同，早期的版本有作"中，而也"的④，朱俊声的《说文通训定声》则将"中"解释为"中，和也"⑤，这也是后来与"中庸"意思相近的另外一词"中和"的主要发源地。将"中"与"内"串联在一起并做出解释的人首推段玉裁，它在其《说文解字注》中认为"中者，别与外之辞也。作'内'，则此字平声、去声之义无不赅矣。许以'和'为唱和字，龢和为谐龢字。龢，和皆非'中'之训。"⑥段玉裁认为解释中应从后面半句的"从口、丨，上下通"这一句话来理解，所谓"上下通"，段玉裁认为是"中直或引而上或引而下，皆入其内也"。在这里，"中"指的既是沟通内外，又是通达上下。从内外来看，"中者，别于外之

---

① 叶舒宪：《中华文明探源的神话学研究》，北京：社会科学文献出版社，2015 年，第 33—34 页。
② 戴震：《戴震文集》，北京：中华书局，1980 年，第 140 页。
③ 许慎：《说文解字》，北京：中华书局，1963 年，第 14 页。
④ 萧兵：《一个字的思想史——中庸的文化省察》，武汉：湖北人民出版社，1997 年，第 4 页。
⑤ 周法高：《金文诂林（第一册）》，香港：香港中文大学，1974 年，第 319 页。
⑥ 段玉裁：《说文解字注》，上海：上海古籍出版社，1981 年，第 56 页。

辞也"呈现的是自我与他者的共存。这种共存的状态用《中庸》中的话语来表述就是"射有似乎君子，失诸正鹄，反求诸其身"①。这句话的意思是我们人在立身处世之中，在自我在与他者的交往之中，应当更多从自我出发去寻找原因，而不苛责于人，这也演变成了后来所谓的"执中"与"守中"。②从上下来看，"中"所追求的是上下通达，王筠在《文字蒙求》中解释为"中，以口象四方，以丨界其中央"③，所谓的"中"，它既是上通下达的具现，又是上下通达的一种价值取向，有学者认为"中"蕴含了一种因力而中的价值取向，"中"意味着一切行为必须依附的标准所在，④也就是一切事物能够相互勾连的普遍性。总而言之，自古时候起，"中"就是一种用来表述主客的中间状态或是主体间性之状态的话语，这一话语必须涉及交流或是传播，也就是斯蒂格勒所说的"不可传播的总体知识之真谛就是各类知识切实的传播"⑤。

"中"除了可以解释为"内也"，我们还有将"中"解释为"正"，有学者认为"正"的说法起源于之前所说的"以口象四方，以丨界其中央"⑥。这里我们要从它的起源来讲。"中"在朱定生的《说文通训定声》中被定为"以失著正"之义⑦，也就是箭矢中的之意，其根据是甲骨文中的象形字"中"，郭沫若对提出了"一竖象失，一圈示的"的像射箭命中之说。⑧姜亮夫也赞同朱定生的观点，他进一步推演认为：

> 盖○像侯鹄，而丨则象矢。矢贯的曰"中"，斯为此字朔义矣。《仪礼·大射仪》："中离维纲"。《礼记·射义》："持弓矢审固，然后可以言中"，皆谓射为"中"。射中为中，故射的亦曰"中"。……《宾筵篇》："发彼有的""的"亦声变也。引申之，则射候当中之处曰"鹄"。"鹄"之中曰"正"……正与中一声之转⑨。

由以上观点，我们可以推论"中"的观念源于射，而只有射正我们才可以称

---

① 朱熹：《四书章句集注》，北京：中华书局，2015 年，第 26 页。
② 谢清果：《共生交往观的阐扬——作为传播观念的"中国"》，《西南师范大学学报》2019 年第3 期，第 6 页。
③ 王筠：《文字蒙求》，北京：中华书局，1962 年，第 39 页。
④ 张立文《中华伦理范畴·中庸》，北京：中国社会科学出版社，2012 年，第 37 页。
⑤ 贝尔纳·斯蒂格勒：《技术与时间：迷失方向》，北京：译林出版社，2016 年，第 155 页。
⑥ 萧兵：《一个字的思想史——中庸的文化省察》，武汉：湖北人民出版社，1997 年，第 6 页。
⑦ 周法高：《金文诂林（第一册）》，香港：香港中文大学，1974 年，第 319 页。
⑧ 郭沫若：《两周金文辞大系考释》，北京：科学出版社，1958 年，第 167 页。
⑨ 姜亮夫：《"中"形体分析及语音演变之研究——汉字形体语音辩证的发展》，《杭州大学学报》第 14 卷特刊，第 22 页。

它为"中"，这也是后来程颐在给《中庸》标题下定义所说的"不偏之谓中"的来源①。这说明"中"本身就来源于古代社会中的日常生活，有学者认为"中"在当时意味着一种必须依附听从的权威和统治，具有政治、军事、文化思想上的统帅作用。②既是作为一种标准，"中"就成了一种观照的对象、一种原初的知识，只有通过传播，"中"才可以成为"中"③。

"中"在甲骨文中也有写作𣃘的，是旌旗竖立的样子。唐兰在他的《殷墟文字说》中认为这是"本旌旗之类"，是"氏族社会之徽帜"④。对此持类似意见的还有罗振玉、刘节、商承祚等人。⑤在这里，"中"之所以会被认为是旗帜，是因为古时建旗以立中，这里继承了之前所述的"中"具有"中正"义。吴大澂认为："中，正也，两旗之中，立必正也。"刘节也提出："'中'中间那丨，《说文》谓'引而上行读若囟'，原是象形字，丨像木柱，是指示在中央的意思。"⑥在这之中，最具说服力的观点，当属唐兰从人类学以及考古学出发所做的解释，而这也是我们可以将"中"认定为中介或是媒介的基础。在他的《殷墟文字记》中，他写道：

中者最初为氏族社会之徽帜，《周礼·司常》所谓"皆画其象焉，官府各象其事，州里各象其名，家各象其号"，显为皇古图腾制度之孑遗。

……古时用以集众，《周礼》大司马教大阅，建旗以致民，民至，仆之，诛后至者，亦古之遗制也。盖古者有大事，聚众于旷地，先建中焉，群众望见而趋附，群众来自四方，则建中之地为中央矣。列众为陈，建中之酋长或贵族，恒居中央，而群众左之右之望见之所在，即知为中央矣。然则中本徽帜，而所立之地，遂引为中央之义，因更引申为一切之中。⑦

罗祖基对此的解释是："立中作为军事联盟指挥中心之理由，而且还被推论出被引申为一切事物之中心的衍义，他就为后来的王道要求执中提供了认识依据，即从具体的中央概念抽象为公平正直的王道。"⑧罗祖基的看法看似颇为中肯，但还

---

① 朱熹：《四书章句集注》，北京：中华书局，2015年，第19页。
② 张立文《中华伦理范畴：中庸》，北京：中国社会科学出版社，2012年，第37页。
③ 贝尔纳·斯蒂格勒：《技术与时间：迷失方向》，北京：译林出版社，2016年，第155页。
④ 唐兰：《殷墟文字记》，北京：中华书局，1981年，第51、52页。
⑤ 相关文献可参考罗振玉：《增订殷墟书契考释》，东京：文求堂，1914年，第14页。商承祚：《说文中之古文考》，上海：上海古籍出版社，1983年，第8页。刘节：《中国史学史稿》，中州：中州书画社，1982年，第12—13页。
⑥ 刘节：《中国史学史稿》，郑州：中州书画社，1982年，第12页。
⑦ 唐兰：《殷墟文字记》，北京：中华书局，1981年，第53—54页。
⑧ 罗祖基：《论中和的形成及其发展为中庸的过程》，《南京大学学报》1995年第3期，第79页。

是有一定的缺陷，他还没有为这种转化提供一个可靠的依据，也就是为何旌旗立中就可以转化为后来儒家的所谓"执中"。笔者对此的看法是如果要将旌旗立中转向"执中"，就必须在这之中再加上一道工序，即将"中"转换为中介之中介。田树生曾认为![图]除了可以解释为旗杆以外，还可以解释为建鼓。"中"字的"○"部分象征着鼓的正名，他认为旌旗、建鼓兼用，都设于集众的中心，于是可引申为正中之义①。在中国古代，战争中的指挥者都坐镇中军，他们指挥的手段都以旗鼓为主。杨伯峻先生曾注说："旃音栴，大将所用军旗，执以为号令者也。通用一降帛，无画饰。"②《孙子·军争》中也曾记载："军政曰：言不相闻，故为之金鼓；视不相见，故为之旌旗。夫金鼓旌旗者，所以一人之耳目也。"③建鼓之为"中"，是因为鼓在古代是一种传递信息的媒介，如果说旌旗是古代聚众议事的视觉信号的话，那么建鼓就可以视为聚众议事的听觉信号。田树生认为："古代人传递时间信号的手段是鼓而非旗帜，具有斿的建鼓恰好既可以用来表明地点，又可以跨越空间传递信息、时间等听觉信号。"④建鼓本身就代表了一种信息的空间延伸，而这一延伸无疑是具有集中化的力量，时间的延续性就意味着传统的延续性⑤。

　　必须进一步阐释的是，"鼓"与"旗"并不能够简单地解释为乐器，或是行军打仗中的媒介，而应该被看作某种类型的神圣物。萧兵就发现了所谓的旗杆也确实有悬鼓以便祭祀的情况，他举了《后汉书·东夷传》中"建大木以悬铃鼓，事鬼神"为例，认为神杆之上的"铃鼓"具有"事鬼神"的作用，这就是一种人神或人鬼之间的中介物⑥。萧兵的这一看法源于祝建华对于"建鼓"的研究。祝建华认为鼓至迟在战国时期，就已经升格为一种礼器，这种礼器起着沟通人神的重要作用⑦。正所谓"日食用牲，于社用鼓，时灾用鼓，大水用鼓，敬神、敬鬼皆用鼓"，鼓是"介于人神之间的瑞祥"，从而交通神鬼，表达人意，沟通天人⑧。

　　循着这样的理路，"中"之一字就具有了沟通天人，联系天地的职能。而一旦"中"成了表征交通人神的字词，也就成了某种具有神圣性的存在。笔者在此将引入伊利亚德的"显圣物"的概念，用以讨论"中"作为一种中介之中介所具有的

①　田树中：《释中》，《殷都学刊》1991年第2期，第2、3页。
②　杨伯峻：《春秋左传注》，北京：中华书局，1981年，第106页。
③　郭化若：《孙子译注》，上海：上海古籍出版社，1984年，第150页。
④　田树中：《释中》，《殷都学刊》1991年第2期，第2、3页。
⑤　哈罗德·伊尼斯：《传播的偏向》，北京：中国人民大学出版社，2009年，第51—76页。
⑥　萧兵：《一个字的思想史——中庸的文化省察》，武汉：湖北人民出版社，1997年，第73页。
⑦　祝建华：《楚俗探秘——鹿角立鹤悬鼓、鹿鼓、虎座鸟架鼓考》，《江汉考古》1991年第4期，第95、96页。
⑧　祝建华：《楚俗探秘——鹿角立鹤悬鼓、鹿鼓、虎座鸟架鼓考》，《江汉考古》1991年第4期，第95、96页。

神圣性。正如伊利亚德所说，正因为神圣能自我表征，展示自己与世俗的完全不同之处，人类才可以感受到神圣的存在。[1]显圣物的意思是神圣的东西向我们展现它自己。当神圣以任何显圣物表征自己的神圣的时候，这不仅是空间均质性的中断，更是一种绝对实在的展示，也展示了它与其所属的这个世界的非实在性的对立。伊利亚德以教堂作为例子来阐述自己的观点，他认为教堂与它所处的城市分别属于不同性质的空间，而通往教堂内部的门就成了一种代表着空间连续性的中断，而门槛就是世俗和宗教的两种存在方式的界限，区分出了两个相对应的世界的分界线。与此同时，两个世界得以沟通，也正是因为这个门槛，它是世俗世界走向神圣世界的通道。[2]如果说在之前的解释我们已经确定了"中"字所具有了神圣性，那么它同样也成了沟通神圣与世俗的"显圣物"，即是神人之间的媒介，相对应地，"中"建构了世界，设定了它的疆界，并确定了它的秩序。[3]当神圣化开启之时，也正是"中"交通神鬼、表达人意、沟通天人的媒介逻辑向外扩散之时，所谓的神圣性，在本质之上就是它的媒介性，必须通过一物，不论是门槛也好，"中"字也罢，生活在现实世界之中的人才可以完完全全地体会到这看不见也摸不着的神圣，这一切都需要一种作为媒介的存在才能够显现。因此笔者认为所谓的神圣化的历程，我们就可以将它理解为媒介化的历程，因为正是在这种神圣化的过程之中，"中"开始作为主体，建构了一套属于它自己的媒介逻辑。

综上所述，"中"之所以能够作为一种媒介，不仅仅只是因而它能够标记一个中心，或是形成一套为人处世的价值标准，乃至一种集中化的力量，"中"也因为其来源的神圣性，真真实实地转化为了一种"显圣物"。这种"显圣物"就是一种媒介、一种转换器，用以区分世俗与神圣。但这种"显圣物"的状态却一直被遮蔽，正如斯蒂格勒所说，只是要想被传播，必须原本就存在，已经存在。这也意味着各类知识本质上的不可传播性，作为一种基础知识，它是不可传递的，事实上各种不可传播的总体知识已经是各类知识切实的传播，只有通过传播，知识才成为知识[4]。在古代的"中"因为日常生活之中的各种仪式与神圣活动，成了一种"日用而不知"的知识，这样的知识恰恰就是这样一种不可传递的基础知识，但是它确实切切实实地随着各种各样对于"中"的理解被传递出去，也就是历史上各种各样对于"中"的理解的知识，包括对"中"的释义、注疏、阐释等等。但在

---

①　米尔恰·伊利亚德：《神圣与世俗》，北京：华夏出版社，2003年，序言第2页。

②　米尔恰·伊利亚德：《神圣与世俗》，北京：华夏出版社，2003年，第4页。

③　米尔恰·伊利亚德：《神圣与世俗》，北京：华夏出版社，2003年，第7页。

④　贝尔纳·斯蒂格勒：《技术与时间：迷失方向》，北京：译林出版社，2016年，第154—155页。

这各种理解的背后，却将"中"最重要的意义隐藏了，这正是"中"作为"显圣物"的媒介属性。

一旦"中"作为一种"显圣物"的媒介属性凸显出来，"中"才能被召显成过往以至现在对于"中"各种各样的阐释。正因为如此，具备了神圣转换器的"中"在进入夏商之后逐渐成了"王道"的代名词，或者说只有通过具备神圣性的"中"，才能够召唤"王道"。因此"中"也逐渐成了现实与理想之间的中介，用以讨论现实如何才能到达理想。《尚书·洪范》中所说"建用皇极"，孔颖达即解释成了"凡立事当用大中之道"①。所谓"皇极居中者，总包上下"，其中"上下"也就是世俗与神圣的区别，王室之所以能为王室，主要因为他们"王者所行皆是，无得过与不及，常用大中之道也"，并且"大立有其中，谓行九畴之义也"②。这里的"中"它既是指一种"大道"，同时也暗示了如何达到这种大道的方法，即"九畴"。这种"显圣物"的状态，正如黑格尔所说"具备一种介乎物质和思想之间的中间地位，处于直接的感性和纯粹的思想的中间"③。它既是精神的，也是肉体的。要想理解它，我们既不能只通过精神，同样也不能只通过物质。因而"中"才具有了上下通达的能力。所以，《诗》云"莫匪尔极"，《周礼》的"以民为极"，乃至《尚书·大禹谟》中的"人心惟危，道心惟微，允执厥中"，再到《尚书·酒诰》中的"尔克永观省，作稽中德；尔尚克羞馈祀，尔乃自介用逸"④，他们虽然从不同的方面都解释了"中"的意义，但他们却也将"中"摆在了一个中间的位置。因此"中"既是"执中"，也是"德中"；既是现实，也是理想；既是政治的，又是道德的；既是德行规范，也是思想方法。它与德布雷所论述的耶稣实在是有了太多地方的相似，它们都"身兼二职方面，既是人又是神，既是圣言，也是肉身。是神化了的肉体，又是升华的物质"⑤。总而言之，我们有必要从媒介的观点来看"中"，并重新思考"中"在中国古代思想传播中的地位。

理解了"中"，我们再来看看，在"中庸"里面的"中"，我们到底要将它作何理解。

《中庸》里的原话是："喜怒哀乐之未发，谓之中；发而皆中节，谓之和。中也者，天下之本也；和也者，天下之达道也。致中和，天地位焉，万物育焉。"我们

---

①　李学勤主编：《十三经注疏·尚书正义》，北京：北京大学出版社，1999年，第299页。

②　李学勤主编：《十三经注疏·尚书正义》，北京：北京大学出版社，1999年，第300页。

③　雷吉斯·德布雷：《图像的生与死——西方观图史》，上海：华东师范大学出版社，2014年，第67页。

④　李学勤主编：《十三经注疏·尚书正义》，北京：北京大学出版社，1999年，第376页。

⑤　雷吉斯·德布雷：《图像的生与死——西方观图史》，上海：华东师范大学出版社，2014年，第66页。

可以发现《中庸》里的叙述很奇特，它并没有对"庸"做出具体的解释，但对于"中"，它的解释相当明确，即"中和"。郑玄注《中庸》认为："名曰《中庸》，以其记中和之用也。"似乎"中"指的就是中和，而"中庸"就是"中和"的运用。《春秋繁露》中所讲的"能以中和理天下者，其德大盛；能以中和养其身者，其寿极命"①，说的似乎也是这个道理。韩愈的《原道》中也认为"德莫大于和，而道莫正于中"，这里的中和却一反之前所呈现出的"中和"，将中偏向于实践运用层面来理解。罗祖基通过考证，他认为"和"在中庸哲学中代表的是阴与阳的协调以及天地的正位，"中和"一词为古代中国各民族融合的产物，执中以致和，既是道德人伦上的极致，也是治国理政的根本，这是一种具有普遍意义的存在②。萧兵也认为中和训和，庸可生和，"中/和""中/庸""庸/和"三者互训互通。笔者认为这里的"中"不单单是一种道德原则，或是一种实践方法，它既是体，也是用，用它自己的方式来解释它似乎更为可行，那就是"执其两端而用其中"。从媒介的方法来理解"中庸"中的"中"，它就既可以是道德的理想，又是实践的准则，"中"上下而通之。

正如萧兵所说，中国哲学的本体论与方法论、认识论难解难分，美学理想与政治理想熔为一炉③。既然如此，我们不妨就将这些理想与实践融为一体，以媒介的眼光来审视"中"的发展。"媒体就成了信息，不是身在之处，上帝就在那里受敬爱，而是凡可到之处，都要传播上帝。"④德布雷对媒介的处理方式提醒了我们也可以用同样的方式来处理"中"，因为它如同媒介一样成了信息，成了理解自身的重要一环。

二、"庸"的解释

相较于"中"来源的纷繁琐碎，古人对于"庸"的解释可就简单得多了。在《说文解字》中："庸，用也，从用庚，庚，更事也。"许慎认为凡是与用字有关的字形，皆从"用"的意思。⑤"用"字许慎解释为"可施行也"，也就是日常生活之中的实践，因此"庸"本身也是实践的一种。段玉裁指出解释用的关键在于如何"用"，即对"从用庚"的解释。《说文解字》引用《易经》的"先庚三日"的

---

① 董仲舒：《春秋繁露》，北京：中华书局，1975年，第565页。
② 罗祖基：《论中和的形成及其发展为中庸的过程》，《南京大学学报》1995年第3期，第79—85页。
③ 萧兵：《一个字的思想史——中庸的文化省察》，武汉：湖北人民出版社，1997年，第1145页。
④ 雷吉斯·德布雷：《图像的生与死——西方观图史》，上海：华东师范大学出版社，2014年，第75页。
⑤ 段玉裁：《说文解字注》，上海：上海古籍出版社，1981年，第250页。

解释来解释"庸"：所谓"庚"，指的是"先事而后图更也"，所以"庸"指的是一种追求变化的实践，所以《尚书·大禹谟》也说"无稽之言勿听，弗询之谋勿庸"说的也正是这种道理。逐渐地，这种追求变化的"用"就成了可以表现的"功"。《周礼·地官·大司徒》记载"以庸制禄，则民兴功"，郑玄就将其解释为"庸，功也，爵以显贤，禄以赏功"①。《尚书·益稷》中也记载："明庶以功，车服以庸，庸与功对言。"②这种功用在古代就是劳动，《尔雅·释诂》就训"庸"为劳动，"庸"也就是代表着一种对日常生活的实践。逐渐地，"庸"就衍生除了它的另外一层意思——恒常。郑玄注《中庸》时说："庸，常也，用中以为常道也。"③何晏在《论语集注》中也认为庸是寻常的意思，他认为"庸"是"中和可常行之德"，这里的说法实际上出自《尔雅·释诂》的"典、彝、法、则、刑、范、矩、庸、恒、律、职、秩，常也"④。它被认为是国家统治中与法律规范一样亘古不变的法则之一，也就是常理、常道。张立文认为："庸是陈列于宗庙或帝王墓室的常器，象征着帝王的权威，也是国家宗庙祭祀之礼的一个方面，并且铭刻帝王的功德、铭刻法律条文。"⑤因此庸可以被解释为经常、平常的意思，而这种平凡一旦时间久了，就变为了恒常，也就是程颐所说的"庸者，天下之定理也"⑥。

追寻这些看法的源头，我们还是要来看看"庸"字的起源。一种说法认为"庸"指的就是平常人，所以他才会是平常、寻常的意思。例如扬雄所说的"圣人无益于庸也"，在这里他就把"庸"与"圣"对立开来，这里的"庸"就是凡人的意思。于省吾则认为在古代这些"庸人"是被奴役之人，他认为"庸训为劳、为役、为厮贱之人，均是被奴役之人"⑦，这些人都是古代的奴隶。郭沫若对此也持相同的看法，他指出在金文《召伯虎簋》的"仆庸土田"中，"庸"与"佣"相同，所谓的"仆庸"就是耕作的奴隶⑧。裘锡圭则更根据上述文献做了一个比较详细的论述。他认为"佣"一般指从事比较重的劳作的、社会地位较低的劳动者，这是庸劳之"庸"的一个引申义，所以见于金文、《诗经》的称作"庸"的那种人，都是劳动生产方面受统治阶级沉重剥削的一种被奴役者。⑨

如果"庸"仅仅只是用的话，那么一种"寻常"很难转化为一种"恒常"，李

① 林尹：《周礼今注今译》，北京：书目文献出版社，1985 年，第 98—110 页。
② 李学勤主编：《十三经注疏·尚书正义》，北京：北京大学出版社，1999 年，第 122 页。
③ 李学勤主编：《十三经注疏·礼记正义》，北京：北京大学出版社，1999 年，第 1422 页。
④ 管锡华译注：《尔雅》，北京：中华书局，2014 年，第 21 页。
⑤ 张立文《中华伦理范畴·中庸》，北京：中国社会科学出版社，2012 年，第 47 页。
⑥ 朱熹：《四书章句集注》，北京：中华书局，2015 年，第 19 页。
⑦ 于省吾：《甲骨文字释林·释庸》，北京：中华书局，1978 年，第 317—318 页。
⑧ 郭沫若：《文史论集》，北京：人民出版社，1961 年，第 311 页。
⑨ 裘锡圭：《古代文史研究新探·说"仆庸"》，南京：江苏古籍出版社，1992 年，第 370 页。

树青就认为"庸"不仅仅是"用"，还是经久可用的"用"，"庸"是依次循环，永恒不变。[①]笔者认为这种恒常的观点主要与"庸"的另外一项起源有关，即前文《尔雅·释诂》中所提到"常也"的解释。在这里"庸"与"典""法"等物件一样，象征着永恒不变的经典，这里更加突出的，是它们作为经典权威的神圣性，只有具备这种神圣性，我们才可以将它理解为恒常。笔者认为"庸"的神圣性源于它的另一种解释，也就是一种大钟。《诗经》载"庸鼓有斁，万舞有奕"，这里对"庸"的解释就是"大钟曰庸"。《诗经》中还有另外一句提到"庸"的诗句为"贲鼓维镛"，《毛诗》对此的解释就是"镛，大钟也"[②]。因此朱俊声在其《说文通讯定声》就认为："庸者，镛之古文。"《说文解字》中也将"镛"解释为"镛，大钟谓之镛。从金，庸声。"[③]这里可以说明，庸原来是"镛"应该没有什么，而"镛"的实际意思就是大钟。

钟这一事物，自古以来就具有了某种的神圣性。阿兰·科尔班认为："钟声表明了人与世界、与神圣的另一种关系，表明了人存在于时空中并感受时空的另一种方式。解读周围的音响环境也进入了个人和集体身份构建的过程。"[④]在中国，同样也是如此。钟在三代时期一直都是用于祭祀以及礼仪的礼器。《周礼·春官·大司乐》记载："乃分乐而序之，以祭，以享，以祀。乃奏黄钟，歌大吕，舞《云门》，以祀天神；乃奏大蔟，歌应钟，舞《咸池》，以祭地示；乃奏姑洗，歌南吕，舞《大韶》，以祀四望；乃奏蕤宾，歌函钟，舞《大夏》，以祭山川；乃奏夷则，歌小吕，舞《大濩》，以享先妣；乃奏无射，歌夹钟，舞《大武》，以享先祖。"[⑤]我们可以发现，钟在古代的仪式之中，它的地位是十分重要的，几乎在所有的仪式之上，都要用到钟。钟与前文解释"中"所提到的"旌旗"一样，都可以被视作一种与上天交流的神圣物。殷玮璋通过考古发现，"镛"所指的还不是一般的钟，他指的是那种有柄的大型甬钟，主要是悬挂并通过敲击发声。[⑥]这种大型钟往往都要单独悬挂，并且它的声音比较沉稳、雍容，由此可见"镛"在一众乐器之中的显贵地位，这种庄严的钟声往往就意味着一种时间与空间的神圣化，钟也就由此成了

　　① 李树青：《儒家思想的社会背景》，载周阳山主编：《中国文化的危机与展望——当代研究与趋向》，台北：联经出版公司，1984 年，第 46 页。

　　② 李学勤主编：《十三经注疏·毛诗正义》，北京：北京大学出版社，1999 年，第 1043、1433页。

　　③ 段玉裁：《说文解字注》，上海：上海古籍出版社，1981 年，第 1241 页。

　　④ 阿兰·科尔班：《大地的钟声》，桂林：广西师范大学出版社，2003 年，第 6 页。

　　⑤ 林尹：《周礼今注今译》，北京：书目文献出版社，1985 年，第 231 页。

　　⑥ 殷玮璋：《从青铜乐器的类型谈中国南方青铜文化的相关问题》，《南方民族考古》第二辑，1989 年，第 42 页。

神圣的一种参照物①。《周礼》中所记载的"以乐德教国子；中，和，祗，庸，孝，友"说的就是这个意思，"庸"在这里逐渐由一种器物的神圣转向了一种精神的神圣。出于与天交流而呈现出来的神圣性，就因此逐渐演变成了一种向下散发的神圣性，"庸"也逐渐与"中""和"等词一同变成了一种道德规劝以及为人处世的话语。高亨所言"正中之言乃庸言""正中之行乃庸行"即出于此②。李泽厚认为中国文化实质就是一种"乐感文化"③，"庸"字之义源于乐器，而古代的音乐大部分以崇尚和谐为美，即使有所对抗乃至冲突，也大多希望以和来解决。正因为如此，"庸"字也继承了乐器的这种特性，强调"中和"，所以后来的"庸言""庸行"也大多转换为了恒常之义。

综上所述，从功用再到劳动之人，从镛钟再到神圣时空，"庸"字的起源与发展其实质同样也是一种媒介发展的历史。虽然"庸"字并没有"中"字复杂，不过"庸"在这里与"中"一样，完成了它上连天意、下通平民的职责。各种各样的意义都需要通过"中庸"才能解释，这种"显圣物"意义的浮现，使得"中庸"二字在后来的解释之中能够衍生出如此纷繁多变、绮丽绚烂的面向。以至宋代程子只能够以"不偏之谓中，不易之谓庸"④来解释"中庸"之义。其根源也在于要在如此驳杂的含义之中寻找到一个能够正确解释并涵盖众多面向的释义实在太难。媒介学比较倾向于 transmission（传达），当然这个词中最关键的词是 trans（"越""超"）这个词根，或称为真正的迁移动力，等于说，到别处看看吧，事情不在此地发生⑤。德布雷似乎给我们对于"中庸"的研究指出了一条明路，"中庸"一词试图传达给我们的信息实在太多太多，而它很多的意思也都是由其他的词汇迁移过来的，例如旌旗、镛钟等等。反过来推论，如果我们要去追问当下"中庸"所代表的含义，我们只能够通过追寻远古时代其遥远的根源，再到"中庸"二字，并重新再回到当下之中。事物本身就是向自身之外的别的事物开放，但自身要想追寻自身的话就要让他者返向自身并进行对话，这本身也是符号存在的意义。仔细追寻，"中"与"庸"既可以代表远在天边的神圣理想，也能够成为立足当下的实践准则，然而在它们如此庞杂的解释面前，他们始终是一种符号，一种"显圣物"，一种媒介。这也是本篇论文最初，也是最原始的出发点。

---

① 阿兰·科尔班：《大地的钟声》，桂林：广西师范大学出版社，2003年，第3页。
② 高亨：《周易大传今注》，济南：齐鲁书社，1979年，第63页。
③ 李泽厚：《中国古代思想史论》，北京：人民出版社，1985年，第312页。
④ 朱熹：《四书章句集注》，北京：中华书局，2015年，第19页。
⑤ 雷吉斯·德布雷：《图像的生与死——西方观图史》，上海：华东师范大学出版社，2014年，第42—43页。

第二节　三位一体的确立——"中庸"的解释

"中"与"庸"二字虽然出现的时间很早，但将这二字合并在一起使用，也是到了春秋战国时期。孔子将"中"与"庸"连用，并以"中庸"为一种至高的品德，即"中庸之为至德矣，其至矣乎！民鲜能久矣"[①]。"中庸"在孔子的眼中是一种道德规范，用以规范人们的日常生活，以使个人修养达到至善至圣的境界。子曰："君子道者三，我无能焉：智者不惑，仁者不忧，勇者不惧。"[②] 廖建平认为中庸乃智仁勇三者之统一。[③] 张立文则根据《论语》认为"中庸"作为一种至德应当包括过而不及的中行思想、和而不同的人生态度以及以和为贵的最高境界三个层面。[④] 遗憾的是，孔子虽然提出了"中庸"是至德的观点，但实际在记录孔子言行的著作《论语》中却再也没有见到关于"中庸"的描述。

当然，这一类对《论语》中"中庸"解释的起源我们可以追溯到三代之时，它并非孔子以及后来学者的创造。《尚书·酒诰》所载的"作稽中德"、《尚书·盘庚》的"各设中于乃心"[⑤]、《尚书》所讲的"中德"实质上就是"中庸"所代表的至德。萧兵认为孔子的这种说法是一种古旧的传统，跟儒家复古、宗古的理想一致，因此在《论语》里的"中庸"还是一个认识和实践的准则。[⑥]

孔子虽然没有对"中庸"做出具体的解释，但将"中庸"与"中德"挂钩，无疑为"中庸"后来的发展奠定了基础，正如李泽厚所说，孔子虽然在当时政治事业中失败了，但在建立或塑造这样一种民族的文化——心理结构上，孔子却成功了。他的思想起到了其他任何思想学说所难以匹敌的巨大作用。[⑦] 笔者认为，孔子将"中庸"与"至德"挂钩，将"中庸"与"中德"画上等号，实际上正是将原先在"中"与"庸"之中所具有的神圣性置入中庸的过程，前文已经叙述"中"在古代作为一种区分神圣与世俗的媒介，而"中德"恰是三代时体现"中"神圣性的一种方式，正如《白虎通义》之中所说："道无所不通，明无所不照，闻声知情，与天地合德，日月合明，四时合序，鬼神合吉凶。"所谓的"中德"在上古时期本就是作为一种沟通天地的方式。如此一来"中庸"自然也具备作为一种"显圣物"的条件，再加上孔子对它并未做过过多的诠释，这种语义上的模棱两可也

① 《论语·庸也》，载朱熹：《四书章句集注》，北京：中华书局，2015 年，第 88 页。
② 《论语·宪问》，载朱熹：《四书章句集注》，北京：中华书局，2015 年，第 146 页。
③ 廖建平：《中庸：儒家君子人格的最高境界》，《衡阳师专学报》1995 年第 3 期，第 78 页。
④ 张立文：《中华伦理范畴·中》，北京：中国社会科学出版社，2014 年，第 50～72 页。
⑤ 李学勤主编：《十三经注疏·尚书正义》，北京：北京大学出版社，1999 年，第 241、376 页。
⑥ 萧兵：《一个字的思想史——中庸的文化省察》，武汉：湖北人民出版社，1997 年，第 830 页。
⑦ 李泽厚：《中国古代思想史论》，北京：人民出版社，1985 年，第 33 页。

成了后来人讨论的核心议题，因此"中庸"给后人留下了足够的想象空间。从另外一个方面看，随着社会的发展与知识的生产，人类也在自己的身上发现了他在宇宙中认识到的同样的神圣性的存在[1]，这种神圣需要通过一种新的语言，或者至少是一些秘密词汇来使自己与世俗区分开来，同时也与过去已经具有神圣性的词汇，也就是"中德"区分开来。缺少了权威诠释的"中庸"恰是作为这种区分的最佳用词。

孔子之后，由于缺少相对应的文献支撑，我们对"中庸"的讨论只能从郑玄之后开始谈论，这也是目前学界所认可的做法[2]。郑玄对于"中庸"一词的解释是："名曰中庸者，以其记中和之为庸也。庸，用也。孔子之孙子思伋作之，以昭明圣祖之德也。"[3]这里郑玄直接将"中"解释为中和，而"庸"则解释为用。将"中"解释为"中和"，是一种当时常见的解释，前文已有述及，苏费翔则认为这里的中可能有"中""和"以及"中和"三层语意，是一个兼表全部和部分的用语。[4]"庸"字也同样如此，后来郑玄在解释"君子中庸，小人反中庸"一句时将"庸"定义为"常也，用中为常道也"[5]。"庸"同样也成了一个兼表全部和部分的用语，一方面他可能只是"中和"的实践，即所谓"用"，但同时，它也成了恒常之"用"，被赋予了一种神圣的状态。苏费翔认为这种"用"与"恒常"的解释同时并用乃是由郑玄所创，由此"中庸"才有了后来的"经常用"的意思[6]。

苏费翔虽然提出了一个特别有意思的见解，但他并没有追问郑玄如此令人费解的注解的原因。笔者对此需要做一个解释，纵读《中庸》全篇，我们可以发现实际上《中庸》一文中出现"用"的情况是非常少的，仅有两处，分别是第五章的"执其两端，用其中于民"[7]，以及第十九章的"子庶民则百姓劝，来百工则财用足，柔远人则四方归之，怀诸侯则天下畏之"[8]两处，这里对于"用"的解释都非常明确，一者为"使用"，另一者则为"物资"，这两者实际上都是偏向物质或是实践的解释，所以如果要将"庸"解释为"用"，但文本之中已经有"用"出现，那么郑玄如将"庸"解释为"用"，文本中其他"中庸"自然就会站不住脚。因此郑玄势必要对文中"中庸"再进行一番解释。这也是将"庸"解释为"常也"的

---

① 米尔恰·伊利亚德：《神圣与世俗》，北京：华夏出版社，2003 年，第 94 页。
② 苏费翔、田浩：《文化权力与政治文化》，北京：中华书局，2018 年，第 24 页。
③ 李学勤主编：《十三经注疏·礼记正义》，北京：北京大学出版社，1999 年，第 1422 页。
④ 苏费翔、田浩：《文化权力与政治文化》，北京：中华书局，2018 年，第 25 页。
⑤ 李学勤主编：《十三经注疏·礼记正义》，北京：北京大学出版社，1999 年，第 1424 页。
⑥ 苏费翔、田浩：《文化权力与政治文化》，北京：中华书局，2018 年，第 25、26 页。
⑦ 朱熹：《四书章句集注》，北京：中华书局，2015 年，第 22 页。
⑧ 朱熹：《四书章句集注》，北京：中华书局，2015 年，第 31 页。

原因之一。另外观照"庸"在《中庸》一文出现的情况，它主要都是与"中"一起出现，而单独出现的情况仅有两次，即"庸德之行，庸言之谨"①，当它作为"中庸"出现时，它都被认为是一种自我修行的理想状态的出现，如"择乎中庸，得一善，则拳拳服膺而弗失之矣"②。又如："子曰：'天下国家可均也，爵禄可辞也，白刃可蹈也，中庸不可能也。'"③我们会发现"庸"如果作为"中庸"中的一个词，郑玄这里主要是根据《中庸》的另一句话"君子之中庸也，君子而时中"④来解释，他在这里讲"中庸"等同于"时中"来解释，如此一来"庸"要想取得与"时"同样的效果，就得从单纯的"常"或"用"变为"经常用"，而这也是郑玄首创的"经常用"的解释的由来。

如此一来，孔子之后所留下的想象空间逐渐被一种神圣与世俗的区分状态所占据，但这种区分却又是一种杂糅的区分。"中庸"一词的神圣性不仅仅是由"中"所决定，能够表明一种神圣时空的"庸"字自然也赋予了"中庸"以神圣的意涵，同时这两个字又与生活实践开始密不可分，只有经常用才能够保持神圣的意味。因此"中庸"自郑玄始，这两个字的含义实际上就与分别作为单字的"中"以"庸"一样被赋予了一种神圣的意涵，又必须于日常生活之间具现。至此，"中庸"不但可以表述日常生活性的实践，如"修身、尊贤、亲亲、敬大臣、体群臣、子庶民、来百工、柔远人、怀诸侯"等，它也可以用来表达一种遥不可及的，乃至崇高的人格理想即"圣人之能事"。所以后世在讲到"中庸"时，就算是朱熹，也不能将这种世俗与神圣，心性与体用完全分开。正如牟宗三所说，中国哲学不是以"知识"为中心展开讨论的，它是一种以"生命"为中心的、注重"主体性"与"内在道德性"、主体性与客体性相统一的"生命之学"。⑤

郑玄之后，虽然也有学者对"中庸"做出各种各样的解释，但他们基本也都绕不过郑玄在《礼记正义》之中的经典解释，"中庸"也被经典定义为了"经常用"，但"经常用"到底该怎么用，如何将"中庸"的神圣与世俗再经阐释传递给其他人，潘祥辉将这一过程理解为一种"理想化的道德人格"，并认为这是一种对于"神圣"的再理解，即普通人也可以成圣。⑥后世不同的学者也各自有不同的见解，韩愈与李翱主张将"经常"单独拿来使用，并将其作为深入内心的一种方式。

---

① 朱熹：《四书章句集注》，北京：中华书局，2015年，第25页。
② 朱熹：《四书章句集注》，北京：中华书局，2015年，第20页。
③ 朱熹：《四书章句集注》，北京：中华书局，2015年，第21页。
④ 朱熹：《四书章句集注》，北京：中华书局，2015年，第21页。
⑤ 牟宗三：《中国哲学的特质》，上海：上海古籍出版社，1997年，第4—8页。
⑥ 潘祥辉：《传播之王：中国圣人的一项传播考古学研究》，《国际新闻界》2016年第9期，第20—45页。

韩愈一生以复兴儒学为己任,如《旧唐书》所言"以兴起名教,弘奖仁义为事"①,因此他始终想将"中庸"当作第一位的"道德",正如他自己所说"博爱之谓仁,行而宜之之谓义,由是而之焉之谓道,足乎己无待于外之谓德"②。他希望的是通过"将以有为"的精神修行融会贯通,提高个人的理想人格,并进而达到治国齐家的地步。在《省试颜子不贰过论》中,他认为:"夫圣人抱诚明之正性,根中庸之至德,苟发诸中,形诸外者,不由思虑,莫匪规矩。不善之心,无自入焉;可择之行,无自加焉。""中庸"被定义为一种由内在自发的道德,并认为这种道德不能够被任何所入侵,进而这种道德有一种指导现实的力量,即他所说:"《中庸》曰:'自诚明谓之性,自明诚谓之教'自诚明者,不勉而中,不思尔德,从容中道,圣人也,无过者也;自明诚者,'择善而固执者也,不勉则不中,不思则不得',不贰过者也。故夫子之言曰:'回之为人也,择乎中庸,择一善,则拳拳服膺而弗失之矣'。"韩愈更加强调的是将"中庸"作为一生不懈追求的人生理想境界来阐释,如果将其外化,它更容易成为道德哲学。韩愈的这些观点也被他的学生李翱所继承。在李翱的《复性书》中,他大量引用《中庸》中的语句来作为他论点的支撑,其中在如何理解"中庸"一词时,他指出了自己与他人的不同:"彼以事解者也,我以心通者也。"③要理解"中庸",李翱认为不能单单只通过现象与事理,更应该通过内心的知觉来体察。他们这种以心性为主体的认知方式以及阐释方式为后世宋代理学的开启奠定了基础,也为道统在后世的传承提供了理论的支撑。

到了宋代,首倡"中庸"思想的不是那些当世的大儒,而是那些试图引佛入儒的僧侣们。这一点余英时在其《朱熹的历史世界》之中已有论述④,在此不再多论,我们要讨论的是这些高僧大德是如何对待"中庸"的。宋代推崇中庸的第一人当属智圆,其号"中庸子",由此可见他对于"中庸"思想到底是有多推崇。根据现有其他学者的推论,他也是宋代首倡"中庸"之人。他认为:"儒家之'中庸',龙树所谓'中道'义也。诸法云云,一心所变。心无状也,法岂有哉!亡之弥存,性本具也;存之弥亡,体非有也。非亡非存,中义著也。"这里他将"中庸"与佛教的"中道"等同起来,但实际上,在这样理解的同时,智圆更多的是将"中庸"作为一种外王之道来理解的。他在《师韩议》一文中提出:"吾门中有为文者,反斥本教以尊儒术,乃曰:师韩愈之为人也,师韩愈之为文也,则于佛不得不斥,于儒不得不尊,理固然也。"这句话说明,智圆之所以提倡"中庸",是因为"中

---

① 刘昫等:《旧唐书·韩愈传》,北京:中华书局,1979年,第4195—4203页。
② 韩愈:《原道》,载《韩愈集》,长沙:岳麓书社,2000年,第145—147页。
③ 李翱:《复性书》,载《李文公集》,上海:上海古籍出版社,1993年,第6—11页。
④ 余英时:《朱熹的历史世界》,北京:生活·读书·新知三联书店,2014年,第64—108页。

庸"所代表的外王之道能够为佛教思想的传播提供一个稳定的外部条件，即所谓"非仲尼之教，则国无以治，释氏之道何由而行"。他们希望将"治国"归于儒家，而将"本心"仍然留在佛教。余英时也将此解释为佛教转而重视世间法，关怀人间秩序的重建。[①]但佛教徒所讲的人间秩序的重建必然是从佛教徒的立场出发，因此他们必然也要讲求"内圣"先于"外王"，而"中庸"也仅是这种外王中的一部分。另一位提及"中庸"的高僧契嵩则在他的《中庸解第三》中说："或问《洪范》曰：皇建其有极说者，云大立其有中者也。斯则与子所谓中庸之道，异乎？同邪？曰：与夫皇极大同而小异也。同者以其同趋乎治体也；异者以其异乎教、道也。皇极，教也；中庸，道也。道也者出万物也，入万物也。故以道为中也。"我们之道"皇极"在某种程度上而言，也是"中庸"的解释之一，因此契嵩的这一解释，实际上是将"中庸"的内与外，他的神圣性与世俗性完全区分开来，他将神圣的一部分归为佛教的中道，而将"教"归为"中庸"之义。契嵩与智圆的做法，从根本上而言是完全将"中庸"的向内伸展与向外延伸完全割裂了。

因此对于宋儒而言，"中庸"一词的意义传到他们手上，可以说是已经有些左右为难了。一方面他们既要继承韩愈与李翱的道统，将"中庸"作为一种神圣性展示到世人之中，同时他们也要向释家收回"中庸"的解释权——这里指的不只是被包装成"中庸"的"中道"，这里也同时包括了指导现实世界秩序重建的"中庸"之道。因此在选择对"中庸"的解释时，宋儒又重返了郑玄"经常用"的解释，二程所注的"不偏不倚之谓中，不易之谓庸"是宋代以后刊行的最多的关于"中庸"的解释，在这里，"中"被解释为"不偏"，庸则被解释为"不易"。

乍看之下，宋儒对于"中庸"的解释看起来似乎也太简单了，比起之前韩愈、契嵩等人的解释也太过笼统。但考察《二程遗书》，有一段"苏季明问：'中之道与喜、怒、哀、乐未发谓之中同否？'曰：'非也。喜、怒、哀、乐未发是言在中之义。只一个中字，但用不同"[②]，这里程子对于"中庸"的解释实际上与郑玄的解释相差无几。朱熹实际上也注意到了这个问题，在《中庸或问》中他也曾提及"中，一名而二义，子程子固言之矣。今以其说推之，'不偏不倚'云者，子程子所谓在中大义，未发之前无所偏倚之名也。'无过不及'者，子程子所谓中之道也，见诸行事各得其中之名也"。这说明实际上朱熹也注意到了"中庸"两方面的含义：一方面它既是"大义"，同时也是"诸行事"的准则。苏费翔认为这代表了朱熹自身思想发展的不同阶段[③]，笔者对此表示赞同。但苏费翔实际上更关注的是思想层面

①　余英时：《朱熹的历史世界》，北京：生活·读书·新知三联书店，2014年，第82页。
②　程颢、程颐：《二程遗书》，北京：中华书局，1984年，第200页。
③　苏费翔、田浩：《文化权力与政治文化》，北京：中华书局，2018年，第29页。

上的关联，并没有与朱熹的现实情境相结合。他认为《中庸章句》中朱熹的风格更为简洁明快，表明的是朱熹在探求真理过程中所扮演的积极角色。[①] 笔者认为造成这样的原因实则是因为鹅湖之辩以后的因素，鹅湖之辩对于朱熹的影响自不必言，"尊德性而道问学"也成了朱熹一生的追求。在致信张栻时他就曾说："至于文字之间，亦觉向来病痛不少。盖平日解经最为守章句者，然亦是多推衍文字，自做一片文字，非惟屋下架屋，说得意味淡薄，且是使人看者将注与经作两项功夫做了，下稍看支离，至于本旨，全不相照。以此方知汉儒可谓说经者，不过只说训诂，使人以此训诂玩索经文，训诂、经文不相离异，只做一道看了，直是意味深长也。"因此他试图厘清文字的脉络，融会贯通"中庸"的主旨。此时他将"中庸"定位"不偏不倚之谓中，不易之谓庸"，是从他当时对于"中庸"的理解出发。在朱熹的眼中，"中庸"就应当是阐释人生主旨的框架，因此它也必须是一种"费而隐"之道。朱熹更将其当作一种远在天边的，具有神圣意味的"画像"，而并没有成为一种实践。

但朱熹提出"中庸"具有两层意味的时候，已经是在《中庸或问》一文之中。苏费翔认为此时的朱熹之所以会采用两种解释，相较其早年已经减少了很多的排他性和好斗性，对于不同的论点以及不同的论断，他可以接受。[②] 另外据笔者考察，实际上到了晚年的朱熹，他更讲求的是下用之学，因此朱熹的"中庸"自然也由"恒常"变成了"经常用"，下面笔者以朱熹与陈淳的书信来作为探讨依据。陈淳在绍熙三年曾致信朱熹讨论"公而以人体之，故为人"时曾举《中庸》的"仁者，仁也"为例来阐释这句话，而这里也体现了朱熹对于"中庸"二字的理解。朱熹认为"体常涵用，用不离体，体用浑沦，纯是天理，日常呈露于动静间"，意思实际上就是他认为"中庸"一词不但在义理上要做辨析，同时用（实践）也与这种辨析同样重要，必须在日常实践之中所呈现出来的"中庸"才是"中庸"，所以必是"有是天地同大之体，然后有是天地流通之用；亦必有是天地通达之用，然后有是天地同大之体，则其实又非两截事也"[③]。我们可以发现后期的朱熹对于"体"与"用"的关系已经没有之前那样一定要辩出个是非黑白，在他的眼中，二者已是互为主题，生生不息。因此后期的朱熹开始强调"下学之用"，他也因此提醒陈淳日用间均穷究"根原"来处。第二次陈淳见朱熹时则被训诫要多做下学工夫之时亦不可割断于上达，须下学上达融会贯通。我们从朱熹与陈淳的交往就可以发现，晚年的朱熹实际上并没有将义理放在首位，他更看重日常生活之中的融会贯

---

① 苏费翔、田浩：《文化权力与政治文化》，北京：中华书局，2018年，第29页。
② 田浩：《朱熹的思维世界》，南京：江苏人民出版社，2009年，第321—322页。
③ 顾宏义：《朱熹师友门人往还书札汇编》上海：上海古籍出版社，2017年，第218—220页。

通，因此对于"中庸"的解释也倾向于使用郑玄的"经常用"，毕竟"经常用"之义才能够体现"中庸"的这种上下通达。

综上所述，"中庸"一词因为"中"与"庸"自身所具有的神圣性，在它诞生时就具有了被当作"神圣物"的种种要素，这些要素在郑玄之后首度融合在了一起，并有了"经常用"的意思，逐渐向日常生活转移。这一经典的解释也成就了日后"中庸"既能体现天地之体，也能作为日程动静之间。正如北宋晁说之所说："近世学者以'中庸'为二事，其说是书皆穿凿而二之。"① 虽然在不同年代，"中庸"的不同侧面的呈现有所不同，但"中庸"一旦向自身之外的别的事物开放，就有其神圣之处。② 借助"中庸"，人们可以用欲擒故纵的方法来理解自己身边的环境。词语是一种信息检索系统，可以高度覆盖整个环境和经验，同时又是一种复杂的比喻系统和符号系统，将我们以往的经验转化为可以使用言语说明的外在的感觉。③ 在这发展之中，"中庸"已经成了一种完备的"显圣物"。"中庸"既能够被用来作为日常生活的神圣法典，也能够用来规训士人的日常生活，此时的"中庸"可谓"三位一体"，我们可以用它召唤和找回它曾经所隐喻的"世界"④，它已经铺平了《中庸》传播的道路。

第三节　经验转化的新形式——《中庸》的发展

讨论"中庸"与《中庸》的关系，我们可以发现，实际上"中庸"与《中庸》，本就是同义叠用，文字的意思必须从文本之中出，"中庸"由《中庸》之中演绎而来，并无损于它，《中庸》在此就是独一无二的媒介。⑤ 因此我们要讨论"中庸"的问题，自然也要讨论《中庸》的历史，因为《中庸》正是保存"中庸"之义的独一无二的媒介。古人倾向于注释代替论述，因此这里的《中庸》不仅指《中庸》一书，同时也包括各种对于《中庸》的注解。

相较于"中庸"二字的出现，《中庸》一书的成书则要晚得很多。《史记·孔子世家》中记载子思"尝困于宋。子思作《中庸》"一般被认为是《中庸》来源的原

---

① 晁说之：《景迂生集》，载《四库全书荟要》第 387 册，台北：世界书局，1985 年，第 231 页。
② 雷吉斯·德布雷：《图像的生与死——西方观图史》，上海：华东师范大学出版社，2014 年，第 43 页。
③ 米歇尔·麦克卢汉：《理解媒介：论人的延伸》，北京：商务印书馆，2000 年，第 93 页。
④ 米歇尔·麦克卢汉：《理解媒介：论人的延伸》，北京：商务印书馆，2000 年，第 93 页。
⑤ 雷吉斯·德布雷：《图像的生与死——西方观图史》，上海：华东师范大学出版社，2014 年，第 63 页。

因，郑玄所注《中庸》也是记载"孔子之孙子思伋作之"①，连朱熹也认为是"子思子忧道学之失传而作也"。《中庸》出自子思可以说是目前学界最基本的看法之一。

对这一说法有人开始提出异议是在宋代之时。欧阳修根据《中庸》中有"自诚明谓之性"的说法与孔子自称"学而知之者"不符，并进而认为子思与孔子思想有不一致的地方。②朱熹也注意到了这种现象，在他与陈淳往来的书信中出现了"不曾如此例会，恐亦不须如此理会也。《中庸或问》乃为今年有以此疑《中庸》非子思之作者，故及之耳"的说法。③可见这一情况在宋时非常普遍，恐非欧阳修一人所疑。后世袁枚、俞樾等人根据《中庸》中"书同文，车同轨"等句怀疑《中庸》一书乃后世所做，并非子思原著。蒋伯潜参考了前人所述，并根据史书记载，认为当时子思主要是在鲁国、宋国、齐国一带活动，并未进入过秦国。并且"车同轨，书同文"的说法也与《史记·秦始皇本纪》中"一法度衡石丈尺，车同轨，书同文字"相似，因此他认为《中庸》成书应当是在秦朝统一以后乃至西汉时期。④

还有一派人认为《中庸》虽然是子思所作，但是现今版本的《中庸》却不是一个整体，它包含了两个部分，这一派主要是以冯友兰、徐复观、武内义雄等人为首。他们主要依据的是王柏的《古中庸·跋》中一段说辞："一日偶见西汉《艺文志》有曰：'《中庸说》二篇。'颜师古注曰：'今《礼记》有《中庸》一篇'而不言其亡也。惕然有惑，然后知班固时尚见其初为二也。合而乱，其出于小戴氏只手乎？"⑤根据王柏的观点，《中庸》一书前二十一章与后十三章"文势时有断续，语脉时有交互"，应该分为两个部分，也就是"中庸"与"诚明"两个部分，也就是"中庸二字为道之目，未可为纲，诚明二字可为纲，不可为目"⑥。他认为古本《中庸》有两篇，而今本《中庸》只有一篇，应当是今本《中庸》糅合了之前的两篇而成的，这一观点照文中来看应该是受到了颜师古的启发。梁涛对此经过考证认为王柏的观点在立论上多少有些问题，但由于他的观点来自平时的感受，并且有一定的根据，因而得到了很多后人的响应。⑦冯友兰认为《中庸》应当分成三个部分，其中首尾两段言人与天地之关系，是论著体裁，应该是从孟子哲学的神秘主义发展而来，并且为后世学者所添加。中间部分则是子思根据孔子的学说阐发

① 李学勤主编：《十三经注疏·礼记正义》，北京：北京大学出版社，1999 年，第 1422 页。
② 梁涛：《郭店楚简与思孟学派》，北京：中国人民大学出版社，2008 年，第 261 页。
③ 顾宏义：《朱熹师友门人往还书札汇编》，上海：上海古籍出版社，2017 年，第 203 页。
④ 蒋伯潜：《诸子通考》，杭州，浙江古籍出版社，1985 年，第 332—333 页。
⑤ 张心澂：《伪书通考·上册》，北京：商务印书馆，1954 年，第 448 页。
⑥ 张心澂：《伪书通考·上册》，北京：商务印书馆，1954 年，第 448 页。
⑦ 梁涛：《郭店楚简与思孟学派》，北京：中国人民大学出版社，2008 年，第 261 页。

自身思想形成，也就是子思原来所作的《中庸》。①武内义雄、徐复观等人根据王柏的说法，再加上一些前人所研究的观点进行一定的修改。武内义雄则认为《中庸》包含两部分，第一部分为第二章至第十九章为《中庸》原始的部分，其余部分则是后世子思学派之人所作，并非子思所写。②徐复观则认为今本《中庸》应是两篇合二为一，上篇出于子思或有部分出自门人之手，主要是讨论孔子的伦常之教与性、天道的关系，下篇则是子思门人所作，围绕"诚"的概念展开。③

以上种种对于《中庸》形成的讨论并非对于我们解释《中庸》的形成毫无帮助，正如梁涛所说，在学术史上，怀疑一部书晚出或是有伪常有其事，但怀疑一部书是由两部分组成，则并不多见，也绝非偶然，这说明今本《中庸》确实有其特殊之处。④笔者认为，恰是这种由两部分组成的性质，导致了现今对于《中庸》一书解释的困难，但也同样增加了我们理解《中庸》的维度。梁涛认为两部分的《中庸》，按照他的话来说一部分是《中庸》，另一部分则是《诚明》，《中庸》则表现的是日用常行，是一种外在之道，它体现在人伦关系之中，通过传统和习俗的力量来规范、调解人们的行为，表现出实用、具体、凡俗的特征。它由礼转化而来，是对礼的理论化和哲学化。它要求人们恪守常道，同时也是一种方法，强调"择其两端"，反对"过与不及"，关注的是现实社会秩序。"中庸"也关注超越性的问题，强调的是在关注现实的同时，由近而远、自卑而高的超越过程，但这种超越性往往会淹没在世俗性之中。而另一部分《诚明》则强调的是一种道德实践能力，反映的是主体的自主、自觉能动的实践活动。从这一点看，它和仁在内在精神上倒是一致的。这是一种内在之道，它体现在性之中，也是道德实践的动力和主宰，表现出自主、自律、自觉的特征。这是一种内在的心性趋势、一种内在的心性超越，它通过诚向外的扩充，赋予世界以意义，达到与天地并立的精神境界。⑤

当然我们也可以将这种一分为二的思想当作子思的两种思想来看。梁涛曾将朱熹与子思放在一起进行对比。他指出，正如朱熹一样，子思的思想也有一个逐渐成熟以及变化的过程。⑥但毋庸置疑的是《中庸》在这里所扮演的角色就是一种

---

① 冯友兰：《中国哲学史》，北京：中华书局，1961年，第447—448页。

② 武内义雄：《子思子考》，载江侠庵编：《先秦经籍考·中册》，北京：中华书局，第121—123页。

③ 徐复观：《中国人性论史·先秦篇》，北京：生活·读书·新知三联书店，2002年，第105—106页。

④ 梁涛：《郭店楚简与思孟学派》，北京：中国人民大学出版社，2008年，第266页。

⑤ 梁涛：《郭店楚简与思孟学派》，北京：中国人民大学出版社，2008年，第278页。

⑥ 梁涛：《郭店楚简与思孟学派》，北京：中国人民大学出版社，2008年，第278页。

媒介，它所传递的信息类似于吉登斯的中介化经验^①，《中庸》既可以表示一种外用之道，指导日常生活的实践，它也象征着一种内在的精神超越，这种特性不仅仅是由之前所讲述的"中"与"庸"字以及"中庸"所赋予，《中庸》自身的形成过程也赋予了《中庸》这种双重性的内涵，我们认为这种双重性正是《中庸》自身的特殊所在。

当然，《中庸》成书的具体时间，至今依然不可考，它也依然是目前学界悬而未决的几桩公案之一。我们可以确定的最早的《中庸》的版本应该是郑玄所注的《中庸》，在这之后很长一段时间，学界对《中庸》作为单独的一篇并没有太多的关注，反倒是《礼记》在这一段时间内特别兴盛。《礼记》在魏晋时期地位逐渐提高，与《周礼》《礼仪》并列学宫。《三国志·魏书·王肃传》记载："肃为《尚书》《诗》《论语》《三礼》《左氏》解，及撰定父朗所作《易传》，皆立于学宫。"^②《晋书》记载："元帝践阼（太兴初）……修学校，简省博士，置《周易》王氏，《尚书》郑氏，《古文尚书》孔氏，《毛诗》郑氏，《周官》、《礼记》郑氏，《春秋左传》杜氏、服氏，《论语》、《孝经》郑氏博士各一人。"^③这说明《礼记》已设置博士，在这一段时间内它的地位日渐提升。

随着人们对于《礼记》的重视，南北朝时期《中庸》开始作为单篇文献受到关注，有人开始试图对《中庸》进行单篇的阐释，如宋散常骑侍戴颙著有《礼记中庸传》两卷，梁武帝也传著有《私记制旨中庸义》五卷^④。但这些文献都没有流传下来，也基本都不可考，因此在唐代之前对于《中庸》的研究基本没有。

进入唐代以后，孔颖达在郑玄所注《礼记》的基础上作疏，并受唐太宗的命令撰写了《礼记正义》。这标志着《礼记》独立于"三礼"之外，成为儒家的"五经"之一，《礼记》也正式被统治者确立为儒家的经典文本。《礼记正义》包含了对《中庸》的著述，这也是宋代之前解说《中庸》的重要代表作。《中庸》的地位虽然跟着《礼记》一起上升，但此时的《中庸》并未获得单独成书的机会。全祖望云："自秦汉以来，《大学》《中庸》杂入《礼记》之中，千有余年，无人得其藩篱。而首及之者，韩、李也。退之作《原道》，突阐正心诚意之旨，以推本于《大学》。而习之论《复性》，则专以羽翼《中庸》。"韩愈、李翱等人开始围绕《中庸》的"性命"之学和"诚明"思想分别撰文进行著述，可见唐代以来《中庸》逐渐

---

① 安东尼·吉登斯：《现代性与自我认同》，北京：生活·读书·新知三联书店，1998年，第25—29页。

② 陈寿：《三国志·卷13》，北京：中华书局，1973年，第419页。

③ 房玄龄：《晋书·卷75》，北京：中华书局，1974年，第1976页。

④ 余英时：《朱熹的历史世界》，北京：生活·读书·新知三联书店，2014年，第86页。

受到了学者的重视，《中庸》被视为儒家心性学说的重要依据和经典文本，他们关注的重点在于《中庸》作为"神圣物"所揭示的神圣一面，也就是儒家的"性命"心性之学，但这些作品并不是专门针对《中庸》而言，而且他们的作品也不完全是关于《中庸》的著作。

宋代《中庸》的发展，据余英时考察应源自佛教徒，他认为宋代《中庸》的兴起是佛家重新回流向儒家的结果①。对此，笔者并不认为余英时找到了证明回流的决定性证据，但如果从时间上来考证的话，说是源于佛教徒倒应是没有什么问题。陈寅恪指出："北宋之智圆提倡中庸，甚至以僧徒而号中庸子，并自为传以述其义。其年代犹在司马君实作《中庸广义》之前，似亦于宋代新儒家为先觉。"②智圆著有《中庸子传》一书，概述虽然是他的个人自传，但同时也包含了智圆对于《中庸》的理解。宋代之时，儒佛相会，不少高僧大德都曾经撰写过关于儒家经典的著述，如契嵩也曾撰写过《中庸解》专门解释《中庸》。契嵩认为"夫中庸者，立人之道也。是故君子将有为也，将有行也，必修中庸然后举也。饮食可绝也，富贵崇高之势可让也，而中庸不可去也。其诚其心者，其正其家者，其治其国者，其明德于天下者，舍中庸其何以有为也。亡国、灭身之人，其必忘中庸故也。"③他们将《中庸》作为佛教经典的补充，治世者非儒不可也④，《中庸》是儒家治国理政的秘法心传，儒以治世，佛以修心，将现世交给儒家在当时的僧侣来看是件再正常不过的事，佛教与儒家对于现世的关怀在当时可以说是完全一致的。

另一方面，宋代《中庸》也逐渐受到了士大夫的青睐，并且地位逐渐上升。宋代皇帝更是将《中庸》当作一部独立的经书来看待，并且亲自抄写，将它赐给群臣。范祖禹曾云："景德四年……帝宴饯侍讲学士邢昺于龙图阁，上挂《礼记中庸篇图》，昺指'为天下国家有九经'之语，因讲述大义，序修身尊贤之理，皆有伦贯。坐者耸听，帝甚嘉纳之。"⑤《宋史·卷310·张知白传》也记载："仁宗继位时进士唱第，赐《中庸篇》，中书上其本，乃命知白进读，至修身齐家之道，必反复陈之。"⑥与之相对应，《宋会要辑稿》载："仁宗天圣五年四月二十一日，赐新及第《中庸》一篇。八年四月……四日，赐新及第进士《大学》一篇。自后，与《中庸》间赐著为例。"《玉海》也曾记载"天圣五年四月辛卯赐进士王尧臣等……又人赐

①　余英时：《朱熹的历史世界》，北京：生活·读书·新知三联书店，2014年，第86页。

②　陈寅恪：《金明馆丛稿二编》，上海：上海古籍出版社，1980年，第252页。

③　契嵩：《镡津文集》，上海：上海古籍出版社，2016年，第72—73页。

④　契嵩：《镡津文集》，上海：上海古籍出版社，2016年，第148—149页。

⑤　范祖禹：《帝学·卷3》，载《文渊阁四库全书》第696册，上海：上海古籍出版社，2003年，第746页。

⑥　脱脱：《宋史·卷310》，北京：中华书局，1977年，第10187页。

御书《中庸》篇各一轴，自后遂以为常。初上欲赐《中庸》，先命《中庸》录本既上，乃令宰臣张知白进读，至修身治人之道，必使反复陈之，上倾听终篇始罢……景祐元年四月乙卯赐新第张唐卿诗及《中庸》。庆历二年四月己亥又赐杨寘。皇祐元年四月戊子赐冯京御书诗及《中庸》。"[①] 我们可以发现，这里的《中庸》是要"序修身尊贤之理"，讲述"修身齐家之道"，它在这里与契嵩的《中庸解》的看法何其相似，在这里儒家统治者理解《中庸》也同样是从外到内，它首先意味着一种道德秩序的规范。

另一方面，《中庸》也开始成为皇帝经筵讲经的专经，《宋会要辑稿》载："中书舍人梁克家言：'……乞除《丧礼》十三篇不讲外，余篇中有不须讲者，亦节讲，如元祐中范祖禹申请故事，或许释诸篇最要切者，如《王制》《学记》《中庸》《大学》之类，先次进讲。'"此时的《中庸》已经从《礼记》中凸显出来，成为具有特殊意义的专经，它的神圣性也逐渐显现。宋人认为《礼记》只是汉代的一部杂经，只有《中庸》《大学》才是专门的经书，与《礼记》无关。陈振孙所述"汉儒辑录前记，固非一家之言，大抵驳而不纯。独《大学》《中庸》为孔氏之正传。然初非专为《礼》作也。"这里说的正是这一道理[②]。同时《中庸》也逐渐进入科举，成为考试的题目。范仲淹有一篇《省试"自诚而明谓之性"赋》[③]，这里说明省试之中已经有以《中庸》为题的题目了。范仲淹与《中庸》的故事有很多，余英时曾论范仲淹的《南京府学生朱从道名述》充分表达了由修身、齐家而建立理想秩序的意识，并且同时含有"内圣"与"外王"相贯通的理念[④]。这样我们也可以理解后来范仲淹劝诫张载"儒者自有名教，何事于兵"并劝读《中庸》的背景了[⑤]。我们可以认为在这一时期的《中庸》已经从宋代前期的"外王"之道逐渐转向了"外王"与"内圣"并行之道，《中庸》的神圣性通过统治者所承认的"经典"而确立，并通过科举制度逐渐传播开来，此时的《中庸》内外并摄，它也逐渐地从佛教的解释之中脱离开来。

《中庸》在其独立成经之后，儒家便开始对二书做出各种各样的注释与解释，并且开始发生一种"内向"的转向，它表现为在经学领域内发生的一种全新的经典诠释运动，儒生门试图使儒家的伦理道德转变成为一套成熟的哲学体系[⑥]。这一努力从胡瑗的《中庸义》开始，再到王安石、司马冠、苏轼逐渐发展，在"北宋

①　王应麟：《玉海·第2册》，扬州：广陵书社，2003年，第636页。
②　陈振孙：《直斋书录解题》，上海：上海古籍出版社，1987年，第47页。
③　范仲淹：《范仲淹文集》，成都：四川大学出版社，2002年，第15页。
④　余英时：《朱熹的历史世界》，北京：生活·读书·新知三联书店，2014年，第88页。
⑤　钱穆：《宋明理学概述》，台北：学生书局，1977年，第15—16页。
⑥　迪特·库恩：《儒家统治时代·宋的转型》，北京：中信出版社，2016年，第100页。

五子"时代进入它发展的黄金时代，最终以朱熹所构建的道学体系为巅峰，并以朱熹的《四书章句集注》作为这种"内向"转向完成的标志。与"内向"转向一同完成的还有《中庸》的神圣转向，到了宋末《中庸》被确立为科举参考书目之时，《中庸》在此已经完全为了一种"内向"的神圣经典，而这也是《中庸》神圣性的顶峰。麦克卢汉说一切媒介在把经验转化为新形式的能力中，都是一种积极的比喻①。此时的《中庸》已经不单单是一本指示"外王"实践的"说明书"，它更是儒家学子"学以成圣"的克里斯玛。

综上所述，牟宗三认为中国哲学的特质是一种内在走向，也就是内在超越性。概括起来就是注重"主体性"与"内在道德性"②，但矛盾的是它又是着重实践的，是以"生命"为中心，由此展开他们的教训、智慧、学问与修行。③实质上这两种走向并不矛盾，哲学的原义是明智，明智加以德性化和人格化，便是圣了。④儒家认为中国的圣人，必由德性的实践以达政治理想的实践，在这之中就是需要像《中庸》作为传经媒介，以达"性体与天命实体通而为一"⑤的境界。通过我们对于"中"字、"庸"字、"中庸"以及《中庸》的解释，我们发现《中庸》一书确实存在着这种作为"显圣物"的媒介功能，在将神圣与世俗的状态区分开来时，也将"天人互通"的道德理想与"利用互生"的生活实践完全统一，使得《中庸》之中一切的理想与实践都融为一体，这也正是《中庸》所展现的媒介逻辑。因此《中庸》在其"元典化"的过程之中是不断地向着神圣与世俗的两极不断拓展的，一方面，《中庸》在此时会不断成为一种神圣的经典，让人觉得遥不可及，也就是宋代所谓的"回向三代"的理想，而另一方面，它却又不停地向现实施加影响，试图通过自身向社会大众展现一种"神圣"的"圣人"以及如何达到的方法。正因为如此，儒家哲学才能既被视为修身之道，同时也是一种入世哲学，这一切都源于其"显圣物"的媒介逻辑。

---

① 米歇尔·麦克卢汉：《理解媒介：论人的延伸》，北京：商务印书馆，2000年，第92页。
② 牟宗三：《中国哲学的特质》，上海：上海古籍出版社，1997年，第4页。
③ 牟宗三：《中国哲学的特质》，上海：上海古籍出版社，1997年，第6页。
④ 牟宗三：《中国哲学的特质》，上海：上海古籍出版社，1997年，第11页。
⑤ 牟宗三：《心体与性体》，上海：上海古籍出版社，1999年，第11—36页。

第十五章　无问西东：华夏"面子"范畴的
传播符号学会通

王　婷*

引　言

"范畴"一词，兹事体大，古往今来，任何一门称得上有知识体系的学科，皆有其"范畴"。"范畴"者，依据词典解释，是反映事物本质和普遍联系的基本概念，是把事物进行归类所依据的共同性质。"范畴"不是学科知识体系中的一般概念，打个形象的比喻，它是概念中的概念，是一个学科知识体系的基石。在西方早在古希腊时期大哲人亚里士多德就撰写了今天看起来是小册子的"大作"《范畴篇》，篇幅虽小，但是"皮薄馅多"，成了亚里士多德形而上学知识体系的概念基础。由此出发，亚氏扬帆远航，反对巴门尼德的论证，反对柏拉图的论证，形成了自己的论证，在此基础上构建起了影响西方甚为深远的哲学大厦和知识体系。汉语中选择《尚书》中"洪范九畴"这一古语来翻译"范畴"。《洪范》篇是中国古代政治传播的大经大法，"中国十一世纪的改革家"王安石就曾经写过《洪范传》，源自《洪范》的"范畴"一词，再次隐喻地传递了"范畴"一词在汉语世界的重要意义。《洪范》中借箕子的话说："我闻在昔，鲧陻洪水，汨陈其五行。帝乃震怒，不畀洪范九畴，彝伦攸斁。鲧则殛死，禹乃嗣兴，天乃锡禹洪范九畴，彝伦攸叙。"它借人们熟悉的"大禹治水"的故事，说明了"洪范九畴"的重要性。今天我们做华夏传播研究，也要有我们自己的"洪范九畴"，这就是华夏传播研究的"范畴"，那么哪些概念是华夏传播研究的"范畴"呢？这是一个值得长期深思熟虑的问题。这一问题自谢清果、潘祥辉、李红、张兵娟等学者在金坛会议提出之后，经过了四年的思考和酝酿，思考的结果最终结集为本书。

---

*　作者简介：王婷，贵州师范大学国际教育学院讲师，厦门大学新闻传播学院传播学博士。

笔者认为"面子"概念应该属于华夏传播研究的一个重要范畴。一项新近的佐证是 2022 年 6 月 16 日，香港中文大学新闻与传播学院苏钥机教授应武汉大学媒体发展研究中心邀请，发表的线上讲座《谁是大师？什么理论？有何启示？回顾半世纪大众传播学发展》。苏钥机教授以西方传播学教科书为研究对象，以实证数据分析呈现传播学的主要学者、理论和概念。研究共选择教科书 19 本，44 个版本，时间跨度从 1959 年至 2021 年，其中"主要学者"的选择标准是至少在一个 10 年的时段有六成或以上的教科书提及，"主要理论"则要在三分之二或以上同时段的教科书中出现。在讲座中，苏钥机教授问道："华人学者怎样才能有机会在国际学术殿堂占一席之地？""哪一位华人传播学者是西方教科书引用最多的学者？"答案是许多人没有想到的丁允珠（Stella Ting-Toomey）教授，她是加州州立大学富勒顿分校的人际传播系教授，其研究领域为跨文化传播亚洲传播模式，她的代表理论贡献就是创立了"面子协商理论"（face-negotiation theory），而正是这一"理论贡献"使得其位列西方传播学教科书对华人学者理论引用的榜首，关于丁允珠教授的"面子协商理论"理论我们可以参看她的著作：（1）Ting-Toomey S. *Intercultural Conflict Styles: A Face-Negotiation Theory*. In Y. Y. Kim & W. B. GudykunstEds.Theories in Intercultural Communication（pp.213-238）. Newbury Park，CA: Sage，1988；（2）Ting-Toomey，S. & Chung L. C. *Understanding Intercultural Communication*. Los Angeles，CA: Roxbury，2005。由此我们至少可以看出在西方学界最有影响力的华人学者根据中国文化自身特点提出的最具影响力的学问是与"面子"有关的传播理论，"面子"范畴在传播学研究中率先实现了国际化，因此我们研究华夏传播，应当重视这一既有的学术影响，深化对于"面子"范畴的研究，在中西比较中，加深对于中华文化传播的连续性诠释。

第一节　问题的提出

在工业化、信息化和现代化交互进行的 21 世纪，"人工智能"成了交叉学科联合攻关的典型产物。自从 1956 年达特茅斯会议上第一次提出"人工智能"这一设想以来，"人工智能"已经由观念蓝图变为了对社会生活产生重大影响的科技变革。"人脸识别"建立在比对采集人脸数据与数据库人脸数据，进而通过人工智能自动分析验证的基础上。人们对于"刷脸"技术应用的发展前景可谓憧憬与担忧并存。近年来人们一方面感叹于"人脸识别"在破获诸如北大学生吴某宇弑母案、抓捕潜逃 20 年之久的数起杀人抢劫嫌疑人劳某枝过程中所发挥的奇效，另一方面，又对"刷脸支付"和小区门禁"人脸识别"中有可能存在个人信息隐私泄露风险而担忧。这一新型技术的出现正在悄然改变人与人之间的关系，由"人脸"而延伸出的各类问题也日渐增多，受这一系列现实问题的推动，追溯"人脸"在人类历史中的社会化形态"面子"，回顾中西方"面子"符号的代表性立场观点，或许有助于今人从传播和符号的角度辩证审视"人脸识别"技术及其带来的社会改变中的"面子"元素，为丰富和完善关于"人脸识别"的哲学社会科学相关理论提供借鉴。

中国人日常生活中呈现的脸面问题，在"三千年未遇之奇变"的中西跨文化碰撞中浮现。中国社会近代化以来，在古今中西大碰撞的历史背景下，在近代中国思想启蒙语境话语中，这个问题始终被认为是"认识老中国"和"阐旧邦"的一个重要面向。鲁迅、林语堂、罗素这些有着不同西学背景的中西方近现代思想家在谈到中国问题以及中国国民性问题的时候一再把关注点落到了中国人的脸面问题上来。

华夏文明传播中的脸面符号，仿佛鱼之于水，空气之于人，具有"百姓日用而不知"的特点。质而言之，华夏文明传播中的体面性取向十分鲜明，只不过，面子问题长期以来对于中国人而言真可谓"不识庐山真面目，只缘身在此山中"。一百二十多年前借助美国传教士明恩溥（Arthur Henderson Smith）的他者视域，通过来自欧美异质文明的比较观察，华夏文明传播中这一世俗性特点被揭示出来。明恩溥在《中国人的气质》中共谈到中国人的 26 种"特性"，"面子"就是其中之一。在该书的定本中，作者最终将"面子""体面"提到全书首章，可见脸面问题具有较能总概中国人特殊地位，也是较能区别于他者文化的面向。在清末民初由日译本转译的《中国人的气质》中写道：

面（Face），人皆有之，今也执人人共有之面而为中国人气质之一，人孰不笑之？然中国人所谓面（Face）者，体面也，不但谓其头之前面而已也，其意味颇广，不说明之读者不知也，故此特设一章。

不明中国人所谓体面（Face）之意，请言中国人有演剧之天性。于中国之演剧，可称为中国第一之游戏。中国人之嗜之者，无异英人之嗜角力，西班牙人之嗜斗牛。辄常取法俳优，振身谴色，俯伏顿首。在西人视之，不但以为不必，且极以为可笑。又有所谓弹词，于二三人前，滔滔辩论，无异在众人之前，常大声疾呼。正声色，巧于此等事者，则谓之有体面（Face）；不知此事，或拙于此事者，谓之失体面

（Face）。是故苟能一明体面（Face）之语，则中国人紧要之气质，思过半矣。[①]

即使用今天文化多样性的包容眼光来看，明恩溥书中描述的许多方面都有失偏颇，甚至流露出 19 世纪末 20 世纪初叶西方文明挟工业文明席卷全球之势对中华文明的傲慢和偏见心态，尽管出于历史的缘故，却难掩作者的狭隘文化观念。特别是当明恩溥抱持西方基督教思想，裹挟当时西方民主的政治观念，来解读当时无论物质还是启蒙精神都相对落后的中国人时，他的批评有失公允。对此，民国怪才辜鸿铭多次公开批驳，并且为了回应这种贬低中华文化自信的嘲弄和轻蔑，毅然奋笔用英文撰写下《春秋大义》（*The Spirit of the Chinese People*）这一英文世界和中文世界中的双重名著，驳斥当时一如明恩溥等西方传教士骨子里的西方中心主义，以及试图制造否定中华文明的国际舆论。不论明恩溥当时对中国人总结出的看法是否准确，至少在辜鸿铭这里看来，出于最基本的民族自尊心对此提笔回击这个事件就是一次挽回民族"脸面"的义举。可见无论个人或者集体，"脸面""体面"对中国人来讲的确是一件顶重要的事情。

第二节　中国"面子"范畴探源

早期来华传教士开始着手于中国人特性之研究后，中国诸多学者也纷纷将目光投在"中国民族性或国民性"上，如梁启超、鲁迅、林语堂、傅斯年、潘光旦等。到了 20 世纪 80 年代，人们开始热衷批判和反思传统思想文化，并试图响应 20 世纪初梁启超等人士鼓吹的民族性改造等议题。直到进入 90 年代，情况发生了一些变化，随着社会的开放程度加大，中西文化交流进一步加深，中国人逐渐具备了接受外国人批判自身特点的自信心。并且近十年来，对于中国人特性如"面子"等议题也逐步从西方理论阐释的角度转向以"本土化"中国经验进行诠释。正确理解中国人的面子观无疑需要呼唤扎根中华大地的特色性阐释，不必囿于旧式"西学中体"下"嫁接"式的研究思路，继而采取一种"本土性契合"[②]的研究思路。

面子或脸面，究竟只是早期社会心理学家提出的一种社会学想象，还是一种道德隐喻？在笔者看来，脸面是一种符号，承载文化—心理的社会性符号，是

[①]　明恩溥：《中国人的气质》（作新社藏版），佚名译，黄兴涛校注，北京：中华书局，2006 年，第 1—2 页。

[②]　杨国枢：《中国人的心理与行为：本土化研究》，北京：中国人民大学出版社，2004 年，第 27 页。

身—心之间，具身与心灵之间，产生意义互动和交换的物质性中介符号。赵毅衡教授认为："任何感知，只要能被当做意义的载体，就成了符号。"[①] 面子首先是身体—心智间能被感知的人格认识，同时也是反映文化传统的意义载体。其次，面子是自我传播转向外部世界的起点。自我传播作为众多传播类型的起点与根本，谢清果教授说："内向传播虽然以内向性为主要特征，但它依然具有一切传播所共有的社会性与互动性。"[②] 讲面子是人格自我完善的符号载体，是人们希图经过整饬呈现给他者的对外传播符号，让"面对面"成为人类传播的基本原型，继而扩大到其他传播类型。但值得强调的是，面子的互动或交换，存在内心与外在的沟通张力，具有"面传心授"、人内传播与人外传播交织进行、身体—心灵的文化心理互动。扩而言之，面子交往呈现出众多的符号意义，是意义丛的多元一体的表征。

一、人情关系：面子存在的社会文化心理基础

中国"面子"文化的生存土壤首先离不开中国式"人情关系"这一文化心理基础。这方面的阐释正如费孝通先生在 1947 年的《乡土中国》里描述的中国"差序格局"的社会特点，即是从"个人"为中心向外扩覆盖了家、家族、圈子最终成为一个熟人社会的同心圆。因此连接社会关系的必要因素就是人情。李泽厚先生曾说过"人情关系"作为中国文化—心理的必要产物，其第一层纽带就是血缘和地缘关系。换言之，脸面文化即只有在"人情关系"中特别是具有血缘和地缘的关系之中才更能彰显其独特的价值。[③] 这份人情表现在外部环境是面子，但实则需要人们通过内在人事关系来把握并体悟蕴藏其中的中国式人情，出入在表里之间、虚实之间。例如，在《史记·项羽本纪》中，楚霸王项羽率军攻入咸阳，杀掉末世秦王子婴后，胜利的喜悦让这位力拔山分气盖世的英雄也不免开始幻想着衣锦还乡的场景。司马迁运用"史家悬鹄"来呈现项羽特定社会关系下的"脸面"价值观，即"富贵不归故乡，如衣绣夜行，谁知之者！"[④] 什么是"长面子的"荣誉，项羽体贴得很准确，就是须做到"荣归故里""荣耀乡里"才能使"脸面"格外地容光焕发。所以，谈面子还须回到熟人社会，其价值和意义才能凸显，不然，即使再有所成就，若身处异乡也"如衣绣夜行，谁知之者"。可惜有"不识趣"的人，没有"心领神会"楚霸王对荣耀的珍重，更没有和霸王就此产生情感的共鸣，

---

① 赵毅衡：《符号学：原理与推演》（修订本），南京：南京大学出版社，2016 年，第 47 页。
② 谢清果：《内向传播的视阈下老子的自我观探析》，《国际新闻界》2011 年第 6 期。
③ 杜鹏：《"面子"：熟人社会秩序再生产机制探究》，《华中农业大学学报》（社会科学版）2017 年第 4 期。
④ 司马迁：《史记》（第一册），北京：中华书局，2014 年，第 402 页。

反而讽刺项羽衣锦还乡不过是猴子穿衣服，如同"沐猴而冠耳"，非常折损霸王的面子，最后被赐死。这是历史的告诫，王者的"面子"如"逆鳞"（《韩非子·说难》）不可轻触。

"人情"和"面子"在华人研究中较有代表的是台湾学者黄光国的《人情与面子——中国人的权力游戏》。在黄光国看来"情感性的关系通常是一种长久而稳定的社会关系"[①]，并且人情之于中国文化具有的三个含义：（1）人情是指个人遭遇到各种不同的生活情境时，可能产生的情绪反应（即同理心）；（2）人情是指人与人进行社会交易时，可以用来馈赠对方的一种资源；（3）人情是指中国社会中人与人应该如何相处的社会规范。[②] 在黄光国看来"做面子"本身也就是为了关照人情社会的一种具体人际交往行为，是在人情法则下处理人际冲突、把握人际关系的权力游戏。辩证地看，面子虽然是在人情的法制下被运作，但人情本身不必在场[③]，完全可以经由面子符号进行互动，从共有的社会文化中产生情感的共鸣，上演一场中国人情式交往场景。

二、宗法礼教：面子崇尚人伦道德的现实制度

自周秦以来，以血缘关系为纽带的宗法制在中国建立，其遗风余绪长期影响后世，以至于今。中国传统思想的主流儒家学派采取一种积极入世的态度，希图建立一个温情脉脉、"父为子隐，子为父隐"（《论语·子路》）的家国一体社会，通过"制礼作乐""三纲五常"等礼法制度来实现理想中的大同世界。中国人由是特别重视人伦关系、人际关系，重视人本身，在这种关系框架下反映出中国文化中虽然并不突出个人的主体性，但是却肯定个人对于家庭、国家的义务和价值。因此，将"面子"符号置于传统社会宗法礼教的背景下去考察，会发现"面子"符号不仅仅是关乎个体脸面和形象管理，还与中国人"周全他人""顾全大局"的深层次的"礼乐"传统息息相关。学者金耀基将"面子"在中国文化的这两个特性概括为："社会性的面"和"道德性的面"。[④]

宗法礼教是传统中国社会的制度支点，"礼教"亦称"名教"，《诗经》讲"维号斯言，有伦有迹"（《小雅·正月》），孔子讲"正名"（《论语·子路》），董仲舒讲

① 黄光国：《人情与面子：中国人的权力游戏》，黄光国，胡先缙等编：《人情与面子：中国人的权力游戏》，北京：中国人民大学出版社，2010年，第7页。

② 同上，第13—14页。

③ 赵毅衡教授认为"意义不在场，才需要符号"。中国人在讲面子时，人情关系是不必现身的，因而才有"谁的面子大""谁的脸面足"等符号隐喻。参阅赵毅衡：《符号学：原理与推演》（修订本），南京：南京大学出版社，2016年，第45页。

④ 金耀基：《"面""耻"与中国人行为之分析》，《中国社会心理学评论》2006年第1期。

"深察名号","名生于真,非其真,无以为名。名也,圣人之所以真物也,名之为言真也"①。"面子"的符号化由是而来,其先天文脉中就流淌着礼法的血液。

先秦儒家集大成者荀子就高扬"礼"的重要性。荀子在体察人性时洞见到人性中"恶"的部分,因而希望人们通过后天的学习去"伪善"(《荀子·性恶》)以改造先天之不足,之后发展为"隆礼"思想并展开实践。荀子在《论礼》篇中说道:"人生而有欲,欲而不得,则不能无求……争则乱,乱则穷。先王恶其乱也,故制礼义以分之……是礼之所起也。"(《荀子·论礼》)人生来皆有欲,这包括作为基本的生理需求,也包括非生存的仅为满足个人好恶的私欲。人的各种欲望假如不加以克制就会导致人的关系沦为倾轧对抗,社会混乱无序,最后走向"乱而穷"。在荀子看来人从动物走向文明是"礼"的必然发展,"礼"反过来制约人性之恶,可以发挥"去恶存善"功能。儒家圣人秉持人性中"善"与"恶"这个一体两面的客观存有,就是从"礼"的实践与"礼"的精神中发掘能合情合理阐释人如何去认识自己的感性经验与原始本能,但同时又有关于如何去获得理性并追求至善的论述。

儒家推崇"人之性本善",但在人情发动时会出现"有善有恶"的现象,曰:"无善无恶心之体,有善有恶意之动"(《传习录》)②。所以"争面子""摆排场"是人性私欲的表现,儒家礼乐文明并不提倡,而如何去做则如阳明先生说的"知善知恶是良知",真正的中国"面子工夫"顺应良知呼应天道,就是对应孔子倡导的礼乐文明。这样,个体从良知出发,"保全个人体面"压制"恶"具有合理性,同时从群己关系出发"顾全他者面子"彰显"善"具有合情性,实践中表现为遵从"礼教"制度且恰如其分地维系"礼法"社会关系具有合法性,反映为华夏文明体系中一项具有现实意义的社会设计,也是华夏人际传播一项突出特色的交往法则,质言之,在中国社会,讲面子就是讲"礼法"。

《礼记·祭义》是关于阐释古代各种祭祀活动和仪式传播的普遍意义,文章中心论述了祭祀礼仪具有培养人们谦和孝顺、持敬庄重的特殊功能。中国人在具体的礼仪活动中通过情感互动实现礼乐精神。《祭义》中云:"致礼以治躬则庄敬,庄敬则严威。心中斯须不和不乐,而鄙诈之心入之矣。外貌斯须不庄不敬,而慢易之心入之矣。"③ 如何实现礼的精神?

首先就是要通过身体力行来体现。反映祭祀活动最终要实现人与人交往的庄敬,在祭祀中体现人格的树立与威严。如果心中没有和,没有喜悦,鄙诈的念头

---

① 董仲舒:《春秋繁露》,张世亮等注,北京:中华书局,2012 年,第 374 页。
② 吴光等编:《王阳明全集》(三卷本),上海:上海古籍出版社,2011 年,第 133 页。
③ 王文锦:《礼记译解》,北京:中华书局,2016 年,第 20 页。

就乘虚而入；如果外貌展现不出庄重与尊敬，怠慢之心就趁机侵入。由此，不难发现"讲面子"首先满足外貌的恭敬庄重，是礼乐倡导下的具体对外功夫。

其次，"讲面子"可使个体做到收敛身心。去伪存真的内化人格过程，也就是朱熹讲的求得天道认得性命的渐进过程："日用之间，随时随处，提撕此心，勿令放逸。而于其中，随事观理，讲求思索，沉潜反复，庶于圣贤之教，渐有默相契处，则自然见得天道性命，真不外乎此身。"（《续近思录·致知》）①

第三，面子符号充当了人格主体的内与外、身与心的转化媒介，礼法精神则通过这个中介外化为可见的交往行为。《乐记》云："故乐也者，动于内者也。礼也者，动于外者也。乐极和，礼极顺，内和而外顺，则民瞻其颜色而弗与争也，望其容貌而民不生易慢焉。"②礼乐文化外化于行为上，发挥和谐共生的人际交往志趣，同时，礼乐精神内化于心灵又协同个体走向精神世界的虚静空明，是内外相合的结果。如湛若水所言"正其心，平其气，如以镜照物而镜不动，常炯炯地"（《湛甘泉先生文集·大科训规》）③，就是身心一致才能在待人接物上做到意识清醒的敬。"惺惺，乃心不昏昧之谓，只此便是敬。"（《朱子语类》）整齐严肃就是"惺惺"的状态。"敬者，常惺惺法也。"（《朱子语类》）④ 从外表的庄重守敬，到内向的和于天道，做到内外相符，虚灵不昧，化为空明之境。

"讲面子"就是"讲礼法"，实质上是一个追求"敬"的过程。讲求"居敬""主敬""持敬"的实践理性工夫，目的是为了起到人与人关系的和谐交往，最终实现人与自己、与他人、与家国、与天地万物的和谐统一，达到宋儒所讲"民胞物与"的境界。孔子曰："君子有三畏：畏天命，畏大人，畏圣人之言。"（《论语·季氏》）大人的"面子"君子要给，在于"敬"；圣人的"面子"君子要给，在于"尊"；而天命更是要给"面子"的，在于君子对生命的敬畏。讲面子在中国社会的各类场景中是多维度的复杂圆通工夫。运用之妙，存乎一心。而一心所在最要紧的就是一个"敬"字。如果只停留在浅层次上看，如西方识别下的中国人好面子，只看到如同演戏一般的虚与委蛇。殊不知没有敬畏之心地"讲面子"只能表现为"狎大人，侮圣人之言"，探其缘故则是"小人不知天命而不畏也"。

宋代著名典故"程门立雪"：讲杨时有一次去求教当时声名赫赫的大学者程颐，但不巧程夫子正在午休，杨时不敢打扰，只得久等立于风雪中，直到漫天白雪覆盖了杨时的脚面，后世美名曰"程门立雪"。这个典故中，杨时程门立雪就是对程

---

① 张伯行：《续近思录》，上海：上海古籍出版社，1994年，第116页。
② 王文锦：《礼记译解》，北京：中华书局，2016年，第499页。
③ 湛若水：《湛甘泉先生文集》，桂林：广西师范大学出版社，2014年，第207页。
④ 朱熹撰，黎靖德编：《朱子语类》（第二册），武汉：崇文书局，2018年，第279页。

颐的"敬",对程颐的"敬"就是对程颐讲面子,对程颐讲面子就是讲礼法,展现了程朱理学的持敬思想,是宋明理学对中华民族人格修养影响极其深远的一面。如果只从皮相来看待这个典故,或许只会误以为夫子摆架子,学生拍马屁,误入西方理论"演戏""表演"等等剧场假说的歧途,看不到一以贯之的中华礼乐文明真精神。

三、和而不同:面子高扬"和谐共处"的交往观

中国作为礼仪之邦,以和为贵,追求和谐共处的待人接物行为都是中国人习焉不察、顺其自然的社会表现,以"贵和谐,尚宽容"表达了对"礼"文化的尊崇。从儒家传统来看,文化中有自觉地遵从"礼"并为了维系"和"的实际需要。《论语·学而》曰:"礼之用,和为贵。先王之道斯为美,小大由之。"这就是辩证地将"礼"与"和"联系来看待。用"礼"过甚,人情分离,需要"和"作为黏合剂,方为可贵,故夫子言:"凡礼之体主于敬,而其用则以和为贵。敬者,礼之所以立也;和者,乐之所由生也……和而节,此理之自然,礼之全体也。"(《四书章句集注》)[1]不少海外研究者在考察中国人的特点后都较一致地认为:中国人的礼教表现并不是刻板生硬地有意为之,而是融于生命行为的自然展现,并且"长久以来,(中国人)强调社会和谐性及人际关系的合理安排一直被认为是中国文化最显著的特性之一"[2]。由此可见,中国的"礼"并不仅仅是外表行为上的礼貌,也反映出内在的"理智与秩序"[3]。

陈国明教授说:中国人视"和谐"作为传播的目的而非手段,因此"实现人类关系之和谐状态的能力"也就是评价中国人传播能力的主要标准之一,"和谐是中国文化的核心价值,指导着中国人的传播行为"[4]。关于"面子"与"和谐"的关系,陈教授提出了一种传播原理:"在中国人传播活动中,'面子'的增长可以带来'和谐'的发展进步。"[5]所以"面子"是促进人际交往顺利、维系人际关系和谐的一个关键因素,这就是中国传统文化的基本精神之一。虽然在中国人的应然交往中,向往"和谐"、避免冲突,但在实然的世界里,冲突和矛盾并不能完全避免。

---

① 朱熹:《四书章句集注》,上海:中华书局,1983年,第52页。

② 黄光国:《人情与面子:中国人的权力游戏》,黄光国,胡先缙等编:《人情与面子:中国人的权力游戏》,北京:中国人民大学出版社,2010年,第1页。

③ 胡河宁,孟海华,饶睿:《中国古代人际传播思想中的关系假设》,《安徽史学》2006年第3期。

④ 陈国明:《有助于跨文化理解的中国传播和谐理论》,赵晶晶编译:《和实生物——当前国际论坛中的华夏传播理念》,杭州:浙江大学出版社,2010年,第22页。

⑤ Chen G.M.An Introduction to Key Concepts in Understanding the Chinese:Harmony as the Foundation of Chinese Communication. *China Media Research*,2011,4.

所以出于"贵和"的观念，中国人在处理冲突、解决危机时总愿意尝试采取一个更合情合理的办法来解决现实的矛盾。《论语》里讲"君子和而不同，小人同而不和"（《论语·之路》），就是说有道德教养的人在意见不同时保持和谐，无德无教养的人意见相同但彼此不和谐。"和"与"同"是区分"君子"与"小人"的标准，也是"重和去同的价值取向……重和去同的思想，肯定事物是多样性的统一，反对片面求同，主张以兼容天下的胸襟、海纳百川的气概，容纳不同事物"的相处之道。① "和"作为一项重要的内涵观念，表现为一种"共生交往"的观念，是与他者、社会、自然以及包括自我的共处原则——"中国的'和'观念具有自己鲜明的特色：'和'是一种整体性的世界观；'和'是东方对终极本身的诠释；'和'是一种生存方式；'和'观念注重的是社会和集体；'和'观念强调关系；'和'突出精神信仰，具有宗教的情怀。"② 因此，"讲脸面""顾忌体面"等具体的交往方式是中国人自觉地完成对"和"为目的的人际互动，实现了"和而不同"也就是"讲面子"的最高传播效果。

从西方社会心理学研究来看，"面子"是人在社会尊严和个体道德的体现；从中国重人情关系来看，"面子"则与"人情""关系"紧密相连，是人情社会中的必要产物。显然中西"面子"的侧重是不完全一样的。《中庸》中说："喜怒哀乐之未发，谓之中；发而皆中节，谓之和；中也者，天下之大本也；和也者，天下之达道也。致中和，天地位焉，万物育焉。"（《中庸》）具体的交往情境中，"面子"就是一种"情"之"已发"状态，无所谓能不能讲"面子"，而在于如何讲。朱子就解释了该如何讲"面子"的一套法则："发皆中节，情之正也，无所乖戾，故谓之和。"（《中庸章句》）中庸之道首先体现为一种融洽关系的交往之道，以增进"和"为目的，是一套"修身克己"的内在工夫。所以，在中国素有"礼仪之邦"的称号之下，"尊礼仪""爱脸面""讲体面"等日常行为都表现为一种基本的社会观念。要是"不给人以面子，是不可宽恕的无礼，犹似欧美人的向人挑斗"③，"和谐"与"和平"则难以言。

第三节　西方"面子"范畴管窥

面子理论并非华夏独有，在西方，社会心理学早已窥其重要的文化意义与社

---

① 俞祖华，赵慧峰：《中华民族精神新论》，济南：山东大学出版社，2005 年，第 42 页。

② 谢清果：《共生交往观的阐扬——作为传播观念的"中国"》，《西北师大学报》（社会科学版）2019 年第 2 期。

③ 林语堂：《吾国与吾民》，南京：江苏文艺出版社，2009 年，第 199 页。

会价值。与东方文明相似的是：西方面子研究也同样首先将面子视为一种人际交往、社会文化互动的符号。

一、欧文·戈夫曼：剧场理论

在众多西方"面子"研究中，受到较多关注的是加拿大社会学家欧文·戈夫曼（Erving Goffman）的理论。他在 1959 年的著作《日常生活中的自我呈现》中引入了前区（front region，又译：前台）和后区或后台（back region，又译：后台）的概念①，旨在阐释人际交往过程是一种类似于剧场表演的行为。当在前台有一个特定的表演背景时，人们会相应扮演出剧中人应有的角色形象，即呈现出的"面子"，但在后台则有公开场合不为人知的一些行为和心理活动（又是另外一张脸），这样做是为了做好"演出"或"表演"，（看不到的）心理活动属于后台准备，因此后台是不希望被他人窥视的。他将这种人际交往模式称为剧场隐喻（the dramaturgical metaphor）。"剧场隐喻"说，其来有自，厚植于西方文明土壤中，与古希腊柏拉图《理想国》中"洞喻"中被拘禁在山洞中的人所看到的幻影、荷兰人伊拉斯谟《愚人颂》所谓"整个人生无非就是一场戏……演员各自戴着不同的面具，各演各的角色"②、英国人弗兰西斯·培根的"剧场假象"等学说一脉相承。此后戈夫曼在《面子功夫：社会互动中的礼节元素分析》中开始使用"面子"（face）一词，他认为人们在台前"表演"时需要呈现"面子"（即符号）来展示一种"自我"形象，所以"面子"更多是一种关于个体如何对外展示的"面子功夫"（face-work）。文章还提到诸多关于"面子"可能会因许多事件（incident）造成交际中的尴尬（embarrass），所以人们维系外显的"面子"在于社会的某种要求或根植实践者的文化基础，但是这些外显出来的"面子"并形成一些交往准则未必是自然的人性表现。③戈夫曼从心理学分析入手，把"面子"视作一种表达"自我"的符号来传递信息，而这些"信息是被用来建构、保持和恢复互动的主旨体系的，这种体系可以使参与者执行自己的身份，或进行他们的表演"④。

除了戈夫曼还有许多相似的研究，如霍金斯、李布斯金德和斯瓦茨等在研究"面子"受损的问题上发现："比起对待熟人，冒犯者对待朋友会给出更长时间的、

①　Goffman，E.*The Presentation of Self in Everyday Life*. New York：Doubleday and Compa，Inc，1959：13-15.

②　伊拉斯谟：《愚人颂》，许崇信译，南京：译林出版社，2011 年，第 34 页。

③　Goffman E. On face-work：An analysis of ritual elements in social interaction. *Psychiatry*，1955，3.

④　梅茨，库帕克：《面子理论——戈夫曼的人际传播剧场方法》，载莱巴克斯特，布雷思韦特编著：《人际传播：多元视角之下》，殷晓蓉等译，上海：上海译文出版社，2010 年，第 272 页。

更保全面子的解释，而且比起地位低的人来，他们会给地位高的人更保全面子的解释。"[①] 面子虽然物理层面不会发生任何"损害"，但在精神世界面子的符号意义则会发生折损。这一点似乎和中国情境有一些相同之处，因为中西面子同样具有"面传心授"的特征，需要交往者借由"脸面"这个中介物产生心灵的互动，达成社会关系的合意与协作，不然都会具有意义上的"折损"。

尽管不少脸面的相关研究往往将戈夫曼的"剧场理论"奉为圭臬，但仅从"剧场理论"来理解个体的社会心理似乎过于机械。真实的社会行为表现未必真会如此泾渭分明地分有"前台"与"后台"，或许它们之间的界限从根本上就是模糊的。不难发现戈夫曼的观点暗含着主客二分之观念，而在这种情况下就不容易解释得通中国的许多实际经验，比如黄光国先生曾提出的"报"的观念。[②] "做人情""给面子"有时候是为了"报"（报答）别人之前给予的"恩"（恩惠、恩情），这里面有中国情境下的情感互动，关于到孔子提出"仁"的核心范畴，因而"面子功夫"未能被简单理解为一种前台、后台的自我表演。

二、"个人主义与集体主义"："面子"符号的跨文化理解

丁允珠（Stella Ting-Toomey）的"面子协商理论"可以看作西方面子研究的代表。她和 Atsuko Kurogi 从心理学出发，认为个人主义—集体主义（individualism and collectivism）的维度可以作为一个概念框架来解释为什么"自我"和"面子"的含义会因文化而异。在个人主义下，"我的尊严"（I-identity）优先出现，辩护和解释常常是个人脸面的维护策略；但在集体主义文化中，是"我们的尊严"（We-identity），"脸面"则更为突出，谦虚低调是维护脸面的防范策略。[③]

对于个人主义—集体主义两种文化，黄梓航等解释为"文化一般指的是社会成员间共享的价值、规范、思维方式、行为以及文化产品。Hofstede（1980）在上个世纪 80 年代提出了文化价值的四个维度，包括个人主义/集体主义（Individualism / Collectivism）、权力距离（Power Distance）、不确定性规避（Uncertainty Avoidance）以及刚柔性（Masculinity / Feminity）"。[④] 美国心理学

---

① 梅茨，库帕克：《面子理论——戈夫曼的人际传播剧场方法》，载莱巴克斯特，布雷思韦特编著：《人际传播：多元视角之下》，殷晓蓉等译，上海：上海译文出版社，2010 年，第 274 页。

② 黄光国：《人情与面子：中国人的权力游戏》，北京：中国人民大学出版社，2010 年，第 15—17 页。

c Ting-Toomey S, Kurogi A. Facework competence in intercultural conflict: An updated face-negotiation theory. *International journal of intercultural relations*, 1998, 2.

④ 黄梓航等：《个人主义上升，集体主义式微？——全球文化变迁与民众心理变化》，《心理科学进展》2018 年第 11 期。

家哈里·C.特兰狄斯（Harry C. Triandis）在其《个人主义和集体主义》一书中分别阐释了这两种文化的定义以及其区别：集体主义下个人的利益和集体的利益是一致的，并且集体的意志高于个人，个人不应逾越集体；个人主义则不然，个人的利益并非一定要和集体保持一致，即使个人的利益和集体的利益发生冲突，个人放弃集体而捍卫个人的利益，在个体主义文化下都是合情合理的（原文是natural）。[1]

从文化心理学"个人主义"和"集体主义"的概念划分来看，中国文化偏向于集体主义文化——集体高于个体是文化—心理的自然表现。上文提到中国社会中最基本的单位是基于地缘和血缘的初级群体，而初级群体聚合了众多个体最后汇聚成广阔的社会，体现了这一心理文化中共享的文化精神和价值取向。所以，在集体主义文化下个体对他者的价值高于个体的价值，从这一维度出发或许能够解释本文开头中提的为什么作为个体的辜鸿铭先生在当外国人撰文刺痛本民族国民性时，即使他身处国弱政衰的时代，仍毫不犹豫地挺身而出，斥责对华污名的制造者，为集体中国人找回"面子"。当然，辜先生的行为还不能仅用"集体主义"来概括，他的举措或许还有爱国主义精神，彰显出中华民族对"耻"的一般反应。虽然"耻"感文化不专属于中国人，但"中国文化把人的这一特点（耻）泛化，用以表示更为复杂的价值、心理和行为"，"其根源出自'德'与'礼'"的内涵。[2]因此在中国语境面子的具体展演中，特别是与"耻"的文化意涵相连，面子的意义则更为丰富复杂。

根据集体主义的概念，虽然可以呈现出一部分中国人的面子特征与规律，即集体的利益可以置于个人之上，或者个体利益次于集体的需要。但仅用集体主义还不能完全说得清中国人的面子经验，也就是不能细化出中国初级群体中还包含有人情关系、个体利益、族群利益和权力交换等更为复杂的现实交织状况，以及中国人对"和谐""共生"的终极交往意愿。集体主义的概括很多时候反而泛化、笼统、模糊了以中国为主要代表的东方文明，不能让人们一睹东方文明的绝代芳容。

三、面子协商："符号互动理论"的理解视角

"人情关系""宗法礼教"是中国面子观的前提。"面子"首先起到润滑各种关系的作用；其次，作为一种人际交往的符号，其在无形而又真实的社会结构中发

---

① Triandis H. C. *Individualism & Collectivism*. Boulder：Westview Press，1995：10-11.

② 翟学伟：《中国人的日常呈现——面子与人情的社会研究》，南京：南京大学出版社，2016年，第97页。

挥媒介作用。吴予敏教授在《无形的网络》一书中说："社会组织的形成，有赖于承担不同角色的人之间的符号传播……使人类社会生活成为可能，必须通过人际之间的符号传播"，在"一定的社会组织，都制定出一套特殊的符号交换的方式，用它来沟通各个成员。成员也往往借着这种沟通方式，扩大自我意识中的社会文化的部分，使自己真正成为角色化的人"①。但是，对于这套特殊的社会符号，吴教授在文中没有做更进一步的解释，只是扼要地提及这一观念来自西方现代学中的社会符号交换理论，是一种"刺激—反应"（stimulus-response）的反馈机制。

当我们回到西方语境，发现面子之所以能起到连接的作用，或许不仅有"刺激—反应"的反馈机制，还有取决于符号背后所存在的"意义"关系。美国符号互动理论学者米德（George Herbert Mead）对此就是这样界定的：

当我们使用符号时我们就指涉事物的意义。符号代表那些具有意义的事物或对象的意义；它们是经验中的已知部分，在他们之中任何一部分这样出现（或被直接经验到）的时间和场合，它们指示、象征、代表着经验中没有直接出现或被直接经验到的其他部分。因而符号不只是单纯地替代刺激——不只是引起条件反应或反射的刺激。②

米德的观点或许能帮助我们解释两个问题：首先，符号的沟通意义并不是简单的"刺激—反应"过程，是帮助人们"区别出该情境的特征，致使对它们的反应能够出现在个体的体验之中"③对意义的认识；第二，人们在社会活动中的传播行为无非都是"意义"的符号交换。在米德看来能使意义得以交流在于使用语言这套符号来完成，语言符号又是协助面子在人际交往得以完成的语言系统。丁允珠等也认为"面子"即是人们希望看到的公众形象，而做"面子工夫"（face-work）是"为了维护和恢复面子损失、支持和赞扬面子的特定语言或非语言信息"的呈现。④国内许多"面子"研究也都不约而同地认识到语言称谓系统可以体现出中国"面子"特性的一个方面。如翟学伟教授认为中国的称谓名称就是其中一个，在于称谓系统是对真实社会关系的再现，体现了长幼有序、尊卑有别的社会等差内涵。⑤在中国文化中，如何称呼人其实就直接涉及了"脸面"问题，如果在称呼中用语

① 吴予敏：《无形的网络》，北京：国际文化出版公司，1988年，第32—34页。

② 乔治·赫伯特·米德：《心灵、自我与社会》，赵月瑟译，上海：上海译文出版社，2008年，第109页。

③ 乔治·赫伯特·米德：《心灵、自我与社会》，赵月瑟译，上海：上海译文出版社，2008年，第108页。

④ Ting-Toomey S, Kurogi A. Facework Competence in Intercultural Conflict: An Updated Face-negotiation Theory. *International Journal of Intercultural Relations*, 1998, 2.

⑤ 翟学伟：《中国人的日常呈现——面子与人情的社会研究》，南京：南京大学出版社，2016年，第42—47页。

不当首先就有可能折损"面子"。其次，语言作为一种象征符号和面子作为一种心理符号共筑出不同社会文化语境下的面子符号互动。关乎"脸面"无论中西文化都有一套专门的词汇系统。在中国，比如有不敢当、包涵、献丑、叩谢、岂敢等等，这些专门的交际敬语构成了一套中国特有的礼仪习俗和礼貌用语系统。不难看出中西之间都将"面子""脸面"视作人们精神交往中的一种心理符号，人同此心，心同此理，这是中西"面子"文化对话的同理心。借用"结构主义"①观念来考察，"脸面""面子"作为意义之网的物质承载基础，是无形社会结构之下的组成部分。社会结构虽然是"无形"的，但经由面子符号互动后具化了人们的交往行为，也就是在无形的人际关系中，给不给脸，谁给谁面子，等差秩序与交往意义由此显现。以各类社会关系聚合为前提，个体与个体、群体与个体之间的互动行为由面子作为媒介产生联结，通过共享的符号—意义空间完成社会交往的循环活动（见图15–1）。

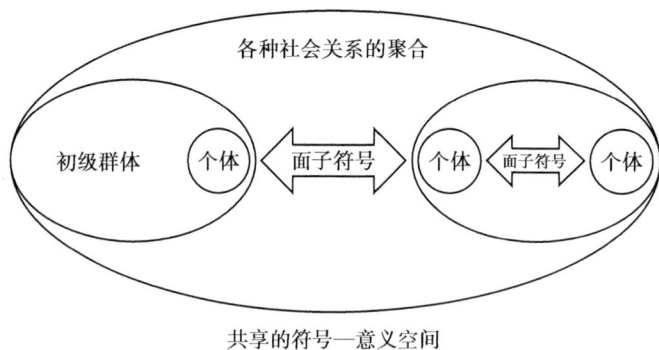

共享的符号—意义空间

图 15-1 面子符号媒介图示

　　需要强调的是，社会结构及其结构下符号与意义的关联，中西方基于相似的符号理论可以进行面子对话，但符号的深层次意义又有本质上的分野，具体表现在文化的取向性和历史的传统性上。关于文化所表征的不同社会逻辑，布尔迪厄在批判理论与实践相分离时曾认为："根本不能指望社会理论孤注一掷地不从以具体经验研究的实践作为基础的'理论逻辑'出发"。②中西都能以面子为符号媒介进行文化的考察，但还须放置在特定的文化语境下，即上图共享的意义空间中来具体分析和看待。图示中作为连接个人与群体、群体与群体之间出现的这根基础

---

　　① 结构主义："基本上是关于世界的一种思维方式……结构主义者的最终目标是永恒的结构；个人的行为、感觉和姿态都纳入其中，并由此得到它们最终的本质。"参阅特伦斯·霍克斯：《结构主义和符号学》，瞿铁鹏译，上海：上海译文出版社，1987年，第8～9页。
　　② 布尔迪厄，华康德：《反思社会学导论》，李猛，李康译，北京：商务印书馆，2015年，第33页。

线——共享的符号—意义空间，如果不存在这一基本关联线，任何关系下的符号交流将缺乏一个必要的解读前提。不难发现，西方社会也有"面子"文化，但是西方人却未必能领悟中国人特有的"面子"观，如胡先缙女士考察美国人有"面子"但不能理解"脸"就是一例，[①] 不同文化间缺乏必要的共享意义认同空间。当然，在本文中所讨论并强调的这一共享的意义空间正是上文所提到的"人情关系"社会和"宗法礼教"制度共同构筑的华夏文明传播生态。

结语：未来"面子"传播范畴展望

上述理论是当前国内较多研究者提出的西方"面子"研究成果和范式，但目前还尚未出现在人际传播中基于关系传播理论探讨"面子"研究。在构建人类命运共同体和"百年未遇之大变局"这一时代背景下，重新思索和梳理中西关系，在中外新型合作关系中传播华夏文明重视人情交往、重视人伦关系等"面子"符号理论，对于实现"亲仁睦邻"，祛除西方自古希腊以来的剧场理论幻象中视"讲面子"为"演戏""表演""作秀"等"可爱但不可信"的理论鬼魅，建构基于关系的新型交流理论具有重大意义。

关系传播理论可追溯至贝特森的"传播新秩序"概念，就是强调这样一种研究观念："突出模式化关系的重要性，而不是单个事件的重要性；突出互相关联的重要性，而不是单一原因的重要性。"[②] 这要求研究者将从多元关系、多层结构、多类型互动的综合性系统考察组织中的内部关系。如果将关系视作有机的系统，米德是这样说的："必须把个体的主观经验放在与大脑的自然的、社会生物学的活动的关系之中，才能对心灵提出一种可能被接受的说明；而只有认识到心灵的社会本性才能做到这一点……因此，我们必须承认，心灵是在社会过程中、在社会相互作用这个经验母体中产生出来的。"[③] 联结人们关系的枢纽就是这个"经验母体"，并且继续发展新的社会关系，如此就给我们提供了一个新的思考方向：在人际传播中，关系通过交流而产生，关系或许是一切社会意义的理解前提，由此则能视之为构筑符号体系的一项基本条件。喻国明教授在《论作为关系表达的传播内容范式》一文中说道："在传播学中，人与人的传播不仅是两人之间的讯息传递，而

---

①　Hu, Hsien Chin.The Chinese Concepts of "Face". *American Anthropologist*, 1944, 1.

②　罗杰斯，L. 埃德娜：《关系传播理论——人际关系的一种系统—互动路径》，巴克斯特，布雷思韦特编：《人际传播：多元视角之下》，殷晓蓉等译，上海：上海译文出版社，2010 年，第 441 页。

③　乔治·赫伯特·米德：《心灵、自我与社会》，赵月瑟译，上海：上海译文出版社，2008 年，第 119—120 页。

且是人们通过人与人的传播来商定意义、身份和关系的方式。"① 简言之，关系立场的不同导致关系的表述不同，而面子在不同中西叙事中，总的符号所对应关系内涵中反映的意义，甚至价值取向自然就千差万别了。王怡红教授也曾说过："在人际交流研究的众多问题中，关系的重要性无可比拟。传播过程中的讯息和意义则是围绕关系而确立的，且都显现于人对关系的意识与表现当中。"② 正是"关系—交流"的建立，才愈加突显"面子"的符号作用，人际交往通过脸面中介不仅发挥关系建立的功能，还具有媒介转化能力，转化为一类社会生活可交换的人情资源，③ 与社会结构性权力关系产生耦合联动。

总而言之，中西面子观念都可以视作基于面子符号为媒介的意义互动，这是中西可以进行对话的一致前提。同时，中西的面子分野则在于符号背后文化意义与历史情境的差异，源于中西文明各自积淀的文化结果。中国表现为礼乐内核精神之上的人情世故练达功夫，西方则重视社交印象与社会情境下的心理互动。但进一步思考，二者的符号观念都可以放在更为基础的关系法则下去考察，面子符号的广泛意义在关系秩序中或许可以走向一个大同，则如人类命运共同体为全人类关系的前提之下，面子作为一个显著的文化—心理符号可以邀约人们广泛参与社会意义的共建。

---

① 喻国明，张珂嘉：《论作为关系表达的传播内容范式》，《武汉大学学报》（哲学社会科学版）2020 年第 4 期。

② 王怡红：《关系传播理论的逻辑解释——兼论人际交流研究的主要对象问题》，《新闻与传播研究》2006 年第 2 期。

③ 翟学伟：《人情、面子与权力的再生产——情理社会中的社会交换方式》，《社会学研究》2004 年第 5 期。

第十六章　道始于情：华夏传播"情"范畴的人性本色

林　凯[*]

情感作为人的心理特征之一，是社会传播研究的一个永恒的话题。文章从中国本土化语境中选择儒家、道家和禅宗三家在社会交往和传播中对情感的运用和表达，以此揭示华夏传播的情感底色。一般说来，儒家强调情感对于人的交往以及社会秩序建构的积极意义，在"忠恕之道"中实现个人与他者的共情交往；而道家则希望人忘却世俗情感，通过"心斋""坐忘"实现真情的交流，进而达到"道通为一"的境界；禅宗则讲求灭去每个人心中的世俗情欲，通过内心的开悟，并通过"体势"等交流方式来参禅悟道，进而直达"明心见性"，实现心与心相会和至诚情感的沟通。儒释道虽然体道方式不同，但都向往至善的情感交流和传播。

人是情感的存在。[①]情感作为人类最基本的心理特征之一，是一个人生存、自我内在修身的重要心理因素，也是进行社会交际的重要纽带。从认知科学在心理学上对情感的功能和意义的重新阐释来看，情感是人的行动的内在动力，具体来说："情感能够协调主体与环境之间的互动，具备告知、评价和意动的功能。也就是说，情感不仅告知主体发生了什么，还通过在刺激事件的主观意义上的反映（如，对主体来说是好的还是坏的？是应该接近它还是回避它？）来驱动主体作出反应。"[②]情感对于人的社会行动不管是积极的还是消极的都有重要的意义，因此对于情感的这种社会功能，儒释道三家对情感有不同的认知和处理方式，形成具有中国本土式的交往和传播形式，构筑了华夏传播的情感底蕴。本章从儒家、佛教（中国禅宗）、道家对于情感的认识出发，探讨三家基于情感的交往和传播方式，

---

　* 作者简介：林凯，集美大学马克思主义学院讲师，研究方向：情感传播与马克思主义中国化研究。

① 蒙培元：《人是情感的存在——儒家哲学再阐释》，《社会科学战线》2003 年第 2 期。

② 纪莉、董薇：《从情感研究的起点出发：去情绪化的情感与媒介效果研究》，《南京社会科学》2018 年第 5 期。

由此揭示中国人行动的情感逻辑。情感作为中国文化研究中的一个重要命题，对它的研究能够从中窥探中国文化的特质，了解华夏文明的传播特征。

第一节 儒释道文化中的情感：认识与态度

儒家、道家和中国禅宗作为中国文化的主体，基于不同的价值观念和社会处世态度，他们对情感的认识和态度自然有明显的区别，由此决定了三家在情感表达和传播上的不同处理方式。这种对情感的认知和态度主要是从哲学层面进行思考。

一、儒家的"重情"思想

儒家倡导的仁义礼智信等价值观念深深扎根于中国社会，成为引导人们社会生活、构建和谐人际关系的重要精神引领和规范。儒家是重视情感的，情感是儒家文化的底色。在李泽厚看来，儒家文化的本质在于"情本体"，其是以"情"作为人性和人生的基础、实体和本源，儒家强调培植人性情感的教育，以之作为社会根本。① 蒙培元也认为，儒学从根本上说是人学，而人学就是仁学，仁是一种情感，而且是道德情感。② 蒙培元在《情感与理性》一书中对儒家的情感有过综合概括，认为儒家的情感可以有亲情、敬、乐，"四端之情"，喜怒哀乐之情，诚信之情，"七情"等。③ 这些情感有人的自然性情，如喜怒哀乐或者"七情"等，也有人的道德层面的情感，如"四端之情"、诚信之情等。

这些"情"从何而来？《性自命出》中提道："性自命出，命自天降。道始于情，情生于性。"④ 这里的"性"是人的本性，它藏于人的内心，只有在外物的刺激下才能显露出来（简文把它表达为"以物取之"），而"情"则是人的情感，它是"性"的流露和外部表现。简文说："喜怒哀悲之气，性也。及其见于外，则物取之也。性自命出，命自天降。"（简 2–3）。"喜怒哀悲之气"是"性"，这种"气"见于外，成为"喜怒哀悲"，则是"情"。⑤ 笔者认为，在儒家的文化语境中，这种"情"是一种"德性情感"。所谓"德性情感"，是在社会实践中强调人的道德本性是否得到满足而产生的一种心理体验，换句话说，人根据仁义礼智信等道德标准来评价人的思想、意图和行为时产生的主观体验。譬如，在社会交往中，臣属应该对君王有敬畏之情，子女对父母兄弟应该有孝悌的情感，朋友之间要有诚信的

---

① 李泽厚：《论语今读》，北京：生活·读书·新知三联书店，2004 年，第 16 页。
② 蒙培元：《情感与理性》，北京：中国人民大学出版社，2009 年，第 7 页。
③ 蒙培元：《情感与理性》，北京：中国人民大学出版社，2009 年，第 19 页。
④ 李零：《郭店楚简校读记》，北京：北京大学出版社，2002 年，第 105 页。
⑤ 李零：《郭店楚简校读记》，北京：北京大学出版社，2002 年，第 117 页。

情感等，以此才能符合、满足人的道德本性。笔者以为，在先秦儒家看来这种由道德本性生发的德性情感是引导人的认知、支撑人的信任以及促进人的社会行为发展和调整的基础动力。当然，由此表现在外的是"喜怒哀悲"等情绪，这些情绪可以在人与外界环境互动中成为一种媒介或纽带。

先秦时期，在诸子看来人类情感有积极的一面，而且在很多情况下，这在人之为人的根本点上，还起着决定的作用。[①]在蒙培元看来，情感具有最初的原始性，是人的存在的重要标志，并且对于人的各种活动具有重要的影响，甚至起决定性的作用。[②]正是基于人的德性情感的积极作用，面对"礼崩乐坏"的社会现状时，先秦儒家试图为重建社会秩序而找寻新的依据，也就是说，他们认识到了秩序的建立和人心存在着必然的联系，安顿世界最根本的办法是安顿人心和情感。[③]因此，在人的德性情感推动下人的社会行为以及社会秩序的建设是先秦儒家对于情感社会功能的认识，其中也蕴藏先秦儒家关于情感传播／交往的机制。先秦儒家的思想在汉武帝实行"罢黜百家，独尊儒术"的政策中得到一定的继承，但直到宋代才出现恢复先秦儒学传统思潮的宋明理学。宋明理学为孔孟的伦理学说提供了一个理论根据，宋代的理学家就对孔子和孟子所提倡的仁义孝悌等伦理思想提出本体论的证明，从而创造出比较完整的体系。[④]

在宋明理学那里，他们强调"心性之学"，这里的"情"是与"性"和"心"联系在一起的，宋明理学家对此进行了系统的阐述，由此丰富和完善了先秦儒家伦理道德思想的本体论的理论依据。张载认为："性者理也。性是体，情是用。……心之中自有动静，静者性也，动者情也。"[⑤]这表明性是内在的"体"，而情则是外在的体现，是一种"用"。朱熹也认为："恻隐、羞恶、辞让、是非，情也。仁义礼智，性也。心，统性情者也。端，绪也。因其情之发，而性之本然可得而见，犹有物在中而绪见于外也。"[⑥]这里朱熹系统阐述了情、性和心的关系。而二程则进一步回答了"情"是如何产生的。问："喜怒出于性否？"曰："固是。才有生识，便有性，有性便有情。无性安得情？"又问："喜怒出于外，如何？"曰："非出于外，感于外而发于中也。"[⑦]二程明确表明情感是人的道德本性与外界环境相互作用而产

①　欧阳祯人：《先秦儒家性情思想研究》，武汉：武汉大学出版社，2005 年，第 95 页。
②　蒙培元：《情感与理性》，北京：中国人民大学出版社，2009 年，第 19 页。
③　刘世宇：《情感与秩序：以先秦儒家思想为中心》，北京：人民出版社，2018 年，第 26 页。
④　张岱年：《先秦儒学与宋明理学》，《中州学刊》1983 年第 4 期。
⑤　（宋）张载：《张载集》，北京：中华书局，1978 年，第 339 页。
⑥　（宋）朱熹撰：《四书章句集注》，北京：中华书局，2011 年，第 221 页。
⑦　（宋）程颢、程颐：《程集》，北京：中华书局，1981 年，第 204 页。

生的。① 可以看出，宋明理学家对于情感的态度还是延续先秦儒家的思想，认为情感出于纯善的道德本性。不过情感也需要礼的约束和节制。总的来说，从先秦儒家到宋明理学都强调情感的重要性，是社会交往行为的一个重要推动力。

二、道家的"无情"思想

蒙培元认为，道家在"体道"过程中很少涉及情感因素，而不像儒家那样讲求情感色彩。② 老子所著《道德经》中并无"情"字，对老子的"情感"观念的研究相对较少，不过也有学者认为《道德经》中老子对社会失序现象，如"天下无道，戎马生于郊"③（《四十六章》）等的描述和批判，以及老子主张"无为"、顺应自然的处世方式，虽然里面没有直接谈到情感，但却也体现老子对社会现实的关怀，体现的是一种道德悲情。④ 这是较为抽象地思考老子的"情感"观念。除此之外，杨鑫辉认为老子的情感观念是和性格联系在一起的。如《道德经》六十七章中谈道："我有三宝，持而保之：一曰慈，二曰俭，三曰不敢为天下先。慈故能勇；俭故能广；不敢为天下先，故能成器长。今舍慈且勇；舍俭且广；舍后且先；死矣！夫慈，以战则胜，以守则固。天将救之，以慈卫之。"⑤ 作者借用韩非对此章的解释，认为慈爱的情感可以产生勇敢的性格特征。⑥ 相较而言，道家的庄子则明确提出"情"具有情感的意涵。

《庄子》文本中涉及"情"的描述很多，吕艺在《庄子"缘情"思想发微》一文中统计认为共出现 60 次，作为单词出现 54 次（仅内篇就 18 次）、"情性" 2 次、"性情" 1 次、"人情" 2 次、"情欲" 1 次。⑦ 总的来说，"情"在《庄子》文本中有"实情""真实"以及"情感"的意涵等。⑧ 关于"情"表示"情感"的意涵，《庄子·德充符》中庄子和惠子的对话有深入阐述：惠子曰："既谓之人，恶得无情？"庄子曰："是非吾所谓情也。吾所谓无情者，言人之不以好恶内伤其身，常因自然而不益生也。"⑨ 实际上这里有两种"情"：一个是惠子所说的人的情感，另一种是庄子所认为的超越人的情感的自然性情，也就是庄子所认为的"无情"。再

① 陈四光、余仙平：《试论宋明理学情感心理思想》，《江西社会科学》2011 年第 10 期。
② 蒙培元：《中国哲学主体思维》，北京：人民出版社，1997 年，第 103 页。
③ （魏）王弼注，楼宇烈校释：《老子道德经注校释》，北京：中华书局，2016 年，第 125 页。
④ 宋德刚：《从"情"的向度看〈老子〉》，《阜阳师范学院学报》（社会科学版）2018 年第 4 期。
⑤ （魏）王弼注，楼宇烈校释：《老子道德经注校释》，北京：中华书局，2016 年，第 170 页。
⑥ 杨鑫辉主编：《心理学通史·第 1 卷：中国古代心理学思想史》，济南：山东教育出版社，1999 年，第 123 页。
⑦ 吕艺：《庄子"缘情"思想发微》，《北京大学学报》（哲学社会科学版）1987 年第 5 期。
⑧ 陈鼓应：《庄子论情：无情、任情与安情》，《哲学研究》2014 年第 4 期。
⑨ 方勇评注：《庄子》，北京：商务印书馆，2018 年，第 98 页。

如，《在宥》篇说："人大喜邪毗于阳，人大喜邪，毗于阳；大怒邪，毗于阴。……彼何暇安其性命之情哉！""天下将安其性命之情，之八者，存可也，亡可也；天下将不安其性命之情，之八者，乃始脔卷仓囊而乱天下也。"①从这些论述中，我们可以看到在庄子的思想中有人的情感和自然性情之分，而且庄子更强调的是自然性情。庄子所说的能够超越人的本能情感的自然性情，这是一种超然的情感。当然，这是需要人通过心理活动或精神修为才能达到的一种境界。正如陈鼓应所说：这是一种庄子所讲求的真情的流露，也是本性的回归。②庄子的这种超然情感是一种对人的世俗情感的"超越"，是一种本性流露的"无情"，其强调的是人与人、人与自然之间的本真的情感交流。

三、禅宗的"去情"思想

自从佛教传入中国以后，与儒家和道家思想在对抗和融合中形成了具有本土特色的中国佛教，而中国佛教的代表之一禅宗，具有简易直接、容易为广大群众所接受的特点，而且由于它继承、发展了中国固有的传统思想，特别是孟子和庄子的思想，从而更具有中国化的特点。禅宗的出现，是中国佛教史上的一次革命，也是佛学中国化的产物。③

禅宗在发展过程中形成它的禅道宗旨：教外别传、不立文字、直指人心、见性成佛。这是其主要的心性论的观点，是禅宗修行的方法，也是一种境界，其强调通过内心对外界诱惑、欲望等的排除，使自身实现本性／心性的超脱。禅宗认为一切物都为心所造，寻觅境界中的顿悟，以求获得自由感。④《五灯会元》载径山了一禅师的话："业识深重，情妄胶固，六门未息，一处不通。"⑤很显然，这种心性修行方式需要剔除人的情感，尤其是世俗情感，才能实现纯净的心性修行。

我们知道，中国佛教推崇慈悲精神，正如《大乘起信论》所说："众生如是，身为可愍。作此思惟，即应勇猛立大誓愿，愿令我心离分别故，遍于十方修行一切诸善功德。尽其未来，以无量方便救拔一切苦恼众生，令得涅槃第一义乐。"⑥这种慈悲是中国佛教的主要伦理原则，慈悲实际上就是怜悯、同情，就是爱。⑦而这

---

①　方勇评注：《庄子》，北京：商务印书馆，2018年，第178页。

②　陈鼓应：《庄子论情：无情、任情与安情》，《哲学研究》2014年第4期。

③　蒙培元：《禅宗心性论试析》，《中国社会科学院研究生院学报》1989年第3期。

④　王卫平、郑立羽、许丽英：《禅宗文化对现代人的心理调试及其作用的哲学思考》，《福建医科大学学报》（社会科学版）2014年第3期。

⑤　（宋）普济：《五灯会元》，苏渊雷点校，北京：中华书局，1984年，第1098页。

⑥　（梁）真谛译：《大乘起信论校释》，高振农校释，北京：中华书局，1992年，第181页。

⑦　方立天：《中国佛教伦理思想论纲》，《中国社会科学》1996年第2期。

种爱就是佛教拯救、解脱他者所体现的伦理道德情感。禅宗也继承了大乘普度众生的思想，不仅自我解脱，而且度化众生。《楞伽经》提倡八风吹不动，所谓"八风"是利、衰、毁、誉、称、讥、苦、乐等，这是人在俗世中非要经历的种种情感。而禅宗则要自己或者帮助他人超越这种世俗情感，而达到一种涅槃的状态，在摆脱烦恼和情感困惑之后实现澄明感、清净心，禅宗让自己和他人学着去达到"即烦恼而菩提"的情感境界，在烦恼中证悟本来无一物的情感之本然状态。[①]

总的来说，禅宗作为中国佛教的一个派别仍具有佛教的一些品质特征：在对待"情感"上，对己对人都要求"去情"或者说"灭情"，从而追求一种心灵超脱，回归人本性的清净、纯洁的境界；而对人际来说，禅宗也是继承大乘佛教的思想，也即用慈悲之心去"度人"，这也是情感的一种表达和传播，当然这种情感是具有佛性的、纯粹的、本真的情感。

四、儒释道的情感观念比较

佛教在汉代传入中国以后保持了自身的特色，同时也吸收了儒家和道家的思想，形成具有中国本土化的禅宗，因此，在对待情感观念上禅宗和儒家、道家既有相同之处也有差异的地方。

（一）儒家与禅宗

禅宗吸收儒家思想最明显的地方在于其心性论上，尤其是孟子心性论的思想。儒家倡导天人合一，通过个人的心性修行达到与天道的融合，而禅宗则希望通过突破世间的压抑和束缚，获得心性的自由，达到自然本性的回归，实现生命的超脱。而且应该看到，儒家与禅宗在伦理道德上都是追求向善的道德情感。从大的方面说，禅宗和佛教都讲修心明性，认为本性是一尘不染的，是清净的，强调人加强自身的道德修养。譬如佛教有五戒、十善，这与儒家的仁义礼智信"五常"与礼义廉耻等道德理念和规范具有相通之处。[②]主张儒释会通的北宋高僧契嵩就曾说：夫圣人之教，善而已矣；夫圣人之道，正而已矣。其人正，人之；其事善，事之。不必僧，不必儒，不必彼，不必此。彼此者，情也；僧儒者，迹也。[③]也就是说，佛教是一种善道，是教人为善，使人成为正人。儒家也使如此，儒佛之道

---

① 王卫平、郑立羽、许丽英：《禅宗文化对现代人的心理调试及其作用的哲学思考》，《福建医科大学学报》（社会科学版）2014 年第 3 期。

② 杨增文：《佛教中国化和禅宗》，《佛学研究》2017 年第 1 期。

③ （宋）契嵩撰，钟东、江晖点校：《镡津文集》，上海：上海古籍出版社，2016 年，第 34 页。

是相通的，僧人、儒者只是行迹的不同罢了。①不过我们看到，儒家是强调情感在社会伦常中的积极作用，是有效调节君臣、父子、朋友等关系的重要纽带，长幼尊卑等社会秩序的构建需要情感的维系和推动。而禅宗认为这些情感会干扰和迷惑人的心性，是造成困扰的根源，需要人进行心性修行、剔除这些情感，让自己从世俗世界中超脱出来。

（二）道家与禅宗

道家的自然无为思想也是禅宗借鉴和融合的一部分。按照慧能说法，心本无物，本心是一种明净、纯洁的佛性，这种性空之说与道家的虚无有一定的相似之处，这种虚无是一种心性自然的体现，都是为了达到超然的境界。为了达到虚无的超然之境，禅宗和道家在修行方法上都主张"虚静"，比如老子的"致虚极，守静笃"，庄子的"其神凝""心斋""坐忘"等方式与禅宗的"寂灭虚静"是具有相通之处的，这种修行方法将在下文论述。在对待人的情感上，庄子并没有否定人的世俗情感，他主张的"无情"是一种强调人顺应自然发展，面对世俗社会应该坦然面对的一种超脱的情感。而在禅宗的思想观念中"情感"是一种羁绊，是一切苦恼、困惑的来源，要达到明心见性就需要灭去"情感"，达到个人的超脱，这是禅宗与道家在对待情感上的不同之处。应该看到，正如上文所言，人是情感的存在，情感是人生存的依据，以佛性的思想观照世俗情感，灭去"情欲"，让禅宗具有了与儒道两家不同的交往和传播模式。

以上对儒释道三家对于情感的认知和态度的考察，更多的是从哲学层面进行探讨，当然这种探讨也为我们考察华夏传播的规律和特性提供了思路和指导。因此，下文也将侧重从情感传播和社会交往的角度去探讨儒释道社会交往和传播行为中对于情感的驾驭和运用，以此揭示其中的规律。

第二节　"情"与华夏内向传播

从整体上看，儒释道三家都侧重强调内在修行，也就是说强调人的内在超越或伦理道德修养，从传播学上说这是内向传播的典型，也是华夏传播的一大显在的特征。内向传播（Intrapersonal Communication），也称自我传播。美国社会心理学家，象征互动理论的创始人 G.H. 米德将自我分成：主我（I）和客我（Me）："主我"是机体对他人态度的反应；"客我"是一个自己采取的有组织的一系列他人

---

① 方立天：《中国佛教伦理思想论纲》，《中国社会科学》1996 年第 2 期。

的态度。他人的态度构成了有组织的"客我",然后一个人作为"主我"对其做出反应。①"主我"是内在的意识和处理信息的一种机制,而"客我"则是作为来自外界的信息传入人体内,"主我"对此进行调整、排除、吸纳,最终形成能够指导自我的思想和行为,两者相互作用以成就一个不断变化和提升的"自我"。这都是在个体内部进行的信息传播活动,是人能够以自身为对象进行传播的一种活动。

儒释道三家具有明显的内向传播的修行过程,儒家学习圣人、成为圣人需要从自身内在德性开始修养;道家提倡无为、顺应自然,也需要从人的内心性情上进行自我醒悟;而禅宗的佛性追求更需要人心和本性的净化与顿悟,实现自我的超脱。儒释道以此实现自我内在的沟通、传播乃至达到至圣至真至空的境界。

一、儒家的"为己之学"

先秦儒家的"为己之学"思想是修养德性,修成"仁人"。其出发点在于人的内在修养,在经过对生命、自然和社会的思考之后,最后回归到对自我的提升和改造上来,而且这一过程是持续不断进行的,是一种过程化的提升。这种修养的过程和基本方式则是内省、观照,是以浸染、消融的方式进行自我教化、发明"良心"的过程,是内向化的自我传播过程。②《论语·颜渊》中说:"为仁由己,而由人乎哉?"③朱熹注释说:"为仁由己而非他人所能预,又见其机之在我而无难也。"④《孟子·公孙丑上》中也提道:"仁者如射,射者正己而后发。发而不中,不怨胜己者,反求诸己而已。"⑤这说明在先秦儒家的观念中,"仁"的修行或成就在于自身而非他人,强调了"仁"的修行的"主我"角色的基础性作用,也就是成"仁"的成功与否都在于"仁"的观念和感悟是否能够在自身实现转化,而不去抱怨外界。这里的"主我"需要以外界圣人为榜样,以外界社会的道德评价为参照,从而不断反思自身的行为,不断地提升自我的内在德性,以至修成"仁人"。而促进人内在自省的力量正来源于人的内在伦理道德本性以及由道德本性与外界互动之后产生的德性情感,如孟子所说的"四端之情"等,而宋明理学也继承了先秦人性本善的伦理思想。⑥人的社会交往行动由德性情感来引导、支撑乃至推动,而人

---

① [美] 米德(George Herbert Mead):《心灵、自我与社会》,赵月瑟译,上海:上海译文出版社,2018 年版,第 175 页。

② 谢清果:《内向传播视域下的先秦儒家"慎独"观》,《杭州师范大学学报》(社会科学版) 2017 年第 5 期。

③ 杨伯峻译注:《论语译注》,北京:中华书局,1980 年,第 123 页。

④ (宋)朱熹撰:《四书章句集注》,北京:中华书局,2011 年,第 125 页。

⑤ 杨伯峻、杨逢彬注释:《孟子》,长沙:岳麓书社,2000 年,第 57—58 页。

⑥ 陈四光、余仙平:《试论宋明理学情感心理思想》,《江西社会科学》2011 年第 10 期。

的外在情绪（喜怒哀乐等）等则成了人与外界互动，包括人与人之间交往的一条纽带，而这种互动本身也是"主我"对"客我"的反映，进而在德性情感的支配下调整自身的行为。在儒家环境中，这种调整的最终目的也是在于提升道德本性和强化德性情感。

二、道家的"坐忘"

在庄子看来，人的情感应该遵从内心的性情去自然地表露，而不应该受到社会规范的约束，也不应该由人的成见去发泄情感，它应该能够突破障碍与自我和自然进行交流和沟通。庄子的自然情感是个体修为之后所达到的一种境界，是能够实现与自然相融合的状态，在这种自然性情中每个个体都会摈弃喜怒哀乐等外在形式，引导人们退出价值形态的社会性情感即人之情，实现"万物复情""以天合天"的自然逍遥自由的状态，①突破交流的障碍，实现心灵的和精神上的共鸣，而能够达到真情流露的一个重要的内省式方法则是"心斋"。何为"心斋"？《人间世》中说："若一志，无听之以耳，而听之以心，无听之以心而听之以气！听止于耳；心止于符。气也者，虚而待物者也。唯道集虚。虚者，心斋也。"②"心斋"的概念中有两个关键的部分：其一，耳朵听只能听到声音、声响，心灵的体会则会明白事物发展的道理，而气则能成为沟通万物的媒介，这里我们应该看到"气"在心斋中的沟通作用；其二，"唯道集虚"，就是个体所追求和修为的"道"是一种空明虚静的心境和纯净的本真的无为状态。具体来说，就是个体意念高度精纯专一而至"虚"心无执，从破除感性之耳向对象探听之欲望，转向内在心灵虚静而听之无声，达到个体心灵虚静，同时与"集虚"的天道同一，实现超越物我的对立，达到"唯道集虚"的本体状态而实现相通。③总的来说，"心斋"的实质就是一个"虚"字，④在这种虚空的境界中不断提升自身的超然的性情，进而向外表达和传播至纯的"真情"。

三、禅宗的"开悟"

禅宗的修行以"明心见性"为目标，"自心"是禅宗修行的内在动力，它能够发觉本心、展示人的真性，这种目标的达成需要从自己内心出发透视一切事物而成就心灵的开悟，成就佛果，也就是说，在禅宗看来，佛从心生，自心创造（成

---

① 刘泽民：《庄子情感理论探溯》，《益阳师专学报》1991 年第 1 期。
② 方勇评注：《庄子》，北京：商务印书馆，2018 年，第 60 页。
③ 李亚飞：《庄子"心斋""坐忘"的体道精神》，《商丘师范学院学报》2018 年第 1 期。
④ 刘笑敢：《庄子哲学及其演变》（修订版），北京：中国人民大学出版社，2010 年，第 168 页。

就）佛，自心就是佛。① 成就佛果的时候就是人开悟的时候，这是一种内向修行和传播的过程。一般说来，开悟有自悟和顿悟两个方面：从自悟上说，因为每个人心中都有佛性，对本性的发觉需要从自己开始。《坛经》中记载，弘忍传法于慧能说："汝为六代祖，衣将为信禀，代代相传，法以心传心，当令自悟。"② 这是一种中国式的内在超越，是对自身本性的领悟和超越，只要自我解悟，除去心迷，即自见本性，自成佛道，这里强调的是人的自心的强大的感悟能力。另一种开悟的含义在于"顿悟"，非时间性的刹那间的全体领悟，而不是连续的阶梯式的渐悟……因此，只能刹那间的一悟，即超时间超空间的非逻辑的跳跃。③ 顿悟这一阶段可以实现心灵的解脱，能够对世俗情感不断消解，摆脱其干扰和困惑，不为情所累，一下进入至空的涅槃境界，实现了自我超越。正如："心开悟解，故知本性自有般若之智，自用智慧观照，不假文字。"④

第三节　"情"与华夏人际交往

以儒家文化为主流的中国文化中，情感是人际交往的重要推动力和人际关系维持的纽带，因此，人际交往则处处关情。而由于道家和禅宗的修行方式与儒家不同，因此在社会交往上体现出不一样的人际交往方式，情感在其中的作用也明显不同。不过从整体上看，儒释道三家的人际交往最终都是要实现人的德性的提高，让每个人都具有善的德性情感，向善的情感是一种目标，也是一种人际交往的动力。

一、儒家的"忠恕之道"

《论语·雍也》中提到，"夫仁者己欲立而立人，己欲达而达人，能近取譬，可为仁之方也矣"⑤。这是修"仁"的方法，其中的要点是"能近取譬"，也即以自己作为一个比喻和对象，由此推想到别人。从忠的方面来说，就是"己欲立而立人，己欲达而达人"；从"恕"的方面说就是《论语·卫灵公》中所说的，"己所不欲，勿施于人"⑥，合起来，叫作"忠恕之道"，也就是"为仁之方"。⑦ 在儒家看来仁爱

①　方立天：《禅宗精神——禅宗思想的核心、本质及特点》，《哲学研究》1995 年第 3 期。
②　（唐）慧能：《坛经校释》，郭朋校释，北京：中华书局，1983 年版，第 19 页。
③　蒙培元：《禅宗心性论试析》，《中国社会科学院研究生院学报》1989 年第 3 期。
④　（唐）慧能：《坛经校释》，郭朋校释，北京：中华书局 1983 年，第 54 页。
⑤　杨伯峻译注：《论语译注》，北京：中华书局，1980 年，第 65 页。
⑥　杨伯峻译注：《论语译注》，北京：中华书局，1980 年，第 166 页。
⑦　冯友兰：《论孔子关于"仁"的思想》，《哲学研究》1961 年第 5 期。

情感就是需要既从自身立场出发同时考虑他者，以此体现一种仁爱。其实从仁的内涵来看，其中包含着人际互动的关系和内涵。许慎的《说文解字》中对仁的解释是："仁，亲也，从人从二。"①关于"二"有学者对此进行过注释。郑玄注云："人也，读如'相人偶'之人，以人意相存问之言。"②清代学者阮元（1764—1849）认为："相人偶者，谓人之偶之也。凡仁必于身之所行者验之而始见，亦必有二人而仁乃见，若一人闭户斋居，瞑目静坐，虽有德理在心，终不得指为圣门所谓之仁矣……必人与人相偶而仁乃见也。"③仁只有在人际互动之中才能有所体现。其实在儒家的人际交往中，德性情感推动了人际交往，譬如忠义、孝悌、诚信等情感推进君臣、父子、朋友等人际交往，这些情感贯穿于日用伦常之中，基于这种情感的社会交往是遵从"礼"的交往，因此，这种德性情感下的人际交往有利于维持和谐的社会秩序，一切都在合理有序之中。进一步来看，这些德性情感的传播需要在具体的实践情境，因此就需要礼这样的规范和规则，所谓"情约之于礼"，使外在规范的礼和内在德性情感能够达到一定的平衡和契合，也就是"情在理中"，④也就是说，在交往行为和内在情感的接受和传播上都能够达到一种和合的状态。在宋明理学家那里也有相通的情感表达和传播观念，他们认为，人际交往中应该有符合道德的情感，而不符合道德的情感则需要节制。诸如程颢认为应该"以情从理"，而程颐、朱熹则认为应该"以性节情"，这都是要让情感完全符合伦理规范要求的体现。⑤情与礼交织形成了儒家人际交往和信息传播的特色。

二、道家的"坐忘"交流

在庄子的情感交流中，存在的障碍和沟壑来自外界的困扰和内心的成见，这些抑制了"真情"（自然性情）的流露，而达不到相互融合交流的境界。内心的成见通过"心斋"的方式给予消除，而对于外界的困扰，庄子则主张通过"坐忘"等形式消除人与外界的对立，实现情感的交融。

《大宗师》中描述到，仲尼蹴然曰："何谓坐忘？"颜回曰："堕肢体，黜聪明。离形去知，同于大通。此为坐忘。"⑥这是对"坐忘"内涵及方法的阐释。郭象对此

① （汉）许慎撰：《说文解字》，北京：中华书局，1963年，第161页。
② （汉）郑玄注：《礼记》（影印本），北京：北京图书馆出版社，2003年，《中庸·第三十一》，第7页。
③ （清）阮元：《揅经室集》（一）上海：商务印书馆，1937年，第157页。
④ 邵培仁、姚锦云：《传播模式论：〈论语〉的核心传播模式与儒家传播思维》，《浙江大学学报》（人文社会科学版）2014年第4期。
⑤ 陈四光、余仙平：《试论宋明理学情感心理思想》，《江西社会科学》2011年第10期。
⑥ 方勇评注：《庄子》，北京：商务印书馆，2018年，第125页。

注释说："夫坐忘者，奚所不往哉？即忘其迹，又忘其所以迹者。内不觉其一身，外不识有天地，然后旷然与变化为体而无不通也。"① 也就是达到"物我"两忘、契合自然、心纳万物的精神状态。应该说，"坐忘"更强调去除物与我的对立。② 从情感互动的角度来讲，二者之间"真情"的交流和互动应该通过"坐忘"的途径来实现。"坐忘"是忘去外在的诱惑，规避外在制度的约束和羁绊，忘掉自身七情六欲而能达到一种虚静空无的状态，从而与万物实现相通。由此，能够将自己的心境调整到一种较高的水平，反思情感的外在释放的形态，进而在情感上能够以平静的姿态去处理与周遭的环境关系。首先应该能够忘却自己心中世俗情感及外物对于人的道德束缚，正如《庚桑楚》中提到的："彻志之勃，解心之谬，去德之累，达道之塞。贵、富、显、严、名、利六者，勃志也；容、动、色、理、气、意六者，谬心也；恶、欲、喜、怒、哀、乐六者，累德也；去、就、取、与、知、能六者，塞道也。此四六者不荡，胸中则正，正则静，静则明，明则虚，虚则无为而无不为也。"③ 也就是说，这些外物及世俗情感不进入人的内心才能够实现"心神平正，平正就安静，安静就明彻，明彻就虚通，虚通就恬淡无为而无所不为"④。其次，个体应正确认识在社会中的地位与世界万物的关系。正如《大宗师》中写道："得者，时也；失者，顺也；安时而处顺，哀乐不能入也。此古之所谓悬解也，而不能自解者，物有结之。"⑤ 每个个体都能够"安时而处顺"，剔除、忘却世俗情感以及安然并顺应接受外在世界的变化，让自己能够顺应于外在世界的关系之中。当情感交流的双方通过"坐忘"的形式实现真情的流露，在实现了剔除内心成见、世俗情感以及与外界的对立之后，在情感上达到一种至纯境界，由此双方才能达到情感的互动和共鸣。

三、禅宗的"体势"互动

"不立文字，教外别传"是禅宗的修行宗旨，其实这也反映了禅宗的交往和传播观念，不立文字就是一种不用语言进行交流的方式。也就是说，它是通过肢体动作等形式进行交流，它能够突破语言的障碍而直接抵达内心，也即"直指人心"，这种交往更多的是一种心灵之间的沟通。据《无门关》载："世尊昔在灵山会上，拈花示众。是时众皆默然。唯迦叶尊者破颜微笑。世尊曰：'吾有正法眼藏，涅槃

---

① 郭象注：《庄子》，北京：中华书局，2018 年，第 52 页。
② 邵培仁、姚锦云：《传播受体论：庄子、慧能与王阳明的"接受主体性"》，《新闻与传播研究》2014 年第 10 期。
③ 方勇评注：《庄子》，北京：商务印书馆，2018 年，第 428 页。
④ 方勇评注：《庄子》，北京：商务印书馆，2018 年，第 430 页。
⑤ 方勇评注：《庄子》，北京：商务印书馆，2018 年，第 115 页。

妙心，实相无相，微妙法门。不立文字，教外别传。付嘱摩诃伽叶。'"① 释迦牟尼手拈鲜花，但却没有用语言传达信息，而迦叶尊者却能够会心一笑，深解其意，由此释迦牟尼把正法传给他。这则"拈花微笑"公案是中国禅师的创作，历来被视为是"以心传心"方式传授正法的典范，具有典型意义。② 手拈鲜花和会心一笑是一种通过身体动作，包括面部表情等非语言的传播方式进行心灵之间的沟通和传播。根据方立天总结，禅宗这种通过肢体进行修禅的方式有"棒喝""体势""圆相""触境""默照"等方式，笔者以为，其中的"体势"更能凸显人际交往的特性。"体势"的动作包括扬眉瞬目、拳打脚踢、拈槌竖拂、作女人拜以及指月、举一指等的表情、姿态、动作，可以根据不同的场景而采用不同的体势。《五灯会元》中记载了体势的交往情形，沩山灵佑和弟子仰山慧寂相见的情景："沩山一日见师（仰山）来，即以两手相交过，各拨三下，却竖一指。师亦两手相交过，各拨三下，却向胸前仰一手覆一手，以目瞻视沩山，休去。"两位禅师用手进行交流，各自通达其中深意。禅宗的体势含有象征性、暗示性的意义，通过肢体等非语言传播方式进行思想、情感、经验交流。③ 禅意之间不能通过语言传播而只能通过肢体动作来传达，一方面是强调用心灵去感应和会意，另一方面其实也强调了亲身参与体悟禅道。从情感交流的角度来讲，这种体势的互动是超越世俗情感的束缚而实现内心真诚情感的交流的，这种真诚情感是对禅意的深刻领会，是对佛性的追求的一种至真至诚的情感，通过心与心相传来实现内心真诚情感的交流而不落入世俗情感交往之中。

　　从整体上看，儒家认识情感对于人和社会的积极意义，诉诸人的情感，尤其从伦理道德情感出发贯穿于日用伦常之中，从人的内在本性进行修养提升，并外化于社会交往行动，实现天人之间、人人之间的沟通，以此践行仁道，从而建构和合的社会秩序。道家试图通过对自我内心成见的祛除和消除人与外界事物而达到庄子所倡导的"天地与我并生，万物与我为一"④ 的境界，在这种"道通为一"的交往情境中，道为情感交流创造了一个虚空的境界，这种情境或境界能够为情感的领会和情感体验提供感受的源泉。⑤ 也就是说，在交流传播过程中个体都能够基于对道的统一认识和感悟而进行有效的互动和认同，之间没有障碍而让情感彼此进入对方内心，以无我之情观照传播对象，在"道"之无为而无心于万物，亦

---

① （宋）普济：《五灯会元》，苏渊雷点校，北京：中华书局，1984 年，第 10 页。
② 方立天：《禅宗的"不立文字"语言观》，《中国人民大学学报》2002 年第 1 期。
③ 方立天：《禅宗的"不立文字"语言观》，《中国人民大学学报》2002 年第 1 期。
④ 方勇评注：《庄子》，北京：商务印书馆，2018 年，第 46 页。
⑤ 郭景萍：《情感社会学：理论·历史·现实》，上海：上海三联书店，2008 年，第 22 页。

无不为而得万物之本真的引导下，达到最高境界的"天乐"，也即它能够超越各种"有我"的情感，达到"至乐无乐"的一种情感体验。[①] 而禅宗追求自我的超越，从内心出发不断消除人的贪念，消除世俗情感带来的苦恼，并从具体的身体力行中参禅悟道，正如"体诸法如梦，本来无事，心境本寂，非今始空。……既达本来无事，理宜丧己忘情，情忘即绝苦因，方度一切苦厄。此以忘情为修也"[②]，也就是说，人要做到忘却情欲，超越自我，实现一切皆空，从而明心见性。[③] 禅宗的情感表达和传播在于参禅悟道之中，这种情感是悟道之人能够体会到的快乐，正如摩诃迦叶的会心微笑。

　　情感作为一种主观心理态度，儒释道表达和传播情感的方式不同，但总体上都强调具身参与实践和体悟而实现人的情感升华，使之成为人与人交流的一种纽带而不是障碍。情感的表达和交流是华夏文明传播和传承的特色，从情感入手探讨中国儒家、道家和禅宗的交往和传播方式能够展示华夏文明传播的情感底色。不过华夏传播的情感底色研究应该更多地深入到具体的实践中，揭示情感在华夏文明传播中的运作规律则更能彰显华夏文明的特质及其传播机制。

---

　　①　崔宜明：《生存与智慧——庄子哲学的现代阐释》，上海：上海人民出版社，1996年，第151—152页。

　　②　张春波释译：《禅门师资承袭图》，北京：东方出版社，2018年，第63—64页。

　　③　方立天：《禅宗精神——禅宗思想的核心、本质及特点》，《哲学研究》1995年第3期。

第十七章 家和业兴：华夏传播"家"范畴的媒介意蕴

田素美[*]

"家"，又称作"家庭"，对人类具有重要的意义。"家是人类存在的基本形式，是比城邦、国家等中性团体，更普遍、更自然、更具永久性的生活单位，是人类安全感、道德心、幸福感、政治智慧的直接来源。"[①]家对于中国意义深远。家是儒家终极的源泉。[②]家不仅是中国传统社会治理的基础和文化传承的基本单位，更是中国人修身养德、"内圣外王"的重要保证。"修身、齐家、治国、平天下"，家是"核心"，是"纽带"，是"起点"，也是"终点"。家是华夏文明传播的基本单位、中国形象的重要构成要素、中国文化符号的基本表征。本章从媒介隐喻的角度剖析家的媒介符号特征和功能。基于"中华文化立场，全球传播视野"[③]，从家庭文化和家庭关系层面，阐述家庭传播的华夏文化特征，强调当今家庭传播研究的时代意义。家屋、祠堂、土地等物态的媒介，不仅是构成家的重要要素，更是家庭情感、爱国情感和文化传承的载体。"家"是中华文化传播的媒介域。家庭传播具有华夏文化传播的基本特征：注重情感传播——"心传天下"；重"和合"——家和万事兴；重恩报——守礼仪、重礼尚往来；重家庭荣誉——"爱面子"。随着媒介技术的进步和人们思想的解放，社会变革中家庭传统伦理观念受到了前所未有的挑战，家庭问题逐渐凸显，时代变迁下，家庭传播研究对于"和谐家庭""和谐社会""和谐世界"的构建具有重要的理论意义和实践意义。

---

[*] 作者简介：田素美，女，厦门大学新闻传播学院传播学专业博士，贵州师范大学国际旅游文化学院副教授。主要研究方向：华夏文明传播、民族文化传播、文化产业管理等。

① 笑思：《家哲学：西方人的盲点》，北京：商务印书馆，2010年，第2—3页。

② 张祥龙：《家与孝：从中西间视野看》，北京：生活·读书·新知三联书店，2017年，第38页。

③ 谢清果主编：《华夏传播研究》（第一辑），北京：中国传媒大学出版社，2018年，封面。

第一节　家的文化内涵和华夏文化媒介形态表现

什么是"家"？古往今来，不同时代、不同地域、不同身份、不同境遇的人都赋予"家"不同的文化内涵。神话传说里，家是亚当和夏娃一起偷食的圣果，是《诗经》中"桃之夭夭，灼灼其华，之子于归，宜其室家"的浪漫与担当。西方人眼里，家是个人走向社会的台阶——在家为了离家；中国人眼里，家不仅是"亲亲尊尊""父父子子"的伦理，更是个人的生命延续、家族的兴衰、国家天下强盛。社会学家眼里，家是社会基本的构成单位；教育学家眼里，家是人生的第一所学校；生物学家眼里，家庭是将生物体转化为人的唯一社会机构；[①]家是一世的美景，更是"醉卧沙场""留取丹心照汗青"的豪情与壮举……到底何为"家"？

一、家的文化内涵

古往今来对家的内涵探讨成果丰富。社会学、人类学、哲学、生物学等不同学科的学者各从自己学科视角来诠释家。法国著名社会学家奥古斯特·孔德（Comte Auguste）认为，社会起源不是个人而是家庭，家庭是构成社会的最基本的单位，是社会的细胞。家庭组织是个人本能和社会本能的调和。家庭关系的原则是社会生活的基础。家庭生活的协调规律是爱与感激。关于家庭的社会学理论归总起来是研究两种关系，一是男女两性从属关系，二是长幼从属关系。前者创造家庭，后者维系家庭。家庭具有的社会团体特征、规模、组织结构与功能随着时代的变迁而改变。美国著名生物进化学家托马斯·亨特·摩尔根（Thomas Hunt Morgan）说，家庭是个能动的要素，它从来不是静止的，而是随着社会从较低阶段向较高阶段的发展，从较低的形式进到较高的形式。从摩尔根的《古代社会》发表后的一个世纪里，家庭史成了历史唯物主义的活教材。[②]孔德和摩尔根都指出了家庭社会性功能，并指出了家庭时代变迁特征，应该从社会变化和家庭历史发展的脉络中去理解家庭的含义。孔德还指出，对家庭的研究其实也是对家庭关系和社会关系的研究。美国著名的社会学家威廉·J.古德从人与人之间的关系来解释家庭。他在《家庭》一书中认为家庭包含如下的关系，具有如下特征：（1）至少有两个不同性别的成人居住在一起。（2）他们之间存在着某种劳动分工，即他们并不都干同样的事。（3）他们进行着许多种经济交换与社会交换，即他们互相为对方办事。（4）他们共享许多事物，如吃饭、性生活、居住，既包括物质活动，也包括社会活动。（5）成年人与其子女之间有着亲子关系，父母对子女拥有某种权威，同时

① ［美］威廉·J.古德：《家庭》，北京：中国社会科学出版社，1986年，第22页。

② 邓志伟，张岱玉：《中国家庭的演变》（序），上海：上海人民出版社，1987年，第2页。

对孩子承担保护、抚育与合作的义务，父母与子女相依为命。(6)孩子们之间存在着兄弟姐妹关系，共同分担义务，相互保护，相互帮助。①古德以关系为视角剖析了家庭的组成结构和功能，即基于两个成年人的最初构成，延伸到子女、兄弟姐妹，他们共同构成了夫妻、亲子、兄弟姐妹的亲属关系，彼此之间以劳动分工的形式承担着应有的责任和义务。爱米尔·涂尔干（Émile Durkheim）则认为家庭是具有神圣色彩的宗教性共同体，家庭关系是具有神圣宗教性的道德关系。"即使不再有家祠，不再有家神，人们对家庭也会始终不渝地充满了宗教之情；家庭是不容触动的一方圣土，其原因就在于家庭是学习尊敬的学校，而尊敬又是重要的宗教情感。此外，它也是全部集体纪律的神经。"②涂尔干指出了家庭的道德化育的功能，并指出家庭情感的神圣性。

日本著名人类学家中根千枝（Nakane Chie）则从家庭的结构出发，来阐释家的内涵。她提出构成家庭的4个要素：(1)血缘——父母子女、兄弟关系；(2)餐饮——厨房、灶房；(3)居室——家屋、房间、房地；(4)经济——消费、生产、经营、财产。她认为前两个因素是构成家庭团体成立的最低必要条件。③苏联《俄语大辞典》对家庭做出的解释是："家庭是由丈夫、妻子、子女和其他的近亲所组成的小团体"。俄语大辞典和中根千枝强调了家庭的血缘关系，同时前者突出强调了家庭的物态表现形式：房屋、土地、财产等。

藤尼斯（Ferdinand Tonnies）把家庭当作社区的最初起源形态，基于新生命的出现，透过母子等关系联结到一起。父母子女，同居共食，共同利用物质资源，并同享精神之乐，抚育家庭成员，使之顺利成长，并经由对死者灵魂的敬畏，维持了家庭的温馨生活。顾里（C.H.Coy）指出，人类社会中，最具亲密性、面对面的结合、合作关系的初级团体以家庭为典型代表。冈堂哲雄对家庭界定为："家庭系指由夫妻、亲子、兄弟等少数近亲这些主要的成员组成的彼此之间，具有深厚感情结合，并共同追求生活福利的团体。"④藤尼斯、顾里和冈堂哲雄都强调家庭成员在共同空间里生活的真挚情感，凸显了家庭的情感要素。

海德格尔从哲学的高度诠释"家"。"家宅（园）"意指这样一个空间，它赋予人一个处所，人唯在其中才能有"在家"之感，因而才能在其命运的本己要素中

---

①　[美]威廉·J.古德：《家庭》，北京：中国社会科学出版社，1986年，第13页。
②　[法]涂尔干：《乱伦禁忌及其起源》，汲喆译，上海：上海人民出版社，1999年，第62页。
③　[日]中根千枝：《家庭的结构——社会人类学的分析》，东京：东京大学出版会，1970年。
④　林显宗等：《家庭社会学》，台北：空中大学，2011年，第6页。

存在。① "哲学是真态的怀乡病，一种对总在家状态的本能渴望。" ② 在这里，海德格尔突出了"家"的空间意义（住所）和情感寄托。用"在家"之感，体现人的存在感及对家的眷恋，即海德格尔所说的"牵心"。与此对应的便是"无家状态"。"无家状态"包括两种：一种是流浪状态，无空间意义上的家；另一种是有家园的无家，即精神和心灵上的无家。前者叫作"不真正切身的"或"非真态"的无家，后者叫作"真正切身的"或者"真态的"无家。③ 由此可见，这里的家，不仅仅是指空间意义上建筑形式上的有形的"物态的家"，同时更包括精神意义上的无形的"情感的家"。

中国文化对家的研究历史悠久，成果丰硕。中华文化起源于家文化。张祥龙说："儒家的全部学说之根扎在家里边。" ④ 他指出儒家文明的一个重要特点就是以家庭为根基，传统的文教、名教的根基就在家庭、亲情，即所谓"亲亲而仁民，仁民而爱物"。⑤ 在中国古代，家庭总是和家族血脉的延续密切联系在一起，婚姻被视为"成家"的标志。婚姻是家庭的前提和基础，家庭是婚姻的保障和延续，婚姻和家庭的目的更多的是以家族的血脉延续和家族的传承和壮大为目的。因此，中国自古重婚礼，视婚礼为"礼之源"。《礼记·昏义》云："昏礼者，将合二姓之好，上以事宗庙，而下以继后世也，故君子重之。" "男女有别而后夫妇有义，夫妇有义而后父子有亲，父子有亲而后君臣有正。故曰：'昏礼者，礼之本也'。" ⑥ 从《礼记》的记载我们可以看出，中国传统社会的家庭建立在婚姻的基础上，以血缘为基础，以家庭的血脉延续为目的，是家庭伦理关系的集合体，是社会制度、社会形态和社会关系的综合反映，带有鲜明的中国文化的特色。

随着时代的发展和社会制度的变迁，对家庭的内涵理解也不尽相同。《现代汉语词典》对家庭的解释是："以婚姻和血统关系为基础的社会单位，包括父母、子女和其他共同生活的亲属在内。"显然，这个家庭定义以血缘和婚姻为基础，但是只顾及典型的核心家庭，太多非典型家庭（比如一个离异且无子女的人收养一个小孩后也可以组成一个家庭）则难以融入其中，因而其外延不无狭隘。1930 年制定的《民法亲属编》第一一二二条，对家（庭）的界定是："称家者，谓以永久共同生活为目的而同居之亲属团体。"这一定义，抛开了血缘的限制，以共同生活和

---

①　[德] 海德格尔：《荷尔德林诗的阐释》，孙周兴译，北京：商务印书馆，2000 年，第16—17页。

②　张祥龙：《家与孝：从中西间视野看》，北京：生活·读书·新知三联书店，2017 年，第19 页。

③　张祥龙：《家与孝：从中西间视野看》，北京：生活·读书·新知三联书店，2017 年，第33 页。

④　张祥龙：《家与孝：从中西间视野看》，北京：生活·读书·新知三联书店，2017 年，第18 页。

⑤　杨伯峻：《孟子译注》，北京：中华书局，2008 年，第252 页。

⑥　王文锦：《礼记译解》，北京：中华书局，2016 年，第820—821 页。

同居来衡量家庭。《中国大百科全书·社会学卷》对家庭是这样定义的："家是婚姻、血缘或收养关系所组成的社会生活的基本单位。"① 由此可见家庭的定义更倾向于社会学方面的阐释，即家庭是基于婚姻关系、血缘关系和收养关系所形成的社会生活团体。家通常由夫妻、父母、子女、兄弟姐妹和其他近亲组成。

《说文解字》释"家"："尻也，从宀。"清段玉裁注："本义乃豕之尻也，引申借以为人之尻。"家庭一词是后起的，基本含义是指一家之内。如南朝宋《后汉书·郑均传》："常称疾家庭，不应州郡辟召。""家"的甲骨文考证："家"之上部，"房"也，下部"豕"，"豕"者猪也，引申为一个畜牧的地方，意为一群人居住的地方为家。② 从"家"文字的起源我们可以看出，家的"物态特征"即房屋，以及家的群体特征即群居。近现代一些学者从生理的角度来解释家庭，他们依据某些动物长期的配偶同居现象来说明人类的家庭，把人类生物的本能作为决定家庭本质的因素，因而把家庭归结为"肉体生活和社会机体生活之间的联系环节"。"家庭在本质上表现为一定的社会关系，以婚姻关系为基础和前提，以血缘关系（附之以收养关系）为纽带而形成的社会生活形式。"③ 家庭是社会制度的组成部分之一，作为社会基本的细胞，它包含着社会的经济制度、政治制度、思想文化体系、社会风俗习惯及宗教信仰等综合性内涵。换句话说，家庭是社会制度的综合性社会形态和社会关系的反映。虽然它表现为男女两性关系和血缘、姻缘关系，实质上因受到社会制度的影响而体现着深层次的社会文化和社会关系。家庭形式、婚姻制度及婚姻中男女两性的角色变化更体现了社会文化和制度的变迁。④

以上国内外学者都从不同层面不同角度对家庭做出解释，各自看到了家庭的一个或者几个侧面，但都未能对家庭做出一个全面而系统的解释。

马克思和恩格斯曾经对家庭做过经典而全面的论述。他们在论述人类生存的第三个因素时，给家庭下了这样的定义："一开始就纳入历史发展过程的第三种关系就是每日都在重新生产自己生命的人们开始生产另外一些人，即增殖。这就是夫妻之间的关系，父母和子女之间的关系，也就是家庭。"⑤ 马克思和恩格斯指出了家庭"生产"的本质属性，即家庭承担着两种生产的使命，一方面是人类生存所必需的生活资料的生产，另一方面是人类自身的生产即种族的繁衍，而人的再生产即增殖是家庭的特有使命，于是婚姻关系和血缘关系就构成了家庭的基本关系。

① 《中国大百科全书·社会学卷》，北京：中国大百科全书出版社，1991年，第102页。
② 李薇菡：《婚姻家庭学》，广州：华南理工大学出版社，2007年，第3页。
③ 李薇菡：《婚姻家庭学》，广州：华南理工大学出版社，2007年，第4页。
④ 苏红：《多重视角下的社会性别观》，上海：上海大学出版社，2004年，第185页。
⑤ 《马克思恩格斯选集（第1卷）》，北京：人民出版社，1972年，第3页。

家庭就是通过个人及家庭成员的共同合作以保持和推动上述两种生产的发展，同时在生产合作的过程中，人与人之间便形成了各种关系：夫妻之间的关系，以及父母与子女之间的关系及各种延伸的关系。由婚姻结成的夫妻关系是家庭关系中最主要的关系，是家庭的核心。父母子女关系、兄弟姐妹关系及亲属关系等都是婚姻关系的结果。由此可见，家庭本质上是一种社会关系，只不过表现为生产生命的社会关系，它不同于其他社会组织的本质区别，在于组成家庭的成员之间的特殊关系和互动方式。因而家庭在形式上表现为一种社会团体和组织，即以婚姻、血缘关系为纽带的社会生活组织形式。为了保证两种生产的顺利进行，家庭会以房屋（建筑）、土地、生产资料等的物态形式呈现。

纵观国内外学者对家庭内涵的理解和阐释，我们可以发现几个共通之处：一、家庭基于婚姻或者血缘；二、为了共同的生产和生活，依赖于房屋（建筑）、土地、生产资料等物态化的东西；三、共同的生产和生活的过程中，结成各种不同关系，如夫妻关系、父子关系、兄弟姐妹关系及其他亲属关系。四、共同的生产和生活过程中，家庭成员产生了深厚的情感。随着时代的发展变化，特别是进入 21 世纪以来，人们对婚姻和家庭的认识、态度、行为随之发生变化。不婚人士、丁克家族增多，同性恋增多并在部分国家和地区合法化，因而对家庭的界定也应该有所改变。本文基于家庭传播的研究视野，尝试重新界定家庭。所谓家庭，是建立在婚姻、爱情（性爱）基础上的，以血缘关系（包括拟制血缘，如收养关系）为纽带，依附于一定的生产和生活资料，为了共同的生产和生活目标，相互协助中产生深厚家庭情感的社会关系的共同体。它基于婚姻和爱情（性爱）基础，以生产（包括增殖）和生活为目标，物态上表现为房屋、土地等各种生产生活资料，精神上体现为"依赖和眷恋"的家庭情感。

第二节 家媒介的文化表现形态和文化诠释

家作为社会构成的基本单位和社会面貌呈现的基本载体，在社会制度、社会关系、社会文化和社会历史的变迁中发挥重要的媒介功能。中国家庭根植于独特的中国文化之上，其自身的独特媒介形态蕴涵独特的中国文化，作为中国文化的符号表征，展示了独特家庭关系和家庭文化、家庭情感、乡愁及家国情怀，成为华夏文化传播的基本单位。

一、家媒介的文化表现形态

加拿大著名传播学家马歇尔·麦克卢汉（Marshall McLuhan）曾提出著名的媒

介理论：媒介即人的延伸。所有的媒介都是人体器官和感官延伸。按照这一理论延伸，"万物皆媒"，在某种条件下，万物都有可能成为媒介。"家"在物质形态上表现为建筑（包括房屋、庭院、祠堂等）、土地、生产资料和生活资料，在精神上，它体现为一种对家的"依赖和眷恋"。这些都是可视、可触、可感的，是人体器官和感官的延伸，因此家可以成为媒介。哲学家恩斯特·卡希尔（Ernst Cassirer）在对人的定义中指出，与其说人是"理性的动物"，不如说"人是符号的动物"，即人是能利用符号去创造文化的动物。[①] 以"家"为单位的主体，为了实现生产和生活目的，创造了不同的"家庭符号"，形成了特定的家庭关系，构建了独特的家庭文化。符号又展演了家庭关系，传播了独特的家庭文化。尼尔·波兹曼（Neil Postman）认为"媒介即隐喻"。文化虽然是语言的产物，但是每一种媒介都会对它进行再创造——从绘画到象形符号，从字母到电视。和语言一样，每一种媒介都为思考、表达思想和抒发情感的方式提供了新的定位，从而创造出独特的话语符号。媒介用一种隐蔽但有力的暗示来定义现实世界，这便是隐喻，媒介——隐喻的关系帮我们认识世界，并证明一切存在的理由。[②] 这印证了麦克卢汉所说的"媒介即信息"的理论，并将其修正和拓展。这些展示家庭关系、建构家庭文化的符号，作为媒介，通过隐喻的方式传播着家庭文化，表达家庭伦理、思想观念和家庭情感。法国媒介学家吉尔斯·德布雷（Régis Debray）在《普通媒介学教程》中提出了核心概念"媒介域（médiasphères）"，就是信息传播的媒体化配置（包括技术平台、时空组合、游戏规制等）所形成的包含社会制度和政治权力的一个文明史分期。按照媒介学的史学观对技术与文化间关系的界定，人类文明史被划分为三个不同的媒介域：文字（逻各斯域）、印刷（书写域）和视听（图像域）。媒介域的概念旨在说明传递技术及其配置被牵连进信仰的改变，也就是社会秩序的确立和改变。[③] 国内有学者将"媒介域"理解为一个信息和人的传递和运输的环境，包括与其相对应的知识和加工的方法及扩散的方法。[④] 还有学者从词义上理解"媒介域"。如："媒介域"作为整体的词义整合，是指经由传载工具而形成的范围，是依据传载工具的介质特性而形成的各具传播特点的空间。其中，"媒介"的传播特性与"域"的空间生产特性能够互动聚合。因而，"媒介域"既表征了媒介演进及其营建的语境之历史过程，也指代媒介与传播的社会发展需求，它不

---

① ［德］恩斯特·卡希尔：《人论》，上海：上海译文出版社，2013年，第40—45页。
② ［美］尼尔·波兹曼：《娱乐至死》，北京：中信出版集团，2015年，第11页。
③ 陈卫星《传播与媒介域：另一种历史阐释》，《全球传媒学刊》2015年2卷第1期，第9—10页。
④ 黄华：《"媒介域"的忧思》，《中国社会科学报》，2015年5月6日第734期。

仅是一种媒介生态的表征，还是一种物质与精神混合的社会想象空间。[①] 以上学者对"媒介域"的阐释向我们展示了以下几个方面的内容：一、媒介域是一个以媒介为中心，所营造的媒介环境——包括由媒介的演进和技术的变革以及其带来的社会关系、社会文化、社会信仰和社会秩序的重构和改变。二、媒介域所展现的环境是一个人利用媒介传递信息的环境、信息传递和扩散的方法、受众接受信息的境况、共同构建的环境。三、媒介域是一个时空兼具的意义空间。媒介的演进和对信息的承载在时空的节点上完成了对信息的传播，在历史进程的时空领域中完成了对信息的传递。其间所有的物质和精神共同构成了社会想象空间，完成了对"域"的构造。循此思路，我们也可以说，"家"是华夏文化传播的"媒介域"。"家"在数万年的历史长河中，在时代的政治、经济、文化的大背景下，历经不同媒介时代（口语、印刷、电子时代、多媒体）的变迁，用不同的传播技术和媒介传播相关家庭信息，传递家庭文化和家庭精神，构建了稳中有变的家庭关系和家庭信念，形成了家庭成员对家的特殊情感。这情感形成于家庭的交往，依附于家庭成员个体和家庭的符号（房屋、建筑、土地等），这情感与社会大环境交融，又上升为国家民族和天下情怀。家庭文化、家庭理念、家庭情感又影响和制约了家庭成员对外交往的原则和方式方法，在人际传播、群体传播、大众传播的界面影响社会关系、社会文化、社会秩序的重构，共同构建完成了华夏传播的"域"。每个时代对家的研究，就是这个时代从"家"的视角对"媒介域"的审视和展现。由此可见，家就是中华文化传播的"媒介域"，是家庭关系和家庭文化传播的"大容器"，是社会历史和文化变迁的"潘多拉盒子"。将"家"作为"媒介域"来研究家庭文化和家庭关系，涉及的媒介除了这个时代常用的媒介形态（口语媒介、印刷媒介、电子媒介等）外，更有家庭独有的的媒介形态。家庭独特的媒介表现在以下两个方面：1.物态媒介。包括房屋建筑、宗族祠堂、家书家训、水井、石磨等可视、可触的物态媒介。2.精神和情感媒介。主要包括思乡之情、家国情怀等。精神和情感媒介往往依托物态媒介来承载、传递情感信息，二者密切相关。

二、中国家媒介的华夏文化阐释

家，不仅是一个传播的媒介域，一个家庭关系和社会关系构建的意义之网，更是一个文化的综合体。中国家的独特媒介形式都隐喻着特定的中国文化。

---

① 操慧：《"一带一路"：媒介域中的一种愿景传播与舆论码》，《中外文化与文论》2015 年第 3 期，第 135 页。

（一）物态的媒介

物态的家媒介包括房屋建筑、宗族祠堂、土地、财产、家书家训等一切与家庭相有关的可视、可触的东西。这里选取房屋建筑和祠堂最能体现家庭文化的两者来阐述。

1.房屋建筑

房屋是构成家庭的要素，是衡量一个人有无"家"的重要标志。房屋是家庭物态形态最重要的构成要素，是保障家庭生产和生活功能的强有力保证。房屋对于家庭成员不仅仅是遮风避雨，保证安全的场所，更是产生"有家"感觉的基础和家庭情感萌发的源泉。房屋在家庭存系过程中不仅是生产资料和生活资料，同时也是家庭财富和社会地位的象征。我国自古就有达官贵人的红砖瓦房、高门大院和平民百姓的茅草屋之说。用茅草搭建的房屋，在高度和气势上都很难与砖瓦和栋梁之材建筑的高门大院相匹敌。房屋的建筑材料和建筑规模的不同，彰显主人的财力和社会地位的不同。不同地域和民族房屋的建筑风格不同，展示的家庭文化和社会文化也不尽相同。北方方正整齐、主次搭配俨然的四合院，造就了北方人方正内敛的性格，注重尊卑的人际交往的规则。南方亭台轩榭、错落有致的庭院促成了南方人灵秀跃动的品性和收放自如、张弛有度的交往风格。因此，房屋建筑是一个展示社会文化、人际关系和人际交往的媒介，发挥着强大文化展示功能。

2.祠堂

祠堂，旧时又称祠庙、家庙，是儒家祭祀祖先和先贤的地方，也是族人办理婚、丧、寿、喜等事情的重要场所。祠堂在古代宗法社会和今天都发挥重要的政治、经济和文化功能。祠堂起源于汉代，南宋朱熹时期形成完备的体系，明清时发展到高峰。祠堂文化的繁荣，传递了特定的历史时期社会稳定、经济发展、政通人和、国泰民安的景象信息。民俗学家认为，祠堂是"用自己的存在方式诠释时代文明"。

祠堂，是家庭财富和社会地位的重要象征。祠堂起源于古代宗法社会，但并非所有的家族（庭）都可以建祠堂。祠堂的建立遵循严格的社会地位和等级标准，从某种程度上说它是家庭社会地位和财富的象征。我国祭祀文化源远流长，殷商时期就有完备的祭祀之制。追远报本，祠祀为大。天子和士大夫建宗祠都有严格规定。《礼记·王制》载："天子七庙，诸侯五庙，大夫三庙，士一庙，庶人祭于寝。"① 由此可见，家族能够建造祠堂，已经表明了主人身份，祠堂建造的规模、使

---

① 王文锦：《礼记译解》，北京：中华书局，2016年，第160页。

用的材料、祠堂的装饰及其匾额碑刻等更彰显了家族财力和社会地位。因此家族子孙在祠堂举行祭祀及相关的活动，会产生强烈的家庭荣誉感，这便是对家族的"敬"，它是其他家庭情感萌发的基础，是对家庭最初的、最深沉的、最恒久的热爱。

祠堂，是家族祭祀的场所，是家庭"敬""忠"情感形成的发源地，是家庭"归属感""使命感"的由来。祠堂最主要的功能是祭祖，是个神圣的地方。祠堂里存放着祖先的灵位和家谱、家训，是家人灵魂最终的安顿之处，也是家人德行考量的标尺。只有在生前功德圆满，无重大德性污点，"不辱没祖先"的人，死后灵牌才能进入祠堂，接受后人的祭拜；德性不良之人，无资格参加祠堂的祭祀活动。因此灵位进入祠堂实质已经经历了家族的家规、家训、家法对其生前德行的考量，位列祠堂是一种永久的荣耀。祠堂的神圣性，让祭祀之人萌生对祖先的"敬畏"、对家族的"忠诚"。家谱对家族延续的谱写、家训对家风的记载，又增强家人对家族的"归属感"，这种归属感，又强化了对家庭的"敬"与"忠"，激发了自身延续家族血脉、完成家族遗愿、传承家族优秀家训家风的神圣"使命感"。这或许就是仪式传播带来的"共情"和"感染"效果吧。

祠堂，是冠、婚、丧等重要人生礼仪的见证地，是"家庭伦理"和"家庭责任感"的生发之地。古人的冠礼、婚礼、丧礼等重要的人生礼仪是在祠堂举行的。祠堂的神圣庄重性，彰显人生礼仪的庄重性。冠礼在古代乃为成人之礼，代表一个人从孩童到成人的转化，从家庭到社会的推演，是对其社会身份的一种认可。因此，重礼仪、懂尊卑是家族成员应该具有的素质。婚礼，是一个人成家立业的标志，是一个新家庭的开端和由来。夫妻之别、父子之义、兄弟之情是家庭成员必须承担起的家庭责任。丧礼是一个人一生的归结，是对其生前德性的终极评判。因此，丧礼礼仪程序也最为厚重。民间有"死者为大"的说法，这不仅体现中华传统文化的"恕"，更包含了对死者生前和死后的"敬"，对其生前德行的高度认可，对其完成家庭使命、进入祠堂接受后人祭拜的"敬重"。祠堂通过对人生重要礼仪的见证，形成了完备的"家庭伦理"，神圣之地的庄严仪式也强化了家庭成员的"家庭责任感"。

除上述功能，中国宗法制社会中，祠堂还发挥着它的宗法治理功能，部分代替了法律，以"家法""乡约"延展出去，成为评判是非黑白的标准，在发挥匡扶正义、惩治邪恶功能的同时，也带有封建思想的糟粕。

随着时代的变迁，祠堂的上述媒介功能虽然发生了变化并呈现日益消解的趋势，但是其在家庭演变的历史中，对家庭文化的塑造和对社会文化形成和承载发挥了不可磨灭的历史作用。今天的祠堂文化已经和公共空间文化融为一体，在传统文化和礼仪复兴的时代，同样具有重要的文化价值和教化作用。

（二）精神和情感的媒介

"人类几乎所有最真挚、最强烈的感情和体验，都与家庭、亲人相关。"[①]人类对家庭和亲人的情感，通过离乡而被唤醒，通过思乡、返乡而得到强化和升华，且往往寄情于物态的媒介。

1.思乡情怀

海德格尔说："诗人的天职是返乡，惟通过返乡，故乡才作为达乎本源的迫切国度而得到准备。守护那达乎极乐的有所隐匿的切近之神秘，并且在守护之际把这个神秘展开出来，这乃是返乡的忧心。"[②]这种思乡返乡的言说，包含着游子对故乡的回望和追忆，不仅仅是对乡愁的抒发和倾情，也是民族灵魂在诗人心中的扎根。人对家庭的情感，往往通过对家庭的人、物所形成的意象得以表达。这种意象作为一种情感媒介传递了人的思乡之情，充分发挥了媒介的隐喻功能。父亲的形象、母亲的白发、故乡的明月、乡间的小路等这些和家庭、家乡有关的意象都成为离乡之人抒发情感的媒介。这种情感随着传统节日或者祭祀仪式等特殊节日的到来变得愈发强烈。

思乡之情，首先表现为对父母的强烈情感。母亲与子女的情感，天然而生，在子女心中是慈爱与柔情的化身。父亲的情感是在养育子女的过程中日积月累形成的。因此，子女对父亲的情感强烈、丰富而复杂，它在离乡之人心中高度凝聚为一个"父亲的身份"或"父性"的意象。这一意象媒介承载了人子对父亲无限的敬畏、忠诚和依赖。在家庭中，父亲对子女的贡献不仅仅是养育，更重要的是"施加精神影响以塑成后代"。[③]"父性"是家庭的精神灶火，中国的父性受到华夏古文化和广义儒家的塑造，与西方父性——特别是埃涅阿斯式或罗马式的父性——有共通之处，但又有重大的、深刻的不同。最大的两个不同是：（1）由阴阳观指示的华夏古人的思想方式；（2）儒家提倡的孝道对家庭基本结构包括对父性的反哺。[④]《周易·序卦》云："有天地，然后有万物。有万物，然后有男女。有男女，然后有夫妇。有夫妇，然后有父子。有父子，然后有君臣，有君臣然后有上下，

---

① 张祥龙：《家与孝：从中西间视野看》北京：生活·读书·新知三联书店，2017年，第2页。

② 海德格尔：《荷尔德林诗的阐释》，北京：商务印书馆，2004年，第31页。

③ 张祥龙：《"父亲"的地——从儒家和人类学的视野看》，《同济大学学报》（社会科学版）2017年第1期，第53页。

④ 张祥龙：《"父亲"的地——从儒家和人类学的视野看》，《同济大学学报》（社会科学版）2017年第1期，第57页。

有上下然后礼仪有所错。"①《易经》从阴阳的对立互补、循环相交来探讨"生生"世界。体现在家庭的夫妻关系、父子关系、兄弟姐妹等关系上。阴阳相生，刚柔相济，生生不息。《易经》抑阴重阳的思想，调和了中国传统社会"男主女附""男主外，女主内"的夫妻关系。男性成为阳刚的代名词，女性成为阴柔的代名词，同时也影响了中国传统两性审美标准。这一标准和传统社会以男性血统为主的宗法制度相呼应，成为中国传统社会家庭关系和家庭伦理的基础，影响至今。在子女眼里母亲更多的是慈爱与阴柔。"父亲的形象"更多的是阳刚、坚毅、勇敢与担当。父亲对子女的精神影响和人格塑造通过自身日常行为的涵化与中国家庭独特的"孝道"文化结合在一起，并在家庭的各种祭礼中得到强化。从古代的祠堂祭祖、家屋膜拜，到今天的清明墓碑坟前的悼念，父亲的家长地位，如"天"的高大形象得到确立。"祖在祖为家长，父在父为家长，长兄如父……""父性"在历次追忆祖先的丰功伟绩、家庭荣誉的过程中，通过家庭特殊的媒介（家书、家训和家谱）得到强化，父亲形象遥远高大、阳刚、忠诚而使人敬畏。父亲对子女的精神影响，还通过日常生活的言谈举止深深影响和塑造着孩子。父亲在以身作则的日常之中，以"孝道"为核心，向子女传授家庭的"仁义"文化。父亲的忠孝又反哺了子女对父亲的情感，加深了父性的仁义化。在这种以"父慈子孝"为根基的仁义化父性的影响下，协调了中国家庭的夫妻关系、父子关系、兄弟关系。这种代际不断、绵延不绝的父子关系，形成了中国五千年绵延不断的文化，即使中国历史经历了数次大动乱，国破家不亡，文明从未间断。在此，父亲的形象完满塑造，由远及近，高大而又慈爱深入人心。著名诗人北岛在《给父亲》这首诗里写道："在二月寒冷的早晨／橡树终有悲哀的尺寸／父亲，在你照片前／八面风保持圆桌的平静／我从童年的方向／看到的永远是你的背影／沿着通向君主的道路／你放牧乌云和羊群／雄辩的风带来洪水／胡同的逻辑深入人心／你召唤我成为儿子／我追随你成为父亲／掌中奔流的命运／带动日月星辰运转／在男性的孤灯下／万物阴影成双。"北岛的笔下是中国文化里典型的"父亲形象"：高大、坚毅而又充满慈爱。诗人自己成为父亲以后，才真正了解了父亲，明白了"父性"。

思乡之情还体现在游子对家庭、故乡的眷恋，凝结在乡愁中。这种情感诉诸家里的老屋、看门的黄狗、耕地的老牛、门前的小河（溪）、故乡的明月等物态媒介借以抒发，每逢节日，便愈加强烈，高度凝结在游子的诗词歌赋中。思乡与怀远曾被认为是中国文学中最常见的意象母题之一②"昔我往矣，杨柳依依。今我来

① 黄寿祺，张善文：《周易译注》，上海：上海古籍出版社，2018年，第816页。
② 尹建民：《比较文学术语汇释·意象母题》，北京：北京师范大学出版社，2011年，第422页。

思，雨雪霏霏。行道迟迟，载渴载饥。我心悲伤，莫知我哀。"(《诗经·小雅·鹿鸣之什·采薇》)这首诗的作者通过家乡杨柳抒发思乡的情感，以归家的辛苦强化对家的哀思。唐朝诗人张九龄留下很多脍炙人口的思乡诗："海上生明月，天涯共此时""悠悠天宇旷，切切故乡情"。空旷天宇中，诗歌以明月寄托思乡之情。这些歌词诗赋中，"杨柳""明月"作为媒介传递思乡的情感信息。

2. 爱国情怀

人对家庭的情感有一个不断升华超越的过程，这便是爱国情怀。爱国情怀的产生离不开家庭的重要构成要素和情感媒介——土地。土地是农耕社会家庭赖以存在和发展的物质生产资料和生活资料。从古至今，土地也是家庭财富和社会地位的象征。"天子之田方千里，公侯田方百里，伯七十里，子男五十里。"[①]封建社会，王侯将相、公卿士族都拥有大量土地，封侯拜相总是和土地——封地紧密相连，贫苦百姓也会把土地当作自己的生存命脉。土地对于一个家庭，不仅承载着家屋和庭院，更承载着对家的情感。属于家庭的土地界线和区域让家人有了明确的"我"和"你""我家"和"你家"的清晰概念和意识。这种界线和区域形成了国家层面的"国土"和"疆域"。"爱家"升华为"爱国"，"爱国"等同于"爱家"，"护家"升华为"戍边""卫国"。在中国传统文化里，用阴阳隐喻家庭男女关系，"天乾地坤"又映照着阳与阴，因此父亲是"天"，母亲是"地"，地的宽厚仁慈与母亲的宽厚、慈爱呼应。人对家庭土地的热爱上升为对母亲的热爱和对国家的热爱。"祖国母亲"便是对家、对母亲的最高热情。学者潘祥辉认为，"祖国母亲"是一个将人伦伦理转化为政治伦理的隐喻概念，具有重要的政治功能。它通过"拟血缘关系"映射了个体与国家间的关系，建构了国家的合法性，也塑造了公民的国家想象和国家认同。[②]由此，从某种意义上讲，母亲就是国家，国家就是母亲。爱国就是爱家，就是爱母亲。

这种"土地"与"国家"的关联情感，在现代诗歌里得到充分的诠释，表现了赤子热爱国家、守护国家、报效国家的深厚情怀。"着眼于国家主题，土地大致可以成为中国新诗中出现最多的'意象'。"从国家主题的角度来看，书写土地很容易和爱国的情思联系在一起，无论是写灾难深重的土地，还是异域渴望归来的游子，还有土地日新月异的变化，土地和祖国的亲缘关系决定这些作品大致都可以归结到一种对于祖国深挚的爱。土地书写不但是国家主题的前提，也是其成为

---

① 王文锦：《礼记译解》，北京：中华书局，2016 年，第 148 页。

② 潘祥辉：《"祖国母亲"：一种政治隐喻的传播及溯源》，《人文杂志》2018 年第 1 期，第 92 页。

国家主题的重要旨归①。"我是生自土中，来自田间的，这大地，我的母亲。"（李广田：《地之子》）"假如我是一只鸟，我也应该用嘶哑的喉咙歌唱：这被暴风雨所打击着的土地，这永远汹涌着我们的悲愤的河流，这无止息地吹刮着的激怒的风，和那来自林间的无比温柔的黎明……——然后我死了，连羽毛也腐烂在土地里面。为什么我的眼里常含泪水？因为我对这土地爱得深沉……"（艾青：《我爱这土地》）这些诗歌里土地的意象都指向了祖国，表现了诗人对祖国的热爱。"新边塞诗"更是将对土地的抒写，从对热爱国家的层面推到了顶峰。"今天，在这小岛上，像站在祖国的阳台上，我用世界上最憨厚、最深沉的感情，轻轻地呼唤你的名字……我的神圣的祖国的泥土……""你和我的血液一般古老，你是我生命中最重的元素！"（李瑛：《祖国的泥土》）这种以土地为媒介的强烈爱国情感穿越历史长空，沟通古今向我们传递"黄沙百战穿金甲，不破楼兰终不还"（王昌龄：《从军行》）的决心、"醉卧沙场君莫笑，古来征战几人回"（王翰：《凉州词》）的豪情和"愿得此身长报国，何须生入玉门关"（戴叔伦：《塞上曲》）的为国捐躯精神，我们也就很容易理解当代军人保家卫国、为国捐躯的情怀。

"求忠臣必于孝子之门""自古忠臣出孝子"。②人子把对父母的"忠孝"之情上升为对国家的"忠诚"，把对家、土地和母亲的热爱上升为爱国之情，甘愿用青春、情感和生命去守护，无怨无悔。

第三节　中国家庭传播的华夏文明特色

从以上对家庭媒介功能及文化内涵分析，我们可以看出中国家庭根植于中国特定的政治、经济、文化的土壤，家庭文化独具一格。家是华夏文化传播的重要载体和基本单位。学界很多学者都曾从哲学、历史、文化等不同的角度对中西家庭的文化进行研究。比较有代表性要数李桂梅教授对中西家庭的伦理比较。"中国家庭伦理强调家庭本位，西方家庭伦理强调个人本位；中国家庭伦理表现为宗法人伦关系，西方家庭伦理表现为契约人伦关系；中国家庭伦理以父子关系为主轴，西方家庭伦理以夫妻关系为主轴。"③中国的家庭伦理是中国独特的自然、社会、经济和历史文化的结晶，蕴含在独特的家庭文化和家庭关系之中，中国家庭文化传

---

①　张立群，田盼：《现代诗歌中的土地意象》，《长沙理工大学学报》（社会科学版）2015年第1期。

②　（南朝宋）范晔：《后汉书·韦彪传》，刘龙慈等点校，北京：团结出版社，1996年，第254页。

③　李桂梅：《中西传统家庭伦理的基本特点》，《深圳大学学报》（人文社会科学版）2008年第2期，第70—74页。

播在特定的家庭伦理的规约下展开，具有典型的华夏文明特色。

一、春风化雨"情"润泽——重情感传播，"心传天下"

家庭传播，重在日常情感渗透，以家庭教育、人格修养和礼尚往来为主要传播内容，以家庭和谐为最终传播目的。父母是孩子的第一任老师，家庭是人生的第一所学校。父母在日常生活中，教育孩子从走路、吃饭、说话、做事和待人接物开始，并以自己日常的言谈举止感化孩子，以身示范。

家庭传播遵循"谨言慎行""言行一致"的原则，重视德性的提升。《论语·子路》："言必信，行必果。"[①] 若言行一致，则有"一言九鼎""一言兴邦"之喻；若言行不一，则有"轻于鸿毛""一言丧邦"之说。《论语·里仁》："君子欲讷于言而敏于行。""古者言之不出，耻躬之不逮也。"由此可见父母对孩子言行的要求。家庭教育重视人格道德修养的提升。《左传·襄公二十四年》："太上有立德，其次有立功，其次有立言，虽久不废，此之谓不朽。""三不朽"中，言是排在最后的。"功"是众所周知的行为，是"外王"。排在第一的"德"，强调了修身，是靠日常的"行为"积累起来的，是"内圣"的重要体现。

家庭教育以"孝"为核心铺展开来。这种"孝"体现在对家族祖先的敬重和对家族血脉的延续和优秀家风的传承上。这种敬重通过各种祭祀先祖的仪式得到强化。家庭的优秀家风通过中国家庭特有的传播媒介"家书和家训"得到承载，在家庭成员日常实践落实并代代相传。继承优秀家风是对家庭和祖先最大的孝。"孝"体现在对父母的孝敬和顺从上，表现为对父母说法言语的敬重，对父母决定的服从，对父母尽赡养职责等。这种"孝"体现在家庭的和谐关系，渗透到庭成员的人内传播、人家传播、组织传播等传播领域。它要求所有成员修身养性，克己复礼，坚守仁义礼智信。这种孝还体现在强烈的家庭荣誉感上。家庭传播中儒家仁义之情和道家注重自然情感及佛家慈悲为怀、悲天悯人的情感融合在一起，引导家庭成员积极进取，遵循自然规律，积极向善向美。家庭注重情感的传播特征与华夏文明传播的理论特质"心传天下"相互呼应，是华夏文明传播在家庭层面的体现和浓缩。谢清果教授指出，华夏文明传播侧重人文主义，讲究仁义道德至上，以仁兼济天下，具有"心传天下"的理论特质。[②]

二、家和万事兴——重"阴阳"与"和合"

日本学者首藤明和以"器皿"论家庭，他认为家庭就是一种包含了各种错综

---

① 杨伯峻：《论语译注》，北京：中华书局，2017年，第198页。

② 谢清果：《华夏文明与传播学本土化研究》，北京：九州出版社，2016年，第30—63页。

复杂的关系和灰色地带具有因时制宜性的容器，我们可以把它看作某种"器皿"。①
在这里，"灰色地带"指的是模糊的、不明晰的关系。他指出以"器皿"论家庭，
无论是在解决家庭问题上，还是在社会变动和家庭关系上，都具有重要的意义。
家庭关系是家人在日常的共同生活和交往中通过媒介传递信息的过程中形成的。
家庭关系形成延续的过程，也是家庭文化的形成传承过程。

　　家庭传播以家庭和谐为最终目的，"家和万事兴"。家庭和谐充分体现在"夫
妻关系""父子关系""兄弟关系"三大基本关系上，是华夏文明传播"阴阳"与
"和合"的家庭体现，也是"中庸之道"的人际关系追求。《礼记·中庸》："中也
者，天下之大本也；和也者，天下之达道也。致中和，天地位焉，万物育焉。"《中
庸》之道，就是中和之道。中是内，是本，是体；和是外，是末，是用，没有中，
便没有和。②陈国明认为，"中"或"太和"不仅是思想上的，更是中国人为人处
世的主要准则。③邵培仁，姚锦云认为，中庸就是在事物的两端之间保持某种不
偏不倚的中和平衡，实质是寻求人际关系的高度和谐。④家庭和谐人际关系内部表
现为"父慈子孝、兄友弟恭、夫妇和睦"，对外表现为君臣关系和朋友关系上，君
臣是父子关系的扩大，移孝到忠。朋友关系是兄弟关系的衍生，贵在诚信。

　　我国传统社会的家庭是以男性血缘为基础的宗法制的家庭。父子关系是传统
家庭的主要关系，是家庭伦理的基础，也是一切封建伦理道德的起源。正如国学
大师钱穆所说，我国家庭的终极目的是父母子女之恒联属，使人生绵延不绝，将
短生命融入长生命，家庭的传袭几乎是中国人的宗教安慰。在这种宗法制的大环
境下，"父慈子孝、兄友弟恭、夫妇和睦"等更多地凸显了"子对父孝、弟恭于
兄、妻顺从夫"的等级性和从属性，亲亲之间体现了尊尊。这也体现了华夏文明
的"礼"文化。《礼记·冠仪》："凡人之所以为人者，礼义也……君臣正，父子亲，
长幼和，而后礼义立。"由此可见，礼仪产生的目的就是为了协调"君臣、父子、
夫妻、兄弟等"家庭的和谐关系。随着时代的进步，家庭思想和观念解放，特别
是传播技术和媒介日新月异，现代家庭教育的手段和媒介呈现多样化、电子化的
趋势，家庭教育的方式方法也发生了巨大的变化，从而导致了家庭教育内容和家
庭关系发生了很大的变化。传统家庭教育多依靠父母的言传身教方式，以口语媒
介为主对子女进行最初的人生观和价值观的塑造；通过家书、家训、牌匾等文字、

---

①　[日]首藤明和等：《中日家族研究》，杭州：浙江大学出版社，2013年，第442页。

②　郭建勋、吴春光：《〈周易〉与"中和"的美学观》，《光明日报》2007年8月10日。

③　Guo-Ming Chen, Bian（change）: A Perpetual Discourse of I Ching, *Intercultural Communication Studies*, 2008(4), pp.7-16.

④　邵培仁，姚锦云：《传播理论的胚胎：华夏传播十大观念》，《浙江学刊》2016年第1期，第
210页

印刷媒介进行家庭家风和家族荣誉感的教育；通过祠堂、墓碑或者坟墓前的各种祭祖仪式进行祖宗感恩教育。所以传统家庭里父子关系更多的是等级纲常式服从的关系。现在的家庭，由于社会分工和社会竞争的加剧，父母与子女相处的时间相对较短，特别是在广大农村，"留守儿童"日益增多，父母对子女言传身教的教育逐渐转移给了祖父母和学校，随着电子媒介的家庭普及，孩子利用多样化的传播途径接触到丰富繁杂的教育信息。父子关系也发生了根本的变化。父母的教育在孩子看来，不再具有不可替代性，父母的权威和神圣感也逐渐消亡。父子关系体现为一种更平等的长幼关系。同时现代家庭父子关系的矛盾、冲突时有发生，如子女不孝、拒绝养老等。甚至还出现青少年弑父（母）现象，这是一个值得深思和亟待解决的社会问题。

西方家庭以夫妻关系为主轴关系，夫妻结婚为了性爱和情感的满足。中国传统社会的夫妻结婚为了家族血脉的延续。"婚礼者，将合二姓之好，上以事宗庙，下以继后世也"。婚姻不仅出现了全新的男女夫妻关系，而且随之出现了父子、兄弟姐妹关系以及有婚姻带来的两个家庭的附带亲戚关系，家庭伦理出现了根本性的改变。家庭传播范围也从内部的人际传播延伸到外部范围。但是一切家庭关系都服务于父子关系。妻子的主要社会功能是生育后代，家庭功能是相夫教子，"从父、从夫、从子"勾勒出女子一生的生命轨迹。夫妻关系虽然不是中国家庭的主轴关系，但是夫妻关系对家庭的兴衰和家庭和睦至关重要。《周易》通过"阴阳"关系，类比男女和夫妻关系，以阴阳的交通转化制衡，类比夫妻和谐、家庭和睦。《序卦传》说："有天地然后有万物，有万物然后有男女，有男女然后有夫妇，有夫妇然后有父子，有父子然后有君臣，有君臣然后有上下，有上下然后礼仪有所错。"我们可以看出，夫妻关系是家庭关系的起源，衍生了父子、兄弟、姐妹关系等。《系辞传·下》说："阴阳合德而刚柔有体。"[1]只有阴阳和谐，万物才能生存繁衍。那么在家庭方面，夫妻双方只有相互依赖相互协调，才有家庭的稳固和谐。《泰·象传》说："天地交而万物通也，上下交而其志同也。"[2]只有天地交合，才能化生万物，只有夫妻的交合，才有家道的亨通。《咸·象传》曰："咸，即感也。柔上而刚下，二气感应以相与。"[3]"咸"，即交感、感应的意思。孔颖达说："此卦明人伦之始、夫妇之义，必须男女共同相感应，方成夫妇。"[4]夫妻之间只有通过交流沟通，互相了解，达到相知相应，才能和谐。另外，《比·象》上说："比，吉也。

---

① 黄寿祺，张善文：《周易译注》，上海：上海古籍出版社，2001年，第589页。
② 黄寿祺，张善文：《周易译注》，上海：上海古籍出版社，2001年，第105页。
③ 黄寿祺，张善文：《周易译注》，上海：上海古籍出版社，2001年，第257页
④ 孔颖达：《周易正义》，北京：北京大学出版社，1999年，第319页。

比，辅也，上下顺从也。"① 夫妻之间要亲密比辅，互相关爱，相互映衬辅佐，只有这样，才能和顺。从以上《周易》里的这些内容，我们可以看到，夫妻和谐的过程也经历了一个"交、感、比、辅"的过程。现代家庭，女性虽然不再是生育的工具和男人的附属品，男女平等，女性自由、独立、自强，有更高的人生追求和生命价值，夫妻关系已不再是传统的"夫为妇纲"，但是夫妻和睦、家庭和谐是家庭永远不变的追求，"家和万事兴"。面对现代家庭出现的各种夫妻关系不和睦，甚至离婚的现象，《周易》提出的"交感必应""刚柔相摩"的观点，的确给人们以很大的启发。②

三、守礼仪、重恩报——坚守"仁"和"礼"，注重礼尚往来

日常交往，是中国家庭的主要传播内容，形成了很多对中国人影响深远的人际交往原则，体现了中国传统文化的精髓。中华民族是礼仪之邦，人际交往中遵守礼仪，注重"礼尚往来"，讲究"知恩图报"。"礼"在人际交往中体现在"位"和"序"上。中华文化注重长幼有别，尊卑有序。"尊老爱幼"体现了中华文化的"仁爱"之德。"仁"是中华文化的核心和基础。"仁者，爱人。"这种"仁爱"，不仅表现在对父母的孝敬、子女关爱的小范围的"亲亲之爱"上，更体现在超越亲情的大爱之中。"老吾老以及人之老，幼吾幼以及人之幼""四海之内皆兄弟""天下一家亲"，这种"仁爱"之情超越了血缘、民族和地域的局限，跨越了历史和时空，与人生的命运密切联系到一起。"礼"的本质在于"敬"。为了表现对他人的尊敬和友好，日常交往中，重注交往礼仪，即交往次序和程序。"礼"的"礼尚往来"特征还表现在人际交往中"重恩报"。"知恩图报"，是中国人人际交往的一个重要原则和特征。它反映了中国人"仁爱"和善良的本性。"滴水之恩，涌泉相报""人敬我一尺，我敬人一丈"是人际交往"礼尚往来"的表现和报恩的原则。孔子曰："以直报怨，以德报德。"③《道德经》六十三章曰："大小多少，报怨以德。报怨以德，安可以为善。"④ 意思是以真诚正直回应别人的怨恨，以恩德回报别人的恩德，以恩德回报别人的怨恨。"以德报德"体现了中国人的善良、真诚和仁爱。"以德报怨"更体现了中国人德性的崇高。

---

① 黄寿祺，张善文：《周易译注》，上海：上海古籍出版社，2001 年，第 163 页。
② 戴永馨，王景艳：《论〈周易〉家庭和谐观及其当代价值》，《菏泽学院学报》2009 年第 4 期，第 1 页。
③ 杨伯峻：《论语译注》，北京：中华书局，2017 年，第 221 页。
④ 王弼：《老子道德经》，北京：中华书局，1985 年，第 62 页。

四、家庭荣誉高于天——"重面子"

中国家庭伦理以家庭为本位。人际交往以维护家庭利益和家庭荣誉为宗旨，家庭遵循"面子"理论。"面子"体现在家庭交往方方面面，融入家庭父子关系、夫妻关系、兄弟姐妹关系中。"面子"，通俗地讲可以理解为"脸面""名声""荣誉""虚荣心"。根据马斯洛的需要层次理论，它可以算作"尊重的需要"和"自我价值实现需要"的范畴，是一种高级的精神需要。面子在中国文化里占有非常重要的地位，上到帝王，下到平民百姓都非常重视面子。民间谚语里"人活一张脸，树活一张皮""有面子""死要面子活受罪等"都是重"面子"的体现。林语堂曾经说过，"主帅中国社会运作的三位女神是面子、命运和恩典。"[①] 面子是从人的身体物态媒介"脸"引发出来并延伸到社会交往的精神领域的一种媒介隐喻。面子是在人际传播、组织传播、群体传播的过程中形成并体现的，是在特定的政治、经济、文化大背景和具体的传播环境中动态形成的。"面子"之于家庭就是家庭荣誉和家庭形象，它表现在家庭内部和家庭外部，往往是外人对家庭的一个综合的评价。实质是外人眼中的"家庭形象"。家庭成员衣着得体、言语得当、待人接物恰当是"面子"；家庭建筑规模宏大、气势豪华是"面子"；家族庞大、人才辈出、荣誉显赫是"面子"；家庭成员孝敬父母、夫妻和睦、兄友弟恭是面子……这些面子，一方面展示给家庭内部，另一方，更重要的是展示给别人，塑造家庭形象，获得良好家庭声誉。维护家庭的面子成为家庭成员人际传播的原则和价值判断标准。为了家庭的面子，家庭成员注重仪表、谨言慎行、维护家庭和睦、创造家庭财富。家庭对外交往也是以维护家庭的"面子"（荣誉）作为前提，并将其作为家庭对外传播效果的考量标准，以"不辱没祖宗"和"不给家族丢脸"来考量。以家庭"面子"观指导下的人际传播，一方面形成了家庭的优秀家风和个人的"家庭荣誉感""集体荣誉感"和"国家荣誉感"，另一方面，也带来了现代家庭的攀比和奢华之风。

第四节　中国家庭传播研究的时代价值

新时代，中国家庭传播研究意义深远。家庭是一个特殊的社会构成单位和文化系统，是社会文化的重要组成部分，对"家国同构"的社会影响深远。家庭文化是中华文化的重要起源，家庭伦理影响社会伦理，家庭价值影响社会交往的价值，家庭关系和睦，是社会和谐的基础。家庭的问题构成了社会的突出问题。所

---

①　翟学伟：《中国人行动的逻辑》，北京：中华书局，2011 年，第 57 页。

谓的"家庭问题"也可以叫作"家庭失和",是社会变革时期,在家庭关系的构建和延续过程中出现的,家庭问题从某种程度上可以说是家庭关系的失调和家庭文化变异的具体表现。因此,解决家庭问题实质是协调家庭关系、传承家庭文化、探讨家庭和谐的过程。

家庭传播意义就在于与日常家庭实践对话。从本土国情出发,深入挖掘我国优秀的传统文化思想,聚焦我国社会变革中家庭传播实践出现的一系列矛盾、问题和挑战,把研究议题与我国亟待解决的现实问题结合起来,以解决中国家庭传播问题为导向,从日常生活实践中提炼出具有中国特色,又具普遍意义、全球视野的核心命题,进而凝练出适合中国家庭传播的概念体系、理论体系和话语体系,来表达和理解我国鲜活的家庭传播实践。[①]面对当今家庭生活中存在的铺张浪费、婚姻情感金钱化、婚丧嫁娶互相攀比,子女不孝、拒绝养老,兄弟因家产反目、夫妻矛盾激化、离婚率不断攀升,青少年杀人、自杀增多,青少年审美性别标准模糊混乱,不婚族、同性恋增多等现象;面对社会中的个人主义、功利主义盛行,国际的环境恶化、贸易冲突甚至战争不断的现象,这些家庭、社会、世界的突出问题及"失和"局面,笔者认为要解决这些问题,与其去追究社会、教育、体制和国际环境的责任,不如从家庭教育和家庭文化中溯本培根,回归人之"德性",从传统文化里寻找"智慧"。"家庭和谐"是家庭传播研究的根本目的。"和"不是天经地义的"一团和气",恰恰相反,是"和"的反面凸显了"和"的价值。[②]2000多年前,《易经》已经用"阴阳交合化万物"的思想告诉我们"和"的重要性。老子用"慈""简""不敢为天下先"授以修身养德、俭朴生活的经验。家庭和社会救治应回归德性。孔子曰:"为政以德,譬如北辰,居其所而众星共之。""德"是"和"的基础,"和"是"德"的体现。孔子盛赞:"桓公九合诸侯,不以兵车","和为贵"。《中庸》将"德"与"和"关联,将"和而不同"的思想发挥到了极致:"万物并育而不相害,道并行而不相悖,小德川流,大德敦化,此天地之所以为大也。"家庭传播以"和"为宗旨。家庭伦理比个体主义、个体化人道主义更具正义性和感人,也是西方文明的阿喀琉斯之踵,值得社会其他领域借鉴。面对全球一体化的今天,"和"的意义和价值更加重要。"和"的价值在于"和而不同"与"和合"是中国人几千年来多样性的历史环境和经验造就的,是处理人类纷争的重要

---

①　朱秀凌:《家庭传播研究的逻辑起点、历史演进和发展路径》,《国际新闻界》2018年第9期,第37页。

②　邵培仁,姚锦云:《传播理论的胚胎:华夏传播十大观念》,《浙江学刊》2016年第1期,第207页。

方式，是从普遍问题中凸显的普世价值。[1] 今天中国为世界贡献了自己的智慧——构建人类命运共同体，践行"共生"交往观和传播观。[2] 在世界文化的交流互鉴中，寻求"共生""共赢""共荣"，由"家庭"的"和睦"迈向了天下和世界的"和合"，实现"各美其美，美美与共，天下大同"的历代愿景。

　　① 张祥龙：《"家"与中华文明》，《中央社会主义学院学报》2018 年 12 月，第 6 期，第 117—120 页。
　　② 谢清果：《共生交往观的阐扬——作为传播观念的"中国"》，《西北师大学报》(社会科学版) 2019 年第 2 期，第 5—13 页。

第十八章 有无相生：华夏传播"身"范畴的媒介功能

赵 晟[*]

身体是一切传播活动的原点与一切媒介之媒介。中国的传统经典中虽然没有形成系统的传播学理论，但有散落如星辰般的传播观念与智慧，可以用身体为线索将之梳理串联，形成属于华夏传播研究的身体范畴。在对于身体的表意之礼与存有之基两个方面进行观念梳理后，本章认为华夏传播研究中的身体范畴囊括了"有""无"两个意识向度，涉及中国人思想观念中对关系与秩序两个方面的建构，并暗暗呼应了中国文化中昂扬阳面的儒家思想与处下阴面的道家思想。有无相生的身体媒介，是中华文明形成与传播的根底，是中国社会的机械与橐龠。

在中国人的传统文化之中，或许没有形成系统的传播理论，但散落有无数的传播观念。对于人际关系的调和、知识与信念的传承、情感与境遇的共鸣，中国人都从自身延续数千年而不绝的文化传统中承袭了许多独特的观念与价值。不论孔孟的仁义还是老庄的道德，都是用于向内的求诸己或者向外的协调天地人，广义上都属于一种传播的观念，是人与人、人与自然的互动。而在这之中，身体始终是一个绕不开的关键点。在现代传播学的认知之中，身体是一切传播活动的原点，如麦克卢汉所说"媒介是身体的延伸"，换言之，身体也是一种原初的媒介，是人使用人体之外的一切媒介的先决条件。近些年来工业产品设计上大热的"人体工学"设计概念，其本质就是一种使一切体外技术向身体这原初媒介妥协而献上的服务。而与此类似的，中国的仁义道德观念要真正追溯其出发的原点，也同样能够回到身体本身。借用老子的话说，就是"玄牝之门，是谓天地根。绵绵若存，用之不勤"。身体本身如自然之无尽藏，我们的思想、文化，乃至技术都发源于此。就如约翰彼得斯所说，人类的历史在书本上被划分为有机的进化史和无机

---

* 作者简介：赵晟，男，广西桂林人。中盐金坛博士后工作站与厦门大学博士后流动站在站博士后，广西师范大学文学院、新闻与传播学院讲师，厦门大学文学博士。

的技术史，但在人的身体那里，这两种历史并非平行流淌的河流，而是汇集于一体的大海。① 中国先贤们用仁义道德所构筑的哲学大厦的地基同样源自对于身体的认识与解释。

第一节 表意之礼：因势利导的礼乐之制

儒家思想是中国人文化构成中象征昂扬上升的阳面，其强调济世救民以天下为己任。而要在华夏大地上开出天下大同的盛世花朵，就需要拥有强壮的根系将民众紧紧地包裹团结在一块儿，从而提供源源不断的养分。子曰："不学礼，无以立。"礼就是儒家先贤们所设计的根系，也就是一套传播的规则、体系与道。史学界总喜欢称中华文明是一独特的"治水文明"，讲大禹是通过带领民众治水而获得了统治的合法性，于是通过设立规则来进行治理便成了传承数千年的中华文明一以贯之的方法论，"堵不如疏"形成的纵横河道构成了中国人眼中的世界观。而礼就是另一种形式的治水河道，只要遵循了一定的道理，因势利导之下，人的交往需求、传播互动自然而然地就会循着这礼的河道"从心所欲而不逾矩"地自由流淌。经典的西方传播学也有类似的表达，即组织传播理论中讲，"组织寓于组织传播之中"，组织的构成方式，如上下层级、条块组合这样的规则本身就是组织这一媒介的独特属性，会自然地规范人在其中的媒介行为，也即传播活动。而西方传播理论的局限之处在于其整个文明史是极缺乏组织性与规模人群的，只能片面地将规则即传播的认知局限在组织传播的理论框架中。而对于超大规模、超强组织的中国社会而言，为人与人的互动交往订立规则的"礼"，就是最好的华夏传播理论。

那么一个本质的问题就浮现了，礼是如何制定的呢？大禹治水留下的四字真言"堵不如疏"或许正是礼的制定原则。由身体而生出的人心、人性，就如同大江大河奔流的源头，只有对其源头的流量、流势、方向有了深入的研究和认知，才能设立因势利导的纵横渠道运河。

一、致乐以治心：对传播心理的疏通

首先，在谈及礼的时候，是不能忽略掉乐的。礼乐是相辅相成的一对关系，礼为表而乐为里，共同表现的是一种对于身体表达与交往的控制手段，或者用现代经典传播学的术语就是一套对于身体媒介的控制技术。《礼记·乐记》有云："礼

---

① ［美］约翰·彼得斯：《奇云：媒介即存有》，邓建国译，上海：复旦大学出版社，2020 年，第 290 页。

乐不可斯须去身。致乐以治心，则易、直、子、谅之心油然生矣。……故乐也者，动于内者也；礼也者，动于外者也。"①制礼作乐的需求来自对身体行为与心理成因的深入理解，礼乐其来源于身体，也用于规制身体，所以不可以须臾离开身体。人们之所以常提礼而少提乐，正是因为乐是"动于内者"，对应的是身体的心理要素；而礼则是"动于外者"，对应的是身体的行为要素。制礼作乐就是对于心理的疏与对于行为的导，所共同构成的媒介控制体系。

儒家极推崇的中庸中和之道提倡"喜怒哀乐之未发，谓之中；发而皆中节，谓之和。……致中和，天地位焉，万物育焉"，讲的同样是对心理的控制，讲明白了为什么要以"疏"为旨来治心。因为不加以疏通和抒发的情绪会郁积在心，如翻涌的水势被堤坝围堵，终究只是暂时的，一旦心防破溃情绪就会淹没理智，丧失对中和的持守。所以致乐治心，讲的是对身体动力源的控制，激发正面的情感、平抑负面的情绪，让平易、正直、慈爱、诚信之心油然而生。

对心理的有序掌控，一方面能让人的精神世界得以天清地宁、万物育焉，另一方面也更能在对外交往中，给予他人情绪感染与共鸣。如孟子曰："我知言，我善养吾浩然之气。"②圣人级别的"知言"，那一定是对于交流与传播的精妙之处有独到见解了。在孟子那里，对于心理的掌控能达至的境界叫浩然之气。其效果在孟子的描述中，"其为气也，至大至刚，以直养而无害，则塞于天地之间"，显然已经成了一种特质化的人格型传播情境，或者叫克里斯马气质，能够在与人交往时形成一种依附于人身的情境场域，令人心折。如人人能持之守之，那么人类关于无碍交流的理想、大同社会的理想也就能够实现，即"塞于天地之间"。而其持守的方法，孟子曰"必有事焉，而勿正，心勿忘，勿助长也"，即念念不忘却又顺其自然，正是疏通心理以至中和的道理。

二、克己复礼为仁：对传播行为的导引

其次，在对心理的疏通之外，还有对于行为的导引，那便是礼。礼作为外显的对于身体的规约，一向在儒家乃至中国文化中占有重要的地位。孔子强调，礼的实践是行使仁的基本方式。子曰："克己复礼为仁。……为仁由己，而由人乎哉？"③仁的概念则毫无疑问是关乎人、关乎身体、关乎交往传播的。中庸曰："仁者，人也。"《说文解字》中记载："仁，亲也。从人从二。"从其字形亦能看出仁是

---

① 胡平生、张萌译注：《礼记》，北京：中华书局，2017年，第753—754页。后文所引《礼记》原文皆出自此版本，不再注出。

② 朱熹：《四书章句集注》，北京：中华书局，2011年，第215—216页

③ 朱熹：《四书章句集注》，北京：中华书局，2011年，第125页。

左边一个人身形象，而右边一个数字二的示意。《说文解字》注之曰："仁者兼爱，故从二。"①可见仁即是一种整全式的身体概念，包含了身体的物质性与精神性的两端，是行为与心理的合一，既有物质身体的底层欲望也有精神身体的高层追求。那为什么要将身体的二性进行整全合一呢？因为需要与人交往，身心言行合一才是理想而真诚的交往，才能实现真正的交流。"仁是一种对于交互性特质的阐明，表示的是二人之间的亲爱关系，所以一定有两个以上的人才谈到仁，一个人独居闭户，是谈不到仁的，仁是人与人之间的相互关系。"②由此与人交往的目的，需要一套礼的规定来强化个体对于身体的掌控、对于交往行为的约束。人能自己决定循礼，从而努力去主动掌控身体，要克己而非放任自流地让身心的洪流冲垮礼乐的堤坝与河道。

对于身体行为的引导也非一蹴而就的，《礼记·冠礼》记载："礼义之始，在于正容貌，齐颜色，顺辞令。"如果将礼视为整个中国人的社会行为规范体系，那么对于每一个初入社会化的个体而言，强调容貌、颜色和辞令这样人际交往礼仪的细致规范就是这一整套体系的基础。古礼中包含大量的身体行为细节规约，进退揖让、语词应答、程序次序、手足举措都需要按照具体的规范而执行。只有在对个人身体的细致规训上积跬步才能在社会交往中至千里，礼仪之邦的社会整体意识形态才能最终形成。

三、求同存异：中华文明的和同之传

《礼记》载"乐者为同，礼者为异"，其实很好地说明了中华文明传播的独特逻辑。拿西方文明的传播作为镜子进行辨析，可以更好地讲明这点。

西方文明传播的底层逻辑具由外而内的，采取的始终是宗教尤其是一神教的皈依逻辑，不信者即为需要被消灭的异端，换句话说就是通过"灭异以求同"。

与之相对应的中华文明传播的底层逻辑则是由内而外的，且特别地强调内外的和谐融通。礼乐传播之所以要礼和乐并提，正是这种由内而外逻辑的显现。《礼记》载"乐由中出，礼自外作"，强调乐的地位和作用，就是强调对于内心认同的强烈追寻。而这样一种认同正是来自身体的，因为天下人不论种族、信仰、肤色都有一具同样的身体。只要拥有身体，那就有"人同此心、心同此理"的身体间性感知。梅洛庞蒂提到身体间性时这么说："是我的身体在感知他人的身体，在他人的身体中看到了自己的意向的奇妙延伸，看到一种看待世界的熟悉方式……人

① 许慎：《说文解字》，徐铉校，北京：中华书局，1985年，第257页。
② 陈来：《中华文明的核心价值：国学流变与传统价值观》，北京：生活·读书·新知三联书店，2015年，第42页。

直接用自己的身体去知觉他人的身体,并同时理解了他人的意识。"① 这就是乐能跨越文化、种群而传播的奇妙力量。孟子也对这样的身体间性做过阐述:"人皆有不忍人之心。……今人乍见孺子将入于井,皆有怵惕恻隐之心。……恻隐之心,仁之端也;羞恶之心,义之端也;辞让之心,礼之端也;是非之心,智之端也。人之有是四端也,犹其有四体也。"孟子举了一个孺子入井引发所有人恻隐之心的例子,认为仁义礼智都是发端于人本能的情感,而人之所以具备这样的本能及其衍生而出的情感,是自然而然的,是与人拥有四肢躯干一般属于自然天性。换句话说,孟子认为人的同理心是发端于身体的,是先天生的而非后天构建的。《礼记》载:"音者,生于人心者也;乐者,通伦理者也。……唯君子为能知乐。"可见真正发乎情的心声,是贯通人类身体共有的伦理人情,能够与所有热爱生活的人类共情。

中华文明传播是一种礼乐传播,是一种先向内寻求共情与互信后,再向外在的行为端拓展的天下逻辑。即首先通过身体间性的交流,确知你我都属于可共情的人类,同属一个人类命运共同体,在一个共有的"天下"之内。于是在天下这一共享价值观下,将行为逐步调适,逐渐适应天下人对于多元表达传统的追求。就如前文所比喻的治水河道,总是要因势利导地随着山峦起伏和雨量多寡来不断修正拓展方向。《礼记》载:"礼者,殊事合敬者也;乐者,异文合爱者也。"礼乐文明的传播求同而存异,以求和与合为目的,但又留下了可以包容"殊事异文"各美其美的礼的标准。陈来教授也提道:"历史表明,礼之'文'作为形式节目,是可变的,随时代环境的改变而改变;礼之'体'则是不变的基本精神原则。"② 胡服骑射的历史轶事、用夏变夷的夷夏之辨,再到合同万邦的朝贡体系,历史确实表明了中华文明由内而外的天下传播逻辑,确确实实与西方文明由外而内的皈依传播逻辑有着根本性的不同。

在今日之中国,文字、服饰、礼节等外在的行为规约都与百年前大不相同,甚至为了与世界人民相适应,我们的口语、饮食、贸易等方面都受外来文化和需求的影响尤深。外在之礼上的种种变迁,归根结底是为了追寻在内在之乐上的共同价值,是为了将世界各国人民归于同一个"天下"即人类命运共同体之后,再行"殊事合敬、异文合爱"之事,才能制定恰如其分的治水河道之"礼"。反观今日西方文明诸国行事,打着"民主、自由、人权"的幌子党同伐异,却绝望地发现曾经灭外部之异以求得的内部之同正出现一个又一个破裂的危机。面对内部的

---

① [法]梅洛庞蒂:《知觉现象学》,姜志辉译,北京:商务印书馆,2001年,第443、445页。
② 陈来:《中华文明的核心价值:国学流变与传统价值观》,生活·读书·新知三联书店,2015年,第45页。

党派激斗、种群撕裂、贫富分化、经济危机，西方文明诸国的解决方案是进一步疯狂鼓吹要与不愿屈服其霸权的东方势力打一场新冷战，用新一轮的伐异以求同。这无异于饮鸩止渴。

四、身心一体：中华文明传播的逻辑原点

归根究底来看，中华文明传播由内而外，内外兼通的逻辑其本质上是出于中华文化中的身体一元观。在一元观中，身体虽然有精神与物质两个向度，但始终如包容两仪的太极一样是完整圆融的，是矛盾的统一体。所以中华文明的传播讲究互信互惠、美美与共。先用乐字诀来获得人心人性的共鸣，再用礼字诀来协同调和不同人群之间的矛盾摩擦。用修身的道理，以修一人之身体的方式，推演到修天下的身体，正是儒家基于"修身齐家治国平天下"的同心圆式治世观的表达。《礼记》载："是故大人举礼乐，则天地将为之昭焉。天地䜣合，阴阳相得。"讲礼乐传播是真正符合人天命之性的，是发轫于身体的传播交往观念。所以持礼乐与人交往，则人有如沐春风之感；持礼乐与天下交往，则能达至天地昭阴阳合的至境。因为人类社会终究是由人、由人的身体组成的，而身体是一切好恶真假的判断原点，是一切价值取舍的动力源泉。

与上述中华文明传播截然相反的西方文明传播，其由外而内的皈依传播逻辑根植于身心二元观上。自西哲柏拉图开始，就说灵魂要"尽量不和肉体交往，不沾染肉体的情欲，保持自身的纯洁"[①]。这种将身体进行二分的思维方式是受了西方一神教教义与传说的影响，甚至导致了笛卡尔著名的"我思故我在"的论断。这种灵魂与肉身的撕裂，直接导致的就是歧视的生成。向内是轻灵的灵魂对于沉重的肉身的歧视，而向外是信神者的灵魂对于不信者灵魂与肉身的共同歧视。在这样的歧视逻辑下，西方文明不认为其有必要通过内在的共鸣收获认同，甚至否认这种认同达成的可能性，"神的选民"天然是一种极端排外的身份认证。时至今日西方一神教依旧分裂成犹太教、基督教、天主教、东正教等等派别相互拒斥，拒绝承认对方的"选民"身份地位与存在的合理性。更有典型如萨缪尔·亨廷顿等学者提出了"文明冲突论"的学术假说反映了整个西方社会的某种集体潜意识，即非西方者其心必异，在逻辑原点上否认了和与合的可能。西方文明主导世界的数百年里，世人已经看清其逻辑正是将其他一切非西方文明打上"不自由不民主"的二流标签，以维持其主导和统治。数百年中没有任何一个非西方文明可以挤入能与其平等相处的圈层，却在世界各国收获了无数趋西若鹜的高质量移民或精神

---

①　[古希腊]柏拉图：《斐多》，杨绛译，沈阳：辽宁人民出版社，2000年，第17页。

西方人。通过打击异己国家、异质文明，西方文明完美执行了其"灭异以求同"的皈依传播逻辑。

可见文明传播逻辑的出发点是与不同文明间对于身体的认知模式紧密关联的。身体在华夏传播、中华文明传播中始终处于一个核心与原点的位置。基于身体的心理和行为认知形成了中国文化中对于交往传播的种种观念，并形成了儒家对于与人交往、与自然协调的华夏传播理想。

第二节 存有之基：向内求索的玄牝之门

詹姆斯·凯瑞为经典传播学引入了文化的视角，认为传播这一概念不仅仅是"信息在人际间传递"这样狭隘的传递观能够辖制的，而应该包括"传播的仪式观并非直接讯息在空中扩散，而是在时间上对一个社会的维系，不是指分享信息的行为，而是共享信息的表征（representation）"①。用仪式观作为一面镜子反观中华文明的历史，我们能够发现许多中国人习以为常的信念、习俗、文化都是由情境的共享、类比而实现传承的。

一、尽人心：人因何而传播

孟子曰："老吾老，以及人之老；幼吾幼，以及人之幼。天下可运于掌。"中国人的孝悌之义大多来源于自身生活中的情境模仿，上一辈人孝敬老人、友爱亲朋，那么后一辈人也自然有样学样并理解了孝悌一词的含义。但另一方面，关于行孝的礼仪要求广泛见诸传统经典之中，如《论语·为政》记载，子曰："生，事之以礼；死，葬之以礼，祭之以礼。"可见关于孝这一传统观念的形成是由情境与礼教两方面共同影响下形成的。

借凯瑞的传播观念来理解的话，礼教更偏向于一种信息传递观。礼教会教授人们应该如何持守礼仪，从吃穿打扮，到人际交往，再到家国祭祀无所不包。学礼知礼，人们得以从中获得新信息的收获、新知识的增长。且礼教是随着时代的变迁而自适应地发生变化的。同样拿关于孝的礼仪举例，《孟子》中记载充虞向孟子问询关于代其办理孟母丧事所产生的疑问："今愿窃有请也：木若以美然。"孟子答曰："古者棺椁无度，中古棺七寸，椁称之。自天子达于庶人，非直为观美也，然后尽于人心。"可见更古时候，入殓父母的相关礼仪是没有约定俗成的规定的，再晚一些时要求棺椁内外都达七寸厚。而到了孟子生活的时代，不论天子或庶民

---

① [美]詹姆斯·凯瑞：《作为文化的传播》，丁未译，北京：中国人民大学出版社，2019年，第18页。

的标准都是一样的，尽其心意尽其所能即可。具体的礼仪会随着时代变化，随着持守礼仪之人的具体心意和能力变化，归根结底是为了整个社会营造一种孝敬长辈进而和谐家国天下的传播交往情境。

那么由此可知，礼不是目的，而是一种手段。孔子曰："克己复礼曰仁。"仁才是礼教传播的目的，是一种社会交往的理想情境。约书亚·梅罗维茨提出媒介情境论，认为"媒介的变化必然导致社会环境的变化，而社会环境的变化又必然导致人类行为的变化"，其实就是对于"克己复礼曰仁"这一孔子智慧的一种注解，通过克己之礼来规训身体媒介进而影响人际交往、社会情境向着仁的方向推进，反过来仁的情境又会不断调试人们方方面面的心理和行为。用仁义道德改造社会、和同天下的伟大事业，其出发点和着力处正是身体。

二、天地根：身体即传播

这于是又产生了一个疑问，既然万般理想皆系于身体，那么人们该如何确知身体的本来天性？儒家崇尚格物致知，礼乐的规范来自对于身体细致入微的考察，进而形成对心理与行为逻辑的系统认知建构。但归根结底，身体在儒家那里依旧是一个"黑箱"，无从得知其天性，就没有办法回答从哪里来、到哪里去以及"我"是谁这样根本性的哲学问题。也就无法对于身体媒介的信息、隐喻与存有价值提供回答。有趣的是，或许在道家思想那里可以获知一些答案。

在许多传播学者看来，传播学的研究归根结底是对于媒介的研究。而对于媒介的研究，实质上是对于关系的研究。在德布雷看来，媒介就是一个中间体。[①] 而中间其实就是关系，"'中间'作为媒介，为我们看自然、人和媒介提供了一个新的渠道：它们在趋奔会合中间各成其是。"[②] 身体便是中国人看待天下社会、宇宙自然、内心价值的那个中间媒介。身体就是中国人看待交往传播观念的原点与进行交往传播行为的出发点。黄旦教授提出："人是借助知晓来操纵自然，而媒介同时源于我们的人性和我们的身体，它们反过来又能进入自然并改变自然。"[③] 换言之，我们与自然建立的一切关系都以身体为本源，身体实质就是一切媒介的媒介，是一切关系的总合。所以反过来当我们需要思考人之为人的目的、价值、意义时，身体始终是一个门径与标尺般的存在。

---

① 雷吉斯·德布雷：《媒介学宣言》，黄春柳译，南京：南京大学出版社，2016年，第17页。

② [美] 约翰·彼得斯：《奇云：媒介即存有》，邓建国译，上海：复旦大学出版社，2020年，黄旦序部分。

③ [美] 约翰·彼得斯：《奇云：媒介即存有》，邓建国译，上海：复旦大学出版社，2020年，黄旦序部分。

《道德经》有云："谷神不死，是谓玄牝，玄牝之门，是谓天地根。绵绵若存，用之不勤。"①陈鼓应先生解释"谷神"说：在中国古代，溪谷常用来指代和象征女性或女性的生殖器官。②吕思勉先生也说："玄者，深远之意。牝，犹后世言女，言母，物之所由生，宇宙之所由生，故曰玄牝。"③道家思想就是借用"谷神""玄牝"这样强烈的身体指向性符号，来言说天地万物的根底，即与人类形成各种关系、价值与意义的基础全在于身体。

当我们思考人要如何交往、如何更好地传播时，需要的是遵循儒家礼乐的规制，而当我们需要探寻人为什么要交往、传播的价值和意义时，则需要道家体道悟道思维的帮助。这正是"为学日益，为道日损"的道理。考察人如何更好地传播交往总是很容易，但反过来思考人为什么传播交往却很难。但这是传播学研究绕不过去的一个终极问题。老子《道德经》其实早已为华夏传播学回答这一问题奠定了地基。老子云："反者，道之动；弱者，道之用。天下万物生于有，有生于无。"正如彼得斯感慨的："如果你考察得足够深入以至于达到了'存有'层面，那么如黑格尔所说，你就会很快发现你已经触及到了'无'。"④在为道日损的过程中，在抛弃掉了一切令人目盲耳聋口爽的传播之欲后，人为什么要传播的问题在道家的思想中凝练为了一种"有无相生"似的结论——传播是人之为人的条件与目的。

第三节　橐籥机缄：有无相生的身体媒介

人是为了传播而存在的，反过来传播也塑造了人的存在。人通过身体与天下万物形成了各式各样的关系，天下万物也通过这种种联系反过来塑造了人的身体。"人类身体的演化史和语言及技术形影不离。……人的头颅及身体肌肉形态与人类所使用的各种技艺之间有着一种'共同演进'关系。"⑤现代人类的身体早已不是什么天生原初的模样，而是经历了无数次人与自然互动下的演化。直立行走、四肢纤细、颅骨和盆腔增大等等，都是这种演化的表征。于是老子说："反者，道之动。"身体便是在这样的循环往复中成了传播之动因、原点。老子又说"弱者，道

①　楼宇烈校，王弼注：《老子道德经注校释》，北京：中华书局，2008，第16页。后文所引《道德经》原文皆出此校释版本，不再注出。

②　陈鼓应，白奚：《老子评传》，南京：南京大学出版社，2001年，第46页。

③　肖冰，叶舒宪：《老子的文化解读》，武汉：湖北人民出版社，1994年，第603页。

④　[美]约翰·彼得斯：《奇云：媒介即存有》，邓建国译，上海：复旦大学出版社，2020年，第12页。

⑤　[美]约翰·彼得斯：《奇云：媒介即存有》，邓建国译，上海：复旦大学出版社，2020年，第19页。

之用"，同样可以用于理解传播之本质，尤其是身体作为媒介的本质之用。彼得斯认为："媒介是容器和环境，它容纳了一种可能性，这种可能性又锚定了我们的生存状态，并使人类能'为其所能为'。"① 换句话说，一味强调身体改造世界的能力、罗织语言与符号对外进行传播的能力，不如反过来思考其作为承载关系、容纳意义、呈现人类进化历史的一面，方能真正理解并释放身体媒介"为其所能为"的无穷能力。庄子曰："故曰为道者日损，损之又损之，以至于无为，无为而无不为也。"② 将加诸身体的一切"强"势的功用、礼制、期望剥离之后，"弱"势的承载包容能力才会凸显，其势虽弱不易受关注，但却如新生之嫩芽如"绵绵若存，用之不勤"。

从这一点上看，身体的这种有无相生特性，或许也正是中国特有的"太极"式思考、矛盾统一认知的创生之处。当思考人与自然的关系时，是一种由"我"而外的思考方向，是一种做加法的"有"的方向，身体就是一切关系的中心原点。就如麦克卢汉所说的"媒介是身体的延伸"。而反过来当思考人自身的意义与价值时，是一种由"我"而内的思考方向，是一种做减法的"无"的方向，身体又是始终减损不掉的存有之锚。就如同数学里的无穷小数，无限趋近于零却始终不是零。在黑格尔看来，这"无穷小"就是一个有和无的中间状态，是有和无的对立统一，正是其辩证逻辑的绝佳案例。而在更早的中国先哲那里，身体就作为"有无"之间的"反者"被进行了充分的认知与探究，太极图表达的有无相生、阴阳相济意象正是身体的最好写照。

道家基于身体的思考并未止步于此。《道德经》云"天地不仁，以万物为刍狗"，即天地或者说自然和宇宙是没有身体的，无法与有身体的人类共情。那么实质上一切试图将人类的存有价值与意义，寄托于人之外的自然和宇宙之上的努力都是徒劳的。人的一切价值与意义都需要通过人类本身来实现，或者更直接地说，身体就是人类的存有义，即价值与意义的目的又是其实现的唯一手段。庄子曰："意者其有机缄而不得已邪？"又曰："万物皆出于机，皆入于机。"就提出了类似的问题，天地间是否存在有一个机缄或有意识的实体，让天地万物都出入其间而获得意义与价值？而后庄子做出了自己的回答："若夫益之而不加益，损之而不加损者，圣人之所保也。"这用以强调其保身贵生的道家思想，强调了只有身体这一不益不损的存有之锚可以作为万物出入之机，为机缄和囊籥自顾自地传播交

———————

①　[美]约翰·彼得斯：《奇云：媒介即存有》，邓建国译，上海：复旦大学出版社，2020年，第2页。

②　方勇评注：《庄子》，北京：商务印书馆，2018年，第389页。后文所引庄子原文皆出自此版本，不再注出。

往，吞吐意义和价值。彼得斯也说："在某种层次上讲，自我表达和自我存有是相互融合的。"① 身体的存在本身就是传播，身体存于哪里，哪里就张开了"信息之网、意义之网以及关系之网"，② 将身周万物都纳入其网络，自然和宇宙的意义才得以显现。

综上所述，华夏传播研究中的身体范畴囊括了"有""无"两个意识向度。在"有"的向度上，身体是表意的媒介，代表着关系的建立。礼乐、仁义、道德、法治等等，人类用以构建并维系彼此关系的交往观念、传播制度、信息表达，都是身体表意功能的延伸。而另一方面，在"无"的向度上，身体则是存有的媒介，代表着为自然重新赋予人的秩序，为一切人类的价值、意义提供存在的基础，如老子所说"道冲，而用之有弗盈也"，又如彼得斯的"容器型技术"定义："一方面它们因自身的存在使前景突出，同时又让自己消失不见。"③

身体在日用平常的生活交往中总是隐没无形的，但其实质上包容并支撑起了一切人类交往心理与传播行为的意义与价值。所以，在华夏传播研究中，身体是挥之不去的核心命题，其范畴遍及传播学研究的种种对象媒介。虽然身体不论在传播的实践者还是研究者那里，往往都是隐没的基础设施与背景情境，但这正是身体的媒介特性，如老子曰的"功成身退，天之道也"。

---

① [美] 约翰·彼得斯：《奇云：媒介即存有》，邓建国译，上海：复旦大学出版社，2020 年，第 17 页。
② 谢清果，林凯：《礼乐协同：华夏文明传播的范式及其功能展演》，《新闻与传播评论》2018 年第 6 期，第 59—68 页。
③ [美] 约翰·彼得斯：《奇云：媒介即存有》，邓建国译，上海：复旦大学出版社，2020 年，第 157 页。

第十九章 和通天下：华夏传播"和" 范畴的关系与本质

贾学鸿[*]

"和"，在华夏古代文化传播中是一个极其重要的范畴，使用频率高，覆盖范围广，并且形成一个以和为中心的结构完整的理论体系。"和"字的构形表明它诞生于农业文明，渗透着生命哲学理念，随后，传播蔓延到各个领域。有普遍存在于天地万物的"自然之和"，也有存在于个别自然物的"具体之和"，"和"的内涵体现出创造性的化生功能。"礼用之和"涉及礼的本体和功用，对二者关系的解说出现"体用不二"和"体用相济"两种趋向。"乐之和"的本源，或归结为天地自然，或回到人的自身。它有自己特有的形态特征、功能效应，也有其所依托的社会背景。"中之和"涉及体与用、动与静的关系，针对"中"也有不同的理解。"德之和"是道家追求的精神境界，其属性表现为"不知耳目之所宜""与物为春""蒙而不冒"。古代对"和"的解释，经历了由汉代经学到宋明理学的演变过程，自宋代始又出现"援佛解和"的做法。

第一节 "和"的原始本义及其在先秦文献的传播

"和"，作为中国古代文化中的一个重要范畴，运用范围极其广泛，且具有比较稳定的内涵。"和"的这一属性，与其原始本义密切相关。从"和"字最初意义的生成到先民对它做出明确的界定，经历了漫长的过程。要探究"和"的原始意义，须由它的音、形、义切入；而早期先民对"和"的界定，就要从先秦文献对"和"的表述与传播开始梳理。

---

* 作者简介：贾学鸿，扬州大学文学院教授、博士生导师，研究方向：先秦两汉文学、道家文学与文化、传统文化传播。

一、"和"的形音义及其原始意义

《说文解字·口部》:"和,相应也。从口,禾声。"段玉裁注:"古唱和字不读去声。"①按《说文》的解释,"和"的本义是指用声音做正面回应,表示赞同、顺从之义,体现的是人际的协调关系。因此,"和"有适合之义。《论语·学而》记载了有若"礼之用,和为贵"的论断,对此杨树达先生做了解释:

> 事之中节者皆谓之和,不独喜怒哀乐之发一事也。《说文》云:"龢,调也。""盉,调味也。"乐调谓之龢,味调谓之盉,事之调适者谓之和,其义一也。和今言适合,言恰当,言恰到好处。②

杨先生的辨析很有启示意义。龢指调乐,盉指调味,龢、盉二字的构形俱从禾。也就是说,和的协调、适和之义,由它的文字构形而来。

《说文解字·禾部》:"禾,嘉谷也。以二月始生,八月而熟,得时之中和,故谓之禾。"③王筠解释说:"凡言'故谓之'者,皆声义相兼,禾、和同音也。"④许慎把禾释为嘉谷,即美好的农作物,又释禾为中和,意谓农作物在夏历春天二月萌发,秋天八月成熟,与一年之中适宜作物生长的温和季节相应,故禾有中和之义。王筠指出许慎采用了声训,以和释禾。

禾字在甲骨文中已经出现:"均象禾苗之形。甲骨文用以指称一切谷物,是泛指名词,近似于现在所说的'农作物',俗所谓'庄稼'。……由此引申为一切谷物全年的成熟,近似于现在所说的庄稼长得好。"⑤长得好的庄稼,就是许慎所说的"嘉谷"。庄稼要获得丰收,必须有适合的水土、肥料及温度,还要有得当的田间管理。这些条件都协调了,庄稼才能正常生长,获得丰收。因此,禾字表示适合之义,乃由此而来。

《管子·小问》篇记有管子描绘禾苗生长的一段话:

> 苗,始其少也,眴眴乎,何其孺子也!至其壮也,庄庄乎,何其士也!至其成也,由由乎兹免,何其君子也!天下得之则安,不得则危,故命之曰禾。此其可比于君子之德矣。⑥

① （汉）许慎撰,（清）段玉裁注:《说文解字注》,杭州:浙江古籍出版社,1998年,第57页。
② 杨伯峻:《论语译注》,北京:中华书局,1980年,第8页。
③ 许慎撰,段玉裁注:《说文解字注》,第320页。
④ （清）王筠:《说文解字句读》,北京:中华书局,1988年,第256页。
⑤ 赵诚编著:《甲骨文简明词典——卜辞分类读本》,北京:中华书局,2009年,第208页。
⑥ 黎翔凤撰,梁运华整理:《管子校注》,北京:中华书局2004年,第969页。

管子所说的苗，就是庄稼。他把庄稼不同生长时期的形态，与人的成长历程相比照。幼苗柔弱的样子，犹如儿童。盛壮时庄重之貌，犹如士人。到了成熟期，植株被沉甸甸的果实压弯，仿佛顺从谦恭的君子。免，通俛，为俯的异体字。管子用比德之法，说明人的品德在不同时期会有不同的表现形态，也揭示出庄稼在不同时期呈现出不同风貌，合乎其生长习性，因此称为禾。禾，取其适宜、得当之义。

禾指生长状态良好的庄稼，由此衍生出适宜、协调之义。和字的构形从禾，承继了这一义项。禾字有调和之义，字形从禾的字，往往取其调和之义。除前边已经提到的穌、盉二字外，还有表示度量的科、程、称等字。《说文解字·禾部》："科、程也，从禾、斗。"对此，尹黎云先生解释说：

科训"程"，程就是测量东西的多少，多了向外拿，少了往里补，以使之符合标准，这本身也是个调和的过程，且科和禾古音相通，可见科当从斗、从禾得音义。①

科、程、称作为表示度量的词，构形均从禾，取的是调和之义。构形从禾的字而取其调和之义，这类词数量颇多，构成一个庞大的词族，和字只是其中之一。

和字的调和之义根据字形从禾而来，和、禾音同义通，因此，有的先秦文献出现和、禾通用的情况。《庄子·山木》篇有"一上一下，以和为量"之语，《吕氏春秋·必己》篇引作"一上一下，以禾为量"，对此，杨树达先生写道：

和从禾声，《说文》谓"禾得时之中和"（《系传》本），故谓之禾，知禾本含和义。谓禾当读为和，谓"禾"误字则非也。②

和字的调和之义由禾的构形而来，是基于生命哲学理念而生成的含义。同时，由于华夏古代创造的是农业文明，这个词语的原始含义，也就打上了农业文明的烙印。

二、先秦文献对"和"的传播

和字在甲骨卜辞中已经出现，并且被广泛运用在先秦早期传世文献中。《周易》

---

① 尹黎云著：《汉字字源系统研究》，北京：中国人民大学出版社，1998 年，第 333 页。
② （秦）吕不韦著，陈其猷校释：《吕氏春秋新校释》，上海：上海古籍出版社，2002 年，第 840 页。

本经、《尚书》、《诗经》都有和字的语料。至于对和字做出比较明确的界定，这个进程可以追溯到西周末年和春秋时期。当时对和所做的界定，是从多个角度切入，给出各自的命题。

《国语·郑语》记载了西周王朝太史史伯的一段话语：

> 以他平他谓之和，故能丰长而物归之；若以同裨同，尽乃弃矣。故先王以土与金木水火杂，以成百物。是以和五味以调口，刚四支以卫体，和六律以聪耳，正七体以役心，平八索以成人，建九纪以立纯德，合十数以训百体。……夫如是，和之至也。于是乎先王聘后于异姓，求财于有方，择臣取谏工而讲以多物，务和同也。声一无听，物一无文，味一无果，物一不讲。①

"以他平他谓之和"，这是史伯对和所做的界定。他，指别的、其他的、不同的。《说文解字·亏部》："平，语平舒也。从亏、八。八，分也。"段玉裁注："引伸为凡安舒之称。说从八之意。分之而匀适则平舒矣。"② 平是秤的初文，因而具有调适之义。"以他平他谓之和"，意谓不同的因素进行调适就是和。而史伯所批评的同，则是同类因素的凑集，是单一成分的组合。和字的适合之义来自禾，是基于生命哲学而生成的义项。史伯对和加以界定，秉持的是以人为本的理念，其中贯注的是生命意识。其中提到的"和五味""刚四支""和六律""正七体""平八索""建九纪""合十数"，都是针对人的生命活动、生存需要、心理素质及人的形体构成而言。至于"先王聘后于异姓"，即所谓的同姓不婚，则是从人类自身繁衍的角度立论。在此基础上，提出"声一无听，物一无文"等一系列带有普遍性的命题，用"和而不同"的理念对世界的丰富性加以解说。

《左传·昭公二十年》记载晏婴与齐景公的如下对话：

> 公曰："和与同异乎？"对曰："异。和如羹焉，水火醯醢盐梅以烹鱼肉，燀之以薪。宰夫和之，齐之以味，济其不及，以泄其过。君子食之，以平其心。……先王之济五味，和五声也，以平其心，成其政也。声亦如味，一气，二体，三类，四物，五声，六律，七音，八风，九歌，以相成也。清浊，小大，短长，疾徐，哀乐，刚柔，迟速，高下，出入，周疏，以相济也。君子听之，以平其心。心平，德和。故《诗》曰：'德音不瑕。'今据不然。君所谓可，据亦曰可；君所谓否，据亦曰否。若

---

① （三国）韦昭注：《国语》，上海：上海古籍出版社，1998年，第515—516页。
② （汉）许慎撰，（清）段玉裁注：《说文解字注》，第205页。

以水济水，谁能食之？若琴瑟之专壹，谁能听之？同之不可也如是。"①

晏婴所做的论述与史伯对和的界定大体一致，都是从区别"和"与"同"切入进行阐述。把和归结为多种因素的相成相济。晏婴秉持的依然是以人为本的生命哲学理念，关注美味佳肴、音乐对人的调养，强调它们对人"以平其心"的功能。

《论语·子路》篇记载："子曰：'君子和而不同，小人同而不和。'"②到了孔子所处的春秋后期，和同之辨已经深入人心。孔子所说的"君子和而不同"，指君子能与人和谐相处，但是并不一味地服从对方，而是还保留自己的独立性。这种"和"指的是有差异的人而能协调相处。《逸周书·命训解》称："均一则不和。"凌曙云："均一则不和，如《昭二十年·传》齐侯与晏婴论和同，若琴瑟之专壹，谁能听之？"③均一，指全部均等，没有差异，这样就无法实现"和"，表达的仍然是"和而不同"的理念，还是强调"和"是有差异因素的组合，并且能够相互协调。

《左传·昭公二十年》记载了孔子的一段论述：

政宽则民慢，慢则纠之以猛。猛则民残，残则施之以宽。宽以济猛，猛以济宽，政是以和。《诗》曰："民亦劳止，汔可小康。惠此中国，以绥四方。"施之以宽也。"毋从诡随，以谨无良；式遏寇虐，惨不畏明"，纠之以猛也。"柔远能迩，以定我王"，平之以和也。又曰："不竞不絿，不刚不柔。布政优优，百禄是遒"，和之至也。④

孔子通过论述治国理政之道，对于和的内涵做了界定。在孔子看来，所谓的和，就是对相反的两种因素进行协调，使它们能够相辅相成。他提到的宽与猛、竞与絿、刚与柔，都是性质相反的因素。其中的"竞"指强劲，"絿"指急躁。孔子援引《诗经》中的句子，把和界定为对相反因素进行调节，把达到极致的"和"归结为两种相反因素的调节处于合理区间。孔子对于"和"所做的这种界定，注意到"和"是相异因素的组合。就此而论，这与史伯、晏婴论"和"所持的理念一脉相承。值得注意的是，孔子论"和"主要强调的是对相反因素的调节，把"和"的实现作为一个动态的过程加以审视，同时，突出相异因素之间的矛盾对立

① 杨伯峻：《春秋左传注》，北京：中华书局，1990年，第1419—1420页。
② 杨伯峻：《论语译注》，北京：中华书局，1980年，第141页。
③ 黄怀信、张懋镕、田旭东撰：《逸周书汇校集》，上海：上海古籍出版社，2007年，第38页。
④ 杨伯峻：《春秋左传注》，第1421—1422页。

属性及如何彼此互补。

《国语·周语中》记载东周王朝单襄公的一段话语，其中提到"言惠必及和""慈和能惠"。韦昭注："惠，爱也。和，睦也。言致和睦，乃为亲爱也。"[①] 把惠释为仁爱，这是取它的常见意义，韦昭以此解说"惠"与"和"的关系。为什么"言惠必及和"，还须从惠字的本义进行考察。惠字的构形从叀从心。叀，"甲骨文作🅱，……是橐的省文，省去坛身，只留下封塞。唐兰认为叀古读如惠，其说可从。……酒坛的封塞正是橐囊式的，上有纽系的形象"。"纽系的作用是纳物于囊中封存。所谓的'惠'，就是把别人搁在心里，处处为他人着想，故惠可从叀得音义。"[②] 惠字的原始本义是指为他人着想，把别人放在心里，指的是心灵的涵容性，能够接纳他人。具有这种道德素养的人，当然能妥善处理好人际关系，使交往群体处于和谐状态。把"惠"与"和"相沟连，是从狭义角度对"和"所做的界定，指的是道德层面的和，是由惠的包容性所生成的。

综上所述，先秦时期对"和"所做的明确界定，始于西周末年，完成于春秋后期。尽管后代对"和"所做的解释纷纭复杂，但是，先秦文献对"和"所做的界定具有奠基意义，后代的各种解说都可以从这里找到源头。

第二节　天地自然之域的"和"传播

师法天地、顺应自然是中国古代普遍存在的理念，"和"作为生成于先秦时期的重要范畴，理所当然用于对天地自然的阐释。古代对天地自然之"和"所做的阐释、传播，超越了学派的界限，在地域、时间上具有广阔的覆盖面。

一、作为宇宙天体的天地自然之"和"

《老子》第四十二章写道："道生一，一生二，二生三，三生万物。万物负阴而抱阳，冲气以为和。"王弼注："故万物之生，吾知其主，虽有万形，冲气一焉。"[③] 老子把万物描述成前阳后阴，以冲气为基本形态的客观存在。冲气所体现的"和"是天地自然的本体。冲，指的是虚。《老子》第四章称："道冲而用之，或不盈。"第四十五章有"大成若缺""大盈若冲""大直若屈"等一系列命题。在这两章中，冲都是作为盈的反义词出现，冲为虚、盈为实。在老子看来，天地自然的本体是"冲气以为和"，"和"是阴阳二气的结合。

---

① （三国）韦昭注：《国语》，第 96 页。
② 尹黎云：《汉字字源系统研究》，第 165、166 页。
③ 楼宇烈校释：《老子道德经注校释》，北京：中华书局，2008 年，第 117 页。

传世文献最早对《老子》这个命题加以系统阐释的是《文子》。该书假托老子进行议论，许多段落往往以"老子曰"开头，因此，《文子》对这个命题所做的阐释，可视为是在老子学派内部对"冲气以为和"命题的传播。《汉书·艺文志》记载《文子》九篇，班固自注："老子弟子，与孔子并时。"①《文子》应成书于战国时期，其中《九守》篇照录上述《老子》第四十二章的段落，没有做具体解释。《上仁》篇则有如下论述：

老子曰："天地之炁，莫大于和。和者，阴阳调，日夜分。故万物春分而生，秋分而成；生与成，必得和之精。故积阴不生，积阳不化，阴阳交接，乃能成和。"②

这里涉及对"和"的解释，说它是"阴阳交接"的结果，与《老子》第四十二章的论述一脉相承，都把"和"说成是阴阳二气的结合。

西汉是《老子》一书广为传播时期，《汉书·艺文志》记载的道家书目，其中包括《老子邻氏经传》四篇、《老子傅氏经说》三十七篇、《老子徐氏经说》六篇、刘向《说老子》四篇。对于徐氏，班固自注："字少季，临淮人，传《老子》。"③西汉临淮郡在今江苏泗洪一带，《老子》在这个时期已经传播到淮河流域。

《汉书·艺文志》上述著录的四部解说《老子》的著作均已亡佚，现存汉代传世文献系统解释《老子》的著作主要有两部，一是《老子道德经河上公章句》，一是严遵的《老子指归》，这两部书对"冲气以为和"的命题均有阐释。《老子道德经河上公章句》称：

万物无不负阴而向阳，回心而就日。万物中皆有元气，得以和柔。若胸中有藏，骨中有髓，草木中有空虚与气通，故得久生也。④

河上公把冲气释为元气，认为元气内在于万物，并且列举有生之属的具体现象加以印证，确认冲气之和的普遍性存在。

严遵《老子指归》对"冲气以为和"命题所做解说如下：

万物之生也，皆元于虚始于无。背阴向阳，归柔去刚，清静不动，心意不作，

① （汉）班固：《汉书》，北京：中华书局，1962年，第1729页。
② 王利器：《文子疏义》，北京：中华书局，2000年，第451页。
③ （汉）班固：《汉书》，第1728页。
④ 《老子道德经河上公章句》，北京：中华书局，1993年，第169页。

而形容脩广、性命通达者，以含和柔弱而道无形也。①

这是把"冲气以为和"与冲虚无形的"道"相贯通，把"和"视为生命之源。严君平与河上公的上述解说，都把"和"与柔相贯通，这是二者的相通之处。

从《史记·乐毅列传》提供的信息判断，所谓的河上丈人，指的应是河上公。公、丈人都是对老人的尊称。所谓河上，指黄河岸边。河上公的弟子及再传、三传、四传弟子系战国后期到汉初的隐士，河上公是战国后期黄老学派的一代宗师，可以说是这个学派的开创者。他以招收弟子的方式传授《老子》。在这个门派的传人中，安期生是位方士，乐瑕公、乐臣公是燕国名将乐毅的族人，秦灭赵之后迁到齐地高密。乐臣公在高密向盖公传授《老子》，汉初曹参为齐相，盖公为他讲述黄老之术。这个系统对《老子》的传授，受众多是隐士，其中也不乏出身高贵者。传授的地点最后落户于高密，是以齐地为重点。

《老子指归》的作者严君平是蜀人，生活在西汉后期。他每天在成都市场以卜筮为业，"裁日阅数人，得百钱足自养，则闭肆下簾而授《老子》。依《老子》严周之指著书十余万言"②。严君平以巫术从事者的身份，通过招收生员而传播《老子》，他的《老子指归》当是传授《老子》过程中的讲稿。严君平本人是隐士，他对《老子》所做的传播，是在他从事卜筮的成都市场，受众应该以民间人士为主，扬雄年轻时曾经投到他的门下。

1973 年，湖南长沙马王堆第三号汉墓出土了帛书《老子》甲、乙本，其中甲本有"中气以为和"之语，当是传世本第四十二章的内容。所谓的"中气"，乃是冲气的简写。这说明《老子》第四十二章"冲气以为和"的命题，西汉初期还以帛书为媒介传播到长沙。

东汉后期，张修在汉中创立五斗米道，"又使人为奸令祭酒，祭酒主以《老子》五千文，使都习，号为奸令"③。五斗米道把《老子》作为教义，是通过宗教活动传播《老子》，"冲气以为和"命题也应该是五斗米道成员所诵读的内容。这是该命题与宗教的早期结缘。

《老子》一书的历史传播，主要是以注释的方式进行的。明清之际的王夫之在《老子衍·自序》中写道：

昔之注《老子》者，代有殊宗，家传异说。逮王辅嗣、何平叔合之于乾坤易简，

---

① （汉）严遵：《老子指归》，北京：中华书局，1994 年，第 18 页。
② （汉）班固：《汉书》，第 3056 页。
③ （晋）陈寿：《三国志》，北京：中华书局，1982 年，第 264 页。

鸠摩罗什、梁武帝滥之于事理因果，则支补牵会，其诬久矣；迄陆希声、苏子由、董思靖及近代焦竑、李贽之流，益引禅宗，互为缀合，取彼所谓教训别传以相糅杂，是犹闽人见霜而疑雪，洛人闻食蟹而剥螯蛣也。①

对于《老子》在历史传播过程中佛教所起的作用，王夫之了然于心。他作为这种传播的受众之一，对此抱着拒斥的态度，他不赞同援佛入道，以释解《老》。不过，佛教人士对《老子》所做的传播，并非全都采取上述做法，也有忠实于《老子》原文的阐释。释德清对"冲气以为和"所做的解说就属于此类：

是则万物莫不负阴而抱阳也。所以得遂其生，不致夭折者，以物各含一冲虚之体也。和气积中，英华昭著，秀实生成，皆道力也。故云"冲气以为和"。是则物物皆以冲虚为本也。②

德清，字澄印，号憨山老人。与莲池、紫柏、蕅益并称明末清初四大高僧。据他本人自述，他从幼年开始读《老子》，切究其旨。他四十七岁那年，俗弟子请他为《老子》作注，历经十五年时间完成《道德经解》一书，他对《老子》"冲气以为和"命题的解析，没有依托佛教高僧所做的传播，传播对象不限于僧人，还有释德清的世俗弟子。

与释德清同时代的王夫之反对以佛解《老》，他本人对"冲气以为和"做了如下解读：

当其为道也，函三为一，则生之盛者不可窥，而其极至少。当其为生也，始之以冲气，而终之以阴阳。③

这是把道与冲气释为体与用、本与末的关系。其子王敔注："冲气为和，既为和矣，遂以有阴阳，冲气与阴阳为二，阴阳复二而为三。"④王夫之、王敔父子均是以解释《老子》的方式传播"冲气以为和"的命题，以其著作为载体。这种传播的主体以父子相承的方式出现，属于家学系统的传播。

---

① （清）王夫之：《老子衍》，北京：中华书局，2009 年，第 3 页。
② （明）释德清：《道德经解》，上海：华东师范大学出版社，2009 年，第 6 页。
③ （清）王夫之：《老子衍》，第 24 页。
④ （清）王夫之：《老子衍》，第 23 页。

二、存在于个别自然物的"和"

《老子》第四十二章"冲气以为和"命题，覆盖天地间的万物，属于宇宙本体。古代所谓的"和"还有另一种类型，它不是普遍存在于万物，而是在个别自然存在物那里体现出来。

《大戴礼记·曾子天圆》记载了曾子的如下话语：

> 阴阳之气各静其所，则静矣。偏则风，俱则雷，交则电，乱则雾，和则雨。

卢辩注："阴蓄阳极则和，故水从云下也。"① 以上论述出自孔门高足曾参之口，他的弟子单居离向他询问"天圆地方"之说，曾参在回答过程中对多种气候现象做了解说。在曾参看来，众多的气候现象中，雨体现了阴阳二气结合的适宜状态，也即气候之和。这种"以雨为和"的理念，最初生成于孔门弟子与再传弟子的对话中，是以讲述的方式进行口头传播。

《汉书·儒林传》记载，后仓《说礼》数万言，他的弟子有梁人戴德、戴圣，德号大戴，圣号小戴②。《汉书·艺文志》记载，二戴所传的《礼》立于学官，成为六经的组成部分。孔颖达《礼记正义·序》引郑玄《六艺论》称："戴德传《记》八十五篇，则《大戴礼》是也。"由此可见，从西汉宣帝朝到郑玄所处的东汉末年，《大戴礼记》一直作为经学典籍进行传播，曾参的"雨为和"的理念，通过朝廷博士官的讲授得到传播。

关于存在于具体自然物的和，《管子·四时》还有另一种说法："日掌阳，月掌阴，星掌和。阳为德，阴为刑，和为事。"③ 按照这种划分，日属阳，月属阴，星则不体现或阴或阳的属性，而是阴阳二气结合的协调状态。《管子·四时》还写道："东方曰星，其时曰春，其气曰风。"尹知章注："东方阴阳之气和杂之时，故为星，星亦不定于阴阳也。"④ 尹知章的解释很有道理。在《四时》篇作者的编排中，星属于阴阳相合的协调状态，是天地自然之和的载体。与星相对应的季节是春天，春天属于一年四季中的和谐阶段，即春天为和。与星、春天相对应的是风，依此进行推演，风应属于气候之和。

《管子·四时》还写道："日掌赏，赏为暑。岁掌和，和为雨。"尹知章注："和

---

① （清）王聘珍：《大戴礼记解诂》，北京：中华书局，1983年，第99页。
② （汉）班固：《汉书》，第3615页。
③ 黎翔凤：《管子校注》，第855页。
④ 黎翔凤：《管子校注》，第842页。

则阴阳交，故为雨。"① 这里提到的岁，指的是岁星，亦即木星。按照这种划分，天体中岁星代表和，气候中雨代表和，把雨、和归入同类，与《大戴礼记·曾子天圆》给出的结论一致。

《管子·四时》是以阴阳五行说的构架，对一年四季多种自然现象进行分类，归入"和"类别的有星辰、春天、风、雨。《管子》一书出于稷下先生之手，是齐国稷下学宫学术成果的汇集。驺衍是稷下学宫的重要成员，司马迁称他："深观阴阳消息而作怪迂之变，《终始》、《大圣》之篇十余万言。……称引天地剖判以来，五德转移、治各有宜，而符应若兹。"② 邹衍是稷下学宫阴阳五行学派的代表人物，《管子·四时》对于自然界"和"类天体、气候、季节所做的认定，当与稷下学宫的阴阳五行学派密切相关，上述具体自然物之"和"理念的传播源，出自齐国朝廷所属稷下学宫的学者。

《汉书·艺文志》著录《管子》八十六篇，把它归入道家。现存最早的《管子》注出自唐代尹知章，或称是房玄龄所作。《管子·四时》篇有关具体自然物之"和"的历史传播，基本是在学者群体中进行，是以文献为主要媒介。

三、具有化生功能的天地自然之"和"

"和实生物"是古代先民根深蒂固的理念，对于天地自然之和，人们往往关注它的化生功能，从它所发挥的创造性功能方面加以解说。

《礼记·月令》孟春条目称："是月也，天气下降，地气上腾，天地和同，草木萌动。"③ 这是把天地之气的交和视为草木得以萌动的原因，是这种天地之和为草木萌生提供能量。这里所说的天地和同，指的是阴阳二气处于相合相谐的状态，是植物得以萌生的母体。《周易·乾·彖》称："保合太和，乃利贞。"对此，周振甫先生所做的解释如下：

太和，指冲和之气，即四时之气谐调，无疾风暴雨旱涝灾害。这是讲"利贞"，以"贞"为正，有利于贞，即"各正性命"的意思。④

这是把"太和"视为生命处于正常状态的保障，"和"是生命的呵护者。

在整个中国古代，"天地自然之和"所具有的创造性化生功能，得到广泛的认

---

① 黎翔凤：《管子校注》，第 847 页。
② （汉）司马迁：《史记》，第 2344 页。
③ （清）朱彬：《礼记训纂》，北京：中华书局，1996 年，第 223 页。
④ 周振甫：《周易译注》，北京：中华书局，1991 年，第 3 页。

可。这种理念已经突破学派的樊篱，打破了主流意识形态与民间信仰的界限，成为具有普遍性的理念。

第三节　礼用之域对"和"的接受与传播

周代创造的是礼乐文明，由孔子开创的儒家学派是周代礼乐文明的自觉继承者。孔子曾经对于"和"这个概念做出明确的界定，使它成为儒家学说的重要组成因素。由此而来，儒家往往以"和"释礼，并且提出了"礼之用，和为贵"的主张，亦即礼用之和的理念，成为历史上反复加以阐释的一个话题。

一、"礼用之和"出现的具体语境

"礼之用，和为贵"的命题始见于《论语·述而》：

有子曰："礼之用，和为贵；先王之道，斯为美，小大由之。有所不行，知和而和，不以礼节之，亦不可行也。"[1]

有若是孔门高足，是孔子登堂入室的弟子。他所给出的"礼之用，和为贵"的命题，当是由孔子的再传弟子所录，很有可能是有若的学生把这段话语纳入《论语》之中。

有若在提出"礼之用，和为贵"的同时，又强调"先王之道，斯为美，小大由之"，两个命题依次出现，呈并列关系。《说文解字·斤部》："斯，析也，从斤，其声。"[2]斯字的本义是用斧子把木头劈开，故有析分、分解之义。有若的上述话语，礼之用与先王之道相对应，和为贵与斯为美相对应。再加以具体划分，和与斯相对应，美与贵相对应。这里的"和"指对多种因素加以协调，而"斯"则是指条分缕析。"先王之道，斯为美，小大由之"，意谓对先王之道进行条分缕析地处理，落实到大小不一的具体事务中。由此看来，有若所说的"礼之用，和为贵"，强调在礼的统辖之下使各种关系处于协调状态，与"先王之道，斯为美"关注条分缕析的切入点是相异的，"和"与"斯"作为反义词出现。

二、"礼用之和"命题的生成根据

有若为什么会提出"礼之用，和为贵"的主张，这要从周礼本身进行考察。

---

[1]　杨伯峻：《论语译注》，第8页。
[2]　（汉）许慎撰，（清）段玉裁注：《说文解字注》，第717页。

《礼记·儒行》篇提到"礼之以和为贵"，对此，孔颖达做了如下解说：

> "礼之以和为贵"者，礼以体别为理，人用之尝患于贵贱有隔，尊卑不亲。儒者用之则贵贱有礼而无间隔，故云"以和为贵"也。①

在孔氏看来，礼的基本原则是把人区别开来，注重人的等级、名分的差异。因此，在实施礼的过程中，为了避免出现贵贱、尊卑之间的隔阂、疏远，就要以和为贵。后人对"礼之以和为贵"所做的阐释，基本是沿袭孔颖达的思路。陈皓称："礼之体严，而用贵于和。"②这是从体和用的角度切入，论述礼用之和的合理性。礼的体制严肃庄重，而在具体实施过程中则要以"和"为贵，"和"是对严的调节。礼的体制之所以严肃庄重，原因在于礼的基本原则是对人加以区分，贯穿等级观念。《管子·五辅》篇提到礼之八经："上下有义，贵贱有分，长幼有等，贫富有度，凡此八者，礼之经也。"③这里对于礼的本质揭示得很清楚，它的目的是把人区分开来，使少长贵贱不相逾越。《礼记·乐记》称："乐者为同，礼者为异；同则相亲，异则相敬；乐胜则流，礼胜则离。"郑玄注："离，谓析居不和也。"④《乐记》把礼和乐进行对照，指出二者之间的差异。礼的流弊是运用过度使人的关系变得疏远，甚至分崩离析。基于这种情况，有若提出"礼之用，和为贵"，把礼的和谐运用作为理想的境界。这个命题灌注的不是体用统一、体用不二的理念，而是正视礼的体用之别，但强调以用济体，通过礼用之"和"对礼之体制的严肃庄重加以调剂，避免出现礼胜则离的弊端。在处理礼之体与礼之用的关系时，秉持的不是同类相应的思维方式，而是运用异类相成的逆反思维。

三、"礼用之和"的覆盖面

"礼用之和"作为儒家的基本理念，它的覆盖范围极其广阔。从横向而言，举凡吉、凶、嘉、宾、军之礼，均以和谐作为基本原则。从纵向上看，由治国理政到修身齐家、由具体礼仪到践礼之人的内心世界，基本都是以和为贵。《礼记·经解》称："发号令而民说，谓之和。"⑤这是从治国理政层面，强调"礼用之和"的重要性。《礼记·孔子闲居》把无体之礼视为礼的最高层次："无体之礼，上下和

---

① （唐）孔颖达：《礼记正义》，北京：中华书局，1980年，第1670页。
② （清）孙希旦：《礼记集解》，北京：中华书局，1989年，第1405页。
③ 黎翔凤：《管子校注》，第198页。
④ （清）朱彬：《礼记训纂》，第565页。
⑤ （清）朱彬：《礼记训纂》，第737页。

同。"①这是把上下和同界定为礼的最高层次。所谓的上下和同，指的是不同等级、名分各异的人能够和谐相处。《白虎通·宗族》："古者所以必有宗，何也？长和睦也。"②这是从制度层面论述礼用之"和"的功能。所谓的宗，指的是宗法制，是礼的制度基础。《礼记·祭义》对于孝子之祭有如下叙述："孝子之有深爱者，必有和气，有和气者，必有愉色，有愉色者，必有婉容。"陈可大曰："和气、愉色、婉容，皆爱心之所发。"③这是要求孝子在对祖先进行祭祀时，把对死者的爱化为内心的平和之气，并且在面部表情上呈现出来，此乃孝子之祭的"礼用之和"。

"礼用之和"还涉及礼的仪式，包括所用物品、借助的声响等。《礼记·礼器》在对天子大飨之礼的祭品进行解说时写道："笾豆之荐，四时之和气也。内金，示和也。"④大飨之礼指合祭祖先。其中盛放在竹器及木豆的祭品，是前来助祭的各方诸侯所献，体现的是一年四季的和谐之气。"内金"，指把作为乐器的钟纳入礼仪之中，表示适宜、协调，取其钟声和谐之义。祭祀宰割牺牲所用的是鸾刀，即柄上有铃的刀。对此，《礼记·郊特牲》做了如下解说："割刀之用，而鸾刀之贵，贵其义也，声和而后断也。"皇氏称："声和而后断者，必用鸾刀，取其鸾铃之声宫商调和，而后断割其肉也。"⑤这是把鸾刀在进行切割时发出的有节奏的响声视为"礼用之和"的体现，礼所崇尚的是威仪之美，其中包括铃声。"锡鸾和铃，昭其声也。"⑥驾车的马和车辆上都装有铃，随着车行进而发出悦耳的声音，即所谓的和铃。这就是《礼记·玉藻》所说的"故君子在车则闻鸾和之声"。

以上事实表明，"礼用之和"作为儒家重要的理念，涉及礼的许多方面，覆盖面颇广。然而，并非所有礼仪的全部细节都必须以"和"为用，对此，儒家文献亦有明确的解释。《礼记·郊特牲》："大羹不和，贵其质也。"孔颖达疏："谓不致五味，故不和盐菜。"⑦大羹，指煮肉的汁。在隆重的祭礼中，用作祭品的肉汁不加任何调料，用以表示反本复始之义。《礼记·檀弓上》提到神明之器，亦即祭祀死者所用的物品，其中写道："琴瑟张而不平，竽笙备而不和，有钟磬而无簨簴。"⑧祭祀所用的各种乐器，只是陈列在那里而已，并不用于演奏，故称"不平""不和"。由此可见，所谓的"大羹不和"，是把祭品与人们日常生活用品区别开来；

①　（清）朱彬：《礼记训纂》，第 753 页。
②　（清）陈立：《白虎通疏证》，北京：中华书局，1994 年，第 394 页。
③　（清）朱彬：《礼记训纂》，第 706 页。
④　（清）朱彬：《礼记训纂》，第 377—378 页。
⑤　（清）朱彬：《礼记训纂》，第 402 页。
⑥　杨伯峻：《春秋左传注》，北京：中华书局，1990 年，第 88 页。
⑦　（清）朱彬：《礼记训纂》，第 401 页。
⑧　（清）朱彬：《礼记训纂》，第 107 页。

"竽笙备而不和"，是把生者和死者区别开来。祭祀用品的这些规定，总体上与"礼之用，和为贵"的理念并不矛盾，正因为存在上述禁忌，才使得相关祭祀能够实现人神相协调的目标。

四、"礼用之和"的历史接受

传世文献最早对"礼之用，和为贵"做出明确阐释的，是《礼记·儒行》篇："礼之以和为贵，忠信之美，优游之法；慕贤而容众，毁方而瓦合。其宽裕有如此者。"郑玄注：

> 忠信之美，美忠信者也。优游之法，法柔和者也。毁方而瓦合，去己之大圭角，下与众人小合也。必瓦合者，亦君子为道不远人。[①]

在郑玄之后，对于"礼之用，和为贵"这个命题阐释比较深入的，是南宋的朱熹。他在《论语集注》中写道：

> 礼者，天理之节文，人事之仪则也。和者，从容不迫之意。盖礼之为体虽严，而皆出于自然之理，故其为用，必从容而不迫，乃为可贵。[②]

朱熹把"礼之用，和为贵"释为对礼的运用从容不迫，把"和"字释为从容不迫。在朱熹看来，礼生于天理自然，礼的体制虽然庄严肃静，但在具体实施过程中应该从容不迫，这才是可贵的，合乎自然的。和，本指声音相应，引申为平和、协调。朱熹把"和"释为"从容不迫"，对于人而言，能够从容不迫，确实是处于和谐状态，朱熹所做的阐释没有脱离"和"字的基本含义。

朱熹的《论语集注》是他惨淡经营的解经之作，是以从事著述的方式对"礼用之和"的理念进行阐释、传播。《论语集注》又是朱熹授课的教材，因此，他对"礼用之和"所做的阐释，又以教材为载体进行传播，受众主要是他的弟子。

朱熹以授课的方式阐释、传播"礼用之和"的理念，有的内容已经超出《论语集注》对这个命题所做的解说。董铢对朱熹与弟子的交谈有如下记载：

> 吴问："礼之用，和为贵"，先生令坐中客各说所见。铢应曰："顷以先生所教思

---

① （清）朱彬：《礼记训纂》，第861页。
② （宋）朱熹：《四书章句集注》，上海：上海古籍出版社，合肥：安徽教育出版社，2001年，第60页。

之：礼者，天理节文之自然，人之所当行者。人若知得是合当行底，自者心行之，便自不拘迫。不拘迫，所以和，非是外边讨一个和来添也。”曰：“人须是穷理，见得这个道理合当用恁地，我自不得不恁地。如宾主百拜而酒三行，因甚用恁？如入公门鞠躬，在位踧踖，父生子立，苟不知以臣事君，以子事父，合用如此，终是不解和。……”铢因问曰：“如此，则这和亦是自然之和。若所谓‘知和而和’，却是有心于和否？”先生曰：“‘知和而和’，离却礼了。‘礼之用和’，是礼中之和，‘知和而和’，是放教和些。才放教和，便是离却礼了。”①

朱熹所做的讲解，则是在《论语集注》所作注释的基础上做了进一步的发挥，其要点有二。第一，对于礼的实施达到和的境界，要有一个前提条件，那就是穷理。对于礼不但要知其然，而且要知其所以然。须从天理人伦的角度认识礼的合理性，必然性。第二，所谓的“礼用之和”是礼本身所固有的，内在于礼，而不是从外部附加的。朱熹在与弟子对话时对“礼之和”所作的阐释，已经远远超出他对“礼之用，和为贵”所作的注解。

《论语·学而》在记载有若“礼之用，和为贵”的命题之后，还有如下论述：“有所不行，知和而和，不以礼节之，亦不可行也。”朱熹在《论语集注》中是这样解说的：

承上文而言，如此而复有所不行者，以其徒知和之为贵而一于和，不复以礼节之，则亦非复礼之本然矣，所以流荡忘反，而亦不可行也。②

朱熹这段解说是根据有若的原话逐句加以阐释，没有过多的发挥，重点是认定“知和而和，不以礼节之，亦不可行”。至于为什么如此，注解中没有进一步说明。而朱熹在授课过程中所做的讲述，则把其中的道理揭示得很透彻。如前所述，他在与董铢的对话中已经指出“‘知和而和’是放教和些。才放教和，便是离却礼了”。这是明确指出，刻意追求所谓的和，做法本身就背离了礼。与《集注》所做的解释相比，把问题的性质揭示得更加清楚。在其弟子黄义刚保存的授课记录中，朱熹还有如下话语：“有礼而不和，则尚是存得那礼之体在。若只管和，则本都忘了。就这两意说，又自有轻重。”③这段话还是针对“知和而和”所发。朱熹明确区分“礼用之和”与“非礼之和”。在他看来，实施礼而未能达到“和”固然是存在

① （宋）李道传：《朱子语录》，上海：上海古籍出版社，2016年，第332页。.
② （宋）朱熹：《四书章句集注》，第60页。
③ （宋）李道传：《朱子语录》，第490页。

欠缺，但这毕竟是依礼而行，还在礼的体制之内。如果只是一味地追求和，那就失去了根本，殊不可取，这种缺失比实施礼而未能达到"和"在性质上更加严重。朱熹对"知和而和"所做的定性，在他授课过程中表述得更加明确。

朱熹反对"知和而和"的做法，那么，如何实现"礼用之和"呢？《集注》把它归结为从容不迫。至于如何做到从容不迫，《集注》没有进行具体的解释，在他授课过程中则对此做了交待。他的弟子李闳祖记录的听课笔记有如下段落：

> 礼主于敬，而其用以和为贵。然如何得他敬而和？着意做不得。才着意严敬，即拘迫而不安；要放宽些，又流荡而无节。须是真个识得礼之自然处，则事事物物上都有自然之节文，虽欲不如此，不可得也。故虽严而未尝不和，虽和而未尝不严也。[1]

朱熹把"礼用之和"的从容不迫，具体化为不是着意去做，而是在认识"礼出于自然"这个道理的基础上，自然而然地去践行礼。这样一来，践行礼所遇到的敬与和的关系，自然而然得到妥善的解决。

董铢所录朱熹授课笔记还有如下段落：

> 邵问"礼之用，和为贵。"曰："如人入神庙，自然肃敬，不是强为之，则礼之用，自然有和意。"[2]

这里还是强调"礼用之和"出于自然，而不是勉强为之。而所谓的自然，就是不着意、不刻意追求。

综上所述，朱熹对"礼用之和"所做的阐释和传播，主要是通过两条渠道进行的，一是撰写《论语集注》，二是向弟子直接讲授。第一条渠道属于书面方式，以著作为载体；第二条渠道属于口头方式，以口头语言为媒介。前一渠道所做的阐释和传播，在内容上高度概括，所用的文字也颇为凝练。后一渠道则把"礼用之和"讲述得更加深入、具体，可操性更强，有一系列具体事例融入其中。就其生动性、丰富性而言，讲授的方式要更胜一筹。

---

① （宋）李道传：《朱子语录》，第 154 页。
② （宋）李道传：《朱子语录》，第 334 页。

第四节 音乐之域的"和"传播

音乐在中国古代简称为乐。乐是声音的艺术，它所依托的是声调、节奏、旋律的和谐，因此，中国古代特别关注乐之和，有一系列重要的论述。中国古代早期居于主导地位的乐，是诗、歌、舞三位一体的综合艺术，所谓的乐之和，往往是针对这种综合艺术而言。周代创造的是礼乐文明，礼和乐在相当长的历史阶段是结合在一起的，由此而来，论述乐之和往往关涉到礼用之和。

一、"乐之和"的追本溯源

"乐之和"生于天地自然，是中国古代普遍存在的理念，只是由于所秉持的宇宙生成哲学存在差异，所以，把乐的生成母体追溯到不同的对象。

《吕氏春秋·大乐》篇有如下论述：

> 万物所出，造于太一，化于阴阳。萌芽始震，凝漴以形。形体有处，莫不有声。声出于和，和出于适。和适先王定乐，由此而生。[1]

这是把"乐之和"的生成最终追溯到太一。所谓太一，指天地宇宙的生成母体。由太一经过运化生出成物，太一所生之物处于适宜状态发出和谐的声音，经过人为的制作，就产生出"乐之和"。这是秉持太一本原论对"乐之和"由来所做的解释。

《逸周书·官人解》称："气初生物，物生有声。声有刚柔清浊好恶，咸发于声。"于鬯云："下（声）字当作'气'，必涉上下文诸声字而误。"[2]潘振称："气者，声之所由来也。"[3]这是把声的来源追溯到气，秉持的是气本原论。既然气是万物的本原，而声音是物的属性，所以，声音的最初由来可以追溯到气。气有各种类型，人所禀受的气不同，得其平和之气所发出的声音，就有可能成为音乐。文中称"心气宽柔者，其声温和"，"和气简备"，"乐之和"就是直接生于这种"和"气。

《礼记·乐记》有如下论述：

> 地气上齐，天气下降，阴阳相摩，天地相荡；鼓之以雷霆，奋之以风雨，动之

---

① 陈其猷：《吕氏春秋新校释》，上海：上海古籍出版社，2002 年，第 259 页。

② （清）于鬯：《香草校书》，北京：中华书局，1984 年，第 189 页。

③ 黄怀信，张懋镕，田旭东：《逸周书汇校集注》，上海：上海古籍出版社，2007 年，第 775 页。

以四时，暖之以日月，而百化兴焉。如此，则乐者，天地之和也。①

《吕氏春秋·大乐》："凡乐，天地之和、阴阳之调也。"② 这是把音乐的生成追溯到天地阴阳，认为是天之气与地之气交和、阴阳二气相摩相荡而生出乐，"乐之和"源于天地之和、阴阳之和。

《礼记·乐记》还有如下论述：

> 凡音之起，由人心生也。人心之动，物使之然也。感于物而动，故形于声。声相和，故生变；变成方，谓之音。比音而乐之，及干戚羽旄，谓之乐。

对于"变成方，谓之音"，孔颖达疏："声既变转，和合次序，成就文章，谓之音也。"③ 这里的音，指的是乐音，与作为自然音响的声音相区别。音，是有节奏、曲调的声音，是乐之和。这段论述是把音乐的生成归结为人心感于物而动。

《礼记·乐记》在出示"乐之和"生于"人心感于物而动"的命题之后，紧接着论及可能出现的危险倾向，即好恶无节而导致本性灭绝，于是，提出先王制礼作乐之说：

> 是故先王本之情性，稽之度数，制之礼义。合生气之和，道五常之行，使之阳而不散，阴而不密，刚气不怒，柔气不慑，四畅交于中而发作于外，皆安其位而不相夺也。④

这里论述作为诗、歌、舞三位一体的乐的生成，把它归结为先王的制作。在《礼记·乐记》作者看来，先王对于乐的制作，既是本于人的性情，又合乎天理，是"合生气之和"，因此，所制作的乐也体现出"生气之合"。方苞称："'阳而不散'四句，皆言声律之节奏分际，非以天地人心言也。"⑤ 方氏所做的判断是正确的。这个段落用很大篇幅描述乐之和的具体形态，把它归功于先王的制作。

通过梳理先秦两汉文献对"乐之和"的表述追本溯源，发现"乐之和"的多个源头，各有其合理性。后代对这一命题之源的探究，基本是沿袭先秦两汉文献

---

① （清）朱彬：《礼记训纂》，第 572 页。
② 陈其猷：《吕氏春秋新校释》，第 259 页。
③ （清）朱彬：《礼记训纂》，第 559 页。
④ （清）朱彬：《礼记训纂》，第 577—578 页。
⑤ （清）朱彬：《礼记训纂》，第 577 页。

中的说法。

二、"乐之和"得以实现的社会背景

《礼记·乐记》称："乐者，乐也。君子乐得其道，小人乐得其欲。以道制欲，则乐而不乱；以欲忘道，则惑而不乐。"① 这是把音乐视为快乐情感的表现媒介，把音乐释为欢乐。基于这种理念，人们往往把"乐之和"的社会背景锁定为天下大治，政通人和。反之，如果社会没有治理好，就根本没有所谓的"乐之和"存在。

《国语·周语下》记载，周景王将要铸大钟，并且不符合乐律。对此，朝廷卿士单穆公提出批评："今王作钟也，听之弗及，比之不度，钟声不可以知和，制度不可以出节，无益于乐，而鲜民财，将焉用之？"② 单穆公批评周景王将要铸的钟不合乐律，失去"乐之和"，同时又劳民伤财，因此劝他不要做无益之事。单穆公还说道："上失其民，作则不济，求则不获，其何以能乐？"③ 在单穆公看来，周景王把国家治理得乱象横生，百姓离心离德，在这种情况下，没有欢乐可言，当然更谈不上"乐之和"。

周景王没有听从单穆公的劝告，执意要铸钟，于是出现如下情节：

> 钟成，伶人告和。王谓伶州鸠曰："钟果和矣。"对曰："未知可也。"王曰："何故？"对曰："上作器，民备乐之，则为和。今财亡民罢，莫不怨恨，臣不知其和也。"

韦昭注："言声音之道与政通也。"④ 伶州鸠是周王朝的乐官，他从当时民怨财亡的现实出发，认为周景王所铸的大钟不可能合乎乐律，敲击它不会发出和谐的声音。周景王铸大钟是在鲁昭公二十年，处于春秋后期。单穆公、伶州鸠作为周王朝的卿士和乐官，一致认为乱政不会出现"乐之和"，这种观点已经在当时的周王的朝廷传播开来，并且被后来的论乐著作所继承。《礼记·乐记》称："世乱则礼慝而乐淫。"⑤《吕氏春秋·明理》篇："故乱世之主，乌闻至乐，其乐不乐。"⑥ 以上论述都断定乱世与"乐之和"绝缘，在那种社会环境中不会出现和谐的音乐。

"乐之和"不会出现在乱世，因此，那些和谐的音乐都被说成太平盛世、政通人和时期所制作，即《礼乐·乐记》所说的"王者功成作乐"。《春秋繁露·楚庄

---

① （清）朱彬：《礼记训纂》，第 582 页。
② （三国）韦昭注：《国语》，上海：上海古籍出版社，1998 年，第 123 页。
③ （三国）韦昭注：《国语》，第 125 页。
④ （三国）韦昭注：《国语》，第 125 页。
⑤ （清）朱彬：《礼记训纂》，第 579 页。
⑥ 陈其猷：《吕氏春秋新校释》，第 363 页。

王》篇亦称："天下未遍合，王者不虚作乐。"① 这是把天下普遍合和，视为制作乐的基础。

《吕氏春秋·古乐》篇记载一系列古代圣王贤臣所制作的乐，都属于治世之音，体现的是"乐之和"。对于其中有些乐曲的名称，《白虎通·礼乐》篇从"乐为和"的理念出发加以解释：

> 颛顼曰《六茎》者，言和律吕以调阴阳，茎著万物也。帝喾曰《五英》者，言能调和五声，以养万物，调其英华也。②

《吕氏春秋·古乐》篇记载，颛顼之乐称为《承云》，帝喾之乐称《六英》。到了班固所处的东汉时期，颛顼之乐称为《六茎》，帝喾之乐则为《五英》，在历史传播过程中，两种乐曲的名称都发生了变化。班固则是从治世兴乐的理念出发，认为《六茎》《五英》这两个乐曲名称具有象征意义，体现的是颛顼、帝喾的调和阴阳、律吕、五声之功，还是把乐之和归结为治世之和。

三、"乐之和"的形态特征

乐的和谐在具体形态上有什么特征？古代文献对此给出的答案比较明确，论述也比较充分。《左传·襄公二十九年》所载季札观乐，是现存最早对《诗经》乐章加以系统评论的文献，其中对《颂》的乐曲有如下评语："五声和，八风平。"杨伯峻注："宫、商、角、徵、羽五声和谐。……则季札所谓八风平者，亦指乐曲协调耳。"③ 季札所说的"五声和，八风平"，指的是五声及曲调的和谐。那么，怎样才有可能实现曲调的和谐呢？《左传·昭公二十年》所载的晏子论乐，对此做了具体说明：

> 声亦如味，一气、二体、三类、四物、五声、六律、七音、八风、九歌以相成也；清浊、小大、短长、疾徐、哀乐、刚柔、迟速、高下、出入、周疏，以相济也。君子听之，以平其心。心平，德和。④

晏子所论"乐之和"，可以从两个角度来理解。一是多种因素错杂相成，乐曲

---

① （清）苏舆：《春秋繁露义证》，北京：中华书局，1992年，第20页。
② （清）陈立：《白虎通疏证》，第101—102页。
③ 杨伯峻：《春秋左传注》，第1164页。
④ 杨伯峻：《春秋左传注》，第1420页。

的构成因素是多样的，并且彼此相成，保持协调关系。二是相反因素的相济，"小大相成，始终相生，倡和清浊，迭相为经"①。这里强调的还是"乐之和"所体现的对立因素的相济相成。

"乐之和"对于乐曲的构成因素有数量方面的要求，必须多样化，而不能单一化。同时，对于构成因素又有度的规定。季札观乐，对于《颂》的乐曲称赞其"节有度，守有序"。杨伯峻注："此皆乐曲之节拍得其正，音阶之调和得其体。"②乐之和必须有节度，也就是有方圆规矩可循。而所谓的节度，是以乐律为准则，即合乎音乐自身的规律、尺度。《礼记·乐记》提到德音之和："五色成文而不乱，八风从律而不奸，百度得数而有常。"③

"乐之和"必须有节度，这是由音乐本身规律决定的。古人在对"乐之和"的节度进行解说时，关注人的视觉感受，由此引出对适宜性的强调。单穆公在批评周景王铸大钟时说道：

> 夫钟声以为耳也，耳所不及，非钟声也。……今王作钟也，听之弗及，比之不度，钟声不可以知和，制度不可以出节，无益于乐。④

在单穆公看来，"耳之察和也，在清浊之间"，人的听力是有限度的，如果所听的声音超过人所能承受的限度，就感觉不到它的和谐。音乐的不适宜导致人的耳朵的不适宜，无法适应。伶州鸠也对周景王所铸大钟从人耳的接受能力方面加以批评："细抑大陵，不容于耳，非和也；听声越远，非平也。"⑤所谓的和、平，指的都是适宜状态。《吕氏春秋·适音》篇专门从适宜与否的角度论述乐之和与不和，最后指出"以适听适则和矣"⑥。

中国古代早期文献对"乐之和"及具体形态所做的论述，主要有三个维度，即多种因素协调结合、有节度、与人的听觉相适宜。这三个方面是彼此相连的，并且环环相扣。

四、"乐之和"的功能效应

古人对"乐之和"的功能，主要从三个层面加以论述。

---

① 朱彬：《礼记训纂》，第582页。
② 杨伯峻：《春秋左传注》，第1164页。
③ （清）朱彬：《礼记训纂》，第581页。
④ （三国）韦昭注：《国语》，第123页。
⑤ （三国）韦昭注：《国语》，第128页。
⑥ 陈其猷：《吕氏春秋新校释》，第276页。

一是对人自身的调节功能。《礼记·乐记》称："故乐行而伦清，耳目聪明，血气和平。"郑玄注："言乐用则正人理、和阴阳也。伦，谓人道也。"[①]这里是指"乐之和"使人处于和谐状态，身心都进入最佳境地，得人道之正。《管子·心术下》有"节怒莫若乐"之语，尹知章注："乐之和，故能节怒。"[②]这里强调的还是"乐之和"对人情感的调节功能，使人处于平和状态。

二是对人际关系的调节。《礼记·乐记》有如下论述：

是故乐在宗庙之中，君臣上下同听之，则莫不和敬；在族长乡里之中，长幼同听之，则莫不和顺；在闺门之内，父子兄弟同听之，则莫不和亲。[③]

这段论述把"乐之和"的功能归结为使人和敬、和顺、和亲，涉及君臣、长幼、父子、兄弟等多种人伦关系。文中把乐说成是"审一以定和"，乐之体是和，而乐之用也都冠以和字，呈现的是"乐之和"体与用的统一，以和为体，也以和为用。

三是对天地自然的调节。"和实生物"是古人根深蒂固的理念，既然乐被界定为和，并且出于天地自然，因此，"乐之和"的功能也被说成对天地万物的调节，促进天地万物的生成发育。《礼记·乐记》写道：

是故大人举礼乐，则天地将为昭焉。天地诉和，阴阳相得，煦妪覆育万物。然后草木茂，区萌达，羽翼奋，角骼生，蛰虫昭苏，羽者妪伏，毛者孕鬻，胎生者不殰，而卵生者不殈，则乐之道归焉耳。[④]

这段论述所持的是天人感应观念，对于乐的功能在想象中做了夸张和渲染。"乐之和"被描述成生命的保护神，是有生之属得以孕育的依托，并且使它们的生命处于最佳的和谐状态。

第五节　"中之和"的历史阐释与传播

先秦文献经常把和与中相联系。如前所述单穆公和伶州鸠论乐，二人都批评

---

① （清）朱彬：《礼记训纂》，第 582 页。
② 黎翔凤：《管子校注》，第 786 页。
③ （清）朱彬：《礼记训纂》，第 602 页。
④ （清）朱彬：《礼记训纂》，第 586 页。

周景王所铸大钟因不中节度而不和，类似议论比较常见。把中与和作为逻辑范畴予以严格的界定，并且就二者的关联出示明确的命题，这种做法始见于《礼记·中庸》：

> 喜怒哀乐之未发谓之中，发而皆中节谓之和。中也者，天下之大本也；和也者，天下之达道也。致中和，天地位焉，万物育焉。[1]

这里论述的是喜怒哀乐的中与和，亦即性情的中与和，属于道德范畴。其所论述的中与和，是因果关系，也是体用关系。因为中而和，中之用为和。《中庸》出自子思之手，子思是孔子之孙，又是孟子的老师，上述所说的中与和，传播源来自孔氏家族、思孟学派。关于中之和的历史阐释与传播，则是呈现多元化的倾向。

一、基于自然哲学的"中"与"和"

董仲舒是西汉"罢黜百家，独尊儒术"的倡导者，又是以阴阳五行观念解说各种现象的经师，他所著的《春秋繁露·循天之道》篇提到四方、四季的两和、二中。黄震曰："两和谓中春、中秋。"俞樾称："两和谓春分、秋分。二中谓冬至、夏至。"[2] 董仲舒以一年四季及二十四节气为依据，把和与春、秋相配，把中与夏、冬相配，认为一年之内有两和、二中。对于天地自然而言，"中"所体现的是开始与终止，而"和"所代表的则是出生与成功。

那么，和与中孰重孰轻呢？《循天之道》给出了回答：

> 一岁四起，业而必于中，中之所为，而必就于和，故曰和其要也。和者，天之正也，阴阳之平也，其气最良，物之所生也，诚择其和者，以为大得天地之奉也。[3]

董仲舒从自然哲学的角度把"和"说成天地之正、阴阳之平，是万物得以生成的依托。如果能够获得和，就实现了顺应天地之道。他还指出："中者天之用也，和者天之功也。"[4] 显然，董仲舒观念里的"中"与"和"，已不再是因与果、体与用的关系，而是中为用、和为功，和是最终成果，显得更加重要。

董仲舒秉持的是天人合一理念，他把"和"说成天地之正、阴阳之平，对于

---

① （唐）孔颖达：《礼记正义》，《十三经注疏》本，北京：中华书局，1980 年，第 1625 页。
② （清）苏舆：《春秋繁露义证》，北京：中华书局，1992 年，第 444 页。
③ （清）苏舆：《春秋繁露义证》，第 446—447 页。
④ （清）苏舆：《春秋繁露义证》，第 447 页。

人的养生，强调归于和的重要性："凡养生者，莫精于气。是故春袭葛、夏居密阴，秋避东风，冬避重漯，就其和也。"[①]董仲舒关于养生"就其和"的主张，是把"和"作为养生的基本遵循，因为"和"体现的是生、是成，故与养生结下不解之缘。

中与和连言而标举和的重要性，并且从自然哲学的角度做出系统论述，董仲舒属于首倡，是这种理念的传播之源。《春秋繁露》一书于《隋书·经籍志》始见著录，直到清代，才出现较完善的校注读本。书中有关"中和"的论述，在清人的注释中得到进一步阐发。凌曙注"和者，天地之正也"这段论述，援引《淮南子》的相关段落加以印证。苏舆作义证，对于"故曰和其要也"，引《文子》及嵇康的《养生论》进行比对。董仲舒从自然哲学出发解释"和"的做法，是在这两个注本问世之后得到比较广泛的传播，主要受众是研究董仲舒及汉代思想史的学人。

二、把"中"与"和"相提并论的阐释

班固所撰的《白虎通》经常中与和连言，并且对二者不加区别，作为一个双音词使用。《号》篇称："黄者，中和之色，自然之性，成世不易。黄帝始作制度，得其中和，盛世常存，故称黄帝也。"陈立疏证：

《左传·昭十二年》："黄，中之色也。"《风俗通》引《大传》云："黄者，中和之色，德四季同功，故先生以别之也。"[②]

把黄说成中之色、中和之色，主要有两方面原因。古代经常提到的色彩主要有五种，即青、赤、白、黑、黄。与其他四种色彩相比，黄色给人造成的视角感受不是那么鲜明、强烈，而是居于黑白之间、赤白之间，显得比较柔和，因此称它为中之色、中和之色。另外，在五行说体系中，以五色配五方，黄色与中央相配，这也是把它称为中色、中和之色的原因。班固认为黄帝之称来自制度得其中和。同篇还写道："殷者，中也，明当为中和之适也。"[③]这是对殷商名号加以辨析，把殷释为中、中和。《白虎通·社稷》篇称："稷者得阴阳中和之气，而用尤多，故为长也。"[④]稷在古代是五谷之长，系最重要的农作物。这里把稷视为五谷之长的原因归结为得到中和之气。所谓的中和，指的是适宜。《白虎通·王者不臣》篇称：

①　（清）苏舆：《春秋繁露义证》，第453页。
②　（清）陈立：《白虎通疏证》，第53页。
③　（清）陈立：《白虎通疏证》，第57页。
④　（清）陈立：《白虎通疏证》，第84页。

"夷狄者,与中国绝域异俗,非中和气所生,非礼义所能化,故不臣也。"这里所持的是中土本位理念,认为中土居民禀受的是中和之气,中土之外则不存在中和之气。

从上述梳理可以看出,《白虎通》对"中和"一词的运用,取其美好、善良之义,没有对中、和加以区分,也没有局限于人的喜怒哀乐之情,已经脱离《礼记·中庸》的语境,使"中和"成为表示美好之义的词语,使用范围很广泛。

东汉章帝时期,召集有关官员及学者在白虎观讨论《五经》异同。班固根据会议讨论的原始材料,把那些取得统一看法的议题编写成《白虎通》一书。这部著作所传播的不是班固个人的观点,而是与会者取得共识的结论,代表了那个时期经学对"中和"所持和理念。《白虎通》是汉代经学的代表性著作,《隋书·经籍志》开始著录,后来的《旧唐书》《新唐书》《宋史》的《艺文志》也都予以著录。清代庄述祖辑阙文七篇,清人陈立《白虎通疏证》做了全面通释。

三、朱熹对"中之和"的阐释

《礼记·中庸》对"中之和"所做的阐释,朱熹注:"喜怒哀乐,情也。其未发,则性也。无所偏倚,故谓之中。发皆中节,情之正也。无所乖戾,故谓之和。"[1]朱熹把喜怒哀乐未发称为"性",把喜怒哀乐已发称为"情",因此,《中庸》这个段落所说的"和",可以称为"性情之和"。朱熹有《中庸集注》传世,他的上述解说,是以著述的方式阐释和传播了"性情之和"理念。

朱熹在以著述的方式阐释和传播《中庸》的"致中和"理念时,把"中"释为无所偏倚,把"和"释为无所乖戾。对此,他为《中庸》所作的注还有如下论述:

自戒惧而约之,以至于至静之中无少偏倚,而其守不失,则极其中而天地位矣。自谨独而精之,以至于应物之处无少差谬,而无适不然,则极其和而万物育矣。盖天地万物,本吾一体,吾之心正,则天地之心亦正矣。吾之气顺,则天地之气亦顺矣,故其效验至于如此。[2]

在这段论述中,朱熹把"中"界定为"无少偏倚"。他对"中"所做的这种解释,可以在他所著的《论语集注》中找到对应的案例。《论语·雍也》篇记载:"子

---

① （宋）朱熹:《四书章句集注》,第21页。
② （宋）朱熹:《四书章句集注》,第21页。

曰：'中庸之为德也，其至矣乎！民鲜久矣。'"朱熹注："中者，无过不及之名。"①
《论语·尧曰》篇有"允执其中"之语，朱熹注："中者，无过不及之名。"② 对于
《论语》上述两处出现的"中"字，朱熹的注都释为"无过不及"，也就是既没有
超过也不是未能达到，而是适中，这与把《中庸》首章出现的"中"释为"无所
偏倚"可以相互印证。朱熹在他的著述中对"中"所做的上述解释，继承了程颐
的说法。"中者，只是不偏，偏则不中。"③ 这是程颐对"中"字所做的界定，朱熹
在以著述的方式阐释传播"性情之和"理念时，继承了这一说法。

按照朱熹的理解，《中庸》所说的"中"，指中正、不偏不倚；所谓的"和"，
指的是顺，即无适不然。中与和是体与用的关系，本体的中正、不偏不倚，必然
产生顺通、无往不适的功用。可是，这种解释在逻辑上和现实生活中都无法圆通，
因为方枘圆凿、格格不入的情况屡见不鲜，本体的中正、不偏不倚，并不能保证
它在实际运用时畅通无阻、无所不适，二者无法构成因果关系。朱熹以著述方式
阐释传播《中庸》的"性情之和"理念时，在理论建构上存在不够严密之处，其
中存在缝隙裂痕。

朱熹在授课过程中反复对"中"的含义加以界定，从中可以看出他对这个字
在理解上所出现的微妙变化。

林恭甫说"允执厥中"未明。先生曰："中，只是个恰好底道理。……《论语》
后面说'谨权量，审法度，修废官，举逸民'之类，皆是恰好当做底事，这便是
执中处。"④

弟子林恭甫针对《论语·尧典》的"允执厥中"之语进行提问，朱熹所做的回
答，没有沿用《论语集注》释为"无过不及"，而是把"中"字解为恰好，即适当、
正好。朱熹在授课过程中还有如下话语：

两端如厚薄轻重。"执其两端，用其中于民"，非谓只于二者之间取中。当厚而
厚，即厚上是中；当薄而薄，即薄上是中。轻重亦然。⑤

朱熹注《中庸》《论语》把"中"或释为"无所偏倚"，或释为"无过不及"，
这就很容易使人把"中"字理解为"在二者之间取其中"。朱熹在授课时则对此加

---

① （宋）朱熹：《四书章句集注》，第 105 页。
② （宋）朱熹：《四书章句集注》，第 227 页。
③ （宋）程颐，程颢：《二程遗书》，上海：上海古籍出版社，2000 年，第 207 页。
④ （宋）李道传：《朱子语录》，第 425 页。
⑤ （宋）李道传：《朱子语录》，第 124 页。

以澄清，把"中"释为适当。

朱熹在著述中阐释、传播《中庸》的"性情之和"理念，把其中的"中"字释为正、无所偏倚。他对学生进行授课，则是把"中"与"正"加以区分：

> "中重于正，正不必中。"一件物事自以为正，却有不中在。且如饥渴饮食是正，若过些子便非。中节处乃中也。责善，正也，父子之间则不中。[①]

朱熹通过辨析"中"与"正"不能等同视之，把"中"释为中节，指的是适当、得当。中、节，都有适当的义项，二者是并列关系。

通过上述案例可以看出，朱熹向门生弟子授课过程中，往往把"中"释为得当，这种解释实际上是对他自己《论语》《中庸》相关注解的修正，也反映出口头阐释传播与书面阐释传播之间的差异。

《中庸》第六章有"执其两端，用其中于民"之语，朱熹注：

> 两端，谓众论不同之极致。盖凡物皆有两端，如小大、厚薄之类。于善之中又执其两端度量以取中，然后用之，则其择之审而行之至矣。[②]

朱熹把"执其两端，用其中于民"释为"执其两端度量以取中"，"中"指的是无过不及，无所偏倚。他所著的《或问》也有类似论述。由此而来，就与他授课时对"中"所做的界定出现矛盾，对此，他的弟子陈才卿提出质疑。朱熹做了如下回答：

> 便是某之说未精，以此见作文字难。意中见得了了，及至下笔依旧不分明。只差些子，便意思都错了。[③]

朱熹坦率地承认，自己著述时对"中"字的表述存在不够准确之处，并且用口头讲解的方式予以纠正。他已经感觉到文不逮意的困窘，书面表达比口头表达有更大的难度。

朱熹在授课时多次把"中"字释为得当、恰好，这是他晚年学术达到炉火纯青的重要标志。如果能把这种界定用于对《中庸》"致中和"理念的阐释和传播，

---

①　（宋）李道传：《朱子语录》，第912页。
②　（宋）朱熹：《四书章句集注》，第23页。
③　（宋）李道传：《朱子语录》，第1063页。

对原典的解读就会更加文从字顺。"喜怒哀乐之未发，谓之中"，中，指的是得当，意谓喜怒哀乐未发之际，心灵处于得当、正常的状态。"发而皆中节，谓之和。"因为喜怒哀乐潜在未发之时，心灵处于得当状态，因此，各种情感的外在表现也就显得适宜、协调。中，指得当。节，指协调。中节，系并列关系词组，即朱熹所说的无适不然，即所谓的和。朱熹对《中庸》"致中和"理念所做的阐释和传播，经由书面表述和口头讲授两条渠道进行，后人作为朱熹"致中和"理念的受众，也应该兼顾这两条渠道，不能局限于《中庸集注》所做的表述，而忽略课堂讲授所做的传达。

朱熹对"致中和"理念所做的阐释和传播，是以早期儒家经典为依托而进行的理论再造，形成一个比较完整的以"致中和"为核心的理论体系。这个理论体系一方面是对以往相关论述的历史超越，同时又有片面的发展。

《礼记·中庸》首章称："喜怒哀乐之未发，谓之中。"对此，唐代孔颖达所做的解释如下：

> 喜怒哀乐之中者，言喜怒哀乐缘事而生。未发之时，澹然虚静，心无所虑，而当于理，故谓之中。[1]

孔颖达把喜怒哀乐未发之际的心灵状态说成是澹然虚静，没有任何虑念，以此解释所谓的"中"。照此说法，此时的心灵处于冲虚状态，保持着原始天性的凝静。朱熹把"喜怒哀乐之未发，谓之中"释为"无所偏倚"，而没有沿袭孔颖达的说法。朱熹为什么做出这样的解释，他的《中庸集注》没有说明。而他在授课时涉及《中庸》的"致中和"段落时指出："中和亦是承上两节说。"[2]《中庸》"致中和"段落之前的两节，论述的是君子平日的存养涵咏，是在喜怒哀乐未发之前的自身修炼。对于"喜怒哀乐之未发，谓之中"这个命题，程颐与他的弟子苏季明有过如下讨论：

> 又问："学者于喜怒哀乐发时固当勉强裁抑，于未发之前当如何用功？曰："于喜怒哀乐未发之前，更怎生求？只平日涵养便是。涵养久，则喜怒哀乐发自然中节。"[3]

程颐所做的解释合乎《中庸》首章的实际情况，朱熹继承的是程颐的说法。

---

① （唐）孔颖达：《礼记正义》，北京：中华书局，1980 年，第 1625 页。
② （宋）李道传：《朱子语录》，第 122 页。
③ （宋）程颐，程颢：《二程遗书》，第 250 页。

《中庸》的"致中和"段落是承前边两节而来，朱熹在授课时明确指出这个问题，从中可以看到他解释"性情之和"的依据，是把原典的前后段落相贯通，在整体思考基础上做出判断。孔颖达的解说则是割裂前后文的联系，脱离具体语境去解释所谓的"中"，因此出现误读。

《礼记·中庸》称："中也者，天下之大本也；和也者，天下之达道也。"朱熹注："大本者，天命之性，天下之理皆由此出，道之体也。达道者，循性之谓，天下古今之所由，道之用也。"①朱熹将中与和释为体与用的关系，中为道之体，和为道之用。朱熹注还称："是其一体一用虽有动静之殊，然必其体立而后用有以行，则其实亦非有两事也。"②朱熹认为"中"与"和"是体与用的关系，二者还有动静之别，中为静，和为动。朱熹在授课过程中对于"中"与"和"的动静又做了具体的界定：

> 存养是静工夫。静时是中，以其无过不及，无所偏倚也。省察是动工夫，动时是和。才有思为，便是动。发而中节无所乖戾，乃和也。其静时，思虑未萌，知觉不昧，乃"复"所谓"见天地之心"，静中之动也。其动时，发皆中节，止于其则，乃"艮"之"不获其身，不见其人"，动中之静也。穷理读书皆是动中工夫。③

朱熹作《中庸》的注解，以文字表述的形式阐释"中"与"和"的体用、动静关系，提纲挈领，高度概括。而在授课过程中对这个问题所做的论述，则是明确指出静指的是存养，动指的是省察、穷理读书，动和静分别与相关的修炼方式相对应。另外，对于中、和又分别指出前者是静中之动，后者是动中之静。朱熹在授课过程中所做的讲述，对相关概念采用的是逐层分解的方式，因此，在理论深度上远远超过他为《中庸》这个段落所作的注解，因而具有更高的学术价值。

大量事实表明，朱熹对"致中和"理念的阐释，《朱子语录》的论述对《中庸集注》《论语集注》多有超越和修正之处。这种情况的出现，一方面是文字传播与口头传播的差异造成的，另一方面也是朱熹学术思想发展变化的反映。他的《集注》《或问》作于中年，当时他的学术尚未达到炉火纯青的地步，而《朱子语录》所记载的则是他晚年讲学的内容，他的学术水平已经博大精深，所以对自己以往的说法时有补充和修正。鉴于这种情况，王阳明作《朱子晚年定论》一文，其中写道："世之所传《集注》《或问》之类，乃其中年未定之说，自咎以为旧本之误，

---

① （宋）朱熹：《四书章句集注》，第21页。
② （宋）朱熹：《四书章句集注》，第21页。
③ （宋）李道传：《朱子语录》，第971页。

思改正而未及。"[①] 明代传播朱熹的学说，通常是以他所著的《四书章句集注》为基本依托。而对朱熹晚年在学术上的自我检讨和反省，则缺少必要的关注。王阳明对此深有感慨，这个问题在当下依然存在。上述事实告诉人们，对朱熹学术思想的阐释和传播，应该做到两个兼顾：一是兼顾朱熹中年和晚年的学术，二是兼顾朱熹对传统文化传播的两种主要方式，即从事著述的书面文字表达和课堂讲授的口头讲解。只有做到两个兼顾，才有可能对朱子之学有全面、准确的把握。

第六节　"德""和"联言命题的阐释与传播

《庄子》一书往往把德与和相贯通，以德与和联言、对举的方式提出一系列重要命题并加以阐释。这些命题及相关阐释依托德而对和做出界定，又通过对和的界定而对德的内涵进行充实。这些德和联言命题具有概括性、经典性，在历史传播过程中引起后人高度关注。

一、不知耳目之所宜的"德之和"

《庄子·德充符》的首篇寓言是孔子与常季之间的对话，假托孔子之口对兀者王骀进行赞扬，其中有如下段落：

自其异者视之，肝胆楚越也；自其同者视之，万物皆一也。夫若然者，且不知耳目之所宜，而游心乎德之和；物视其所一而不见其所丧，视丧其足犹遗土也。[②]

孔子把王骀视为得道之人，认为他能够以齐物的眼光看待万物，因此对自己丧足一事毫不介意。他游心于"德之和"，进入"不知耳目之所宜"的境界。孔子在这里把"不知耳目之所宜"作为游心于"德之和"的标志，这个命题引起后人高度重视，其中的"宜"字成为重要的聚焦点。郭象注："宜生于不宜者也。无美无恶，则无不宜。无不宜，故忘其宜也。"[③] 这是把"不知耳目之所宜"释为忘其宜，颇为确切。《德充符》中提到的"耳目之所宜"，"宜"与人的感性对象密切相关，这与"宜"字在其生成期的原始本义存在关联。

"宜"的起源可以追溯到甲骨卜辞，赵诚先生对此有如下论述：

---

① （明）王守仁：《阳明传习录》，上海：上海古籍出版社，2000 年，第 301 页。
② （清）郭庆藩：《庄子集释》，第 191—192 页。
③ （清）郭庆藩：《庄子集释》，第 191 页。

🔲，从二夕、从自。夕是祭肉，自是一种特制的架子，祭祀时用以陈祭肉或祭牲，后代写作且。全字象陈肉于且，为会意字。……🔲字后代写作俎，就文字形体而言，《说文》宜字的古文与甲骨文形近。[1]

甲骨卜辞的🔲字，确实与《说文解字·宀部》所出示的"宜"的古文构形相近："宜，所安也。……𡩀，古文宜。🔲，亦古文宜。"[2]古文"宜"的构形表示祭肉陈列之象，与"俎"的含义相同。从"宜"在先秦文献的运用情况考察，它最初的含义确实与肉类祭品相关。《礼记·王制》："天子将出，类乎上帝，宜乎社，造乎祢。"[3]这里出现的类、宜、造，指的均是祭祀名称。祭祀土地神称为宜，当是取自表示祭祀所用肉类物品这种原始本义。

"宜"的本义是祭祀所用的肉类，祭祀社神用肉类祭品，故祭社称"宜"。后来，不是用于祭祀的肉类食品也称为"宜"。《诗经·郑风·女曰鸡鸣》以夫妻对话的形式进行叙事，首章以"将翱将翔，弋凫与雁"结尾。男士将要外出狩猎，捕获对象是野鸭和大雁。第二章是妻子所做的回应："弋言加之，与子宜之"，意谓能够射中野禽，就与你共同享用美味佳肴。"宜"的原始本义指祭祀所用的肉类，后来又把肉类食品也称为"宜"。在先秦时期，肉类对人而言是美味佳肴，是祭祀神灵的重要祭品，宜的适合、适宜之义由此而来。

"宜"最初指用于祭祀或食用的肉类，属于感性的物质存在。《德充符》篇提到的"耳目之所宜"，指的也是感性的物质存在，二者对"宜"的具体指向一致，可以说是偶然的巧合。但是，《德充符》的上述命题，对"宜"不是加以肯定，而是予以否定。和、宜属于同义词，都有适宜、合适之义，通常可以把"和"释为"宜"，也可以把"宜"释为"和"，二者能够互释。然而，《德充符》篇提到的"游心乎德之和"，则是以"不知耳目之所宜"为标志，这是一种特殊的"和"，与"宜"无法兼容。本来是同义词的和、宜，在这里却呈现为逆反关系，这个命题的后句"而不知耳目之所宜"，是用否定的句式表达正面意义，"耳目之所宜"是被否定的对象，"宜"属于被否定之列。

《德充符》所说的"德之和"被概括为"不知耳目之所宜"，郭象把它释这"忘其宜"，是有道理的。这种忘是对感官和心灵的双重超越，此种境界在《庄子·达生》篇也有展现：

---

[1]　赵诚：《甲骨文简明词典·卜辞分类读本》，第 316 页。
[2]　（汉）许慎撰，（清）段玉裁注：《说文解字注》，第 340 页。
[3]　（清）朱彬：《礼记训纂》，第 175 页。

工倕旋而盖规矩，指与物化而不以心稽，故其灵台一而不桎。忘足，履之适也；忘要，带之适也；忘是非，心之适也；不内变，不外从，事会之适也。始乎适而未尝不适者，忘适之适也。①

适与宜属于同义词，二者往往连用。《达生》篇把最高层次的"适"归结为"忘适之适"，即感觉不到、忘掉了适，才是真正的适。《德充符》篇把"德之和"概括为"不知耳目之所宜"，也就是感觉不到、忘掉了适，是最高层次的适，故称为"德之和"。

《德充符》篇对于"德之和"所做的界定，在历史传播过程中又被进一步发挥。方以智的《药地炮庄》引刘氏之说，对《德充符》的上述命题做了如下解说：

不知耳目之所宜，无视无听为婴儿者也。世人见不越色，听不越声，故耳目各有所宜。不知耳目之所宜，说得至人之玄冥。所谓耳里着得大海水，眼里放得须弥山，方见游心于德之和。②

方氏所解说的前段符合原文本意，后段则有援佛入《庄》的味道，已经超出《德充符》上述命题的含义，可谓借题发挥。

《德充符》对于"德之和"的论述，在文章中居于举足轻重的地位。清人孙嘉淦对"游心于德之和"做了如下解说：

通篇以此句为主，后"使之和豫，不失于兑""与物为春""成和之修"皆是德之和。圣人有所游，则是游心于德之和也。③

这是把"德之和"视为整篇文章的主旨，可与其他相关命题相贯通。"德之和"的理念传播到清代，人们对它的理解已经更关注文章的整体脉络。

二、与物为春、接而生时的"成和之德"

《庄子·德充符》篇还有如下命题："德者，成和之修也。"这是以"和"释"德"，对德做出界定。所谓的"成和之修"，指对于"和"修炼成功，达到圆满、完美的程度，这就是德。那么，"和"达到何种程度才称得上圆满、完美呢？这个

①　（清）郭庆藩：《庄子集释》，第 662 页。
②　（明）方以智：《药地炮庄》，清康熙三年曾玉祥此藏轩刊本，卷二。
③　（清）孙嘉淦：《南华通》，清乾隆年间刊本，卷五。

命题之前的段落对此做了论述：

> 死生存亡，穷达贫富，贤与不肖毁誉，饥渴寒暑，是事之变，命之行也；日夜相代乎前，而知不能规乎其始者也。故不足以滑和，不可入于灵府。使之和豫，通而不失于兑。使日夜无郤。而与物为春，是接而生时于心者也。[①]

这个段落大部分篇幅论述如何修炼达到圆满之和的境界，结尾两句是对"成和之德"境界的具体描述。"与物为春"，意谓对待外物如同春天，取其温和之义。"接而生时于心者"，是说如此则能连续在心中生出季节。时，季节。林云铭称："胸中自有四时之行。"[②]林氏所做的解释是正确的。所谓"与物为春""接而生时于心"就是"成和之德"所呈现的心灵境界，是人的心灵顺随外物，如春夏秋冬自然变化。《庄子·大宗师》所描述的古之真人正是如此："凄然似秋，煖然似春，喜怒通四时，与物有宜而莫知其极。"[③]这里的"极"，指终止、极点。"与物有宜而莫知其极"，就是与外物能够很融洽地相适宜而不自知的状态，这与《德充符》所说的"不知耳目之所宜"含义大体一致，即至宜忘宜之义。古之真人就是"成和之德"的化身，其心灵是独立自主的小宇宙、内宇宙，是"和"达到圆满、完美的程度。

《德充符》把"成和之修"的最终境界概括为"使日夜无郤而与物为春""接而生时于心"，这种描述在后代传播过程中引起强烈的反响，人们从不同的角度对它加以阐释，成为《庄子》传播的一个热点。清人孙嘉淦写道：

> 日夜初无间断，秋中形外，与物为春，春者和也，明道接人浑是一团和气，此之谓也。……接，续也。自上无郤生来，时字自上春字生来。言四时之气，转相接续而生于心，无止息也。[④]

孙嘉淦是根据上下文的意脉关系将物与季节、道与修心联系起来的，解说《德充符》所描述的成和之修的理想境界。

《德充符》篇论述"成和之德"的修炼，主要强调人的内心不受外界因素的影响。外在的生老病死、吉凶祸福等是人无法左右的，因此，"不足以滑和，不可

---

① （清）郭庆藩：《庄子集释》，第212页。
② （清）林云铭：《庄子因》，光绪庚辰重刊白云精舍本，卷五。
③ （清）郭庆藩：《庄子集释》，第230页。
④ （清）孙嘉淦：《南华通》，卷五。

入于灵府"，外在因素无法扰乱自身的适宜状态，也不把它放在心上。滑，指扰乱；灵府，指心灵。"使之和豫，通而不失于兑。"林云铭称："于八卦内取出兑字，于四时内取出春字，总写出一团和气，内外如一，使人可亲。造句新辟，不可思议。"①林云铭认为"通而不失于兑"的"兑"取自卦名。需要加以补充说明的是，"使之和豫"的"豫"也是取自卦名，应该是有意的精心调遣。那么，对于这两个卦名，文中取的是哪方面的含义呢？《周易·豫·彖》有如下论述：

> "豫"，顺以动，故天地如之，而况"建侯行师"乎？天地以顺动，故日月不过，而四时不忒；圣人以顺动，则刑罚清而民服。②

这是把"豫"释为"顺而动"，是表示动态的词。《德充符》的"使之和豫"，豫也是取"顺而动"之义，与下句的"通"字相衔接。"通而不失于兑"，"兑"取自卦名。对此，刘武先生做了如下解说：

> 《韵会》："兑，穴也。"《易·说卦传》云："兑为口。"《淮南·道应训》云"则塞民于兑"，注："兑，耳目鼻口也。"《老子》"塞其兑，闭其门"，王弼注："兑，事欲之所由生；门，事欲之所由从。"则王意亦以穴训兑也。……据上各说，则此文为使和气逸豫流通于内，而毋使散失于耳目口鼻之穴也。下文"内保之而外不荡"，即为此文取譬。③

上述解说颇为透彻，其中提到《老子》的"塞其兑，闭其门"之语，见于传世本《老子》第五十六、七十九章。《德充符》所说的"使之和豫，通而不失于兑"，是"成和之修"的重要环节。一方面强调心灵的和顺，同时又指动态属性，要通畅无碍而又不失于外骛，不因感官欲望而干扰心灵的平和顺畅。文中所用的豫、兑取自《周易》卦名，而所表达的意义也与《易传》有相通之处。

《庄子·德充符》对"成和之德"所做的论述，在历史传播中不断被演绎，成为后代学者阐释自己修身养性理念的依托。清人孙嘉淦写道：

> 首段言守宗，言保始，此则其所以保守之实也。看其言功夫处，深潜缜审，知

---

① （清）林云铭：《庄子因》，卷五。
② 周振甫：《周易译注》，北京：中华书局，1991年，第63页。
③ 刘武：《庄子集解内篇补正》，北京：中华书局，1987年，第138页。

其心性上涵养纯粹，不止旷达为高而已。①

这是从宋代理学的心性之说出发，对《德充符》的"成和之德"加以解说，指出二者的相通之处。清人林仲懿写道：

唐张拙诗"光明寂照遍河沙，凡圣含灵共我家"即和豫通、与物为春之意，佛家有流注想，水本流将去，有些渗漏处便留滞，即日夜无邻，接而生时于心之意。②

这是援佛入道，以解释《庄子》。《庄子》的传播到了清代，对于《德充符》篇成和之德的解说，呈现出更加多元的格局。

三、德、和的蒙而不冒

《庄子·缮性》篇有如下论述：

夫德，和也；道，理也。德无不容，仁也；道无不理，义也。……彼正而蒙己德，德则不冒，冒则物必失其性也。③

这段论述分别对"德""道"做出界定。把"德"界定为"和"，它无所不容，体现的是仁。既然如此，就可以把"德"与"和"同等看待，"德"的属性及功能，也就是"和"的属性和功能。上述段落结尾两句是以否定的方式，从反面对"德"做出界定："彼则不冒，冒则物失其性也。"与"德"作为同义词出现的"和"，当然也是"不冒"。"德则不冒"可以引出"和则不冒"的命题。如果能够对"德则不冒"这个命题做出合乎原文的解释，那么对于所谓的"和"也就可以从这个角度得到准确的把握。解决这个问题的关键，是对"冒"字的含义做出确切的判断。

《缮性》篇在历史传播过程中，对"冒"出现几种略有差异的解释。成玄英疏："冒，乱也。"④以乱释冒，是把它作为负面意义词加以处理。林希逸称："不冒者，言我非以德加诸人也。"⑤这是把"冒"释为施加、强加。王先谦："若强天下而冒

---

① （清）孙嘉淦：《南华通》，卷五。
② （清）林仲懿：《南华本义》，《四库全书存目丛书·子部》第257册，济南：齐鲁书社，1995年，第595页。
③ （清）郭庆藩：《庄子集释》，第545页。
④ （清）郭庆藩：《庄子集释》，第550页。
⑤ 周启成：《庄子鬳斋口义校注》，北京：中华书局，1997年，第253页。

覆之，是以我正彼，则物失其性者必多也。"①这是把"冒"释为冒覆，亦即覆盖之义。以上各家对于冒字所做的解释，可以说是大同小异，都把它作为表达负面意义的词看待，取其强加、覆盖之义。其实，它在《缮性》中的含义，还须做进一步的考察。

《说文解字·冃部》："冒，冢而前也。从冃、目。"段玉裁注：

冢者，覆也。引伸之有所干犯而不顾亦曰冒。如假冒、冒白刃、贪冒是也。……会意。冃、目者，若无所见也。②

按照许慎所做的解释，冒字的构形是蒙住眼睛前行之象，段玉裁则进一步指出这像是什么都没见到而前行之象，引申有进行干犯而无所顾忌之义。先秦文献中出现的冒字，多数用于表示负面意义，如冒犯、冲撞、贪婪、嫉妒、气郁、昏厥等，其核心义项是表示矛盾、冲突、伤害。从语源学和语用学两方面进行考察。冒字主要用于表达破坏、伤害方面的意义，用于负面、否定的语境居多。

从《缮性》篇的具体语境考察，"德则不冒"的冒字，确有冒犯、触犯之义。这篇文章以"和"释"德"，又称"德无不容，仁也。""德""和"体现的是仁爱的属性，其功能是无所不容，与外物构成的是适宜、协调的关系，因此不会造成对外物的侵害。冒指干犯、强加、造成伤害，因此，它与"德""和"构成对立的两级。

《庄子》书中出现的"和"，往往与"生"联系在一起。《在宥》篇记载广成子如下话语："我守其一以处其和，故我修身千二百岁矣，吾形未尝衰。"③文中的广成子是体悟道性的世外高人，他因"守一处和"而长生不老，"和"的功能是呵护生命，使人延年益寿。《田子方》篇称："至阴肃肃，至阳赫赫；肃肃出乎天，赫赫发乎地，两者交通成和而万物生焉，或为之纪而莫见其形。"④这是说阴气上升，阳气下降，二者交和而万物萌生，"和"具有生成万物的功能。

《庄子》书中与"和"相关联的是"生"，而与"和"内涵相反的是"冒"，在先秦文献中往往与死亡联系在一起，有时成为表示与死亡相关联事物的专用名词。《礼记·王制》："唯绞、紟、衾、冒，死而后制。"朱彬训纂引《释名》："以囊韬

---

①　（清）王先谦：《庄子集解》，北京：中华书局，1987年，第135页。
②　许慎撰，段玉裁注：《说文解字注》，第354页。
③　（清）郭庆藩：《庄子集释》，第381页。
④　（清）郭庆藩：《庄子集释》，第712页。

其形曰冒，覆其形使人勿恶也。"① 冒，指盛尸体的布袋，在人死之后制作。《礼记·杂记》："冒者何也？所以掩形也。"郑玄注："言设冒者，为其形，人将恶之也。"② 这是把"冒"认定为装尸体的布袋，指出它的功能。赗，字形从贝，从冒。它也是专用名词，指的是送给丧葬者用以助葬的束帛车马等物品。先秦文献中出现的"冒"字，多用于表示凶险义项，因此，它又成为表示与死亡相关联事物的专用名词。每当它在文献中出现，人们往往联想到冒犯、伤害、死亡等不祥之事，想到的是破坏性功能。而所谓的"德""和"指的是仁爱，无所不容，发挥的是创造性功能。《缮性》篇把"德""和"与"冒"视为相互对立的两极，可以从它们在先秦文献的运用中找到原因，也能从文字构形上找到根源。

"德则不冒，冒则物必失其性也。"《缮性》篇在提出这个命题之后，用具体历史事实证明因德衰冒物而造成的危害，其中提到伏羲氏、神农、黄帝、唐虞，最终造成的后果是"然后民始惑乱，无以反其性而复其初"，以此作为对前边命题的回应。

《缮性》篇在提出"德则不冒"命题前边冠以"彼正而蒙己德"这个句子，蒙与冒相对应，二者均是动词。林希逸对此做了如下解释。

蒙，晦也，德积于己，不自眩露，彼物自正，故曰彼正而蒙己德③。

林希逸以晦释蒙，把"蒙己德"理解为对自身之德进行隐蔽，不公开加以显露，这正是《德充符》所说的"德不形"。

如何进入"德""和"的境界，《缮性》篇首段做出如下论述：

古之治道者，以恬养知。生而无以知为也，谓之以知养恬。知与恬交相养，而和理出其性。夫德，和也；道，理也。④

这是把以恬养知、以知养恬说成"德"、"和"的生成途径，何谓恬？恬，篆文作怗。《说文解字·心部》："怗，安也。从心，丙声。"段玉裁注："《庄子》曰'以恬养知，以知养恬'。"⑤ 这是以"安"释"恬"，安定之义。篆文怗是恬的初文，

---

① 朱彬：《礼记礼纂》，第204页。
② 朱彬：《礼记礼纂》，第637页。
③ 周启成：《庄子鬳斋口义校注》，第253页。
④ （清）郭庆藩：《庄子集释》，第548页。
⑤ 许慎撰，段玉裁注：《说文解字注》，第503页。

字形从心，从因。因指竹席，是人的坐卧之具，休息之所依托，因此，恬字的构形表示心有所止，处于休闲状态。恬字可释为心灵闲暇安定。

《缮性》篇把"德""和"的生成归结为恬与知相互养护，而知只有处于"知生而无以知为"的状态，才有可能对恬加以养护。对于这句话，成玄英疏：

> 率性而照，知生者也；无心而知，无以知为也。任知而往，无用造为，斯为无知而知，知而无知，非知之而知者也。故终日知而未尝知，亦未尝不知；终日为而未尝为，亦未尝不为，仍以此真知养于恬静。若不如是，何以恬乎！①

成玄英所做的阐释颇为透彻确切，"知生而无以知为"，意谓人的认知产生而不对它加以运用，亦即无心于认知，处于无意识状态。

《缮性》所说的"知与恬交相养"，指心灵处于安定闲暇状态，认知处于无意识状态，如此一来，知与恬就能相互养护，彼此滋补。这个命题在历史传播过程中，后代对它所做的阐释有时与佛教的定慧之说相勾连。林希逸称："恬养知，知养恬。此六字最妙，释氏有'戒生定，定生慧'，却未说慧能生定也。如此等处，当于细读。"②这是把知与恬交相养的命题与佛教的定慧之说加以对比，指出佛教的定慧之说是单向生成，而"知与恬交养"则是双向彼此生成。刘凤苞也把《缮性》的"以恬养知"之论称为"定能生慧"③，继承的是林希逸的说法。

《德充符》《缮性》两篇的"德和联言"命题，尽管有时把"和"作为"德"的同义语加以表述，但是，总体上都是把"和"置于"德"的统辖之下，把"德"作为终极追求。《庄子·庚桑楚》篇也有"德和联言"的段落，现抄录如下：

> 能翛然乎？能侗然乎？能儿子乎？儿子终日嗥而嗌不嗄，和之至也；终日握而手不掜，共其德也；终日视而目不瞚，偏不在外也。行不知所居，居不知所为，与物委蛇，而同其波。是卫生之经已。④

在这个段落中，"和之至也""共其德也"，依次是两个句子的末尾，二者属于并列关系，"和"与"德"各有所指，两者之间不是统辖关系，而是共同置于卫生之经的统辖关系之下，是卫生之经的两项内容。《庚桑楚》的这个段落，脱胎于

---

① （清）郭庆藩：《庄子集释》，第549页。
② 周启成：《庄子鬳斋口义校注》，第253页。
③ （清）刘凤苞：《南华雪心编》，北京：中华书局，2013年，第353页。
④ （清）郭庆藩：《庄子集释》，第785页。

《老子》第五十五章，该章相关段落如下：

> 含德之厚，比于赤子。蜂虿虺蛇不螫，猛兽不据，攫鸟不搏。骨弱筋柔而握固，未知牝牡之合而全作，精之至也。终日号而不嗄，和之至也。①

在这个段落中，"含德之厚，比于赤子"是总论，"精之至也""和之至也"是分论，"精"与"和"都处于"含德之厚"的统辖之下，"和"隶属于"德"。其中对赤子，亦即婴儿的三种状态做了描写，释德清称："斯三者，皆得其所养之厚，故所以比赤子之德也。"②释德清所做的判断是正确的。《庄子·庚桑楚》借鉴《老子》第五十五章的内容，但不是原封不动地袭用，而是做了调整。把《老子》作为统辖的"含德之厚，比于赤子"，置换为"卫生之经"；把《老子》所设的"和"对"德"的隶属关系，调整为二者之间的并列关系。正因为如此，《庚桑楚》这个段落所描述的"德"与"和"的关系，与《德充符》《缮性》篇"德和联言"的命题存在差异。《庚桑楚》篇的段落脱胎于《老子》第五十五章，以婴儿为喻而论述"德"与"和"。德国哲学家黑格尔也曾有过类似的论断：

> 大体来说，儿童是最美的，一切个别特性在他们身上都还沉睡在未展开的幼芽里，还没有什么狭隘的情欲在他们的心胸中激动，在儿童还在变化的面貌上，还见不到成人的繁复意图所造成的烦恼。③

《老子》第五十五章和《庄子·庚桑楚》对婴儿所做的描写，凸显的正是黑格尔所说的无思无欲的状态，以及原始的自然生命力，这也是"德""和"的内涵。就此而论，这与《庄子》中"德和联言"命题对二者所做的界定，在总体上有相通之处。

---

① 楼宇烈：《老子道德经注校释》，第145页。
② （明）释德清：《道德经解》，第785页。
③ （德）黑格尔著，朱光潜译：《美学》，北京：商务印书馆，1982年，第1卷，第194页。

第四篇　华夏传播的实践论范畴

第二十章　人伦秩序：华夏传播"礼"范畴的媒介域考察

张兵娟　王　闯 *

礼是中国文化的重要组成部分和文明表征，在媒介学视阈下，礼可视为一个"媒介域"。礼既是一种观念、思想、传播准则和工具，也是一种社会控制方式，更是一种复合型媒介，包含礼器、建筑、经典、身体和仪式等媒介，承载、传递着各种宗教的、政治的、伦理的、情感的、制度的等信息。礼的传播思想有仁义礼智信的交往规范、止于至善的人文理想、文明和谐的社会秩序、天下大同的永恒追求。在当代社会，礼依然具有重要的文化自律、社会教化和秩序维系等价值，只有坚持创造性地转化、发展和继承礼文化，才能为当代中国提供文化底蕴，为世界文明做出独特贡献，实现天下大同的历史梦想和人类命运共同体的伟大宏愿。

媒介是什么？麦克卢汉（Marshall McLuhan）说"媒介即讯息"；哈罗德·伊尼斯（Harold Innis）认为，"一种新媒介的长处，将导致一种新文明的产生"[1]；而在法国媒介学家雷吉斯·德布雷（Régis Debray）看来，媒介具有"双重身份"，不仅包括物质层面的技术工具，还包括组织层面的个人和集体的行为。[2] 在这种媒介观的指引下，德布雷认为媒介学研究是"关系"的研究，是对物质材料与文化精神联结互动关系的研究。[3] "教堂里的讲道台""一个图书馆的阅览室"，那些在传统意义上不被称为"媒介"的物体，也由于其"作为散播的场地和关键因素，

---

　* 作者简介：张兵娟，郑州大学新闻与传播学院特聘教授，博士生导师。王闯，郑州大学新闻与传播学院 2016 级硕士。

① 哈罗德·伊尼斯：《传播的偏向》，何道宽译，北京：中国传媒大学出版社，2015 年，第 71 页。

② 雷吉斯·德布雷：《媒介学引论》，刘文玲译，北京：中国传媒大学出版社，2013 年，第 129 页。

③ 雷吉斯·德布雷：《媒介学引论》，刘文玲译，北京：中国传媒大学出版社，2013 年，第 73 页。

作为感觉的介质和社交性的模具而进入媒介学的领域"①。在空间上,这些媒介传递信息的行为构成传播,连接这里和那里,形成社会网络;在时间上,它们传递信息的行为构成传承,连接以前和现在,形成文化延续性。②

德布雷以基督教的传教经验为例,归纳出一条"4M"的传播或传承轨迹:这四个"M"分别对应着"信息"(message)、"媒介"(medium)、"领域"(milieu)、"调解"(mediation)。基督教的福音圣言,以《圣经》、传教士和教堂作为媒介,这些媒介接受福音圣言,并臣服于"一个或几个领域"所规定的条件,进而对原始的福音圣言进行媒介化的传播。③这里的"领域"即是"媒介域"(mediasphere),按照德布雷的解释,"媒介域"指的是"一个信息和人的传递和运输环境,包括与其相对应的知识加工方法和扩散方法"④,是"一个特定时期和一个特定的文明区域内,兼有一种传递技术、一个象征功能和一种统治方式的标准的相互依存的集合","每个媒介域中都有一个占统治地位的媒介与之对应;每个占统治地位的媒介都同时有某种精神阶层的组织方式和某种行政阶层的运行方式与之对应"⑤。

德布雷将"媒介域"分为由文字发明产生的"逻各斯域",由印刷术开启的"书写域",以及由电子技术打开的"图像域"。这三个媒介域是"过渡"的,但新的并不会消除旧的,它们可以相互交错,互相融合。⑥显然,这种"媒介域"的划分是技术史观下的历时性分类,有学者分析中国青铜器的媒介属性,并试图将其纳入"媒介域"的范畴,也依然遵循着这种技术史观。⑦然而,"媒介域"并不必然依此划分。按照弗里德里奇·克罗兹(Friedrich Krotz)和安德烈亚斯·海普(Andreas Hepp)的观点,媒介具有四重属性:特定的技术、围绕该技术所形成的社会制度和规范、对人类传播起框架作用进而影响现实建构的舞台设置,对身份

---

① 雷吉斯·德布雷:《普通媒介学教程》,陈卫星、王杨译,北京:清华大学出版社,2014年,第4页。

② 雷吉斯·德布雷:《媒介学引论》,刘文玲译,北京:中国传媒大学出版社,2013年,第5页。

③ 雷吉斯·德布雷:《媒介学引论》,刘文玲译,北京:中国传媒大学出版社,2013年,第139页。

④ 雷吉斯·德布雷:《普通媒介学教程》,陈卫星、王杨译,北京:清华大学出版社,2014年,第26页。

⑤ 雷吉斯·德布雷:《普通媒介学教程》,陈卫星、王杨译,北京:清华大学出版社,2014年,第352页。

⑥ 雷吉斯·德布雷:《媒介学引论》,刘文玲译,北京:中国传媒大学出版社,2013年,第48页。

⑦ 潘祥辉:《传播史上的青铜时代:殷周青铜器的文化与政治传播功能考》,《新闻与传播研究》2015年第2期,第53—70页。

建构和日常生活至关重要的经验空间。[①]

　　受此启发，"媒介域"可以暂时离开德布雷的技术史观分类，在"技术—制度—社会"的文化层面形成，这虽是一种共时性的"媒介域"，但同样依照媒介学对物质和文化的"关系"的研究。在德布雷那里，媒介是塑造和扩散一种精神文化的手段，不同的技术改变着传播方式，也改变着精神文化的表现形式。而从文化观来看，"媒介域"是多种媒介并置的集合形态，是思想观念的存在场域，是精神文化的传播传承空间。精神文化渗入媒介之中，媒介成为文化的表征，两者彼此连接、互相建构。也正是在这个意义上，我们可以将中国的"礼"视为一个"媒介域"，它既包括一系列的载体、工具、手段，也寓含一整套的观念、思想、传播准则，更是一种社会生活及文化建构的组织方式。它吸纳了礼器、建筑、经典、身体和仪式等多种媒介，综合着语言媒介和非语言媒介，并依照特定的制度规范，承载、传递着各种宗教的、政治的、伦理的、情感的、制度的等信息。

　　礼携带着这些信息在空间上传播、在时间上传承，一方面把自我与他人、此地与彼处联系形成社会网络，另一方面又把现在与过去、历史与未来连接形成文化传统。更为重要的是，礼形成的社会网络和文化传统，影响着人们的传播与交往活动，也建构着身份认同和社会秩序，乃至成为传统中国公共秩序与日常生活的根基，塑造了中华民族性格和精神的文化原型。本文以媒介学为研究视阈，以"礼"为研究对象，兼顾礼的内在精神和外在显现，分析礼的"象征符号如何变成物质力量"[②]。不仅从媒介技术层面考察礼的传播，回答"礼"这个媒介域包含着哪些媒介，又是如何借其表征和发挥功能；也从文化精神层面思索礼的传承，回答"礼"的文化表征背后，蕴含着什么传播思想和传播价值，这对中国礼文化的当代传播和认同建构具有重要意义。

第一节　中国礼的内涵与发展

　　礼大致起源于公元前 3500 年至公元前 2000 年[③]，关于礼的起源，主要有"风俗"说（"上古之时，礼源于俗"[④]）、"人情说"（《史记·礼书》："缘人情而制礼，

---

　　① Friedrich Krotz, Andreas Hepp: A concretization of mediatization: How mediatization works and why "mediatized worlds" are a helpful concept for empirical mediatization research. In: Empedocles. *European Journal for the Philosophy of Communication*, 3 (2), pp. 119-134.

　　② 雷吉斯·德布雷：《媒介学宣言》，黄春柳译，南京：南京大学出版社，2016 年，第 8 页。

　　③ 杨志刚：《中国礼仪制度研究》，上海：华东师范大学出版社，2000 年，第 13 页。

　　④ 刘师培：《古政原始论》之十《礼俗原始论》，《刘师培全集》第 2 册，北京：中共中央党校出版社，1997 年，第 54 页。

依人性而作仪")、"饮食说"(《礼记·礼运》:"夫礼之初,始诸饮食")和"交往"说(《礼记·曲礼上》:"礼尚往来")等,在《说文解字·示部》说,"礼,履也,所以事神致福也",礼与"事神致福"相联系。这些起源说法各有合理性,可见礼遍布在风俗、崇拜、祭祀、礼仪和社会交往等多个维度。

李泽厚先生提出"由巫到礼"的观点,他认为远古的巫术祭祀活动是"礼"形成的直接来源,其中包含的图腾崇拜和禁忌法则逐渐演变成为仪式制度,支配着人们的日常生活。① 陈来先生在《古代宗教与伦理》一书中提出礼的演变进程:"它是由夏以来的巫觋文化发展为祭祀文化,又有祭祀文化的殷商高峰而发展为周代的礼乐文化,才最终产生形成。"② 经过周公"制礼作乐"、孔子"释礼归仁",礼的制度与内核得以理性化。中国礼文化排斥巫术,"敬鬼神而远之"(《论语·雍也》),主张克制情感、保持礼仪、举止合宜,用道德伦理超越野蛮蒙昧。"礼"的理性化、礼乐制度的形成,实际上是中国文化"祛魅"的过程,也是轴心时代中国文化的独特表现。

礼并非出自儒家,但在礼的发展过程中,儒家已然成为礼的继承者和代言人。在汉代,董仲舒建议汉武帝推行"罢黜百家、独尊儒术"的政策,礼作为伦理规范和社会制度,其重要性提高至前所未有的高度。到了唐代,中国社会出现了儒、释、道三种势力的角逐,但儒家仁礼思想仍旧长期作为中国文化的支配力量,其影响小至个人待人接物,大至国家制度法纪。两宋时期,礼出现了崇古维新现象,不仅官方修订礼典,还发展出"礼下庶人"、士庶通礼,儒家仁礼思想也得到进一步的阐释。明清时期,皇帝都重视礼乐教化,尤其是清康熙皇帝,认为重整礼制有利于维护统治,更有利于文化融合。

礼在历史中不断发展,但其精神内核并未改变。《礼记·冠义》有云:"凡人之所以为人者,礼义也。"可见,人之所以为人,正在于礼义。礼义,是礼的精神内核,也是人之所以为人的根本。李泽厚先生认为,礼义所对应的内在状态是"畏、敬、忠、诚的情感、信仰",这种内在状态被孔子阐释为"仁"③。在礼的内涵中,礼义并非一个孤立的概念,它既指向孔子"释礼归仁"的"仁",也是多层次的意群,既包括"仁"本身,也包括与仁相关的礼、智、信、忠、孝、节、义、廉等。这使得在"礼义"外化为"礼仪"时,呈现出诸多面向,这些面向体现在具体实践中,就是礼在公共生活中的规范,上至国家,下达日常,包罗万象,无处不在。

---

① 李泽厚:《新版中国古代思想史论》,天津:天津社会科学院出版社,2008年,第336页。

② 陈来:《古代宗教与伦理:儒家思想的根源》,北京:生活·读书·新知三联书店,2009年,第12页。

③ 李泽厚:《说巫史传统》,上海:上海译文出版社,2012年,第37页。

纵观两千多年的中国历史，礼扮演着核心角色，可以"定亲疏、决嫌疑、别同异、明是非"（《礼记·曲礼上》），对传统社会的政治、经济和文化等产生了不可替代的作用。杨志刚先生将"礼"视为一个以礼治为核心，由礼仪、礼制、礼器、礼乐、礼教、礼学等诸方面的内容融汇而成的文化丛体。① 陈来先生则认为"礼"是以"敬让他人"为其精神，以"温良恭俭让"为其态度，以对行为举止的全面礼仪化修饰与约束为其节目的文明体系。② 彭林先生认为"礼是人类自别于禽兽的标志"，是"文明与野蛮的区别"，"礼是自然法则在人类社会的体现"，礼是"统治秩序""国家典制"，是"社会一切活动的准则"以及"人际交往的方式"。③ 更为重要的是，礼具有仁礼同构、协和互通、敬诚互补等精神内核和人文特色，既具有神圣性，即梁漱溟所言的"以道德代宗教"，又具有凡俗性，即李泽厚提出的"实用理性"。

中国礼制不仅是一种社会制度，还是一种文化制度，这也是中国礼文化区别于西方文化的关键之处。邹昌林先生认为："其他民族之'礼'，一般不出礼俗、礼仪、礼貌的范围。而中国之'礼'，则与政治、法律、宗教、思想、哲学、习俗、文学、艺术，乃至于经济、军事，无不结为一个整体，为中国物质文化和精神文化之总名。"④ 中国礼制"从形式上说，这是通过行为规范来明确等级秩序；从本质上讲，这是通过行为来传递一种社会共享的价值。而'礼'的最终作用是建构一种共同的文化，从而实现社会的整合"⑤。这种制度化的礼的规范，加强了礼文化在空间上的对外扩散，以及对"他者"文化的同化和融合，同时，也保证了礼文化在时间上的传承和维系，为人们带来文化记忆和文化认同。

中国经常被称为"礼仪之邦"或"礼义之邦"，"礼"是中华文明的核心，其本质上是一种对和谐秩序的追求，而"邦"则代表着因礼而凝聚在一起的文化共同体，这一共同体传播着礼乐精神，共享着道德价值，也传承着文化记忆。从人类传播的角度来看，礼是一种沟通交流和日常交往的媒介。从婚丧嫁娶到待人接物，从个人培育到社会教化，无不遵循礼的规范，也都离不开礼的影响。礼不仅塑造了关系网络，还塑造了传统中国的"意义之网"，既起到了联结人与人、人与群体、人与社会的作用，更进一步来说，也起到了"人性教化、道德提升、灵魂

---

① 杨志刚：《中国礼仪制度研究》，上海：华东师范大学出版社，2000年，第21页。
② 陈来：《中华文明的价值观与世界观》，《中华文化论坛》2013年第3期，第5—15页。
③ 彭林：《中国古代礼仪文明》，北京：中华书局，2014年，第3—8页。
④ 邹昌林：《中国礼文化》，北京：社会科学文献出版社，2000年，第14页。
⑤ 邵培仁、姚锦云：《传播模式论：〈论语〉的核心传播模式与儒家传播维》，《浙江大学学报（人文社会科学版）》2014年第4期，第56—75页。

净化与疏解人文焦虑、重建社会秩序的作用"①。

第二节　作为"媒介域"的礼

礼是一种"媒介域",以多种媒介复合并置而形成,既包含着语言媒介,也包含着非语言媒介,承载、传递着各种宗教的、政治的、伦理的、情感的、制度的等信息。礼既微观又宏观,既抽象又实在,具体而言,礼作为"媒介域"所传递的核心观念即是"礼义"。礼义无形,需要具象的媒介来表达,这些媒介联结着神圣与凡俗,涉及从饮食、服饰、车马到制度、祭祀、宫殿等的方方面面,既有实用功能,又有价值意义。同时,在具体实践中,就像媒介及"媒介域"离不开技术的基础作用,礼也离不开权力关系和社会环境的影响,这些媒介虽被设定为传播礼的精神观念,但又不得不成为社会现实的表征工具,当然,它们还有着重塑社会现实的力量。正如德布雷所言,"一个文化环境对于当时身处其中的人来说是自然而然的"②,礼对于身处其中的人而言,也是日用而不知的。在下文中,笔者从"自然而然"的礼的"媒介域"中,选取礼器、建筑、经典、身体和仪式等媒介,它们中的一些虽不是为了传递信息而打造的,但都可以作为礼的精神观念形成的模式或载体,承担其基本功能之外的中介功能,表征和重塑着礼、媒介以及社会之间的关系。

一、器以藏礼:礼器媒介沟通天地人神

礼,古体为"禮",左侧偏旁从示,右边"豐"即器皿。礼器即行礼的器物,从字源来看,也暗示着礼必须借助媒介才能进行。《左传·成公二年》有言:"信以守器,器以藏礼。"《周易·系辞上》也指出:"形而上者谓之道,形而下者谓之器。"可见,礼义是形而上的原则,礼器是形而下的实物,礼器寓含礼义,典章礼法、仁义忠信的内涵在礼器中都有所体现,使用何种礼器行礼,以及如何组合礼器,都传达着礼义的信息。礼器也成为礼的一种物质载体,是传统伦理及礼制的投射,具有重要的传播功能。

礼器的范围很广,主要有食器、乐器、玉器等,其主要媒介特征在于它服务于非生产性目的。有学者认为,当某种实用器物在社会交往中被赋予超出其直接

---

① 杨玉圣:《礼、礼治及其现代价值——对既有学术研究文献的检讨》,《社会科学论坛》2017年第1期,第96—111页。

② [法]雷吉斯·德布雷:《普通媒介学教程》,陈卫星、王杨译,北京:清华大学出版社,2014年,第263页。

使用价值以上的意义时，就会形成符号象征物的礼器。①最早超出使用价值的器物，是人们饮食中使用的食器和酒器。礼器依照材质分类，主要包括青铜器、玉器和陶器。其中，青铜礼器是最为明确有力的象征物："它们象征着财富，因为它们自身就是财富，并显示了财富的荣耀；它们象征着盛大的仪式，让其所有者能与祖先沟通；它们象征着对金属资源的控制，这意味着对与祖先沟通的独占和对政治权力的独占。"②

礼器是一种社会地位的象征和尊卑等级的标志物，礼通常由礼器的大小、多少或繁简等来表示礼数的高低。周礼规定：礼祭天子九鼎，诸侯七、大夫五、元士三也。《礼记·礼器》说："宗庙之祭，贵者献以爵，贱者献以散。尊者举觯，卑者举角。"学者巫鸿的观点和张光直不谋而合，认为这些礼器具有纪念碑性，而在这纪念碑性背后是其所有者拥有"浪费"这些人工的能力。他写道"中国古代的青铜礼器，包括珍贵的礼仪性玉、陶器，实际上就是在'浪费'和'吞并'生产力。而正是因为这些人造的器物能够如此'浪费'和'吞并'生产力，它们才得以具有权力，才能够获得它们的纪念碑性。"③

更为重要的是，礼器是礼文化传播的器物媒介。以玉器为例，汉代许慎在《说文解字》中解释："玉，石之美者，有五德。润泽以温，仁之方也；解理自外，可以知中，义之方也；其声悠扬，尊以远闻，智之方也；不挠不折，勇之方也；锐廉而不技，洁之方也。"玉器通常与"德"相联系，象征仁、义、智、勇、洁五种君子品德，因此，"君子比德于玉焉。温润而泽，仁也"（《礼记·聘义》）。中国诗词中的"化干戈为玉帛""宁为玉碎不为瓦全"等观念也都反映出礼文化推崇的处世之道。

此外，礼器还通常被看作一种沟通天地的媒介，尤其在祭祀活动中，礼器充当着连接生死人神的中介，获得上天的启示以指导人事。因此，礼器强烈的象征性与普通器物的实用性，构成了神圣与凡俗的对比关系。从媒介学来看，礼器从一地传往另一地，凝聚和反映在礼器中的文化内涵，也会伴随着传播出去。而在时间层面，"器物也是一种媒介，尤其是'古董'，往往是历史记忆的携带者，连接着一个政治的、象征的、情感的或者文化遗产的网络，并跨越历史长河"④。礼器

①　张晓虎：《礼乐文化——制度与思想的双重建构》，《深圳大学学报：人文社会科学版》2009年第 26 期，第 134—138 页。

②　张光直：《美术、神话与祭祀》，郭净译，沈阳：辽宁教育出版社，2002 年，第 81 页。

③　巫鸿：《中国古代艺术与建筑中的"纪念碑性"》，李清泉、郑岩等译，上海：上海人民出版社，2009 年，第 87 页。

④　潘祥辉：《传播史上的青铜时代：殷周青铜器的文化与政治传播功能考》，《新闻与传播研究》2015 年第 2 期，第 53—70 页。

作为一种传播媒介，它也是一个"记忆的携带者"，连接着过去与现在，既是礼文化的具体表达形式，也是礼文化的历时性传承载体。

二、依礼而居：建筑媒介生成礼教空间

美国传播学家威尔伯·施拉姆（Wilbur Schramm）把包括石雕、纪念碑、泰姬陵、金字塔和教堂等在内的建筑物统称为"无声的媒介"，认为这些建筑"不仅召唤人群、传播生活方式，而且传递民族的历史、讲述其对未来的希望"。[①] 中国古代礼制建筑同样属于"无声的媒介"，它连接着礼的文与质、名与实，在实用功能之外，还体现出丰富的礼教内涵。

《礼记·曲礼》有云："夫礼者，所以定亲疏，决嫌疑，别同异，明是非也。"中国礼强调秩序，长幼尊卑、父子君臣等关系通常依礼而定，礼也能反映出社会关系的高低远近。建筑是形体较大、与日常生活联系密切的物质产品，"以建筑形制明辨居者之身份等级是最为简单易行之法"[②]。《礼记·王制》规定"天子七庙""诸侯五庙""大夫三庙""士一庙""庶人祭于寝"，可见中国古代礼制建筑也深受礼文化影响，礼的观念和差序思想起到了极大的规范作用。

中国古代礼制建筑通常分为五个类别：一是坛、庙、宗祠；二是明堂；三是陵墓；四是朝、堂；五是阙、华表、牌坊。[③] 这五种建筑类别形制不同，各有用途，但都与儒家思想的"序""正""和""中庸"等观念密切相关，建筑的功能分区、空间形态、建筑造型等在满足基本的实用功能之外，都满足礼仪规范的要求，体现出礼的精神。同时，建筑的营造装饰、空间方位，乃至祭祀陵墓，都与权力地位和身份象征息息相关，是传统"生活政治"的重要内容。[④]

以孔庙为例，孔庙是奉祀孔子庙宇的通称，也是列入国家祀典的礼制庙宇。德布雷将图书馆形容为"载体的载体"和"隐形的传承者"[⑤]，孔庙也是如此。在古代，孔庙是综合了祭祀、教育、传播、交流等多重属性和功能的建筑群体，孔庙建筑的每一部分都有其文化意蕴，可谓中国礼文化在建筑中体现及传承的典范。孔庙采用"庙学合一"的建筑布局，因此，孔庙不仅祭奠先师孔子的仪式空间，

---

① 威尔伯·施拉姆、威廉·波特：《传播学概论》，何道宽译，北京：中国人民大学出版社，2010年，第134—135页。
② 谷建辉、董睿：《"礼"对中国传统建筑之影响》，《东岳论丛》2013年第34期，第91—100页。
③ 李炳南：《儒家学说对中国古代建筑的影响》，《云南社会科学》1999年第3期，第88—94页。
④ 朱承：《宫室居住与生活政治——以〈礼记〉为中心的考察》，《思想与文化》2016年第1期，第231—249页。
⑤ 雷吉斯·德布雷：《媒介学引论》，刘文玲译，北京：中国传媒大学出版社，2013年，第9页。

还是传道授业的教育机构，更是法国历史学家皮埃尔·诺拉所言的"记忆之场"。这个凝聚着神圣与世俗的空间传播着礼文化，同时，记忆也被共享，成为社会记忆，印刻在人们的日常生活之中。

　　建筑作为实体空间，是一种无声的媒介，具有持久的媒介特征。"物质化或者是建立成纪念性建筑物，实际上多多少少是要使事物形成群体，产生某个地方，使其得以延续。"① 依照传播偏向论，建筑是思想的物化象征，传播和传承着人类的思想和文明。中国古代礼制建筑具有强烈的时间偏向，可以穿越历史时空，见证和传承文明的兴衰起伏。"由于偏倚时间的媒介能与具体地方的物质在场非常紧密地联系在一起，它们相对来说是稳定的社会现象，能将过去、现在和将来联结在一起。"② 礼的建筑媒介，将无形的礼的传播得以空间化和时间化，如同为礼建构出存在的场域，既在空间层面具体地展现出政治权力和社会秩序，又在时间层面实现着礼的观念的传承和流变。

三、礼有五经：文本媒介提供行为依据

　　礼的思想、精神保留在各种文献及经典中。《仪礼》《周礼》《礼记》，并称"三礼"，"三礼"的出现标志着中国礼制的发展步入文本化时期。礼被文字凝固下来，一方面构成行礼之人的文本依据，另一方面也为礼的传承跨越时空的限制。③ 这三册经典分别从仪式、制度和内涵等方面对礼进行了记载和阐释，是古代礼文化的理论形态，对历代礼制的影响最为深远。《仪礼》记述有关冠、婚、丧、祭、乡、射、朝、聘等礼仪。《礼记》既记述礼仪制度，又阐释礼的理论及其伦理道德和思想内涵，其中有很多篇内容是对《仪礼》的直接解释。《周礼》文本出现晚于《仪礼》《礼记》，《周礼》以记载典章制度为主，其记载十分详密，大到朝廷制度，中到分邦建国，小至基层治理，有着复杂有序的制度体系。④

　　除了"三礼"，经典文本还有十三经、先秦诸子及历代典籍等。《礼记·经解》中说："其为人也温柔敦厚，《诗》教也；疏通知远，《书》教也；广博易良，《乐》教也；洁静精微，《易》教也；恭俭庄敬，《礼》教也；属辞比事，《春秋》教也。"儒家典籍通常被称为"四书五经"，"四书"指《大学》《中庸》《论语》《孟子》，"五经"指《诗经》《尚书》《礼记》《周易》《春秋》五部。

---

　　① 雷吉斯·德布雷：《媒介学引论》，刘文玲译，北京：中国传媒大学出版社，2013 年，第 24 页。

　　② 尼克·史蒂文森：《认识媒介文化：社会理论与大众传播》，王文斌译，北京：商务印书馆，2013 年，第 182 页。

　　③ 杨志刚：《中国礼仪制度研究》，上海：华东师范大学出版社，2000 年，第 109 页。

　　④ 朱偲：《〈周礼〉的典章制度价值》，《中国纪检监察报》2017 年 7 月 10 日，第 8 版。

经典具有稳定性，其内容通常无法与时俱进而显得落后，尽管有"以周官治天下"的说法，但各朝各代还是会根据实际国情对三礼进行转化。正如德国文化记忆奠基人扬·阿斯曼（Jan Assmann）所言："文字是固定的，不能有丝毫的变更，而人的世界不停地发生变化，一成不变的文本和不断变更的现实之间不可避免地存在距离，这种差距只能借助解释来加以弥补。……解释变成了保持文化一致性和文化身份的核心原则。"①儒家典籍同样如此，因为其内容已经固定，历朝历代的儒士往往会对其进行新的解释，以适应自身的时代环境。

在中国古代，儒家经典通常被当作教书育人的工具，为实现人才培养和社会教化提供文本基础。同时，儒家经典对礼文化的传播效果也是被"制度化"的，这体现在科举制度中，这些儒家经典被认定为主要教材，成为儒生成圣成贤所必备的知识素养。艺术作品、碑刻楹联、姓名字号，都可见对儒家经典的引据或化用，这实际上已经成为一种潜层的文化意识。

"文字为后世保存大事或商定的事情，使人能够储存那些经验，而不用费力去记忆。"②这些经典，让中国礼文化有字可据、有文可考，并且一以贯之地传承着礼的内在精神，既保证了礼文化传播的生命力，又实现了礼文化的推陈出新。当然，儒家经典的社会普及也使其成为一种"行动和思想的文本"，为社会现实提供精神层面的阐释和依据。

四、行胜于言：身体媒介连接社会关系

麦克卢汉有言：媒介是人的延伸。他认为任何媒介都是对人体感官的延伸，但反过来讲，身体则可以看作最为基础的媒介。在古代社会，媒介技术尚处于印刷阶段，礼文化的传播除了依靠珍贵的儒家典籍，还依靠人的身体实践。相对于固定的礼器、建筑和书写内容，身体是一种非常关键的"非语言媒介"，既是人之自我理解的起点，又是人在与社会、自然的联系网络中沟通、交往的存在支点甚至价值支点。③正如威尔伯·施拉姆所言"大部分传播不需要借助语词"④，身体媒介具有灵活的流动性，儒生的言传身教、社会交往和建构活动，都成为礼文化传

① 扬·阿斯曼：《文化记忆：早期高级文化中的文字、回忆和政治身份》，金寿福、黄晓晨译，北京：北京大学出版社，2015年，第96页。
② 威尔伯·施拉姆、威廉·波特：《传播学概论》，何道宽译，北京：中国人民大学出版社，2010年，第12页。
③ 周与沉：《身体：思想与修行——以中国经典为中心的跨文化观照》，北京：中国社会科学出版社，2005年，第2页。
④ 威尔伯·施拉姆、威廉·波特：《传播学概论》，何道宽译，北京：中国人民大学出版社，2010年，第4页。

播的重要方式。

中国礼文化要求个人通过"克己修身"，以身作则，推己及人，来达到天下复礼归仁。《论语·学而》说："巧言令色，鲜矣仁。"花言巧语，虚情假意，是缺乏"仁"的表现，传播应该注重真情实感。孔子还提出"不学礼，无以立"（《论语·卫灵公》），要求"非礼勿视，非礼勿听，非礼勿言，非礼勿动"（《论语·颜渊》），认为"其身正，不令而行；其身不正，虽令不从"（《论语·子路》）。一个人的行为正当，不发命令也办得通，否则发命令也无人听从。

《礼记·杂记下》说："颜色称其情，戚容称其服。"除了行礼者的容貌体态，与身体紧密联系的服饰，也是一种重要的装饰媒介。《论语·乡党》说："君子不以绀緅饰。红紫不以为亵服。"《礼记·玉藻》说："玄冠朱组缨，天子之冠也。缁布冠缋緌，诸侯之冠也。玄冠丹组缨，诸侯之齐冠也。"服饰是个人修养的基本，是群体身份的标志，更是社会地位的象征。再如冠礼，"已冠而字之，成人之道也"（《礼记·冠义》），男子及冠就标志着成人，就要担负起成年人的责任。

"身体"在传播教化中具有十分突出的作用，其特点是渗透式的"行胜于言"，以示范、模仿、感染、暗示等方式为主，体现出中国礼文化区别于西方文化的特别之处。这种差异实际上源自两种不同的"身体观"。美国哲学家安乐哲（Roger T. Ames）认为西方主张人的灵魂和肉体相互分离、二元对立，而中国则强调人是一种身心交融的过程，借助"活着的身体"，礼成为一种表现方式。[①]中国推崇"桃李不言，下自成蹊"的身体媒介，而西方则推崇雄辩与修辞的口语媒介，中国推崇"润物细无声"的教化传播，而西方则推崇魔弹论的强效果传播，这都表明身教实践对于一个人"身心交融"、成圣成贤的意义，以及身体媒介在中国礼文化中的重要性。

五、礼乐协作：仪式媒介奠定文化结构

在《周礼·春官·大宗伯》中，礼被分为吉礼、凶礼、军礼、宾礼和嘉礼，分别对应着祭祀、丧葬、军旅、宾客和冠婚等事宜，每一种礼都有着不同的功能。如"以吉礼事邦国之鬼神示""以嘉礼亲万民""以宾礼亲邦国""以军礼同邦国""以凶礼哀邦国之忧"等。这些礼仪通常以礼器为仪式工具，以建筑为仪式场所，以经典为仪式根据，以身体为仪式主体，可以说是媒介的综合体。

《礼记·昏义》云："夫礼始于冠，本于昏，重于丧祭，尊于朝聘，和于乡射。"中国古代礼仪还可分为：人生礼仪、社会礼仪和国家礼仪。人生礼仪通常指婚丧

---

① 安乐哲、陈霞、刘燕等：《古典中国哲学中身体的意义》，《世界哲学》2006年第5期，第49—60页。

嫁娶，是一个人在人生中关键节点的过渡性礼仪。昏礼即婚礼，"昏礼者，将合二姓之好，上以事宗庙，而下以继后世也，故君子重之"（《礼记·昏义》），是两个人及家庭乃至家族的联姻。丧礼即丧葬之礼，在德布雷看来，葬礼是"人类最早的记忆方法，它将现在同过去以及未来结合起来"①。孔子也重视葬礼，将"民、食、丧、葬"（《论语·尧曰》）并重，认为这是重要的礼仪。祭礼是祭祀之礼，《礼记·祭义》有云："祭者，教之本也已。"儒家主张"祭之以礼"（《论语·为政》），"祭思敬"（《论语·子张》），因为"慎终追远，民德归厚矣"（《论语·学而》）。

社会礼俗包括各种节日庆典，如春节、清明节、端午节、中秋节等，是一个社会在每年定期举行的重复性礼仪，还包括社会交往的特定礼仪，如乡饮酒礼是乡人宴会饮酒之礼。"礼仪作为交往的仪式，其功能在于交往双方通过交流达到感情的理解与沟通，交往的愉快既是各自情感与心理的满足，又是双方继续交往的动力。"②国家礼仪通常涉及国家领导和政治活动，如祭天之礼、祭孔之礼、邦交之礼（聘礼），是权力的集中展示和文化的官方肯定，更有利于确认政治事实和国家秩序，实现国家的安定团结。

礼是人际交往或者沟通人神的仪式。仪式与典籍具有明显不同，"因为仪式具有很难用文字记录下来的多媒介的复杂性，不断重复的仪式便构成了保证文化一致性的基础和中坚力量"③。同时，"节日和仪式定期重复，保证了巩固认同的知识的传达和传承，并由此保证了文化意义上的认同的再生产"。④礼乐仪式作为礼文化的传播媒介，要求集体成员的共同表演和参与，有利于实现文化认同的强化和文化记忆的共享。通过这些礼乐仪式，个人情感得以表达，社会秩序得以维护，礼文化也得以确认和传播，进而"渗透在广大人们的生活、关系、习惯、风俗、行为方式和思维方式中，通过传播、熏陶和教育，在时空中蔓延开来"⑤，最终成为中国人民的文化—心理结构。

---

① 雷吉斯·德布雷：《媒介学引论》，刘文玲译，北京：中国传媒大学出版社，2013年，第24页。

② 张自慧：《礼文化的人文精神与价值研究》，博士学位论文，郑州大学，2006年，第89页。

③ 扬·阿斯曼：《文化记忆：早期高级文化中的文字、回忆和政治身份》，金寿福、黄晓晨译，北京：北京大学出版社，2015年，第90页。

④ 扬·阿斯曼：《文化记忆：早期高级文化中的文字、回忆和政治身份》，金寿福、黄晓晨译，北京：北京大学出版社，2015年，第52页。

⑤ 李泽厚：《孔子再评价》，《中国社会科学》1980年第2期，第77—96页。

第三节　中国礼的传播思想

"每一种伟大的文明在开始阶段所选择的方向，对型铸后世的价值取向都会有关键性的作用。"① 德国哲学家雅斯贝尔斯（Karl Jaspers）在《历史的起源与目标》一书中，提出了轴心时代的理论，认为人类历史曾出现过超越性的突破，而中华文明的轴心起点就源于孔子。② 孔子是中华文明的关键人物，上承夏商周文明之精华，下启中国千年思想之正统，中华文明的超越突破在于孔子"重人事，远鬼神"，借助"仁"对"礼"进行理性阐释，为中华文明发展指引出方向，更奠定了人类交往的原则、秩序、规范和理想。

"礼"是伟大礼仪的明确而细致的模式，那种伟大的礼仪就是社会交往，就是人类生活。③ 如同前文所言的基督教的福音圣言的传播，礼也是传统中国的一套"福音圣言"，它包含着社会交往行为准则、文化模式、价值体系以及传播理念。其中蕴含着丰富的传播思想和传播价值，是中国传播思想及理论中最重要、最具特色的组成部分。在上文中，笔者从礼的"媒介域"中，着重选择了五种媒介，并考察其特征及功能。在下文，我们将深入透视礼文化表征背后的思想价值。"修身齐家治国平天下"，是中国礼所推崇的人生之道，分别对应着个人、家庭、国家和天下。礼既是社会交往的手段和工具，也是人类文明的价值和追求，从自我推及天下，具有不可忽视的价值理性。

一、仁义礼智信的交往规范

"仁义礼智信"被称为儒家的"五常"，是一个人成人立业应该拥有的五种基本德性。在《论语》中，"仁"是出现频次最高的字词，其意义涉及礼乐、伦理、道德、政治等诸多方面，包括孝悌、忠信、礼义、廉耻等内容。美国学者赫伯特·芬格莱特（Herbert Fingarette）认为，"仁"是一个心理学意义的概念，强调个体、主观、特性、情感和态度。④ 在《论语·颜渊》中，仁被描述为"克己复礼为仁"和"仁者爱人"。"克己复礼"是"仁"的向内探索，"爱人"是"仁"的向

---

① 鲁鹏一、杜维明：《论轴心时代孔子的存在选择》，《上海交通大学学报》（哲学社会科学版）2013 年第 21 期，第 5—13 页。

② 卡尔·雅斯贝尔斯：《历史的起源与目标》，魏楚雄、俞新天译，北京：华夏出版社，1989 年，第 8 页。

③ 赫伯特·芬格莱特：《孔子：即圣而凡》，彭国翔、张华译，南京：江苏人民出版社，2002 年，第 17 页。

④ 赫伯特·芬格莱特：《孔子：即圣而凡》，彭国翔、张华译，南京：江苏人民出版社，2002 年，第 33 页。

外推展，两者看似相背但实则统一。"仁"的意义涉及礼乐、伦理、道德、政治等诸多方面，包括孝悌、忠信、礼义、廉耻等内容。仁是五常之中最为核心的德性。如冯友兰先生所言，仁是四德之一，是一种道德伦理概念，仁还是全德之名，是一种最高的精神境界。①

义者，道也，即义是人之为人之道。②"君子义以为质，礼以行之，孙以出之，信以成之。"（《论语·卫灵公》）孔子认为，君子应当以正义为本质，通过礼制实行它，用谦逊的语言表达它，守住信任完成它。"君子喻于义，小人喻于利。"（《论语·里仁》）"君子义以为上。君子有勇而无义为乱，小人有勇而无义为盗。"（论语·阳货》）孔子将义看作个人行为的评判标准，义是一种人生观和价值观，既反映出礼在践行中所遵循的规律，也是人际交往的必备原则。

《论语·季氏》有言："不学礼，无以立。""礼"是人在社会交往中的基础德性，具有灵活的动态性。在"礼仪"的层面，礼是一个人在社会生活中具体的交往规范，正如前文所言，从婚丧嫁娶到待人接物，从人际往来到国家外交，都遵循着礼仪规定；在"礼义"的层面，礼是一种内在情感和精神追求。礼义为体，礼仪为用，礼义是礼仪的根本依据，礼仪则是礼义的表达方式，两者合而为"礼"。

智是"五常"之一。子曰："仁者安仁，知者利仁。"（《论语·里仁》）孔子认为，真正的智者，是有利于践行仁德的。智也是"三达德"（仁、智、勇）之一。《论语·宪问》："君子道者三，我无能焉；仁者不忧，知者不惑，勇者不惧。"因此，智不仅涉及对事物的认知、处理问题的能力和对知识的运用，还属于道德实践范畴，是处理五伦关系不可缺少的德性。

在《论语·述而》中，"子以四教：文、行、忠、信"，孔子将"信"视为四种德行教育之一，更认为"人而无信，不知其可也"（《论语·为政》），可见"信"的重要性。同时，信，诚也，古人以信与诚互训，可见两者的紧密联系。诚信是言行一致、行必求果的交往规范，保证了礼仪的真实性，也是一个人怀着真诚之心处事交往的原则。

中国礼文化中详细周全的礼仪规范背后，是仁义礼智信的德性品质和交往规范。"在儒家看来，道德是在人与人交往的具体行为中实现的，这些行为的共同模式则为礼。礼是相互尊重的表达，也是人际关系的人性化形式。"③因此，礼的传播思想不仅关乎个人道德，还是社会价值，其本质不是功利化的工具理性，而是人类交往的价值理性。这种传播思想既约束着人的行为，又提升着人的修养，更帮

---

① 冯友兰：《对于孔子所讲的仁的进一步理解和体会》，《孔子研究》1989年第3期，第3—4页。
② 张自慧：《礼文化的人文精神与价值研究》，博士学位论文，郑州大学，2006年，第62页。
③ 陈来：《中华文明的价值观与世界观》，《中华文化论坛》2013年第3期，第5—15页。

助个人连接他人、参与社会，培养和维持社会交往关系，共同影响着人们的道德思想和生活。

二、止于至善的人文理想

《礼记·大学》："大学之道，在明明德，在亲民，在止于至善。"大学的宗旨，在于彰明人们光明的德性，在于教育人们亲爱人民，在于使人们达到至善的目标。在中国礼文化中，"止于至善"是一种德性品质的目标，代表着一个人在道德层面所能达到的境界，也是礼的传播思想中具有重要价值的人文理想。

《礼记·冠义》说："凡人之所以为人者，礼仪也。"《礼记·曲礼》更是说："是故圣人作，为礼以教人，知自别于禽兽。"孔子认为，礼是人类与禽兽的根本区别，更是人之所以为人的标志。对个人而言，礼是规定品德修养和行为举止的原则，对社会而言，礼是规范人际关系和社会秩序的要求。而德性，则是一个人的道德自主性，它让礼更具有现实意义，使得礼从抽象的精神和规范，落实为具体的实践和行动。

对德性的无尽追求是儒家极具连续性的人生态度。"择其善者从之，其不善者而改之"（《论语·述而》）、"见贤思齐焉，见不贤而内自省也"（《论语·里仁》），散见于《论语》各处的关乎德行心性的箴言，既提供了个人修身的建议，也带来了良好的社会风气，更树立了一种高尚的人格目标，如"贤者""君子""圣人"等。这些教化承诺和人格目标，与西方信仰所提供的精神依托具有明显不同，它们是此在的、现世的，成圣成贤更是一种可以抵达的境界，指引着人们向"德"和"至善"迈进。

礼所蕴含的止于至善的人文理想，是注重情感和德性的，既是对传受双方各自的修养规范，也是对两者关系的理想追求。它兼顾"克己修身"和"爱人"，既包括心性的锤炼，又包括言行举止的规范。同时，"爱人"也具有层次，小则"己所不欲，勿施于人"（《论语·颜渊》），大则"博施于民而能济众"（《论语·雍也》）。因此，止于至善的人文理想，既"以人为本"，又"以和为贵"，突出个体的能动性和创造性，还强调关系在社会交往中的调试作用，体现出礼的传播思想和人文精神。

三、文明和谐的社会秩序

《论语·学而》有言：礼之用，和为贵。《礼记·曲礼》说："道德仁义，非礼不成；教训正俗，非礼不备；分争辩讼，非礼不决；君臣上下，父子兄弟，非礼不定；宦学事师，非礼不亲；班朝治军，在官行法，非礼威严不行；祷祠祭祀，供给鬼神，非礼不诚不庄。"可见，中国礼文化推崇和合精神，"和"借礼实现，社会因礼而达到一种和谐、和睦、和善、和美的秩序。

孔子追求平等公正的社会生活，"不患寡而患不均，不患贫而患不安"（《论语·季氏》），认为平等比财富重要，安定比混乱重要，所以不患贫、不患寡，而是患不均、患不安。当今中国社会对公平公正的追求，"脱贫攻坚战"的实施，都有着这种思想渊源。孔子还论述了义与利、名与实、惠与不费、劳与不怨、泰与不骄等，主张中庸和合之道，反对极端化的思想和行为，在社会交往中强调"过犹不及"（《论语·先进》）、"和而不同"（《论语·子路》）、"致中和，天地位焉，万物育焉"（《礼记·中庸》）。

孔子主张的文明和谐的社会秩序，不仅依靠基本的法律维持，还主要依靠礼制和礼治，来达到以礼教民、以德化民的效果。《论语·为政》里说："道之以政，齐之以刑，民免而无耻。道之以德，齐之以礼，有耻且格。"孔子认为，用政令和刑法来治理百姓，只会使它们求能免于罪罚，而无廉耻之心；用道德引导百姓，用礼制教化他们，则会让民心归服。"远人不服，则修文德以来之。既来之，则安之。"（《论语·季氏》）用道德感化他人，并加以安抚，方可维持和谐稳定，实现大同社会。

追求和谐是中国礼文化的重要特征。《礼记·乐记》说："乐者，天地之和也；礼者，天地之序也。和故百物皆化，序故群物皆别。"孔子的理想是通过礼仪与礼俗培育自我与他人，以及不同等级之间的关系意识和伦理观念，形成一种文明和谐的社会秩序。"己所不欲，勿施于人"（《论语·颜渊》），这是社会关系中最为基本的规范，由此推演出的推己及人、以礼待人，"己欲立而立人，己欲达而达人"（《论语·雍也》），都彰显着孔子提倡的敬让之道，以及和合的价值追求。

四、天下大同的永恒追求

中国礼文化强调连续、动态、关系和整体的观点，"每一事物都是在与他者的关系中显现自己的存在和价值，故人与自然、人与人、文化与文化应当建立共生和谐的关系"[①]。作为人际交往的中心，个人始终是礼文化的焦点，他"不是作为孤立的个体，而是作为活生生的群体——家庭、乡里、国家和世界——的积极参与者而出现的"。[②] 在儒家思想中，个人和天下具有同构性，个人只有在家庭、社会、国家和世界中，才能通情达理、安身立命，乃至成圣成贤。

---

① 陈来：《中华文明的价值观与世界观》，《中华文化论坛》2013年第3期，第5—15页。
② 杜维明：《儒家思想：以创造转化为自我认同》，曹幼华、单丁译，北京：生活·读书·新知三联书店，2013年，第127页。

礼不仅对个人修身有其意义，对社会更有提升社会精神文明的移风易俗的作用。在国与国的关系上，"好礼"则体现了尊重其他国家和人民的行为方式。[①]而在"世界"或"天下"层面上，礼更是儒家执着不懈的永恒追求。《礼记·礼运》说"以天下为一家，以中国为一人"，这体现出来礼的传播理想是，和平大于纷争，天下高于国家，对世界大同的理想充满憧憬。

《礼记·中庸》说："凡为天下国家有九经，曰：修身也。尊贤也，亲亲也，敬大臣也，体群臣也。子庶民也，来百工也，柔远人也，怀诸侯也。修身则道立，尊贤则不惑，亲亲则诸父昆弟不怨，敬大臣则不眩，体群臣则士之报礼重，子庶民则百姓劝，来百工则财用足，柔远人则四方归之，怀诸侯则天下畏之。……送往迎来，嘉善而矜不能，所以柔远人也；继绝世，举废国，治乱持危。朝聘以时，厚往而薄来，所以怀诸侯也。"

从自我修身到礼教天下，儒家提倡"宣德化以柔远人"，用德教的方式来提升自身、善待远人，吸引他们归服。《论语·颜渊》里说："君子敬而无失，与人恭而有礼，四海之内，皆兄弟也。"中国礼文化崇尚富而不骄、强而好礼的德性，即使国力强大，也不去威胁和侵犯弱者，而是用礼去感化人心。天下大同既是中国对世界结构的想象，也是礼文化的永恒追求。这种天下观指导下的中国对外政策，不主张对外扩张，而是以安边为本，和睦邻为贵，推崇礼尚往来、厚往薄来。

第四节　中国礼的当代价值

礼是一套文化表意系统和沟通模式，是中国人日常沟通的主导形式。纵观中国历史，汉代董仲舒"罢黜百家、独尊儒术"，奠定了礼的基础，宋代又对礼推陈出新，重新阐释礼学。但是，由于礼的烦琐与束缚，在近代新文化的浪潮中，中国礼文化遭到抨击与批判，甚至被贬为毫无价值的末流。在传播学本土化的过程中，有学者为了重新挖掘礼文化，提出了"礼的游戏性质"，认为礼充满着游戏的愉悦和刺激，人们用"礼"实现"自我表演"和人际互动。认为"'克己'、'约我'等否定性字眼不再适用于说明礼的功能"，相反地，"'游戏'、'建构'、'创造性'、'动力'、'韵律'、'愉悦'等肯定性字眼，才足以展示礼的能动作用"[②]。

然而，礼绝非游戏，礼的"游戏性"更多是现代学者的片面阐释，而非其本身的属性。借助礼的"表演"，也绝非礼之本义，而是孔子所反对的没有"礼义"的空洞"礼仪"。"文化是一种由主体间性产生、公众所信奉的现象。它有益于提

---

①　陈来：《中华文明的价值观与世界观》，《中华文化论坛》2013年第3期，第5—15页。

②　陈国明：《中华传播的理论与原则》，台北：五南图书出版公司，2004年，第381—385页。

供同一性的源泉、社会交往的途径和共同体的意识。"① 在中国古代，礼维系着人伦关系和社会秩序，既有世俗狂欢的一面，也有神圣庄重的一面，塑造出"天下"体系内的文化共同体，发挥着"以礼化民、以礼造族"的重要作用。在当今中国，优秀传统文化的价值被重新肯定，习近平总书记更是表示"儒家思想在内的中国优秀传统文化中蕴藏着解决当代人类面临的难题的重要启示"②，中国礼具有穿越时空的当代价值。

一、文化自律

《礼记·大学》有云："心正而后身修，身修而后家齐，家齐而后国治，国治而后天下平。"这句话被后世转述为修身、齐家、治国、平天下，成为儒家的处世之道的精髓。在这一处世之道中，终极目标是"平天下"，但其最初的要求是个人的"修身"，即个人的"克己"和"慎独"。中国礼的当代价值就体现在一个人的"克己复礼"和文化自律。

文化自律体现在个人身上，实际就是道德约束，是对自身修养的要求和提升。用杜维明先生的话讲，就是"学做人"，意味着"审美上的精致化、道德上的完善化和宗教信仰上的深化"。③ 自我约束一方面来自文化环境的内部性建构，另一方面则来自儒家道统的召引。在儒家思想中，自我约束包含着自觉禁欲的成分，"为己之学"需要高度强大的自律。这种自律表现在头悬梁、锥刺股，表现在闻鸡起舞、凿壁偷光，可以看作一种儒家的"苦行"。

同时，安乐哲认为"礼"使人处于有意义的、交互的角色之中，并处于和他们的家庭及群体之间的关系中。④ 区别于道家和佛家的个人主义的避世，儒家的"自我"，指的是"各种关系的中心，一种具有群体性的品质，它从来没有被看成是一种被孤立的或可孤立的实体"⑤。在"克己"修身的过程中，修身是核心，入世是为了修身，修身又是为了更好承担社会赋予自己的角色，这正体现出了"修身齐家治国平天下"的文化逻辑。通过修身式的文化自律，"一日克己复礼，天下归仁"，每个人的修养都得以提升，整个社会的文明也就走向进步。

---

① 尼克·史蒂文森：《认识媒介文化：社会理论与大众传播》，王文斌译，北京：商务印书馆，2013 年，第 78 页。

② 习近平：《从延续民族文化血脉中开拓前进——在纪念孔子诞辰 2565 周年国际学术研讨会暨国际儒联第五届会员大会开幕会上的讲话》，《孔子研究》2014 年第 5 期，第 4—8 页。

③ 杜维明：《儒家思想：以创造转化为自我认同》，曹幼华、单丁译，北京：生活·读书·新知三联书店，2013 年，第 45 页。

④ 安乐哲：《儒家的角色伦理与人格认同》，《社会科学报》2010 年 1 月 26 日，第 6 版。

⑤ 杜维明：《儒家思想：以创造转化为自我认同》，曹幼华、单丁译，北京：生活·读书·新知三联书店，2013 年，第 47 页。

当前社会存在着的诸多只关心个人得失、缺乏公共意识的个人主义现象，还出现了不同程度的危机：拜金主义、信任缺失、道德滑坡。而儒家主张积极入世，参与政治生活，这是因为礼作为一种中国特有的道德体系，具有人文教化、道德提升，以及疏解焦虑、重建秩序的作用。中国礼具有重要的当代价值，从自我推及他人，从个人走向公共，当前提倡的社会主义核心价值观，与"仁""善""谦让""诚信""忠孝""和谐"等礼的观念一脉相承。中国当代知识分子和古代的儒生一样，都不应仅是局限在自我之中，而应参与社会、关心天下。

二、社会教化

"礼，像语言一样，是交流和自我表达的一种形式。一个人若不逐渐知晓礼的'语言'，就不能成为社会的全面参与者。人的成熟，依赖于创造性地获得群体共同规定的价值。"① 在当今社会，礼仍然承担着社会教化的重要功能。《周易·贲卦》说："观乎人文，以化成天下。"教化可以被理解为向社会推行道德教育的重要手段。礼以"仁"为核心，以"礼"为外化，通过社会教化，对个人进行道德培育和人格养成。

中国向来推崇身教实践，重视榜样的力量，君子可以说是其中最具代表性的教化者。"古之君子，进人以礼，退人以礼。"（《礼记·檀弓》）如果说圣人是礼的终极目标，那么君子就是礼的具体实践者，其人格特质在《论语》中表现为"坦荡荡""求诸己""泰而不骄""欲讷于言而敏于行"等。君子是每个人通过教化培育都可以达到的人格境界，在当代中国，君子已经被创造性地转化为"最美孝心少年""最美教师""感动中国人物"等具有高尚品质的社会楷模，但它仍然是最为生动的礼的传播者，为社会树立崇高的标杆，发挥着垂范作用。

礼的社会教化功能，是一种多层次的体系，因为"人从落地伊始就被理解为受独特的、相互作用的关系模式影响和培育，而不是孤立的存在"②。在君子作为道德模范之外，家庭通常承担着初级的教化职责。父母长辈是教化过程中的启蒙者和引领人，是被后代晚辈模仿学习的对象。学校是重要的社会教化机构，在中国古代，孔庙和书院都承担着传道授业的职责。个人通过学习儒家经典，传承儒家道统，而成为一个"儒生"，这也是个人进入政治领域的必需途径。在当代社会，教师成了知识的传播者和人格的培育者，推动着个人的成长成才。

乡里是又一层次的教化者，"一方水土养一方人"，自然地理和文化风俗都是

---

① 杜维明：《儒家思想：以创造转化为自我认同》，曹幼华、单丁译，北京：生活·读书·新知三联书店，2013年，第66页。

② 安乐哲：《儒家的角色伦理与人格认同》，《社会科学报》2010年1月26日，第6版。

"地域性"的教化者，乡俗民约对维系礼文化有着重要作用。而在互联网蓬勃发展的当下，地域已经不再是限制个人发展的关键因素。社会教化通常是"潜""默"的，它可以使得个人长时间地沉浸其中，将伦理道德自然而然地内化于心，践诸日常；使"自我"由身向家、由家向国、由国向天下层层推展，转变成一个胸怀天下的"大我"。

现代社会是一种经济社会，讲求得失、权衡利弊，充满着功利气味，但凡事不能只以经济标准作为尺度考量。有学者认为："'礼'为中国社会提供了一种难得的'道德资本'。一旦这种资本被人为摧毁或自行流失之后，就不可能重建道德与法律秩序。"① 对于一个民族、一个国家来说，礼是一套社会生活的规范体系和理想社会的实践方式，在功利价值之上，发挥着伦理价值功能。"现代人仍需要终极关怀、价值理想、人生意义、社会交往，儒家文化价值体系的承继与转化，至少对中国文化主导的社会就仍有十分重要的意义。"② 礼也将源源不断地为中华儿女的社会生活、文化自信的树立，以及中华民族的伟大复兴提供精神养料。

三、文明重塑

"礼"在中国文化中占据着核心位置，发挥着治国安邦的重大作用，为人们提供了最广泛的认同。"礼是道德的标准、教化的手段、是非的准则，是政治关系和人伦关系的分位体系，具有法规的功能，也有亲合的作用。"③ 在中国，礼与法发挥着同等作用。法国汉学家汪德迈（Leon Vandermeersch）曾说："礼治是治理社会的一种很特别的方法。除了中国以外，从来没有其他的国家使用过类似礼治的办法来调整社会关系，从而维持社会秩序。"④

以礼治国是中国文化最突出的特色，礼的行为规范有利于社会秩序的维持，也有助于"新天下主义"的实践。传统中国的"天下"是以中原为中心对世界空间的想象，也是一套关乎真善美之道的文明价值体系。随着地理大发现和科技革命，世界正在浓缩成为"地球村"，国际交往更为密切，地理层面的天下想象已被消解，但文明层面的天下价值体系还发挥着作用。礼就是天下价值体系的核心部分，礼所包含的尊重、关爱、美好、友善等具有公共性的观念，不仅仅是中国独有的，也是世界共享的，更是全人类普遍人性的核心价值。这种价值不仅会为中

---

① 张千帆：《为了人的尊严——中国古典政治哲学批判与重构》，北京：中国民主法制出版社，2012 年，第 182 页。

② 陈来：《孔夫子与现代世界》，北京：北京大学出版社，2011 年，第 137 页。

③ 陈来：《儒家"礼"的观念与现代世界》，《孔子研究》2001 年第 1 期，第 4—12 页。

④ 汪德迈：《礼治与法治：中国传统的礼仪制度与西方传统的 JUS（法权）制度之比较研究》，转引自杨志刚：《中国礼仪制度研究》，上海：华东师范大学出版社，2000 年，第 2 页。

华民族提供文化认同，还会超越出民族文化上的你和我、我们与他者，与普世文明产生联系，成为一种放之四海而皆准的"人类价值"。[①]

当代中国重返世界舞台，努力构建人类命运共同体。但诸多文明的相遇，势必会带来塞缪尔·亨廷顿所言的"文明的冲突"：在这个新的世界里，最普遍的、重要的和危险的冲突是属于不同文化实体的人民之间的冲突。[②] 如何调适不同国家、人群和文化，是个关键的问题。事实已经明证，礼绝不过时，虽然"礼是古代诸侯国关系调节的法则"，但"礼的精神与帝国主义、霸权主义是对立的。礼重'理'，而不崇尚'力'，礼是王道，不是霸道"[③]。其精华可以为当今时代所用，甚至可以起到文明重塑的作用。

从中国礼的传播思想中，我们也可以获得解答，"和而不同"的交往观提倡的是"文明对话"：这种对话不是说服和压制对方，而是在自我反思之时了解对方，也利用对话的机会让对方倾听和了解我们的文化。[④] 文明对话中的新天下主义有"对普世伦理秩序的理解和追求，它不需要敌人，其现实目标是化敌为友，将对抗性的敌我关系转变为平等对待、互通有无的互市关系，而最高理想是怀柔天下，建立普世性的世界伦理共同体"[⑤]，进而寻求和扩大彼此共有的价值观、制度和实践，减少冲突、和平共处，让人类向更加美好的世界前行。

综上所述，"直至今日，人类一直靠轴心期所产生、思考和创造的一切而生存。每一次新的飞跃都回顾这一时期，并被它重燃火焰。……轴心期潜力的苏醒和对轴心期潜力的回忆，或曰复兴，总是提供了精神动力"[⑥]。礼一次又一次地被复兴，也一次又一次生发出新的生命力，这是因为礼的功能和作用可以维系社会生活的有序性。礼作为中国独特的文化传统和人类追求的永恒价值，已经成为一种隐性的文化基因，内化于心、外化于行，具有穿越时空、历久弥新的力量。当前，我们正为建设文明中国、重塑礼仪之邦、实现中华民族伟大复兴而努力，礼文化腐朽落后的糟粕自然应当舍弃，而其中弘扬真善美的美好价值，与社会主义核心价

---

① 许纪霖：《家国天下——现代中国的个人、国家与世界认同》，上海：上海人民出版社，2016年，第439页。

② 塞缪尔·亨廷顿：《文明的冲突与世界秩序的重建》，周琪、刘绯、张立平、王圆译，北京：新华出版社，1998年，第7页。

③ 陈来：《儒家"礼"的观念与现代世界》，《孔子研究》2001年第1期，第4—12页。

④ 杜维明：《文明对话中的儒家：21世纪访谈》，北京：北京大学出版社，2016年，第118页。

⑤ 许纪霖：《家国天下——现代中国的个人、国家与世界认同》，上海：上海人民出版社，2016年，第453页。

⑥ 卡尔·雅斯贝斯：《历史的起源与目标》，魏楚雄、俞新天译，北京：华夏出版社，1989年，第14页。

值观相呼应，更与普世性的人类价值共享，这也应该被肯定和弘扬。

正如在本文引言部分所论述的那样，"媒介域"不能只是技术史观下的历时性分类，还可以遵从文化观，将多种媒介并置复合成为一种思想观念的存在场域，和精神文化的传播传承空间。礼作为一种媒介域，也是兼收并蓄的、多元共融的。当代中国，新媒介技术正在对礼文化进行新表征，如文化类影视节目中"礼的展演"，祭孔仪式的网络同步直播，国家公祭网的在线祭奠等。礼是中华民族发展壮大的丰富养料，也是文化自觉和文化自信的必备条件。在与西方文化的交流碰撞中，只有理解中国礼的传播与传承模式，发挥"媒介域"的多重功能，并坚持创造性地转化、发展和继承中国礼的思想价值，才能为当代中国固实文化底蕴、增强文化软实力，为世界文明做出独特贡献，实现天下大同的历史梦想和人类命运共同体的伟大宏愿。

第二十一章　立礼成乐：华夏传播"乐"范畴的媒介实践

张　丹[*]

礼乐文化是中华文明的核心。礼乐是中国文化的主干，而我们的华夏文明也被冠以"礼乐文明"之称。先秦文献中曾多次指出，华夏民族区别于其他族类的最大标志是拥有"礼乐""礼义"。唐人孔颖达在疏解《左传》时也曾有言："中国有礼义之大，故称夏；有服章之美，谓之华。华、夏一也。"[①] 可以说，千百年传承下来的礼乐文化已经凝塑成中华民族的独有基因，深深地扎根于我们"文化共同体"的血脉之中。

"礼乐传播"是中华礼乐文化中极为重要一部分。狭义上讲，所谓"礼乐传播"，是指"中国儒家自觉地利用礼乐这一传播形式向全社会广泛地传播自己的思想观念的传播活动"[②]。这里的"礼"，主要是指不同场合下举行的礼仪。"乐"，不仅只是音乐，还包括诗歌、舞蹈等艺术形式，因为古代社会的"乐"往往是诗歌舞一体的。广义上说，"礼乐传播"是中国古人在中华礼乐文化的浸润、实践与传承之下，中国古人衍生出一套独特的文化治理与传播模式。礼、乐协同运作，通过乐舞与仪式展演的方式，准确而有效地传递着"仁义""和合"等中华文化核心思想，形成了一套颇为完善的礼乐制度，并推广为道德伦理上的礼乐教化，用以维护社会秩序上的人伦和谐。这种创造性的实践，早在三千年前就已经基本成型，并长远地影响了中国历史的发展与中国人品格的形成，这是我们华夏文明中值得阐扬的文化精粹。在中华文化复兴的当今时代，重新理解和阐释中华礼乐文明的传承、传播及其社会实践并与世界文明的对话与互动，有着巨大的现实意义。

---

[*] 作者简介：张丹，安徽大学新闻传播学院讲师，研究方向：华夏礼乐传播。

① （清）阮元校刻：《十三经注疏》，北京：中华书局，1980年，第2148页。

② 黄星民：《礼乐传播初探》，《新闻与传播研究》2000年第1期。

第一节 礼乐：中华文明秩序的符号表征

要想认识礼乐文化、礼乐传播，就需要深入中国古代的"礼""乐"中，了解其内涵、本质与区别于其他文明的独特性。

一、什么是"礼"呢？

中国古代的"礼"具有独特的文化属性，它是包罗万象的，不仅有生活秩序、社会准则，也包括文化意识。有学者称它是具有"意义之网"式的文化概念，不仅具有西方文明中的"culture"（文化）、"institution"（仪式）、"convention"（常规）、"etiquette"（礼仪）、"code"（法典）、"cultivation"（教化）等概念上的意义，还包括"人现世的生活"以及"和超越世界之间的沟通往来"。① 应该说，从生到死甚至是死后的种种世界，中国人都被"礼"所裹挟着。

那么，中国人所说的"礼"，它的本质究竟是什么呢？大致来说，从古至今至少有三种认识。第一种说法，是将礼视作天、地、人的本源。《左传·昭公二十五年》中，赵简子向郑人子大叔请教礼，子大叔回答说，"礼"就是"上下之纪，天地之经纬也"。另外，礼也有"理""天理"之意，也指道德本身。《礼记·仲尼燕居》中说："礼也者，理也。"不过到了宋代，"礼即理"被拔高到无以复加的地步，形成了对"人欲"的压制。第二种说法，是将"礼"的本质看作是"秩序"，由此拓展出"礼—法""礼—俗""礼—节"等不同的社会控制模式。孔子所说的"非礼勿视，非礼勿听，非礼勿言，非礼勿动"②，就是这个意思。另外，古时礼、履音义相通，可以互训。西汉许慎在《说文解字》中训"礼"为"履"，这里"履"的对象"礼"，就是指生活秩序。第三种说法，是将"礼"看作一种中国人独有的"文化形态"，这种说法似乎更符合我们今人的认知。那么，什么是"文化"呢？如果用雷蒙·威廉斯（Raymond H. Williams）的话说，文化的本质就是"整个生活方式"。在这层意义上讲，"礼"就是中国人生存与交往，且区别于其他国家与民族的生活方式。

这其中，最能彰显中国"礼"的独特性的当属"礼治"，即"通过'礼制''礼仪''礼器'等内容和手段，来维护和协调人伦、等级关系，从而达到社会的稳定和统治的牢固"③。在中国古代社会中，人们是用"礼"来治理社会与国家的，这在世界文明中是独有的。法国汉学家汪德迈（Léon Vandermeersch）就曾指出：

① 刘昕岚：《论"礼"的起源》，《止善学报》（台湾朝阳科技大学学报）2010 年第 8 期。
② 杨伯峻：《论语译注》，北京：中华书局，2017 年，第 174 页。
③ 杨志刚：《中国礼仪制度研究》，上海：华东师范大学出版社，2001 年，第 2 页。

"礼治是治理社会的一种很特别的方法。除了中国以外，从来没有其他国家使用过类似礼治的办法来调整社会关系，从而维持社会秩序。这并非说礼仪这种现象是中国独有的——此现象很普遍的，任何文化都具有的——可是只有在中国传统中各种各样的礼仪被组织得异常严密完整，而成为社会活动中人与人关系的规范系统。"①

不过，汪德迈先生所谓的"组织的异常严密完整"的礼仪被制度化，进而彻底融入国家主导参与的社会治理体系中是需要长时间的调适、完善，并非短时间内可以实现的。因为，政治制度化的过程大多是漫长而波折，而西周初年的"制礼作乐"，直到成王、康王时期才基本完成。②

二、什么是"乐"呢？

中国古代的"乐"，与其他国家与民族的古乐相比，除了有自身的演奏特征、艺术特色外，也有一些传播方面的共性与特性。

比如，在共性方面，早期社会中的"乐"，大多不同于我们今天所说的、单一的声音媒介——音乐，而是集诗、乐、舞于一体的，是一种可观看、可聆听、可参与的乐舞，它是一种复合性的传播媒介。这是整个人类文明社会的共性。德国社会学家格罗塞（Ernst Grosse）在谈到原始声乐时强调，"从来没有歌而不舞的时候，也可以反过来说，从来没有舞而不歌的"，舞蹈、诗歌和音乐是"一个自然的整体"。③中国的古乐也是如此。《吕氏春秋·古乐篇》说："昔葛天氏之乐，三人操牛尾，投足以歌八阕。"上古时期葛天氏的乐舞是三个人手持牛尾，（随音乐）踏着步伐来歌咏八首歌的。《尚书·尧典》中记载，虞舜时代的典乐官夔，在开展音乐活动时"击石拊石，百兽率舞"，显然也是歌舞一体的。《诗·商颂·那》中说："猗与那与，置我鞉鼓。奏鼓简简，衎我烈祖。"诗描述商朝子孙在祭祀先祖成汤时的场景，这里同样是伴随着鼓声与舞蹈而展开的。此种说法，不一而足。

在特性方面，中国古乐到了周代有了极大的发展，无论是乐器的种类、曲调的调式、乐舞的程式都有了长足的进步，这是艺术传播上的成就。但是，最重要的部分应是周人对前代乐舞进行了整理和规范，包括对重要场合"乐"的使用与表演做了严苛的限定，从而制定出一整套形式丰富内容充实的"礼乐制度"。此时

---

① ［法］汪德迈：《礼制与法治——中国传统礼仪制度与西方传统的JUS（法权）制度之比较研究》，载中国孔子基金会，新加坡东亚哲学研究所编：《儒学国际学术讨论会论文集》（上册），济南：齐鲁书社，1989年，第207页。

② 许倬云：《西周史》，北京：生活·读书·新知三联书店，1994年，第143页。

③ ［德］格罗塞：《艺术的起源》，蔡慕晖译，北京：商务印书馆，1984年，第214—215页。

的"乐",俨然已经被改造成为祭祀等仪式活动中,传递某种信仰观念、文化意识、阶级身份的政治传播媒介了。这其中,周人最具代表性的古乐改革,是他们总结了从上古黄帝到周初的"六代之乐",即黄帝时期的《云门大卷》、唐尧时期的《大咸》(也称《大章》)、虞舜时期的《韶》、夏禹时期的《大夏》、商汤时期的《大濩》以及周武王时期的《大武》。周人将这些音乐设定为最高等级,用于歌功颂德,祭祀天神、地神、四望(即四方)、山川以及周人始祖姜嫄等仪式活动,从而用于不同的仪式传播活动。因为这些乐、舞往往是一体的,所以"六乐"也被称作"六舞"或"六大舞"。又因为周代宫廷祭祀礼仪,表演的场合隆重,人数众多,所以"六乐"也被称作"先王之乐",并代表着仪式中最神圣典雅的部分。

除此之外,为了配合"六乐"(六舞)的传播,周人又创作出《帗舞》《羽舞》《皇舞》《旄舞》《干舞》《人舞》六首乐舞,即"六小舞",主要用于青少年贵族子弟研习,也用于某些祭祀场合,而适用范围也不是那么严苛。

总体而言,周人规划出了贵族生活中种种礼仪和典礼的音乐,而这部分乐舞可统称为"雅乐"。什么是"雅乐"呢?文字学上"雅"训"正",后引申为"政"。所以"雅乐",其实就是典雅纯正的音乐。这里的"正",代表着一种官方正统性,是为统治阶级服务的。雅乐在创立之初,就带着极强的政治传播意味的,周人就将阶级观念、尊别秩序等文化观念融合进礼乐的仪式表演中,并形成了一种柔和的传播力量。在表演上,多由贵族子弟表演,乐器虽然也有丝竹乐器,但以钟、磬为主,也就是金石之乐,"八音之中,金石为先"。在舞蹈方面,舞人俱进俱退,整齐划一,闻鼓而进,击铙而退,文武有序,音乐和谐,彰显出庄重的气氛。可以说,周人对"乐"的创造性改造,使其成为为王权统治服务的政治传播媒介是显而易见的。所以,今天很多人将西周初年的"制礼作乐"视为"中华礼乐文明"的开端是有依据的。

西周以降,我们的文化便开始习惯将"礼乐"并称了,礼的举行离不开乐,乐也是礼不可或缺的重要部分。"礼""乐"相须合用,逐渐成为华夏礼乐文化传播中重要的特征。这种认识是有着较强的生命力的,不会因为西周政治王权式微,社会动荡,甚至是"礼崩乐坏"而彻底丢失,彼时的人们也依然相信礼乐文化、"礼乐传播"有着特殊的作用和地位。比如,到了春秋战国百家争鸣时期,影响力甚广的儒家就尤为关注音乐在培育德性、教化民众方面所起到的功效,《论语·泰伯》有言:"兴于《诗》,立于礼,成于乐。"可以说,经过千百年来的发展与积淀,礼乐文化、礼乐精神、礼乐传播深深地留驻在中国人的文化血脉中。

第二节　中华礼乐传播有着悠久的历史和独特的演变路径

透过历史的发展来看，中华礼乐传播文化不是一蹴而就产生的，"礼""乐"的结合协作，也经历了从氏族社会到夏商周三代的不断发展、演进，才在西周初年形成中华礼乐文化的基本形态，并成为中国传统社会治理系统而完善的政治传播模式。所以，为了更好地理解中国的礼乐传播，我们有必要先对其衍生、发展做一个梳理。

一、"礼乐传播"的滥觞——早期社会乐舞与"原始礼"的结合

在人类的早期社会中，巫术在人们意象思维、生产、祭祀等活动中是占据着主导作用的。"人—神"传播是这个时期最重大的事情，而原始礼仪中的阶级分层、秩序意识在祭祀、庆典等仪式中萌发出来，并借助于乐舞仪式的助推将原始礼的观念，在部落间、族群内广泛传播。

在文字还未出现的口传时代，声音是最主要的交流媒介，而声音本身也往往被赋予了某种"神异色彩"。饶宗颐先生就曾有言，古人对于声音有着神秘的联想和"原始崇拜"[①]。人类学家马林诺夫斯基（B.Mal-inowski），更是将声音视为与语言、仪式等同的巫力信仰的标准成分，具有"巫术地发动天上所代表的现象"的能力[②]。于是，人们便开始对一些声音进行规律化地拣选、加工、定型，使其成为某种特殊的"乐"，在一些重大的祭祀或庆典场合中充当"通神"的媒介。比如，考古发现中，贾湖遗址出土的龟铃（又称龟响乐器）就是原始宗教的通神礼器，也就是最早期的礼乐传播。"它的出现表明，古人以龟灵崇拜为特征的原始宗教萌生，因为龟铃是乐器和法器的结合。与之伴出的骨笛也极有可能充当了通神的工具，从而更具有法器的性质，由此可以推断，贾湖人已经形成了'以乐通神'的思想观念。"[③]

倘若我们再深入早期社会的祀礼和巫祝仪式中就会发现，这种原始的礼乐传播中，乐（舞）不仅是"人—神"间的信息沟通媒介，它的展演也是一种"人—人"间的宣示手段，是一场围绕神性降格者（巫师／首领等），多人参与、共享、共创意义空间的传播活动。"乐舞"至少发挥了两重传播媒介的作用：

其一，乐舞是视、听于一体的复合媒介。"听"的部分主要集中在于上告诉求

---

① 饶宗颐：《古代听声之学与"协风成乐"说溯源》，载饶宗颐：《饶宗颐史学论著选》，上海：上海古籍出版社，1993 年，第 84—87 页。

② ［英］马林诺夫斯基：《巫术科学宗教与神话》，李安宅译，北京：中国民间文艺出版社，1986 年，第 56 页

③ 夏静：《礼乐文化与中国文论早期形态研究》，北京：中华书局，2007 年，第 46 页。

和下达神谕，如商代的占卜集团（卜人、贞人、占人等）就构筑了"上听下达"完备的信息传播闭合回路①。神权活动中的"听"是不容小觑的，它代表着一种神权的垄断，也代表这一种政治合法性。谁能接收神意，谁掌握着这种沟通渠道，谁就拥有了世俗世界的统治权。"视"的部分，则体现在作为神性信息传递和降格中枢的巫师，伴随着声乐手舞足蹈的展演，往往会衍生出两重"观看"机制：向上渠道上，对以神明为主体的观看，有着"作用、影响、强迫甚至主宰"的主动精神，目的是促使上天消灾赐福。向下渠道上，则是对仪式参与者观看下的神性"昭示"，带有政治加冕和确权之意。

李泽厚先生提醒我们，巫术礼仪"是身心一体而非灵肉两分，它重活动过程而非重客观对象"，因此要关注"巫术礼仪"中"内外、主客、人神浑然一体"性。②"神性"被乐舞引渡与附裹至仪式场域中的焦点——巫师身上，制造了"身体的景观"，达致观看中的灵肉一体，这时的巫师必然具有某种超绝的地位。米歇尔·福柯（Michel Foucaul）将所有的"观看"都转义为在场的权力"质询"③，这是一种对下的权力宣示机制，参与主体在进行一种"与神同在"式的自我心理规训。现实也确实如此，巫王合一成为早期中国政治赋权的常用手段，并持续到西周初年政治领袖（王）与宗教领袖（巫）的分离。④今天，我们常说早期圣人身份的不平凡，具有"克理斯玛"（Charisma）式的光环，而这种光环很可能就来自某种"巫力"——比如具有巫师般超凡的"听力"，可以聆听神意，这或许也是"圣"（聖）字在造型上，从耳、从口的原因。⑤不过，倘若"巫力"真是从"圣力"承袭而来，那么这种承袭也应该是在视、听、感三种传播渠道中共同完成的。

其二，乐舞的参与，形成了一种"沉浸式媒介"⑥的效力。我们知道，仪式展演的意义在于促进集体意识／信仰的形塑与流转，需要依靠情感／意识的沉浸（Flow）。而乐舞的传播，是泛众、弥散、共享式的，恰恰是将所有参与者以"链条节点"式联结在一起，推动着共享意义的衍变与流转（传播）。无论是《周礼》中提到的黄帝、尧、舜、禹、汤时期的乐舞，还是《吕氏春秋·古乐》所载的葛天氏、阴康氏、朱襄氏时代的乐，都体现了这点。

事实上，仪式活动的创造与维系，通常是需要"乐"在其中两个环节发挥重

① 巫称喜：《神权政治与商代信息传播》，《新闻与传播研究》2009 年第 8 期。

② 李泽厚：《说巫史传统》，上海：上海译文出版社，2012 年，第 15—16 页。

③ Michel Foucault. *Power/Knowledge：Selected Interviews and Other Writings 1972-1977*. Great Britain：The Harvester Press，1980，p152.

④ 童恩正：《中国古代的巫》，《中国社会科学》1995 年第 5 期。

⑤ 潘祥辉：《传播之王：中国圣人的一项传播考古学研究》，《国际新闻界》2016 年第 9 期。

⑥ 参见李沁：《沉浸媒介：重新定义媒介概念的内涵和外延》，《国际新闻界》2017 年第 8 期。

要作用：首先，"乐"提供一种连接人神（鬼、祖）与生死之界的沟通平台，使交流始终存续共通的渠道。"乐"的这种效力在原始世界具有普适性。例如，乌戈尔人和拉普兰人的萨满在对病人进行治疗时，便是"从击鼓以及弹奏六弦琴开始，直到进入迷幻状态。萨满的灵魂离开自己的身体后，直接进入冥界去寻找病人的灵魂。在那里他劝说死者让他将病人丢失的灵魂带回人间"[①]。这里的"迷幻"状态，就是"乐"烘制出的传播情境，仪式不止，交流渠道不息。其次，乐的介入影响了场域中的交流双方主客体的精神状态，"乐音"往往具有很强的目的性。加州大学的罗杰·沃尔什（Roger Walsh）通过实验法得出，鼓音成为做法工具，至少在情绪、心理和脑电波三个层面上影响人们的意识。"巫术的目标越明确，……音乐节奏也就越具体，其表现也就越强烈。"[②]事实上，仪式场域中构筑一种萨满神力的集体氛围，始终是古代原始信仰活动追求的状态，也是他们与神沟通的重要方式。张光直先生对此有生动的描述："（他们是）使用占卜术而能知道神与祖先的意旨的；是使用歌舞和饮食而迎神的……"[③] 在这种迷幻癫狂的氛围中，"鼓声与舞蹈并作，使他（巫觋）极度兴奋……并在迷昏中像鸟一样升向天界，或像驯鹿、公牛或熊一样降到地界。"[④]

早期社会中的宗教仪式活动，正是原始礼仪文化萌发的基础。"人类文化都是以宗教为开端，且每以宗教为中心。人群秩序以及政治，导源于宗教。"[⑤]站在传播学的角度来看，这种说法是有一定依据的。涂尔干（Émile Durkheim）在《宗教生活的基本形式》中提出原始社会秩序形成依靠的"社会力"，很大程度就依赖于聚会时期的"集体欢腾"（collective effervescence）——个人情感的"出离"与共同情感的"汇合"形成社会的统一是道德良心显现与绞合的基础。[⑥]

所以，在人类的早期社会，乐舞与"原始礼"滥觞之间的联系是我们不能忽视的，"乐"它在仪式（秩序）场域中，发挥沟通天人、传递神性和创造"沉浸"氛围等作用，这种媒介力或许是催生出早期社会的基本制度萌芽的因素之一。中国古代的原始秩序（礼）在漫长历史演变中，通过繁复的仪式、集体活动的反复操演而潜移默化地实现传播与规训，对此葛兆光先生有非常精到的见解，他说，

---

① M.Eliade.*Shamanism*.Princeton：Princeton University Press，1964，p220.

② Roger N. Walsh，*The Spirit of Shamanism*，Los Angeles：Jeremy P.Tarcher，Inc，1990，pp.174-175.

③ 张光直：《考古学专题六讲》，北京：文物出版社，1986年，第99页。

④ 张光直：《美术、神话与祭祀》，郭净译，沈阳：辽宁教育出版社，2002年，第48页。

⑤ 梁漱溟：《中国文化要义》，上海：上海人民出版社，2005年，第86页。

⑥ [法]爱弥儿·涂尔干：《宗教生活的基本形式》，渠东、汲喆译，北京：商务印书馆，2011年，第504、576页。

"当这些祭祀仪式与宗法制度渐渐被政治的权威与普通的民众确认之后，在这些仪式和制度中包含的一套技术，就可能被当作很实用的生活策略而普遍适用，而背后隐含的一套观念就被当作天经地义的东西而不必加以追问，人们在这些仪式中获得生活安定，也从这套制度中获得秩序（原始礼）的感觉。"①

二、"礼乐传播"的发展——夏商周三代乐舞与"巫礼"（祭礼）的协作

当人类逐渐走出"集体欢腾"，从狂热中抽离出来，取而代之的是对日常生活一般性知识的追逐与依赖。此时不变的是，人们依然相信神（祖）主导着世界的运行，为此，人们便设计了接收各种"神谕"信息的仪式，用以指导社会实践。随着社会的发展，制度越来越规范，而卜筮或祭祀的仪式环节也趋于完善。"礼乐传播"有了新的发展，这时候的乐舞与"巫礼"也有了更加紧密的程式化协作。

比如，到了巫风盛行、万事求卜的商代社会，出现了很多分门别类、细致的巫祝仪式。其中就有乐官群体主导、依托"乐"来释读天机的巫礼，即"省风"。我们知道，人类的原始思维中有一种普遍性的认识，那就是自然界中的江、河、云、风是具有神秘性的。②在中国古人眼中，风就是这样一个充满神异色彩的"特殊"信息载体。甲骨卜辞"于帝史（使）凤（风）二犬"，意为用两只犬祭祀上天的使者风神。③《甲骨文合集》14294与14295版中收录了几段商武丁时期的卜辞，显示商人"求年"（祈求丰收）活动的对象就是"四方风"，也即是"四方神"。据胡厚宣、陈梦家等人考证，商人信仰体系中的四风与四神关系紧密，风作为使者不仅具有通神性，也代表"社会生活的刻度"。④

从传播学角度看，所谓"省风"，就是乐官过一系列有序的操演仪式，从风中释读天启信息，充当人神间沟通的中介角色。这种礼乐传播的早期形态，在商周时期是很常见的。《国语·周语上》中有言："瞽告有协风至。"韦昭解说："瞽乐太师知风声者也。"这里的"瞽"，就是指瞽蒙，即盲人乐师，而"瞽告有协风至"就是乐师在播种耕作前的"籍田礼"中听风知律、占卜授时。《左传·襄公二十一年》也说："天子省风以作乐，器以钟之，舆以行之。"

---

①　葛兆光：《中国思想史第一卷：七世纪前中国的知识、思想与信仰世界》，上海：复旦大学出版社，2001年，第112—113页。

②　[法]列维-布留尔：《原始思维》，丁由译，北京：商务印书馆，1986年，第30页。

③　郭沫若：《卜辞通纂》，《郭沫若全集·考古编》第二卷，北京：科学出版社，1983年，第398页。陈梦家：《殷虚卜辞研究综述》，北京：中华书局，1988年，第575页。

④　参见胡厚宣：《释殷代求年于四方和四方风的祭祀》，《复旦学报》（人文科学）1956年第1期；陈梦家：《殷墟卜辞综述》，北京：科学出版社，1988年；于省吾：《释四方和四方风的两个问题》，载《甲骨文字释林》，北京：中华书局，1979年；李学勤：《商代的四风和四时》，《中州学刊》1984年第5期；饶宗颐：《四方风新义》，《中山大学学报》（哲学社会科学版）1988年第4期。

具体来说，在祭祀山林川泽等"吉礼""籍田礼"中，乐官们可以采用"乐"来获取可以"化育万物"的"时令"等信息，指导农业生产。《国语·郑语》中说："虞幕能听协风，以成乐物生者也。"韦昭的解说为："虞幕，……言能听知和风，风时顺气，以成育万物，使之乐生。"意思是，上古时期的乐官虞幕能"听协风"，用"乐"听测和监察"风"。那么，这种说法有没有科学依据呢？一些当代音乐史学家给出了推测。蒋孔阳先生认为，其可行的理由是"不同季节来自不同方向的风，能够发出不同高度和不同性质的声音"[①]。李纯一先生判断："先民根据长期的生产实践，得知那种适于春耕的协风所发出的声响，常和某个特定音高的乐音相一致，因而用乐音来测知协风的到来与否。"不过即便如此，我想在当时的历史条件下，这种做法很大程度上还是要被"赋予巫术意义或神秘意义"的。[②]

在军礼中，"乐"还能"以和军旅"（《周礼·地官·鼓人》），从中捕获战争胜负的信息。《周礼·春官》载："大射，帅瞽而歌射节。师执同律以听军声，而诏吉凶。"为什么可以如此呢？根据古人的说法，他们相信："凡敌阵之上，皆有气色。气强则声强，声强则其众劲。律者所以通气，故知吉凶也。"就这样，到了征伐不息的春秋战国，乐官用音律占卜战争就变成了一种非常普遍的现象。比如《左传·襄公十八年》中说："楚师伐郑，次于鱼陵。……晋人闻有楚师。师旷曰：'不害。吾骤歌北风，又歌南风，南风不竞，多死声。楚必无功。'"这就是师旷（晋国乐师）省风卜军事的例子。

与"省风作乐"类似的活动还有"宣气"。"气"在中国古代社会是非常重要的，它常被视为与"阴阳""五行"有关的构建宇宙万物的基本元素之一。[③]所谓"宣气"，就是一种传播活动，比如日本汉学家户川芳郎就将"宣气"称之为"（获取）天地之间，变化着，起着作用，与生命现象有关的气概念的原型（信息）"[④]。通俗地说，这里的"气"与"风"的功能是一致的，两者都是一种带有蒙昧性质的"信息源"，而"宣气"这种传播实践，"乐"再次充当通天（神）的媒介、神秘信息的载体，发挥着"向上承袭""向下传达"世界运行奥秘（如阴阳五行等信息）的作用。与"省风"活动类似，"宣气"也应用在各种巫礼中。司马迁《史记·律书》中记载武王伐纣时的军礼："吹律听声，……杀气相并，而音尚宫。"《白虎通·礼乐》："八风、六律者，天气也，助天地成万物者也。"这些均表明"乐"

①　蒋孔阳：《先秦音乐美学思想论稿》，合肥：安徽教育出版社，2007年，第44页。

②　李纯一：《先秦音乐史》（修订版），北京：人民音乐出版社，2005年，第4页。

③　刘起釪：《"五行说"起源考论》，载［美］艾兰等编：《中国古代思维模式与阴阳五行说探源》，南京：江苏古籍出版社，1998年，第133—161页。

④　［日］户川芳郎：《原始生命观和气概念的成立——从殷周到后汉》，载小野泽精一等著：《气的思想：中国自然观和人的观念的发展》，李庆译，上海：上海人民出版社，1990年，第20—23页。

在"宣气"中发现世界的奥秘。到了魏晋，随着谶纬之术的盛行，乐在"省风宣气"中体现出的信息媒介功能得到进一步延展。比如，广泛流行于汉代的"风角五音法""葭莩候气法""律气法""卦气法"①，均是由"宣气"拓展而来的。汉代著名解乐之书《乐纬》将"气"分为"天气""地气""人气""风气"并统试图统筹起一套由天、地、人、万物组成的完整宇宙系统，它"和谐与否的关键是'气'的通畅，……（只有）通过音乐的'省风宣气'，才就能使宇宙万物处于和谐的状态之中"②。换言之，这个系统正是以"乐"为信息传递枢机建构而成的。

"省风"与"宣气"中"乐"参与的仪式传播活动，在相当长的历史时期指引着人们的日常生活，若我们将视线拉长就会发现，上文提及的出于汉代的"葭莩候气法"，在唐宋时期的《隋书·律历志》和《梦溪笔谈》中也屡有提及。诗人杜甫与李商隐所言的"吹葭六琯动飞灰"（《小至》）、"玉管葭灰细细吹"（《池边》）说的就是这种卜法。可见，这种脱胎于原始巫术的知识系统，并未随魏晋之后谶纬之术的式微而销声匿迹，反而逐渐沉淀为人们思考生活的"一般知识、思想与信仰"③。总之，"乐"在吉礼、军礼等仪式活动和日常生活秩序中，所发挥阐释媒介作用，释读、预测、指引、规范功能客观上影响不同时期仪礼的发展，也让日常生活承袭浸润了上古记忆的流风遗俗，并不能斥归为"愚昧"。如童恩正先生在考察中国巫祝社会时所言："没有巫师集团的'制礼作乐'，就可能没有现在我们所能观察到的带有'中国特征'的古代社会。"④

三、"礼乐传播"的定型与成熟：从"通天媒介"到"政治传播媒介"的跨越

中国古代社会"礼"与"乐"的结合，没有停留在"百兽率舞""宣风省气"等巫性仪式中，而是实现了从"通天传播"向世俗世界"政治传播"的转变，从宗教信仰跨越到社会治理领域，而"乐"的媒介性也由"人—神（祖）"间下放至"人—人"间，并被嵌入中国礼制文化的改造中。这种转向大抵发生在社会巨大变革的商、周交替之际，最具代表性的是周公（姬旦）在摄政第六年开始的"制礼作乐"。

我们一定不能忽视这对于中国社会、华夏文化的伟大意义。今天看来，它是

---

① "律气法"就是将音乐十二律和十二辰、十二月、二十四节气等相对应，用于占验的一种方法，始见于《后汉书·律历志》。"风角五音法"是通过五音来占验四方四隅之风一种方术，由"律气模式"发展而来。"卦气法"是将易卦的某爻与二十四节气或固定时日相配合，以测吉凶的一种方术。"葭莩候气法"，是选取尺寸不同的十二支律管，里面装上葭莩之灰，并用薄膜将管口封住，埋于密室之中。到了固定时间，相应律管内的葭莩之灰就会冲破薄膜而飞出，乐官以此定节气。（参见王铁：《汉代学术史》，上海：华东师范大学出版社，1995年，第61—75页。）

② 付林鹏，曹胜高：《论〈乐纬〉解乐模式及其思想背景》，《天津音乐学院学报》2010年第2期。

③ 葛兆光：《思想史的写法：中国思想史导论》，上海：复旦大学出版社，2001年，第13—16页。

④ 童恩正：《中国古代的巫》，《中国社会科学》1995年第5期。

的的确确"奠定了中国文化大传统的根本"，为此夏曾佑与钱穆等人甚至说，周公是黄帝与孔子之间，"于中国大有关系的唯一人"。① "制礼作乐"的意义可见一斑。既然如此，周人的"礼"有哪些独特性？这一时期的"礼""乐"之间又存在着怎样的关系？这种关系又是如何形成的？

我们知道，周礼引发的社会变革是广泛而彻底的，按王国维先生《殷周制度论》中的说法，它涉及立嫡之制、丧服之制、天子君臣诸侯之制、庙数之制、不婚之制等各个方面，而礼制改造的核心在于"纳上下于道德，而合天子诸侯卿大夫士庶民以成一道德之团体"。通俗地说，就是让全社会凝聚笼罩在"德性""德行"思想之下，而这也是周人制作"礼乐"的原因，即成为彰显和传播"道德之器械"。②

基于此，周人首先对"德"的观念进行了哲学改造。与殷商不同的是，周人信仰崇拜对象，不再是（先祖）"帝"，而是"天"，两者虽然位格一致，但是周人的"天"更具中立性。比如，神授的王权不再是来自先祖神的认可和传授，也不再因血缘关系而不可褫夺，而是需要"天"的认可的。那么，天认可的标准是什么呢？周人声称，就是统治者是否有"德"。王失去了德，也就失去了统治的基础，"天生蒸民""受命于天""惟德是辅"。试想一下，推翻了商人的统治周人，只有建立起天命信仰，将王权更迭转移到天意上，才能让自己的行为看起来正当合理。为此，他们的愿望是很迫切的，而对社会进行德性传播与改造，意义也是很重大的。

为此，周人便开始在"礼乐传播"中注入了"德"的维度。在西周初年的礼乐仪式中如何传递和彰显周王的"德配天"，就是一个重要的议题。而配天的德行，往往和配政之德是相通的，这样"人—神"之间的关系，就转移到了"人—人"之间的关系上。比如，以周公亲自参与制作的乐舞为例，他在摄政期间先后制作了表现武王武功的武舞《象》和表现周公、召公分职而治的文舞《酌》（合称《大武》）。这些乐舞都具有"明德"倾向，旨在彰显西周统治者身上的德行。比如，《大武》乐歌"六成"共七章（加尾声），以宣揭"禁暴、戢兵、保大、定功、安民、和众、丰财"等武德与文德为宗旨。乐章以咏王季、文王之德的《昊天有成命》开始，以咏武王"定功"之德结束，突出了周礼宗法制度的要领，这既是一部大型的历史叙事歌舞剧，也是一种关于"德"的思想宣传片，旨在勉戒周人子

---

① 参见夏曾佑：《中国古代史》，石家庄：河北教育出版社，2000年，第37页。钱穆：《周公》，北京：九州出版社，2011年，前言1—2页。杨向奎：《宗周社会与礼乐文明》，北京：人民出版社，1997年，第141页。

② 王国维：《殷周制度论》，《观堂集林：外二种》（上册），石家庄：河北教育出版社，2001年，第288—289页。

孙"克明德慎罚"（《召诰》），以防"早坠厥命"（《康诰》）。总的来说，《大武》对历史事件的赋意是很清晰的，它"以法天象地为构成舞蹈语汇原则的九成万舞的基本体例，创造了取向现实历史事件以构成舞蹈语汇的新的舞蹈编创体例"，奠定了此后周代礼、乐相合的基本制度，"在中国礼乐文化史上当有'哥白尼'般的意义。"①

表 21-1 《大武》各章简介

六章	乐舞表演	乐歌	所象之事	对应史事	人物	所传之"德"
一章	（1）长段鼓声引奏，舞队准备。（2）舞队从北面出来。（3）舞者顿足三次，表演开始。（4）舞者手持盾牌，久立中央，伴随舒缓、抒情之歌。	《武》	始而北出	观兵孟津	武王	禁暴、戢兵、保大、定功
二章	（5）舞队前方，一人饰王，一人饰大将，两人均手摇铃铎。（6）舞队中央，表演战斗击刺，接着向四面出击。（7）"乱"斗完成，再次整装待发。	失佚	再成而灭商	牧野克商		
三章	（8）乐队向舞庭南侧行进。	《赉》	三成而南	转进南向		
四章	（9）具体不详	失佚	四成而南国是疆	南国归周		
五章	（10）舞队归位舞庭中央，分列两队。（11）"复乱以饬归"，一支舞队出击、复演击刺，大事乃成。（12）战斗结束，乐息，舞者退场。	《酌》	五成而分周公左、召公右	周公、召公"分陕而治"；商遗民祸乱，周公东伐"二次克商"，平"三监之乱"。	武王、周公、召公	安民、和众、丰财
六章	（13）舞者再次入场，会合，归位。手中武器换成鸟羽。（14）全体舞者右膝跪，左膝曲立，以示休戈止战，尊崇天子。（15）舞者长跪于舞庭，象征周王等待诸侯到来。（15）乐息，退场。	《桓》	六成复缀，以崇天子	周公、召公共同辅弼成王治理天下。		

① 张国安：《从〈武〉〈三象〉至〈大武〉看周公制礼作乐》，《学术月刊》2008 年第 10 期。

对周人而言，礼乐仪式中的"传德"，不仅是针对先人，更是面向世人，有着很强的政治目的。我们知道，周人的分封是以血亲宗法制为基础的，各地诸侯统治者多为王室贵族，他们有着共同的祖先。试想一下，宗族成员在追求、葆有、缅怀、恪守先祖之"德"的礼乐仪式中，不仅可以激发出"亲亲"的家族向心力，还将自身围绕在周天子周围，自觉地膺受拱卫周室的政治伦理规训中。其实，又何止周王室的姬姓血亲，本质上说，周代所有统治关系都建立在追忆"先祖之德"上。因为西周官职都是父传子的世袭制，以家族形式垄断社会管理的权力，而君王、诸侯对臣子的册命，一般都要先追述其先祖之德，以显"德配位"，喻示子孙的受封也是蒙承祖荫，这种情况一直持续到西汉。

礼乐中的"德"性传播，在西周就已经形成了一套相对固定的程式搭配，以及传递不同内涵的信息表意系统，变成一种特色的政治传播媒介，这可能是西周礼乐传播最鲜明的特征。据王国维在《释乐次》中的考证，西周诸侯以上的礼乐，用乐顺序是：金奏始，次升歌，次下管，配以舞；升歌、下管用《颂》，有管必有舞；下管之诗，天子《象》也，基本遵循"升歌主声、下管取义，舞以象事"。[①]从形态与功能方面看，"礼乐传播"开始逐渐定型与成熟。

第三节 "礼乐"交往是中国人的一种特色传播方式

礼乐交往是一种以礼乐为形态的交往方式，这种方式承载着中国人的精神世界和生活样态。她承载着天人合一的信仰，也履践着严肃之礼与活泼之乐的必要张力，从而使中国人在张弛有度中保持着中和之道的稳健交往方式，是中华文明延续五千年的文化基因，弥足珍贵。

一、中华礼乐传播是一种承袭神性的交往模式

自周代开始，礼乐传播被拓展到政治生活与社会生活的各个方面，包括以祭祀为主的吉礼、以丧葬为主的凶礼、以军旅之事为主的军礼、以宾客之事为主的宾礼、以冠婚之事为主的嘉礼，礼乐协同传递着不同的情意。但是，早期社会遗留的神性或巫性依然在发挥着重大的作用，这点尤其体现在人们对"人—神（祖）"交往——祭礼的看重上。"礼有五经，莫重于祭"（《礼记·祭统》），祭祀、宗教神性甚至是社会秩序（礼制）形成最原始、最核心的驱动力。正如宗教社会学家彼特·贝格尔（P.L.Berger）所说，"用神圣的方式进行秩序化的活动"，将难以稳定

的社会结构与一种终极性的存在联结在一起，使社会结构获得一种神圣性的根基，并用来解释、维持人类文明秩序的合法性，这在人类文明发展史中，一直是"流传最广、最为有效的合理化工具"。①

比如，周礼五礼中的第一条就是"以吉礼事邦国之人鬼神祇"，据《周礼》《仪礼》《礼记》等文献记载，最重要的乐舞也集中在这些祭祀等吉礼仪式中②，其中尤以帝王主持的郊庙祭祀规制最为宏大，在祭、祀、享三方面与之配合的乐（即"六代乐舞"）的限定也最为严苛。《周礼·春官》中就有这样的描述：

> 大司乐……分乐而序之，以祭，以享，以祀。乃奏黄钟，歌大吕，舞《云门》，以祀天神。乃奏太簇，歌应钟，舞《咸池》，以祭地示。乃奏姑洗，歌南吕，舞《大磬》，以祀四望。乃奏蕤宾，歌函钟，舞《大夏》，以祭山川。乃奏夷则，歌小吕，舞《大濩》，以享先妣。乃奏无射，歌夹钟，舞《大武》，以享先祖。

那么，为什么要这么严格的限定仪式用乐呢？我们认为，首先，这本身就有权力宣示、秩序塑造的意味，"通过严格遵守的法规、礼节，以制约社会群体与个人的行为，使之在心理上适应和服从社会伦理规范，其根本上仍是维护有序的、以亲缘关系为纽带的宗法制度与王权统治"③。其次，这些吉礼用乐庄严、肃穆、庙堂气氛浓郁，每种乐舞都有特定的表意，依靠"它和权力符码的神秘契合……有秩序地参与社会组织的成型过程"④。事实上，仪式音乐与政治传播之间有着某种天然的联系，甚至可以扮演一种"指挥官"（commander）的角色，"作为一种组织原则"（an organizational principle）通过对仪式的节奏气氛调节将参与者带入特定政治情感体验中，而实现某种"政治定调"。⑤可以想象，对周人而言的"政治定调"就是将所有参与者，围绕在受天确证下的"德"为中心，其背后的精神是"周初天命观和忧患意识所产生的、对德行德政及人伦教化的深刻体认"⑥。

从礼乐传播的发展历程来看，中华礼乐传播脱胎于原始礼与乐舞的结合，发

---

① [美] 彼德·贝格尔：《神圣的帷幕：宗教社会学理论之要素》，高师宁译，上海：上海人民出版社，1991年，第40—41页。

② 杨晓鲁：《中国音乐与传统礼仪文化》，长春：吉林教育出版社，1994年，第20页。

③ 修海林：《古乐的沉浮：中国古代音乐文化的历史考察》，济南：山东文艺出版社，1989年，第21页。

④ [法] 贾克·阿达利：《噪音：音乐的政治经济学》，宋素凤、翁桂堂译，上海：上海人民出版社，2000年，第33页。

⑤ Robert Futrell, Pete Simi, Simon Gottschalk. Understanding Music in Movements: the White Power Music Scene. *Sociological Quarterly*, 2006, 47（2）: 30.

⑥ 陈剩勇：《礼的起源——兼论良渚文化与文明起源》，《汉学研究》第17卷第1期，1999年。

展于夏商周三代乐舞与"巫礼"（祭礼）的协作，成熟于西周初年周人的制礼作乐，在这一脉络中，我们可以认识到中国的礼乐传播是承袭神性而来的，也正因如此，这或许是中国人看重、倚重礼乐传播的原因之一。

二、中华礼乐传播是一种独特的人际交往范式

《礼记·孔子燕居》中说："古之君子，不必亲相与言，以礼乐相示也。"君子之间的交往，完全可以用礼乐的方式传达情意，这是中国古人的一种独特的人际交往模式。那么，这种人际沟通要传达什么信息呢？又是如何传达的呢？

以西周时期的礼乐为例，我们知道，周人的政治世界和世俗生活是以"德"为中心的，意图构建一个"德"性社会，包括行"德政""德行"，君、臣、父、子各有其德，也各受其德，整个社会才会有序稳定。所以，在诸侯朝会、行军田役、宴享宾客、婚丧嫁娶等交往活动中，通过礼乐准确地传递情意、彰显不同的德性是非常重要的。比如，丧祭之礼乐要传达孝德之情，朝觐之礼乐要表达君臣之德，乡饮酒礼之乐则是传播宗族血亲之间的"亲亲"之德，等等，这些内容的传播都需要得当妥帖。对于当时的贵族而言，这是一种仪式规训，需要明白其中的"语言"，也需要遵循仪式中的规矩。所以，有学者说礼乐是在"政刑之具"之外的"生活政治"[①]，是有一定道理的。具体来说，在不同仪式中，随着交往对象、交往关系、交往情境的不同，衍生出的传播内容也是不同的，这里我们通过几个例证来看待礼乐仪式中的"德"性传播。

示例：燕飨之礼中以传播"亲君臣""亲宗族兄弟""亲四方宾客"的仁德之情为主，按照《周礼》《仪礼》中所载，所用乐歌要严格遵循礼仪规定：

　　天子享元侯→《肆夏》

　　两君相见→《文王》

　　君所以嘉寡君→《鹿鸣》

　　诸侯犒劳使臣→《四牡》

　　一般宴饮→《南有嘉鱼》《南山有台》等

不同乐歌对应的等级、身份、场合以及表意内容都具有明确而固定的指示，这是一套清晰的信息表征系统。即：天子宴请诸侯演奏《肆夏》，诸侯间聚会之礼演奏《文王》，君王宴请群臣表演《鹿鸣》《四牡》，其他仪礼中则多奏《南有嘉鱼》

---

① 朱承：《礼乐文明与生活政治》，《中山大学学报》（社会科学版）2014 年第 6 期。

《南山有台》等等。这里，我们以《诗经·小雅》中的《鹿鸣》为例，审视诗歌中的"德"性表征机制。这首乐歌大意为：

　　鹿儿呦呦叫不停，呼唤同伴吃野菜。宴席上的宾客享用美味佳肴与笙簧之乐。宾客爱戴君王，都是本着治国安邦之情啊！鹿儿呦呦叫不停，呼唤同伴吃青蒿。满座宾客都是品德高尚人，饮美酒，听德音，众人欢喜盈盈！鹿儿呦呦叫不停，呼唤同伴吃野芩。……伴着悠扬的琴瑟之音，娱享诸宾。①

　　乐歌中有情意的直抒，也有政治关系的隐喻。诗歌本质是某种隐喻的存在②，"呦呦鹿鸣"呼唤同伴来食象征君王赐恩和与臣（民）同乐，而"燕以敖""燕乐嘉宾之心"则是君臣间互敬互爱和谐关系的发展。在这个动人的场景以及悠扬的歌声中，君赐恩于臣有君德，臣受享君恩有臣德。乐舞中传递出的仁德和睦之情，在周礼规定"君君、臣臣"彼此刚性、威严等级关系下，可以极大程度上和洽、舒缓君臣交往中的张力。与《鹿鸣》使用场合类似的《四牡》虽同为君臣宴饮之歌，却展现出相异的传播方式、内容。最明显的差异是，舞队表演是以臣下（使臣）的口吻，诉说因"王事靡盬"而不能在家奉养父母的苦闷之情。乍看之下，乐舞传递出的消极情绪，有违燕飨之礼追求的和谐之情，是很难理解的事情。事实上，这么做不仅无碍君臣间的融洽，反而可能是为王者为了加深君臣间的情意而故意施展的"政治手腕"。为王者主动安排乐师表演《四牡》，旨在暗示自己已知晓为臣者的苦衷，传递体恤下臣的仁德之心。试想，个人在乐舞中感受到君王这份体谅之情，又怎能不继续侍奉如此贤德的君王？这或许就是君王命奏《四牡》的意图。③对于日常贵族的宴饮之礼而言，《南有嘉鱼》和《南山有台》则试图释放彼此间互敬互爱之情，宴饮目的也不在酒、乐之娱，而在感受"德音不已"④。

　　随着乐歌对身份、场合、情意指示性的初级限定，乐歌逐渐成为礼仪活动中一种独特的基础性语言（乐语）。正是在这个基础上，礼乐中以"乐"为"媒"、以"传情"为本质的交往系统得以建构起来。这个系统的运作往往比较复杂，选取的乐歌也不是单一的，比如西周燕飨之礼，往往涉及多首乐歌的参与，包括正歌、纳宾之歌等等。这些乐歌种类虽多，却井然有序，它们彼此应和着不同礼仪

---

① 原文参见程俊英：《诗经译注》，上海：上海古籍出版社，2004年，第166—167页。
② 王炳社：《音乐隐喻学》，北京：商务印书馆，2016年，第124页。
③ 刘清河，李锐：《先秦礼乐》，北京：北京师范大学出版社，2009年，第184页。
④ 程俊英：《诗经译注》，上海：上海古籍出版社，2004年，第180页。

环节有序地铺展，并以钟鼓乐为主，笙、瑟音为辅，形成了一套程式化表演。对此《仪礼·燕礼》中有详细的描述，大意为：

> 西阶偏东位置给乐工铺席。乐正先登堂，北面而站。小臣引导乐工进入，乐工共四人，其中两人鼓瑟。乐工歌唱《鹿鸣》《四牡》《皇皇者华》。……歌唱结束，行酒礼，国君向主宾或众大夫敬酒，敬酒完毕，吹笙人进入，站在悬磬乐队中央，演奏《南陔》《白华》《华黍》……主人洗爵登堂，行酒礼祭神。于是，歌唱和奏乐相互交替，歌唱《鱼丽》，笙奏《由庚》；歌唱《南有嘉鱼》，笙奏《崇丘》；歌唱《南山有台》，笙奏《由仪》。接着歌唱国风乡乐：《周南》的《关雎》《葛覃》《卷耳》；《召南》的《鹊巢》《采蘩》《采蘋》。大师报告乐正"正歌以齐备"。①

歌舞演奏程式是固定的，不可随意僭越。合乎传统规范的"礼—乐"表演，客人无须做出回应。若是礼仪用乐程式改变了，则一定代表主人"另有深意"，客人往往也会依照乐舞传达出的旨意做出回应。我们以《左传》中两则示例，展现礼乐仪式中以乐相交的典型案例。

案例一：鲁襄公四年，鲁国使臣穆叔出访晋国。晋悼公深知穆叔在鲁国的重要地位，便设下盛大宴席款待穆叔。席间，为了展现自己对穆叔的"浓厚"情意，晋悼公命令乐舞队先后演奏了《肆夏》《文王》，可是穆叔却坐而不受，拒不回礼。见此状，晋悼公又命舞队改奏《鹿鸣》《四牡》《皇皇者华》，穆叔这才起身回礼，连拜三次。……事后，穆叔才向晋国使臣告知原因：《肆夏》是天子燕飨用乐，《文王》是诸侯相会用乐，自己身为使人臣，当然不敢受用。②

显然，在穆叔看来，逾越礼制的乐舞传达出的必然是有违臣德的。为此，穆叔通过对不同乐舞的反应，既恪守了德礼，也借此回应了晋侯的礼乐之情。另一则案例出现在孔子这里，孔子认为，享用礼乐的最重要用途就是传达德性的，即"夫享，所以昭德也。不昭，不如其已也"③。

案例二：鲁定公十年，齐景王邀请鲁定公夹谷相会。孔子偕行，担任傧相。齐、鲁两君携手登上阁台。宴饮中，齐国乐舞队手执矛、戈、剑、戟，表演"夷狄之乐"。孔子见状，登台疾呼乐舞中兵戈相见，有违燕飨之情。齐侯只好命令舞队退场。过了一会，乐官请求表演"宫中女乐"，孔子见状，再次登台呵斥乐舞亵

---

① 原文参见崔记维校点：《仪礼》，沈阳：辽宁教育出版社，2000 年，第 39—40 页。
② 原文参见郭丹译：《左传》，北京：中华书局，2015 年，第 526 页。
③ 郭丹译：《左传》，北京：中华书局，2015 年，第 1024 页。

渎德礼。齐侯见孔子怒不可遏，便斩杀了领舞者。①

　　上述两则示例可以看出，礼乐活动中人们可以以"乐"为媒介相互交流，乐舞所具有的极强指示性，将自身意见态度、政治意图等等埋藏在"礼—乐"系统的情感表意中。犹如宋代诗人杨简所说："君子不必相与言，礼乐相示甚昭然。礼乐相示无一言，物物事事妙莫宣。"②一切尽在不言中，以"观""听"礼乐，代替彼此间的言语交流，实现情感互动：主人可以通过礼乐传达自己的意图，宾者也能仅仅通过观看、聆听仪式与乐舞知悉主人对自己的情意，或做出自己的回应。逮至春秋战国，"乐"中的诗歌文本甚至衍生为一种独特的外交辞令③。

　　需要注意是，乐舞中德性情感传播的基础，是交流双方必须有共通的信息编辑、传播、释读符码与规则，即乐舞种类、表演程式均要形成共识性的表意系统。事实上，雅乐的表意系统早在"礼—乐"制度创建之初——西周初年就已经被定型化，这点我们在前文已经讨论过了。除了上文提及演唱乐歌之外，乐曲演奏也有固定的演奏方式和表意系统，基本遵循"升歌主声、下管取义，舞以象事"④。在具体"礼乐"仪式中，程式化表演结构历经反复锤炼、固定、完善，一方面旨在使"礼—情（德）—乐"结合更加紧密，另一方面也将这种德性情感的固定的表意、传播方式在社会层面上撒播，进而推动其成为一种社会共识。

　　总之，以"吉礼"实现"天予之德"的情感传播，宣示天命神赋的统治合法性；以宾礼、军礼、嘉礼、凶礼中的宫廷礼乐传播生活世界中的"人人之德"（伦理道德），实现社会秩序的稳固。而"礼—乐"相合的仪式展演是德性情感传播的重要方式，诗、歌、舞一体复合性音乐传播体系的建立、完善、传播、实践的终

---

　　① 原文参见郭丹译：《左传》，北京：中华书局，2015年，第1022—1024页。

　　② 原诗为宋代诗人杨简的《偶书》。

　　③ 春秋战国，"赋诗"已经成为诸侯、卿大夫在燕礼、享礼、朝礼、聘礼以及会盟等正式场合表达各自观点的重要方式，甚至可以说是一种专门的外交辞令。《左传》中援引《诗经》赋诗行礼的记载，不下百处。例如《文公三年》，晋侯在燕飨时，赋《小雅·菁菁者莪》中的"既见君子，乐且有仪"，表示对鲁国国君的欢迎。鲁君拜谢，回赋《大雅·嘉乐》中的"保右命之，自天申之"，以此祝福晋侯。诸如此者，屡见不鲜，"赋诗"俨然是当时社会的一种风尚。正式场合赋诗的传统，正是源于长期以来西周礼乐仪式对诗歌表意、指示性的锻造，以及对诗歌身份的"赋魅"。我们知道，春秋战国仪式场合中的所赋的诗歌原本都是用来演唱并作配乐之用的，也就是西周"礼—乐"活动的一部分，而西周"礼—乐"仪式往往是都是雍容典雅的，而诗歌也就带有了正式、规范之意。并且经过西周数百年的锤炼、定型、发展，诗歌的情感表意是非常清晰易懂的，已经成为一种广为人知的社会共识，所以"诗"成为一种交流的范本便不足为奇。即便是春秋以降礼崩乐坏，诗歌脱离了以乐伴奏的情境，人们依然保留了"赋诗"的习惯并将援引《诗经》作为交流的重要方式，所以孔子才会有"不学诗，无以言"（《论语·季氏》）的感慨。（关于《左传》中赋诗行礼的例证可以参见陈来：《春秋礼乐文化的解体和转型》，《中国文化研究》2002年第3期）

　　④ 王国维：《释乐次》，《观堂集林：外二种》（上册），石家庄：河北教育出版社，2001年，第46—59页。

极目的，是在个人心中树立一个"君君、臣臣、父父、子子"的纲常有礼的德性社会。周人的这种传播方式和治理模式，是极为特殊的，英国的历史学家韦尔斯就曾评论道："再也没有其他的民族曾通过礼仪渠道获得道德秩序和社会稳定。……今天，世界上没有任何国家具有如此广泛的礼节与修养的传统。"①

三、中华礼乐传播是中国人独特的历史记忆

中国的礼乐文化绵延不绝，拥有很强的生命力，并成为我们的文化精粹的一个重要原因，就是它拥有了一个很好的传承体系。在礼乐传播的历时性传承方面，周代官方设立"春官"，可能是世界最早的音乐教育机构，机构的最高行政者"大司乐"的职责就有用"乐德""乐语""乐舞"施教，"以乐育人"，即：

掌成均之法，以治建国之学政，而合国之子弟焉。凡有道有德者，使教焉，死则以为乐祖，祭于瞽宗。以乐德教国子中、和、祗、庸、孝、友。以乐语教国子兴、道、讽、诵、言、语。以乐舞教国子舞《云门》《大卷》《大咸》《大磬》《大夏》《大濩》《大武》。(《周礼·春官》)

另据《周礼》所载，西周教育分为国学和乡学。国学教育以培养国家政治精英为目的，受教育者均为贵族子弟，如王太子、公卿太子、大夫元士的嫡子等，这些人统称为国子。国子从幼年到成年的整个成长过程中都需接受专职的礼乐教育，这个过程大致分为三个阶段：(1) 6岁开始，为居家教育阶段；(2) 为8—14岁，入小学阶段；(3) 15—24岁，进入大学阶段。乡学教育则是平民教育。西周地方行政实行六乡六遂制，处在天子王城与诸侯国都周围的近郊为"乡"，远郊则为"遂"。平民虽没有资格进入大学机构学习，但是生活在六乡之地的国人是可以进入乡学机构学习的，不过所学知识仅止于小学。其中，不管是小学教育还是大学教育，学习礼乐都是必不可少的，周朝贵族教育体系中必备的技能"六艺"(礼、乐、射、御、书、数)前两项就是礼、乐。

当然，周人对礼乐教育倚重，不仅是因为各种典礼仪式、社会交往中蕴含的伦理、道德、规则、法度等记忆可以绵延，更重要的是，他们相信通过这些教学内容的实施是塑造一个完整、社会性人的基础。"从礼的实施与乐的表演上完成教育对内在心理素质、思维、行为模式等方面的培养，于其心灵上建立一种合乎礼

---

① Wells H.G. *The outline of history: being a plain history of life and mankind*, P.341, New York: Doubleday & Company INC, 1971.

乐规范的道德标准与艺术审美趣旨","最终完成对培养对象的人格塑造"。[①]

但是，随着周王朝的衰落，到了春秋战国时期，政治力量的式微已经无法再支撑"周礼"繁复体系的运作，某种程度上"礼崩乐坏"已是必然趋势。但是，即便如此，"礼乐"依然有着重要的地位，依然是诸子们关注的中心、论争的焦点。儒家在追授周公为"先圣"时，一再强调其对礼乐创造性改造的重要性，"把以祭祀为主的事神模式转变为以德政为主的保民模式……礼也由最初主要处理神人关系变成处理人和人之间的关系"[②]。孔子对礼乐制度失去整合功能而只剩徒有形式的虚文时发出感慨："礼云礼云，玉帛云乎哉？乐云乐云，钟鼓云乎哉？"（《论语·阳货》）"人而不仁，如礼何？人而不仁，如乐何？"（《八佾》）可见，孔子是非常相信礼乐传播的作用，所以他也在一直寻求以"仁"释礼，援"仁"入乐的路径，试图将儒家的"仁爱"思想注入其中。与此相对，道家庄子等人则视"乐"与"礼"是对本真性的干扰与遮蔽，"性情不离，安用礼乐？"（《马蹄》）"退仁义，宾礼乐，至人之心有所定矣！"（《天道》）墨家通过攻讦儒家的繁饰礼乐，而宣扬"非乐"务实的主张，说儒者是"弦歌鼓舞以聚徒，繁登降之礼以示仪""盛以声乐以淫遇民"（《墨子·公孟》）。其实，不管是赞成，还是反对礼乐，都不能忽视礼乐文化、礼乐传播在当时社会中的重要地位，这是西周礼乐文化的遗存与发展。自此之后，从缜密的具象仪式中解脱出来的礼乐传播，逐渐沉淀为中国历史中独特的文化记忆，长久地影响着中国人品格的形成。

---

① 修海林：《古乐的沉浮：中国古代音乐文化的历史考察》，济南：山东文艺出版社，1989年，第27页。

② 王博：《中国儒学史》，北京：北京大学出版社，2011年，第22页。

第二十二章 学为圣贤：华夏传播"贤"范畴的古今治理气象

钟海连 蒋 银[*]

以"学为圣贤"为第一等事的华夏文明在组织传播过程中，形成了尚贤希圣等理念和追求，在治身、治世、治国等领域呈现出华夏文明独特的"圣贤气象"。本文通过文献梳理、计量分析、案例论证等方法，探讨尚贤希圣理念的演变与组织传播实践的关系，阐释华夏治理"尚贤气象"的具体内涵。研究表明，先秦时期，儒、墨、道、法等构成华夏文明的主要学派都基于治理视角探讨过圣贤文化，虽然道家、法家没有特别鼓励尚贤，但儒家、墨家却大力提倡尚贤，后世董仲舒、周敦颐、朱熹等人，对尚贤文化多有继承发展。当今学界和管理界开始关注华夏圣贤文化的传承，无论是理论探讨还是实践探索，都取得丰富成果，研究视角涉及哲学、史学、语言学等学科，实践传承关联文化传播、企业管理、社会治理等领域。案例企业中盐金坛盐化有限责任公司通过贤文化组织传播，在团队建设、人才培育、企业文化建设等方面实践传统的尚贤希贤理念，并建构起内贤外王的企业"尚贤"治理，贯穿了传统文化"反求诸己""三才相通"的思维方式，在组织目标、贤德养成、贤才培育、明辨义利等方面彰显了华夏治理的"尚贤气象"，为创造性传承发展华夏圣贤文化做出了有益探索。

"贤"是华夏文明所提倡的传统美德，尚贤理念是中华民族的重要精神内核，有研究者对贤文化进行过专题研讨。[①] 通过研究发现，尚贤、希圣等思想，不仅蕴含家国治理、社会教化等功能，而且在团队建设、社会治理等方面呈现独特的组

---

* 作者简介：钟海连，哲学博士，编审，美国夏威夷大学访问学者。现任中盐金坛公司副总经理，《贤文化》主编，《中国文化与管理》副主编，厦门大学—中盐金坛博士后科研工作站合作导师。研究方向：中国管理哲学、儒道哲学比较、企业文化。蒋银（1993—），江苏常州人，中盐金坛盐化有限责任公司《贤文化》编辑，东南大学图书馆学硕士，研究方向：贤文化与盐文化。

① 尹娇：《中华传统文化核心范畴"贤"的语义分析及文化阐释》，硕士学位论文，福建师范大学，2012年，第41页。

织传播气象。本章从三方面对尚贤思想与组织传播的关系开展研究：其一，从探讨贤字的内涵流变入手，梳理先秦儒、墨、道、法四大学派有关贤的思想和观点并加剖析，继而梳理董仲舒、朱熹对尚贤思想的继承与发展。其二，以 CiteSpace 软件为工具，以中国知网文献数据库关于"贤"的现有文献为对象，分析贤的研究现状、热点及进展。其三，以案例企业中盐金坛盐化有限责任公司的贤文化建设为例，剖析贤文化组织传播的路径，以及在构建企业"尚贤"治理方面的经验和效果。

第一节　尚贤的源与流：文化传播视角的梳理

汉字作为华夏文明传播的主要载体，其自身的流变即呈现出华夏文明的变化概况与发展规律。"贤"和"圣"字一样，作为华夏文明源远流长的高频词汇，其字义随时代的演进经历了一番变化。

一、"贤"字内涵的流变

"贤"，会意法造字，其本字为"臤"，从各时期的字形变迁来看，如图 22-1，在甲骨文字形中，左为臣，本意为俘虏、奴隶；右为又，意为抓持、掌握、管理，整体可理解为对奴隶、俘虏进行很好的掌控。金文承续甲骨文字形，当"臤"作为单纯字后，金文再加"贝"另造"贤"代替。《形音义字典》解金文字形的贤曰："象人手执贝审视之形，能识贝之优劣者为贤。"[①] 篆文、隶书、楷书、行书承续金文字形。

甲骨文	金文	篆文	隶书	楷书	行书	草书	繁体标宋	简体标宋	简化方案
臤	臤	賢	賢	賢	賢	賢	賢	贤	采用俗体楷书字形(类推简化。如：目→贝 敗→财)
续1·14·3	鸟祖癸鼎	吴彝	说文解字	曹全碑	颜真卿	颜真卿	王羲之	桂彦良	印刷字库 印刷字库

图 22-1　"贤"字的字形演变 [②]

王筠《说文句读》提到："不言从取者，古者以取为贤，后乃加贝。"[③] 钱桂森《段注钞案》指出："其义为多才而其字从贝，盖从坚贝取譬为义，亦形声兼会意之

① 高华平：《从出土文献中的"贤"字看先秦"贤"观念的演变》，《哲学研究》2008 年第 3 期。
② 象形字典网，http://www.vividict.com/WordInfo.aspx?id=3423　2019 年 6 月 1 日。
③ 王筠：《说文句读》，北京：中华书局，2016 年，第 228 页。

字。"①以上表明，贤字存在由"臤"加"贝"而形成"賢"的这种演变过程。

究其字义演变，贤最初含义为多财，即钱财多，后引申出有才能、有德行的含义。许慎《说文解字·贝部》言："贤，多财也。从贝，臤声。"②段玉裁《说文解字注》："多财也。财各本作才。今正。贤本多财之称，引伸之，凡多皆曰贤。人称贤能，因习其引伸之义而废其本义矣。"③语言文字学家杨树达在《增订积微居小学金石论丛·释贤》中提出："以臤为贤，据其德也；加臤以贝，则以财为义也。盖治化渐进，则财富渐见重于人群，文字之孳生，大可窥群治之进程矣。"④历史学家顾颉刚在《"圣""贤"观念和字义的演变》中也曾指出，贤原来只是多财的意思，才能、德行的含义是后有的。⑤贤的"多才"义和"德行"义是在春秋战国时期形成。

贤的"多财"之义引申发展为"多才"，而"有德"之义是后续的进一步发展。贤的甲骨文所具掌控奴隶、俘虏的含义，蕴含勇猛之力，是一种技能的体现。有学者曾提出："远古时代的人们，由于生产力落后，只能靠体力技能获取生活资料，财富多的直接原因就是依靠体力技能。"⑥所以，多财，其本质意味着有更多的才能。侯外庐等在《中国思想通史》中提出："'贤'字最早见于《尚书·君奭》篇，《诗经·大雅·行苇》篇与《诗经·小雅·北山》篇。"⑦《诗经·大雅·行苇》中有言："敦弓既坚，四鍭既钧，舍矢既均，序宾以贤。""序宾以贤"即按射箭命中的次序排列宾客的席位，"贤"在此处即有射箭的技能之义。⑧

贤的"德"义源于"献"字。"贤"和"献"具有通假的关系，《汉语大辞典》解"献"曰："古代指贤者，特指熟悉掌故的人。"《尚书·虞夏书·益稷》："万邦黎献，共惟帝臣。"意即"天下万国的百姓与宿贤，都是舜帝的臣子"。古代借"献"为"贤"的通假例还有南宋朱熹《四书章句集注》解"文献"曰："文，典籍也；献，贤也。"⑨清代刘宝楠《论语正义》解"文献"亦谓："文谓典策，献谓秉

---

① 庞月光：《古汉语词义辨析二则》，《北京教育学院学报（社会科学版）》1997年第1期。

② 许慎：《说文解字》，北京：中华书局，2018年，第126页。

③ 段玉裁：《说文解字注》，南京：凤凰出版社，2015年，第492页。

④ 杨树达：《增订积微居小学金石论丛》，上海：上海古籍出版社，2013年，第36页。

⑤ 顾颉刚：《"圣""贤"观念和字义的演变》，《释中国》，上海：上海文艺出版社，1998年，第712页。

⑥ 尹娇：《中华传统文化核心范畴"贤"的语义分析及文化阐释》，硕士学位论文，福建师范大学，2012年，第9页。

⑦ 侯外庐，赵纪彬，杜国庠，邱汉生：《中国思想通史》（第一卷），北京：人民出版社，1980年，第34页。

⑧ 阮元：《十三经注疏》（清嘉庆刊本），上海：中华书局，2009年。（本文涉及十三经内容解出于此，下同，不再标注）

⑨ 朱熹：《四书章句集注》，北京：中华书局，2003年，第88页。

礼之贤士大夫。"①

学者单纯指出："记录'贤'的技能含义和'献'的德才含义结合而成现代'贤'字含义的最早文献为《国语·周语中》。"②《国语·周语中》原文为："王曰：'利何如而内，何如而外？'对曰：'尊贵、明贤、庸勋、长老、爱亲、礼斩、亲旧……狄，豺狼之德也，郑未失周典，王而蔑之，是不明贤也。'"至此，贤字已有了德行和举贤之义。

除"有才能，有德行"外，贤还具有其他一些义项，宗福邦等在《故训汇纂》中列出贤的 85 个义项，主要为才、能、货贝多于人、大、善、劳、坚、胜、益、愈等等③。尹娇在《中华传统文化核心范畴"贤"的语义分析与文化阐释》一文中，结合《辞源》《辞海》《康熙字典》《古汉语字典》等多部权威汉语词典的阐述，将"贤"的义项总结为 7 项，分别为有德行、多才能；有德行、有才能的人；优良、美善；尊崇、器重；胜过、超过；辛劳；对人的敬辞。

总的说来，贤字的本义应是多财，即钱财多，之后首先发展出才能多、德行多的引申义。在其之后，贤的字义又发展出更多的引申义，现代汉语中又发展出"贤德""贤达""贤惠""贤明""贤能""贤哲""贤士""贤良"等多个词义。

二、先秦诸子的"尚贤"思想

在华夏文明的传播发展过程中，先秦时期诸子百家争鸣的思想文化传播环境，使儒、道、墨、法等学派形成充分的对话交流。对于贤德是否应予以推崇？当时诸子的观点可分为儒家、墨家的"尚贤"和法家、道家的"不尚贤"这两大流派。

1. 儒家：尊贤有等的尚贤观

儒家的尚贤思想发源于孔子。西周末期，礼制僭越，"礼乐征伐自天子出"变为"礼乐征伐自诸侯出"，进而"自大夫出"，以至出现"陪臣执国命"的"天下无道"状态（《论语·季氏》）。礼乐的崩坏造成了社会秩序失衡和价值体系的混乱。面对礼崩乐坏的现状，孔子提出"仁义"结合的治世之道，一方面继承周礼，一方面倡导维新。

"尚贤"是孔子倡导的仁政的重要组成部分，据笔者统计，仅《论语》中提及"贤"至少 24 次。《论语·子路第十三》记载道："仲弓为季氏宰，问政。子曰：先有司，赦小过，举贤才。曰：焉知贤才而举之？曰：举尔所知，尔所不知，人其舍诸！"由此可见，"举贤才"是孔子所提倡的为政之道。《论语·泰伯》言："舜

---

① 张岱年：《张岱年全集》（第八卷），石家庄：河北人民出版社，1996 年，第 396 页。

② 单纯：《贤与中国文化之元》，《青岛大学学报》1996 年第 3 期。

③ 宗福邦，陈世铙，肖海波：《故训汇纂》（下），北京：商务印书馆，2003 年，第 160 页。

有臣五人而天下治。武王曰：'予有乱臣十人。'孔子曰：'才难，不其然乎！唐虞之际，于斯为盛。有妇人焉，九人而已。三分天下有其二，以服事殷。周之德，其可谓至德也已矣。'"舜有五贤臣而天下治，武王有九贤臣得以代殷而王，孔子称赞他们能够任用贤能，感叹人才难得，同时反映出尚贤的重要性。《史记·孔子世家》也记录有："鲁哀公问政。对曰：'政在选臣。'季康子问政，对曰：'举直错诸枉，则枉者直。'"孔子认为选对正直的人对为政具有积极作用。孔子还对知贤不用贤的行为给予批评，子曰："臧文仲，其窃位者与？知柳下惠之贤而不与立也。"（《论语·卫灵公第十五》）

对于何为贤才，孔子认为"德才兼备"是贤才必备的基本条件，朱熹曾为孔子的"举贤才"作注阐释为："贤，有德者；才，有能者。"[1]此外，在《论语》中对"贤才"的品质也多有描述，如安贫乐道、知人善任、见贤思齐、贤贤易色等。

孔子虽然把德行纳入了贤才的考量标准，但值得注意的是，他倡导的是"亲亲有术，尊贤有等"的尚贤观。孔子坚持周礼的"君臣父子"之道，延续宗法血缘，把仁作为儒家最高道德规范，而仁的根本在于血缘亲情。"仁者，人也，亲亲为大。义者，宜也，尊贤为大。"（《中庸》）亲爱亲族是最大的仁。孔子所倡导的尊贤、举才，仍是维护封建等级制度的，在孔子看来"百工居肆以成其事，君子学以致道"（《论语·子张》），其认为贤才主要出自君子，即"士"阶层。

孟子的尚贤思想在继承孔子的基础上有深化拓展，其强调"尊贤使能"对"仁政"具有重要作用。"尊贤使能，俊杰在位，则天下之士皆悦，而愿立于其朝矣。"（《孟子·公孙丑章句上》）"尊贤育才，以彰有德。"（《孟子·告子下》）孟子认为，好的政治应当尊重、培育贤才，表彰道德高尚的人，国家强盛的关键在于重用人才，"不信仁贤，则国空虚"（《孟子·尽心下》）。

孟子强调了君主识别贤才、任用贤才的重要性："虞不用百里奚而亡，秦穆公用之而霸。不用贤则亡，削何可得与？""君子之所为，众人固不识也。"（《孟子·告子下》）其以秦穆公任用贤才百里奚而得以称霸诸侯的例子论证选贤任能的重要性，同时也指出识别贤才是一项难得的技能。除识别人才外，还需要举贤养贤，"悦贤不能举，又不能养也，可谓悦贤乎？"（《孟子·万章下》）

而对于个人如何成贤，孟子认为关键在于修身。孟子认为人"性本善"，"仁、义、礼、智根于心"（《孟子·尽心上》），"居移气，养移体"（《孟子·尽心上》）。他指出，地位与环境等后天因素可以改变人的气质、修养、内涵。孟子认为要养成贤德，重在修身，要在实践与苦难中获取磨炼。正所谓："故天将降大任于是人

---

① 朱熹：《四书集注》，南京：凤凰出版社，2000年，第154页。

也，必先苦其心志，劳其筋骨，饿其体肤，空乏其身，行拂乱其所为，所以动心忍性，曾益其所不能。"（《孟子·告子下》）孟子眼中的贤者，应先知先觉，使人昭昭；应知其大者，以急务为先；应知于性命，不失本心。

较之于孔子，孟子对如何发挥贤者的作用，其观点更为明确，"贤者在位，能者在职"（《孟子·公孙丑》）是孟子理想政治的典范。他认为贤明的人身居高位，能干的人担任要职，如此国家才能长治久安。孟子还提出大德与小德、大贤与小贤的关联规律："天下有道，小德役大德，小贤役大贤；天下无道，小役大，弱役强。斯二者，天也，顺天者存，逆天者亡。"（《孟子·离娄上》）此外，孟子也进一步拓展了贤者的来源："舜发于畎亩之中，傅说举于版筑之间，胶鬲举于鱼盐之中，管夷吾举于士，孙叔敖举于海，百里奚举于市。"（《孟子·告子下》）特别孟子"左右皆曰贤，未可也；诸大夫皆曰贤，未可也；国人皆曰贤，然后察之，见贤焉然后用之"（《孟子·梁惠王下》）的察贤举贤的观点，具有古代朴素的民主思想特征。

然而，在孟子时期，"尚贤"与"用亲"仍未对立起来。"为政不难，不得罪于巨室。"（《孟子·离娄上》）"国君进贤，如不得已，将使卑逾尊，疏逾戚，可不慎与？"（《孟子·梁惠王下》）"用下敬上，谓之贵贵；用上敬下，谓之尊贤。贵贵、尊贤，其义一也。"（《孟子·万章下》）这些皆体现出孟子"尚贤"思想仍有"亲亲有术，尊贤有等"的成分。孟子甚至对墨子的兼爱思想进行了直接的批判："墨氏兼爱，是无父也，无君无父是禽兽也。"（《墨子·滕文公》）

2. 墨家：兼爱观念下的尚贤

春秋战国之交的著名思想家墨翟，作为一个平民，在少年时代做过牧童，学过木工，其所处阶层使他相当关注小生产者的利益。对于"尚贤"，墨子是先秦诸子中最为积极的倡导者，墨子的"尚贤"思想精华主要体现于其《墨子·尚贤》三篇。兼爱是墨子的代表理论，他针对儒家"爱有等差"的说法，主张爱无差别等级，不分厚薄亲疏。同样的，墨子的尚贤观也打破儒家的亲亲之道，与用亲观形成对立。

"故古者圣王之为政，列德而尚贤。虽在农与工肆之人，有能则举之。""以德就列，以官服事，以劳殿赏，量功而分禄。故官无常贵，而民无终贱，有能则举之，无能则下之，举公义，辟私怨。"（《墨子·尚贤上》）[①] 墨子坚定地主张"任人唯贤"，选贤任能，不重出身，"在农与工肆之人"只要有贤都可举之，这同时也反映出墨子所代表的平民阶级对提升阶级地位的渴望。"官无常贵，民无终贱"的

---

① 本文所用《墨子》为方勇译注本，上海：中华书局，2015 年，第 52 页。

观点更饱含"尚同"思想，具有人人平等的超前意识。"不党父兄，不偏贵富，不嬖颜色"（《墨子·尚贤中》），体现出墨子对儒家"亲亲有术"的宗法等级观念的突破与批判。

墨子更把"尚贤"提升到"为政之本"的高度。墨子以古时尧任用舜，禹任用益，汤任用伊尹，文王任用闳夭、泰颠的典故为论证之据，提出："夫尚贤者，政之本也。"（《墨子·尚贤上》）墨子还指出，国家兴衰的奥秘在于能否实现人尽其才，他认为，若是国家重用大量贤才，国家就会被治理得很好，否则，国家就会被治理得很差。"国有贤良之士众，则国家之治厚；贤良之士寡，则国家之治薄。"（《墨子·尚贤上》）并且，"贤者之治国也，蚤朝晏退，听狱治政，是以国家治而刑法正。贤者之长官也，夜寝夙兴，收敛关市、山林、泽梁之利，以实官府，是以官府实而财不散。贤者之治邑也，蚤出莫入，耕稼树艺，聚菽粟，是以菽粟多而民足乎食。故国家治则刑法正，官府实则万民富"（《墨子·尚贤中》）。墨子指出贤者治国将带来国家有治而刑法严正，官府充实而万民富足的实际效果。此外，墨子认为贤才的任用与国家的长治久安密切相关，他指出，用贤是十分急迫的。"入国而不存其士，则亡国矣。见贤而不急，则缓其君矣。非贤无急，非士无与虑国。缓贤忘士，而能以其国存者，未曾有也。"（《墨子·亲士》）

对于什么样的人是贤才？墨子也有提出他的观点："厚乎德行，辩乎言谈，博乎道术。"（《墨子·尚贤上》）可见，德行、才能、学问是墨子的选贤标准。三项标准中，又以德行为首。"富之、贵之、敬之、誉之"，墨子认为要吸引贤才，任用贤才，就必须做到使贤才富有、显贵，同时要尊敬、赞誉贤才。

此外，墨子认为"兼相爱"的尚贤使能促成"交相利"的实现。"古者圣王唯能审以尚贤使能为政，无异物杂焉，天下皆得其利。"（《墨子·尚贤中》）他认为古时候的圣王正是因为尚贤使能为政，没有其他事情掺杂在内，因此天下都能受益。

3. 道家与法家的"不尚贤"

除儒家与墨家积极倡导"尚贤"思想外，道家和法家则对尚贤之说提出了怀疑和反对。道家所崇尚的是"道法自然，无为而治"，最早主张不尚贤的是老子。他认为："不尚贤，使民不争。"（《道德经·第三章》）[①] 释德清在《道德经解》中指出："盖尚贤，好名也。名，争之端也。"[②] 其注解道德经时认为，尚贤意味着名利，会引发民众的明争暗斗。"圣人之治，虚其心，实其腹，弱其志，强其骨。常使民

---

① 本文所用为《老子道德经注》本，王弼注，楼宇烈译注，北京：中华书局，2011年，第12页。
② 释德清：《道德经解》，上海：华东师范大学出版社，2009年，第39页。

无知无欲，使夫知者不敢为，为无为，则无不治。"(《道德经·第三章》)在老子看来，崇尚贤士，会引起民众的争执。他认为，只有使人民摆脱欲望和诱惑，才能复归无知无欲的朴素状态；只要做事顺应客观规律，天下就能得到很好的治理。此外，老子还认为圣人应有所作为但不矜持，有功劳而不自居，并且不克意表现自己的贤，"是以圣人为而不恃，功成而不处，其不欲见贤"(《道德经·第七十七章》)。

老子之后，道家的另一代表人物庄子也反对举用贤士。可以说，庄学对圣贤有更尖刻的批判，其提出"至德之世，不尚贤，不使能"(《庄子·天地》)①的观点。"闻在宥天下，不闻治天下也。"(《庄子·在宥》)"在宥"是庄子的政治主张，不同于儒墨倡导的贤人治世，按《庄子·在宥》的解释，"在之也者，恐天下之淫其性也；宥之也者，恐天下之迁其德也"。②也就是说，"在宥天下"就是对天下不必加以人为的管束（以仁义、刑法进行治理），而应以无为的态度对待天下，使天下不变化其本性（德）即可，"故君子不得已而临莅天下，莫若无为。无为也，而后安其性命之情"(《庄子·在宥》)。

"举贤则民相轧，任知则民相盗。之数物者，不足以厚民。民之于利甚勤，子有杀父，臣有杀君；正昼为盗，日中穴阫。"(《庄子·庚桑楚》)庄学一派直接指出举荐贤才将会引发人民的相互伤害，如果任用智者就会促成百姓出现伪诈。他甚至引用案例警示大众：世人会因私利，做出儿子杀死父亲，臣子谋害国君，大白天抢劫盗窃等恶劣行径。"曰：'某所有贤者，'赢粮而趣之，则内弃其亲，而外弃其主之事；足迹接乎诸侯之境，车轨结乎千里之外，则是上好知之过也。上诚好知而无道，则天下大乱矣！"(《庄子·胠箧》)而老、庄道家所倡导的"至德之世"，邻近的国家相互观望，鸡狗之声相互听闻，百姓直至老死也互不往来。不管是老子还是庄子，道家学派认为，如果统治者一心追求智巧，那么就会扰乱天下太平。

值得注意的是，道家的"不尚贤"并非"尚不贤"或完全否定贤才及贤良的品格、精神、气质，因为《道德经》《庄子》亦有多处描述贤人的优良品质。道家的"不尚贤"一方面是不支持对贤才的特意标榜与突出，道家认为这种行为打破了"道法自然"的平衡状态，与"无为而治"背道而驰。另一方面，南怀瑾在《老子他说》中提出：这也是因为道家认为贤与不贤难以分辨，"白石似玉，奸佞似贤"③(《抱朴子·内篇·祛惑》)。

① 本文所用《庄子》为方勇译注本，北京：中华书局，2010年，第198页。
② 方勇译注：《庄子》，北京：中华书局，2010年，第158—159页。
③ 南怀瑾：《老子他说（初续合集）》，北京：东方出版社，2014年，第68页。

有别于道家"无为而治"视域下的不尚贤，法家的不尚贤是基于其"尚法"的思想理论。法家代表人物慎到非常崇尚法治："民一于君，事断于法，是国之大道也。""国家之政要，在一人心矣"。(《慎子·逸文》)① 慎到认为百姓、官吏听从于君主的政令，而君主在做事时依法行事，方是治国之大道；同时保持人心的平稳和谐，对于维护国家的稳定有关键意义，而要实现这个目标，关键在实行法治。慎到主张贵势，"贤不足以服不肖，而势位足以屈贤矣"(《慎子·威德》)。慎到认为贤德并不能使不肖者服从，但权势地位却能使贤人屈服，权势才是进行政治活动的第一要素。于是他反对人治、心治与尚贤，对于人治，慎到提出："君人者，舍法而以身治，则诛赏予夺从君心出矣，舍法以心裁轻重，同功殊赏，同罪殊罚，则怨之所由生也。"(《慎子·君人篇》)他认为君主如若舍弃法治而以个人意志，即进行人治、心治来定夺赏罚，那么就会造成同样功劳不一样的赏赐，同样罪过不一样的惩罚的现象，进一步导致怨恨的产生和国家的混乱动荡。对于尚贤，"立君而尊贤，是贤与君争，其乱甚于无君。故有道之国，法立，则私议不行；君立，则贤者不尊"(《慎子·逸文》)。慎到认为尚贤会影响君主一元化的政治统治，同时也与尚法相矛盾。

商鞅则主张贵贵，反对尚贤。"既立君，则上贤废而贵贵立矣。然则上世亲亲而爱私，中世上贤而说仁，下世贵贵而尊官。上贤者以道相出也，而立君者使贤无用也。"(《商君书·开塞》)② 商鞅提出历史分阶段演进的说法，认为远古时代人们爱自己的亲人而偏爱私利，中古时代人们推崇贤人而喜欢仁爱，近世人们的思想是推崇权贵而尊重官吏。他认为，君主确立之后，崇尚贤德的思想就要废除，尊重显贵的思想随即树立起来。确定君主的地位后，崇尚贤人的准则便失去效用。商鞅同样反对人治，"以治法者强，以治政者削"(《商君书·去强》)，认为法治强于人治。"凡世莫不以其所以乱者治，故小治而小乱，大治而大乱，人主莫能世治其民，世无不乱之国。奚谓以其所以乱者治？夫举贤能，世之所治也，而治之所以乱。世之所谓贤者，言正也；所以为善正也，党也。听其言也，则以为能；问其党，以为然。故贵之不待其有功，诛之不待其有罪也。此其势正使污吏有资而成其奸险，小人有资而施其巧诈。"(《商君书·慎法》)商鞅直接提出，任用贤人这一尚贤的方式，就是用乱国的方法治国的体现，因为贤的标准难以辨别，贤才的名声是出自他的党羽，统治者因此一味地尚贤，会造成赏罚不明，会使贪官污吏与小人有可乘的机会。

---

① 徐兵博：《读史要略》，北京：新华出版社，2017 年，第 89 页。

② 《商君书》，石磊注，北京：中华书局，2011 年，第 69 页。

法家的集大成者韩非坚决维护君主的地位，"尧、舜、汤、武或反群臣之义，乱后世之教者也。尧为人君而君其臣，舜为人臣而臣其君，汤、武为人臣而弑其主、刑其尸，而天下誉之，此天下所以至今不治者也"①。韩非认为尧、舜、汤、武都是违反君臣之间的道义、扰乱后世教令的人物，但世间对他们却进行称赞，这是导致天下得不到治理的原因所在，"此明君且常与而贤臣且常取也"。韩非认为贤能之士对君王之权力造成威胁，任贤会导致君王之地位不能得到保证，因而直接提出"尚法不尚贤"的观点，认为废弃常道去尊尚贤人就会发生混乱，舍弃法制而任用智者就会产生危险。"是废常上贤则乱，舍法任智则危。故曰：上法而不上贤。"（《韩非子·忠孝》）

韩非还对统治者提出一个重要的管理原则，即勿见好恶于下，他认为任用贤人和随意举贤是统治者的两种祸患，因为喜好贤能，群臣就会粉饰自己的行为，不显露自己的实情，从而导致统治者无法真正识别臣下。"人主有二患：任贤，则臣将乘于贤以劫其君；妄举，则事沮不胜。故人主好贤，则群臣饰行以要君欲，则是群臣之情不效；群臣之情不效，则人主无以异其臣矣。"（《韩非子·二柄》）

法家的不尚贤虽倡导不举贤才，崇尚法治，反对人治，但法家并不否定德行的重要性，就韩非子而言，还充分强调了为政者需要具备良好的道德修养，如"智术之士，必远见而明察，不明察，不能烛私；能法之士，必强毅而劲直，不劲直，不能矫奸"（《韩非子·孤愤》）。

总体而言，道家和法家的"不尚贤"不是对贤良品德予以否定，不是聚焦于要不要道德，而是从自身角度对"尚贤"这一政治举措提出独特的观点与看法。

三、汉代以后"尚贤"思想在治理领域的传承

继先秦诸子深入探讨贤德后，华夏民族于汉代建立起大一统的国家政权，为了对广袤领土予以有序治理，因而汉廷中央政权积极选拔出各地的贤良精英，并在官僚组织中对贤良美德予以传播颂扬和赞誉提倡，尚贤之治渐成思想界的主流。其中汉代董仲舒、宋代朱熹等儒家代表人物对尚贤理念做了进一步的传承发展，并将尚贤任能的思想从国家层面加以推动和传播，成为深入华夏文明治道的核心价值观。

董仲舒言："治身者以积精为宝，治国者以积贤为道。"（《春秋繁露·通国身》）在董仲舒看来，明君治国，重在任贤、用贤，他认为贤才关乎国家的兴衰成败、长治久安。"政乱国危者甚众，所任者非其人。"（《汉书·董仲舒传》）②"夫鼎折足

---

① 《韩非子》，高华平等译注，北京：中华书局，2015年，第740页。
② 班固：《汉书》，上海：中华书局，2016年，第2171页。

者，任非其人也；覆公悚者，国家倾也。是故任非其人，而国家不倾者，自古至今，未尝闻也。故吾按春秋而观成败，乃切悒悒于前世之兴亡也，任贤臣者，国家之兴也。"（《春秋繁露·精华》）"贤积于其主，则上下相制使。血气相承受，则形体无所苦；上下相制使，则百官各得其所。形体无所苦，然后身可得而安也；百官各得其所，然后国可得而守也。"（《春秋繁露·通国身》）

对于贤才，董仲舒一方面强调其自身的品质，如"仁义"，"率一国之众，以卫九世之主，襄公逐之弗去，求之弗予，上下同心而俱死之，故谓之大去。春秋贤死义，且得众心也，故为讳灭。以为之讳，见其贤之也。以其贤之也，见其中仁义也。"（《春秋繁露·玉英》）如"清廉"，"气之清者为精，人之清者为贤"（《春秋繁露·通国身》）。

另一方面，他强调统治者要识贤、任贤，同时建议统治者以谦卑的姿态礼待贤才。"夫智不足以知贤，无可奈何矣；知之不能任，大者以死亡，小者以乱危。"（《春秋繁露·精华》）董仲舒认为知贤是任贤的必要前提，而同时如果仅仅知贤而不用贤，那也会造成国家危乱。"鲁庄以危，宋殇以弑"都是知贤而不用贤酿成恶果的佐证。"夫欲致精者，必虚静其形；欲致贤者，必卑谦其身。形静志虚者，精气之所趣也；谦尊自卑者，仁贤之所事也。故治身者，务执虚静以致精；治国者，务尽卑谦以致贤。能致精，则合明而寿；能致贤，则德泽洽而国太平。"（《春秋繁露·通国身》）董仲舒认为，统治者想要广纳贤才，就必须具有谦卑的态度，礼贤下士，如此才能招来贤才，让国家太平。

另外，南宋朱熹和吕祖谦在《近思录·圣贤气象》中辑录北宋周敦颐、程颢、程颐、张载四者的著述时，首次专门论述了"圣贤气象"。圣贤气象是宋代儒者所追求的理想人格和人生境界的外在表现，钱穆先生曾指出圣贤气象为宋明理学家一绝大发明。圣贤气象是对先秦"圣贤崇拜""君子风范"的继承与发展，其与先秦的儒学一脉相承。

《近思录·圣贤气象》明确罗列出了其所肯定的圣贤之人，为世人树立了圣贤榜样。一方面是周敦颐、程颢、程颐、张载四者所界定的圣贤，他们认为古往今来的圣人有11人，分别为尧、舜、禹、汤、周文王、周武王、孔子、颜子、曾子、子思、孟子，而认为荀子、扬雄、毛苌、董仲舒、诸葛亮、王通、韩愈这7人有各自缺陷而不能成为圣人，前6人可称之为贤人，韩愈则可称为豪杰。另一方面，朱熹和吕祖谦二人将周敦颐、程颢、程颐、张载四者也肯定为圣贤。有学者对《近思录》中判断圣贤与非圣贤的根本标准进行概括，认为最根本的标准就只有一条，即求道、明理，遵循规律做事发言。道、理都指的是规律，必须认真探索、彻底地认识掌握事物的规律。①

在朱熹看来，根据气质的不同，人可划分为"生而知之者""学而知之者""困而学之"者和"困而不学者"四类，"言人之气质不同，大约有此四等。杨氏曰：'生知、学知以至困学，虽其质不同，然及其知之一也，故君子惟学之为贵。困而不学，然后为下'"（《论语集注·季氏第十六》）。在此基础上，朱熹阐述了圣人、贤人、众人和下民的区别所在："人之生也，气质之禀，清明纯粹，绝无渣滓，则于天地之性，无所间隔，而凡义理之当然，有不待学而了然于胸中者，所谓生而知之圣人也。其不及此者，则以昏明、清浊、正偏、纯驳之多少胜负为差。其或得于清明纯粹而不能无少渣滓者，则虽未免乎小有间隔，而其间易达，其碍易通，故于其所未通者，必知学以通之，而其学也，则亦无不达矣，所谓学而知之大贤也。或得于昏浊偏驳之多，而不能无少清明纯粹者，则必其窒塞不通然后知学，其学又未必无不通也，所谓困而学之众人也。至于昏浊偏驳又甚，而无复少有清明纯粹之气，则虽有不通，而懵然莫觉，以为当然，终不知学以求其通也，此则下民而已矣。"（《论语或问·季氏第十六》）朱熹认为"生而知之者"是"圣人"，"学而知之者"是"贤人"，"困而学之"者是"众人"，"困而不学"者则是"下民"。同时，朱熹也在此指出学习的对象是"义理"。

朱熹认为立志求志、德才兼备是圣贤的品质修养。一方面，在朱熹看来，立志是人为学、为事之本，"学者大要立志"（《朱子语类》卷八）。"人之为事，必先立志以为本，志不立则不能为得事。"（《朱子语类》卷十八）除有志向和理想外，朱熹认为只有努力不辍才能是圣贤，"圣贤只是真个去做，说正心，直要心正；说诚意，只要意诚；修身齐家，皆非空言"（《朱子语类》卷八））。"然求造圣贤之极致，须是便立志如此，便去做，使得。"（《朱子语类》卷一一八）另一方面，圣贤须德才兼备、体用兼尽，"若偏于德行，而其用不周，亦是器。君子者，才德出众之名。德者，体也；才者，用也"（《朱子语类》卷二四）。"有德而有才，方见于用。如有德而无才，则不能用，亦何足为君子？"（《朱子语类》卷三五）②

第二节　组织传播视域下华夏文明尚贤理念的传播与实践

为了知悉学界的已有相关成果，掌握各大交叉领域的最新研究动态，笔者运用 CiteSpace 文献计量工具，以中国知网收录的相关文献为分析样本，根据软件绘制的知识图谱及数据统计情况，分析尚贤理念与组织传播实践等交叉领域的研究

---

① 张永伟：《近思录圣贤气象研究》，硕士论文，湖南师范大学，2018年，第18页。
② 《朱子语类》，北京：中华书局，1986年，第925页。

主体、研讨内容、研究热点等变量。

笔者以中国知网数据库为数据来源。检索式设定为"主题 OR 关键词 OR 篇名 ＝'贤'"，检索年限为所有年份，文献类别包含期刊、会议、硕士论文，经去重、去无关文献后得 593 篇，文献时间跨度为 1988 年至 2019 年。笔者将每 3 年作为一个时间段，利用 CiteSpace 软件提取每个时间段出现频次前 5% 的数据进行图谱绘制。

一、与"贤"相关研究成果的时序变化情况

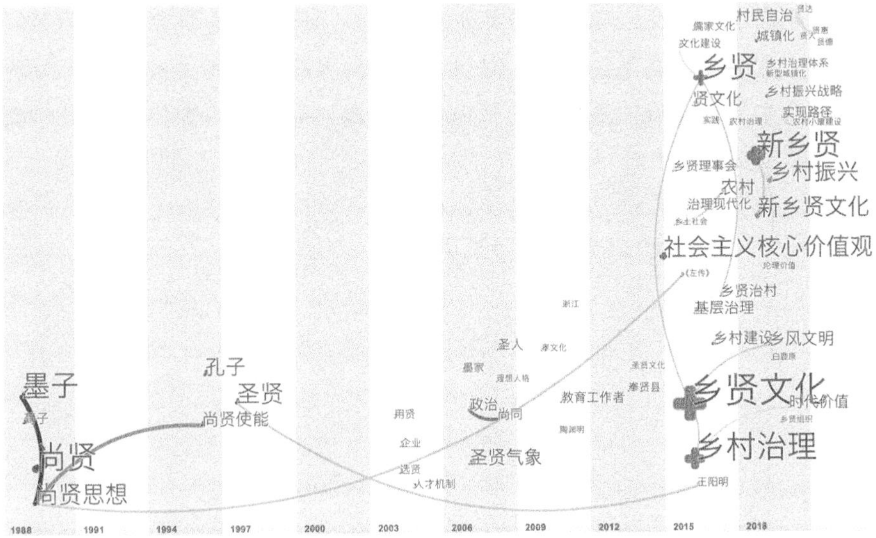

图 22-2 贤相关研究的主题时序变化展示图

从研究的时序看来，有关贤的研究流变呈现从理论研究向实践应用方面转变的特征。起初，学者集中于探讨墨子、荀子、孔子等的尚贤思想，如张国福于 1988 年发表《墨子"尚贤"思想浅析——兼谈先秦尚贤之风》，阐述了春秋战国时期，崇尚贤者已蔚然成风[①]。许凌云于同年发表《墨子尚贤、兼爱论》，提出尚贤思想古已有之，但值得注意的是贤人的含义在各个阶级是不同的，必须意识到墨子尚贤主张的阶级性质和时代意义[②]。此外还有徐进于同年发表《荀子尚贤思想初探》，总结荀子尚贤则治、唯贤是取、得贤必用的思想精髓[③]。

此后，从 1990 年到 2010 年，有关贤的研究较为分散，林翊探讨了墨子尚贤思想和企业人才机制建立的关联，朱汉民、周俊勇、刘觅知、陈钢等探讨了宋儒

① 张国福：《墨子"尚贤"思想浅析——兼谈先秦尚贤之风》，《中国人才》1988 年第 6 期。
② 许凌云：《墨子尚贤、兼爱论》，《齐鲁学刊》，1988 年第 3 期。
③ 徐进：《荀子尚贤思想初探》，《东岳论丛》，1988 年第 4 期。

所推崇的圣贤气象的理想人格的成因与要求标准，并分析了圣贤气象对自我发展、人才培养等具有的引领价值。2010 年至 2015 年间，开始出现贤的文化实践研究，余志权、胡德军分别以象贤中学、上屋小学为例，阐述以国学经典为基础开展贤文化教育的实践案例。周宗波、陈磊、陈慧君等阐述了上海奉贤区将"敬奉贤人，见贤思齐"的贤文化融入日常工作，培训良好家风，提升居民文明素质，最终荣获上海首个区长质量奖的实践经历。

从 2015 年到当前，贤的相关研究进入井喷期。实施乡村振兴战略是党的十九大报告中的重要内容，对此，众多学者对乡贤文化进行了研究，乡贤文化为主题的研究成果高达 110 篇，成为贤相关研究的热点。该阶段的研究包括对传统乡贤与新乡贤文化的区别联系的探究，对乡贤文化与乡村治理间关系的剖析，对乡贤文化与社会主义核心价值观落地的积极作用的探讨等诸多内容，更注重于考虑贤的文化价值的实践应用。

二、典型研究力量的主体结构与基本特征

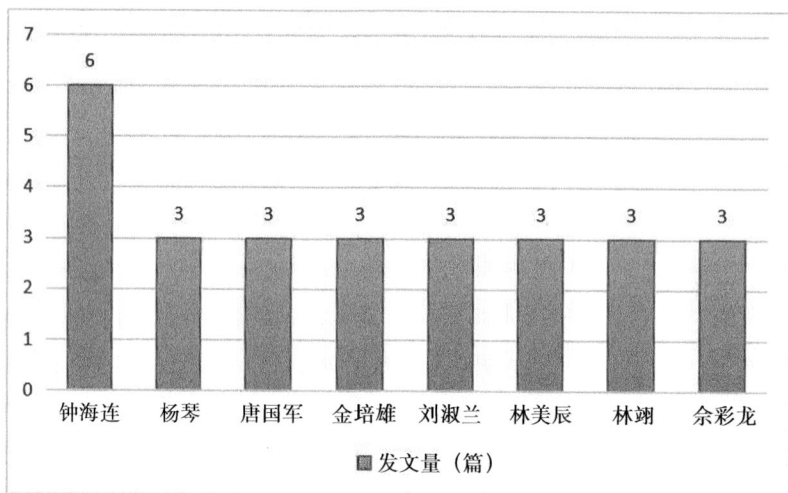

图 22-3　贤相关研究前 8 名高产作者示意图

贤的相关研究成果数量排名前 8 的作者如图 3 所示，发文量最高的学者发文量为 6 篇，主要研究了贤文化在企业中的传播，以及贤文化作为传统文化对企业管理所具有的积极作用。随后的 7 位学者发文量都为 3 篇，其中杨琴、刘淑兰、

佘彩龙围绕乡贤文化进行了研究①，林翙探讨了"尚贤文化"对企业人才机制建立的启示②，金培雄以吴江区思贤实验小学为例探讨了"贤文化"教育的价值与模式③，唐国军则分析了《新语》中的长者圣贤模式④。可见，目前尚缺乏对贤进行集中性研究的学者，现有研究相对零散，研究者之间的联系也较为松散。

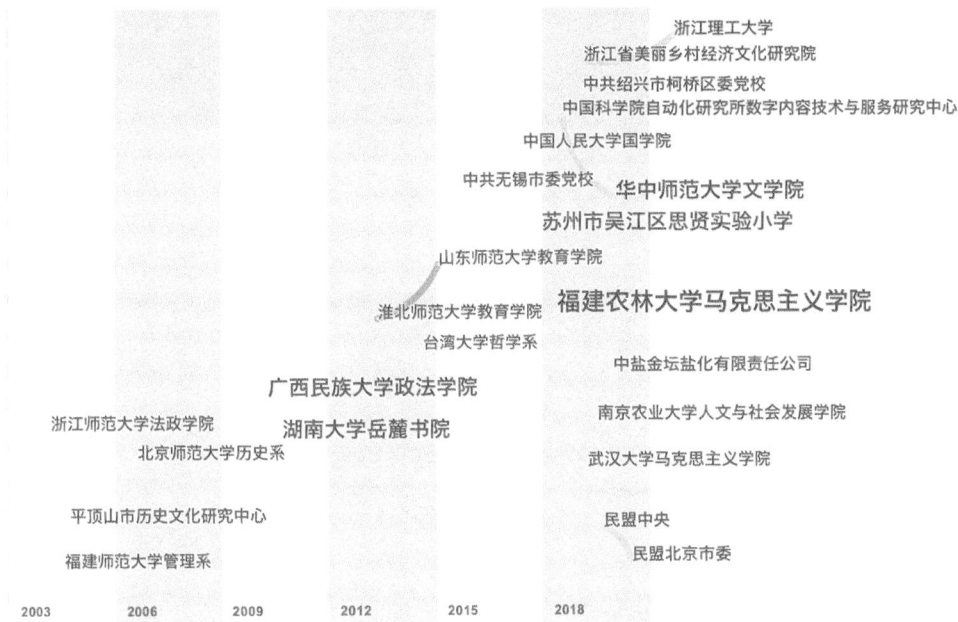

图 22-4　贤相关研究的研究机构时序分布展示图

　　贤的相关研究机构情况统计如图 22-4。由图可知，现有的研究机构主要可分为三类：其一是各大高校及下属院系，如浙江理工大学、中国人民大学国学院、南京农业大学人文与社会发展学院、武汉大学马克思主义学院等。其二是研究中心，如平顶山市历史文化研究中心、中国科学院自动化研究所数字内容技术与服务研究中心。其三是其他机构，包括企业、党校、小学等，如中盐金坛盐化有限责任公司、苏州市吴江区思贤实验小学、中共无锡市委党校等。

　　就各类型研究机构的研究内容来看，企业、党校和小学的相关研究更侧重于

---

　　① 佘彩龙，叶方，杨琴：《新乡贤文化对农村小康建设的作用探究——以浙江省绍兴市上虞区新乡贤文化为例》，《思想政治工作研究》2018 年第 9 期；刘淑兰：《乡村治理中乡贤文化的时代价值及其实现路径》，《理论月刊》2016 年第 2 期。

　　② 林翙：《墨子的尚贤思想与现代企业人才机制的建立》，《北方经贸》2003 年第 12 期。

　　③ 金培雄：《将"贤文化"基因植入教师的精神生命——也谈新建学校教师文化建设的策略》，《江苏教育研究：理论》2017 年第 13 期。

　　④ 唐国军：《因世而权行：汉初长者政治及其治国指导思想新论——汉初长者政治与〈新语〉的长者圣贤模式研究》，《广西社会科学》2009 年第 8 期。

探究贤文化的传播与实际运用，主要以自身经验为基础研究贤文化与企业文化、乡贤文化、教育工作的联系，这些机构的研究也都集中于近 5 年内。高校院所及研究中心则前期如平顶山市历史文化研究中心、福建师范大学管理系、浙江师范大学法政学院、湖南大学岳麓书院、台湾大学哲学系等，多研究尚贤文化与圣贤气象等内容，后期如中国人民大学国学院、浙江理工大学、武汉大学马克思主义学院、浙江省美丽乡村经济文化研究院等，多为对乡贤文化的研究，再次验证上文提及的有关贤的研究流变呈现从理论研究向实践应用方面的转变。

三、相关研究的常规方法、主题及论争焦点

图 5　贤相关研究的关键词聚类展示图
（图中文字字号大小显示出现频率高低和重要性大小）

根据所提取得到的关键词图谱及收集的文献数据分析可知，目前，对贤的有关研究主要可分 3 类。

1. 文字语言学角度对"贤"的研析

学界从文字学、语言学角度对"贤"的代表性研究成果有：章锡良在《说"贤"与"您"》中探究了贤的本义和引申义，并且提出宋、金、元时，贤还具有指代第二人称的作用，而伴随时代发展，贤的这一指代作用被更具有区别性的您

所替代^①。陈淑梅在《近代汉语中的人称代词贤》中也指出贤除形容词和名词用法外，在近代汉语尤其唐宋时期的口语类文献中，还具有第二人称代词的特殊用法。黄锦君则分析了贤作为人称代词在二程语录中的使用情况，阐述贤在作第二人称使用时并无尊称之意……并且有时也具备指代复数的用法。^②

在运用比较研究这种常规方法的基础上，有学者阐述了引人深思的观点。吴小如提出贤与"愚"相对，他强调在贤的使用过程中要注意到：其是上对下、长对少、尊对卑的敬称。^③高华平结合出土的春秋战国时期金文和楚简文献，重新阐述了贤的字形和字义演变，并且结合文献资料，剖析贤的演变历程与时代、地域文化的紧密联系。^④

而且，黄卫星等从多学科角度剖析了贤的文化含义，认为在哲学范畴，贤指大哲学家；从伦理学角度，贤指人的德行与才能；从社会学角度，贤是区别人伦等级和处理人际关系的重要标准；而在中国古代文艺范畴，贤则表现为古代贤人、贤士、贤哲的形象与风范。^⑤尹娇在硕士论文中分析了贤的语义系统及语义演变过程，以儒家经典《论语》《孟子》《荀子》为研究文本，着重探讨了贤在儒家视野中的语义流变^⑥。

2. 思想义理层面对"贤"的探究

从哲学、历史等角度开展与贤有关的思想研究是学界的传统。这部分研究主要是以传统经典为对象，剖析古代贤哲有关贤德的理论见解。一方面，众多学者对"尚贤"思想进行了探讨。刘凡华、赵永建、李贤中、侯建新、李洪华、李德龙等学者以《墨子》为对象，对墨子的尚贤主张进行剖析，阐述墨子为百姓谋福利、改变社会不平等、追求天下大同的出发点，以及其注重道德品行、表达能力和知识涵养，不辟远近，不辟亲疏，不辟贵贱，礼遇人才，给予人才尊重的"尚贤使能"的人才观。

黄建聪、刘冠生、徐进、李贤中等探讨了荀子的尚贤思想，认为其是对墨子尚贤思想的继承与发展。荀子把德、能作为选贤的标准，以德为先、德才兼顾，并且提出了根据礼、法、道建立起各管理阶层并设官分职，量才用人，同时进行监督考核以充分发挥贤人能力。许华松、张伦学等探讨了孔子的尚贤思想，提出

---

①　章锡良：《说"贤"与"您"》，《苏州大学学报（哲学社会科学版）》1988 年第 4 期。

②　黄锦君：《二程语录与近代汉语研究》，《四川大学学报（哲学社会科学版）》2002 年第 5 期。

③　吴小如：《披"书"三叹》，《文史知识》2001 年第 2 期。

④　高华平：《从出土文献中的"贤"字看先秦"贤"观念的演变》，《哲学研究》2008 年第 3 期。

⑤　黄卫星，张玉能：《"贤"字的文化阐释》，《汕头大学学报》2018 年第 8 期。

⑥　尹娇：《中华传统文化核心范畴"贤"的语义分析及文化阐释》，硕士学位论文，福建师范大学，2012 年，第 42 页。

孔子"举贤才"的主张突破了维护宗法等级制度的"亲亲"原则，但其尚贤思想基于"为政在人"的人治思想，具有服务君主专制统治的局限性。

刘瑞龙、梁文丽、李宁宁等以《史记》为对象，认为司马迁在对先秦尚贤思想吸收的基础上有了进一步丰富与发展，《史记》中的诸多人物形象的塑造彰显出贤者的魅力，德才观与贤人治国理念共同构成了司马迁尚贤思想的核心内容。范浩从整体的角度，以先秦诸子文献为对象进行梳理，剖析了儒家诸子内部以及与其他诸子间尚贤思想的共性与差异。① 王少林依据民族学、古文献学、古文字学等的相关文献，考察分析了尚贤思想的源流，辨析了诸子尚贤观念的共性与差异，认为尚贤思想对先秦政治及之后的社会政治产生了巨大影响。②

另一方面，部分学者对"圣贤气象"这一思想主张进行了研究。朱汉民指出"圣贤气象"是宋儒所推崇的理想人格，这种追求将东汉"节义名士"与魏晋"风流名士"的两重特点进行了调和，不仅具有心忧天下、救时行道的一面，还兼具洒落自得、闲适安乐的一面。③ 姜锡东指出朱熹和吕祖谦在《近思录·圣贤气象》中辑录北宋周敦颐、程颢、程颐、张载四位先哲的著述，首次专门论述了"圣贤气象"，其划分是否圣人、有无圣贤气象的标准，主要看是否求道、明理、循理。④

钱萌萌阐述了朱熹"贤者气象"思想的圣贤观继承了孔孟传统的理想人格标准，仁智并举、以智启德、事功显著，但同时其将圣贤世俗化，提出圣人可学可为的途径。⑤ 周俊勇则从仁、智、勇三个角度分析了孔子所具有的圣贤气象，并指出其圣贤气象的形成得益于时代背景、生长背景、儒者思想上的异质"道"和其本身的思想境界。⑥ 刘萍将《论语》中体现的圣贤气象概括为乐而好学、孝而能敬、治世弘道三方面。⑦ 刘觅知阐述了王船山对宋儒圣贤气象的继承与发展，认为王船山继承了心忧天下、民胞物与的价值理念，同时又结合社会变迁的情况，增添了豪杰精神。⑧

值得关注的是，还有部分学者探究了贤的思想与现实的联系，阐述贤的思想的现代价值。钟杨、钱宗范等剖析了儒家举贤选能的做法与作用，指出了举贤用能思想对现代管理活动以及当代社会发展等问题所具有的指导作用。万宝方、黄

① 范浩：《先秦儒家尚贤思想研究》，硕士学位论文，陕西师范大学，2018 年，第 72 页。
② 王少林：《先秦尚贤观念变迁研究》，硕士学位论文，苏州大学，2012 年，第 46 页。
③ 朱汉民：《圣贤气象与宋儒的价值关怀》，《湖南大学学报（社会科学版）》2009 年第 6 期
④ 姜锡东：《论"圣贤气象"——宋代朱熹、吕祖谦〈近思录〉研究之一》，《河北学刊》2006 年第 6 期。
⑤ 钱萌萌：《朱熹思想中的"圣贤气象"浅析》，《文学界（理论版）》2011 年第 5 期。
⑥ 周俊勇：《试论孔子圣贤气象的表现及其成因》，《皖西学院学报》2013 年第 4 期。
⑦ 刘萍：《观〈论语〉中的圣贤气象》，《中小企业管理与科技》2010 年第 11 期。
⑧ 刘觅知：《论王船山对宋儒圣贤气象的继承与发展》，《求索》2011 年第 1 期。.

亮、刘朝晖等学者阐述了尚贤思想尊重贤才、任用能人的主张，以及重贤之因、众贤之术、选贤之阈、选贤之标准和原则与现代的人本管理观念具有一致性，对企业等组织树立科学的人才观具有积极作用。钟海信提出我国党政干部队伍建设可参考墨子尚贤重贤的思想，选拔任用干部时坚持任人唯贤、德才兼备的标准。①马忠认为圣贤气象在规范社会秩序、确立道德原则等方面具有强大的塑造力，其所倡导的治学理念、道德标准、涵养素质对当代中华文化建设具有借鉴意义。②

3. 传播、管理等实践领域的研讨热点

由于思想理论与实践应用存在密切的互动关系，因而在当今社会的组织传播、社会治理等过程中，实践环节不断推出一些与贤相关的研讨热点。其中比较典型的便是关于尚贤文化的传播及应用，这一角度的研究主要剖析贤文化在团队建设、社会治理中的价值，并着重探讨贤文化应如何在组织中传播。具体细节又可分为三大方面：

一是贤文化与乡村、社区等组织建设等的关联。对乡村而言，主要体现为新乡贤文化的有关研究。新乡贤一般指在新的历史时期，肩负新使命，对乡村建设有功的人，其突破了传统乡贤乡绅思想的局限性。现有研究中，杨琴以浙江省绍兴市上虞区新乡贤文化建设为例，总结了其从文化、乡村治理、机制体制三个层面创造新乡贤文化的做法，提出新乡贤文化是全面建设农村小康社会的一剂良方，在推进文化繁荣发展、引领乡村社会风尚、助推乡村经济发展、促进乡村社会稳定、推动乡村生态文明、完善基层治理体系等方面有不可或缺的作用。③

崔亚男以崔河村为例，阐述了崔河新乡贤营造文明村风，加强基层组织建设的过程，展现新乡贤文化对乡村治理发挥的积极作用。④胡鑫等以问卷调查的形式剖析了北京郊区村庄新乡贤文化的建设效果，指出新乡贤文化发挥了积极的作用，大部分村民对新乡贤心存感激、非常敬重。但部分乡镇在新乡贤文化建设过程中仍存在宣传力度不够的问题。⑤

许军以浙江省县以下实践为案例，阐述了浙江省基层党委和统战部门以空间

---

① 钟海信，彭冬芳：《墨子尚贤思想对我国党政干部队伍建设的启示》，《天水行政学院学报》2007 年第 2 期。

② 马忠，於天禄：《浅析"圣贤气象"及其现代价值》，《中国德育》2016 年第 24 期。

③ 杨琴，叶方，余彩龙：《新乡贤文化对农村小康建设的作用及实现路径——以浙江省绍兴市上虞区新乡贤文化为例》，《北京农业职业学院学报》2018 年第 1 期。

④ 崔亚男：《崔河村新乡贤文化与乡村治理》，《农家参谋》2018 年第 9 期。

⑤ 胡鑫，马俊哲，鄢毅平：《北京郊区新乡贤文化建设调查问卷分析》，《北京农业职业学院学报》2016 年第 6 期。

维度、地域文化、乡情纽带为基本途径的全新统战工作模式。① 成耀辉分析了新乡贤文化对航道系统培育和践行社会主义核心价值观的引领、激励和促进作用，同时指出可通过与辖区航道沿线乡镇结对结亲，组织航道人到航道沿线乡镇参观学习，与新乡贤们谈心交流，在航道系统召开新乡贤事迹报告会、新乡贤文化成果展示会等活动，多途径传播新乡贤文化。②

在社区贤文化建设方面，上海市奉贤区的研究较为集中，曹继军、颜维琦、张竹林等学者剖析了奉贤区贤文化建设的特征，他们指出奉贤区贤文化建设以"家训家风"建设为落脚点，将文化建设工作与社会主义核心价值观的践行有机集合，工作中以发掘传统节庆资源、开展丰富多彩活动、搭建向上向善道德平台、树立典型的方式推进贤文化建设，同时注重经验总结和长效工作机制的建设。

二是贤文化与学校德育建设及学生教育。杨盛彪探讨了墨子的尚贤思想对大学生思想政治教育和促进高校学工队伍建设所具有的积极作用。③ 寿祖平指出"贤文化"具有亲善性的特征，是师资队伍建设中的重要抓手和动力源泉。他提出学校可在"贤文化"的引领下，以匠心教育、五级培训、搭建舞台等路径来提升教师综合素养。④ 谢镜新以广东省广州市从化希贤小学为例，指出在"贤文化"的引领下，构建家校和谐关系、互补关系、互动关系以共建良好的育人环境，具有重要意义。⑤

张艳以江苏省江阴市长山中学的"德行教育"为例，阐述该中学以经典诵读课堂、实践课堂、午间课堂、弟子规课堂等八大课堂，让贤文化浸润学生发展，并逐步实现"尚贤向美，德才兼备"的目标的过程。⑥ 蒋海兰阐述了南宁市马山县古零镇中心小学在"尚德明智，贤能体健"的办学理念的引领下，积极营造"尚贤"文化氛围，开展学生德育活动及校园文化活动的经历。⑦

黄建龙介绍了上海奉贤区从师资队伍的"贤文化"培训入手，助推贤文化教

① 许军：《新乡贤统战：基层统战工作的整合拓展与全新模式——以浙江省县以下实践为案例》，《统一战线学研究》2018 年第 2 期。

② 成耀辉，洪登富：《新乡贤文化在航道系统培育践行社会主义核心价值观中的作用》，《交通企业管理》2018 第 6 期。

③ 杨盛彪，彭冬芳，卓福宝：《刍议墨子"兼爱、尚贤"思想在高校学工队伍人才培养中的作用》，《学理论》2010 年第 13 期。

④ 寿祖平，赵凤，赵建龙：《"贤文化"引领的师资队伍建设研究》，《职业》2018 年第 13 期

⑤ 谢镜新：《构建"三个关系"，促进家校合作——贤文化引领下家校合作的策略研究》，《时代教育》2015 年第 8 期。

⑥ 张艳，王伟：《守望孩子一生的幸福——记江苏省江阴市长山中学的"德行教育"》，《红蕾·教育文摘旬刊》2014 年第 1 期。

⑦ 蒋海兰，李斌：《尚德明智 贤能体健——南宁市马山县古零镇中心小学办学纪实》，《广西教育》2017 年第 32 期。

育的经验，展示了区内贤文化教育的丰富案例，如洪庙中学开发的"贤文化"教育读本，奉贤中学推出的"贤文化"课堂教学展示课和南桥小学开发的"走进两百年，学做小贤人"德育课程等。① 徐莉浩剖析了上海奉贤区"贤文化"教育尊重学生主体性，强调课程开放性，强化教育实践性，注重资源整合的基本思路。② 朱皓华以思贤实验小学具体课堂教学过程为例，探讨如何在小学数学课堂教学中渗透"贤文化"，同时指出用"贤文化"的理念指导小学数学课堂教学，可使学生在掌握数学知识的同时，学习、接受、生成"贤文化"的思想观念。③

三是贤文化与企业建设及管理方面的研究，该部分的研究成果数量相对较少。余明阳提出企业内部关系整合要结合"尚贤使能"思想，让各类人各司其职，具体为贤者居上、能者居中、工者居下、智者居侧。④ 刘雯提出企业在人才选用方面需要贯彻墨子的尚贤思想，从德行两方面考量人才，坚持"任人唯贤"，对人才"富之、贵之、敬之、誉之"。⑤

此外，近年来中盐金坛盐化有限责任公司对企业的贤文化传播及内涵进行了研究。《贤文化管理：现代企业"立德立功立言"之道》一文解析了中盐金坛"贤文化"管理的"敬天尊道，尚贤慧物"的核心思想的内涵，同时指出"贤文化管理"是对传统和现代管理思想的有机结合与发展，对建立现代企业修贤育贤的管理模式、推动中国管理学的成熟与发展具有积极意义。⑥

《传统文化在现代企业传播的形态和效果——中盐金坛贤文化个案解读》一文则结合中盐金坛公司贤文化的工作实际，解读了中盐金坛公司贤文化的传播形态、传播效果，揭示了企业所倡导的贤文化的内涵、历史传承，企业贤文化建设与传播的历程、贤文化传播的途径与形式，分析了企业贤文化的传播效果，从而为传统文化在现代企业的传播研究提供了一个典型案例。⑦

总体说来，近年来，贤的思想与文化价值越发受到关注，越来越多的学者与机构开始对贤进行研究，贤相关研究的热度逐渐升高，其研究的实践性和应用性更为凸显，研究的角度也更为多元。但值得注意的是，对贤的基础性研究，也就是从语言学角度的研究以及对贤思想这两方面的研究仍相对零散，尚缺乏系统性

---

① 黄建龙：《助推学校教师实施"贤文化"教育》，《现代教学》2015 年第 1 期。
② 徐莉浩：《开展以"贤文化"为主题的中华优秀传统文化教育》，《现代教学》2015 年第 1 期。
③ 朱皓华：《"贤文化"在小学数学教学中的渗透研究》，《华夏教师》2017 年第 4 期。
④ 余明阳：《贤者、能者、工者、智者，各居其位——企业内部关系整合》，《经济工作月刊》1996 年第 5 期。
⑤ 刘雯：《尚贤机制对现代企业用人的影响》，《知识经济》2009 年第 1 期。
⑥ 孙鹏：《贤文化管理：现代企业"立德立功立言"之道》，《中国盐业》2016 年第 5 期。.
⑦ 钟海连：《传统文化在现代企业传播的形态和效果——中盐金坛贤文化个案解读》，《中华文化与传播研究》2017 年第 1 期。

的整理，贤相关研究的根基仍不丰厚。

第三节　尚贤管理：现代企业传播与实践贤文化的案例分析

如前所述，成贤作圣是儒家文化倡导的治身目标，尚贤任能是儒家文化主张的治世方法，因而以"贤"为核心的文化体系是中华优秀传统文化的重要组成部分。贤文化包含了华夏文明对贤的理解，对成贤的追求，对贤才的培养，对贤者的选拔任用，对贤能治理的设计等一系列内容，是一套蕴含着华夏文明修齐治平之道的文化治理体系。在现代网络技术主导文化传播的社会，对传统贤文化治理体系进行创造性转换和创新性发展的意义何在？通过解读案例企业中盐金坛盐化有限责任公司（以下简称"中盐金坛公司"或"中盐金坛"）传播和实践贤文化、探索"尚贤"管理的路径和效果，可以直观、生动地理解华夏文明"尚贤"气象的现代价值。

一、从传承与开新的角度阐释"贤文化"

贤，是儒家思想乃至中国文化的一个重要名词和概念，兼具道德和价值观两重意义。儒家从道德修养论角度，将人生的价值追求分为圣、贤、君子等多种层次，贤介于圣与君子之间。北宋著名思想家周敦颐在《通书·志学》中提出："圣希天，贤希圣，士希贤"的"三希真修"思想，其意是说，圣人修养的方向是与天道相契合，贤人修养的方向是成为圣人，士的修养目标是成为贤者。

中盐金坛公司总结自身发展经验，立足于几千年的盐文化传统，汲取儒家文化的思想智慧，同时融入现代科技文明的新元素，提出了以"敬天尊道，尚贤慧物"为核心理念的贤文化作为企业文化，旨在培育贤才，成就受人尊敬的百年基业。中盐金坛人认为，现代企业员工大都是受过高等教育、学有专长的知识分子，类似于古代"士"的阶层，以成就贤德贤才为人生目标，既有历史的理论依据，也有着现实的可能性；若有更高的愿力，还可以向"圣"的方向努力，只是这样的人毕竟是少数，而成就贤人则可以成为大多数人的人生目标，故将企业追求的境界定位在"贤"，名其企业文化为"贤文化"。

中盐金坛的贤文化首先从"贤"的字义入手诠释他们对于何为"贤"的理解。贤文化之贤，取"德才兼备、德才过人"之义，同时兼具"善、尊重、超过"之意。从具体表现言之，贤者的德才兼具、德才过人是一个什么样的状态呢？中盐金坛的管理者和员工从儒家创始人孔子的论述中得到了启迪。他们认为，贤者应当具备乐道不忧、知人善任、见贤思齐、贤贤易色等品行。

　　要言之，中盐金坛人心目中的贤者，是德才兼备、德才过人、博学厚德、知行合一的人格典范，是浸润了中国优秀传统文化风骨、同时又兼具现代文明素养的时代精英。正如《贤文化纲要》之《尚贤》所言："知之不易，行之亦艰，惟贤者可通知行。如是则知中有行，行中有知；知则真切笃实，行则明觉精察，知行合一方为贤才。贤者内修其身，博学厚德，达者外建其功，修己安人。"

　　为建立融行业文化与中华道德文化于一体的企业文化，中盐金坛公司发布了《贤文化纲要》，并正式将公司企业文化定名为"贤文化"。贤文化的核心理念为"敬天尊道，尚贤慧物"，此为中盐金坛人的主流价值观，亦为中盐金坛人对"贤"的现代解读。中盐金坛于2012年出台《贤文化纲要》，提出贤文化核心条目，标志着"贤"文化的初步成型。其核心内容如下：

　　创业之路，必著艰辛，世代相续，力行无悔。金盐人秉自然之恩泽，承宿沙之精神，习时代之文明，育贤者之气象，水中寻盐，化盐为水，回报社会民众，贡献国家民族。由此立百年基业，成最受尊重之誉。

敬　天

　　世间万物乃天生之，地养之。故人当用仁心助天生物，助地养形。如此，则天地间万物得以畅茂，资用富足，瑞应常现，天下和乐，此为企业者不可不审且详也。盐盆资源为天赐珍物，金盐人深察于资源有限，不敢以私心恣意取利，故怀敬畏感恩之心，构循环发展模式，珍惜资源，爱护万物，保一方碧水蓝天，以不失天地之心，顺四时生，助五行成。

尊　道

　　企业运行，必有其道，尊道而行方能长久。道也者，不可须臾离也，可离非道也。万物乃道生之，德蓄之，尊道贵德为应然之理。尊道之要在于进德，进德之要在于修身。故治企之大者，在尊道贵德，因循相习，自然天成，无为而治，臻于化境。

尚　贤

　　知之不易，行之亦艰，惟贤者可通知行。如是则知中有行，行中有知，知则真切笃实，行则明觉精察，知行合一方为贤才。贤者内修其身，博学厚德；达者外建其功，修己安人。

慧　物

　　水无私心，利万物而不争，谦下而容众，攻坚而无不胜，此为上善。企业亦如是，无私则容，容则公，公则无争，无争则无所不利。故贤者之德若水，和而不同，随方就圆，近者亲而远者悦；贤者慧物，见利思义，重义而兼利，责任为先，富国利民。

　　贤文化不但在学理层面上传承中国传统文化，而且在实践中也延续着"反求诸己""天人合一""三才相通"等传统文化的思维方式。

　　二、多种组织渠道传播贤文化

　　中盐金坛贤文化的组织传播，主要渠道有培训、行知班、贤文化研究会、宿沙讲坛等。

　　1. 新员工入职培训

　　中盐金坛每年都要从当年高校毕业生中招聘新员工，从事生产、技术、市场、管理等工作，在上岗之前，必须参加一个月时间的集中培训。新员工入职培训定位为"理解和融入贤文化的人文综合素质培训"，分为两大层次，采取两种方法进行。一个层次是人文素质培训，采用集中时间、系统学习的方法；另一个层次是岗位技能培训，采用师傅带徒弟的方式，由新员工所在班组具体组织进行，不搞集中培训。人文培训的内容主要分为四大板块：综合知识——了解所从事行业和企业的生存发展历史与现状；专业知识——企业所涉及的基本专业理论与知识体系，如安全生产、工艺技术原理、管理体系、市场工程建设等；人文通识——弥补理工科专业的新员工所缺的中国历史文化知识，特别是道德修养与实践智慧；实地参学——践行"读万卷书，行万里路"的精神，结合培训所学，实地考察同行企业、中国历史文化教育基地。

　　2. 贤文化专题培训

　　贤文化专题培训的宗旨是，通过培训，提升员工的素质，养成高尚的职业之"德"和精明的干事之"才"，成就一批"贤于内王于外"的企业精英，从容应对复杂经济形势的挑战，开拓企业发展的新空间，在世界范围振兴中国盐业，进而成就受尊重的百年基业；通过培训，开启员工慧性，将贤文化的思想智慧融入事业、家庭、生活之中，使身心和悦，家庭和谐，工作和顺，生活和美，企业和乐，使中盐金坛的事业在"敬天尊道，尚贤慧物"的路上走向更高境界，走得更加久远。要言之："博学厚德，修心养身，知行合一，成贤合道"。

　　贤文化专题培训的内容分"贤文化与儒家智慧、道家智慧、佛家智慧、易学智慧、西方文明智慧，先贤王阳明及其心学"六大专题板块，全方位展示贤文化的思想渊源与现实品格，同时辅之以诗、书、礼、乐、艺、茶、养、武之教，修身调心，厚实人文素养。担任培训教学的老师主要为教授、博士，他们从讲解国学经典《大学》《中庸》《老子》《坛经》《周易》《传习录》的思想精华入手，引领学员体悟国学智慧与贤文化之渊源关系；介绍中国古代圣贤修身处世、建功立业的经典案例，开启良知，润养智慧；同时，展示贤文化之礼、乐、艺、茶、养、武的独特魅力，净化身心，澡雪精神，在学习新知识的同时，打开视野，别具慧眼看待工作与人生，修身养性，道术兼通，助益员工的职业境界上一个新层次。培训期间，结合不同阶段学习、研讨主题，组织参访优秀企业和国学圣地，践行古代贤者"读万卷书，行万里路"的参学精神。

3. 行知班

为推进公司学习型组织建设，践行"知行合一"的贤文化精神，使贤文化真正成为员工的价值观、思维方式和生活方式，从 2014 年起，中盐金坛在全公司开展"行知班"建设活动。

"行知班"建设的提出。以贤文化为指导，实践"知行合一"精神，确保公司生产经营的计划、部署和企业管理的规章制度，在班组和员工层面贯彻落实，加强现场管理，进一步提高工作效率，并造就一支可爱可敬的员工队伍。通过"行知班"建设，在全体员工和管理人员中树立尊重劳动、热爱劳动的职业观念，养成亲力亲为、严谨细致的工作作风，培育发现问题、解决问题的实践能力，形成团结合作、共同进步的职场氛围。同时，通过"行知班"建设，开辟上下沟通的新路径，提高管理效率和执行力。

传播贤文化是行知班的重点。"行知班"建设的重点是员工如何将应知应会的业务知识、岗位技能、管理能力、职业道德等事项逐一落实到行动上，使"行"为真行，"知"为真知。"行知班"建设活动的重点内容为：从寻找存在的具体问题入手，通过研讨性学习提出解决方案并一一落实到行为中，使工作中的短板得以不断改善；发现"知"的不足并在"行"中完善，进而改善"行"的效果，从岗位操作员变成合格的工厂工程师；发现对贤文化"知"与"行"的不足，按照"知行合一"的要求做到"日日新"；在"行知班"建设过程中，结合具体工作、具体问题、具体案例学习、理解贤文化。

"行知班"的活动内容。"行知班"是一种没有先例可循的探索性班组建设措施，如何开展此项活动，活动内容是什么，从《中盐人》等公开报道的案例看，主要有以下方面：一是综合管理部门与生产单位的班组结对子联合开展劳动。二是组织生产单位之间的学习交流，解决生产中的现实问题。三是班组每个月拿出一天休息时间组织集中学习和劳动。四是将 QC 小组活动纳入行知班建设，提高员工发现问题和解决问题的能力，激发员工的主动性和创造性，把班组建成学习型组织。五是将行知班建设与党建活动相结合。

4. 贤文化研究会

2013 年 11 月 12 日，由金坛盐盆经济共同体的四家企业——中盐金坛、江苏盐道物流、金坛金恒基安装公司、金坛金赛物流公司联合发起成立贤文化研究会。这标志着,金坛盐盆经济共同体诞生了自己的人文建设平台,共同体的文化——贤文化建设进入一个新阶段。

贤文化研究会的宗旨。在研究会的成立大会上,中盐金坛领导人把贤文化研究会的宗旨概括为"培育道德资本"。他说:"道德是一种无形价值,道德也是企业资本。作为学习、研究中国盐文化和传统文化的人文高地,贤文化研究会要秉承传统文化之独立研究精神,以成就贤德贤才为价值取向,把中国传统文化的义利之辨落实到个人实践中。"

贤文化研究会的传播职能。根据《贤文化研究会章程》,该会的职能是:组织开展主题鲜明的贤文化学习、研讨、参观、考察、调研等活动;邀请专家、学者为会员做学习辅导报告或专题讲座,指导会员学习研究贤文化和中国传统文化;组织会员与高校师生开展学习交流活动,帮助会员获得相关资源和信息;为金坛盐盆经济共同体的企业文化建设提供支持和服务。

贤文化研究会的传播活动。贤文化研究会成立后,即在金坛盐盆经济共同体中开展"贤文杯"有奖征文大赛,首届"贤文杯"活动期间共收到参赛作品 50 篇(部),这是金坛盐盆经济共同体职工学习研究贤文化成果的一次集中展示和检阅。2015 年 7 月,贤文化研究会组织了"讲述贤的故事"专题活动,深挖员工在生产经营中创造的文化成果,提炼为贤文化建设的素材,并生动地展现蕴藏在员工身边体现贤文化精神的典型事例。

研究会开展贤文化传播的主要活动形式是成立"尚贤读书会",组织和指导员工阅读经典。读书活动分为平时自主阅读和集体研读两种形式。参加者需平时自主阅读相应经典,养成良好的阅读习惯;集体研读时,由贤文化研究会将相关经典的重点章节印制成单页供集体研读,并设计若干问题以供讨论,贤文化研究会邀请相关学科的博士,以志愿者的方式指导会员阅读和讨论。至今,"尚贤读书会"已组织开展读书活动 45 场次,在引领企业所在地的读书活动方面产生了重要影响。

5. 宿沙讲坛

2013 年 1 月 6 日,中盐金坛公司创设"宿沙讲坛",志在打造一个以"盐与中国文化"为主题、融人文与科技于一体的传播交流平台,以传承和弘扬我国优秀传统文化,传播盐业文明,推动中国盐业的振兴,实现中国人的"盐业强国梦"。宿沙讲坛迄今已开办 78 讲,听众达数千人。

宿沙氏是传说中炎黄时期的部落首领,生活在今山东半岛胶州湾一带,他是"煮海为盐"的发明者,后世尊其为"盐宗"。宿沙讲坛面向公司全体干部职工和当地市民,先后礼请美国夏威夷大学、清华大学、中科院、南京大学、中国人民大学、中山大学、复旦大学、中南大学、中国盐文化中心、厦门大学、南京中医药大学等高校、科研单位的专家学者开讲"世界经济与中国管理哲学""科技创新与盐穴利用""传统文化的价值观""无为智慧与企业管理""儒家智慧与企业管理""用执行力提升竞争力""道家心理保健智慧""中国盐文化源流""企业形象传播""国学智慧与现代人生修养""中国养生文化"等专题，深受听众欢迎，影响力不断提升。

本着开放与创新精神，中盐金坛公司正与南京大学、厦门大学等百年学府联手打造宿沙讲坛，推动宿沙讲坛走进高校，向高校师生和当地市民开放，提高讲坛的辐射力和品牌效应。未来，宿沙讲坛将成为企校共建的高质量学术文化传播平台，使古老的盐业文明和现代盐业科技创新成果，惠益民生，为创造美好生活贡献盐业人的智慧。

三、贤文化组织传播的效果

中盐金坛把科技与人文视为企业发展的两大动力，如鸟之双翼，车之两轮，协同用力，共同构筑盐业人的百年基业，实现盐业人的强国梦。正是基于此认识，中盐金坛把贤文化建设摆在极其重要的位置，并且把培育企业贤才、厚实企业道德资本、建立尚贤管理模式作为贤文化组织传播的三个目标层次。

1. 人才培育和道德建设形成"尚贤"共识

首先，培育贤才是贤文化建设的最高目标。"无论是做企业也好，还是做其他方面的工作也好，最为关键的是要正确地理解和实践'以人为本'。"[①] 自 2003 年从高校引进第一批人才以来，至今中盐金坛已招录 200 多名高校毕业生，学历层次横跨专科、本科、硕士、博士。但高学历并不等同于高能力、高素质，什么样的人才是中盐金坛所需的？换言之，应当把企业员工培养成何种人才？中盐金坛给出的回答是：向贤努力，成为贤才。

公司领导在回答"什么样的员工才称得上是人才"的问题时说："以德为先，德才兼备。"在回答"公司发展迫切需要什么样的人才"时说："企业人才是多方面各层次的组合，我们需要一线技术层面的应用型人才，在转型升级过程中，需要研究型人才，在管理上需要德才兼备的通才型人才。""贤才的最大特点是：无论工作和生活，向贤努力已成为一种思维方式和行为习惯。"[②] 因此，培育贤才，是中盐金坛管理的第一要务，文化建设作为管理的重要环节，理所当然地将成就贤才

---

① 万斯琴、麻婷：《中盐金坛：转型改革打造百年老店》，《中国企业报》2014 年 1 月 21 日第 24 版。

② 《成长成才备受关注，公司领导回应员工"五问"》，《中盐人》2013 年 12 月 30 日第 3 版。

作为最高目标。

其次，正如古人云："为政以德，譬如北辰居其所而众星共之。"（《论语·为政》）中盐金坛把人才定位为德才兼备、以德为先的贤才，可见"德"在贤才培育中具有第一位的高度；公司领导把员工贤德的养成视为企业的道德资本，而贤文化建设担负着培育员工贤德的功能，在厚实企业道德资本方面负有第一责任。正如中盐金坛领导所言："公司建立贤文化，用中国传统文化来熏陶每一位员工，提升员工的修养。"[①]

中盐金坛主要领导明确提出，开展贤文化建设是为企业培育道德资本。他说，"道德是一种无形价值，道德也是企业资本"，"贤文化研究会以培育贤才、养成贤德为出发点和落脚点，组织会员学习、研究、传播中国盐文化和传统文化，以成就贤德贤才为价值取向，把中国传统文化的义利之辨落实到个人的实践中，有了这样的价值追求，就会使我们在立身处世上呈现出不一样的气象"[②]。

在中盐金坛，企业的各种行为被视为道德智慧的实践过程，而这种实践体现为追求"义利兼顾，以义为上，与社会相适宜"的总体效果。具体言之，中盐金坛贤文化所指的道德智慧，包含三个方面，一是无私，二是和而不同，三是慧物。若达此三境界，则近者亲而远者悦，企业的生命力将长盛不衰。老子《道德经》曾以"水德"为例来形容："上善若水，水利万物而不争，处众人之所恶，故几于道。"中盐金坛在新员工入职的第一天起，用一个月的时间开展贤文化培训，入职以后，还将接受贤文化专题培训，在班组中也持续不断地开展对贤文化的"行知"培训，这些举措旨在使贤文化进入员工的心灵世界，与员工的生命打成一片，成就如大地般厚实的道德素养，担当起振兴中国盐业的责任，这也就是《周易》乾卦所言的"厚德载物"。

2．企业管理凸显"尚贤"气象

中盐金坛高度重视贤文化管理模式的探索，公司管理层认为，企业文化如果只停留在口号、标语或理念阶段，它的影响力有限，其独特的凝心聚力、引导启智功能亦难以发挥。如果能把企业文化融入管理思想及其制度设计中，化身为员工和企业的行为准则，使企业的组织原则和管理方法带上独特的文化标识，则企业文化软实力的作用将发挥得更加全面透彻。基于此种思考，中盐金坛提出了探索尚贤管理模式的构想并付诸实践，期望能在管理全盘西化的当今时代，为中国管理学的建立尽一己之力。

---

① 麻婷《金坛盐盆经济共同体有了人文建设的高端平台》，《中盐人》2013 年 11 月 15 日第 1 版。
② 麻婷《金坛盐盆经济共同体有了人文建设的高端平台》，《中盐人》2013 年 11 月 15 日第 1 版。

公司领导层认为，企业管理的首要职能和职责是教育人、培养人，实施"尚贤"管理，其主要任务是育贤选贤。中盐金坛《贤文化纲要》论述道："治企之道，选贤任能，贤者在位，赏罚有制，见贤思齐。"为此，中盐金坛根据青年员工的性格特点、专业特长、职业取向，将其与企业的业务板块相结合，在人力资源管理上推出五条通道选拔贤才，这五条通道是：工厂工程师、技术工程师、市场工程师、专业主管、综合主管。

中盐金坛《贤文化纲要》之"明本"篇说，员工和客户乃企业之本，本立则企业固。中盐金坛"尚贤"管理提出，企业的发展是成就员工的自然结果，因此，企业要关心员工，改善员工工作环境和福利，帮助员工进步和发展；企业要培养人和成就人，给有才能者充分的施展空间（尚贤）。同时，企业要关心供应链上的合作伙伴，尤其是要急客户之所急，从客户立场不断改进产品和服务。中盐金坛很早就提出了"对社会尽责，对客户企业尽责"的经营思想，并一直秉持"为客户企业服务，与客户企业共生共长"的服务理念。

"尚贤"管理强调，企业不仅要自己发展，同时也要带动周边区域经济的发展，增加对周边经济需求的关注，为社区与社会谋福祉。为实现节能减排绿色生产，中盐金坛多次引进国内外先进生产工艺，鼓励内部创新和组织多种员工培训，在提高生产率的同时减少生产过程中的能源消耗和废物排放。另外，公司还积极推动热电厂向社区集中供热，帮助当地服装产业、化工产业等多个传统产业的转型升级。为了缓解长三角地区季节性用气不均的供需矛盾，公司积极推进与中石油、中石化、德国 SOCON 公司等合作，使当地居民的天然气需求得以保障，同时利用采矿后形成的盐穴存储石油和天然气，既为国家的战略储备做出了贡献，也防止了盐穴塌陷可能造成的危害。

中盐金坛"尚贤"管理传承中国传统管理智慧，在思维特征上突出地体现了"反求诸己"和"三才相通"两大特点。

一是"反求诸己"。这一思维方式源自古代大儒孟子。《孟子·公孙丑上》说："仁者如射，射者正己而后发，发而不中，不怨胜己者，反求诸己而已矣。"孟子把成就仁德比作射箭，先端正自己然后把箭射出去；射不中不能怨别人超过自己，而应找自己的不足。"反求诸己"是中国传统文化思维方式的鲜明个性，《中庸》要求"反身而诚"，宋代理学家提倡"居敬穷理"，明代王阳明则倡导"致良知"，这些都是对"反求诸己"的发挥。

"尚贤"管理继承了中国文化这一独特的思维方式，要求做人做事必须先从找出自己的不足入手，而不能反过来先找他人的过错，只有首先发现自己的不足并诚心地改正和完善自己，才能促成问题的圆满解决，概言之即"贤于内，王于外"。

个人如此，企业也应当如此。例如，当接到客户的投诉时，按照贤文化"反求诸己"的要求，相关部门单位首先应当认真检查生产、质量、服务等各个环节可能存在的问题，找出导致客户投诉的直接和间接原因，相关的员工也应当"反求诸己"，看看自己在其中应当承担什么责任，有什么差错。问题找出后勇于担当，立即解决，并借此改正和完善生产经营管理中的短板，员工个人也在修正企业短板的同时，完善自己的不足，不断地向"贤者"目标接近。

二是"三才相通"。"三才相通"的思维，亦源自中国传统文化。《周易》提出天道、地道、人道的观念，认为"立天之道曰阴与阳，立地之道曰柔与刚，立人之道曰仁与义"。老子则提出"人法地，地法天，天法道，道法自然"的思想，道教经典《太平经》则提出天地人"三合相通"的理念。不管如何表述，中国传统文化在提倡天地人和谐共存、协调发展的理念上是高度一致的。"尚贤"管理要求在开发利用岩盐资源的同时，认真探索资源的可持续利用途径，思考如何确保企业的经济行为更加人文化，企业如何与居民、环境和谐发展。正是基于这一思考，中盐金坛提出了"有限资源，无限循环"的发展理念，并建构起了"三个一体化"的发展格局，使宝贵的岩盐资源在创造经济财富、造福国人的同时，避免耗竭式开采，最大限度地减少资源的浪费。

"尚贤"管理作为一种传承华夏圣贤文化的企业治理模式，在企业价值观和管理思维方式的转变中贯穿了华夏文明的人文精神，体现了"以人为本"的基点。同时，将管理的第一职能明确为"教化"并积极倡导自我管理，打破了传统意义上管理者和被管理者之间的界限，使企业管理最终通向"无为而治"成可能。此外，"尚贤管理"植根于企业生产经营的实践，从积淀深厚的传统文化中汲取养分，融合了对生命意义、自然与人之关系、企业长久之道等诸多问题的思考，凝聚着对生命、天地的敬畏之心和对社会责任的担当精神，在探索现代企业"立德、立功、立言"的管理之道方面做出了有益的探索。

第二十三章　心中有敬：华夏传播"忠"范畴的交往伦理

张兵娟　刘停停*

作为中国哲学的一个重要思想，"忠"不但是一种实践行为和规范，更是一种价值观。在传统文化中对"忠"的敬意远高于其他，并且一直把"忠"的遵循度作为考量人的品质的根本，因为"忠"不但指忠君爱国，更多的是忠信、忠诚、尽心尽力、公而无私之意。"忠"作为一种文化现象，更是以其丰富生动的内容提升着中华民族的向心力、凝聚力，特别是在处理国家、人际的关系上发挥着重要的作用。笔者主要从传播学的视角对忠所包含的主要含义、忠在交往伦理的表现及忠的当代价值进行具体的探讨，以期彰显忠的重要性，进而弘扬与传承忠之精神。

忠，是中华民族公认的美德和价值观，历来被视为"立人之道""立政之基"，乃至"立国之本"。比如、"赤胆忠心""忠肝义胆""忠心不二""忠于职守"……无不体现了忠的重要价值。在中国道德哲学体系中，更是赋予了"忠"特殊的理解和使命，它不仅是为人之道，也是待人之道、治人之道。为人、待人、治人的统一，就是所谓"内圣外王"之道、"修齐治平"之道。在日常生活中，中国伦理以"忠恕"为原则，与"己立立人，己达达人"的伦理原理相结合，形成具有人情味和道德属性的伦理互动。哈贝马斯将行为分成"目的的行为、规范行为和戏剧行为"三种，行为所对应的世界分别是客观世界、社会世界和客观世界、主观世界和客观世界。[①] 在这些行为者的世界中，忠是作为交往而贯穿其中的。

"忠"作为"孝、悌、忠、信、礼、义、廉、耻"八德的核心之一，有着深刻而广泛的社会政治伦理意义，几千年来一直是中华民族极其重要的社会伦理道德

---

*　作者简介：张兵娟，女，郑州大学新闻与传播学院特聘教授，博士生导师；刘停停，女，郑州大学新闻与传播学院硕士研究生。

①　哈贝马斯：《交往行为理论第一卷：行为合理性与社会合理化》，曹卫东译，上海：上海人民出版社，2004年，第74—94页。

准则之一，在中华民族进程中起着非常重要的作用，在新时代的中国将依然推动社会道德水平的建设与发展。因此，要挖掘和弘扬忠在交往伦理中的表现及当代价值，首先应了解忠的基本内涵。

第一节　忠的基本内涵

"天下至德，莫大于忠。""忠"在中国伦理思想史上具有"令德"的意义和价值，与多种德目有所联系，具体而言：

一、忠与"尽心竭力"。作为政治性道德的"忠君"观念并不是"忠"字的首义。[①]"忠"最开始是作为一般社会性道德观念而出现的，具有真诚、正直、恭敬等含义，尤其强调尽心竭力。[②]东汉著名文字学家许慎曾在其所著《说文解字》一书中对"忠"做了解释，即："忠，敬也。从心，中声。"许慎认为"忠"的意义就是发自内心的恭敬。而段玉裁对忠的含义做了进一步的补充："忠，敬也。敬者，肃也。未有尽心而不敬者。此与慎训谨同义。尽心约忠。各本无此四字。今依孝经疏补。孝经疏，唐元行冲所为。唐本有此。从心。"[③]清朝徐灏先生依据《说文解字注》解释："尽己之谓忠，故忠有诚义。"尽自己的力量，尽心尽力去做，这便是"忠"的表现，所以忠里面包含了真诚、诚敬之意，故忠的本质和精神是诚实不欺。孟子盛赞"仁义忠信，乐善不倦"（《孟子·告子上》），认为忠是上天赐予、终身不变的"天爵"。由此可以看出，对忠的内涵的最初解读即为尽心、真诚，也就是尽己之力去对待所遇之人、所做之事。

二、忠与"公而忘私"。"忠，无私也。"（《广韵》）忠就是大公无私之意。《忠经》曰："天之所覆，地之所载，人之所履，莫大乎忠。忠者，中也，至公无私。天无私，四时行；地无私，万物生；人无私，大亨贞。忠也者，一其心之谓矣。"[④]此处所言之"中"，乃是不偏不倚、诚心实意，由此引申而出的便是"至公无私"，始终持以诚恳之心，不为外物所迷惑。

另外《孝经》又进行了强调："忠，直也。""直"就是不偏不倚，公正之意。也就是说，忠具有正直、诚实之意，是一种基础性的德性。宋朝名臣范仲淹认为"直言之士，千古谓之忠；巧言之人，千古谓之佞。"一个人之所以能"正"，就在于其对事物真相的尊重，体现在价值体现在价值层面就是对他物的"忠"，就是能

---

① 张锡勤，柴文华：《中国伦理道德变迁史稿》，北京：人民出版社，2008年，第94页。
② 张锡勤，柴文华：《中国伦理道德变迁史稿》，第57页。
③ 许慎，段玉裁：《说文解字注》，上海：上海古籍出版社，1988年，第73页。
④ 马融：《忠经》，武汉：崇文书局，2012年，第98页。

够"忠"于正道，"邪则不忠，忠则必正"。[1] 忠于正道者被称为君子，所谓"君子行正气，小人行邪气"。

三、忠与向善。孟子将"忠"解释为教人向善、他说："教人以善谓之忠。"而我们说，社会主义核心价值观和国家富强、民族振兴、人民幸福的"中国梦"都是善的表征。善符合人性和社会发展的方向。向善又恰是中华传统文化，特别是儒家文化"仁"的内涵。《周易》有言："文明以止，人文也"，就是说，文明就是人文。而文明就是朝着光明和美丽的方向前行，并最终与此相合。这一文明之境，儒家又称其为"至善"，所以也才有了《大学》那句著名的话语："止于至善"。忠的这一教人向善之义，有一个极其重要的功能，就是呼唤向善之心，人心向善，止于至善，以彰显忠勇之精神。

综上所述，"忠"在尽心、无私、恭敬、竭诚、向善等获得了它的本来含义。所以，"忠"就是尽心尽力、大公无私、不偏不倚，恭敬竭诚之意，是忠心无私以奉公、任事、对人之美德。

第二节　忠而有信：人际交往伦理

一、交往与交往伦理

什么是交往？从词源上看，在汉语里，交往的同义词有"交""交际""往来"等。哈贝马斯则指出："我把以符号为媒介的相互作用理解为交往活动。相互作用是按照必须遵守的规范进行的，而必须遵守的规范规定着相互的行为期待，并且必须得到至少两个行动的主体的理解和承认。"[2] 可见，哈贝马斯的"交往"是指至少两个主体之间以生活世界为背景，以语言为媒介，以理解、行动合作化和个人社会化为目的的社会行动。哈贝马斯基于社会规范结构的交往理论，注重的是在语言交流过程中，人与人之间所形成的在文化价值、世界观、道德洞见等精神方面的联系，突显的是主体间的精神沟通、道德等交往关系。

对交往进行了理解之后，我们不难看出，所谓交往伦理，是指交互主体之间以生活世界为背景、以语言为媒介，在相互尊重与平等的基础上，进行情理沟通与理性商谈，达成理解与共识，形成普遍性伦理原则，以协调人与人、人与社会之间的交往关系，并造就道德人格自我的伦理交往，其宗旨就在于通过人的德性

---

① 马融：《忠经》，第118页。
② 哈贝马斯：《作为"意识形态"的技术与科学》，李黎、郭官义译，上海：学林出版社，1999年，第49页。

修养、规范约制重塑人与人的交往关系以改造人的社会世界、完善人的生活世界，推进社会的发展与进步。①这些在"忠"交往行为中都有所体现。比如"与朋友交，言而有信"（《论语·学而》）、"万章问曰：'敢问交际何心也？'孟子曰：'恭也'"（《孟子·万章下》）指明了在与人交往时要诚心诚意、毕恭毕敬、讲信用，这也是忠在人际交往中所体现的德性修养和规范制约。

二、忠而有信：人际交往伦理实践之忠

"若有人兮天一方，忠为衣兮信为裳。"千余年前，"初唐四杰"之一的卢照邻以诗人的笔触和情感，用优美的语言，表达出对忠信的推崇和向往。②司马光明确指出："尽心于人曰忠，不欺于己曰信。"南宋大儒朱熹说："忠信一理，而于己言忠，于物言信。"陆九渊也说："名虽不同，总起始而言之，不过良心之存，诚实无违，斯可谓忠信矣。"因此，人们历来将忠信连用。正是因为忠信的结合，丰富了国家、家庭和个体的价值内涵以及实施的氛围，从而为其提供了健康的发展空间，所谓"夫忠，兴于身，著于家，成于国，其行一焉"③，强调了忠信诚实的普遍人际伦理。这在伦理价值意义上，既是人际关系中每一个体的美德表现，同时也是个体之间相互承诺的责任伦理，即诚实守信的道义要求。④

第一，忠信是待友处事之道。按照传统儒家伦理，忠是信之本，信之体；信即诚实无欺，自古有"信是忠之用"之说。忠信一直被孔子视为待人处事的基本原则。在《论语》中，孔子论信的部分有多处：

> 为人谋而不忠乎。（《学而》）
> 主忠信，毋友不如己者，过则勿惮改。（《学而》《子罕》）
> 子贡问友，子曰："忠告而善道之，不可则止，毋自辱也。"（《颜渊》）
> 曾子曰："夫子之道，忠恕而已矣。"（《里仁》）
> 樊迟问仁，子曰："居处恭，执事敬，与人忠。虽之夷狄，不可弃也。"（《子路》）
> 子曰："爱之，能勿劳乎，忠焉，能勿诲乎。"（《宪问》）
> 子曰："言忠信，行笃敬，虽蛮貊之邦，行矣。言不忠信，行不笃敬，虽州里，行乎哉？"（《卫灵公》）

---

① 汪怀君：《人伦背景下的交往伦理研究》，博士学位论文，东南大学，2006年，第12—13页。
② 刘厚琴：《信德全解》，北京：中国方正出版社，2016年，第45页。
③ 马融：《忠经》，第98页。
④ 万俊人：《寻求普世伦理》北京：北京大学出版社，2009年，第107页。

　　孔子强调对待朋友应当尽心竭力，择友也要"忠"，"主忠信，毋友不如己者，过则勿惮改"，发自内心深处待友以忠，是时时刻刻都要具备的道德原则。由此可见，在忠的范畴里，诚实不欺的忠信是一种标准极高的美德，故有"忠信，礼之器也"（《左传·昭公二年》）。

　　第二，人无信而不立，忠信是修身立业的基础。孔子曰："言忠信，行笃敬，虽蛮貊之邦，行矣。言不忠信，行不笃敬，虽州里，行乎哉？"（《卫灵公》）由此可见，自古忠信相连。"信"作为言必行、行必果的道德规范，是忠的外化表现，无信则无忠，无忠亦无信。"忠"与"信"是里与表、内与外的关系。"信"作为言必行、行必果的道德规范，是忠的外化表现，而忠是对"信"的方向指导，无信则无忠，无忠亦无信。孔子认为忠信是发自内心的真诚，是做人之本，是个人修养的奠基石。这也就是将忠的"发自本心"和信的"诚心实意"关联起来。"忠"与"信"二者互相依存，"信非忠不能，忠则必信矣"，"未有忠而不信，信而不忠"[1]，二者关系密切，水乳交融。

第三节　忠恕之道：社会交往伦理

　　交往是个体社会化的重要途径。哈贝马斯认为："从社会化的角度看，交往行为是为了造成个人独有的特征和本质。"[2]《论语》的体裁对我们理解"忠"的思想来说也是不可忽视的。

　　孔子凝练出"仁者爱人"的交往理念，并提出交往的忠恕之道。"仁"是孔子道德思想的核心，是他伦理学说的根本。为了实现"爱人"的道德要求，达到"仁"的境界，孔子提出了交往的忠恕之道。忠恕之道建立在"人同此心，心同此理"的道德意识与道德情感相通之上，突显了一种具有民族特色的交往方式与交往原则。忠恕之道的特点就是"能近取譬，推己及人"，即设身处地，将心比心，从自己的感受欲望推想他人的感受欲望，进而推知何种道德行为是别人能够接受的，是对他人有益的。通过"忠恕"，实行爱人的原则，达到人与人之间的相互尊重与相互宽容。

　　忠恕之道表现了孔子对"己"之个体的关注。孔子从个体出发，最终又回归到个体本身，在这个转换过程中强调了个体的价值，体现了一种个人主体自身的自觉。忠恕之道并不是高高在上、遥不可及的道德形而上学，而是实践的学问，是紧紧围绕着人自身的生存和发展的需求而展开的，以"忠恕之道"一以贯之的

---

① 《朱子语类》卷二十一。

② 哈贝马斯：《交往与社会进化》，张博树译，重庆：重庆出版社，1989年，第94页。

学说是普世性的学说。由近及远，由小到大，反复践行尽己、推己之"忠恕"，最终树立道德人格、实现生命价值的过程。

一、推己及人的忠恕思想

推己及人的和谐思想与社会中每一个个体都紧密相连。"夫子之道，忠恕而已矣。"（《论语·里仁》）而据《韩诗外传》记载，孔子也说过："君子之道，忠恕而已矣。"可见，无论是孔子本人还是他的弟子曾子，都将推己及人的忠恕思想认为是"夫子""君子"之道，是在处理人与人之间关系的过程中不可或缺的道德品质。思想家王夫之认为："忠，尽己也；恕，推己也。尽己之力而忠，则以其天下之理；推己之情而恕，则以贯天下之情。"① 一个人在待人接物时，首先要能够"尽己"，对于自己所做、受人所托之事要竭尽全力、一心一意，同时还要能够以自己的好恶推及别人的好恶，将忠恕结合一体，"则天下之情理无不贯也"。忠要求人为他人办事要尽职尽责，恕要求人在尽力的基础上为他人着想，这和孔子所提倡的"己欲立而立人，己欲达而达人"有异曲同工之妙。

"己欲立而立人，己欲达而达人"便是孔子对"忠"所下的定义。"忠"则是"恕"的积极一面。"以己量人谓之恕。"（《贾谊新书·道求篇》）世人皆有所愿所求所喜所恶，虽然各人愿求喜恶不尽相同，但在处事交往这一方面总有些基本的相同点。彼此相互理解、达成共识，建立和谐稳定的交往关系，才是忠恕思想的真正目的。忠恕相携，构成了中华民族极具价值的道德精华，它始终作为精神支柱支持着中华民族的传统美德，育化着每一个人。

二、和谐万邦的忠恕之道

儒家经典《左传》强调："亲仁善邻，国之宝也。"《尚书》的第一篇《尧典》提出"协和万邦"，强调以和睦、礼仪来协和天下各国。这都表达了儒家文化礼仪天下、与邻为善和仁爱互助、以邻为伴的对外交往原则。② 其中忠恕作为一种道德观念，被世人称为交往的道德金律，在国与国和谐交往方面发挥着重要的作用。

首先，忠恕思想是人们在交流与沟通的设计与处理中，所推崇的将心比心、推己及人的"感通"交往机制。而所谓的感通，就是人际情感的共通，通过情感的共鸣、共振来实现交往主体的互动。③ 孔子的"忠恕之道"是这种交往方式的典型体现。忠恕是诚以待人与宽恕容人之道，体现为交往主体在个体交往中所具备

---

① 王夫之：《读四书大全说论语卫灵公篇》，北京：中华书局，2004 年，第 424 页。
② 陈荣照：《儒家仁爱思想的现代意义》，《人民日报》2015 年 12 月 1 日，第 16 版。
③ 汪怀君：《人伦背景下的交往伦理研究》，博士学位论文，东南大学，2006 年，第 14 页。

的道德品质，从深层次讲，"忠"内在的忠实、忠诚意涵是个体与其所在的具有共同的社会、文化、历史背景的伦理共同体之间的信任与责任关系。"恕"就其本质而言，倡导的是我和你之间在伦理共同体中相互关心与爱护的关系。

另外，忠恕思想是为政者处理国际关系的准则。在儒家伦理思想中，其忠恕思想还被推及和应用到"邦际关系"中，如《尚书》中就有"克明俊德，以亲九族；九族既睦，平章百姓；百姓昭明，协和万邦"（《尚书·尧典》）的论述，《左传》中提出了"亲仁善邻，国之宝也"（《左传·隐公六年》）的思想。在新时代的中国的"一带一路"倡议以增进"沿线各国人民的人文交流与文明互鉴，让各国人民相逢相知、互信互敬，共享和谐、安宁、富裕的生活"为目的，体现的正是讲信修睦，四海一家、天下大同的社会理想。"一带一路"建设秉承的共商、共享、共建原则，正是忠恕思想在当代的传承及转化。

第四节　忠诚爱国：政治交往伦理

古之君子，忠以为质，在中国传统伦理道德思想体系中，"忠"是最为重要的伦理范畴之一。从根本上说，忠之所以成为中国文化与"中国人"的精神品质与行为方式，是中国传统社会"家国一体"的特殊社会结构所铸就的。是与由家及国、忠孝合一的社会结构方式相适应的。[1]孟子曾说："天下之本在于国，国之本在于家，家之本在于身。"习近平总书记以"在家尽孝，为国尽忠"为基点，提出"家是最小国，国是千万家"。[2]在家尽孝、为国尽忠不仅是中华民族的优良传统，也体现了家国情怀"爱家"与"爱国"的一体性。

一、爱国以忠

"爱国"是忠长久以来最广为人知的具体外化表现之一，所以忠于国家是自发地为国家利益和民族利益勇于奉献的精神，"是故知保天下，然后知保其国。保其国，其君其臣，肉食者谋之；保天下者，匹夫之贱，与有责焉耳矣"[3]。任何一个国家和民族崇拜敬仰的英雄，首先拥有的就是对本国家和民族的"忠"，即"忠不可废于国"。[4]比干作为商朝末年的"仁者"忠臣，因为直谏纣王过失而被杀害，后世对比干的敬仰也是基于他的"忠"，任人唯贤的一代明君唐太宗李世民在《赠殷

---

① 樊浩：《中国伦理精神的历史建构》，南京：江苏人民出版社，1992年，第12页。

② 梓斌，刘杰：《在家尽孝、为国尽忠，读懂习近平的家国情怀》，2019年2月10日，http://he.people.com.cn/n2/2019/0210/c192235-32620875.html，2019年5月13日。

③ 顾炎武，黄汝成：《日知录集释》，上海：上海古籍出版社，2006年，第52页。

④ 马融：《忠经》，第19页。

太师比干谧诏》中称其"见义不回，怀忠蹈节"，并谥其为"忠烈公"。清嘉庆时期更是在比干墓前修建了一座日月丹心坊，楹联就是"孤忠心不死，故社柏犹存"。

在几千年的封建王朝时代由于"家国同构"，君主作为天下土地之大宗自然而然地以一人之身代表了整个国家。因此，古代人对于国家和民族的归属感、责任感、荣誉感就不可避免地转化为个人对君主的忠诚拥护。忠君即为爱国，爱国便是忠君，忠君报国成为传统爱国主义的主核，甚至将宗族与国家的整体利益置于个人利益乃至个人生命之上。因此，才有屈原于江边慷慨悲歌："安能以身之察察，受物之汶汶者乎？宁赴湘流，葬于江鱼之腹中。安能以皓皓之白，而蒙世俗之尘埃乎！"才有文天祥的大义凛然："人生自古谁无死，留取丹心照汗青。"才有岳飞以遒劲笔力写下："靖康耻，犹未雪；臣子恨，何时灭？……待从头收拾旧山河，朝天阙。"

为了歌颂及传承民族英雄岳飞的爱国精神，各地建了许多岳飞庙，其中杭州岳飞庙里的一副楹联为"青山有幸埋忠骨，白铁无辜铸佞人"。河南汤阴岳飞庙的楹联更是直接赞其"精忠留古柏，正气领雄军"。再如海瑞，其对朝廷的一些政策有时极力抵制，曾使嘉靖皇帝暴跳如雷，把他关进监狱，但他为的是朝廷统治的这种事业，虽然屡屡"犯上"，却仍能得到朝廷和百姓的认可，所以去世后，朝廷给他的谥号为"忠介"[①]。

二、忠者必廉

后世扬名的爱国志士多出自为官从政者，而从忠的爱国层面进行深入挖掘，其蕴含廉洁为政的政治内涵便清晰地显现出来。"公家之利，知无不为，忠也。"（《左传·僖公九年》）反之，"以私害公，非忠也"（《左传·僖公六年》）。由此可知，"公"与"忠"有着密切的联系，而从古至今"公"与"廉"都是为官从政的守则。古人云："忠非廉则欺。"（《廉矩·廉枢广运章》）即一个为官从政者若说自己具有"忠"这一品德但他却不能做到清正廉洁，那这就是欺骗之言，这样的人根本不具备忠的品德。"忠"与"廉"密切相关，忠者必定廉正。

有"大宋廉政公"之美誉的黄庭坚；有"爱民如子的清廉好官"的辛弃疾；有"正德以厚生，廉洁以为民"的张至发；有"天下廉吏第一"的清朝名臣于成龙，康熙破例亲自撰碑文并题写"高行清粹"匾额给予褒扬……

在中华民族几千年的发展中正是因为有了这种忠于国家、忠于民族的浓郁情怀，每当国家和民族处于危难存亡之际，忠诚爱国的精神始终都是促使各族人民

---

① 张廷玉：《明史卷"忠义传"》，北京：中华书局，1974年，第7407页。

自发团结起来抵抗外来的侵略、捍卫祖国独立与领土完整的精神动力。

第五节　忠的当代价值

在中华优秀的文化传统发展中，"忠"已经演变成一种代表象征意志、信念、行为规范和精神面貌的文化符号。传承和弘扬忠的德性，对公民道德、推动社会和谐有着重要价值。当代人栖身于生活节奏快、环境变化大的复杂社会中，每个个体所接受和形成的世界观、人生观、价值观不尽相同，人生目标也存在极大不同。新观念涌现的速度越来越快，个体间的差异与矛盾产生概率大小成正相关，这实际上对构建和谐社会是一个挑战。在这样的情况下，弘扬忠是很有必要的。

一、爱国情怀的丰富养料

纵观中华五千多年的历史，"忠"从它产生之日起就为培养中华民族的爱国情怀提供了精神养料。一般提起古代的"忠"都会让人首先想到忠君，虽然由于中央集权的封建专制政治制度导致了忠君含义往往将忠国含义湮没，但是在当时的历史背景下两者都是作为忠文化的重要含义存在，所以，无论当时人们侧重于忠君或是侧重于忠国，事实上都是培养了中华民族强烈的忠诚爱国的思想。

《左传》曰："临患不忘国，忠也。"国家陷入危难之际能够挺身而出、尽心竭力，是被人人称颂的行为，亦是自古以来忠君爱国者们的终身追求。北宋杨家将保家卫国的精神传承至今。杨业、杨延昭、杨文广三代人恪尽职守在边关驻守数十年，多次击退辽军侵犯，护得北宋边关稳固，满门忠烈流芳百世，后人更是塑造了世代传唱的艺术形象以此纪念杨家将战功卓著忠勇无敌。

"大禹治水，三顾家门而不入"表现的正是忠之精神。十二年中，三次经过家门而不入。这种把小爱扩展为大爱、公而忘私、国而忘家的精神，终于使他平了水患，完成了使命及任务，给同胞百姓带来了安居乐业的幸福生活。还有文天祥在元军攻入都城后拥立新帝以稳定军心抵抗蒙古大军，凭借"社稷为重，君为轻"的行动实践了忠是"忠国非忠君"的重要含义，被俘后不受威逼利诱，有身体力行了他的"人生自古谁无死，留取丹心照汗青"的崇高人生观。

直至今日，这种爱国精神已深深扎根于中华儿女的血脉中。两弹元勋邓稼先，为了祖国的强盛，为了国防科研事业的发展，他甘当无名英雄，默默无闻地奋斗了数十年。他常常在关键时刻，不顾个人安危，出现在最危险的岗位上，充分体现了他崇高无私的奉献精神。两弹一星元勋、中国航天之父钱学森，他将个人前途与国家命运紧密相连，惊世两弹，冲霄一星，尽凝铸中华豪情！在他心里，国为重，家为轻，科学最重，名利最轻。"中国人的饭碗要牢牢掌握到自己手上去"[①]的杂交水稻之父袁隆平，淡泊名利，如一介农夫，播撒智慧，收获富足。他毕生的梦想，就是让所有人远离饥饿，他用自己的付出告诉我们何为爱国……

综上所述，忠所延伸出来的这种在危难时刻为国为民献身的可贵精神，却是能够延续至今并且应该继续传承下去的优秀价值。

二、尽职尽责的精神践行

尽职尽责体现出的"忠"，是对承担某一任务或者从事某一职业表现出的责任感。尽职尽责就是认真勤奋、积极主动，全心全意，多干实事。尽职尽责就是要"种好自己的责任田"，基础工作做到点，检查工作做到位，服务工作做到家。每个人都有每个人的职责，对待所有的工作都应该全心全意、尽职尽责做好。

尽职尽责是一个人的本分。人尽其责，是一个社会得以正常运转的基础。我们的社会之所以能够不断发展进步，就是因为千千万万的公民在默默地履行自己的职责；同样，我们的社会之所以出现这样那样的问题，一个重要原因就是有一些人没有尽到自己应尽的责任。这种责任的缺失，表现为失职、渎职，表现为行动不力、落实不够。忠于职守，勤奋工作，干一行、爱一行、钻一行、精一行，这正是敬业精神的基础。职业是人的使命所在，你要做的就是对你的工作，对你所在的组织负责，用感恩的心服务于自己的组织。当我们将敬业变成一种习惯时，就能从中学到更多的知识，积累更多的经验，就能从全身心投入工作的过程中找到快乐。

三、高尚情操的道德导引

忠的忠恕含义就明确地从伦理道德层面对社会成员之间的待人接物做出了规范，孔子所说的自身要"言忠信，行笃敬"、对他人要"去尔恶心，而忠与之"，荀子所说的"体恭敬而心忠信，……人莫不贵"，都是倡导宣扬在日常生活之中待人应忠诚守信，这也成了后世恪守的处世之道。历史上吴公子季札的忠信之举无疑是受到忠的积极引导而产生的，足以证明忠对塑造中华民族高尚的道德情操有着不可小视的作用。

儒家的忠恕之道强调在人际交往中通过伦理角度的换位来体悟他者的感受，从而导出"推己及人""以己度人"的宽容恕道。当然，由于受到时代的局限，传统的忠恕之道有其调和阶级矛盾的潜在目的性。如《河南程氏遗书》有言："事上

---

① 《致敬！共和国最闪亮的星》，《人民日报》（北京），2019 年 9 月 29 日。

之道莫若忠，待下之道莫若恕。"程颐将恕道作为君主待下之道，希望君主对臣民施以宽容和仁慈。但抛开忠恕之道产生的时代背景，仅从人际交往的角度看，这种将心比心、以情度情、换位思考的待人原则在今天构建和谐社会仍可发挥积极的作用。社会主义核心价值观之一的友善，就是植根于"仁爱"和"忠恕"的道德心理，它要求人们能够像对待自己一样对待他人，其实质是将其他的社会成员当作目的，而不是仅仅当作实现自我利益的手段。① 这种忠恕待人的原则对于我们今天丰富发展友善精神是大有裨益的。将传统儒家的忠恕之道进行当代转换，可以更好地在全社会中营造宽容理解、守望相助的和谐人际环境。

忠作为一种优秀的传统文化，具有凝聚全民族的伟大力量，是廉洁政治队伍的深切要求，是建设诚信市场经济的向导，也是构建和谐社会的基本规范。深入挖掘出传统忠文化的当代价值，倡导其积极的灿烂价值，对于小康社会的建成、中国特色社会主义新胜利的夺取、中华民族伟大"中国梦"的实现都具有无可取代的意义。

---

① 李建华：《友善何以成为一种核心价值观》，《伦理学研究》2013 年第 2 期。

第二十四章 义以为质：华夏传播"义"范畴的交往伦理规范

张兵娟　李　阳[*]

作为儒家五常之一的"义"向来是中国人所看重的思想观念，在人们的自我修养与日常生活交往中扮演着重要角色。当前对"义"的研究多从思想史、哲学史的角度展开，未有从传播学视角对其分析研究。本章在对"义"的字源探析的基础上，结合传播的仪式观以及自我传播和人际传播的相关理论，分别从"义"的合宜性、正当性、正义性三个层次对儒家元典理论中"义"的思想观念进行梳理。在现代民主社会，追求正义的风尚仍是社会稳定进步的重要精神驱动力量，这些自孔子时代就在讨论的议题在今天依然具有很强的现实意义。

在传播学研究领域中，仪式被视为理解传播现象的一个关键视角，美国传播学者詹姆斯·W.凯瑞曾经提出传播"仪式观"，凯瑞随后基于这一视角考察分析了美国的社会文化。进而，沿着传播仪式观与宗教观的思路，是否可以探讨一下华夏文明中的传播现象呢？笔者认为，无论是在字形还是字义上都与祭祀仪式密切相关的"义"就是一个比较合适的切入点。中华文明的文化传统向来不是宗教的、神权化的，而是实践的、应用型的，在长期的实践活动中形成了一套兼具固定结构与完整意义、关于"义"的语言符号系统，如义薄云天、见义勇为、大义凛然、匡扶正义、舍生取义、忠正侠义等常用成语。"义"字作为汉语常用字，今有正义、道义、规则、合宜、应当、恰当等含义，关于这些含义的起源与形成是一个相对复杂的过程。

* 作者简介：张兵娟，郑州大学新闻与传播学院特聘教授、博士生导师，研究方向：文化传播、影视传播；李阳，郑州大学新闻与传播学院 2018 级传播学硕士研究生，研究方向：文化传播。

第一节　"义"的字源探析与传播仪式观

儒家元典中记载了众多关于"义"的阐述，许多译本笼统地将其翻译作道义，虽然字面上也能勉强讲得通，但是在具体的语境下显得不够准确，因此在分析特定文本之前有必要从字源上对"义"进行一番梳理。关于"义"的含义变化阶段，哲学家李泽厚的解读较为清晰准确："义"从巫术礼仪中的合宜、理则理性化为合乎礼的具体言行，再抽象化为带有外在强制性、权威性或客观性的合宜、应当、正义等范畴，进而引申为代表合理、公理的"理"或代表正当、适当的"当"[①]。

许慎《说文》中解释说："义，己之威仪也。从我羊。"（《说文解字·我部》）从甲骨文字形来看，"义（義）"写作"羛"，属会意字，依其结构特点可将其分解为"羊（羊）"和"戎（我）"两部分。"羊，祥也。从'丫'，象头角足尾之形。孔子曰：'牛羊之字以形举也。'凡羊之属皆从羊。"（《说文解字·羊部》）羊作为古时重要的肉食来源，是一种常见的草食动物，其习性温顺容易捕获，体形比一般山兽肥硕，肉质味道鲜美，也常常被用作祭祀的牺牲，于是便具有了善和美的意思，进而引申出吉祥的含义。另一部分"我"，据考证是一种长柄带有利齿的武器即戍[②]，与代表美善的祭祀牺牲之"羊"相组合，表现的是一幅古代威仪的祭祀画面，因此"义"本身就含有"仪"的内容以及"善"的价值倾向。

一些学者的注释可以证实这一观点：汉代郑司农注《周礼·春官·肆师》说："义读为仪，古者书仪但为义，今时所谓义为谊。"《诗·大雅·文王》曰："宜昭义问，有虞殷自天。"毛传曰："义，善。"由此可见，"义（義）"字起源于早期祭祀活动，而祭祀本身在当时就是一种隆重的仪式活动，故"义"又有了"仪"字仪式含义的名词性指向，引申为"美善""威仪"。

汉字"义"的起源与祭祀仪式的这种密切联系，与詹姆斯·W.凯瑞所提出的传播的仪式观十分相近。凯瑞认为仪式观中的传播一词的原型是"一种以团体或共同体的身份把人们吸引到一起的神圣典礼"，并且传播的仪式观与宗教有着极为密切的关系，"它源自这样一种宗教观——它并不看重布道、说教和教诲的重要性"[③]。中国古代的祭祀就是这样一种集体参与的适宜性、恰当性的传播活动。在祭祀之风盛行的先前时期，祭祀虽不同于西方的宗教，但在仪式活动的开展上有过之而无不及，祭祀与战事被放置在同等重要的地位，即所言"国之大事，在祀与戎"（《左传·成公十三年》），可以说祭祀在先秦时期关乎整个诸侯国的稳定。

---

① 李泽厚：《论语今读》，北京：中华书局，2015年，第17页。
② 刘兴隆：《新编甲骨文字典》，北京：国际文化出版公司，2005年，第864—865页。
③ 詹姆斯·W.凯瑞：《作为文化的传播》，丁未译，北京：华夏出版社，2005年，第7页。

首先，祭祀活动不论是在持续时间长度、开展频次还是在人员参与层次、规模上较之西方的宗教仪式更胜一筹，占据了社会活动相当大的比重。其次，古人强调祭祀仪式的准确性，重大祭祀活动通常有着相对固定的时节、地点和参与身份。所谓"祭不欲数，数则烦，烦则不敬。祭不欲疏，疏则怠，怠则忘。是故君者合诸天道，春禘、秋尝"（《礼记·祭义》），暗含只有在合适的时间点祭祀特定的神灵或祖先，其虔诚敬畏之心才会得到回报的价值观念。因而与祭祀相关的"义（義）"又引申出适宜性、恰当性即"宜"的含义：如"义，宜也，裁制事物使合宜也"（《释名·释言语》），"义者，宜也"（《礼记·中庸》）。"义"的这一层含义即表明义是一种无处不在的判断程序，大至与外部传播交流的杀伐决断，小至自我传播的言谈举止，无一不要考虑对象的适宜性。

正如凯瑞所说，"传播的起源及最高境界，并不是指智力信息的传递，而是建构并维系一个有秩序、有意义、能够用来支配和容纳人类行为的文化世界"[①]。儒家思想观念中的"义"文化内涵正是在"仪""宜"的含义基础上，结合礼、仁、耻、知等核心概念而逐渐发展形成的。儒家士大夫从其政治理想出发，将"义"作为政治伦理道德的规范和君子人格中必备的品德，又适时适宜地赋予"义"具体而丰富的现实内容，使"义"成为中国传统文化思想中一个重要的范畴。[②]但无论怎么引申扩展，合宜、正当、正义始终是"义"的核心含义，以下将从传播学的角度立足于这三个层次的基本含义对"义"的功能展开分析。

第二节 "义"的思想内涵与传播功能

一、合宜性：作为内在传播原则的"义"

"义（義）"的字形起源与"仪"和兵器"我"有着密切联系，而今文意义上的"我"已经脱离了作为兵器的含义而作为"自己"含义的代指。既然有交叉的字形起源，那么代表自己的"我"与包含正义、正当、合宜的"义"之间也必然存在一定关联。结合上文提到的《说文》中"义，己之威仪也"和"我，施身自谓也"的说法，因为缺乏具体的语境，此处的"己"既可以指单个的"我"也可以指指代多个的"我军""我方"，总之该解释强调"义"的主体是"己"即"我"。这也就意味着要做到"威仪"或是凡事合宜、恰当，首先应从自身开始。从传播学角度来看，一切与人类社会信息传递相关的活动均可视为传播现象的具体表征。

① 詹姆斯·W.凯瑞：《作为文化的传播》，丁未译，北京：华夏出版社，2005年，第7页。
② 汪聚应：《儒"义"考论》，《兰州大学学报》（社会科学版）2004年第2期，第31页。

而在众多传播类型之中，内在传播作为人类社会传播系统中最基本的传播系统和传播方式，对于人的自我调节、人际关系的维持乃至整个社会传播结构的稳定起着基础性、至关重要的作用。讲求自我内在道德修养的儒家思想中蕴含着丰富的内在传播逻辑，"义"即是作为内在传播原则之一，对于人们在日常生活中的自我调整起着重要的把关作用。

中国传统的主流思想常常把义与仁、礼、信、智等核心概念相对比、结合，它们共同组成了社会个体在自我调控方面的指导原则。在义与礼的关系上，君子应当"动则思礼，行则思义，不为利回，不为义疚"（《左传·昭公三十一年》），意在表明义与礼的地位相当，君子行动处事首先要考虑的是礼和义，切勿因利违背义利的不当之举感到内疚。儒家学派创始人孔子极为看重义对于君子自我修养的价值，他一方面视义为判断君子与否的关键指标，并曾发出感慨："君子义以为质，礼以行之，孙以出之，信以成之。君子哉！"（《论语·卫灵公》）反之，如果不讲求义，"群居终日，言不及义，好行小慧"（《论语·卫灵公》），那么很难成为君子。在孔子这里，行为合乎礼、言辞谦逊、态度诚信的人即可被称为君子，而这些表现的前提必须是以义为本质核心，即朱熹所言"义者制事之本，故以为质干"（《四书集注·论语集注》）。另一方面，孔子又把义看作君子立身的最具普遍性的要求，曰："君子之于天下也，无适也，无莫也，义之与比。"（《论语·里仁》）认为对于天下的事，选择做与不做并没有绝对强制的规定，只要能够合乎义即为可行。

根据美国社会心理学家乔治·H.米德的自我理论，人的自我形成并统一于"主我"与"客我"的不断辩证互动过程之中，对于作为行为处事原则的义来说，做到合乎义的合宜性、正当性标准，就要做到主我与客我的统一。在米德看来，"客我"是个体自己采取的有组织的一组，是他人或社会情境对个体社会角色的评价或期待；"主我"则是个体对他人态度所做出的反应，也可以说是对个体经验之中的一个社会情境做出的响应。[1] 对于个体来说，主我对他人态度做出反应的依据或是对来自客我社会情境的响应，都有赖于"义"的原则性把握，即需要分辨什么是应当去做、做之后不会带来恶性的后果，没有"义"作为指导原则的行动必然是有失君子风范的。

子思提出："礼也者，义之实也。协诸义而协，则虽先王未之有，可以义起也。义者，艺之分，仁之节也……仁者，义之本也。"（《礼记·礼运》）该观点认为义是礼的制定的内在根本，即便是之前没有出现的礼，依据义照样可以创作出

---

① 乔治·H.米德：《心灵、自我与社会》，上海：上海译文出版社，1992年，第155—158页。

来，旨在强调义对于礼的本质核心性；义同时也是区分艺（即事理）的标准，以及节度内在情感（即仁）的尺度，强调义对于艺与仁的标杆价值；至于义的根本，子思则归结为仁。因此，根据子思的论述，个体自我在行为处事时应当遵循从仁到义再到礼的逻辑结构，即义来自并且调节仁，义决定并调节礼的呈现。这即是说义作为内在传播核心原则的中观层面，上至心性根本的仁，下至规范制度的礼，义都起着关键的调节作用。

如果说孔子、子思是从相对宏观层面对义展开论述的话，那么将义落实到个体生命的当属孟子。孟子把义列入"四端"，即仁、义、礼、智，认为"人皆有所不为，达之于其所为，义也"（《孟子·尽心下》），"羞恶之心，义之端也"（《孟子·公孙丑上》）。由此观之，义属于自我观念培养的基础性内容，建构义的自我观念应当从"主我"的心理层面的道德良知即羞恶之心开始。孟子这样评价"四端"的重要性："有是四端而自谓不能者，自贼者也"（《孟子·公孙丑上》），即有这四个开始自己却说不能，则是自暴自弃的表现，孟子又说，"义，人之正路也"（《孟子·离娄上》），可见孟子是把培养义以及仁、礼、智作为立身成人的根本起点看待，具备义的品质也就意味着走上正道的开始。总之，无论是孔子"君子以义为质"的判断，子思关于仁、义、礼的辩证论断，还是孟子视义为"四端"之一的观点，它们都可看作自我调控的分析，树立义的传播观念对个体培养健全人格起着基础性建设作用，故《周礼》中将义作为六德（知、仁、圣、义、忠、和）之一："教万民而宾兴之"（《周礼·地官·大司徒》）。

二、正当性：作为交往伦理规范的"义"

辩证唯物史观认为世界是物质与精神的统一体，人们通过追求物质利益满足需求和欲望，进而对社会生产力产生巨大的推动作用。司马迁所描述的"天下熙熙，皆为利来；天下攘攘，皆为利往"（《史记·货殖列传》），正是利益驱动下社会传播系统运行的一派熙熙攘攘的景象。然而，与物质世界相对应的精神世界也随之面临着能否协调相适应的问题，义与利究竟应当怎样平衡，从先秦时期开始就被儒家学派视为一个重要的学术话题。

早期儒家学派既不赞同道家彻底否认利对人之存在的意义的主张，以及杨朱学派"拔一毛以利天下而不为"的极端的利己主义，也不同于墨家极力提倡"兼利天下"的观点，他们从承认求利对于人之存在的正当性的立场出发，在"义利之辨"基础上提出了"以义制利"的主张。[①] 如《礼记》记载孔子谈到义时说："义

---

① 蒋国保：《孔子"义利"观的现代启示》，《齐鲁学刊》2007 年第 3 期。

者，天下之制也"（《礼记·表记》），孔疏曰："义，宜也。制，谓裁断。既使物各得其宜，是能裁断于事也"，即视义为裁决判断的制约与依据。具体到利与义的判断上，孔子认为利与义的选择偏好可以作为区分君子和小人的依据，所谓"君子喻于义，小人喻于利"（《论语·里仁》），小人懂得知晓的只是利，唯有君子才会将义作为其价值追求。他还认为物质充分与否并不是快乐的必要条件，"不义而富且贵，于我如浮云"（《论语·述而》）。由此可见，孔子并不排斥绝对的名利，只是要有义作为前提才可以接受，也就是说利正当性必须是第一位的，否则即便是大富大贵摆在面前，对于内心良知来说也不过是过眼浮云罢了。

同时，围绕义进行判断不仅有着正当与非正当之分，也有多重正当性重叠下的价值选择问题。这就意味着基于理性的正确认识是做出正确意志选择的前提，在选择正义的过程中"必然蕴含着理性的实践智慧"，就儒家伦理而言，其选择的正确性就是义，与仁爱原理相符合的就是仁，仁与义都需要理性智慧的指导就是智。[①]孔子在回答子路怎样才是完人的问题时说："见利思义，见危授命，久要不忘平生之言，亦可以为成人矣。"（《论语·宪问》）子张后来继承了孔子的观点，认为士人见到有利可得时考虑利之得取是否正当，并将得义之辨上升到与生死危亡、祭祀礼节、服丧礼节同等重要的地位，曰："士见危致命，见得思义，祭思敬，丧思哀，其可已矣。"（《论语·子张》）在这一语境中可以看到，利不仅是代表利益静态的物质，更是一种动态的追求利好的行为，后者是义的另一层面即合宜性含义的具体体现，因为判断利的正当与否这一行为过程本身就是义。

从传播过程来看，人们在做出理性选择时需要对信息进行有效整合，而人高效的处理信息有赖于大脑内部中认知基模的调动和运用。认知基模"代表着一种先入为主的、自上而下的过程，它描述了我们头脑中已有的知识对当前信息处理过程的影响"[②]，这意味着人们在面对新情况需要采取行动时，首先会根据既有认知结构即基模对新情况所包含的信息进行处理，这种相对固定的认知基模也导致人们在处理信息时会形成路径依赖，反过来路径依赖又会进一步巩固认知基模。从某种程度上讲，儒家关于义的观念就是旨在培养一种关于如何行为处事才能做到合宜、正当的认知基模，最终达到孟子所讲的"人皆有所不为，达之于其所为"（《孟子·尽心下》）这样的境界。

这种认知基模不是来自宗教信仰的无条件信奉遵循，而是将自省思考融入日常生活之中，即孔子所强调的"九思"——"视思明，听思聪，色思温，貌思恭，

---

① 陈清春：《说"义"——儒家伦理的选择正义》，《哲学动态》2018 年第 12 期，第 54 页。
② 刘海龙：《大众传播理论：范式与流派》，北京：中国人民大学出版社，2008 年，第 191 页。

言思忠，事思敬，疑思问，忿思难，见得思义"（《论语·季氏篇》），前八者侧重对个人的视听色貌、言行举止层面外在表现做出规定，后者的义则是明确了在获利前应当思考其正当性。然而，仅仅是观念上的把握是不够的，还应当有积极付诸实践的勇气和担当，所谓"君子义以为上。君子有勇而无义为乱，小人有勇而无义为盗"（《论语·阳货》）。那么什么是勇呢？《左传·哀公十六年》说"率义之谓勇"，也是在强调义对于勇的先导价值。利与义、勇与义的认知基模类似于孟子所讲的"义，人之正路也"（《孟子·离娄上》），与其说"走在'义'的道路上就是要认识自我生命向善的动能，以及由这种原始的动能所产生出来的对恶的抵制的能力，这种能力产生出一种节制和自制"①，倒不如说是儒家义的观念为人们提供了一套积极入世的伦理判断基模，遵循这一认知路径也就是沿着人生的正路前进。

三、正义性：作为政治伦理追求的"义"

如果说"义"的合宜性、正当性是基于自我个人以及人际交往方面，那么由这两层含义所引申而来的正义性更多是体现在政治语境之中。比如，在个人是否要入仕参与政治生活的态度上，子路认为隐居不仕是非正义的行为，"君臣之义，如之何其废之？欲洁其身，而乱大伦。君子之仕也，行其义也"（《论语·微子》），这主要还是基于儒家由个人到社会、修齐治平的差序格局。在这种格局中，"社会关系是逐渐从一个一个人推出去的，是私人联系的增加，社会范围是一根根私人联系所构成的网络，因之，我们传统社会里所有社会道德也只有在私人联系中发生意义"②。对于士人阶层来说，政治观念与思想道德在一定意义上是并行的，为君主出谋划策是应有之义，积极入仕参与政治就是行正义的表现；相反，选择隐居不仕、明哲保身、试图逃离这张无形的社会政治关系网络的做法在儒家的价值体系中是不义之举，尤其是在政治无道、社会动荡时避世就是任由邪恶作乱，也就是变相的行不义，因此子路说"不仕无义"。孔子认为积极入仕参与政治的君子应当像子产那样"其使民也义"（《论语·公冶长》），强调了作为权力的持有者在行政治理时做到合乎道义，秉持正义。也就是说，政治传播体制中的高位传播者由上至下传播时应当充分认识到义的重要性，所谓"上好义，则民莫敢不服"（《论语·子路》）。身为政治传播体制中的分支，权力持有者好正义、行道义，民众就会心悦诚服于他的管理。

在先秦时期一些有良知的政治家看来，遵循正义之道就是顺应事物发展的客观规律，既有所谓正义，也就有不义之分，讨伐不义之事物即是伸张正义。如"多

---

① 陈清春：《说"义"——儒家伦理的选择正义》，《哲学动态》2018 年第 12 期。

② 费孝通：《乡土中国》，北京：北京大学出版社，2012 年，第 48 页。

行不义，必自毙，子姑待之"，"不义不昵，厚将崩"（《左传·隐公元年》）；"强以克弱而安之，强不义也，不义而强，其毙必速，……夫以强取，不义不克，必以为道，道以淫虐，弗可久已矣"（《左传·昭公元年》）。违反社会正义的行径累加起来早晚必然会自取灭亡。这条规律可谓颠扑不灭，古今中外的历史已经无数次证明了邪不压正、正义必将战胜邪恶的事物发展客观规律。然而行王霸之道仅仅靠拥有治民之意是不行的，还应当有王霸之器即义、信、和、仁，其中"除去天地之害，谓之义"（《礼记·经解》），消灭世间有害的事物就是在行正义之道。然而，在古代政治环境中同样是行正义之道，不同的身份等级群体要遵守特定的限制，换句话说，严格遵守君臣、父子之道就是正义的体现。对于众多的诸侯来说，讨伐非正义的势力时应当遵循天子的命令，若"非天子之命，不得动众起兵诛不义者"（《白虎通义·诛伐》），目的在于保证天子的最高权威，保持"强干弱枝，尊天子，卑诸侯"的政治生态平衡。此外，在诸侯国内历时传承维度上，诸侯应当谨遵先王之制，否则不足以承担起诸侯争霸的盟主地位，《左传·成公二年》云："反先王则不义，何以为盟主"，这就把正义与否上升到关乎盟主稳固性的地位。

随着西周末期分封制的失灵，先秦时期政治层面的正义观念很大程度上主要体现在诸侯国之间的战争，战争的正义与否直接关乎着一个国家的国际舆论甚至是生死存亡。从政治社会的稳定角度而言，孟子认为"春秋无义战……征者上伐下也，敌国不相征也"（《孟子·尽心下》），强调讨伐战争的主体性和方向性必须是固定的，即征讨只能是指天子对诸侯自上讨伐下，同等级诸侯国之间是不能够相互征伐的。然而放眼春秋末期至整个战国时代，诸侯群雄争霸皆是不符合这一原则的，因此孟子认为春秋时期所有的战争均是非正义的。然而从诸侯国尤其是从处于劣势地位的诸侯国角度来看，反抗来自强诸侯国的势力就是伸张正义、抵制非正义的行为。

孔子曾为汪锜、冉有在齐鲁战争中"执干戈以卫社稷"，以及"用矛于齐师，故能入其军"（《左传·哀公十一年》）的英勇表现做出合乎"义"的评价。由此看来，所谓正义是在生死危亡面前能够举起干戈愤然反抗以维护家国利益，这充分体现了孔子看到了政治团体组织是由无数个个体构成的，在家国利益受到威胁时，利与义则是统一的，捍卫家国利益就是维护人间正义。故《谷梁传·隐公元年》说"《春秋》贵义而不贵惠，信道而不信邪"，认为《春秋》是注重正义而不是恩惠利益，这与孟子的观点相对。综上，孟子只是看到了宏观层面诸侯利益争霸的混乱局面，所以认为"春秋无义战"，并没有从中观和微观层面去讨论正义对于处于劣势地位的诸侯国及其子民的具体指向。春秋时期的战争往往是一个动态的过程，出于战略安排有时会表现出相互间的尔虞我诈，因此仅从战争发动者和指向性并不能简单地判断是否正义，还应当充分考虑当时复杂的社会背景。

综上所述，当代中国社会中的"义"主要体现在其最高层面的正义性内涵，即为维护公平、真善美而对邪恶势力所展开的不屈抗争与勇气担当。黄玉顺教授认为，适宜性原则乃是对中国正义论中正当性原则的一个必要的补充，"假如没有适宜性原则，而仅仅根据正当性原则来确定社会规范及其制度，那么既定的社会规范及其制度就会不适应已变化的生活方式，乃至于僵化到'以礼杀人'的地步"①。形成伸张正义的社会风尚不仅是国民素质极大提高的体现，更重要的是其背后有一套完善的法律体系作为后盾。换句话说，弘扬和践行正义需要个人修为与社会制度双轨并行，正义的车轮缺少任何一条轨道都不能平稳地运转。孔子说"见义不为，无勇也"（《论语·为政》），"见善如不及，见不善如探汤"（《论语·季氏篇》），应当看到现实中不乏见义勇为之人，问题在于如何保障这些勇于担当之人的基本权益，这是社会法律制度所应当考虑的。2018年发生的多起涉及伸张正义的事件曾经在网络舆论中引起很大反响，甚至直接推动了中国法制的建设与完善。典型的事件如昆山于海明反杀案、张文中案、金哲宏案、叶挺烈士名誉侵权纠纷案、医生电梯劝阻吸烟无责案、追赶交通肇事逃逸者见义勇为无责案、杭州狗主人打人案等，它们以具体微观的视角充分体现了社会正义与法制公正在当今社会中的紧密联系。从深层次来说，"义"的合宜性、正当性、正义性所调适和规范的核心关系始终是一致的，利与义、勇与义、君子与义、从政与义等关系之辩，这些自孔子时代就在讨论的议题在今天依然具有很强的现实意义。

---

① 黄玉顺：《中国正义论的形成》，北京：东方出版社，2015年，第414—415页。

第二十五章 为保而报：华夏传播"报"范畴的信息传播意义

赵 尚[*]

古代的"保"由最初的"负子于背"而引申出保护、养育、教化等含义，儒家伦理有自上而下的"保"，相应地就有自下而上的报答之"报"。因此在宋代以前，信息传递意义上的"报"多用于自下而上的传递行为，这最终促成了我国最早的报纸——唐代进奏院状报的产生。宋代以后，官方的邸报之"报"，不再是与"保"相对的报答之"报"，而是具有教化意义的"保"性质的"报"。无论"保"还是"报"，都是中国古代农业社会伦理本位的反映，也是马克思所说的"家长制权威"性质的精神联系的一种体现。

对于我国古代的报纸，多数学者认为它产生于唐代，理由主要是不仅在唐代文献中有大量关于进奏院"状报""报状"或"报"等[①]的记载与说法，而且还有保存于伦敦不列颠图书馆里的两份"敦煌进奏院状"实物为证。笔者同意这一观点，但笔者还想刨根问底的是，"报"字又是从何而来的呢？为什么偏偏叫报纸而不叫其他的什么纸呢？"报"字是否反映了独特的中国文化呢？带着这些疑问，笔者对相关的文献进行了爬梳、考订，进而发现，古代信息传播意义上的"报"字，实际上与另外一个与之同音但不同声调的"保"字有着十分密切的关系，要了解"报"的来历，则需要先从"保"字入手。

第一节 宋代以前：因"保"而"上报"

关于"保"字，《说文解字注》认为："保，养也。"（《说文解字注·卷八篇上》）

* 作者简介：赵尚，男，汉族，河南遂平人，洛阳师范学院新闻传播学院讲师，华中科技大学新闻学博士。

① 方汉奇等著：《中国新闻事业通史（第一卷）》，北京：中国人民大学出版社，1992年，第38—40页。

但实际上这并不是它最原始的含义，"保""是会意字……它本来的意思是背孩子，即把孩子放在背上并加以保护的形象"①。正如唐兰先生在《殷墟文字记》中所说："然则保本像负子于背之意，许君误以为形声，遂取养也之义当之耳。"②

既然"保"的最原始含义是背孩子（与之相关的"褓"意思为包婴儿的被子），这就涉及了两对关系：父母与孩子之间的保护与被保护的关系——如"若保赤子"（《尚书·卷八》），以及孩子长大以后与父母之间的报答与被报答的关系（所谓"养儿防老"），因而"保"与"报"便构成了一种相反相成的关系：先有上对下的"保"，后有下对上的"报"。儒家所讲的最主要的"报"至少有四种：报天、报神、报君和报亲③，其中报亲就是长大后的孩子与父母之间的报答与被报答的关系，而报天则可以说是一切"报"中最为根本的："万物本乎天，人本乎祖，此所以配上帝也。郊之祭也，大报本反始也。"（《礼记·卷八》）然后就是报神和报君。

先说报神。在科学技术不发达的古代（尤其是周代以前），人们面对自身在大自然面前的无力，遂产生了世间存在着控制自然力量、掌握自身祸福的神灵存在的观念，这些神灵可以是自己的祖先，也可以是其他的与动物等有关的神，因而可以合称为神祖。就像孩子需要父母的保护一样，在自然面前倍感无力的人们也同样需要神祖的护佑，而祭祀便是人们祈求、报答神祖对自己护佑的一种途径，所以无论是"保"还是"报"，都与祭祀有关。就"保"来说，巫保、神保、灵保等都是对巫及祖先神灵的尊称④，如"秦巫祠杜主、巫保、族絫之属"（《汉书·卷二十五上》）、"先祖是皇，神保是飨"（《诗·小雅·楚茨》）、"鸣篪吹竽，思灵保兮贤姱"（《楚辞·九歌·东君》）。就"报"来说，根据王国维先生的推断，甲骨文中的"匚"等字很可能就是后来的"报"，它的原意系由象征郊宗石室（指葬地祭地）而引申为祭祀。⑤祭祀一般都伴随有人与神祖之间的祈求、感谢、占卜等的信息交流，因而"报"不仅有报答的意思，也有信息传递的意思：《说文解字》对周代以后产生的"报"字的解释是"当罪人也"（《说文解字注·卷三篇上》），意思是承担与其罪行相应刑罚的人："古时候有将犯人作为祭牲报告祖先的习俗。因此，'报'的本义有判决罪人、报告、起解之意。"⑥

再说报君。儒家所谓的"君君，臣臣，父父，子子"（《论语·颜渊》）就是把君臣关系看作类似于父子关系一样。那么，既然父子之间有"保"与"报"的关

①　余佳：《释"保"》，《青年作家（中外文艺版）》2010年第6期。
②　唐兰：《殷墟文字记》，北京：中华书局，1981年，第59页。
③　覃江华：《儒家早期"报"的思想释解》，《中南大学学报（社会科学版）》2013年第8期。
④　王琪：《"保"与巫术文化》，《咸阳师范学院学报》2012年第1期。
⑤　杨联陞：《中国文化中"报""保""包"之意义》，贵阳：贵州人民出版社，2009年，第4页。
⑥　王殿卿，马慧娟：《"报"义考辨》，《新闻爱好者》2009年第6期。

系，那么君臣，包括推而广之的上下级之间也存在"保"与"报"的关系：1.上对下的"保"，如："天子不仁，不保四海，诸侯不仁，不保社稷，卿大夫不仁，不保宗庙，士庶人不仁，不保四体。"(《孟子·离娄章句上》)"保民而王，莫之能御也。"(《孟子·梁惠王上》)"故推恩足以保四海，不推恩无以保妻子。"(《孟子·梁惠王上》)"善哉，保家之主也。"(《左传·襄公二十七年》)2.下对上的"报"，如"蓂莆、嘉禾必生此地，以报陛下虔恭之德。"(《三国志·卷二十五·魏书二十五》)"今年何以报君恩？"(《虞美人·扁舟三日秋塘路》)"君子反古复始，不忘其所由生也，是以致其敬，发其情，竭力从事，以报其亲，不敢弗尽也。"(《礼记·卷十四》，此处的"其亲"指的是父母双亲)因"保"与"报"的这种关系，所以自先秦时起，信息传递意义上的"报"就多用于自下而上的传递行为（直到今天仍然说"上报"），如：《六韬·卷三》："将已受命，拜而报君曰：'臣闻国不可从外治，军不可从中御。'"《韩非子·卷十一》："赵主父使李疵视中山可攻不也。还报曰：'中山可伐也。君不亟伐，将后齐、燕。'"《庄子·南华真经卷第十》："子贡还，报孔子，孔子推琴而起曰：'其圣人与！'"

既然君臣之间存在有"保"和"报"的关系，那么在实行皇帝集权的秦汉以后，臣下面向皇帝的信息传递被称为"报"就不足为奇了，其中比较常见的是与表示上行公文的"奏"字在一起连用，形成"奏报"或"报奏"，如：《西汉会要·卷六十七方域四》："主诸郡之邸在京师者也。按郡国皆有邸，所以通奏报，待朝宿也。"《汉书·卷六十三》："复遣中大夫至京师上书言：'窃见……'奏报闻。时大将军霍光秉政……"《资治通鉴·卷第二百一十四唐纪三十》："承前诸州饥馑，皆待奏报。"《续高僧传·卷十九》："猛等报奏。下敕曰：'朕欲为菩萨治化……'"《筼溪集·卷一》："伏见州郡近年刑狱待报奏案例，皆稽滞近及半年……"因"保"和"报"的关系并不限于君臣之间，在父子、师生以及君臣以外的上下级之间也存在这种关系，所以当唐代出现了一种叫作"状"的上行公文时，隶属于各藩镇长官的京城进奏官们（他们之间也存在"保"与"报"的关系）发给他们藩镇长官的、作为上行公文的"进奏院状"也同样可以与"报"连用，叫作进奏院"状报"或"报状"。但是与"奏"比起来，臣下面向皇帝的"奏"是非常严肃和庄重的，一般都是与臣下或臣下所管辖范围内的工作事务有着直接关系，并且有很多还是需要立即应对或办理的，所以就"奏报"或"报奏"的组合来说，"奏"是必不可少的，而"报"却可有可无，因为"奏"本身即包含有上传信息的"报"的意思。但"状"却非如此。唐代进奏官发给自己的藩镇长官的上行公文叫作"进奏院状"，一来它没有面向皇帝的"奏"庄重和严肃，二来它所传报的内容"绝大多数属于朝廷的政事活动，和收阅者没有直接关联"。①因而就显得不是十分要紧（相应地也就不是需要立即应对或办理的），因此，对其的称呼，不仅有"状""报状"或"状报"等（就像有"奏报"就有"报奏"一样），而且有单称为"报"的②，如李德裕在《论幽州事宜状》中曰："右，臣伏见报状，见幽州雄武军使张仲武已将兵马赴幽州。"（《全唐文·卷七百二》）而在《潞州事宜状》中则已单称为"报"了："右，臣伏见报，兵马不肯发赴振武，闭城叫反。"（《全唐文·卷七百三》）杜牧《樊川集·卷十二》中的《与人论谏书》亦云："前数月见报，上披阁阁下谏疏，锡以币帛，辟左且远，莫知其故。"这反映了唐代的进奏院状传递信息的色彩已经超过了公文的色彩：它"虽然还残留有某些官文书的痕迹，但已不同于官文书，反映了由官文书向早期官报转化的历史轨迹"③。单独的"报"的称呼，在某种意义上正是其由动词衍化出相应的名词的标志，也正是"报"这个独立的称呼，标志着我国古代报纸的最终诞生。

　　另外，"保"字由"保护"又引申出了保证、担保之义，如我国历史上著名的"保甲"制度。而"葆子"的意义就与保证、担保之"保"有关："它大略相当于汉代和以后的'任子'，即以子作保证，亦即'质子'。所以，葆子、任子就是人质，但不限于子。"④唐代的进奏院状报是我国最早的报纸，因而唐代的进奏官就带有最早的官方报纸记者的性质，而这些进奏官最开始就多是"葆子"即"质子"："最初担任进奏官的，有不少是地方藩镇留在京都的质子。这是在藩镇力量的羽毛未丰，还需要取信于朝廷的时候。及至藩镇势力日渐扩张，派驻首都的进奏官也由质子换成亲信的将领。"⑤

第二节　宋代以后："保"性之"邸报"

　　相对于唐代进奏院状报自下而上的信息传递，宋代的邸报是一种自上而下的信息传播，但因历史的惯性使然，这种纸质的信息载体仍被称为"报"——邸报

---

①　方汉奇等著：《中国新闻事业通史（第一卷）》，北京：中国人民大学出版社，1992年，第43页。

②　方汉奇等著：《中国新闻事业通史（第一卷）》，北京：中国人民大学出版社，1992年，第38—40页。

③　方汉奇等著：《中国新闻事业通史（第一卷）》，北京：中国人民大学出版社，1992年，第62页。

④　杨联陞：《中国文化中"报""保""包"之意义》，贵阳：贵州人民出版社，2009年，第15页。

⑤　方汉奇等著：《中国新闻事业通史（第一卷）》，北京：中国人民大学出版社，1992年，第37页。

或曰朝报等，而此时的"报"作为名词化的信息载体，已不再有与"保"相对的自下而上的报答之"报"的意义了（当然，作为动词的、与"保"相对的自下而上的"奏报"或"报奏"之类的"报"依然存在）。那么，宋代的邸报之"报"与"保"之间还有关系吗？笔者认为，回答应该是肯定的，而这首先要从"保"所具有的两个层面上的含义说起。

根据唯物主义的观点，经济是上层建筑的基础，而在中国古代漫长的农业社会里，作为生产关系之核心的土地所有制又是整个古代社会经济基础之"基础"，因而整个社会的上层建筑便可以由土地所有制这个最为根本的基础来得到解释和说明。在谈到亚细亚生产方式时，恩格斯说："不存在土地私有制，的确是了解整个东方的一把钥匙。"[1] 而中国古代的情况就正是"普天之下，莫非王土，率土之滨，莫非王臣"（《诗经·小雅·北山》）。这一点为中国的皇权专制统治提供了根本性的必要前提。战国以前，对于神祖的崇拜、祭祀、祈求、占卜等在社会政治生活中一直占有着比较重要的地位。"国之大事，在祀与戎。"（《左传·成公十三年》）"不但宗族内的重要礼仪要在宗庙举行，政治上的重大典礼也都必须在宗庙举行……所有国家大事，国君都要到宗庙向祖先请示报告。"[2] 而自战国时期开始，"由于社会经济的变革，中央集权的政治体制的确立，朝廷的重要性开始超过宗庙，许多政治上的大典逐渐转移到朝廷上举行，并开始出现对国君'大朝'的礼制"[3]。这标志着随着神祖之"保"在社会政治生活中重要性的降低，国君之"保"的重要性却在日益提高。自秦代开始，皇帝已经独揽大权于一身，到汉代董仲舒提出的"君权神授"理论又在意识形态上进一步规定了皇权专制统治的合法性，至此，在实际上超越了神祖的、皇帝对天下吏民至高无上、无远弗届的"保"的地位、角色与权力已经形成，正如马克思所说："（在中国）皇帝通常被尊为全国的君父……"[4]

神祖之"保"可分为两方面：物质方面在于确保人们生命的保全与物质生活的保障；而在精神方面，对神祖的崇拜心理与祭祀活动实际上是一种增强人们之间的凝聚力以及维护社会秩序的"仪式"，对人们的精神具有培养、培植的教化作用，而这正是"保"字在古代所具有的含义之一。"保"由最初的"负子于背"而引申为"养"："保，养也。"（《说文解字注·卷八篇上》）因而古代不仅有养护身体的"保"官："保，保其身体；傅，傅其德义；师，导之教训。此三公之职也。"（《大戴礼记·卷第三》）而且有在思想上进行"养"——即负责辅助、教化、教

① 恩格斯：《马克思恩格斯全集（第28卷）》，北京：人民出版社，1973年，第260页。
② 杨宽：《中国古代都城制度史研究》，上海：上海古籍出版社，1993年，第196—197页。
③ 杨宽：《中国古代都城制度史研究》，上海：上海古籍出版社，1993年，第197页。
④ 马克思：《马克思恩格斯全集（第9卷）》，北京：人民出版社，1961年，第110页。

育的"保"官，如"太保"等："男性之保，来负责王室贵族子女的教育，乃至于辅助君王的政权。"① 如："召公为保，周公为师，相成王为左右。"（《尚书·卷十》）"入则有保，出则有师，是以教喻而德成也。"（《礼记通解·卷七》）可见"保"有一定的培养、培植的意思，像历史上被尊称为"亚父"的范增、被称作"仲父"的管仲以及被称作"相父"的诸葛亮等，在一定意义上对他们的主子而言都具有这种辅助以及培植、培养的"保"的作用。

马克思当年在论及中国时曾说："就像皇帝通常被尊为全国的君父一样，皇帝的每一个官吏也都在他所管辖的地区内被看作是这种父权的代表。"② 皇帝是全国的君父，而那些太子或皇帝身边"保"官的职责就是培养太子或皇帝身为全国君父的应有素质，并培植他们在朝野的权力与威望等；同样，各级官吏身为皇权在他管辖地区内的代表，同样需要具备相应的忠君爱国、为民表率等方面的精神与素质，因而与之相应的培养和培植也一样的必不可少——正如宋太宗所言："夫教化之本，治乱之源。"（《续资治通鉴长编·卷二十五》）五代时期成德节度史安重荣所说的"天子宁有种邪？兵强马壮者为之尔"（《新五代史·卷五十一》）也从反面证明了这种培养和培植的重要性与必要性。那么，具体应该如何培养和培植呢？这就涉及了皇帝之"保"的问题，它同样可以分为两个层面：物质上同样是为官吏们提供生命保全和物质保障，如《三国演义》中许多官员在说起要报效朝廷、尽忠汉室的理由时，主要就是"久食汉禄"或"世食汉禄"；而精神之"保"主要有这几个方面：以儒家文化为主要考试内容的科举制等人才选拔制度——可以督促知识分子们主动地培植自身为适应皇权专制统治而必备的儒家文化修养，秦代开始的作为国家重要仪式的"大朝会"制度（地方官员在每年岁首这一天集体朝见皇帝的盛大仪式）——对地方官员是一种"仪式性"的教化，以及从宋代开始出现的官方邸报，等等。宋代邸报的内容虽然属于新闻的范畴，但与同时期的小报比起来，一是内容不够全面——因"定本制度"的实施而遮蔽了许多不利于皇帝及当权派官僚的信息；二是发行的速度比较慢，因而新闻的时效性不够强："逐时虽有朝报，或报或不报，虽报或已过时。"（《宋会要辑稿·仪制七》）加之它把皇帝的诏旨和起居放在首位，因而相对于新闻性强的小报来说，官方邸报带有较强的宣传性："定本制度的制定和执行，加强了当局对邸报的控制，迫使进奏官们只能按照当局允许发布的内容进行传报活动，使邸报能够更好地贯彻皇帝和当权

---

① 余佳：《释"保"》，《青年作家（中外文艺版）》2010 年第 6 期。
② 马克思：《马克思恩格斯全集（第 9 卷）》，北京：人民出版社，1961 年，第 110 页。

派宰辅的宣传意图。"①那么，宣传具体指的又是什么呢？这又需要从宣传的词源说起。

"现代汉语中的'宣传'是外来词，与古代的'宣传'概念无直接关系。"而英语中表示宣传的"propaganda"一词则来自拉丁文，有学者认为它原有"植物的嫁接和移植"之义②，也有学者认为它原本有"播种、繁殖"之义③，笔者以为，在中国的语境下，对之还可以有更为准确的本土化释义。通过在线词源字典（www. etymonline.com）中对"propaganda"的检索可以发现，它的词义来源于"propagation"一词，而"propagation"的词源则存在于去掉前缀"pro"和后缀"ation"的"pag"当中，而"pag"又来源于单词"pact"，"pact"意为"条约、公约"，而其原始的含义则是在线词源字典所解释的"to fasten"即"系牢，使合在一起，使坚固或稳固"等意思，这基本符合"嫁接"的原理，因为嫁接就是使两个植物的伤面形成层靠近并"紧扎"在一起，最终使之成长为一个新的个体。但嫁接毕竟是一个对植物进行整体性改变的培植过程，正像中世纪的宗教神学对正常的人性也是一种整体性改变的禁锢性培养一样，而宣传一词一开始就是用于宗教信仰的宣传："宣传（propaganda）一词源于 Congregatio de propaganda fide，或称信仰传播圣会（Congregation for the Propagation of Faith）。"④所以笔者认为，宣传（最早的宗教信仰宣传意义上）的原义之所以有"嫁接、移植"的意思，正是由于二者在"整体性改变"性的培植、培养意义上有相同之处。因宗教宣传的非科学性，所以宣传在西方基本上是一个贬义词⑤。但当"宣传"一词来到了中国的语境下，则变成了一个中性词，在这种情况下，笔者认为，把"培养、培植"解释为"宣传"的原始含义比较符合中国的语境，理由主要有三点：1.宣传一词的词源"pact"的原始含义为"系牢，使合在一起，使坚固或稳固"，而《现代汉语词典》对"培"的解释为"为保护植物或堤、墙等，在根基部分堆上土"，二者都带有"保护，使坚固或稳固"的意思；2."嫁接、移植"带有"整体性改变"的培养、培植之义，总体上属于培养、培植的一种，但宣传除了包括"整体性改变"的培养、培植外，还包括其他非"整体性改变"的培养、培植；3.宣传在中国是中性词，而培养、

①　方汉奇等著：《中国新闻事业通史（第一卷）》，北京：中国人民大学出版社，1992年，第94—95页。

②　陈力丹：《精神交往论——马克思恩格斯的传播观》，北京：开明出版社，1993年，第204页。

③　刘海龙：《汉语中"宣传"概念的起源与意义变迁》，《国际新闻界》2011年第11期，第103—107页。

④　沃纳·赛佛林，小詹姆斯·坦卡德著，郭镇之等译：《传播理论：起源、方法与应用》，北京：华夏出版社，2000年，第106页。

⑤　沃纳·赛佛林，小詹姆斯·坦卡德著，郭镇之等译：《传播理论：起源、方法与应用》，北京：华夏出版社，2000年，第107页。

培植也是中性词，如"培植自己的势力"，这里的"培植"既可能是褒义，也可能是贬义，还可能并无褒贬的感情色彩。既然"培养、培植"可以作为"宣传"一词在中国语境下的释义，那么都带有培养、培植意思的"保"与宣传就在一定程度上意思相通了，因此说，以宣传性为主要特征的宋代官方邸报之"报"，就具有"培养、培植"的"保"的性质："使朝廷命令，可得而闻，不可得而测；可得而信，不可得而诈，则国体尊而民听一。"（《海陵集·卷三》）

从宋代邸报的内容来看，它也的确带有教化的性质：居首的皇帝诏旨和皇帝起居的内容是为了在官员士大夫们的头脑中树立起皇权至高无上的地位；官吏的任免、刑罚以及法令条例等内容是为了对官员士大夫们形成激励或规训的效果："进奏院逐旬发外州军报状，盖朝廷之意，欲以迁授降黜示赏功罚罪，勉励天下之为吏者。"（《宋会要辑稿·刑法二》）；臣僚的章奏和战报等内容是为了在官员士大夫们中间强化大宋这个"想象的共同体"意识以及有助于相互交流工作经验，如士大夫陆佃曾曰："伏观进奏院报，泾原路城西安州毕功者……寰宇称庆。"（《陶山集·卷八》）而负面的灾异等信息一般禁止在上面刊登的原因就在于它可能会起到与教化相反的效果："将灾异之事悉报于天下，奸人、赃吏、游手、凶徒喜有所闻，转相煽惑，遂生观望，京东逆党未必不由此而起狂妄之谋。"（《宋会要辑稿·刑法二》）从实际效果来看，邸报也确实起到了一定程度的教化效果，如士大夫周彦质"阅邸报，见士大夫触法抵罪，则喟然动容，为之叹息"（《鸿庆居士集·卷三十六墓志铭》）。邸报对士大夫们从反面发挥的警示作用可见一斑。而邸报从正面对士大夫们发挥教化作用的证明就更多了。如：陆游的《观邸报感怀》："六圣涵濡寿域民，耄年肝胆尚轮囷……却看长剑空三叹，上蔡临淮奏捷频。"（《剑南诗稿·卷六十七》）郭正祥的《邸报》："边塞疮痍后，朝廷气概中。不才思献赋，天路恐难通。"（《青山集·卷第二十一》）王迈的《二月阅邸报》："书生忧愤空白头，自有经纶社稷臣。"（《臞轩集·卷十四近体》）这些诗作无一例外地反映了士大夫们在阅读邸报的过程中，"以天下为己任"的忠君爱国之情油然而生。余英时先生认为，"以天下为己任"之所以能用来概括宋代士大夫的基本特征，"与士大夫们在当时权力中的客观位置有密切的关系。用现代观念来说，他们已隐然以政治主体自待，所以才能如此毫不迟疑地把建立秩序的重任放在自己的肩上"[1]。而专门面向官员士大夫们、在上面能看到自己与同行信息的邸报无疑培植了他们对自身在当时"权力中的客观位置"的认知与认同，也潜移默化地培养了他们的忠君爱国之情。

---

[1]　余英时：《朱熹的历史世界：宋代士大夫政治文化研究》，北京：生活·读书·新知三联书店，2004年，第6页。

通过中西对比我们还可以发现，邸报之"保"与西方的"宣传"一词虽然都有培养、培植的意思，但中国古代的邸报"保"的是皇权至上、忠君受国等政治意识形态，而西方最早的"宣传"一词宣传的是宗教信仰，但二者又都带有"仪式"的性质："如果说，传递观中传播一词的原型是出于控制的目的而在地域范围拓展信息；那么仪式观中传播一词的原型则是一种以团体或共同体的身份把人们吸引到一起的神圣典礼。"①西方的宗教信仰毫无疑问带有"仪式"的性质，而官员们定期阅读邸报上的内容，实际上也多少带有一些在想象中与皇帝以及文武百官们一起经历"上早朝"这个高度仪式化活动的意味：早朝是定期的，而阅读邸报也是定期的；皇帝的诏旨和起居放在邸报内容的首位，正像在"早朝"这个空间里皇帝是位居首位的一样；上早朝的官员们可以天天朝见皇帝，阅读邸报的官员们也可以通过阅读邸报上皇帝的诏旨、起居等在想象中"朝见"皇帝；早朝里的诏旨以及商议的章奏、刑罚与官吏任免等事项，很多都在早朝过后的邸报上得到了反映，因此说官员们阅读邸报的行为也带有一定的仪式化传播的性质。如："今月八日得进奏院状报，圣体康复，已于二月二十三日御延和殿，亲见群臣者。"（《景文集·卷三十六》）相应地，这种仪式化的传播能够培养和维系士大夫们对皇帝的仪式性情感，如宋人姜特立的《邸报改元得雪》一诗："天意阴晴冻未分，忽惊碧璐散纷纭。梅花露白难夸客，麦本藏青预策勋。野水断流鱼入槮，江云垂地雁迷群。太平天子新鸿号，感召端由叶气熏。"诗人在邸报上得知"改元"（皇帝改换年号）这一重大的政治消息时，立即就感到眼前喜庆的瑞雪似乎与浩荡的皇恩有着某种感应的关系；而士大夫史浩在邸报上读到"陛下降罪己之诏"的消息时，曾经"伏读流涕"（《鄮峰真隐漫录·卷第八》）。

宋代以后，除经济、文化比较落后的元代以外，明清的官方邸报与宋代的相比并没有发生质的变化，都属于带有教化意义的"保"性质的"报"。当然，除了这种名词化的邸报之"报"外，作为动词的、自下而上的"奏报"或"报奏"之类的、与"保"相对的"报"在宋代及宋代以后也同样存在，二者并行不悖。

综上所述，我国古代整体上是一种大陆文明或曰农业文明，与西方的海洋文明或曰商业文明不同的是，由于安土重迁、重农抑商、社会流动性较小，为了确保和谐的社会秩序，作为古代中国政治思想之正统的儒家非常重视伦理观念，这就产生了"保"与"报"的关系与观念。无论是宋代以前相反相成的"保"和

---

① 詹姆斯·W.凯瑞著，丁未译：《作为文化的传播——"媒介与社会"论文集》，北京：华夏出版社，2005年，第7页。

"报"，还是宋代以后具有"保"性质的"报"，体现的主要是自上至下或自下至上的、垂直方向上的人与人之间的关系，这正符合农业文明的伦理本位特征：所谓"父子有亲，君臣有义，夫妇有别，长幼有序，朋友有信"（《孟子·滕文公上》），除了最后一项"朋友有信"是关于水平方向上的人际关系，前四项都是关于垂直方向上的人际关系；宋代的邸报除了报道位居最高位的皇帝的活动外，还有相当一部分的内容报道的是官吏的任免这种主要是垂直方向上的人员流动。马克思曾说过："家长制权威"是（古代中国）"这个广大的国家机器的各部分间的唯一的精神联系"①。而作为自下而上的信息传递的"报"和自上而下的具有"保"性质的邸报，就正是这种具有"家长制权威"性质的精神联系的一种体现和重要组成部分。

除了宗教神学统治的黑暗中世纪以外，整体作为海洋文明的西方与中国形成了鲜明的对照：它作为商业文明，特征不是垂直方向上的伦理本位，而是水平方向上的商业本位，而这也容易带来相应的民主与平等。从西方最初的报纸形态来看，古罗马《每日纪闻》的目的既不是自上而下的"保"，也不是自下而上的"报"，而是身为民主派首领的恺撒为了"争取舆论支持，扩大政治影响"②，表现出了一定的水平方向上的民主色彩；16世纪的威尼斯小报不仅报道的主要是商品行情、船期和交通信息等与商品经济有关的没有等级色彩的信息，甚至当时的铜币名称"Gazette"还被用来作为这种手抄小报的名称，而铜币作为一般等价物，本身就具有一定的为人们带来平等的潜力和色彩。因此，无论是"保"还是"报"，都倾向于伦理本位上的保守，也都体现了马克思所说的"家长制权威"的特点。这种特点的"精神联系"，固然有助于维护统治阶级内部的统一、稳定，但也容易使人闭目塞听、故步自封甚至夜郎自大，因为在意识形态上被神化的皇帝毕竟是人而不是神，在被马克思于《评普鲁士最近的书报检查令》一文中带着嘲讽的口吻称之为"完善的报刊"之"原型"的中国邸报③相对封闭的空间里，根本看不到对异族或外国长处、优势的了解、介绍与借鉴，对于来自民间的疾苦与外部的威胁也缺乏足够的预警，因此，拥有邸报的宋、明、清三代，没有因为地方势力分裂而灭亡，但却无一例外地因外族入侵与农民起义而倾覆或被削弱，在一定程度上正反映了这种"保"与"报"的"家长制权威"性质的精神联系消极性的一面。

（原文曾以《论"报"的中国文化背景——我国古代信息传播意义上的"保""报"关系考》为题刊于《国际新闻界》2015年第9期）

---

①　马克思：《马克思恩格斯全集（第9卷）》，北京：人民出版社，1961年，第110页。
②　郑超然，程曼丽，王泰玄：《外国新闻传播史》，北京：中国人民大学出版社，2000年，第9页。
③　马克思：《马克思恩格斯全集（第1卷）》，北京：人民出版社，1956年，第25页。

古代"新闻"辨义

牛 角[*]

本文按照现代"新闻"概念而简单地从古文献字面去溯源，并且忽视语义训诂、率有误解的研究予诘难。论定汉语"新闻"一词是外来义兼汉语义的同形词。古代"新闻"一词多汉语义，指社会人群中流传的新解、奇异、有趣的见闻，主要属于不通过媒介的人际口头传播。文章不仅从诸多文献语例训释了此双音词，而且又进而从新闻史古今异质与"闻"的词义论述了此汉语义存在的必然性。

一

任何现代学科的研究，都少不了溯源，对历史悠久的文明古国更是如此，言今某物而称其"古已有之"已成习惯套路。今之新闻，古已有之，似毋庸置疑；古代新闻，乃是中国新闻史不可缺少的构成部分，盖已为常识。但是，笔者近年稍接触一些新闻学方面的论著，发现诸家对关键的古代"新闻"概念倒未予深究，因而溯源多歧。一般溯至宋代，因为宋代有朝报、小报并多引据南宋赵昇《朝野类要》"小报……隐而号之曰新闻"之例。也有溯至唐代。有的论著认真辨正：

其实最早使用"新闻"一词，并且具有与我们在意义上所理解的新闻相近的，还是唐朝初年……的孙处玄。据《旧唐书》，文人孙处玄曾说："恨天下无书以广新闻"……这样的人，对没有书刊传播新闻表示极大的遗憾是极自然的事。这说明在经济、文化空前繁荣的唐代，知识分子中的一部分已意识到需要办报刊传播新闻了。[②]

更有溯至上古三代："中国新闻事业的发展垂数千年。""近年发现的殷墟甲骨

---

[*] 作者简介：牛角（此为笔名，真名黄金贵）：浙江大学中文系教授、博士生导师。
[②] 王欣荣：《传播报道学》，北京：中国广播电视出版社，1991年，第51—52页。

文字，似可说是最古的新闻图版，最近出土之楚简，亦有甚多的新闻资源。"①

上述溯源，必有是非，并且已见明显的误解。这里关键是要正确诠释古代的"新闻"概念。同时，只有古代的"新闻"概念诠正，则现代的"新闻"概念才能最后"区以别矣"。故不揣谫陋，略做义辨，以求教于新闻、传播学界专家和有兴趣的读者。

二

"新闻"一词，"古已有之"，这没有问题。即是说，古汉语中业已凝固为复词。众所周知，复词中有汉语词与外来词；从形体与意义关系说，多数形音义一致，但也有形义不一致的同形异义词。值得注意的是，汉语中就有一种汉语义与外来义相兼的同形词。其来源有二：一是来自意译词。意译词一般是根据外语原词意义而用汉语语素对译，即用汉语语素造新词，有些学者称为外来概念词，如半导体、传真、水泥、慰安妇之类。但也有不造新词，而径用汉语成词寓示外来义，这一种容易误解。如"银行"，唐武宗时苏州已有银行，北京蔡襄《教民十六条》有"银行辄造吹银出卖"的记载，指制造银器的场所，相当于后来的银楼、金行，但后来借用"银行"表示金融机构。"轮船"，本指"以轮激水作为动力的一种快船"，至 19 世纪，用它指称以蒸汽机为动力的机器船。二是本属我国的日语借形词，有人称为"回归词"。它们原先是汉语中的成词，传入日本后，日本民族用汉字原形译示西方传入的概念；后来又回传入我国。如"文化"，汉语本指"文治教化"，即以人伦秩序教化世人使之自觉按礼伦行事。传入日本后，日语用它对译西方源于拉丁文、用于人类学的文化概念，即今用的文化学概念为来自日语的"文化"。"癌"，初作嵒，最早宋代医书《卫济宝书》已见。后传入日本，日语用以对译荷兰语 kanken，作为恶性肿瘤的专称，再传入我国②。在汉语外来词中，最复杂而易误识的就是这两种异源同形词，尤其是后一种所谓"回归词"。这些同形词中的外来义与汉语义，有的完全异义、毫无关系，如上举"银行""轮船"。有的基本异义、部分相关。如上举"文化"，汉语原义虽不同于外来义，但也可作为大文化的一个内含。

"新闻"，正是一个外来义兼汉语义的同形词，也是个"回归词"。"新闻"一词，古已有之，但是作为新闻（news）、新闻界（the press）、新闻报道（reportage）、新闻从业者（journalist）等相关概念的"新闻"一词，却来自日语，译示近代西方的新闻概念。外来义与汉语义是基本异义。而一般人往往不识汉语双音词

---

① 曾虚白主编：《中国新闻史·再版序》，台北：三民书局，1981 年，第 101 页。
② 何华珍：《汉日语言对比的训诂学研究》，《杭州大学学报》1997 年第 3 期。

的这种复杂类型，"见字明义"，率以为"新闻"当然古今同义。一切谬失均由此而生。

古汉语中，"新闻"与"旧闻"相对。唐以前只有"旧闻"。《史记·十二诸侯年表》："孔子西观周室，论史记旧闻。"《报任安书》："网罗天下放失旧闻，略考其行事。"挚虞《四游赋》："采旧闻于前修。"《宋书·傅亮传》："考旧闻于前史，访心迹于污隆。"唐以后继用。宋秦观《韩愈论》："考同异，次旧闻。"李心传有《旧闻证异》。很清楚，所谓"旧闻"，乃指耳闻目见（包括目阅书册）可获知的陈说和传闻。"新闻"分明是从"旧闻"衍生出的口语词，确是始见于唐代。唐李咸用已有"旧业久抛耕钓侣，新闻多说战争功"之语（《春日喜逢乡人刘松》诗）。那么，古代"新闻"义解究竟如何？唐尉迟枢撰有《南楚新闻》一卷，此书据陆游《老学庵笔记》转引的条札似为作者所闻见的南方地区的民俗珍闻。下面的文献用例更足一观：

（一）《水浒全传》第三九回："不敢动问，京师近日有何新闻？"

（二）《京本通俗小说·冯玉梅团圆》："兵火之际，不知拆散了多少骨肉？……其中又有几个散而复合的，民间把它作新闻传说。"

（三）《醒世恒言》第一九卷："那时满城人家尽皆晓得，当做一件新闻，扶老挈幼，争来观看。"

（四）元杂剧《敬德不服老》第三折："我道：'你到城中去，可有甚么新闻么？'他说：'新闻到没有，闻得高丽国差铁勒金牙下战书来，单奈尉迟出马。'"

（五）《红楼梦》第一回："士隐……同着疯道人飘飘而去。当下哄动街坊，众人当作一件新闻传说。"

（六）《红楼梦》第二回："雨村因问：'近日都中可有新闻没有？'子兴道：'倒没有什么新闻，倒是老先生的贵同宗家出了一件小小的异事。'"下文记冷子兴何贾雨村述说贾政与王氏所生的第二、第三胎的奇事："第二胎生了一位小姐，生在大年初一，就奇了！不想隔了十几年，又生了一位公子，说来更奇：一落胞胎嘴里便衔下一块五彩晶莹的玉来，还有许多字迹，你道是新闻不是？"

（七）《红楼梦》第四十八回："且说平儿见香菱去了，便拉宝钗悄悄说道：'姑娘可听见我们的新文没有？'"

以上诸例，有些是一些新闻学专书也引用的，但很奇怪，未见一书认真译究其例，似乎古今同义，不容置疑。其实不然。（二）（五）二例，均是"新闻"与"传说"连用，后者是动词，表明"新闻"是传说的材料。（一）例"新闻"当指所传说的新鲜事。例（四）是杂剧中尉迟敬德所自述的与本村玩伴的对话。全剧表现的就是唐代老将尉迟敬德奉圣旨而披甲复出，上阵勇捉来挑战的高丽国骁将铁勒金牙后主动被加官赐爵之事。此分明是惊动朝野、有关尉迟个人浮沉的大事，属于官方渠道传播的要事，按今天的标准是重大新闻，但在此却被排除在"新闻"之外。（七）例"闻"用了假借字"文"，此"新文（闻）"分明指关于平儿与宝钗二人间的属个人隐私的传闻。例（六），前贾雨村与冷子兴对话似乎将"异事"不作为新闻，有的专书还据此断言"古代'新闻'非指奇异之事"。而若联系下文述说"奇事"后"是新闻不是"的问句合观，则知冷氏实将此奇事作为"新闻"，雨村听后也苟同。至于前面冷子兴答语，乍看似乎将"新闻"排除了奇异之事。细味之分明是：上句是针对雨村"近日都中可有新闻没有"的发问，就答说京城中没有值得一说的新闻。接着说倒是你的同宗家族中出了一点值得传说的奇事，也即"新闻"。这里"奇事"与"新闻"是同义换用以避复。

再观文首所引一些溯源例证。将甲骨文、楚简作为新闻材料，此论未涉"新闻"概念，且不符新闻的特征，故可以不论。唐代之例，见《旧唐书·隐逸·孙处玄传》："孙处玄颇善属文，尝恨天下无书以广新闻。"说者以此"书"为书刊、报刊之称，云"（他）对没有书刊传播新闻表示极大的遗憾"，"已意识到需要办报以传播新闻"（见前引），这完全是穿凿臆说。盖"书"，漫长的古代，即使孙处玄以后，也从未有报刊义，孙处玄岂得如此超前？论者之所以做此推论，乃以为"当时文人的新近作品或志怪传奇早已汗牛充栋，流传极广……不存在'无书以广'的问题"①。这又是常识性的错误。"新闻"其物，无论怎样理解，形成书面文字必然是笔记体散文，即神异志怪、风土时俗、朝野佚闻等的笔记文。而非文人的诗文传奇类文学作品。文献学史表明，"笔记之体肇始于魏晋，而宋明以后最为繁富"②。至于"笔记"作书名后至北宋才见。唐代著名的笔记类作品如李肇《唐国史补》、赵璘《因话录》、段成式《酉阳杂俎》等均是初唐以后的笔记丛录。孙处玄是唐朝初年即唐中宗神龙年间士人，其时这类笔记尚乏见。唯此，孙氏才有"恨天下无书以广新闻"之叹。句中"书"不指一般的书籍，而取专书义，如《尚书》、历书、术书之"书"（"书"有专书义）。孙氏此语正是初唐时"新闻"类笔记的专书十分寥少的表证。既然"书"不得指书报、书刊，而是指专书，则其"新闻"自然非今报刊、广播中的重大新闻，而当是与唐《南楚新闻》和尔后许多"新闻"相类的内涵。至于南宋赵昇《朝野类要》例，一般作"新的消息"，还有作"朝报，犹报纸"，③"宋时指有别于朝报的小报"（《汉语大词典》）、"刺探来的官方情报"④

---

① 王欣荣：《传播报道学》，北京：中国广播电视出版社，1991年，第51—52页。
② 褚斌杰：《中国古代文体概论》，北京：北京大学出版社，1997年，第475—476页。
③ 龙潜庵：《宋元语言词典》，上海：上海辞书出版社，1985年，第950页。
④ 王欣荣：《传播报道学》，北京：中国广播电视出版社，1991年，第51—52页。

等。(按,原文见《朝野类要》卷四"朝报"条:"每日门下省编定,请给事判报,方行下都。进奏院报行天下,其有所谓内探、省探、衙探之类,皆衷私小报,率有漏泄之禁,故隐而号之曰新闻。")以此"新闻"为朝报者,显然是误将条名作其义。从文句看,是谓将小报称为"新闻",而这些小报确是载录"刺探来的官方情报"。但若将二者作为"新闻"的义解则就未妥了。其实,只要不带主观臆构,有一般的古文阅读水平,不难懂得此段文字大意:在编定朝报过程中,内探、省探、衙探之类倾心于小报,即将其中有些内部消息通过小报扩散,而常碍于查禁泄漏,故将这种小报称为"新闻"。确实,小报是北宋出现的无报头与报名的非法民报。由于它"或得之于省院之漏泄,或得之于街市之剽闻,又或意见之撰造"①,是与官方传播相左的非法传播,故北宋仁宗天圣九年、徽宗大观四年均下谕诏严禁小报,要臣民"告捉勘罪决停"②。但屡禁不止,至南宋小报更盛,并公开称之为"小报"(见周麟之《论禁小报》)。今为避查禁,掩人耳目,故特冠以"新闻"。显然,此决不可作今用概念,即不可指新的重要信息,否则岂非自我曝光,明召朝廷有司来查禁吗?因此,这一段史料不仅不能证明古代"新闻"与今同义,而且恰恰相反,这是"新闻"古今异义的又一明证。自然,若必为"新闻"称小报之用立一义,当是:"新闻曾作宋代小报的隐称。"但仅此一处记载,羌无他证,还是以不立义为好。

综上例析,不难获知,整个古代从唐至清代西方报纸和"新闻"概念传入前,汉语的"新闻"乃指社会人群中流传的新鲜、奇异、有趣的见闻,一般不指国内外重大的政治、经济、军事事件(有时将某一大事作趣闻传说,不在此列)。是民间的人际传播,非官方的信息传播;是口头传播,非书面传播;它是新近流传的传说(也可传往昔之事)。费孝通先生说"在乡土社会,'新闻'是稀奇古怪、荒诞不经的意思",③诚得其大旨。由此,也可大体比知古今"新闻"的异同。同者,古今都是新的信息。异者有二:其一,古代"新闻"以奇特、有趣的见闻为主,现代"新闻"以国际国内重要消息为代表。其二,古代"新闻"唯民间口头新闻,是人际传播,现代"新闻"必通过媒介传播,属大众传播。自然,古代的"新闻"义今有时也用,即今之"新闻"一词也是外来义与汉语义并存。这可以更有助于理解古代文献中"新闻"概念的性质。

---

① 《宋会要辑稿·刑法二之一二三》所载宋光宗绍熙臣僚言。
② 孙旭培主编:《华夏传播论》,北京:人民出版社,1997年,第127—129页。
③ 费孝通:《乡土中国》,北京:生活·读书·新知三联书店,1985年,第19页。

三

古今"新闻"之所以不能视同，除了此双音词在古代文献中的实际运用及其训释，还有我国新闻史的发展状况与该词词素的内因的依据。

将古今"新闻"视同，混淆了两种异质的新闻。按照同义论，必然以为古之新闻是今之新闻的源头，今之新闻是古之新闻的发展（如文首引）。这又是一种误识。

对此，近来有学者已进行了猛烈的抨击："二者风马牛不相及，说古有新闻而今之新闻实出古之新闻，便无异于说汽车源于木牛流马，飞机来自嫦娥奔月。"①论者以为二者绝对不同，古无新闻，恐也失之偏颇。古今"新闻"概念也有其同（见上）。古代的邸报、小报等不能说不是新闻。但是，应该看到，古今新闻确有质的不同：现代的新闻绝非从我国古代直接发展而来。我国古代邸报、小报之类的新闻（媒介）再发展，也产生不出现代的种种新闻媒介。这正如古代早在北宋就发明了活字印刷，但直到晚清，印书始终以雕版印刷为主，唯有古登堡的金属活字印刷术，才产生了第一个真正的大众传播媒介。现代新闻纯属现代资本主义文明的衍生物。这种文明集中表现在金属活字印刷术为端绪的种种现代媒介的诞生。它们"是变古之传闻为今之新闻的关键元素，是划开古今传播的分水岭"②。毫无疑问，现代新闻是有现代媒介的大众传播，而古代新闻的主体是没有现代媒介的人际传播。试想，按照大众传播的"新闻"概念岂能求索到在古代的相同"新闻"概念？因此，从新闻史看，古今新闻的异质决定了二者没有源与流的关系，也从而决定了不可能有古今相同的"新闻"概念。

"新闻"，核心在"闻"字。"闻"的词义，决定了古代"新闻"概念的上述内涵。20 世纪 60 年代初，语言学界对"闻"字曾有过热烈的讨论。现一般都接受一些文字学家根据其古文字字形的考定，谓其本义是奏报上达。《尚书·康诰》："其尚显闻于天。"孙星衍注疏："其上能明达于天乎？"文献中"上闻"之语甚多，即指奏报上达。《韩非子·难三》："故季氏之乱成而不上闻。"《吕氏春秋·上农》："农不上闻。"也可单用"闻"。《战国策·赵策》："老臣贱息舒祺……愿令得补黑衣之数，以卫王宫，没死以闻。"《史记·五宗世家》："事既闻，汉公卿请捕治建。"由奏报上达义可引申为感知声音（听）与感知气味（臭）二义，注家浑释为知义，即包括知声与知气味。《诗·小雅·鹤鸣》："鹤鸣于九皋，声闻于天。"此用于知声。《尚书·吕刑》："周有馨香，德刑发闻惟腥。"孔颖达疏："其所以为德刑者，

---

① 李彬：《评"古有新闻"的学科公设》，《中国人民大学学报》1997 年第 1 期。
② 李彬：《评"古有新闻"的学科公设》，《中国人民大学学报》1997 年第 1 期。

发闻于外惟乃皆腥臭，无馨香也。"《韩非子·内储说下》："顷尝言恶闻王臭"，若此用于知气味。《吕氏春秋·异宝》："名不可得而闻。"高诱注："闻，知也。"《国语·晋语上》："夫为台榭者，将以教民利也，不知其以匮之也。"韦昭注："知，闻也。"此"闻、知"互训。汉以后，文献中"闻"的上达又与知义一直沿用，只是知义多偏用于听觉。若从传播学角度看，此二义实指传播的两端：知义从受众着眼，上达义从传者出发；两端间无中介物。无论感知声音或气味，均是外界直接作用于感官；上达也是传者径达彼耳，故"闻"的古今字形皆标示其"耳"。因此，"旧闻"就指亲自获知的传闻。唐代起组合的新词"新闻"也必然体现人际传播之口耳相交的特点，指直接获知正在流传的言、事，也即不通过媒介，口头传播新鲜、奇异、有趣的信息。

后　记

2022 年 4 月 25 日，习近平总书记在考察中国人民大学时指出："加快构建中国特色哲学社会科学，归根结底是建构中国自主的知识体系。"党的二十大报告中也吹响了"文化自信自强"的新号角，明确提出"增强中华文明传播力影响力，坚守中华文化立场，讲好中国故事、传播好中国声音，展现可信、可爱、可敬的中国形象，推动中华文化更好走向世界"的目标。其实，早在《在哲学社会科学工作座谈会上的讲话》中，习近平同志就指出："只有以我国实际为研究起点，提出具有主体性、原创性的理论观点，构建具有自身特质的学科体系、学术体系、话语体系，我国哲学社会科学才能形成自己的特色和优势。"这里"我国实际"应当包括历史的实际和现实的实际，也就是要本着"不忘本来，吸收外来，面向未来"的原则和方法，充分挖掘我国优秀传统文化中带有主体性和原创性的概念和理论。同时，习近平同志指出："哲学社会科学创新可大可小，揭示一条规律是创新，提出一种学说是创新，阐明一个道理是创新，创造一种解决问题的办法也是创新。"正如本书，为了探索构建本土传播学的自主知识体系，既有从传播学角度阐释中国传统思想观念，从而为构建中国传播理论提供概念基础，又有回应西方传播观念，立足对方视角，彰显中国观念的独特品质，体现自主性，更有形式上的创新，一方面直接集中就传播学涉及的基本概念，探索传播、新闻、广告、宣传、舆论概念的中国源流，另一方面，按本体论、方法论和实践论的维度，第一次集中展现了道、气、中庸、和、情、礼等 15 个关键富有本土观念的传播范畴的丰富内涵。如此，读者一本在手，便能较为清晰地理解本土传播学即华夏传播学的知识体系。当然需要指出的是，本书由于是集体著作，既有同仁的新作，也有一些早年发表过的论文，因此体例也并不完全一致。限于时间精力，还未能做到全面系统，只有期待今后更多的同仁，能够进一步努力推出更好的《华夏传播范畴论》。

习近平同志在《在哲学社会科学工作座谈会上的讲话》为哲学社会科学工作明确了任务："要加强对中华优秀传统文化的挖掘和阐发，使中华民族最基本的文化基因与当代文化相适应、与现代社会相协调，把跨越时空、超越国界、富有永恒魅力、具有当代价值的文化精神弘扬起来。要推动中华文明创造性转化、创新性发展，激活其生命力，让中华文明同各国人民创造的多彩文明一道，为人类提供正确精神指引。"这里的关键是"激活"，而"激活"的关键在于要"两创"，即创造性转化，即运用时代的言语，时代的思想，时代的需要来表达传统文化的思想观念；而创新性发展，则是要接着说，就是在相关的问题上，要推陈出新，说前人之所未说。换言之，既有继承，又有发展。以继承求发展，没有继承就失去根与魂；以发展来继承，没有发展，就会僵化，最终也继承不下去。习近平同志期望哲学社会科学工作者"要围绕我国和世界发展面临的重大问题，着力提出能够体现中国立场、中国智慧、中国价值的理念、主张、方案。"除了日常生活中"舌尖上的中国"，更要让世人了解"学术中的中国""理论中的中国""哲学社会科学中的中国"，引导世人了解"发展中的中国""开放中的中国""为人类文明作贡献的中国"。这里提到了各个层次的"中国"，最核心的当是"文化的中国"或"文明的中国"。我曾撰文《共生交往观的阐扬：作为传播观念的"中国"》指出"中国"是一种元传播符号，也还撰文《如何向世界说明"中国"：中华文化海外传播的问题意识与方法自觉》指出："中国"所蕴含的共生交往观念是我们需要对外传播的核心理念，只有明确这一点，才能将其他各种具体的文化符号更好地对外传播。所有"中国立场、中国智慧、中国价值"其最核心的立场就是中庸和谐，最核心的智慧就是和谐共生，最核心的中国价值就是和而不同，合作共赢。而贯穿于其间共同的理念，我称之为"共生交往"，或称之为"心传天下"。即以共生交往为方法原则，达到"心传天下"（"天下一家"）的效果，这正是构建人类命运共同体理念背后最深层的文化逻辑和传播逻辑。对此我在《文明共生论：世界文明交往范式的"中国方案"——习近平关于人类文明交流互鉴的思想体系》一文中就基于中国式的交往观念阐明了习近平有关人类文明交流互鉴论述的中华文化基础。

本书的编撰源于 2018 年 9 月 16 晚，大家在商议成立华夏传播研究会的工作会议上，首先由扬州大学的贾学鸿老师提出，借着成立研究会之机，可以发动同行一起做一项基础性工作，那就是编撰一本如同《中华伦理学范畴丛书》的《华夏传播范畴论》。这一提议得到了当时在场的同仁的积极响应。大家认识，既然我们组成了华夏传播研究会这一学术共同体，那就应该为引领这一学术领域做一些基础性工作，即出版一本反映此领域核心范畴的著作，有利于进一步彰显学术影响力。作为研究会的会长，我顺承大家的心意，积极推动这一工作就成为研究会中心工作之一。原来以为，我来拟定范畴大纲，然后大家认领任务，分工协作，一年半载就可以完成。然而，一晃四年过去，明年研究会就要步入第五个年头了。为了迎接五周年纪念，我觉得不能再无限期地拖下去了，为此，我果断决定，一方面围绕已形成书稿的章节进行编辑，另一方面也根据需要，积极征求一些在本土传播观念研究方面有突出成就的学者的授权，将他们的有代表性的论文转化为本书的相关章节，从而使已有的范畴能够相对系统地形成一个体系，虽然并不完善。

为了纪念我们学术共同体曾经为构建《华夏传播范畴论》所做的努力，我将当时第五稿的写作提纲放在这里，希望将来我们能出版第二部、第三部……总之，大家接续努力，不断地丰富、完善和发展。我想有了"成功不必在我，功成必定有我"的信念，我们华夏传播研究领域的同仁一定能够在构建传播学自主知识体系方面做出更大的贡献。因为这已然成为新时代的中国增强中华文化自信自强对本土传播学提出的明确要求。回应这一要求，是我们责无旁贷的使命。

范畴是一门学科建构的基础，也是学术研究最根本的支撑概念。为了推动华夏传播研究向华夏传播学的学科理论体系建构的进程，为落实江苏金坛第三届华夏文明传播研究工作坊（即首届华夏文明传播与企业家精神培育研讨会的分论坛）期间举行的座谈会中大家达成的共识，我草拟了《华夏传播范畴论》一书的写作框架，供大家讨论修改，并确认各自的任务。

《华夏传播范畴论》

写作提纲

提纲（草案）

导论：华夏传播研究的历史、现实与未来展望

第一章　华夏传播研究的学科想象与方法研究

第二章　道：华夏传播的认识论基础

第三章　中：华夏传播的方法取向

第四章　礼：华夏传播的社会规范

第五章　和：华夏传播的价值追求

第六章　诚：华夏传播的天人之际

第七章　势：华夏传播的时空之维

第八章　信：华夏传播的交往之道

第九章　缘：华夏传播的人际关系

第十章　气：华夏传播的物质基础

第十一章　关系：华夏传播的互动方式

第十二章　面子：华夏传播的人情媒介

第十三章　仁：华夏传播的人文底蕴

第十四章　义：华夏传播的自我调控

第十五章　理：华夏传播的规则意识

第十六章　贤：华夏传播的治理气象

第十七章　象：华夏传播的视觉修辞

第十八章　术：华夏传播的技术与技术创新

第十九章　"尊""卑"：华夏传播的心理机制

第二十章　治：华夏传播的政治效应

第二十一章　情：华夏传播的情感本色

第二十二章　家：华夏传播的基本单位

第二十三章　古今之变：华夏传播的时间记忆

第二十四章　天人之际：华夏传播的空间意识

第二十五章　文以载道：华夏传播的共通意识

第二十六章　中庸：华夏传播的思维方式

第二十七章　事物：华夏传播的意指实践

第二十八章　孝：华夏传播的人伦根本

第二十九章　忠：华夏传播的责任规范

第三十章　公私之别：华夏传播的权责意识

第三十一章　祭祀：华夏传播的节庆仪式

第三十二章　媒介：华夏传播的意义载体

…………

撰稿要求

1. 对范畴进行系统梳理，并从传播学的视角加以诠释；

2. 要求既有历史的追溯，也有现实的关照、案例的应证以及中西传播思想比较的视角；

3. 所用的古籍版本当以《新编诸子集成》《十三经注疏》等权威的版本为佳。

4. 每章均要有解题（类似内容提要）、正文（每章至少分三至五节）、有待深入研究的问题、推荐阅读书目等四个部分组成，字数控制在 2 万字，用脚注。

5. 时间上要求，从现在开始到 2019 年 4 月 30 日前，完成初稿。呈研究会顾问审读，提出修订意见，2019年6月完成定稿，2019年12月出版，2020年8月，新书发布会暨第二届"华夏文明传播与企业家精神培育"研讨会。

以上是当时发给作者分工的通知原样，其中原本有各章作者的名字，鉴于已没有实际意义，就删除了。不过，原定于第二届"华夏文明传播与企业家精神培育"研讨会上召开新书会的设想，随着2023年召开第二届"华夏文明传播与企业家精神培育"研讨会提上议事日程，有可能实现这一愿望。

谢清果

2022年10月27日

于厦门淡然斋